# 管理哲学

孙新波 ◎ 编著

THE
PHILOSOPHY
OF
MANAGEMENT

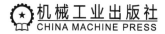
机械工业出版社
CHINA MACHINE PRESS

## 图书在版编目（CIP）数据

管理哲学 / 孙新波编著 . —北京：机械工业出版社，2018.10（2024.8 重印）
（华章精品教材）

ISBN 978-7-111-61009-0

I. 管… II. 孙… III. 管理学 – 哲学 – 高等学校 – 教材 IV. C93-02

中国版本图书馆 CIP 数据核字（2018）第 219373 号

管理哲学是研究管理领域中具有世界观和方法论意义的基本理论与方法的学问。中国的现代变革也是管理哲学的变革。现代西方社会是从企业出发认识管理的，而中国却是从哲学走向管理。中国管理学界天然地亲近管理哲学，我国传统哲学中最具现代影响的部分之一正是管理哲学。

本书将从实务角度侧重展开对管理哲学的论述，主要对象是 MBA、MPA、EMBA 和研究生及高年级本科生，因此本书的定位是系统性、前沿性和研究性。所谓系统，是指它的内容具有历史感和整体性，一定会吸收古今中外管理哲学方面的营养；所谓前沿，是指它的研究必须涉及各学科的新近研究领域，并对新近研究成果进行整合吸收和利用；所谓研究，是指它的探 d 索性和建设性，并从整体上反映国内外研究的当前水平。

| | | | |
|---|---|---|---|
| 出版发行：机械工业出版社（北京市西城区百万庄大街 22 号　邮政编码：100037） | | | |
| 责任编辑：冯小妹 | | 责任校对：殷　虹 | |
| 印　　刷：北京建宏印刷有限公司 | | 版　　次：2024 年 8 月第 1 版第 5 次印刷 | |
| 开　　本：185mm×260mm　1/16 | | 印　　张：23.75 | |
| 书　　号：ISBN 978-7-111-61009-0 | | 定　　价：59.00 元 | |

客服电话：（010）88361066　68326294

版权所有·侵权必究
封底无防伪标均为盗版

# 序言

## 融通东方与西方、传统与现代的管理哲学

40年来，我国的管理学术界与企业界基本处于补课和追赶的状态。当初国门一开，差距触目惊心，要补课、要追赶的心情太迫切，难免心浮气躁，难免急功近利，也难免矫枉过正。40年过去了，该补的课大体已经补过了，尽管还有些内容需要慢慢消化。补课和追赶的效果也是明显的，太过明显以至于被追赶的对象都有些不安了。

我们要感恩那些引领我们的理论和实践。何以为谢，其中一个很重要的方面，就是为管理理论大厦和企业实践宝库添砖加瓦，贡献具有自身独特色彩的模式和体系，尤其是党的二十大报告提出的"中国故事"。

对管理理论与实践的贡献可能基于两点：一是在40年追赶过程中，诞生中国企业成就的土壤足够独特，法律制度、社会文化、历史观念等有太多与众不同，我们要找到其中的瑰宝；二是我们目前与全球学术界和企业界同处于一个新的时代，共同面对新的环境和新的问题，我们要致力于寻求新的解决方案和新的理论基石。

毋庸讳言，中国的企业家已经走在了学者的前面，华为、海尔、金蝶等很多领先企业，一直在努力拓宽企业的可能性，令人敬佩。与企业界相比，学术界当前仍是以引进解析为主，创新建构还很薄弱。

我在不断跟踪企业实践、关注理论研究的过程中有了很多收获，其中之一就是今天的管理实践所遇到的挑战需要有新的理论贡献价值。在我看来，百年管理理论是以"分"为主脉络展开的，分工、分权、分利，目的是提升管理效率，当然也取得了明显的绩效结果。但是，我们深究其背后的原因，恰恰不是因为"分"，而是因为"合"，也就是说，获得绩效的核心关键在于把企业看成一个整体，而非分割状态，综合是管理的真正精髓。基于此，我提出了管理整体论及其七大原理，得到了较大的响应。

看到孙新波老师的这本书，很高兴我们有很多观点是一致的，更高兴的是，这本书里提供了很多系统的分析和见解。孙老师在梳理分析西方管理理论流派的基础上，继承东方千年传统的易道精髓，结合现代量子理论和互联网思维，提出了自管理、反管理、人性素、量子激励、量子人性等新的管理理念，并构建了包括人性、组织、环

境三大定律的同心圆理论分析框架，形成了一个融通东方与西方、现代与传统的管理哲学系统。

　　本书所呈现的景观是令人感佩、引人深思的，我愿意向管理研究者和企业家推荐。不同于一般的通俗普及读物，读者们刚开始可能会有一些阅读门槛，但相信一定会有很大的收获。即使对一般管理学有些兴趣的读者而言，书中对百年来管理研究脉络的梳理分析以及对中国传统文化观念的阐释也是非常精彩、很有价值的。我相信，有这么多的优秀企业家和研究者的持续努力，我们一定会有更多更好更有洞见的成就。

陈春花<br>
新华都商学院理事长

# 前言

## 边 缘 之 战

　　罗素在《西方哲学史》中讲道：不能自圆其说的哲学绝不会完全正确，但是自圆其说的哲学满可以全盘错误。最富有结果的各派哲学向来包含着显眼的自相矛盾，但正是因为这个缘故才部分正确。我同意并践行。

　　写《管理哲学》不是照着写，而是接着写，争取不久的将来能领着写。接着讲是冯友兰先生开创的一种哲学研究方法论，接着写是我在感恩基础上的感悟和感想，在本书是接着东方的传统人文、管理艺术和西方的现代科学、管理科学进行整合性创作。是为纪！

　　世界并未创造人类，人类造就了世界，"无尽"是世界的基础，那充实的虚空潜在无限，它是自我的来源，而企业仅仅是一种拥有动态能量和演化过程的持续自适应的组织形态，我们都将臣服于不确定这唯一的确定之中，这就是边缘之战，未来融合宏观相对和微观量子的现实正在向我们招手。

　　要迎接边缘之战，必然要有思想大准备、行动大投入、结果大超越。所有这些都是未知、无知、不知，此所谓黑暗也。所以，黑暗乃边缘之战的孕床，孕床乃边缘之战的平台，平台乃边缘之战的连接，连接乃边缘之战的天下！让名不见经传的我们团结起来，团结成一个原子去热切地迎接、拥抱、投身于黑暗，迎接那黑暗更黑，拥抱那黑暗更暗，投身那黑暗宇宙。如此，我们方可手捧地狱之花，把它献给旭日朝阳、午日正阳、末日夕阳。

　　古今中外凡是少数存在者、成就历史者、名垂天下者，无不是因边缘而胜出，凡此种种，举不胜举，不必再举。边缘就是"此中有真意，欲辩已忘言"。

　　如何来完成《管理哲学》的写作？

　　过去20年以来，我始终努力思考这一问题，现在勉强拿出一个版本等待迭代过程中的凄风冷雨，它注定会带来平静，不过要感谢的还是无数。

　　把复杂的、无序的和海量的管理信息整合归纳、提炼升华和解析演绎的方法主要是画图，我画了很多自己不满意的图示，然后看到了这句话："如果一个特定的问题，可以被转化为一个图形，那么，思想就整体地把握了问题，并且能创造性地思索问题的解法。"借助并利用这一观点，我开出管理哲学的基本框架示意图。

还是先从文化说起，中国传统文化有两句话对我影响至深，一句来自《道德经》第四十二章的"道生一，一生二，二生三，三生万物。万物负阴而抱阳，冲气以为和。"另一句来自《易经·系辞上传》第十一章的"易有太极，是生两仪，两仪生四象，四象生八卦，八卦定吉凶，吉凶生大业。"这两句话到底告诉、启发和警示什么？如何传承、利用和创新这两句箴言呢？本着这样的问题，长期深入思考并应用画图的方法，我有了以下三点基本认知。

## 1. 万物时空生成论

《易经·系辞上传》等《易传》作品不早于老子的《道德经》，《易经》自然在《易传》之前已经存在，我个人认为《易传》很可能是孔子、孔门后学及其他学派逐渐完善起来的，至于在民间大用的《易纬》是相对《易传》而言的，它应该更晚。而"太极"一词最早出于《庄子·大宗师》，至于画出太极图则是北宋初年周敦颐的杰作。《庄子·大宗师》中"太极"指的是"空间的最高极限"，这是宇宙的"宇"字的含义。而《易经·系辞上传》中"太极"指的是"阴阳未分的状态，是卦象的根源"。二者显然有较大差异。考古发现马王堆帛书《系辞》中并没有"易有太极"而是"易有大恒"，为什么《系辞》要借用《庄子》的"太极"？这"大恒"又是什么意思？我们都知道中国古代有避讳原则，"大恒"当在汉文帝刘恒之前，汉文帝当时或之后才改为"太极"，这就是其中的奥秘。"大恒"指的是"阴阳未分的状态，是卦象的根源，也可延伸为'道'"。这样就通过"大恒"建立了"道"与"太极"的关系，"大恒"是"道"的根本属性，"大"后来演化成"空间无限"的思想，"恒"后来演化成"时间无限"的思想，"大恒"就是"时空无限"，《庄子》就开出了"无限大和无限小是绝对的，其余都是相对的"哲学思想，于是产生了"宇（上下四方）宙（古往今来）"的概念。所以，"道"先于"太极"，这就是这两句话的时空关系，"道"始终存于道家，"太极"成了易家的选择，源头"一"也，而且它们始终都在生成的过程中，这就是万物时空生成论。

## 2. 时空生成方法论

从"道生一，一生二，二生三，三生万物"来看，"道"是一种假设，是人预设的一种源头，它不是自然界的自然概念，它是一种虚空，它潜伏着无限的创造性因子，因"缘"而生一，一分为二就是"无和有"，"无和有"是形而上的，"无和有"结合生出三，就变成形而下的，进而生万物，这就是人们常说的"一分为二和举一反三"。从

"易有太极,是生两仪,两仪生四象……"来看,源头一样都是"道",这里称为"太极","一生二"就是"是生两仪",即变成了太极生出阴和阳,阴阳正、反交合就会变二为四,这就是人们常说的"二分法"。当然,"道"还有一层含义,就是"道"生"天和地",然后与主客体的"人"结合就是中国传统的"天地人三才"哲学,这已经落实到应用层面了。因此,它里面包含了方法论之方法论,是为方法论之源头,绝不仅仅只开出"一分为二和举一反三",还有无限想象、无限方法、无限认识,这就是时空生成方法论。

## 3. 管理哲学图式论

**第一幅图是涵盖三大原理的同心图(见图1)。**
刚开始的时候受《管理学原理》"职能学说"的影响,一直用直线思维画各种图,画过方形、三角形、六边形、棱形、金字塔等形状,后来发现画得越多,与内心中的"真实"距离越远,于是不得不放宽视野。当人类因学会"全观视野"而"闲"下来可以仰望星空并深思道德律令的时候,那久违的心门便自然打开。智慧涌现,如璀璨星空,"真正"的自组织诞生了,于是开出了图1。

图1共分三圈,由内而外依次是第一圈的人性、第二圈的组织和第三圈的环境,对应本书的

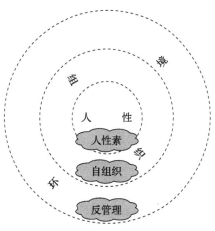

图1 管理哲学同心圆原理框架示意图

三大定律:人性素假设、自组织范式和反管理原理。此图用虚线而非实线的设计,意味着开放、共享和无限的理念。之所以选择同心圆状而非传统的金字塔状,是因为它最接近于自然(不仅仅是大自然),而且管理哲学的形状难道不就是平面圆形的、立体球形的?管理哲学难道不就是由此展开而形成的点、线、面/网、体/球逻辑体系?除此之外,还有什么?暂时就这些,未来会更多。

**第二幅图是开出全部内容的原子细胞图(见图2)。**有了《管理哲学》的基本框架逻辑体系,如何完善其内容呢?思前想后的结果还是本着自然无为的思路,用原子细胞生成管理哲学的基本内容,于是绘制了图2。

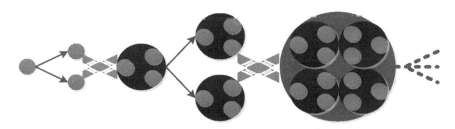

图2 管理哲学内容原子细胞核生成示意图

图 2 是管理哲学内容生成示意图，此图在图 1 "三大"定律的基础上，基于生成论和方法论的统一性引导一共开出"四篇"内容：分别是想象生产力、整体管理论、自为方法论和素性本体论。"想象生产力"篇主要用故事阐释传统文化、道德与分工、网络连接和生产力内容；"整体管理论"篇主要阐释西方百年管理、东方千年管理和反管理原理的内容；"自为方法论"篇主要阐释组织制度变迁、自性组织比较和水式自管理范式的内容；"素性本体论"篇主要阐释管理文明迭代、协同激励赋能和人性素假设的内容。图 2 的示意图内含了西方原子还原论和东方整体生成论的基本逻辑，类似于胚胎分裂的自然过程，也因此没有描述具体内容，它象征着生命的有无相生。人类最终走到哪里去？组织最终去往何处？环境又会发生怎样的变化？答案可能还是"混沌"，于是画出了图 3。

**第三幅图，即图 3，是谋求多元合一的太极图。**

图 2 是生成的过程，谋求将内容纳入过程中进行阐述。图 3 借用太极图谋求获得一种结果层面的统一，我个人始终认为未来管理≈古代中国管理艺术 × 现代西方管理科学，这个公式涵盖了时（古代、现代和未来）、空（中国和西方）和人（网络时代以"素"为本质特征的全球人），之所用"约等于"，是"留点空间给未来"，也因此用未来管理创新作为中心引爆点。图 3 还自然地内含了马克思主义哲学唯物辩证的

图 3　管理哲学多元统一太极示意图

三大规律：质量互变规律、对立统一规律和否定之否定规律。质量互变规律表现在太极图聚焦能量后旋转的无中生有、有中生优。很有趣的是，在中国还有一个"有中生忧"的现象，这个现象可以解释为"苦难兴邦"，由此来看，组织经历的一定的苦难最终成了组织的智慧资源。对立统一规律表现在太极图相对二元又绝对一元的态势，这一点在"反管理"原理部分会深入详细解析。否定之否定规律表现在太极图是"道生之，德畜之，物形之，势成之"的四阶段演化趋势，尤其是势能的交互转化值得关注。

管理哲学秉持涵盖线性的非线性思维，谋求打破处于死寂态的内部均衡状态，鼓励从舒适的内部规则走向无垠的外部混沌，混沌才是这个世界的美好，混沌的边缘则是苦难开出的美丽之花，这样才能重新焕发边缘创意、边缘创新和边缘创业。当我们能够更多地围绕"人类/组织/环境"之三元一体，既利用科学建立硬连接，又利用人文建立软连接的时候，人类的未来一定会更加灿烂光明。重构连接意味着能量的大量消耗，但是为了美丽明天，我们必须解构所有旧的连接，同时建构有无限可能性的新的连接。为了改造世界，我们必须终身学习，首先就是主动改变自我的思维及思维模式以迎接新的认识论的到来，然后才有可能在掌握方法论的基础上改变这世界。

从上述分析发现，《管理哲学》所揭示的管理的本质属性是管理的过程性（波性）

和管理的结果性（粒性）的统一。管理的过程性来源于时空范畴，它具有无限的潜在性，代表着未来无限的可能创造性，詹姆斯·卡斯（James Carse）在 *Finite and Infinite Games* 中将其称为无限博弈；管理的结果性来源于当下范畴，它具有有限的现实性，代表着现实刹那结束的结果的确定性，詹姆斯·卡斯在 *Finite and Infinite Games* 中将其称为有限博弈。

举个例子，人力资源招聘面试的时候，面试官有可能会问应聘者两类问题：一类是年龄、婚姻、教育背景、工作经历等"粒子"问题；另一类是与面试者聊天、共进午餐、沟通交流等"波形"问题。哪一类问题更能深入了解应聘者本人呢？一般会回答是第二类问题，这就够了吗？显然不够。第二类问题基于管理的过程性，第一类问题基于管理的结果性，实际上呢？正确答案（人类目前的认知）应该是参考第一类"粒子"问题并重视第二类"波形"问题，这样才可能有比较合适的判断。这样看来丹娜·左哈尔在《量子领导力》中总结的牛顿范式"从上往下"的控制和量子范式"从下而上"的信任仍然略显不足，现实一定是上下动态平衡、平行多元运行，现实一定是波粒二象共存性，现实一定是过程性和结果性的统一，统一了以后才能从个体过渡到集体，才可能发挥基于个体尊重的集体优势，在这一点上让-雅克·卢梭（Jean-Jacques Rousseau）和卡尔·马克思（Karl Marx）的观点与东方智慧高度一致。能如此，才可以欣赏"鱼在水中，水在鱼里"的美妙。世界的未来必将存在于更重视协同平衡、天人互惠、整体价值的东方，世界的未来也必将存在于整合后的东西方之中，若此方可走出未来，否则人而无人。

刚仙逝的饶宗颐先生为人修学有三境界：第一重境界，孤独上思考和感悟的"漫芳菲独赏，觅欢何极"；第二重境界，光彩下掩映与内修的"看夕阳西斜，林隙照人更绿"；第三重境界，永信中等候与自成的"红焉尚仁，有浩荡光风相候"。

以此滋养和警示自我，边缘之战大幕已开。

特别说明：其一，管理哲学不是心灵鸡汤，不追求快餐形式，管理哲学若是汤，也是那一锅老汤，祖祖辈辈自然而然传承到今天；其二，管理哲学是常识，需要静水深流，世上没有点石成金，管理哲学若是金，便闪耀那思想光辉；其三，管理哲学不是完美，她在追求完美的不完美之路上开放、边缘、无界、连接、动态，这一切都是坎陷。她不完美，她不完善，她不完整，这才是她，我愿意奉陪到底！

让天下人思想起来吧！欢乐的边缘之战！愉快的黑暗之战！幸福的常识之战！

我们注定将成为引领者！

# 目录 Contents

序言：融通东方与西方、传统与现代的管理哲学

前言：边缘之战

## 第一篇　想象生产力

### 第1章　想象力时代 ·················· 2

**开篇案例**：痛点想象力："送你一杯子，
　　　　　　暖你一辈子" ········· 2

1.1　中国"易道"传统文化及其生产力 ···· 4

　　1.1.1　易之生产力 ················ 4

　　1.1.2　道之生产力 ················ 7

　　1.1.3　目标与绩效 ················ 9

**实践聚焦**：打造爆款产品的罗盘法则：
　　　　　　四季盖碗 ············· 11

1.2　亚当·斯密"分工与道德"
　　生产力 ························ 11

　　1.2.1　斯密与熊彼特 ············· 11

　　1.2.2　矛盾的创造性 ············· 15

　　1.2.3　苦难与创新力 ············· 16

**实践聚焦**：曹德旺谈"要为中国人做
　　　　　　玻璃" ··············· 18

1.3　网络时代，故事连接产生的生产力 ···· 18

　　1.3.1　故事里的生产力 ··········· 18

　　1.3.2　创新涌现的模式 ··········· 19

　　1.3.3　互联网的生产力 ··········· 20

**实践聚焦**：蓝狮子社出版图书盈利26%
　　　　　　的秘密 ··············· 22

### 第2章　管理新思维 ················· 24

**开篇案例**：乔治·索罗斯的量子基金 ···· 24

2.1　四种管理思维 ······················ 25

　　2.1.1　串行思维 ·················· 25

　　2.1.2　并行思维 ·················· 26

　　2.1.3　量子思维 ·················· 26

　　2.1.4　自然思维 ·················· 28

**实践聚焦**：谷歌公司吸引创意精英的
　　　　　　故事 ················· 31

2.2　从量子思维到量子管理 ············ 32

　　2.2.1　量子道德下的量子管理
　　　　　行为 ···················· 32

　　2.2.2　量子管理行为中的无知
　　　　　之知 ···················· 34

　　2.2.3　牛顿范式与量子范式下
　　　　　"三观"比较 ············ 36

**实践聚焦**：罗红及他的摄影艺术人生 ···· 37

2.3　互联网效应、思维和法则 ·········· 38

　　2.3.1　互联网五大效应 ··········· 38

　　2.3.2　互联网五大效应理论解析 ···· 42

　　2.3.3　互联网思维的十大法则和
　　　　　六大定律 ················ 48

**实践聚焦**：Airbnb赢在哪里 ············ 49

### 第3章　管理无范式 ················· 50

**引子**：三"义"天下，雾中启航 ········ 50

3.1　人文主义范式 ······················ 51

　　3.1.1　人文主义流变 ············· 51

3.1.2　太极人文主义 …………… 55
**实践聚焦**：一江春水向东流：任正非的
　　　　　　人文主义情怀 …………… 56
3.2　科学主义范式 ………………………… 59
　　　3.2.1　技治主义 ………………… 59
　　　3.2.2　数据主义 ………………… 60
**实践聚焦**：全球最大的最规范的综合类
　　　　　　外包平台 Upwork ……… 65
3.3　管理主义范式 ………………………… 65
　　　3.3.1　物本主义 ………………… 66
　　　3.3.2　人本主义 ………………… 66
　　　3.3.3　能本主义 ………………… 67
　　　3.3.4　管理思潮轮流坐庄 ……… 69
　　　3.3.5　管理本源回归 …………… 70
**实践聚焦**：鸣梁海战 …………………… 75

## 第二篇　整体管理论

### 第 4 章　西方管理百年 …………………… 78
4.1　西方管理 100 余年 …………………… 78
　　　4.1.1　管理有模式无定式 ……… 78
　　　4.1.2　西方管理百年的 20 人 … 79
**实践聚焦**：《摩登时代》及《儿女一箩筐》… 90
4.2　管理效率主义追求 …………………… 90
　　　4.2.1　四个管理效率问题 ……… 90
　　　4.2.2　中国企业学习过程 ……… 91
**实践聚焦**：松下电器商学院如何培养商业
　　　　　　人才 ……………………… 93
4.3　四位管理哲学大师 …………………… 94
　　　4.3.1　管理理论之母：玛丽·帕
　　　　　　克·福列特 ……………… 94
　　　4.3.2　现代管理之父：彼得·德
　　　　　　鲁克 ……………………… 97
　　　4.3.3　管理哲学之父：查尔斯·
　　　　　　汉迪 ……………………… 98

　　　4.3.4　世界新管理范式引领者：
　　　　　　张瑞敏 …………………… 99
**实践聚焦**：海尔"人单合一"管理
　　　　　　模式 ……………………… 102

### 第 5 章　东方千年传承 ………………… 105
**开篇案例**：观自在 …………………… 105
5.1　一眼千年观天下 ……………………… 105
　　　5.1.1　观字的含义 ………………… 105
　　　5.1.2　观卦及作用 ………………… 106
　　　5.1.3　四知到六知 ………………… 110
　　　5.1.4　科学观哲学 ………………… 113
**实践聚焦**：西点军校的细节管理 ……… 116
5.2　一张图里看春秋 ……………………… 116
　　　5.2.1　从自然祭祀到人文诸子 … 116
　　　5.2.2　从人文诸子到管理定位 … 120
**实践聚焦**：松下幸之助"兼爱、交利"
　　　　　　的故事 …………………… 124
5.3　东西方管理哲学比较 ………………… 124
　　　5.3.1　东西方管理哲学的基本
　　　　　　情况 ……………………… 124
　　　5.3.2　东西方认识论与方法论的
　　　　　　比较 ……………………… 127
　　　5.3.3　新管理哲学理论体系的
　　　　　　构建 ……………………… 130
　　　5.3.4　管理哲学的学习方法 …… 134
**实践聚焦**：德蕾萨启示录 ……………… 135

### 第 6 章　反管理原理 …………………… 136
**开篇案例**：泰勒与科学管理：来自《清教
　　　　　　徒的礼物》的礼物 ……… 136
6.1　自发性对称破缺 ……………………… 137
　　　6.1.1　自发性对称破缺及其
　　　　　　影响 ……………………… 138
　　　6.1.2　对西方主导下的管理研究
　　　　　　反思 ……………………… 139

6.1.3　对"管理"一词词源重新
　　　　　　认识⋯⋯⋯⋯⋯⋯⋯⋯ 140
　**实践聚焦**：新时代的管理转向：从科学走
　　　　　　向科学与哲学并行交融——兼
　　　　　　谈周长辉的《诗的在场、学者
　　　　　　性与人的味道》⋯⋯⋯⋯⋯ 144
　6.2　"反管理"基本原理⋯⋯⋯⋯⋯⋯ 148
　　　6.2.1　"反管理"的定义⋯⋯⋯⋯ 148
　　　6.2.2　"反管理"的特征⋯⋯⋯⋯ 148
　　　6.2.3　"反管理"的工具⋯⋯⋯⋯ 149
　**实践聚焦**：华为的"灰度管理"⋯⋯⋯⋯ 151
　6.3　管理世界整体论⋯⋯⋯⋯⋯⋯⋯ 151
　　　6.3.1　环境资源与管理⋯⋯⋯⋯ 151
　　　6.3.2　资源整合三原理⋯⋯⋯⋯ 155
　　　6.3.3　全息管理资源论⋯⋯⋯⋯ 158
　**实践聚焦**：企业成功的三要素：势、
　　　　　　道、术⋯⋯⋯⋯⋯⋯⋯⋯ 169

## 第三篇　自为方法论

### 第 7 章　组织制度变迁⋯⋯⋯⋯⋯⋯⋯ 172
　**开篇案例**：汽车与洋楼，丰田与德胜的
　　　　　　比较⋯⋯⋯⋯⋯⋯⋯⋯⋯ 172
　7.1　文官制度与《摩西十诫》⋯⋯⋯ 174
　　　7.1.1　中国文官制度⋯⋯⋯⋯⋯ 174
　　　7.1.2　西方文官制度⋯⋯⋯⋯⋯ 177
　　　7.1.3　摩西及其十诫⋯⋯⋯⋯⋯ 179
　**实践聚焦**：打造新制度的张瑞敏⋯⋯⋯ 180
　7.2　从直线职能到事业部⋯⋯⋯⋯⋯ 181
　　　7.2.1　直线职能制⋯⋯⋯⋯⋯⋯ 181
　　　7.2.2　项目矩阵制⋯⋯⋯⋯⋯⋯ 184
　　　7.2.3　事业部制⋯⋯⋯⋯⋯⋯⋯ 187
　**实践聚焦**：美的事业部制改造⋯⋯⋯⋯ 188
　7.3　牛顿式组织与量子组织⋯⋯⋯⋯ 189
　　　7.3.1　牛顿式组织⋯⋯⋯⋯⋯⋯ 189

　　　7.3.2　量子组织⋯⋯⋯⋯⋯⋯⋯ 190
　　　7.3.3　网络组织⋯⋯⋯⋯⋯⋯⋯ 192
　**实践聚焦**：小米式组织架构⋯⋯⋯⋯⋯ 197

### 第 8 章　自性组织治理⋯⋯⋯⋯⋯⋯⋯ 201
　**开篇案例**：基于创造力需求组织架构的
　　　　　　模样⋯⋯⋯⋯⋯⋯⋯⋯⋯ 201
　8.1　自组织科学⋯⋯⋯⋯⋯⋯⋯⋯⋯ 202
　　　8.1.1　自组织的发祥地⋯⋯⋯⋯ 202
　　　8.1.2　自组织理论基础⋯⋯⋯⋯ 205
　　　8.1.3　自组织方法应用⋯⋯⋯⋯ 209
　**实践聚焦**：腾讯通过"故事墙"和"站
　　　　　　立式会议"，实现自组织和高
　　　　　　绩效⋯⋯⋯⋯⋯⋯⋯⋯⋯ 213
　8.2　组织关系谱⋯⋯⋯⋯⋯⋯⋯⋯⋯ 214
　　　8.2.1　组织变迁逻辑⋯⋯⋯⋯⋯ 214
　　　8.2.2　组织重构认识⋯⋯⋯⋯⋯ 218
　　　8.2.3　命运共同体治理⋯⋯⋯⋯ 221
　**实践聚焦**："黄金时代"到"镀金时
　　　　　　代"：田涛导读《清教徒
　　　　　　的礼物》⋯⋯⋯⋯⋯⋯⋯ 223
　8.3　生态型组织⋯⋯⋯⋯⋯⋯⋯⋯⋯ 225
　　　8.3.1　生物型组织⋯⋯⋯⋯⋯⋯ 225
　　　8.3.2　阿米巴经营⋯⋯⋯⋯⋯⋯ 228
　　　8.3.3　组织再思考⋯⋯⋯⋯⋯⋯ 229
　**实践聚焦**：韩都衣舍的自组织与中国
　　　　　　智慧⋯⋯⋯⋯⋯⋯⋯⋯⋯ 233

### 第 9 章　水式自管理⋯⋯⋯⋯⋯⋯⋯⋯ 236
　**开篇案例**：海尔是海⋯⋯⋯⋯⋯⋯⋯⋯ 236
　9.1　道与谦⋯⋯⋯⋯⋯⋯⋯⋯⋯⋯⋯ 237
　　　9.1.1　道与"三才"⋯⋯⋯⋯⋯ 237
　　　9.1.2　谦之六爻⋯⋯⋯⋯⋯⋯⋯ 238
　　　9.1.3　范式的改变⋯⋯⋯⋯⋯⋯ 240
　**实践聚焦**：苏格拉底式的谦恭⋯⋯⋯⋯ 241

9.2 自管理 243
    9.2.1 库恩的范式革命 243
    9.2.2 自管理范式建构 246
    9.2.3 自管理范式解析 246
**实践聚焦**：海尔是云 251
9.3 水世界 253
    9.3.1 谦虚的普遍价值 253
    9.3.2 自然之水的隐喻 254
    9.3.3 水火交互式平台 257
**实践聚焦**：海尔是火：新年只是一个数字，新我才能迎接新太阳 260

## 第四篇 素性本体论

### 第 10 章 管理文明的迭代 264
**开篇案例**："自由自在"的企业家 264
10.1 互联互通下的管理文明 265
    10.1.1 互联互通 265
    10.1.2 文化传承 268
    10.1.3 群龙无首 274
**实践聚焦**：比雷埃夫斯港 275
10.2 工匠精神中的管理气质 276
    10.2.1 周公与姜尚的较量 276
    10.2.2 千年工匠达人精神 278
    10.2.3 量子人文基本规律 280
**实践聚焦**：金刚组的传承故事 283
10.3 自然资源里的管理使命 285
    10.3.1 山水思想 285
    10.3.2 风月情怀 287
    10.3.3 境界追求 288
**实践聚焦**：酷特智能：工业互联网网红张代理的征服故事 291

### 第 11 章 管理激励为赋能 294
**开篇案例**：Celebrate What's Right with the World 294

11.1 赞美这世界 294
    11.1.1 暗示的力量 294
    11.1.2 需求是根本 296
    11.1.3 人人的时代 299
**实践聚焦** 302
11.2 激励这点事 302
    11.2.1 奖励激励 302
    11.2.2 量子激励 303
    11.2.3 协同激励 305
**实践聚焦**：逆向思维才有奇迹：永业农丰纳斯达克上市的故事 306
11.3 激励与赋能 306
    11.3.1 激励协同 306
    11.3.2 连续激励 307
    11.3.3 赋能授权 311
**实践聚焦**：阿里巴巴的赋能与西雅图的"丢鱼"激励 315

### 第 12 章 人性素假设 317
**开篇案例**：马斯克的第一性原理 317
12.1 64 种人性假设的比较 319
    12.1.1 人性之源头 319
    12.1.2 人性之比较 320
    12.1.3 人性之光辉 326
**实践聚焦**：梅奥对霍桑实验的总结 328
12.2 人性素假设的构建 330
    12.2.1 人性素假设的提出 330
    12.2.2 人性素假设的定义 330
    12.2.3 人性素假设的意义 331
**实践聚焦**：乔布斯的哲学启示：带给人类希望 332
12.3 人性素假设的运行 334
    12.3.1 人性素假设的特征 334
    12.3.2 人性素假设的机理 336

12.3.3　人性素假设的

　　　　　　应用 ················ 339

**实践聚焦**：**人性的尺度：日本最大连锁**

　　**书店的 7 条经营哲学** ········ 341

**后记 1　点燃** ················ 345

**后记 2　传承** ················ 348

**后记 3　纯苦无乐（lè），是为**

　　　　**大乐（yuè）**··········· 357

**参考文献** ···················· 361

## Part 1 第一篇

## 想象生产力

- 第 1 章　想象力时代
- 第 2 章　管理新思维
- 第 3 章　管理无范式

# 第1章

# 想象力时代

.:开篇案例

### 痛点想象力:"送你一杯子,暖你一辈子"

一个夏天的周六,LKK创新设计集团创始人、董事长贾伟和两个孩子,还有贾伟的父亲在家看电视,女儿突然想喝水,贾伟的父亲就去倒了一杯刚烧开的热水,怕烫到孩子,父亲还特意把水杯放到桌子中间。可万万没想到杯子上有一根绳,女儿一下子跳起来抓住了那根绳子,滚烫的热水顷刻间泼洒到了女儿的脸部和胸口,女儿因此受了很多的苦。这个场景贾伟一辈子都忘不了,面对这么突如其来的事情,连自己的女儿都保护不了,无法预防这样的事情发生,这成了贾伟心中的一个痛点。

于是,贾伟就想为什么不能做一个防止孩子烫伤的产品呢?能不能做一个水杯或者其他什么东西,不管倒入多少度的水,只要从手里给到孩子的时候,不需要再等,不需要再提醒,立马就能喝?就这样,由自己的痛点所产生的想象力、驱动力,催生出了55度杯这一款所谓的爆款产品,100度的热水,摇10下(1分钟)就能变成55度。

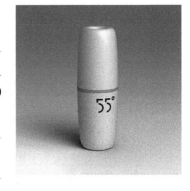

55度杯是一款可以快速变温的水杯,是北京五十五度科技有限公司自行研发、设计、生产的第一款实用新型专利的高科技产品,瞬间因其强大的功能在网络走红,成了各大电商的新宠。55度杯子的创意来自于贾伟的痛点,贾伟把这个真实的故事讲给设计师听,于是400多位设计师用3个月时间做出了55度降温杯。

虽然是经由痛点产生的想象力,不过依然由想象力产生了生产力。

我以为,互联网时代是量子时代,量子时代是中国传统优秀文化时代!中国传统文化不过是宇宙近140亿年的一个缩影,小到可以忽略!今天,正因为看到她的小,才可能看到她的大,才能看到她的美,这美产生了无限的想象力。21世纪的人类发展,终将如1977年诺奖获得者普利高津所说,"西方的传统(带着它对实验和定量表述的强调)与中国的传统(带着它那自发的、自组织的世界观)结合起来,朝着一种新的自然主义前进而为人类做出新的贡献。"

**远古时代**没有车辆的时候，人类靠手拿肩挑的生产方式获得生产物资，然后产生生产力。**农业社会时代**，由于生产和生活的需要，先是出现了独轮车，这种车是靠人推动的，一般是一人一轮一车；后来出现了双轮车，这种车是可以由人、牛、马等来拉动的，一般是一 / 多人、一 / 多牛、一 / 多马两轮一车，**"推拉"的方式**产生了这个时代的生产力，而农业时代是农场主和农民的时代。**工业社会时代**，效率逐渐成为生产和生活的主旋律，于是出现了三轮摩托车，这种车是靠机械带动的，一般是一台发动机带三个轮子；再后来出现了四轮汽车，汽车是靠一个或者几个气缸驱动的，一般是气缸驱动四个轮子；再后来又出现了火车、高铁等不同种类和形式的车辆，**机械的方式**产生了这个时代的生产力，而工业时代是工厂主和工人的时代。**互联网社会时代**，无人驾驶的自动汽车已经成为现实，物联网、车联网乃至于万联网也早已经不再新奇，人已经从人借助想象力制造的车中解放出来，从而借助这种工具真正成为它的主人，也成为自己的主人。**连接的方式**产生了这个时代的生产力，而互联网时代是人人的时代。同时我们还看到可能的远方，未来的概念车已经出现在很多公司的设计桌上，马斯克的电动车已经开始邀游太空……依靠想象力，人类创无限，未来可期，**想象的方式**将产生未来的生产力，未来时代是想象力和设计师的时代，智慧大爆发的奇点已经来临。

上述关于车的变迁过程的描述告诉我们关于生产力产生的一个基本逻辑展开：首先是人自然而然地活着，后来基于生活和生产的需要定义了生产力的概念，同时通过分工的设计以实现生产力；然后在人类自身延续的过程中，依靠自然提供和人类开发的生产工具获得生产资料，在人与自然相处中产生了错综复杂的生产关系，生产力与生产关系的交互反应又产生了新的生产方式，新的生产方式往往表现在由技术革命所导致的生产工具的不同上，不同的生产工具进一步导致了分工的不同；最后是不同的分工产生新的生产工具以满足人类新的更高的需求。这种逻辑一直延展到今天的互联网、物联网和万联网社会时代，螺旋上升的需求帮助人类继续延展下去。

由此发现，科学技术变革产生的工具替代导致分工发生了变化。依据此原理，互联网时代亦应该遵循这一基本原理。其表现有三：互联网的出现首先消除了信息的不对称，从而导致分享和共享成为可能和必然，这是分享和共享经济产生的底层逻辑，分享和共享不代表取消分工，因为每一个个体的力量都是有限的，新的分工定义必然出现，于是大家看到部落、聚落、圈层、圈子等概念不断出现在互联网时空中，这是由**互联网的网络资源性**决定的。其次，互联网的出现使得人人时代很可能成为现实，因为每一个独立个体都可能在互联网营造的虚拟现实中找到自我，进而成为互联网时空中创新和创造的主体，这就是中国大力倡导和鼓励互联网 +，从而推动创新和创业成为时代潮流的原因。这是由**互联网的网络工具性**决定的。最后，互联网的物化形态、圈层的概念、圈子文化在网络的出现，所有这些与中国传统文化的结构形态极其相似，中国的传统文化恰恰是在关系这一人网中形成的网络型的、开放式的文化，可以说，她自然地、必然地适应互联网时代的本质需求，这是由**互联网的网络文化性**决定的。这就是文化自信和互联网 + 下的"双创"的逻辑关系，也是互联网作为生产工具借助中国传统文化这一生产资料必将在未来产生的无限生产力。如何实现呢？

众所周知，网络是无限的，这种无限犹如大海之**大**、天空之**空**、道本之**虚**，**大空虚**就是无限的想象和无限的创造力的协同，大空虚中无限的创造性因子会因为分工的重新定义而产生革命性的生产力,这种新的生产力就是中国优秀传统文化与基于互联网的科技革命协同创造新世界的力量,我把这称为**创造坎陷,创造模因**。

接下来,我们从中国"易道"传统文化的生产力、亚当·斯密的劳动分工、尤瓦尔·赫拉利的智人和未来人类的生产力四个方面解析**管理生产力**。

生产力是人类征服和改造自然的客观物质力量,生产力的基本要素是劳动者、劳动资料和劳动对象,这是马克思时代生产力的基本构成,后来邓小平提出了"科学技术是第一生产力"的著名论断,于是,生产力的要素发生了变化,生产力 =(劳动者 + 生产工具 + 劳动对象)× 科学技术,这一公式成为社会价值创造的第一公式。企业的价值创造呢?亚当·斯密曾提出企业的价值创造来自于土地、资本和劳动,后来法国经济学家让·萨伊认为光有土地、资本和劳动还不够,又增加了企业家这一要素,再后来彭剑锋等人研究《华为基本法》的时候,认为还应该加上技术创新者和知识创新者作为价值创造的基本要素。今天,互联网、物联网乃至于万联网成为生活常态的时候,**土地、资本、劳动、企业家、创新者**五个要素可能还不够,我认为还需要增加**想象力**这个要素,六大要素构成了新的企业价值创造体系,构成了价值创造共同体,共同设计人类美好的未来,而没有文化的想象力是不可能产生生产力的。

## 1.1 中国"易道"传统文化及其生产力

中国上下五千年的传统文化博大精深,在此仅基于《易经》和《道德经》约略分析中国传统文化与生产力的关系。

### 1.1.1 易之生产力

"易学"包括《易经》《易传》和《易纬》以及由后学不断补充而形成的"易学"系列,本书仅从"易"的本源含义展开分析。一般而言,"易"主要有五层含义,分别是不易、简易、变易、交易和和易。不易指的是事物运动可感知、可认识的相对静止状态以及宇宙发展规律的相对稳定性;简易/易简则说明乾、坤阴阳变化规律的本质的非神秘性和简明性;变易指的是宇宙万物永恒运动的本质;交易指的是宇宙阴阳矛盾的交往、转化、反复、变化;和易指的是温和平易的矛盾统一体。除此之外,易还有其他解释,不再赘述。"易"字字形演变如图 1-1 所示。

| 甲骨文 | 金文 | 篆文 | 隶书 | 楷书 | 行书 | 草书 | 标准宋体 |
|---|---|---|---|---|---|---|---|
| 前 6·43 | 佚 234 | 德簋 | 毛公鼎 | 说文解字 | 曹全碑 | 柳公权 | 陈东之 | 欧阳询 | 印刷字库 |

图 1-1 "易"字字形演变

值得注意的是,在甲骨文中,"易"字像双手捧一杯向另一杯中倾注水的形状,后省略双手,只写作一个杯向另一杯注水的形状,再后来省为只剩下一个杯向外流水的形状,最终又纵向截取杯的一半而省,失去原形,最终演变为"易"字。由"易"字的注水、两器物之间的"裒(póu)多益寡"而表示"变化、变换、交易、变易"。同时,在日常生活中，一般是从大杯向小杯分液体，才能达到具体使用液体的目的，如喝水，总是先从水壶中把水倒入杯中再喝再用，所以，"易"字的字形还具有转化而使用的意义。本书引申认为，易最早与水有关，是人类生命和文明的源泉，本书甚至认为，人类文明直接与兑（泽）卦相关。

由"易"之注水本意来看，正和"谦卦"大象辞"地中有山，谦。君子以裒多益寡，称物平施。"关于"谦卦"，在第 9 章中会详细解析，在此仅解析"裒多益寡，称物平施"。"裒多益寡"指的是拿多余的一方增加给缺少的一方，比喻多接受别人的意见，弥补自己的不足，实际上就是"天道亏盈而益谦"。"称物平施"指的是用"称物"（称东西）的方式来"平施"（平均分配）。实际上，"裒多益寡"和"称物平施"都是为了实现同一个目标——平，平就是基于命运共同体的天下大同、天下太平。

实现"平"的方法是什么呢？是"称"。"称物平施"的"称物"，所称量的不只是物质的重量，引申开来，是指衡量一切物力和人力：衡量每一件东西的使用价值，使物尽其用；衡量每一个人的能力和水平，使人尽其才。每件物品，每个人，都能够根据自己的特点，被放到最合适的位置上，发挥出最大的作用，这个世界就不会有废弃物，也不会有废人才。"称物"是实现"平"的方法，"称物"之后就要"平施"。怎么做才能实现公平？公平是有标准的，这个标准就是中道，就是和易。每个人的能力不一样，付出的努力不一样，发挥的作用不一样，得到的回报自然也应该不一样，这就是所谓的能者多劳，劳者多得，得到和付出是成正比的。

谦的最高境界是什么？是平天下，是要实现真正的世界和平，实现真正的世界大同！只有通过谦者的"**裒多益寡**"和"**称物平施**"才能解决问题。"谦"不是唯唯诺诺、畏缩退让、不与人争。真正的"谦"者格局大、胸怀广、气势豪，它是达于上天，至于四海，弥漫于宇宙之间的，是以"平天下"为目标的。

由谦而易，这就是易的价值，这种价值本书称为想象生产力价值，"易"的生产力价值凭借思想的穿透力正在协助构建人类命运共同体。可以这样说，"易"天然地成为人类命运共同体的文化根基，它已然成为 2017 年瑞士达沃斯主旨演讲中提到的指引人类进步与变革的力量之一，它必将为彷徨困扰的世界指明方向，跨越千年历史，散发时空的思想魅力。

建设一个持久和平、普遍安全、共同繁荣、开放包容、清洁美丽的世界——构建人类命运共同体理念着眼"五位一体"，将人类共同价值和中华优秀文化弘扬光大，将中国自身发展与世界共同发展融为一体。这种深具开创性、普遍性的价值理念，不仅是中国思想对当代世界的重要启示，而且成为引领时代潮流和人类文明进步方向的鲜明旗帜。第 71 届联合国大会主席彼得·汤姆森（Peter Thomson，1948—）认为，中国所倡导的构建人类命运共同体理念是"人类在这个星球上的唯一未来"。构建人类命运共同体的理念，源于中国，属于世界，是中国与世界的交响协奏。在这一饱含东方智慧与天下情怀的理念的感召下，国际社会同声相应、相向而行，携手为命运与共的人类未来谱写壮美乐章。

"我第一次得到一把瑞士军刀时，我就很佩服人们赋予它那么多功能。我想，如果我们能为我们这个世界打造一把精巧的瑞士军刀就好了，人类遇到了什么问题，就用其中一个工具来解决它。"习近平的精妙比喻，恰是一份诚挚初心、一片大国情怀，融入大国的担当和道义的力量。

瑞士军刀

哲学家卡尔·荣格（Carl Gustav Jung，1875—1961）在给英文版的《易经》写的序言里说："谈到世界人类的唯一智慧宝典，首推中国的易经，在科学方面，我们所得的定律，常常是短命的或被后来的事实所推翻。唯独中国的易经亘古长新，相延 6 000 多年，依然具有价值，而与最新的原子物理学有颇多相同的地方。"易经不但传承几千年不衰落，反而不断爆发出新的生命力。近些年来，互联网、大数据、云计算和 AI，同样与易经有许多相同的地方。

数据是伴随着互联网技术发展而产生的高科技时代的产物。大数据一词由维克托·迈尔·舍恩伯格及肯尼斯·库克耶提出，指的是需要新处理模式才能具有更强的决策力、洞察力和流程化能力的海量、高增长率和多样化的信息资产。大数据因量大而必须依托云计算的分布式处理、分布式数据库和云储存、虚拟化技术。大数据的价值在于对含有意义的数据进行专业化处理。随着大数据的快速发展，大数据将带来新一轮的技术革命。同时，随着大数据与产业的融合，未来大数据将越来越资源化，将成为产业链条的核心一环和一项崭新的产业。大数据将成为企业和社会关注的重要战略资源，成为一家企业的核心竞争力，直接影响企业的财务表现和企业的持续发展。同时，数据质量将是商业成功的关键。

大数据与"易经"象、数有着紧密的联系。大数据搜集、处理、分析的对象是数据，"易经"象数获取、分析的对象也是数据，二者分析对象是共同的，但是二者的内涵和外延不尽相同。"易经"象、数是宇宙全息数据，包括显性和隐性数据。而大数据只是宇宙全息数据的显性数据。同时，大数据的显性数据还只是人类经济社会活动的部分数据，而非人类经济社会活动的全部数据。可见，"易经"象、数的内涵与外延远比大数据的要丰富。"易经"象、数包含大数据，大数据是"易经"象、数的一部分。"易经"象、数之象原初是从自然和天地配卦取象，其最主要的含义就是**想象**，至于数则是后来的事情。

大数据的价值在于对关联数据进行加工与处理、分析与预测，为决策提供支持。然而，由于大数据受数据信息获取方法和数量的限制，在较大程度上制约了分析、预测结果的准确性。"易经"数理模型，却可以通过自己独特的方法，获取大数据不可获取的隐性部分的数据信息，由于"易经"的信息和数据是宇宙全息的，这些数据信息将有利于扩充大数据的信息量，使样本数据或关联数据更加丰富，更趋完善，进而使相关分析、判断和预测更趋准确。我们知道大数据的主要功能在于从庞大数据中发现事物发展的规律，并据此规律预测未来。而"易经"的主要功能也在于对某事某物进行预测，并从预测的数相中发现规律，以预测未来。它们在本质上是一样的，殊途同归，所不同的是操作方法、操作流程。对此，在应用上如果将大数据和"易经"的数理模型进行融合，将有利于提高大数据的准确性。

"易经"是一门洁净精微的文化，具有很强的哲学性和科学性，它是中华文化的源头活水，是群经之首、大道之源，是一门融合自然科学和社会科学的超级科学。对此，我们应正确认识"易经"这门传统学问，增强对"易经"哲学性和科学性的认识。在正确认识的基础上认同"易经"，在认同的基础上认知"易经"，并在认知的基础上弘扬、发展、运用"易经"，使"易经"这门古老的科学能够为当下大数据建设所用，能够为当代经济社会发展和人类社会进步所用，这就是"易"生产力。

## 1.1.2 道之生产力

"道学"包括《道经》《德经》和《庄子》以及由后学陆续补充而形成的《道藏》系列，本书仅从"道"的本体内涵视角展开分析，并从"道"出发，比较彼得·德鲁克的目标和绩效管理。

我认为，老子善讲虚，释迦好言空，二者相结合，便是这虚空。

"虚空"一词出处较多，查阅百度百科、360百科、维基百科和智库百科后，以下解释比较合适，"虚空"指的是宇宙中承载一切粒子的空间。真空是虚空的未完整表现，真空中也是包含粒子的。虚空和粒子构成世界，是宇宙最主要的组成部分。虚空具有无处不在，无所不包的特征。《尔雅》将虚释为空，后来虚空连用较多。本节的意图在于从虚空角度解读德鲁克的目标管理和西方企业长期应用的绩效管理，尝试给出互联网环境下不确定时代目标管理和绩效管理的新的解决思路。

老子《道德经》第十一章有言，"三十辐共一毂，当其无，有车之用。埏埴以为器，当其无，有器之用。凿户牖以为室，当其无，有室之用。故有之以为利，无之以为用。"这一章中老子以轮毂辐条有中空才有车之用、器皿有中空才有器皿之用、房屋有中空才有房屋之用三个类比来说明有无相生，重点突出了"无"也就是虚空的作用，其作用在于使"有"发挥作用。我们要记住"有之以为利，无之以为用"的教诲。这句话放在今天来说约等于"空杯心态"，对个人而言，"空杯心态"要求自我放空，如此才能更好地提升自我。

受《道德经》的启发，陈鼓应先生认为：虚中含有无穷的创造性因子，"虚"是一种蓄势待发的精神，对人而言"虚"就是不断地凝练生命的深度。这种"虚"状的"道"体不但是万物的根源，而且其作用永不穷竭，不断涌现，"虚空"中储藏的能量无限。

赵东辉，沈阳赛莱默有限责任公司的总经理，他带领企业不断取得胜利的法宝之一就是合理地利用"虚空"。面对制造业企业安全生产的第一要求，沈阳赛莱默有限责任公司不是像大多数企业那样不断地累加安全生产的天数，而是善于用减法，在该公司，当安全生产累积到一定的天数后（如365天），管理者就开始有意地让安全生产天数全部清零，然后从零开始重新计算。这样的做法使得该公司的生产一直是安全的，这就是"虚空"的作用和利用。

现在农村有些地方，百姓日常生活做饭的时候有一种获得风能的工具叫风箱（古时被称为橐龠），风箱就是一种利用"虚空"的产物，它利用虚空的原理产生了运动，获得了动能从而加热餐食，生活因此得以涌现。

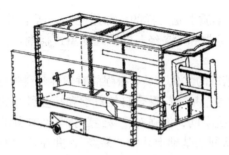

风箱原理及构造示意图

不但如此，中国古人发明的"失蜡法"也是一种"虚空"下的产物。失蜡法也称"熔模法"，起源于焚失法，是一种青铜等金属器物的精密铸造方法。具体做法是用蜂蜡做成铸件的模型，再用其他耐火材料填充泥芯并敷成外范。加热烘烤后，蜡模全部熔化流失，使整个铸件模型变成空壳（产生"虚空"）。再往内浇灌熔液便铸成器物。云纹铜禁、曾侯乙铜尊盘等无不利用此法铸成。

失蜡法的产物：曾侯乙铜尊盘及部分放大图

这样的例子举不胜举，即使今天最精尖的航空涡轮风扇发动机的基本原理也是如此，可见"虚空"原理的运用作为历史规律的再现一直没有停歇过，这也进一步证明了"虚空含有无限创造性因子"的结论。

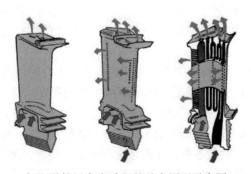

航空涡轮风扇发动机的基本原理示意图

反观今日企业之目标管理和绩效管理，恰恰没有很好地利用"虚空"的规律性原理，几乎所有企业的目标管理和绩效管理在执行时无一例外地都选择了正增长这一个方向，不管情境、组织和人员如何变化，企业一味要求只能正向增长，如果有了负向增长，就要被打板子甚至引咎辞职。在我看来，这种丢掉半壁江山（只看到正增长的价值，没看到负增长的作用）的求法和做法自然是"反自然"的，因此基本不可能产生涌现性的创新成果。

为了获得基于文化自信的创新及其成果，我们应该记住"**没有虚空的状态，哪里有实用的结果**"，所以海尔 CEO 张瑞敏才有"空无多有"的名言警句。

那么，德鲁克当年到底是如何定义目标管理和绩效管理的呢？

### 1.1.3 目标与绩效

先看看目标管理。彼得·德鲁克于 1954 年在《管理的实践》一书中最先提出了"目标管理"（management by objective，MBO）的概念。时值第二次世界大战后西方经济由恢复转向迅速发展的时期，企业急需采用新的方法调动员工积极性以提高竞争能力，目标管理的出现可谓应运而生，美国通用电气公司最先采用，并取得了明显效果。其后，在美国、西欧和日本等许多国家和地区得到迅速推广，被公认为是一种加强计划管理的先进科学管理方法。20 世纪 80 年代初中国开始在企业中推广干部任期目标制、企业层层承包等，都是目标管理方法的具体运用。

彼得·德鲁克的目标管理与弗雷德里克·泰勒的科学管理相比较有三个特点：更重视人的因素，建立了目标锁链和目标体系，更重视成果。同时，目标管理以 Y 理论为基础，即认为在目标明确的条件下，人们能够对自己负责。目标管理是以相信人的积极性和能力为基础的，企业各级领导者对下属人员的领导，不是简单地依靠行政命令强迫他们去干，而是运用激励理论，引导员工自己制定工作目标，自主进行自我控制，自觉采取措施完成目标，自动进行自我评价。从上述背景、特点、指导思想/假设和追求来看，目标管理确实促进了当时企业的生存、发展和繁荣。

但是，目标管理也有其自身局限性：一是目标管理提出背景的局限，对比发现今天目标管理在运用的时候面临着比半个世纪前更不确定的背景，因此，目标越来越难以确定。二是目标管理的哲学假设不一定都存在，Y 理论对于人类的动机做了过分乐观的假设，实际中的人是有"机会主义本性"的，尤其在监督不力的情况下。因此，在许多情况下，目标管理所要求的承诺、自觉、自治气氛难以形成。三是根据目标的 SMART 原则（S=specific，明确性；M=measurable，可衡量性；A=attainable，可实现性；R=relevant，相关性；T=time-bound，时限性）的要求确定管理目标体系会对各级管理人员产生一定的压力。为了达到目标，各级管理人员有可能会出现不择手段的行为。因此，德鲁克强调的"目标管理与自我控制"往往流于形式。那么，出现这些问题的根源在哪里呢？

再看看绩效管理（performance management，PM）。西方倡导并实践的绩效管理发展到今天已经形成了一套相当完善的管理体系，有关绩效管理的优与劣从管理科学视角也已经被解读得比较清晰，绩效管理涉及中国文化中诸如"面子""和气"等尴尬问题，从而影响绩效管理在中国情境中执行也已经被解读过了，但这不代表绩效管理在哲学层面无懈可击。接下来从虚空角度解读绩效管理的问题。正如上文解读目标管理一样，绩效管理在执行过程中往往也只能是一个方向即正向的增长型，一旦绩效出现下滑或者负向的情况，对绩效的主客体而言往往会演变成如临大敌甚至溃不成军。这种仅仅关注实有视域而无视虚空情势的做法，必将而且正在导致绩效管理的无用性，关于此我称之为执行中的方向性错误。方向错了，南辕北辙还能避免吗？实际上，目标管理如此，绩效管理何尝不是如此！

我们不妨看看索尼公司前常务董事士井利忠（笔名：天外伺朗）2006 年的观点，他认为索尼的落寞是由于绩效的引入，并罗列了五条理由。

- 技术开发人员激情消失,引入绩效管理导致赚钱、升值和出名等外部动机的加强,削弱了技术开发人员想通过自己的努力实现技术开发的内在动机,进一步弱化了以工作为乐趣的内在意识,导致技术开发人员激情缺失,而索尼的创始人井深大"工作的报酬就是工作"的想法与绩效主义恰恰相反。
- 绩效主义导致索尼公司内追求眼前利益风气蔓延,短期内难以见效的工作都受到轻视,几乎所有人都提出容易实现的目标,导致挑战精神消失。
- 绩效主义企图量化人的能力,以此做出客观公正的评价,土井利忠认为这做不到,最大的弊端是破坏了公司内的气氛,公司不把部下当有感情的人看待,而是一切都看指标,实际上,企业员工是需要温情和信任的。
- 绩效主义破坏了索尼公司长期形成的"干别人不干的事情"的独自开发精神,这种精神恐怕不符合只看收益结果的美国企业管理理论。
- 绩效主义导致索尼公司最高领导人态度的变化,索尼公司已经没有了向新目标挑战的"体力",同时也失去了把新技术拿出来让社会检验的胆识。

以上是土井利忠的看法,单纯从他个人所在的公司来看有一定的道理。公允地来看,作为工具的绩效管理和绩效主义也不都是一无是处,不能将所有的过失都推给绩效管理。终生雇用、年功序列制和企业工会等方面的问题是否也应该引起足够的重视?

那么,比较合理的目标管理和绩效管理的做法是什么呢?如何做才能获得更多的不违背自然(自己本来如此,非大自然的含义)的创新成果和成果的创新呢?本书提供三点思路。第一,参与企业目标管理和绩效管理的所有主客体方都应该建立**"有升有降才是圆满的"**第一认识,这是对目标管理和绩效管理的实事求是。有了这种认识论以后才可能接受目标和绩效下降的客观事实,而非一味地主观追求目标和绩效的持续上升。某些年度的连续上升固然值得追求,个别年份的偶然下降也绝非不值一提,这种偶然下降很可能是黑天鹅事件,它很可能成长为下一轮的必然,黑天鹅事件告诉我们"你不知道的事比你知道的事更有意义"。第二,为了知道对我更有意义的我不知道的事,参与企业目标管理和绩效管理的所有主客体方都应该建立**"掌握反面比掌握正面更重要的"**第二认识,这一认识教会了主客体直面目标管理和绩效管理的方法论,首先依据现实需求而非人为需求努力设定"自然"的目标和绩效要求,其次根据现实变化而非人为固化努力获得实现目标和绩效的合适途径,最后即使目标和绩效效果是下降的,也要正常接收,只要这一切是为了价值提升。第三,参与企业目标管理和绩效管理的所有主客体方都应该建立**"虚怀若谷的"第三认识**,这一认识上升到境界层面,因为参与企业目标管理和绩效管理的所有主客体方没有看懂、没有认识、没有实践"虚空"这一本主体,自然就没有预见到"虚空"的创造性价值,更没有把"虚空"当成最重要的创造性因子和创造性能源来认识,其根本原因是忘记了《道德经》四十一章的"上德若谷",这就是虚怀若谷的来源。《史记·老庄列传》有言,"良贾深藏若虚,君子盛德,容貌若愚。"良贾岂不是今日之卓越和优秀企业?

大约400年前,弗朗西斯·培根就曾经发出这样的警告:当心被我们自己思想的<u>丝线丝丝</u>束缚。今天,当不确定、复杂、快变成为我们生活的主旋律的时候,当互联网、物联网、万联网成为我们生活的一部分的时候,当网络原住民开始行使话语权的时候,基于控制逻辑的目标管理和绩效管理该醒醒了。因为,目标管理和绩效管理也需要管理,否则索尼的绩效故事可能还会重演。

| 实践聚焦 |　　　　打造爆款产品的罗盘法则：四季盖碗

四季盖碗是LKK洛可可创新设计集团的一款产品，该款产品罗盘法则如下。

**第一步，懂用户。**首先要知道用户的特性：诸如喜好、年龄、居住地、工作等，然后构建基于用户喜好和产品的时空关系的场景，还得知道用户大数据，这决定了是否能够产生用户痛点共鸣。

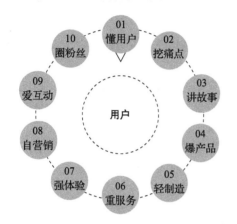

**第二步，挖痛点。**要挖到用户的痛点，需要底层构架和内心逻辑。痛点分为五点：痛点、萌点、笑点、泪点和爽点。痛点还有痛点金字塔，真正到塔尖上的痛点，就会形成痛点共鸣。痛点共鸣做到极致就是全世界都有痛点需求，痛点共鸣才有可能产生卖点输出。

**第三步，讲故事。**在懂用户、挖痛点之后就要开始讲故事。故事是什么？故事一定是矛盾的，有痛苦、孤独和寂寞，我解决了，解决之后变得温暖、幸福、美、有爱。好的产品一定是讲完故事，别人就心动。要讲品牌故事、产品故事和情景故事。

**第四步，爆产品。**前三步做完，再去引爆这款产品，用技术、用硬件、用设计、用对消费者的理解，去引爆这款产品。

**第五步，轻制造。**不要在供应链上做特别重的概念，一定是用小批量的概念去反复迭代它。因为一个产品，如果不迭代，一下子把货物铺上去，会很危险。制造有一个概念，叫供应链前置，供应链放在最前面，这个是核心。轻制造是在制造的最后阶段轻，而重要重在前面。

**第六步，重服务。**一个没有服务体系的产品，在未来是没有场景的长尾效应。产品的真正长尾效应是产品卖出去开始挣钱，通过服务挣钱，服务是最后收官，而硬件、软件、内容、场景、服务在未来是一个大产品，是连到一起的。

**第七步，强体验。**前面六步都对了，到这一步一定是强体验，如果前面不对，那就是弱体验，产品不会好卖。

**第八步，自营销。**自营销是什么概念？自营销指的是爆款产品自己会说话。没听说一个爆款产品需要大量的营销者去营销的，爆款产品一定是自己会说话的产品。

**第九步，爱互动。**整个产品要有互动体系，跟用户的互动最后才能让粉丝聚集。

**第十步，圈粉丝。**在工业时代的功能性产品是以要素逻辑为核心的，而现在产品的逻辑全是以用户逻辑为核心的。

## 1.2　亚当·斯密"分工与道德"生产力

### 1.2.1　斯密与熊彼特

一般来说，效率有三种类型。①亚当·斯密的效率：如何以价格确保我们可以用合适的成本，在合适的地方，制造出合适的产品。这是大家都熟悉的效率观。②凯恩斯的效率：指的是在市场未充分就业时，潜在的产出将会减少。在这个节骨眼上，再多的斯密型效率也没用，甚至可能还有害，因为它为了增加局部的效率，反而逼得更多人失业。③熊彼特的效率：宣称科技是成长的引擎，他指出，若要投资于科技，就必须有备用的资源与长远的眼光。考虑到创新，熊彼特的效率会起作用。成本控制得滴水不漏，就没有可用的现金去尝试新事物或者新方法。适应性的（adaptive）而非分配式的（allocative）效率才是长期成长的关键，适应性的效率即是熊彼特型效率。接下来比较斯密和熊彼特的效率。

之所以选择亚当·斯密作为本部分论述的对象，首先在于他既是哲学家又是经济学家，在亚当·斯密身上，哲学与经济合二为一为经济哲学，本书侧重于哲学方面的探讨；其次在于他的名著《国富论》开创了古典经济学先河，从而把资本主义经济学发展成为一个完整的体系，进而使经济学成为一个独立的学科，这对于管理学有着至深的影响；最后，他的劳动分工提高生产效率理论与本部分相关，他被尊称为"现代经济学之父"和"自由企业的守护神"，具有极大的典型性。

我们先来看看亚当·斯密1776年出版的《国民财富的性质和原因的研究》（又称《国富论》）一书中据说被引用最多的两段话。

"我们不能借着向肉贩、啤酒商或面包师傅诉诸兄弟之情而获得免费的晚餐，相反，我们必须诉诸他们自身的利益。我们填饱肚子的方式，并非诉诸他们的慈善之心，而是诉诸他们的自私。我们不会向他们诉诸我们的处境为何，相反，我们会诉诸他们的获利。

由于每个人都会尽力把他的资本用以支持并管理国内的产业，这些产业的生产于是便能达到最大的价值；每个人也必然竭力地使社会的年收入尽量扩大。确实，他通常并没有打算要促进公共利益，也不知道他自己促进了这种利益至何种程度。由于宁愿支持国内产业而非国外的产业，他只是盘算他自己的安全；他管理产业的方式在于使其生产的价值能够最大化，他所盘算的也只是他自己的利益。在这些常见的情况下，经过一双看不见的手的引导，他也同时促进了他原先无意达成的目标。并非出自本意并不代表就对社会有害。借由追求他个人的利益，往往也使他更为有效地促进了社会的利益，而超出他原先的意料之外。我从来没有听说过有多少好事是由那些佯装增进公共利益而干预贸易的人所达成的。"

接下来，我们再看看亚当·斯密在1759年出版的《道德情操论》一书中的另外一段话。

"因此，物种自我保卫和繁殖的机能架构，似乎是自然界给予所有动物的既定目标。人类具有向往这些目标的天性，而且也厌恶相反的东西；人类喜爱生命，恐惧死亡，盼望物种的延续和永恒，恐惧其物种的完全灭绝。虽然我们是如此强烈地向往这些目标，但它并没有被交给我们那迟缓而不可靠的理性来决定，相反，自然界指导我们运用原始而迅速的天性来决定实现这些目标的方式。饥饿、口渴、寻求异性的情欲、爱情的快乐和对于痛苦的恐惧，都促使我们运用这些手段来达成其本身的目的，这些行动都将实现我们原先所未料想到的结果——伟大的自然界所设定的善良目标。"

从上述这三段话的对比中看出了什么？矛盾！是的，矛盾！

这被熊彼特称为"亚当·斯密问题"：在《道德情操论》一书中斯密强调人类在慈善动机下的意图与行为的同步性；而在《国富论》里则被分裂为"看不见的手"，亚当·斯密宣称，在资本主义体制里，个人依照他们自己的利益行动时也会提升共同体的利益。一边是"同情"，一边是"私利"，矛盾吗？

我的观点同于亚当·斯密的观点，二者并不矛盾，道德情操和追求私利最终都将达成相同的目标。不过，读者若能站在中国传统文化的角度去理解，或许会容易些。为什么这样说呢？

首先，回顾一下亚当·斯密的成长背景。亚当·斯密一生与母亲相依为命，终身未娶。他 14 岁进入大学学习道德哲学，14 岁的年纪对于知识的认知应该远远大于对于实践的认知，道德哲学的认知必然滋养亚当·斯密的心田，因此，自然、自由和理性成了他立身的基础。亚当·斯密在 30 岁的时候开始了逻辑学和道德哲学教授的职业生涯，这期间他的研究主要是针对人类如何透过中介者和旁观者之间的感情互动来进行沟通，27 岁的时候他认识了根基于功利主义的哲学家、经济学家和历史学家大卫·休谟，然后于 1759 年和 1776 年分别写出了《道德情操论》和《国富论》两本巨著，从而奠定了其学术地位。从亚当·斯密的成长背景我们应该能够发现，道德、哲学、自然、自由、情感和功利是其成长轨迹的主要关键词，这些关键词必然地统一于亚当·斯密一身，因此"同情"与"私利"并不矛盾。

其次，亚当·斯密的《国富论》从欧洲的"孔夫子"弗朗索瓦·魁奈重视土地的重农主义出发，进而提出劳动分工更重要，然后针对 16~18 世纪欧洲重视封闭经济的重商主义发出自由贸易的呼唤，在此基础上提出了自由市场经济这只"看不见的手"的著名论断。由此可知，亚当·斯密的《国富论》，不管是分工、私利还是其他显然是针对上述原因的一个结果，这个结果是他在完成了对于道德哲学基本认知的基础上给出的治疗当时社会病的一剂药方，这种因果逻辑的底线是亚当·斯密"同情"哲学的情怀展现，不管"私利"的作用多大，它的根基都是人类基本的情怀元素，因此"同情"与"私利"并不矛盾。

那么，如何看待熊彼特所谓的"亚当·斯密问题"呢？如果亚当·斯密是靠"看不见的手"为后人所知，那么熊彼特就是靠"创造性毁灭"为自己赢得了名声。熊彼特在持久战中打败了斯密。品质可能比价格来得重要，但追求品质在一开始的时候会花费比较多的资金。

熊彼特以"创新理论"解释资本主义的本质特征，解释资本主义发生、发展和趋于灭亡的结局。他在《经济发展理论》一书中提出"创新理论"以后，又相继在《经济周期》和《资本主义、社会主义和民主主义》两书中加以运用和发挥，形成了"创新理论"为基础的独特的理论体系。"创新理论"的最大特色，就是强调生产技术的革新和生产方法的变革在经济发展过程中的至高无上的作用。

熊彼特认为，所谓创新就是要"建立一种新的生产函数"，即"生产要素的重新组合"，就是要把一种从来没有的关于生产要素和生产条件的"新组合"引进生产体系中去，以实现对生产要素或生产条件的"新组合"；作为资本主义"灵魂"的"企业家"，其职能就是实现"创新"，引进"新组合"；所谓"经济发展"，是指整个资本主义社会不断地实现这种"新组合"；而这种"新组合"的目的是最大限度地获取超额利润。周期性的经济波动正是起因于创新过程的非连续性和非均衡性，不同的创新对经济发展产生不同的影响，由此形成时间不一的经济周期；资本主义只是经济变动的一种形式或方法，它不可能是静止的，也不可能永远存在下去。当经济进步使得创新活动本身降为"例行事物"时，企业家将随着创新职能减弱、投资机会减少而消亡，资本主义不能再存在下去，社会将自动地、和平地进入社会主义。当然，他所理解的社会主义与马克思、恩格斯所理解的社会主义具有本质性的区别。

熊彼特的创新理论有以下几个基本观点：①创新是生产过程中内生的。他说，"我们所指的'发展'只是经济生活中并非从外部强加于它的，而是从内部自行发生的变化。"这种经济变化就是"创新"。②"创新"是一种革命性变化，恰恰就是这种"革命性"变化的发生，才是我们要涉及的问题，也就是在一种非常狭窄和正式的意义上的经济发展的问题。

这就充分强调了创新的突发性和间断性的特点,主张对经济发展进行"动态"性分析研究。③创新同时意味着毁灭。一般来说,"新组合并不一定要由控制创新过程所代替的生产或商业过程的同一批人去执行",所以,在竞争性的经济生活中,新组合意味着对旧组织通过竞争而加以消灭,尽管消灭的方式不同。在完全竞争状态下的创新和毁灭往往发生在两个不同的经济实体之间;而随着经济的发展、经济实体的扩大,创新更多地转化为一种经济实体内部的自我更新。④创新必须能够创造出新的价值。熊彼特认为,先有发明,后有创新;发明是新工具或新方法的发现,而创新是新工具或新方法的应用。强调创新是新工具或新方法的应用,必须产生出新的经济价值,这对于创新理论的研究具有重要的意义。⑤创新是经济发展的本质规定。熊彼特力图引入创新概念以便从机制上解释经济发展。他认为,可以把经济区分为"增长"与"发展"两种情况。所谓经济增长,如果是由人口和资本的增长所导致的,并不能称作发展。发展是一种特殊的现象,它是流转渠道中的自发的和间断的变化,是对均衡的干扰,它永远在改变和代替以前存在的均衡状态。这就是说,创新是发展的本质规定。⑥创新的主体是"企业家"。熊彼特把"新组合"的实现称为"企业",那么以实现这种"新组合"为职业的人便是"企业家"。因此,企业家的核心职能不是经营或管理,而是看其是否能够执行这种"新组合"。这个核心职能又把真正的企业家活动与其他活动区别开来。每个企业家只有当其实际上实现了某种"新组合"时才是一个名副其实的企业家。这就使得"充当一个企业家并不是一种职业,一般说也不是一种持久的状况,所以企业家并不形成一个从专门意义上讲的社会阶级"。

在熊彼特看来,创新活动之所以发生,是因为企业家的创新精神。企业家与只想赚钱的普通商人和投机者不同,个人致富充其量只是他的部分动机,而最突出的动机是"个人实现",即"企业家精神"。熊彼特认为这种**"企业家精神"包括:建立私人王国,对胜利的热情,创造的喜悦,坚强的意志**。这种精神是成就优秀企业家的动力源泉,也是实现经济发展中创造性突破的智力基础。企业家已经成为市场经济最稀缺的资源,是社会的宝贵财富,它的多少是衡量一个国家、一个地区经济发展程度的重要指标。

20 世纪 70 年代以来,许多经济学家用现代统计方法验证熊彼特的观点,并进一步发展创新理论,被称为"新熊彼特主义"和"泛熊彼特主义"。与新古典经济学的理性经济人和价格机制在一组限制条件下研究资源配置效率的视角相反,新熊彼特理论的视角是有限理性、创新机制、突破原有条件限制。新熊彼特发展通道描绘了创新和不确定状态下发展存在的问题和政府在发展过程中的责任。新熊彼特理论强调量变到质变的分析,强调动态的非均衡分析,强调介于宏观经济与微观经济之间的产业经济分析。在经济系统的中观层次上,经常能够观察到对整个经济系统具有决定意义的结构质变的发生。

从一般的观点看,社会经济系统的未来发展动力,包括技术创新、组织创新、制度创新、社会创新的广泛意义上的创新,被作为新熊彼特理论的标准化原则。代替西方主流经济学在一组限制条件范围内的资源分配和效率分析,新熊彼特理论聚焦于摆脱和克服限制经济发展范围的条件和结果,从而更加关注社会经济系统的全方位开放和不确定性发展。进入 21 世纪,信息技术推动下知识社会的形成及其对创新的影响进一步被认识,科学界进一步反思对技术创新的认识,创新被认为是各创新主体、创新要素交互复杂作用下的一种复杂涌现现象,是创新生态下技术进步与应用创新的创新双螺旋结构共同演进的产物,关注价值实现、关注用户参与的以人为本的创新 2.0 模式也成为新世纪对创新重新认识的探索和实践。而这一切都离不开对矛盾的首先认识。

## 1.2.2 矛盾的创造性

让我们跳出亚当·斯密"同情"与"私利"的所谓矛盾来认知矛盾,让我们不再考虑亚当·斯密与约瑟夫·熊彼特的较量来认知矛盾。

矛盾,它反映了事物之间相互作用、相互影响的一种特殊的状态,"矛盾"不是事物,也不是实体,它在本质上属于事物的属性关系。这种属性关系是事物之间的一种特殊的关系,这种特殊的关系就是"对立"。正是由于事物之间存在着这种"对立"的关系,所以它们才能够构成矛盾。我的基本矛盾观有如下三点。

**第一,矛盾是有建设性的**。冲突的矛盾是有建设性的,因为以冲突和抗拒的形式存在的矛盾可以产生一种能量,冲突和抗拒的力量越强大,产生的能量也越强大,当然可能是负面能量。管理者和领导者的工作是合理利用正能量,适时转化"负能量",这样就可以将冲突和抗拒的能量转化为创造力,这样基于矛盾冲突的创造力就产生了。思想家克里希那穆提(Jiddu Krishnamurti,1895—1986)认为思想会在矛盾产生那一刻遭到破坏,我却认为思想可能在矛盾产生那一刻得到重建,但是那一刻之后呢?如果善加利用,思想是可以在矛盾产生后得以加强的。所以,我说矛盾是有建设性的。

马克思哲学矛盾观认为,在事物的矛盾中,矛盾的斗争性是无条件的、绝对的,矛盾的同一性是有条件的、相对的。无条件的、绝对的斗争性与有条件的、相对的同一性相结合,构成事物的矛盾运动,推动事物的发展。矛盾是人类进步的基石,若想要进步就要不断地认识各种事物之间的矛盾,解决它们的矛盾。人类的发展和进步都是在对各事物的求知欲中产生的,矛盾得到解决后,欲望才能得到释放。矛盾无时不有,欲望的根本动力会使人去不断地解决矛盾,达到顺应宇宙之理的和谐。

**第二,矛盾是幸福快乐的**。根据心理学的研究,物质的快乐与精神快乐相比,连1/16都不到。心随物转,而想获得自由快乐,无论从理论到实践都是一纸空谈。当今世界人类面对的种种危机就是最好的佐证。人类是社会的主宰,而心灵是人类的主宰。从某种意义上讲,人类社会的文明史恰恰是人类意识外化的产物。而现今外化的物质世界却日益成为精神自由的累赘。如何挖掘人类内心无限自由的潜在势能?答案就藏在中国传统诸子百家的哲学中。所以,释迦牟尼说,"制心一处,无事不办。"孙子曰,"见胜不过众人之所知,非善之善者也。战胜而天下曰善,非善之善者也。故举秋毫不为多力,见日月不为明目,闻雷霆不为聪耳。"老子云,"知人者智,自知者明。"

所以,作为一个领导者如果不能对自我心性的内在潜能亲身体验操履一番,要想达到松下幸之助先生所谓的"管理者的下意识决策也应是正确的境界"是根本不可能的。而高度的洞察力和正确的预见性是一个优秀管理者必备的素质。一个管理者如果对自身内外素质没有清醒的认识,要想知人用人谈何容易。心性的变化尤其快于外在的世界,更因其无形尤难把握。而管理者对内在心力强弱和方向能否清醒识别并充分发展却恰恰是用人的关键所在。总之,作为管理者若非生而知之,则应该效法孟子:"天将降大任于斯人也,必先劳其筋骨,苦其心志,饿其体肤,空乏其身,行拂乱其所为,动心忍性,增益其所不能。"

和谐是矛盾的一种特殊表现形式,体现着矛盾双方的相互依存、互相促进、共同发展,和谐并不意味着矛盾的绝对同一。和谐是相对的、有条件的,只有在矛盾双方处于协调、合作的情况下,事物才展现出和谐状态。社会的和谐、人与自然的和谐,都是在不断解决矛盾的过程中实现的。事物是多样性的统一，和谐的本质就在于协调事物内部各种因素的相互关系，促成最有利于事物发展的状态。

**第三，矛盾就是自我征服自我**。苏东坡有首诗，"治生不求富，读书不求官。譬如饮不醉，陶然有余欢。"曾国藩则在此基础上修改为，"治生不求富，读书不求官。修德不求报，为文不求传。譬如饮不醉，陶然有余欢。中含不尽意，欲辩已忘言。"两首诗传达的是释怀超脱的人生境界。人生之所以不快乐，往往是对于结果过于执着，过于患得患失而无法自拔，反而忘记了生命的本质究竟为何。目下，多少人把手段当成了目的！

我们生活的这个时代充满着前所未有的机会：如果你有雄心，又不乏智慧，那么不管你从何处起步，你都可以沿着自己所选择的道路登上事业的顶峰。不过，有了机会，也就有了责任。实际上，知识工作者必须成为自己的 CEO。你应该在组织中开辟自己的天地，知道何时改变发展道路，并在可能长达 50 年的职业生涯中不断努力、干出实绩。要做好这些事情，你首先要对自己有深刻的认识——不仅清楚自己的优点和缺点，而且知道自己是怎样学习新知识和与别人共事的，并且还明白自己的价值观是什么、自己又能在哪些方面做出最大贡献。因为只有当所有工作都从自己的长处着眼时，你才能真正做到卓尔不群。

### 1.2.3 苦难与创新力

曾经听过一个集团公司的总经理谈起他的成长经历：他曾经是一个非常大的分部的总经理，当时他很年轻，业绩也很出色，晋升到集团总经理的呼声很高，但是有一天，公司领导将他从这个大分部调到了一个中等规模的分部担任总经理。这时候外界就传说，这个人可能犯了什么错误吧，或者不得志了，所以才从一个大分部调到一个中等分部，毕竟负责的业务规模变小，薪酬和级别也可能相应下调，至少失去了提薪的机会。又过了一年多，公司又把他从那个中等规模的分部调到一个小分部去了，他又二话不说服从了安排。上任之后，他的情绪非常好，没有人们想象的那种挫折感，依然谈笑风生，非常愉快，十分努力地去做他的工作。他在这个小分部干了不到两年，他的上司，也就是集团的总经理退休了，在董事会的投票中，他被选为集团的总经理。其实按照普通人的理解，在当时可能的继任者中，很多人的业绩都比他好，掌管的业务规模也比他大，但他却获得了晋升，这个结果使很多人"大跌眼镜"。我们都问，这背后的道理是什么？

他说：其实道理很简单，他每次接到"调令"的时候，**都是站在公司的立场上看问题，而不是考虑个人的利益，只为个人利益着想的人肯定不愿意离开大分部，而他愿意牺牲暂时的个人利益以换取公司的利益，于是公司叫他去干什么他就去干什么。**当他被调往小分部的时候，短期上看他的级别、薪资都下调了，但是当他成为集团的总经理之后，所有暂时的损失都显得微不足道。**这就要求做下属的能站在上司或领导的角度考虑问题，做到顾全大局、能屈能伸。**

这个案例让我想起了西乡隆盛《南洲翁遗训》第 29、31 条的内容："行正道者必遇困厄。无论身处何等艰难之地，无论事之成败，身之生死，志不稍移也。""行正道者，天下共毁之，不足为耻。天下共誉之，不足为荣。"这就是"纯苦无乐（lè），是谓大乐（yuè）；有苦有乐（lè），是谓中乐（yuè）；无苦纯乐（lè），是谓小乐（yuè）"的苦难境界，苦难中开出创新之花。越是苦难，越要坚持"八正道"，这样才有可能获得观念、思维、理论、格局、手段和方法的创新。

何谓"八正道"？①**正见**：正确的见解，对事物的真正的了解。②**正思维**：正确的思维，用理智来决定我们所追求的正确目标。③**正语**：正确的语言。言为心声，不恰当的话语和说话方式容易造成别人对你的误解，继而怀疑你的人品。因此，有必要培养一种规规矩矩、诚诚恳恳的说话习惯——不说谎话，这样有利于建立一种互相信任的人际关系；不造谣生事，不挑拨离间，坚决杜绝阴险小人的行径；不用尖酸刻薄、粗鲁无礼的言辞，以培养人与人之间的和睦与互助；不讲一些无意义的、无益处的空话，没有必要讲话时，保持沉默。④**正业**：正确的行为。确保做的每一件事，都能合乎社会的道义、团队的规则和个人的信条。⑤**正命**：正确的职业。正确的职业包括两层含义。第一是正当的职业，就是我们所从事的职业不能与道德法律相抵触。第二是合适的职业，不合适你的职业会让你受折磨，也会让你一辈子碌碌无为；与之相反，适合你的职业会让你享受到工作的乐趣，而且将最终成就你的一生。从管理的角度讲，就是帮助员工成长为一个真正的职业人。⑥**正精进**：正确的进取之道，就是以坚定的意志和正确的方法，努力不懈，持续进步，直到成功。⑦**正念**：正确的心态。一般来讲，我们对生活是什么态度，生活对我们也是什么态度。一个寒冷的冬天，你也可以从中找到许多美丽的含义，于是那个冬天就会变得很美丽。⑧**正定**：中正、和谐、宁静、稳定的心境。所谓慧由心生，真正的智慧来自**中正**、**宁静**的心。如果我们的心并非**中正**，那么我们发生的就是**邪念**。如果我们的心并不**宁静**，那么我们发生的就是**妄念**。

"八正道"之中："正语言、正职业、正行为"可以概括为正确的行为规范；"正心态、正禅定"可以概括为正确的人生态度；"正见解、正思维"可以概括为正确的思想意识。这正是团队建设的三个方面，对应佛学的戒、定、慧：摄心为戒——用正确的行为规范来约束每一位员工的野心（法家）；由戒生定——正确的行为规范能够帮助员工建立正确的人生态度（儒家）；从定发慧——正确的人生态度将会产生正确的思想意识，再佐以正确的激励方法——正精进，则必然使个人有所成就，使团队达成目标，并同时造福于社会（道家）。

所以稻盛和夫讲"心智磨炼的最高、最终境界就是参悟"，开启参悟有"六波罗蜜"。①布施：牺牲自我、普济众生，具备为世间、为他人的利他之心，即使做不到也要有善良之心。②持戒：一个人不可为的恶行，强调遵守戒律的重要性。③精进：全心全意地努力，不服输于任何人。④**忍辱**：不屈服苦难、忍受苦难。⑤禅定：每日静心一次，宁静地凝视自我，集中精神，安定迷乱之心。⑥智慧：通过布施、持戒、精进、忍辱、禅定的修养努力，达到宇宙的智慧。而稻盛和夫正是这方面的典型。

稻盛和夫初出社会，他被指派研究新的陶瓷材料。没有文献，没有研究设备，没有前人。而他自己，别说新陶瓷，旧陶瓷也一窍不通，唯一能依靠的，只有"热情投入、殚心竭虑"的精神。稻盛和夫把"**不说谎、不给人添麻烦、诚实、不贪心、不自私自利**"这些简单的规范，奉为经营的指导原则及行事判断的守则。他奉行"敬天爱人、自利利他"的经营哲学。什么是敬天爱人？敬天，就是对自然、对人力以外的事情要有敬畏之心，要按事物的本性做事；爱人，就是"利他"，以友善博爱之心对待人类。这个"他"既是客户，也包括员工、利益相关者和社会大众。**自利是人的本性，自利则生**；没有自利，人就失去了生存的基本驱动力。同时，**利他也是人性的一部分，利他则久**；没有利他，人生和事业就会失去平衡并最终导致失败。如果真正想做一件事情，那么首先要树立坚定的信心，要有强烈的愿望，这是不可或缺的。**开展新的事业或产品，很多人首先思考的是有没**

**有信心**：恐怕不行吧，恐怕做不好吧。一旦顺从这个"常识性"判断，原本可以做的也变得不能做了。为了变不可能为可能，就要有近似于"发疯"似的强烈的愿望，坚信目标一定能够实现并为之不断地努力奋勇向前。无论人生还是事业经营，这是达到目标的唯一方式。遭遇艰难困苦而想要摆脱，这就是人。想要摆脱却怎么也摆脱不了，这种情形往往居多。倒霉也罢，厄运也罢，忍受它们，保持开朗的心境朝前看，坚持努力、不懈怠，这就是人生。

在人生中，与能力相比，热情和思维方式要重要得多。即使能力不强，但拼命努力，又具备为他人尽力的思想境界的人，比起那些能力优秀，但不肯努力、持有负面人生观的人，人生的结果会好许多。能力稍差，不必灰心，坚持不懈的努力以及正面的思维方式，一定会将你培育成才，让你取得丰硕的成果。稻盛和夫认为"正面思维方式"就是想法积极，有建设性，具有合作精神，能以感谢的心与大家同心协力一齐前进，开朗而坚定，与人为善，关怀他人，有颗柔软的心，愿意付出努力，知足，不为己利，亦不贪求。

所以，什么地方都可以开始，什么时间都可以开始。只要你想，路就在脚下。你所清楚预见的，热切渴望的，真诚追求的，全心全意去争取的，都会自然而然地实现。何谓创新？创新就是自以为非、突破常规、善于借力。

| 实践聚焦 | 曹德旺谈"要为中国人做玻璃" |

这是一个视频案例，可通过百度以"曹德旺：要为中国人做玻璃"为关键词进行搜索并在线观看。

## 1.3 网络时代，故事连接产生的生产力

### 1.3.1 故事里的生产力

最近，"未来学家"尤瓦尔·赫拉利的《人类简史》和《未来简史》在管理学界和企业实践中掀起了一股热潮，面向中国企业家和创业者讲授人类的过往和未来。**尤瓦尔·赫拉利善于讲虚构的后来变成真实的故事。**

尤瓦尔·赫拉利从历史的时空视角分析了人类如何从一个没有优势的动物一步一步成为地球的主宰者。他认为这一漫长过程的实现是靠不同时期的一个个虚构故事来实现的，当一个时期所有的人都相信这个故事的时候，陌生的人也可以建立合作链接，产生巨大的协同效应，不断推动社会的持续迭代发展。他认为，政治的故事是国家，法律的故事是权利，公司是人创造的故事，而后公司成了经济的基础。钱是有史以来人类发明的最成功的故事，从本质上来说，钱或者货币就是信任。绝大多数人类历史上的战争和革命都是由于没有能力认同一个故事。讲故事很容易，困难的是说服所有的人来相信你讲的这个故事。

人类能够想象出可以传播的故事，人类的想象就是人类合作的关键。合作初期互相之间的连接薄弱，此时需要具体描述对未来的展望，刻画各功能部门开展工作的情景，那是通过努力能够达成的全面合作的状态，具体的描述比较容易取得合作方的信任，合作方进而给予开发、价格、产量和交货等各方面实际的支持，自己再加以调动内部资源给予培训和引导，合作在协调和磨合下顺利开展了起来，假以时日，基本达成全面合作的状态。在

这个过程中，需要了解自己和对方的能力范围在哪里，匹配能力圈范围，虚构并非不可实现的场景，容易达成互信，并促成虚构场景变为现实。

只要所有的人都相信同样一个故事，所有的人就都会遵守同样的法律和规则，这就是"虚构的故事"。所谓"虚构的故事"，就是西方哲学的假设，有了假设以后需要证明它，需要把不连续的东西连续化，需要让它成为现象化的因果律，需要创造新的价值曲线。"虚构的故事"实际就是创新的组合进化，需要你自己相信并通过透支那看不见的未来引导大家进行认知的革命，进而带领大家走向未来的彼岸，这就是故事的吸引力和因之产生的生产力。由此可以发现，尤瓦尔·赫拉利的虚构故事，就是牟宗三先生的良知坎陷，也是蔡恒进等人在《机器崛起》中提出的认知坎陷。坎陷是什么？坎陷就是吸引子，接下来介绍坎陷的基本原理。

莱布尼茨当初试图用单子来描述人的思维，并认为单子构成了宇宙的基本单元。认知坎陷也有点像单子，描述的是思维世界的关系。思维世界的内容一旦产生就会非常有力量，虽然它们不像分子、原子是物质世界的存在。圣人、君子的概念一旦提出，就会有人开始朝这个方向实践，即使这些概念一开始并没有很明确的定义。因此，坎陷存在于各种关系中，最重要的是，坎陷是具有生命力的，这种生命力表现在一个坎陷可以开出两个或者多个坎陷。牟宗三提到佛学里的"一心开二门"就类似于一个坎陷开出两个坎陷，"一心"可以开出"真如门"和"生灭门"，一个具有超越性，一个具有世俗性。他以"良知"本体作为根基，在此基础上，他把康德所谓超越的观念论与经验的实在论转化，开出了两层存有论"执的存有"——关于自然现象界的存有论，以及"无执的存有"——关于道德本体界的存有论。在他看来，"良知"统摄了"知性"和"现象"，"无执的存有论"统摄了"执的存有论"。在他看来，西方的本体论是一种"内在的存有论"，即内在于一物之存在而分析其存有性，其重点在于知一物之何所"是"；而对于东方的存有论，则"不是就存在的物内在地分析其存在性，分析其可能性之条件，而是就存在着的物而超越地明其所以存在之理"。

在蔡恒进看来，"执的存有"的本质是原子世界，而"无执的存有"对应的就是坎陷世界。坎陷通过人的大脑产生，从物理的角度看，它是虚幻的，但是从人类主体来看，它是真实的。人类用坎陷来认知世界，用坎陷来思考。对每一个认知主体而言，最开始的坎陷世界都是对原子世界的不完美的反映，是被原子世界统摄的。但由于认知主体的自由意志和主观能动性，坎陷世界的不断成长与开出使得我们对世界的认识一方面不断和物理世界相近，另一方面也在不断地寻求超越，逐渐比物理世界更加强大。我们的能力越来越强大，坎陷世界也就最终实现了对原子世界的统摄。

尤瓦尔·赫拉利的虚构故事、牟宗三的良知坎陷和蔡恒进的认知坎陷，最终还是为了创新的涌现，如何实现呢？蔡恒进认为有四种方式。

### 1.3.2 创新涌现的模式

**一是基于技术和制度层面的学习与自主创新**。制度创新表现为社会制度的改变，技术创新则由新技术和新发明带来。制度创新使得旧的生产关系被新的、更先进的替代。而技术创新主要是技术革命。历史上已经发生过四次大的工业技术革命（分别是蒸汽时代、电气时代、信息时代和能源时代），每一次技术革命都是以一个或多个技术领域为先导，波及生产生活的各个部门，其结果是劳动生产率的提高和后来者居上。个体主要通过学习的方式融入社会知识体系的创新，诗与远方的追求引导个体通过创造性实践一种新的生存方式，在独立的实践中使得个体一边成长一边超越,并在自我认知的主观范围内,实现个体层面的创新涌现。

**二是基于贸易、抢掠和扩张形式的外部获取**。外部获取也是创新涌现的一种方式。历史上此类事件举不胜举,既有落后国家通过贸易或者掠夺从发达国家获取新形式的财富,也有发达国家通过战争从落后国家获得新形式的生产资料。从个体层面来看,满足个体需求并产生创新行为的资源也可以通过这几种方式获得,本书主要讨论管理哲学对个体创新的影响,从轴心时代产生的东西方出奇一致的人文对人类的滋养,今天乃至于未来仍将深刻影响人类的创新行为。也就是说,东西方的传统也是一种坎陷,对于人类的创新必将产生文化的滋养,这种滋养表现在无穷想象力的时空构建,这就是想象产生的生产力。

**三是基于工具、承诺和文化方式的透支未来**。用未来的财富弥补今天的缺口,这种方式在国家或者其他组织层面经常被采纳,印钞、借贷、债券、股票等金融衍生工具就是提前使用了无止境的未来资源,这种方式往往会通过比较优势的迅速获得而提升使用者的竞争力。当然,这种方式的使用与人类的心理情绪高度相关,对未来乐观和悲观的心理情绪就是导致危机的根源。从个体层面来看,信仰、价值观、科学乃至于宗教等层面的方式是被透支最多的"工具",佛教的"轮回"、道教的"长生"、儒生的"入世"、科学理性主义、自然无为主义等都是一种引导力量,都是一种坎陷,都可以用于吸引个体创新的涌现,因为它满足了人类一定程度的需求。

**四是基于重建、重新分配的方式的代际传承**。西方近 500 年财富中心的转移与中国历史上的改朝换代有相同的机制,其崩溃的实质都在于旧的财富分布结构不能较好地满足全社会的自我需求,不得不另起炉灶才能给人们新的希望。这是社会层面创新涌现的一种普遍方式,就个体而言,何尝不是如此?个体之间的代际传承往往通过反叛的方式完成。当人处于不熟悉的环境的时候,最直接的办法往往是通过思维的跳跃产生各种想法并进行尝试,因此有了个体层面的创新的涌现,所以合理地、迭代式地利用反叛必将重建乃至于新建与众不同的方式,这也是一种创新的涌现。饥饿则号哭,恐惧则尖叫,皆是此类表现。

以混沌学园的创新为例,这是一所没有围墙的互联网创新学习平台,隶属于上海知行明德投资管理顾问有限公司,遍邀全球名师,拓展认知边界,奉献专业、实用的互联网创新课程,陪伴这个时代最有梦想的人,早半步认知这个混沌的世界。

大家可能听说过这句话——"高手都是混沌学园的",这讲的就是李善友于 2017 年创立的混沌学园,"混沌学园是一个无边界的互联网创新学习平台,为了陪伴这个时代最有梦想的你。"李善友如是说。从混沌研习社到现在的混沌学园,李善友推出了创新创业思维模型的学习与应用,这在目前的培训机构中很少能学到。只有掌握了发明的方法,才能推动科技的进步。只有掌握了创新创业的方法,才能更好地创新创业。

李善友虚构了这样一个故事:两句话深深地打动了成千上万名"混沌"同学的心,正是大家相信了这一"虚构的故事",让我们大家有了相同的身份——"我们都是混沌的。"有了这个需求,李善友又以极低的入门门槛,1 000 元/年的学费,不断地吸收各方面人,让目前"混沌"有了接近 10 万的学员。

### 1.3.3 互联网的生产力

互联网时代导致分工变化的连接/链接工具有什么变化呢?对生产力有什么影响呢?

我们不妨先看几个案例。

2011 年 8 月，富士康公司提出"百万机器人计划"，虽然后来执行得并不顺利，但是 10 年内用 100 万台机器人替代 50% 业务流程的计划一直在实施的过程中。如果真正实现的话，保守估计富士康公司目前的 120 万雇工至少要有 2/3 失业，因为年均 13% 的平均工资涨幅已经远远高于代工的利润，"失业"的产业雇工干什么呢？

2014 年 10 月，美联社的"机器人记者 Wordsmith"已经可以做到无须人工干预全自动化完成稿件撰写，而且其文章的错误率比人撰写的文章更低。平均来看，Wordsmith 已经可以做到一个季度写出 3 000 篇稿件，Automated Insights 公司的公关经理 James Kotecki 估计，如果需要的话，Wordsmith 能够每秒产生 2 000 篇新闻报道。这时候，记者们干什么呢？

机器人记者 Wordsmith

塞巴斯蒂安·特龙（Sebastian Thrun）领导的一个谷歌团队开发的"无人驾驶自动汽车"已经行驶了上百万英里○，无人汽车越来越成熟。"车轮上的国家"美国 350 万卡车司机及其上下游相关人员干什么呢？

谷歌无人驾驶汽车

类似的案例举不胜举。总而言之，由互联网、大数据、AI、VR 和无知等科技革命导致

---

○ 1 英里 = 1.609 千米。

的人类社会分工发生了翻天覆地的变化，原来由人完成的工作现在完全可以由机器／机器人完成，人干什么呢？

答案是：不必害怕，人类可以把刚性的事务交给科技去完成，人类去干更需要服务、创意、魅力、决策和文化的柔性事务，针对诸如中产阶级的新的人群需求提供个性化服务，针对原有产品提供个性化创意设计，针对企业品牌需要提供人格魅力支持，针对企业不确定的未来设计赋予冒险的企业家精神，针对科技革命的冲击提供文化视角的参赞化育，也就是说富士康的产业工人可以从事更高端的设计类工作，美联社的记者可以写作更有深度的文章……这些事情相对而言都是柔性的，都是软实力，这需要想象力，没有文化的滋养是不会产生想象力的，也就是说，没有文化的人和人类是最可怕的。

未来已来，未来人必然存在，未来人必然创造，引领未来人存在并继续创造的是科技，也是文化，更是科技与文化的协同发展。这就是产生最大生产力的想象力，让它飞一会儿。

那么，到底如何利用想象力进行管理呢？继续研究洛可可公司的故事。

洛可可公司的设计师没有达到 30 人的时候，集团创始人、董事长贾伟带领这些设计师还是游刃有余的；当设计师超过 30 人以后，贾伟坦言力不从心，所以他认为自己的管理幅度是 29 人。这个数字从理论方面来看，在非互联网时代是不可想象的，在互联网时代也是不多见的，为了更好地发挥公司设计师的活力，光靠一个人的想象力是不够的，需要把设计师的绝对想象力挖掘出来，因此，贾伟开始在洛可可公司推行细胞管理。

细胞管理的基本思路就是把想象力基因变成想象力细胞，进而形成 1+6=7 人的细胞体组织。其中 1 是细胞核，细胞核的主要功能是创造，它不是管理者，不是领导者，而是创造者；6 是细胞营养组织，细胞组织不能超过 7 人，按照洛可可公司的实践，细胞体超过 6 人以后，细胞核的 1 就变成了绝对的管理者，这在公司是不允许的，洛可可公司不需要绝对的管理者，公司需要的是创造者，因此细胞组织的总数不能超过 7 个人，这样才可以唤醒其他设计师的绝对想象力，这就是细胞核 1 的相对想象力。

细胞体管理如何运作呢？在洛可可公司就是每星期扫描一次，依靠大数据进行实时监控。其具体内容会在本书第二篇以稻盛和夫的阿米巴组织、张瑞敏的创客和小微组织以及酷特智能的细胞组织为例进行详细解析。

记住：新的生产力活下来的唯一方式是返祖式的依附、依托和依靠旧的生产关系，这是新的生产力的本能智慧，万物莫不如此。这其中就蕴含着无限的想象力，问题是你能不能专注于此。Uber 因为共享了闲置劳动力、Airbnb 因为共享了闲置资源而成为资本市场新宠，下一个会是谁呢？是智力共享还是文化共享？我以为，智慧想象力共享的时代即将来临。

| 实践聚焦 | 蓝狮子社出版图书盈利 26% 的秘密

一位财经作家在混沌学园做讲座的时候讲到蓝狮子社经营图书的故事，一般的出版社出版图书纯利润大约是 6%，而蓝狮子社的出版纯利润竟然达到了 26%，它是怎么做到的呢？主要有以下六条具体做法。

第一步，抓取内容。利用抓取工具从网络上抓取与要出版的图书相关的内容，放到数据库中备用。

第二步，编辑加工。蓝狮子社的编辑

从抓取的内容中很快编辑整理出一本十几万字容量的图书。

第三步，平台分销。电子图书编辑完成后，蓝狮子社先在各种平台进行试销售，根据平台销售获得的用户反馈意见进行修订。

第四步，客户预订。继续利用各种平台发动客户进行预订，根据预订的数量决定是否进入纸质图书印制环节。

第五步，量够开印。蓝狮子社规定只有预订数量超过500本以后才可以进入纸质图书印刷上市环节。

第六步，一周下架。印刷面世的纸质图书在市面上仅存在一周左右的时间就下架。

这就是蓝狮子社在互联网不确定时代凭借想象力、利用互联网平台的工具性获得的独特生产力。你怎么看？

# 第2章

# 管理新思维

## ✎ 开篇案例

### 乔治·索罗斯的量子基金

金融巨鳄乔治·索罗斯的基金为什么起名为"量子基金"？索罗斯为什么越来越喜欢哲学？索罗斯成功的秘密到底是什么？

索罗斯将他的主要投资基金命名为"量子基金"，据他说，是因为海森堡不确定性原理让他看到了自由市场和开放的社会中（丹娜·左哈尔认为这样的社会指的是允许言论自由和持有异见，并认可各种观点百花齐放的社会）固有的不稳定性，任何观点都有一定的瑕疵和局限性。为此，他特别欣赏并善于利用卡尔·波普的"非证成批判主义哲学"。

卡尔·波普尤其反对观测—归纳法，他认为科学理论不具有普遍适用性，只能做间接评测，科学理论和人类所掌握的一切知识，都不过是推测和假想，人在解决问题的过程中不可避免地掺入了想象力和创造性，好让问题能在一定的历史、文化框架中得到解答。人们只能依靠仅有的数据来树立这一科学理论，然而，不可能有足够多的实验数据能证明一条科学理论绝对无误（即"可错性"）。这一"可错性"原则所推演出的"真伪不对称性"（真不能被证明，伪可以被证明），是波普尔哲学思想的核心。

索罗斯非常喜欢这一思想，同时结合他赞同的开放社会原则，他认为开放社会属于易犯错的社会，所以应该有独特的思维方式，而他的独有思维就是彻底易犯错性（因为易犯错，所以还有改善空间，改善空间就是机会，可以用试错法进行尝试）和创造性谬误（因为不完善，所以恰恰能够被完善，完善的早晚和过程非常重要）。索罗斯的另一条哲理就是"远离均衡态"，也就是在卡尔·波普影响下形成的反身性（reflexivity）原理。

所谓反身性，是指参与者的思想和他们所参与的事态因为人类获得知识的局限性和认识上的偏见都不具有完全的独立性，二者之间不但相互作用，而且相互决定，不存在任何对称或对应。在人们活动的政治、经济、历史等领域中普遍地存在这样一种反身性的关联。通过参与者的抉择建立在对事物固有的不完备认识之上这一论证，索罗斯提出了一种不确定性的命题。索罗斯在论证自己的原理时，对比了量子力学中的海森堡测不准原理。他认为，人的思想对于事态发展所带来的不确定性同量子力学中的不确定性相似。索罗斯记录了他应用反身性原理进行历次试验的情况，事实表明他的多数预测是成功的。这说明在思维者参与的事态中确有某种可加以正确预测的成分，但这需要极高的智慧。索罗斯正确地看到了有思维参与的历史过程的不确定性，看到了主流市场经济学理论由于忽视这一因素而导致的根本缺陷，创造性地提出了反身性原理。473∶1是索罗斯作为量子基金经理人，从1968年到1993年的投资纪录。他的投资纪录与其说是他投资技巧的胜利，还不如说是他哲学理念的胜利。这种胜利是否说明了**理性行为是一种理想的情境，当中不存在出乎意料的结果**？

萧伯纳曾经说，所有的进步都来自于非理性的人。他认为，**理性的人会改变自己以适应世界，但非理性的人却会设法让世界变得适合他**。所以说，如果我们想要达到不同的结果，就必须依靠非理性的人。

未来学家阿尔文·托夫勒在《创造一个新的文明》中讲道，"人类正在面临一个超前的量子跃迁，包含着深远的社会剧变和创造性的重组。在没有清楚地认识到这一切的情况下，我们就已经参与到这一场从根本上来说是全新文明的创造中来了。这一个新文明有着它自己独特的前景，也有一套独特的关于时间、空间、逻辑和因果的处理方式。"本章让我们开启思维之旅。

## 2.1 四种管理思维

### 2.1.1 串行思维

串行思维是直接的、逻辑的、理性的、慎重且冷静的模型。自亚里士多德起，串行思维就是西方世界鼓励并训练的主要思维模式，从17世纪的牛顿科学革命以及伴随的笛卡尔理性主义哲学开始，几乎西方文化都由串行思维主导。最近的认知心理学和认知神经科学的研究显示，串行思维是"左脑思维"，丹尼尔·卡尼曼在《思考，快与慢》中将之称为"缓慢思维"，丹娜·左哈尔将之称为"智商思维"。

这种思维方式是目标导向的、工具式的、"怎么办"式的思维方式。在企业中充斥着大量的串行思维，比如传统的战略规划是制定策略，然后逐步论证，最后通过实施。"目标管理"则是先设定明确的目标和对象，然后为了实现该目标而策划一系列有逻辑的行动链条。这种思维方式不能接受任何的细微差别或者模棱两可。所有事物必须清楚明白、合乎逻辑。它是严格的是或否、非此即彼的思维方式，且只考虑一种未来选项。应该说，在给定的规则下，串行思维非常有效。但是如果改变了目标定位，串行思维就会发生故障。串行思维是有限的"箱子"内的运行，面对今天的不确定和迅速变革，串行思维毫无效率而言。

企业中的很多结构都体现着串行思维：八小时轮班工作制、考勤打卡、职位描述、整个官僚体制（包括责任规定、行为守则、假日安排等）全部被规定好了，普遍适用于所有人。组织结构化也是串行思维的产物，根据不同的功能划分了不同的部门。所有的串行思维都基于一个假设：企业的实际可以通过规则、策略和五年规划被成功操纵，因为这些东西本身可以通过自身的行为被预测到，正如牛顿学派所描述的，始终遵循着不变的自然法则。

串行思维的优点是：只要是在规则或假设模型之内运行，该系统就能做到周到、精确、严密而又可靠，注意前提是在限定内。串行思维的缺点是：只能在给定的模型和范式下运行，必须遵从"游戏规则"。我们同时还知道，美国西点军校用"服从与创意"来培养学生，平日里要服从，战场上要创意。这算是迈出了一步吗？

### 2.1.2 并行思维

并行思维也称平行思维，它可以在事物间建立认知关联，可以让人类识别不同模式，并行思维几乎都是在无意识状态下进行的，丹娜·左哈尔认为人所有的心理体验都被摒弃或搁置在内心神秘又不理智的"阴暗面"里。并行思维根植于人类的情感和亲身体验，是一种用身心"思考"的思维方式。在认知心理学和认知神经科学里，并行思维是"右脑思维"，丹尼尔·卡尼曼在《思考，快与慢》中称为"快速思维"，丹娜·左哈尔称为"情商思维"。

并行思维来源于预感或"直觉"，是针对外界情况产生的一种"感觉"，并行思维可能看起来既不理性又无逻辑可言，不过它能丰富和加深人类的心理体验。现在公认的是，人类思维很大一部分是联想的、无意识的、非理性的、情绪化的，而且以自我为中心。在行为经济学的新领域中，并行思维导致了人们对理性人模型的可靠性、对市场行为的预测，甚至对所有人类行为的预测都万分谨慎。事实上，只有少数顶层的理性能逃脱激情与本能的规则，将人类的思想和行为分离开来。

并行思维下的学习是试错式学习，这种学习很大程度上基于经验，却也受制于习惯。并行学习也是一种隐性的或者依靠直觉的学习。语言功能和概念阐释的能力都是"左脑能力"，而并行思维是"右脑能力"，被简单地嵌在体验之中，这对于隐性知识极为重要，组织机构掌握的大量知识都是隐性知识，这些知识没有人可以表达或者描述，却是组织赖以生存的命脉，这样的隐性知识存在于领导者和员工们的技巧与经验之中。这就是并行思维的魅力。

并行思维的优点是：根植于经验，并能与之对话，且能够在过程中通过试错的方法习得知识。它能从新的、未曾尝试过的条件中"感受"到办法，它总是不断重构大脑。它能处理细微差别或是模棱两可的情况——就算我们改动给定模式的 80%，大脑的并行处理系统仍能识别出剩下的内容。并行思维的缺点是：它非常"迅速"、直奔结论，因而常常不准确，它也受制于习惯。并行思维是一种隐性思维，很难分享。

### 2.1.3 量子思维

量子思维是自省性的、创造性的、有洞察力的直觉性思维。运用它，我们挑战或质疑我们的假设，改变我们的心智模式和我们的范式。量子思维重构人类的大脑，创造新的想法、模式和语言。量子思维根植于人类内心深处的意义感和价值观，并受意义感和价值观的激励，丹娜·左哈尔称为"灵商思维"，它是人类的心灵思维和视野思维。认知科学的新领域"量子认知学"已经证实，人类的思维过程如反思、联系上下文、创造性地使用模糊语言以及制定决策，确实与量子力学的数学形式相一致。

丹娜·左哈尔认为量子思维是全脑思维，综合并同步整个大脑的心理活动以及由它控制的身体语言。但一个量子领导者采用量子思维来解决问题、制定行动策略时，就是在用"全智能"，它能改变目标位置，它挑战假设、价值观和心智模式，创造程序，制定并打破规则，量子思维操控边界，不停地重新设定边界，它进行的是无限博弈。串行思维根据逻辑规则以线性的方式连接各个独立"零件"来处理经验数据，在量子物理学的术语里，它是"粒子态"的；并行思维将经验视为一个整体来处理，但是会忽略逻辑和理性，在量子物理学的术语里，它是"波形态"的。量子思维是整体的，既是粒子的也是波形的，还能同时整合、分析全部经验数据。

量子思维能够质疑自身和周围环境，这种思维起源于我们的自我憩息的最深处，不过，运用它，我们得走出惯常思维范式，它要求我们拥有更进一步的洞察力，能看到自己思考背后的思维。量子思维是超思维,也是建立量子系统动力学的关键技能。我们知道,串行思维囿于规则,并行思维囿于习惯。这两种思维都使人类局限于单一模型或单一视角,无法跳出环境审视假设,正如爱因斯坦所言,"**我们不能用制造问题的思维来解决问题。**"量子思维的关键在于它能够将人类带到任何一种特定的模型或者视角的边缘,它能够展现出人类思考背后的思维,从而使我们得以超越。通过培养量子思维,企业领导者能够学会处在各种模式的边缘(看待环境、问题、机会的方式),从而在应对瞬息万变的现实情况时,随时都能有新的视角来制定战略和决策,这是企业可以从科学原理与方法中学到的真正有价值的经验。

量子思维是量子跃迁的结果。量子跃迁对人类而言,相当于从一种范式、世界观或意义框架跳跃到另一种。从企业、商业和科学的角度来看,这种跳跃要求人类重新思考最基础的范畴和策略,改变人类最珍视的潜意识中根深蒂固的认知,这一次跳向未知的飞跃是范式的转化和转变,它起源于尼尔斯·波尔及其前后五六位科学家构想出的量子理论。20世纪人类构想了四个全新的科学门类:**相对论、混沌理论、复杂性理论和量子力学理论**。相对论从时空和速度角度分析现实,混沌理论和复杂性理论用来阐释日常生活中的诸如天气、水流、人类心跳等物理系统,量子力学理论则用来描述微观粒子的运动规律。目前,所有这些科学拥有共同的范式,遵循同样的方式来改变游戏规则。在传统科学中,在牛顿范式下,自然被看作是简单、守规则且最终可控的;在新科学领域,在量子范式下,自然是复杂的、混沌的、非确定性的。按照丹娜·左哈尔的观点,在所有的新科学中,量子力学被广泛地认为是最基础的学科,理解量子力学的思维是理解人类全新范式的关键,这种范式对人类原有的思考方式提出了挑战,也带来了实际用处,正大规模地在人类的文化中形成。下面我们比较牛顿范式和量子范式的区别并给出基本原则,如表2-1所示。

表2-1 牛顿范式与量子范式的比较

| | 牛顿范式 | | 量子范式 |
|---|---|---|---|
| 原子论 | 原子还原论成为现代西方范式的基础与托马斯·霍布斯(Thomas Hobbes)、约翰·洛克(John Locke)、西格蒙德·弗洛伊德(Sigmund Freud)和亚当·斯密(Adam Smith)等有关。托马斯·霍布斯和约翰·洛克等把原子模型运用到他们的社会秩序理论中,个体被看作社会中的基本原子,社会是各个部分的加总而已。弗洛伊德也用原子论作为他现代心理学悲剧观的基础,他认为你对我来说只是一个客体,我对你来说也只是一个客体。亚当·斯密把分工引入管理中,后来开始强调不同部门和领域的互相竞争,然后由自上而下控制的官僚规则维系 | 整体论 | 尼尔斯·波尔(Niels Bohr)认为整个宇宙由相互作用、互相叠加的动态能量模式组成,在一个"连续的整体性模式"中纵横交错地相互"干扰",这种干扰各自同时具有波粒二象性,因此而模糊不清,这被解释为"语境论",也就是说要发现、测量一个实体量子必须在定义其关系的大背景下进行 |
| 决定论 | 西方精神总是寻找事件的起因和解释,把经验安放在一个可行的框架里面。牛顿说,在物质世界发生的一切都是注定要发生的,所以,知识意味着掌控。弗洛伊德将"决定论"引入"科学心理学",他在"水力模型"中将我们划分成:本我、自我和超我。泰勒的科学管理方法寻找每个组织固有的规律,找到规律,了解组织运行原理,领导者就可以尝试去控制组织,牛顿式组织的高管们将控制置于一切之上 | 非决定论 | 量子组织更加强调自组织的重要性。在量子组织中,每一个员工都是潜在的领导者。量子事件的发生没有原因,模糊性和不确定性会改变管理方式。未来的管理者能够处理和利用模糊性与不确定性的,通常具有竞争优势,管理者需要学会在模糊性中成长学习,以引导混沌以及最大化创造力。量子组织的基础和策略需要迎合模糊性和不确定性,控制应该让位于对情况更加敏感的感觉和直觉,量子领导者需要发现关于信任的新的依靠——对自身和下属的信任 |

（续）

| | 牛顿范式 | | 量子范式 |
|---|---|---|---|
| 还原论 | 在牛顿自然科学中，还原和分析是关键。整体被认为是成分的简单加总，因此我们需要掌握整个系统，将其拆解，了解如何控制各个部分，获得控制整体的力量。劳动分工也是还原论哲学 | 生成论 | 在量子世界里，涌现性和自组织是关键。系统性质只有在系统中，在一定环境下才会表现出来。它们在一定环境下涌现。在量子组织中，领导者在一个更蓬勃发展的环境中设定自身的使命。复杂系统繁杂的属性在混沌的边缘出现。这种系统自我管理，没有一种技术能够把它们整合。今天，管理思维向思维网络、基于知识的组织方向转变，创造性组织的未来只能出现在自由的对话中，这需要相信复杂系统的涌现性 |
| 非此即彼 | 按照亚里士多德的逻辑，一个观点要么是对的，要么是错的。牛顿的科学基于亚里士多德的理论，认为物质要么是波，要么是粒子。"非此即彼"的逻辑和线性关系是整个西方范式科学的一部分。科学史学家认为现代科学首先在一神论的西方国家出现并非巧合，西方的文化只有一个真理、一个上帝、一种方法。很明显，对于最佳方式的决断性和确定性是一种优势，在目标驱动、问题导向的文化中，这似乎是唯一的优势。西方的自由个人主义是原子式的，它强调个人的重要性，怀疑集体 | 兼容并包 | 18世纪法国哲学家让·雅克·卢梭（Jean Jacques Rousseau）和卡尔·马克思（Karl Marx）发现了集体的优势。亚洲国家的团队协作能力、为共同目标而献身的精神、发掘集体能量的智慧使西方人汗颜，这是亚洲的工业优势。量子社会需要培养更多协同、有创造性的平衡。实际上，"薛定谔的猫"早已告诉了答案。根据海森堡不确定原理，那些创造结构、设计策略或者做出决策的人都是一边摸索一边进行的，而好的事情也是这样发生的。我们永远无法同时知道位置和动量，这在科学和商界中都有重要启示。当我们关注事物的局部时，我们将局部从整体中剥离出来，同时选择性地放弃了其他可能性 |
| 现实性 | 牛顿的范式科学关注"此时此刻"，即那些可见、可触碰、可测量的事物，其焦点是现状，就是詹姆斯·卡斯（James Carse）的有限博弈，即为了赢得最终胜利，参与者在边界之内博弈 | 潜在性 | 无论是最近的脑科学研究，还是我们的个人经验都表明，当大脑处于闲暇状态时，创造性的思维最容易迸发，就是詹姆斯·卡斯所谓的无限博弈。潜在性指的是呈现在我们面前的无限可能，包括我们甚至还没有注意的，不太符合常理的非传统因素。无限博弈的参与者带着将博弈持续下去的目的，在边界博弈 |
| 主客分割 | 传统牛顿范式科学将世间万物分为两类：主体与客体，即意识与存在、精神与物质。科学家独立于环境之外，科学家在世界外面。他们以局外人的角度研究自然，并对其进行利用、操纵和控制 | 参与性 | 量子范式科学认为世界是参与型的，科学家在世界里面，两者之间的互动推动世界发展。雇员不再是"极重要的资源"，也不再是"智力资本"，更不再是泰勒的"被动的生产单位"。企业是一种拥有动态能量和演化信息的持续自组织适应形态 |
| 私人生活 | 在西方自由民主社会中，私人生活与公共生活泾渭分明，在牛顿式组织中，这种明确的界限体现在雇员的工作表现和私人生活没有任何重叠之处。雇员只将与工作直接挂钩的能力带到职场，除此之外的另一半与公司毫不相关 | 公共生活 | 在量子范式科学中，观察者无法将自己与观察对象完全剥离开，两者是一个完整系统中相互定义的组成部分。与其说是一成不变的客观存在，不如描述成一出没有终幕的戏剧，人类是其中的演员 |

资料来源：主要摘自《量子领导力》一书。

### 2.1.4 自然思维

本书所指的自然，既是亚里士多德观念里的"美轮美奂的大自然"，叔本华观念"按照自然所启示的经验来生活"的自然，黑格尔观念"当人类欢呼对自然的胜利之时，也就是自然对人类惩罚的开始"的自然；也是泰戈尔诗篇"云把水倒在河的水杯里，它们自己却藏在远山之中"的自然，杜甫诗篇"造化钟神秀，阴阳割昏晓"的自然，李清照词章"造化可能偏有意，故教明月玲珑地"的自然；更是荀子观念"天行有常，不为尧存，不为桀亡"的自然，寂莲法师揭语"急雨才收翠色新，长青树上露沉沉，迷蒙白雾轻如许，欲上秋空作暮云"的自然，老庄观念"以无为体，以无为用，自然为体，因缘为用。此皆无也"的自然。简而言之，既是通常自然界的自然，也有"自然而然"的自然。总之，本书所指的自然是境界、精神与实践、物质交互调和统一后的简单的自然，接着思维研究的视角在管理哲学里我把它称作自然思维。

**自然思维的第一原则是"人人都能自然而然地面对"**。谷歌公司联合创始人兼首席执行官拉里·佩奇就是这样一位企业领袖。年少时，当他第一次考虑自己的未来时，他决心要么当教授，要么创公司。他认为这两种职业都可以让他有足够的自主权，让他自由地从基本物理原则出发思考问题，而不必去迎合世俗。今天的谷歌正是这种自主思维下的产物，谷歌公司之所以能集聚一批聪明的创意精英，营造合适的氛围和支持环境，充分发挥他们的创造力，快速感知客户的需求，愉快地创造相应的产品和服务，恰恰是因为自然思维主导下的组织逻辑的改变，未来的组织必然是环境激励和环境赋能整合作用于"组织人"的协同行为的结果，"组织人"的创造动力来自于自然思维下的自激励，这正是本书所建构的环境、组织和人三个同心圈的核心缘由。

**自然思维的第二原则是"人人都能分享自然的恩惠"**。11次被提名诺奖，9次让贤，2次拒领的尼古拉·特斯拉就是这样一位传奇领袖。他是爱迪生最强大的对手，也是一个一生独立开发并取得专利700种，合作开发达1 000种以上的科学狂人。人类今天仍使用的交流电就是尼古拉·特斯拉发明之后拒绝专利合同并免费向世界分享的结果，这就是自然的恩赐，特斯拉电动汽车公司创始人CEO埃隆·马斯克、亚马逊公司创始人CEO杰夫·贝佐斯、脸书创始人CEO马克·扎克伯格、谷歌创始人拉里·佩奇都是他的坚实粉丝。"**当下是他们的，而我致力于研究的未来，是我的。**"这是自然的胜利，这胜利的秘诀就是交互。

**自然思维的第三原则是"人人都是交互关系下的产物"**。这种交互就是第一性原理（最后一章介绍）的原型再现，正如亚里士多德所言，"神性无所不在，就在那自然之中"。这种交互就是错综复杂的一卦六爻之间的多元关系，这种关系来源于活生生的实践生活。而张小龙的微信就是多元交互自然思维的产物，自然思维方式一般需要长期的、非常理性的训练才能获得，而不是突然幻想自己获得了一种使用"自然原则"的能力。埃隆·马斯克的SpaceX、特斯拉无一不是在第一性原理指导下自然而然的交互产物。

在我的观念中，自然思维有一种隐喻值得关注，就是**球形**，我称之为**球形思维**。**球形思维**是全方位、系统性的思维方式。比如推车，当我们用力推车子时，车子本身也给我们同样的反作用力，表面上好像是达到了力量平衡，但是我们把注意点放到轮子上，则情况不一样了。当我们作用于车子上的推力传递到轮子，轮子上的力与地面摩擦力形成相互作用力。但传递到轮子上的力，小于推车的力，因此当我们推车时，地面摩擦力被不断克服，车子向前滚动。也就是，此时作用于车子的推力超过了地面摩擦力临界点，或者说超过了阻力极限。

在对一般事物的描述中，"极限点"往往只有一个。但球形思维对于极限点的理解是全方位的，球形思维认为，对一个复杂系统而言，影响系统的发展和成长的因素是多维度的，而且许多因素之间是相悖的，在形象上如同一个球形。这个球形由众多不同能量级别的极限点组成，这些极限点可能分布于不同方向和不同曲面上，也可能分布于球体内的某一点上，所以是一个不规则球体的概念。

例如，一个充气气球表面各点的破坏强度其实是不一样的，各个点按不同梯度的强度极限分布。当不断充气时，球体会膨胀，越膨胀，壁厚越薄，球体内的压力也就越大。假如充气的能量足够，气球将继续不断膨胀，也就是充气的作用力不断突破球体内壁反作用力的极限。

这种力量结构模式被应用于经济结构模型中。经济发展，意味着推动经济发展的能量超过了阻碍经济发展的能量。但这种发展，并不是线性的，是球形的。哪儿薄弱，哪儿有空隙，就在那里首先得到突破。正如混沌理论所指出的那样，能量总是沿最小阻力路径前行。当球面某一点的强度无法抵挡作用力时，这一部位将首先被突破。一个点的突破，造成一个面的突破，综合起来就是大面积的崩溃，大堤毁于蚁穴的道理也在于此。

因此，要突破阻力，能量的供应尤其重要，失去了能量的补充，不可能突破新的阻力。在经济管理发展方面也是如此，经济管理的发展需要有大量的资源消耗。但无节制的消耗，会造成经济管理发展的过热，以及发展的低水平、低效率。此时，意味着发展的部分推动力已成为破坏均衡发展和持续发展的源头了。发展应有度，需要对推动发展的动力加以度的节制。不能光看经济推进的速度，重点要看发展的质量。理想的目标是不但发展，而且受控，而且是像球形一样在各个方向上的受控，胀而不破才是妙境。

自然思维还有一种表现就是无为，"无为"的思维方式的形成，可能和中国古代以农业耕作为主要生存方式的社会形态有关。这种生存方式决定了人们对于天时、地利等客观外在条件的极大的依赖性。与迁徙性的游牧民族不同，农耕社会的人们祖祖辈辈生活在同一片土地上，生于斯，长于斯，死于斯。在他们尚无足够的力量来同自然力量相抗争的情况下，对自己生活于其中的客观外部环境的因顺与适应，乃是一种无可奈何的，同时也是十分明智的选择。其后果当然是在一定程度上使主体的自我意识和开拓性、创造性、进取性等精神，在"靠天吃饭"的严酷现实面前，受到了压抑。因而"无为"思维方式的消极影响也是显而易见的，传统文化中诸如听天由命、随遇而安、随波逐流、无所作为等方面，与"无为"思维方式不无关系。但是，"无为"思维方式也有正面的意义，特别是把它放到"自组织"的话语环境中加以评价时，可以发现它有不少很有价值的意义，能够借古代先哲之话语通过自组织实现其意义的再生。其可取的意义主要有如下几个方面。

（1）"无为"思维方式包含一定的混沌和分形思想的因素，它引导人们注意到因素之间相互关系的复杂性与多样性。如"为"与"不为"、行为的主体与客体、一件事情的原因和结果、目标与手段等，它们之间的关系并不是单一不变的，而是多种多样、可以改变的；不是绝对对立的，而是相辅相成、可以互相转化的。

（2）"无为"思维方式带有交互思维的特征，既与超循环思想联系，也与演化的多样性路径联系。它提醒人们在处理具体问题时运用交互思维，换角度看、退一步看，也许解决问题的钥匙就在你身后。换角度，即思此以彼，思彼以此，总是换到相互循环的对立角度上。它还提示人们一种高明的策略智慧，解决问题并非只有一条路，也并非总是需要一往无前，义无反顾。有时不妨以退为进，先退后进；有时可以声东击西，欲擒故纵；有时则要适可而止，止于至善。

（3）"无为"思维方式是富于协同精神的思维方式，它提示人们在处理人与人、人与社会之间的意见分歧和矛盾对立关系时，采取自然的协作态度，不要总是固执己见，不知退让；不要总是搞对抗，搞"斗争哲学"。在一定的前提下，要善于与对方寻求共同点，做出必要的让步以取得妥协。这种协同精神对一个现代文明民主的社会来说是必不可少的。民主精神的一个要素就是协同，没有各派政治力量之间的相互协同也就谈不上真正的民主。此正老子所谓的"夫唯不争，故天下莫能与之争。"

（4）"无为"思维方式是一种尊重自然规律的思维方式，它提示人们在认识世界、改造世界的"知"与"行"的活动中，对"知"与"行"的对象与客体要采取尊重的、因顺的自组织态度。不要无视客观条件和客观规律，一味膨胀主体的自我意识，按照他组织的主观意图恣意妄为。具体来说，就是认识事物，要怀着"虚静"之心，排除主观偏见。做事情，要以"因顺"的自组织态度，按照自然规律办事。

无为就是道，找到了道，就可以在"心静"的态势下前进，静之一字，左青右争，青出于蓝而胜于蓝，心静才能收敛能量；反之，未找到道，只能在"心躁"的状态下前行，心躁时能量是发散的，这就是道的能量啊！

| 实践聚焦 | 谷歌公司如何吸引创意精英

互联网时代，有三股科技潮流正在改变着我们的行业。"第一，几乎所有信息都可以在网络上找到。第二，移动设备和网络让全球范围内的信息共享及持续通信成为可能。第三，云计算让人人都能以低廉的价格现付现购地使用强大的计算功能、无限的空间、精密的应用工具。"现今什么样的组织架构和运行模式才是更有效率的，如何才能招到创意精英……这些可在谷歌公司里找到相对满意的答案。"创意精英"不同于彼得·德鲁克的"知识工作者"，创意精英是指那些能将技术知识、商业头脑与创意才思融为一体的人。旧的管理体制监管的环境限制了创造力和生产力的发挥，是无法吸引、留住和指挥"创意精英"的，只有变革与创新管理体制才能够发挥创意精英最大的能量。谷歌的做法如下。

（1）**文化的力量**。创意精英将企业文化放在首位。要办事有效，员工必须在乎工作环境。因此，在新加入一家企业或一项事业时，文化是最应重视的因素。谷歌从发展开始就重视塑造企业文化，文化是创始人秉承的信条，也是创意精英愿意加入并为之奋斗的目标。2004年谷歌上市时，两位创始人起草了一份"创始人公开信"附在招股说明书中。10多年过去了，当初所宣扬的"着眼于长远""为用户服务""不作恶"，以及"让世界更美好"等常识性信条历久弥新，成了谷歌人的行事准则。在一次谷歌会议上，大家讨论到对广告体制做出一项改变可能带来的好处。虽然这一改变可能为谷歌带来丰厚利润，但一位工程负责人却拍桌反驳道："这是在作恶，这事我们不能做！"最后经过讨论，做出改变的提案被否决了。谷歌的文化真切地成为谷歌员工在决策时的道德指针。

（2）**战略的吸引**。"如果你有商业计划，那你的计划一定是错误的。"因为"无论经过怎样的深思熟虑，一定在某些方面存在硬伤"。2002年，谷歌从商业计划中提炼出了公司的战略——"用基于技术洞见的创新方式解决重大难题，优化规模而非收入，让能影响每个人的优秀产品带动市场增长……"时至今日，这些原则仍是互联网时代企业成功的基本指南。例如，"谷歌几乎所有的成功产品都是由坚实的技术洞见作为基础的，而那些不尽如人意的产品则大多缺少技术洞见的支持。谷歌最赚钱的广告引擎AdWords背后的洞见是：在为广告排序时，应该以广告信息对用户的价值作为标准，而不是看广告商们愿意出多少广告费。"

（3）**招聘的真谛**。谷歌招聘类似美国大学的招生模式，通过同事评估、招聘委员会决定是否聘用。其准则和想法如下。①雇用学习型动物：为每位员工创造不断学习新东西的机会，然后，鼓励他们把所学的东西付诸实践。②机场测试：是否愿意因飞机延误与应聘者一起在机场待上几个小时。③客观评价人才：建立以事实为准的客观方式来评判人才。④加大"光圈"甄别人才：有洞见的管理者会把"光圈"调大，将那些被一般标准排除在外的人也纳入考虑范围。⑤全员出动招募人才：每位员工都能够参与物色新人。⑥重视面试：谷歌在招聘时评判人才共有四大板块，分别是"谷歌范儿"、一般认知能力、职位相关知识以及领导经验。在管理者看来，一旦优秀的人才进入公司，就应该给他们丰厚的回报。同时，要留住创意精英，就必须给他们挑战性的任务，保持工作趣味性。谷歌"鼓励岗位间的人员流动，尽可能减小流动带来的难度，并将有关事宜列为管理层的常规讨论事项"。

（4）**决策留精英**。谷歌如何制定决策呢？①要用数据来决策，而最了解数据的人是第一线的员工，而非管理层。②领导者要鼓励每个人发表观点，不要在会议一开始就声明立场。③决策者要为决策设立最后期限，进行决策工作要按最后期限完成。但是，"不要成为紧迫感的奴隶。在最后一刻来临之前，都要保持灵活变通"。④如果决策足够重要，应该每天开会。⑤在最有潜力的人群中选择可以接班的创意精英，并在职业发展上帮助他们。

（5）**沟通留精英**。谷歌如何有效沟通呢？①心态开放：公开公司重要信息，让员工了解公司的工作。同时，OKR（objective and key result，目标与关键成果）考核制度是信息透明的例证。这个指标是由每个人的目标以及关键成果构成的。每个季度，每位员工都需要更新自己的OKR，并在公司内发布，让大家快速了解彼此的工作重点。②营造一个让大家敢于向领导提出难题和反对意见的环境。③"祷文不会因为重复而失色"，领导者要习惯于苦口婆心、诲人不倦。④以旅行报告作为会议的开场，这样会让大家踊跃发言。⑤自我评价：至少一年一次针对自己的表现写一份评估，然后对照检视，之后把评估发给员工，主动要求大家指出你的不足。

（6）**创新留精英**。谷歌如何创新？①了解环境：是否实践某个想法的原则。第一，想法必须涉及能够影响数亿人甚至几十亿人的巨大挑战或机遇。第二，想法必须提供与市场上现存的解决方案截然不同的方法。第三，将突破性解决方案变为现实的科技必须具备可行性，且在不久的将来可实现。②聚焦用户：谷歌的产品战略就是聚集用户，"为终端用户服务是谷歌业务的第一要务"。③往大处想：这种思维方式赋予了创意精英更多自由，伴随巨大的挑战，往往也是吸引以及留住创意精英的强大磁场。④70/20/10资源配置原则：将70%的资源配置给核心业务，20%分配给新兴产品，10%投在全新产品上。⑤20%时间限制：允许工程师拿出20%的时间来研究自己喜欢的项目。Google News、Google Map上的交通信息等，全都是20%时间的产物。该制度的重点在于自由，不在时间长短。⑥不惧失败：管理者的任务不是规避风险或防止失败，而是打造一个不会因风险和无可避免的失误而垮台的环境。

## 2.2　从量子思维到量子管理

### 2.2.1　量子道德下的量子管理行为

首次提出量子管理，并出版《量子管理学》的丹娜·左哈尔在2015年与海尔的张瑞敏探讨"海尔管理变革的思考和实践"时谈道，她提出"量子管理"除了受到量子物理学的影响外，还有中国的《易经》《道德经》《论语》和《孙子兵法》这四本典籍对她的影响，其特别提醒读者这四本典籍的力量。实际上我个人一直深入地、持续地关注这四本典籍，并称之为"新四书"，以区别于《大学》《中庸》《论语》《孟子》传统意义上的儒家四书。下面，我们看看量子管理。

首先要说明的是我对丹娜·左哈尔关于西方企业不接受向它们传播《道德经》等典籍的看法的我的"量子看法"。

- 按照量子理论，不接受就不接受，没有关系，可以预见不接受方将来会为这种不接受付出代价，没有必要强"求"接受。
- 东方不必为了顺应西方企业或者西方人而丧失文化自信，目前的情况是东方文化内有的主动性主动顺应了世界发展的趋势和潮流，不是以西方企业接受不接受为标准的，这就是量子标准。
- 东方尤其是中国的文化提醒我们感谢这种不接受，这种不接受假以时日就是未来的全接受，这就是量子的魅力。

我把这三点称为我的"量子道德观"，未来，其扩散性必将不言自明。

"世上一切问题，皆源自思维的问题"，丹娜·左哈尔引用量子物理学家波尔的名言指出，世界急速变迁，不确定性、不可预测性、跳跃性、不连续性等接踵而来，想要妥善应变，只有从根本上转变思维模式。丹娜·左哈尔由此呼吁，企业需要新的量子管理思维，将每个员工看作特殊的能量球，放手让员工集体发挥创意，"由下而上"地为公司注入源源不绝的动力。无独有偶，包括彼得·圣吉、加里·哈默尔等管理大师，也都不约而同指出，新的企业管理思维，必须走向民主化、由下而上，管理阶层只需告诉下属要达到什么目标、有哪些资源和条件可用，然后充分授权。唯有如此，才有可能在充满变迁与不确定的年代里，确立长治久安的一席之地。怎么才能做到呢？有以下几条建议。

**首先，从牛顿式思维模式转变到量子思维模式上来。** 如果你希望企业比较有明确性、可预测性以便于管控，你就会创造一个易于管控的阶层架构，好让自己可以轻松地由上而下掌控公司。但这样的组织同时也减少了员工发挥创意的自由空间，无法将员工的创意，贡献到公司的体系当中。矛盾的是，在这种组织中，主管们却常常要求员工发挥创造力，这几乎是缘木求鱼。其实，management 这个词本身就不太好，它来自拉丁文的 manus，意思是"插手介入"（hands on）或"控制"。这已经不合时宜了。

**其次，在企业管理中树立"由下而上民主化"意识，引领趋势。** 目前的世界变得繁复庞杂，牛顿式的思考已经无法妥善处理现况，已经无法凭着命令来处理事物的复杂性。要因应繁复的现代事物，需要的是自组织（self-organization）。所以，如果你要员工自发而起、自我组织，就要赋予他们从下而上的动力和空间，让他们了解到工作对自己的意义，鼓励他们充分释放自己的才华，将人们拉回创新的路上来。大多数公司都被 4 种负面的动力带动前行：恐惧、贪婪、愤怒和自利，在负面的动力氛围下，很难看到事物的正面契机。所以，企业需要另外 4 种正面的积极动力：探索、合作、自我管理以及情境应变，如果敢于探索，也许就能发现契机之所在。

**最后，要在智慧乃至于更高的无意识层次修行东方文化。**《量子佛学》引导人类通过心力的不断提升获得佛学的觉知，明了性空缘起。该书认为宇宙中所有的同种类的原子都一样，一切原子又都是由基本粒子（光子、电子、质子、中子）构成的，一切的基本粒子又都是波粒二象性。波粒二象性带给人类的启示是：凡是在你的意识之外的，一切都不存在，就是"波"性；凡是被你意识觉知过的，一切现象才被创造出来，就是"粒"性。《量子佛学》认为万物、进化论、时间和空间都只是一种幻相性的存在，只有在人类的意识所照之处，一切才突然呈现出来，而在意识感知之外一切皆不存在。那么意识是什么呢？意识就是鲜明的觉知。意识在哪里呢？意识不在脑中，而是脑在意识中。意识不在世界中，而是世界在意识中。因此，量子佛学就是明了"若见诸相非相，即见如来"，实相不是佛学，佛学只是实相中的幻相。一切法无修无证，此心即是佛，此心即是道。量子佛学帮助人类明心见性，明心见性就是觉悟的佛，不是迷惑的众生；量子佛学帮助人类理解"无我"，有"我"才有他人、众生，才有空间、时间，才有无常，能够理解无我也就理解了实相，我因意识而存在；量子佛学帮助人类理解明心见性和理解无我，就很容易理解各种境界，不为经典和外物困惑；量子佛学可以帮助人类通过禅悟获得智慧，这种智慧对于企业家的远见非常重要；量子佛学帮助我们通过禅定获得身体健康，这种健康对于企业家迎接更为激烈的竞争非常有益；量子佛学帮助我们通过超脱的思想认识获得心理健康，这种超脱一切的思想对于企业家建立预防性心智模式非常重要；量子佛学帮助我们通过证悟实相获得自在、幸福和快乐，这恰恰是企业家做企业的终极追求和圆满境界。你的起心动念就是一切，一切从你而来，一切终归于你。

### 2.2.2 量子管理行为中的无知之知

领导是无知的开始。这是我给领导的一个定义。实际上我想说的是，真正的领导者是从已知到无知，或者说从无知到更无知，而不是从已知到已知，领导者认识到自己无知，才能够摆脱基于安全感考量的外物的依赖，这样才可能趋向于心灵的自由和意志的独立，只有心灵的自由、意志的独立才能导致领导的谦和，一个谦和的领导才是最有学习能力的领导，也才最有可能带领团队向前以走出困境，而不是在困境中犹如困兽般进入死循环，只有从已知进入未知才能带来真正的转变。今天，不管是外在环境还是内在条件都要求领导者善于学习，因为我们面临的环境的唯一特点就是不确定，也可以说到处都是困境。我把从已知到无知的领导者称为自由型领导，从已知到已知的领导者是依赖型领导，今日世界之领导的主要问题在于大部分领导者都是从已知到已知，大部分都是依赖型领导，因此还是让我们深刻领悟和学习庄子的"大而无外，小而无内"吧。今天，不追求安全感就是最大的安全感，不仰仗依赖性就是最大的依赖，不探索独立必不能独立，如此，一位领导者才是真正的不孤独的领导者。

领导更倾向于从潜意识到显意识。这是基于"领导是无知的开始"定义的深入分析。当领导者尝试摆脱二元认识所造成的对立冲突的时候，领导者潜意识所埋藏的动机、意图和欲求自然就会投射到显意识，如果领导者能够循环往复地觉察这些潜意识的投射，从而厘清和解决依赖性、安全性和独立性的问题，这时候即使领导者去关注其他事情，其显意识和潜意识仍然会自然地解决上述问题，至此领导者发展出一种属于自我的不间断的认知和方法，据此可以整合身心，回归天人合一的境界。

到此仍然不够，领导者如何利用无知吸引追随者，这可能是大多数领导者更关心的问题。《庄子·外物》里有一句话："虽有至知，万人谋之"，就是说你智慧是天下第一，但也比不上一万个人共同出谋划策。"至知"的时候尚且需要万人辅助，何况"无知"呢？所以，作为领导者你必须认识到其实我并不比别人高明，只不过我在领导位置上而已；在这个位置上也并不是要我给下属出主意让他们照着做，而是应该去创造一个机会，让每个人都去发挥自己的作用。其实，每个人，只要给他机会，能量都是非常大的，都有不可限量的能量。

"无知论"于我是统摄思考的结果，实际上，东晋僧人鸠摩罗什的得意门生僧肇的《般若无知论》早已经揭示了无知，《般若无知论》开篇就提出"无知知"并与"有知知"相对立，"夫有所知则有所不知。以圣心无知，故无所不知。不知之知，乃曰一切知。故经云：圣心无所知，无所不知。"这里的"有所知"，是指人的世俗认识；所谓"无知""不知之知"，或称作"圣智"，是指佛教的般若智慧。《般若无知论》认为世人的认识只限于对现象世界做片断的、虚幻的反映，而且这个现象世界本身就是虚幻不实的，是人们主观意识造成的假象。凡"知"都是有限的，有所知必然有所不知，由于"有所不知"就不能达到"无所不知"；而只有具有般若智慧的"无知"，才能达到"无所不知"。这样，佛家的"无知"远在俗人"知"之上。因为世俗的"知"总是以"有"为实，从根本上就是颠倒不真的，所以只能是"惑智"；世俗的"知"，以其有限的生涯和有限的感官能力，不可能认识无限的事物，故只能"有所不知"。而般若"无知"却能实现世俗"知"所不能达到的这种超越世俗的"认识"。般若圣智认识的对象是"真谛"，即"无相之真谛"："圣人以无知之般若，照彼无相之真谛。"僧肇认为用"知"与"所知"来解释般若与真谛的关系，只是为了方便人们的理解而做的假说，但般若并非"知"，真谛亦非"所知"，因为"知"与"所知"属于世俗认识的范畴。而真谛"无相"，故不能为"知"所识；真谛是非"所知"，故不能构成"知"的对象；真谛是不受任何限制的存在，并不以"知"为存在条件。真谛的不可知性，造成了般若的"无知"性。当然，般若的"无知"，并非像"木、石、瞽"那样的无知无觉，而是大大优于有知有觉，只有否定知觉，才能获得这种高深的认识，所以般若的"无知"，是无世俗之"知"。

举个例子，卡尔·波普认为：人们只能依靠仅有的数据来树立科学理论，然而又不可能有足够多的实验数据，能证明一条科学理论绝对无误。例如，人们在检测100万只绵羊后得出"绵羊是白色的"这一理论，然而检测之外，只要有一只黑色的绵羊存在，即可证明前面的理论错误。谁又能无穷无止地检测绵羊，以证明"绵羊是白色的"理论的绝对无误呢？

还有一个例子，就是纳西姆·尼古拉斯·塔勒布的黑天鹅理论。在发现澳大利亚之前，欧洲人认为所有天鹅都是白色的，还常用"黑天鹅"来指不可能存在的事物。但欧洲人这个信念却随着第一只黑天鹅的出现而崩溃。因为，黑天鹅的存在代表不可预测的重大稀有事件，意料之外却又改变一切。人们总是对一些事物视而不见，并习惯于以有限生活经验和不堪一击的信念来解释这些意料之外的重大冲击。这就是"黑天鹅理论"。黑天鹅理论的启示是：我们总受习惯性思维影响，即便是错误的，我们仍然相信它的真实性；绝大多数有时就成了真理；对未知或不可预知的事物，我们宁愿相信权威。黑天鹅理论告诉我们：走出自己的思维定式，客观地认识外部世界；变化会让原有的一切发生改变，这就是创新的力量；做一个思想和行动上的创新者，不轻易地做一个跟随者；善于接受不同的观点，有时候少数却代表了真理；做好心理准备，时刻应对外界环境的变化。

白绵羊与黑天鹅

般若无知包含两方面内容：一是圣智自身的无言无象，越出言象范围，而它所面对的则是无相真谛，即在精神上的绝对无差别境界；二是能够遍知一切事物的个性，但不做是非曲直优劣好坏的区分，对现实世界的千差万别都等量齐观。与般若无知相对的便是世俗的"知"，而由这两种认识论而认识两个世界也是完全不同的：世俗"知"所认识的是俗"心"的派生物，完全虚假不实，由此产生的认识是荒谬的；而由般若无知所认识的世界，它超出俗"心"的范畴，是最真实的存在，故叫"真谛"，又由于它不能在俗"心"中形成任何形象，故又叫"无相"。般若无知通过否定世俗之知而破除世界假象，把握世界真谛；然后用把握到的世界真谛去观察万事万物，帮助众生，普度众生，为实践服务。

领导的无知实际是领导者意识导致的，意识形成了支撑整个领导能力的基础。领导者们不能直接控制一个追随者的意识，但是，他们可以支配他们自己的意识，他们可以回过头来参照自己的认识源、纯意识，并引导他们的思维和行动，沿着他们选择的路线前进。所以才有了杰克·韦尔奇的名言"量子思维必须成为一种生活方式"，因为其中有太多的未知和不确定因素。这种未知和不确定性表现为有序化和无序化的整合。宋朝弟是这样说的，"有序化和无序化可以看成是一个企业或个人的灵活性与顺应力。灵活性强的人能意识到他们的本性和他们的行为并不是不可拆分的，他们能有意识地决定对哪一类人要做出什么样的顺应行为。而从另一方面来讲，顺应力差的人，只是机械地习惯性地和盲目地对别人做出反应，而不去管他的反应会对别人产生什么样的影响和效果。他们不懂得想在任何环境里都'如鱼得水'，就必须让他们的行为具有顺应性。"

### 2.2.3 牛顿范式与量子范式下"三观"比较

在传统的牛顿力学思维中，过去决定未来，历史能告诉未来。但20世纪80年代以来的社会现实，已经不再是今天具备什么条件或原因，明天就一定会产生什么结果。我们的解释源于牛顿力学的认知模式，如从量变到质变，而用量子力学的认知模式，将跳跃波动、不可控制视为事物发展的常态，我们的思维和实现方式都将产生广泛而深远的影响。我们所处的时代，已不再等同于原来的物质工业社会，因此也不能再以牛顿经典力学的观念来解释，新的世界观和方法论是相对论、量子物理和反管理（见第6章）。

一开始，一切生命的功能和行动都只是显意识的结果，久而久之，习惯成自然，一些充满智慧的主导性想法会逐渐进入潜意识。只有将显意识变成自觉的潜意识，你才能解放自我意识，关注周围事物。接着，新的行动会逐渐习惯成自然，继而变成潜意识。如此一来，旧思想就会被新思想代替，你又投入新一轮的行动中去了。只有理解了这个过程和道理，你才能找到力量之源，并游刃有余地处理工作和生活中的各种状况。从量子思维看，经济的发展首先依赖于非物质的扩张，如智力的扩张，而且事物发展是跳跃的，因此组织的发展首先应该找到能够产生跳跃的跳跃点，而不是循序渐进地扩张。

下面看看牛顿范式下"三观"与量子范式下"三观"的比较。

世界观：牛顿思维认为世界是由"原子"构成的。原子和原子间就像一颗颗撞球一样，彼此独立和分离，即使碰撞到一起也会立即弹开，导致四分五裂，所以不会造成特殊的变化，世界将日复一日地稳定运作。

组织观：牛顿思维认为组织是一个偌大的牛顿式的机器，被不同程度地控制着。量子思维认为，世界是不可分割的整体，由能量球（energy ball）组成。即使现在人工智能出现了，但我们更像机器，开机、关机，有着计算机的思维，不断地在编程。

管理观：西方的管理者一直依赖于牛顿学说，他们在管理中注重权力指令、控制、秩序，注重结果的确定性和可预见性，并且人们对这种思维方式浑然不觉，已经陷入单一化的思维方式。很多《财富》500强的西方企业寿命都不长，就是因为总走一条路。

量子思维呢？量子思维重视的是不确定性、潜力和机会，强调"动态""变迁"。丹娜·左哈尔强调："牛顿思维并没有错，但有局限。"在过去的机械工程年代，凡事大都呈现规范化、有秩序，牛顿思维是可行的。但到了信息时代，一切几乎都由量子科技创造出的计算机芯片乃至于AI所主导，到处充满了不确定性与不安全感，牛顿思维已经难再适用。

世界观：量子思维认为，世界是不可分割的整体，由能量球组成。能量球不是相互独立而是相互关联的，碰撞时不会弹开，反而会融合为一，不同的能量也因此产生难以预测的组合变化，衍生出各式各样的新事物，蕴含着强大的潜在力量。

组织观：组织不再是由静态、独立的单元组成，而是相互关联的整体系统。它的各个部分都处在不同的微妙关系中，由具有自主自发性的个体组成，个体不再是独立分离的，而是可以很好地组成团队，并对整体做出贡献。

管理观：量子管理思维将每个员工看作特殊的能量球，放手让员工集体发挥创意，"由下而上"地为公司注入源源不绝的动力。量子管理思维鼓励员工、用户等多方积极参与市场和设计，参与到相互发生关系的网络中，一起塑造这个世界。量子管理学注重的是相互关联。如果是一个团队，输出的一定是内部协作的结果，这种关联协作过程无法精准控制，所以存在不确定性。

综上，量子思维的本质在于量子的基本特征，这种特征我称之为"波粒二象合一性"。波动性表现为：不可观测性、非因果性和模糊性；粒性表现为：不连续性、跳跃性、不确定性和奇异性，这就是量子思维的本质，管理的连续性和结果性共存于人类的世界之中。

正是这种动态、灵活性、不确定性，使得量子管理在同样属于不确定的互联网时代，更能够自我适应、存活与发展。接下来我们认识互联网思维、效应和法则。

| 实践聚焦 | 罗红及他的摄影艺术人生

罗红摄影艺术馆位于北京顺义区杨林出口路，占地面积180亩⊖，邀请了澳大利亚建筑设计师、日本室内设计大师、韩国园林世家传人来设计主体场馆和园林景观，并邀请了30多位山东传统石艺匠人（最年轻的都有55岁）手工打磨每一块石料，一

---

⊖ 1亩 = 666.667平方米。

花一草一木都感人至深，是用真正的工匠精神打造出来的艺术空间。

新华社领衔编辑、著名摄影评论家陈小波是罗红摄影艺术馆的开馆策展人，她说："博物馆、美术馆、艺术馆都是世界上最好的大学。远在古典时代，博物馆以缪斯之名诞生在了古希腊；如今，智慧而富有的人深知艺术比政治更长久，他们要为人间留下一座座艺术圣殿。经过长达六年的建造，几经推倒重来，今天（2016年8月10日），罗红摄影艺术馆向公众开放。这是罗红送给北京城的一个礼物。"

罗红摄影艺术馆

1992年，罗红因为买不到满意的蛋糕，为母亲退休后的第一个生日庆生，决定从事蛋糕行业，创建了"好利来"。用生日蛋糕庆贺生日是西方习俗，其时中国人刚刚开始接受这种风俗，蛋糕行业也处于起步阶段，蛋糕产品简陋粗糙，罗红决定彻底改变这种现状，把生日蛋糕做成造型精美、口味细腻，能够传递亲情、爱情和友情的艺术品。在"好利来"开业后，推出了他亲自参与设计的"艺术蛋糕"系列产品，受到顾客欢迎。罗红决定采用直营连锁饼店的形式在全国进行扩张。随后的20多年里，好利来直营连锁饼店逐渐开遍中国80多个城市，形成目前（2016年）近千家连锁店、1万多名员工的规模。好利来连锁饼店以生日蛋糕产品为主，同时经营面包、西式点心、中式点心和咖啡饮料。

好利来是最早在中国采用连锁经营模式取得成功的烘焙品牌，在蛋糕技术、人才培养、店面规划等方面为中国蛋糕行业制定了许多沿用至今的行业标准。从第一个生日，到第一次约会，从温馨的早餐，到悠闲的下午茶，26年来，好利来陪伴无数中国人，度过了生命中最甜蜜、最快乐的时光！好利来浪漫、温馨、亲切的品牌形象深入人心。

罗红对员工说，"我以人格向你们承诺，我将用我的一生，来帮助大家成长，帮助大家实现自我价值，在好利来获得物质与精神的双重丰收。"对母亲的爱和孝敬是罗红事业的转折点。想开启团队的源头活水吗？先开启自己的源头活水吧，形成与团队心气相通的场域，开启每个人的源头活水。**罗红说，我的一生，为美而感动，为美而存在。**

## 2.3 互联网效应、思维和法则

### 2.3.1 互联网五大效应

根据中国互联网络信息中心的统计数据，近几年我国网民数量持续增加，到2018年1月31日已达7.7亿人。李海舰认为人们已经进入互联网时代，并且互联网时代的到来给世界经济与人们日常生活带来了颠覆性的变化。根据学者们的研究，互联网带来了五个方面的变化：

- 商业模式的变化，罗珉和李亮宇认为互联网时代的商业模式主要是为了应对互联网带来的不确定性和边界的模糊性，通过构建平台实现隔离机制来维持组织稳定和红利连接的模式群。
- 经济关联性的发展，戴德宝等认为互联网的发展能够促进快递行业的发展、区域经济的发展以及国家的经济转型。
- 组织形式发生了重大变化，如青岛酷特集团等企业，最大程度地实现了组织的去中介化和扁平化，提高了组织的运作效率。
- 政府执政信息透明，全球各级政府都建立了自己的网站，在网站上可以查询到政府的决策文件，做到开放、公开、透明，同时还要强调政府对互联网渗透的引导与管理。
- 企业的转型升级，Hansen 和 Sia 认为互联网技术的出现为组织变革研究注入了新的议题，无论是国内还是国际上的企业都试图与互联网融合进行深度变革，实现企业的转型升级。

人类已经进入新的时代，任何企业的发展只有适应时代发展的要求才能更好地获得所需资源，满足市场的需求，实现可持续发展。企业管理者要充分认识到互联网给企业带来的机会，规避其带来的风险，切不可成为企业家口中"看不见、看不起、看不懂、跟不上"的落伍者。因此，为了更深入地了解互联网时代给社会发展带来的变化，根据互联网涉及的商业模式以及定制模式的不同，将其划分为互联网"+""–""×""÷""次方"五种效应。

20 世纪 90 年代，信息高速公路的建成标志着信息时代的到来。作为信息时代的技术基础，信息技术对人类获取、传递、处理以及利用信息的方式和组织生产、经营方式都产生了变革性的影响。从网络技术的角度来讲，网络技术的概念最早来源于信息技术，被认为是利用人际网络交往和通信电子设备中的技术，在数字化背景下为构建社会链接提供空间的一种潜在的、轻松的、整合的和自动的方式。

互联网+传统行业的模式已经得到了快速的发展，其最简单的作用机理是能够实现互联网与传统行业的融合，实现跨界经营，值得一提的是这里的界限包括地理界限和商业界限。这里将其具体的作用表现总结为以下五个方面：一是互联网的简单应用，主要是利用互联网的流通优势，将大量的商铺集中起来，达到大规模销售的目的，如阿里巴巴。二是互联网的初级应用，主要是利用互联网的数据搜索与分析的功能，通过数据驱动，实现商品的销售，如亚马逊。三是互联网的高级应用，主要是利用大数据，实现智能制造，通过客户个性化驱动，实现特异化的大规模定制，如酷特智能。四是互联网的调控作用，主要利用政府的力量，将政府与其他行业的发展结合起来，实现构建参与主体协同发展的大平台，如好公仆网站。五是互联网的超高级应用，主要是利用人人参与，融合 C2M/C2B 等共创模式，实现准确配对，边生产边消费，一切个性化驱动，如 Airbnb 等。

互联网的五大应用带了一系列的互联网效应。互联网"+"效应的核心内容对应着互联网简单应用中的联合企业以及实现大规模销售；互联网"–"效应的核心内容对应着互联网初级应用中的数据搜索、筛选与推送；互联网"×"效应的核心内容对应着互联网高级应用中的特异化大规模定制；互联网"÷"效应的核心内容对应着互联网平台化应用中的调控与协同模式；互联网"次方"效应的核心内容对应着互联网超高级应用中的一切个性化的共创模式。

### 1. 互联网"+"效应

互联网时代下，互联网带来的"+"效应是在互联网技术的支持下实现了互联网、传统企业以及互联网企业之间的联合，扩大销售网络，增加销售量。

国内外学者对传统企业拥抱互联网、互联网企业拥抱传统企业的商业模式已经有了一定的研究，传统的电子商业模式一般包括企业间（B2B）、企业与消费者间（B2C）、个人与消费者间（C2C）三种。其中 B2B（business to business）商业模式指的是通过互联网或者企业内部网络，构建一个供应商与零售商联系的电子市场交易平台，前者先生产产品，再将产品推销给后者，是一种企业对企业之间的营销关系；B2C（business to customer）商业模式是一种企业直接面向消费者的电子商业模式；而 C2C（customer to customer）商业模式是一种个人消费者之间的电子商业模式。由于该种模式下是先生产后推销，因此产品的特异化定制程度非常低，只能通过大部分销售对象的喜好生产产品，因此在互联网"+"效应下仅仅实现了初级定制。

综上，把以 B2B 和 B2C 为主的商业模式统称为互联网"+"效应下的初级定制模式，即利用互联网建立一个以企业为端口之一的标准产品平台，将大量的企业集中在一起，基于商业流通领域先导优势，先生产后推销，实现初级个性化定制的独立运营或制造供应。此外，该模式的盈利模式主要靠打破传统的商业和地理界限，实现大规模的销售，降低平均销售成本等方式获得更多的经济效益。在这种效应下，供应商占主导地位，如阿里巴巴和陌贝网等。

### 2. 互联网"-"效应

互联网带来的"-"效应是指在大数据的支撑下，实现数据的筛选，删除无关数据，向用户提供精确的推送服务。

海量非结构化数据的出现带来了商业模式的创新，学者们意识到"大数据"时代已经到来。市场上出现了多行业、多企业合作的数据平台商业模式，其通过数据挖掘聚集海量的数据，再一起分享数据，创造并传递价值。企业能够利用大数据实现对消费者各个渠道、生命周期中的行为数据进行记录与搜索，实现了企业在产品市场化之前进行互动设计的可能性。通过对数据的存储、筛选、推送等方式，将顾客喜好的或最需要的产品信息及时反馈给商家。

综上，将基于 B2B 和 B2C 等商业模式，利用大数据，通过积累、分析并深度挖掘用户或客户行为信息相关数据，发现规律和趋势，然后删除或排除一些无关数据，将有用的信息转化为有针对性的独特产品或服务，以最优的价格和最快的速度匹配给客户的商业模式称为互联网"-"效应下的初级变异定制模式。在互联网"-"效应下，供应商与中介机构的主导作用较强，如亚马逊、沃尔玛等。

### 3. 互联网"×"效应

互联网带来的"×"效应是指在互联网的支撑下，通过客户的个性化设计与定制，先下单后生产，可获取海量数据，使得生产的产品特异化程度更强，满足更多的客户需求。

就商业模式而言，C2B（customer to business）与 B2C（business to customer）正好相反，其强调了消费者的主导性，以消费者为中心，通过将大量的用户聚集起来形成庞大的采购集团。从消费者的角度出发，有人认为 C2B 永远是买方市场，从消费者发起需求出发，企业通过完成消费者的需求来达成交易。从消费者的需求出发，C2B 模式的实现形式包括三种：一是基于消费者需求的差异性，企业采用个性化定制模式；二是基于消费者需求的一致性，企业采取的是商品预售模式；三是基于消费者需求以及生产商诉求，企业采取的是逆向团购模式。还有人认为 C2B 不仅是买方市场，企业也可以作为参与主体，反向利用电子商业模式，通过增加用户数量以及扩大销售市场，实现品牌的传播。随着网络化与信息化程度的不断深化，消费者个性化的需求越来越难满足。传统的标准化生产模式已远远不能满足消费者对于个性化以及多元化的追求。在这样的背景下，企业不断地改进现有的生产模式，最终创造出了"大规模定制"模式，使得C2M（customer to manufactory）商业模式应运而生。该模式能够实现顾客与生产者的直接对接，通过厂商构建的大数据系统，顾客可以自主设计所需要的产品，通过改变生产、原材料供应、销售、运输等环节的工序流程，实现大规模的个性化定制，生产成本也被控制在最低水平，与此同时构建相关产业的生态圈。

综上，将以C2B和C2M为主的商业模式统称为互联网"×"效应下的高级定制模式，即以客户个性化为驱动力，利用互联网让企业员工与客户、价值增值伙伴（包括设计师、供应商等）共同在企业平台上参与开发产品，先下单后生产，基于海量数据优势，使之产生一种倍增效应。在互联网"×"效应下，主要以消费者的需求为向导，如酷特智能、易到用车等。

### 4. 互联网"÷"效应

互联网带来的"÷"效应是指在互联网的支撑下，通过政府等权力机关的作用，实现资源的优化，消除信息冗余，达到协同发展的目的。

信息时代的到来，赋予了政府更多的责任。信息技术逐渐与政府的管理引导联系起来。Schuppan将信息通信技术与"治理理论"结合在一起，提出了"电子政务"的概念。电子政务能够直接将政府与民生问题联系起来，加快信息传递，面向的对象也会更加全面，同时有利于建立一个更开放的公共部门。现在有政府参与的模式主要包括了G2G（government 2 government）、G2B（government 2 business）、G2C（government 2 customer）以及G2E（government 2 employee）等。其中G2G主要是指政府部门之间的电子政务，G2B主要是指政府与企业之间的电子政务，G2C主要是指政府和公众之间的电子政务，G2E主要是指政府与政府内部公务人员之间的电子政务。根据政府边界属性，G2G和G2E为一类，是指政府内部的运作系统；G2B和G2C为一类，是指政务对外服务的范畴。G2G以实现政府办公自动化为目的，以服务为核心，避免由于政府部门的信息割据给社会带来低质量的服务与管理；G2E的目的是通过电子化管理，实现政府内部的高效工作；G2B主要的服务对象为企业，应用网络等电子手段实现对企业的服务，以及应用互联网建立有效的行政办公和企业管理体系；G2C以公众为主体，政府通过网络平台向公众提供办事信息、流程等服务。

综上，将以政府、企业、用户等为主体建立的协同发展模式称为互联网"÷"效应下的高级变异定制模式，即政府利用平台驱动技术、大数据等网络技术，在建立一个供企业、消费者等交换信息的共同平台的同时，充分发挥政府的主导作用，排除大量与政府发展目标不相关的企业及其相关数据，使得政府、企业与公众之间的协作效率更高。在互联网"÷"的效应下，作为中介机构的政府主导性很强，如公仆网、美国第一政府网站等。

### 5. 互联网"次方"效应

互联网带来的"次方"效应是指在互联网的支撑下，人人参与到产品的开发中来，发挥自己的创造力，使产品的特异化程度更大，产品的适应性也更高。

受网络开放程度以及通信边界程度的影响，消费者通过企业构建的平台可以实现间接的对话，例如某一消费者在平台上发布某一产品的需求信息，平台另一方的消费者能够满足这个需求，通过平台就可以达成交易，实现三方的协同发展。由此 C2C（customer to customer）商务模式出现，包含了消费者信息的发布以及信息的获取。该模式主要包括了信息的搜索、即时通信、网络支付工具、网络交易、网络社区以及网络应用评价体系等。例如在某一个公司内部，研发、生产、销售以及原材料的供应都通过互联网"次方"效应下的平台实现，在各个环节都实现了人人参与创造，带来的经济效益必将会被成指数倍放大。这种商业模式就是 C2M2C（customer to manufactory to customer）。

将基于人工智能等信息网络技术，以 C2M2C、C2C 等为主的模式称为互联网"次方"驱动下的超级个性化规模定制，即依赖于网络科技手段建立人与人、人与物、人与机器的智能交互，强调人人参与的共创形式，深入贯彻开放、公平、分享、责任的信念，以数据搜索与分析为基础，一切个性化驱动，实现精准配对或先下单后供应，甚至是边生产边消费，参与者各司其职，各自发挥应有的职能，如 Airbnb、酷特智能 2.0 等。

### 2.3.2 互联网五大效应理论解析

#### 1. 互联网"+"效应的内涵解析

互联网"+"效应是互联网与企业融合的初步尝试，这部分企业创始人更多地看到了互联网带来的规模效应，充分认识到了互联网带来的巨大流量。流量思维，就是要意识到流量的重要性，并且知道如何获取流量、如何让流量产生价值。掌握了流量思维，便掌握了互联网"+"效应的核心思维。互联网"+"效应的流量思维主要体现在两个方面：其一是互联网"+"效应下的平台上打破了传统的销售渠道，突破了地理界限，在平台上集聚了大量的企业、商铺等产品拥有者，这使得在单个空间或平台上产品的流量大增；其二是互联网"+"效应下的平台下吸引了大量的产品需求者，吸引的顾客流量是线下实体企业远远不及的。

在互联网"+"效应下，平台上的企业只是借助平台进行销售，对产品本身的设计与改进作用并不明显。因此，对产品的设计、加工以及完善的主要参与主体仅仅是平台上的企业，需求方根据自己的需求选择所需的产品。不过在销售后，企业会根据销售的情况进行调查研究，根据需求者的需求改进产品，但是这种改进也是小范围、小程度的改进，对产品的主流性能变动不大，所以将其称为初级定制模式。

阿里巴巴无疑是中国互联网"+"效应中最成功的实践者，阿里巴巴主要的模式就是通过网络平台将商家联系起来，其核心理念就是把商业街搬到网上，打破了原有的商业界限和地理界限，最大程度地将商铺集中到阿里巴巴平台上。这不仅扩大了商铺的数量，同时也增加了用户的数量，以此来实现规模经济。其具体的运用模式如图 2-1 所示。

互联网"+"效应如何应用呢？首先，互联网"+"效应是互联网技术的简单应用，其适用于产品设计弹性较小，产品的规格、使用路径等相对固定的厂商，例如一些标准化的机械工具类产品等。其次，互联网"+"效应比较适合中小企业。如果中小企业不借助于互联网，产生的效应可能是小范围的，很难实现地理上的突破，产品销售就会受到很大限制。当中小企业与互联网"+"效应结合时，能够迅速扩大产品的销售范围，减少产品的销售成本，降低产品价格。最后，从企业角度出发，企业要有一定的集体意识，共同维护互联网

"+"效应平台的整体环境。例如,在产品的质量、价格以及运送时间上都要做到诚信等。

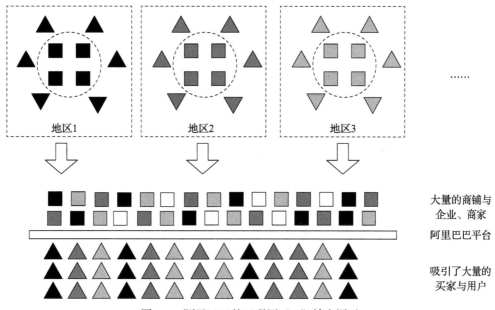

图 2-1　阿里巴巴的互联网"+"效应图示

注:△:各地区的用户或买家　□:各地区的商家或企业　◯:商业界限　▭:地区界限

### 2. 互联网"-"效应的内涵解析

互联网"-"效应的核心思想就是利用大数据、云计算等技术,通过对用户浏览信息的收集,在对产品信息过滤的基础上,向用户推销有价值的产品,促使平台上企业对相关产品的生产与改进。互联网"-"效应的核心思想就是简约思维。简约思维主要包括三个方面:看起来简洁、用起来简化、说起来简单。看起来简洁,一是将简洁的用户页面展现给顾客,二是将简洁的产品提供给用户;用起来简化,主要是指操作的便捷化,用户不需要了解机器背后的运作原理以及复杂的程序设计,只需要通过按钮就能实现操作;说起来简单,主要是指通过简单的表达就能够使用户了解产品或服务的独特价值,以此实现口碑营销的目的。

在互联网"-"效应下,平台上的企业能够较快地收到用户的需求,利用构建的数据库搜索、推送功能在较短时间内满足用户的需求。与互联网"+"效应的区别在于,其能够在销售的过程中,对产品进行改进,实现产品的变异。因此,将互联网"-"效应下的模式称为初级变异定制模式。亚马逊是数据驱动的个性化规模定制典范。亚马逊能够了解用户的偏好,及时推荐给用户想要的,并且在用户下单的瞬间同步进行物流系统的跟踪。亚马逊主要利用了数据的搜索、分析、筛选等功能,根据用户浏览的信息,通过网页或邮件推送顾客所需要的产品。其具体的运营模式如图 2-2 所示。

互联网"-"效应如何应用呢?首先,互联网"-"效应适用于能够在一定程度上根据市场需求做出改变的产品,但是该类产品的属性一般不会发生根本性的变化,仅仅是在外观、形状等方面做出快速改变。其次,对企业的组织结构有较高的要求,在该效应下的企业要有一定的灵活性与机动性,能够根据市场信息迅速地调整产品的生产工序、外观设计等。

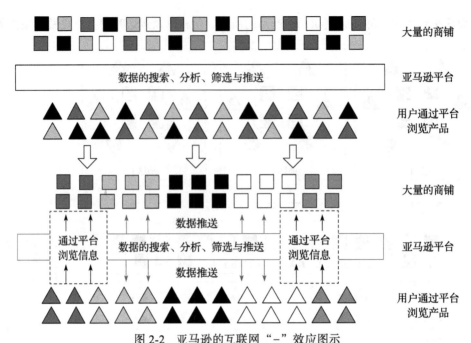

图 2-2 亚马逊的互联网"-"效应图示

注：△：用户或买家　□：商家或企业

### 3. 互联网"×"效应的内涵解析

互联网"×"效应在互联网"+"和"-"效应基础上实现了突破式创新。戴尔、丰田等传统的大规模定制模式只能说是实现了"半定制"而非以顾客为中心的"完全定制"。互联网"×"效应主要体现的是"以用户为中心"的思想，用户可通过设计的平台参与设计自己所需的产品。该模式消除了生产者与用户之间的中间环节，实现了生产者与用户的直接对接。在对接的过程中，用户参与到产品的生产中来，利用大数据与智能制造技术，实现产品的个性化定制。互联网"×"效应应用的是用户思维，用户思维主要体现在以下三个方面：市场定位、品牌规划与体验设计。从市场定位来看，互联网经济属于典型的长尾经济，要特别地关注单个消费能力不强的青年人群，这部分人通过互联网的聚合作用聚集在一起，能够产生强大的影响力与消费力。从品牌规划来看，互联网用户喜欢表达自己的观点，喜好追求个性化的产品，也愿意参与到产品的设计与生产中来。因此需要企业在用户的参与情感上下功夫，让用户参与到产品设计、生产与销售的各个环节中来，使其成为企业的忠实粉丝，形成"粉丝经济"。从体验设计来看，互联网"×"效应是让用户参与到产品的设计与生产中来，一切以顾客的感受为准，并以建立的数据库以及3D技术为依托，帮助用户初步体验根据自己喜好设计的产品。

在互联网"×"效应下，平台上的企业能够根据用户提供的数据，传递用户的产品体验，最终实现定制产品的生产。由于用户参与了产品的设计，并且是根据用户自己提供的数据，实现产品生产的，因此，将互联网"×"效应下的模式称为高级定制模式。

酷特智能实现了用户与企业的融合，企业通过积累产品数据形成强大的数据库，用户能够根据数据库中的相关数据自行设计所需产品（其中用到3D技术，用户在平台上体验自行设计的产品），然后通过企业数据平台传送给企业，企业根据接收到的信息，进行生产加工,实现了用户设计产品、企业生产产品的高级个性化规模定制。其模式如图2-3所示。

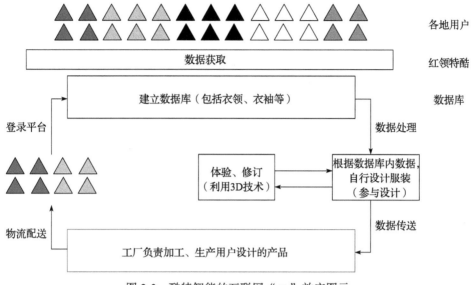

图 2-3 酷特智能的互联网"×"效应图示

注:△:用户或买家　□:商家或企业

互联网"×"效应如何应用呢?

首先,应用互联网"×"效应的企业需要强大的数据支撑,这要求企业注意收集数据,建立企业数据库。有了数据库的支撑,顾客才能借助数据库上的数据实现个性化设计。酷特智能经过了十几年的时间才建立了较为完善的数据库。其次,企业要敢于对现有的供应、生产以及销售流程进行改造创新甚至再造,以快速满足市场需求为目的,提高生产效率,最大程度地实现个性化定制。这其中可以借助先进的设备、技术将生产链条打碎、重建。

### 4. 互联网"÷"效应的内涵解析

互联网"÷"效应下,企业、消费者、政府等多方参与主体共同发展、共同促进,其思维形式主要是生态平台思维。生态平台思维是一种开放、共享、共赢的思维。本书认为平台是在提供某种核心价值的基础上,能够将内部与外部、外部与外部联系起来的载体。平台能够实现对消费者以及供给者的链接,以此创造价值,同时平台还会根据两者的需求不断地自我完善。平台思维的重点是打造一个完善的、高效的以及具有巨大潜能的"生态圈"。平台的最终目的是实现参与平台成员之间的愿景与需求,这需要其建立完善的运营机制与规范,最大程度地激励各参与群体的互动。平台型企业成功的关键往往是能够打碎、重构已有的产业链条,实现多个群体的有机链接,同时进一步建立良好的"平台生态圈"。

互联网"÷"效应实现了企业、用户与政府的联合,政府起到了调控、监制、政策分析与分享的作用。当企业无法高效达到用户提出的要求时,利用政府或市场的力量,实现企业的改造或者消除效率低下的企业,实现生态圈的和谐、高效发展。在生态圈中,用户与企业之间的交流更加方便、高效和准确,同时生产效率也会进一步提高,能更好更快地满足用户的要求,实现个性差异化的定制。因此,将互联网"÷"效应下的模式称为高级特异化定制模式。

掌赢天科技旗下的好公仆、产业云、赢销宝以及微官网等几个核心产品,将政府、企业、商家以及互联网用户融合并提供核心服务。其中"好公仆"除了包括一系列的政务信息和办事指南外,还会把政府或企业的信息推送给用户。"产业云"主要是构建生意圈,实施上下游企业的互联。"赢销宝"主要是把营销过程、沟通细节等都记录下来,形成数据库。"微官网"能够提供平台,使得手机用户能够为各个行业的企业提供可移动化的解决方案;利用线上商城粉丝的力量提供问题解决方案,实现粉丝经济营收等。其具体模式如图2-4所示。

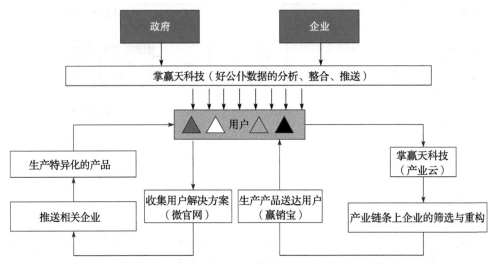

图2-4 掌赢天科技的互联网"÷"效应图示

互联网"÷"效应如何应用呢?首先,互联网"÷"效应下的企业大多是受政府政策导向影响的,这部分企业与政府有着紧密的联系,企业要注重产业链条上的合作创新,只有整个链条提高了供应、生产、研发等效率,才能使创造的价值最大化。其次,对企业的发展提出了更高的要求。互联网"÷"效应下政府的调控作用会实现产业链条的重构,去除僵尸企业,实现供给侧改革。这要求企业内部不断创新,提高生产效率,利用大众的智慧实现产品的特异化。

**5. 互联网"次方"效应的内涵解析**

互联网"次方"效应是互联网发展的一种趋势。到现在为止,还没有企业真正达到互联网"次方"效应,但是有许多优秀的企业已经在朝这个目标前进。互联网"次方"效应的核心思想是人人参与下的社会化迭代思维,即针对用户的反馈意见,人人参与,以最快的速度进行调整,并融合到新的产品和服务中。在当代商业竞争中,客户需求快速变化,速度与质量变得同等重要。不追求一次性满足客户的需求,而是通过一次又一次的迭代不断完善产品和服务,这样才能在市场中站稳脚跟。社会化迭代思维指的是不断发现并满足消费者需求的循环过程。在快速迭代的过程中,必须有足够多的用户反馈,让用户参与产品或服务完善的整个环节,这样就把日常营销自然融入到产品与服务的迭代完善的过程中来,实现事半功倍之效。

在互联网"次方"效应下,产品的设计不仅仅由用户来完成,而是用户利用平台上的数据,选择适合自身需求的产品设计方案,当然用户也可以将自己优秀的想法共享到平台上供其他人使用。这样就实现了人人共创,企业成了实现用户自我设计的工厂,实现了更高程度的特异化定制。因此,将互联网"次方"效应下的模式称为超高级特异化定制模式。

沈阳机床顺应了互联网时代的要求,在供应阶段、生产阶段、研发阶段以及销售阶段都最大程度地实现了互联网与制造企业的深度融合。其具体模式如图 2-5 所示。用户可以根据自己的设计或订单在交易平台上提交需求,沈阳机床相关的技术支持团队会依托智能云科或众包模式将用户的 CAD 图转化为程序,在生产环节可以通过沈阳机床分配订单,也可以通过平台由租赁机床的客户完成。在这一过程中就实现了人人设计、人人加工、人人生产。最后,快速配送给客户个性化定制的产品。

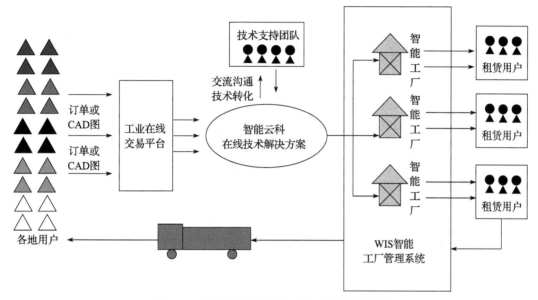

图 2-5　沈阳机床的互联网"次方"效应图示

互联网"次方"效应如何应用呢?首先,互联网"次方"效应下的企业需要和互联网进行深度融合,在生产、研发、销售环节都需要互联网的技术支持,实现人人参与、人人共创。为了实现人人共创,需要将生产、研发、销售等各个环节系统化、平台化,只有以平台和系统的方式交流、协作,才能实现信息的快速传递、技术的快速转化、问题的快速解决。其次,互联网"次方"效应下的企业根据用户的需求生产产品,一个企业的力量是有限的,因此这部分企业大多是需要与众包等其他模式结合起来运营的。例如,沈阳机床拿到用户的图纸后,如果企业科研部门无法实现图纸到程序的转化,会通过网络众包的方式将信息发布出去,让大众的力量来解决这一问题。当然,在这一过程中,解决这一问题的人也会收到相应的报酬,以人人参与的方式实现大规模的特异化定制。

综上分析,互联网效应的商业模式、思维模式、定制模式、代表企业总结如表 2-2 所示。

表 2-2　互联网五种效应对比表

| 互联网效应 | 商业模式 | 思维模式 | 定制模式 | 代表企业 |
| --- | --- | --- | --- | --- |
| 互联网"+"效应 | B2B 和 B2C 为主,先生产后推销 | 流量思维 | 初级定制模式 | 阿里巴巴、陌贝网等 |

（续）

| 互联网效应 | 商业模式 | 思维模式 | 定制模式 | 代表企业 |
|---|---|---|---|---|
| 互联网"－"效应 | B2B 和 B2C 为主，数据筛选与推送 | 简约思维 | 初级变异定制模式 | 亚马逊、沃尔玛等 |
| 互联网"×"效应 | C2B 和 C2M 为主，顾客参与设计 | 用户思维 | 高级定制模式 | 酷特智能、易到用车等 |
| 互联网"÷"效应 | G2B 和 G2C 为主，政府的调控作用 | 生态平台思维 | 高级变异定制模式 | 公仆网、美国第一政府网站等 |
| 互联网"次方"效应 | C2M2C、C2C 为主，人人共创，边生产边销售 | 社会化迭代思维 | 超级个性化规模定制 | Airbnb、酷特智能2.0、沈阳机床等 |

资料来源：在吴霁虹《众创时代》的基础上整理所得。

### 2.3.3 互联网思维的十大法则和六大定律

**互联网思维背后是十大法则：**① Listen to me，倾听我。用户的声音是企业最强的声音，企业必须调整自己的位置和心态认真倾听用户声音。② Omni-channel，全渠道一致体验。"以产品和实体店为中心"已经被"以用户和电商为中心"的全渠道体验模式取代，企业要跟上用户的脚步。③ Value，价值观。回归商业的本质，找到用户的痛点，为用户创造价值。必须记住"Why-How-What"的顺序，黄金圈理论内圈是 Why，中间是 How，外圈是 What。逆向思维的真相在于：要想最大程度地影响他人，最关键的不在于传递"是什么"，而在于给出"为什么"的理由。④ Engagement，参与感。去掉所有的不必要的环节，用户的喜好、热点快速地通过网络进行反馈。⑤ Scream，让我尖叫。真正的需求创造者，把所有的时间和精力都投入到对"人"的了解上。他们一直努力地了解我们心中的渴望，了解我们的需要，想到我们需要的，做到我们想要的，得到咱们希望的。⑥ Iterative，快速迭代。及时、实时关注用户需求，把握用户需求的变化。边开枪、边瞄准，精益求精。做到快速失败、廉价失败，组织要有包容失败的文化并及时改进。⑦ My favorite，给我想要的。用户留在网络上的信息即是大数据，这些数据有助于企业预测和决策。尿布和啤酒放在一起不可以吗？⑧ Personalized，个性化。用户越来越个性化，酷特西服在袖口、内口袋上绣上各种个性化需求——请在袖口上绣上女友的红唇，请在笔记本上铭刻我喜欢的名言，请在我的 T 恤衫上印上泰戈尔的诗篇。⑨ Less is more，少就是多。最少最优的推荐让用户一分钟爱上你。⑩ Efficient，高效。用户与服务之间建立最短的路径，用最短的时间，不要超过三步，路径越短越好。

**互联网思维十大法则的背后是六大技术定律：**①摩尔定律。摩尔定律指的是"半导体芯片集成的数量每 18 个月增加一倍"，这意味着设备性能和速度的提升，性能和速度都提升了，你不提升可以吗？②吉尔德定律。20 世纪 70 年代，数字时代思想家吉尔德预测在未来的 25 年里，网络带宽每六个月增长一倍，而且上网会免费的！这就是吉尔德定律，现在不是已经实现了吗？到处都是免费 Wi-Fi 就是明证。③梅特卡夫定律。以太网创始人梅特卡夫提出"网络价值以用户数量的平方的速度增长"，也就是说，互联网价值是网络话语节点的平方，如微信用户的疯涨，2015 年春节我们领教了微信的威力。④病毒扩散原理。病毒扩散原理指的是"一个事件的扩散每天以几何级数扩展"，几何级数就是成倍的增长，2、4、6、8……互联网时代何止是几何级数，简直就是无极扩散啊。⑤六度分割理论。米尔格兰姆的六度分割理论指的是"你和任何一位陌生人之间所间隔的人不会超过六个"，六度分割让麦克卢汉的"地球村"成为事实。⑥马太效应。马太效应出自《新约·马太福音》第25章，指的是"好的越好，坏的越坏，多的越多，少的越少"。马太效应和商业息息相关，越是有广泛深入的参与，越需要依赖强有力的信息渠道。因为人类社会天生需要规律和系统。

| 实践聚焦 | Airbnb 赢在哪里

Airbnb 是 AirBed and Breakfast（Air-b-n-b）的缩写，中文名是爱彼迎。Airbnb 是一家联系旅游人士和家有空房出租的房主的服务型网站，它可以为用户提供多样的住宿信息。2011 年，Airbnb 服务令人难以置信地增长了 800%。Airbnb 成立于 2008 年 8 月，总部设在美国加州旧金山市。Airbnb 是一家旅行房屋租赁社区，用户可通过网络或手机应用程序发布、搜索度假房屋租赁信息并完成在线预订程序。据官网显示（2017 年 4 月数据）以及媒体报道，其社区平台在 191 个国家、65 000 个城市为旅行者们提供数以百万计的独特入住选择，不管是公寓、别墅、城堡还是树屋。Airbnb 被《时代周刊》称为"住房中的 eBay"。2017 年 1 月 27 日，Airbnb 首次盈利，公司营业额增长超过 80%。

Airbnb 重塑了酒店行业，你可以从个人而不是酒店手中租住一间房屋。将空置的房屋出租，可以获得额外的现金，并且房租通常比酒店便宜。其创始人是内森·布莱卡斯亚克、布莱恩·切斯基、乔·杰比亚。Airbnb 赢在哪里呢？

**首先，Airbnb 改变了人们的租住意识。** 人们大多不愿意让陌生人住进自己家里，安全、隐私等问题，一直让房东们望而却步。对客人来讲也是一样的，本来一个人出去就不安全，还住在别人家里？但世界上总有那么几个喜欢吃螃蟹的人，当大家都觉得螃蟹挺好吃的时候，这事就越来越好办了。当然，培养市场并不是容易的事情，Airbnb 的交易也曾出过事。2011 年 7 月，一位房东遭洗劫，人们指责 Airbnb 一些政策的不完善，Airbnb 遭遇了前所未有的信任危机。当然，最终 Airbnb 挺过了那次危机并变得更强健了。

**其次，Airbnb 改变它所在的行业。** Airbnb 红了之后，市场上出现不少 Airbnb 的效仿者。有的效仿者原封不动地模仿 Airbnb，如 HouseTrip 和 Wimdu，以及国内的一些团队，它们利用 Airbnb 没有能力垄断全部市场这一机会迅速崛起。还有一部分效仿者找到了自身与 Airbnb 的差异点，并加以利用，如 Luxury Retreats 和 Inspirato 等这种定位于高端用户的类 Airbnb 网站。虽然 Airbnb 不是第一家做短租的团队，但他们成功地教育了市场，培养了用户，让效仿者在一进入这一行业时就能得到消费者和投资人的认可。Airbnb 和它的竞争者们正走在颠覆酒店行业的路上，让出游的人们从此多了一个不错的选择。当然，Airbnb 及其效仿者所拿到的市场份额也只不过是全球酒店市场份额的很小一部分，这可能是这类服务的潜力所在吧。

**最后，Airbnb 模式还可以应用到其他行业。** 如果把 Airbnb 的概念抽象一下，它的逻辑是：有空闲的资源就可以出租，就可以提高闲置资源利用率从而获得最大收益。这个逻辑同样可以应用到其他领域上，很多创业公司就依照这样的逻辑打造出了自己的产品，并且不少项目还获得了投资。

# 第3章

# 管理无范式

## 引子

### 三"义"天下，雾中启航

管理的范式就是管理无范式。管理若有了范式，也应该遵循"一个科学的理论一旦达到范式的地步，要宣布它无效，此时必须有另一个候选者取代它的地位才行。"这是托马斯·库恩在《科学革命的结构》中的观点，我是同意的。库恩认为科学的实际发展是种受范式制约的常规科学以及突破旧范式的科学革命的交替过程。他反对把科学和科学思想的历史发展过程看成逻辑或逻辑方法的过程，因此提出了科学和科学思想发展的动态结构理论。基于西方管理科学的思想，遵循库恩的动态结构理论，管理也是动态发展的，因此，**学会定义、善于反义、追求正义是我定义的获得管理范式的范式。**

"学会定义"指的是管理非一成不变的，管理是善变的，管理是权变的，管理本源就是一个动态的发展变化过程，这个过程的有效性与情境、特质和行为整合后高度相关。因为，构成管理的人、事、物三种要素各自不同，万人、事、物万定义，正如赫拉克利特所言，"人不能两次踏进同一条河流。"恩格斯对此评价为，"这个原始的、素朴的但实质上正确的世界观是古希腊哲学的世界观，而且是由赫拉克利特第一次明白地表述出的：一切都存在，同时又不存在，因为一切都在流动，都在不断地变化，不断地产生和消灭。"静态的管理是瞬间，动态的管理是永恒。过去、现在和未来，人类、组织和环境都需要重新定义，工业时代的落幕是一种必然的没落和存在，数据人文时代的开幕也是一种必然的兴起和存在，而未来会覆盖这一切，这就是学会定义。一般而言，主流市场中大公司的逻辑是持续性技术延续。新兴市场中小公司的逻辑是破坏性创新跟进，每天进步1%，一年后就会成为37.8倍，$1.01^{365} = 37.8$；每天退步1%，最终一年后所剩无几，$0.99^{365} = 0.03$。因此不得不学会定义，更何况丹娜·左哈尔告诉我们，自我已经是量子自我，具备了人类认知的量子特征，那么人类认知的组织和环境不也是量子组织和量子环境吗？今天又是一个新的"去弊开智，蒙以养正"的时代。

"善于反义"指的是善于反思、相反相成和返本复初的自循环往复的过程。善于反思是一种逆向思维和逆向行为，反思可以把整个大脑的活动、下意识的快速思考、有意识的慢速思考以及大脑左右半球的思考过程进行整合。当中国文化逐渐开始发挥引领世界的作用的时候，这种反思尤其重要，当万联网时代中国的诸如阿里巴巴、海尔、华为等国际企业与西方的跨国公司平起平坐的时候，这种反思成为必然，所以，反思是管理者从优秀到卓越的一种习惯。反思是基于正面的事实，考虑反面的可能，然后整合形成新的未来范式，这就是相反相成。相反相成的道路没有标准，只有孤独和燃烧。因此，需要返本复初，找到初心和匠心，端坐在中华文明之心中"坐忘"。圣贤的智慧告诉我们：心灵是无形、无限的，物质是有形、有限的，怎么能用有形、有限的物质填满无形、无限的心灵呢？金钱属于物质世界，幸福属于精神世界。那么，怎么能用物质世界代替精神世界呢？很简单，把有限的生命和物质，全部投入到无限的生命价值和生命意义中去，用有形、有限的物质世界，建造无形、无限的精神世界。也就是说，人要想幸福，不是拥有知识、权力和金钱，而是找到坚定的信仰，在信仰中觉知、觉醒和觉悟，然后自然呈现出生命美好、价值、喜悦和幸福！这就是反自循环。

"追求正义"指的是按道德标准所应当做的事，也指公平的道德评价。正义一词最早见于《荀子·儒效》，"不学问，无正义，以富利为隆，是俗人者也。"正义观念萌芽于原始人的平等观，形成于私有财产出现后的社会伦理和政治哲学范畴。关键在于一个"义"字，此字的演化过程见图 3-1。《汉语词典》将其解释为"中国古代一种含义极广的道德范畴。义谓天下合宜之理，道谓天下通行之路"。义是会意字，从戈，从羊。"戈"是兵器，又表仪仗；"羊"表祭牲。因此，义的本意是正义、合宜的道德、行为或道理，本书取其本意。今日时代的变化，核心还在于人的变化，人的需求个性多样化、人的流动频率速度化、人的忠诚黏度游离化、人的价值创造人文化……这些变化要求人类重新审视自身，重新审视人这一最重要、最核心的认知和资源，真正从人的角度重构管理理念、模式、范式以适应并共创变化的未来。

| 甲骨文 | 金文 | 篆文 | 隶书 | 楷书 | 行书 | 草书 | 繁体标宋 | 简体标宋 | 简化方案 |
|---|---|---|---|---|---|---|---|---|---|
| 羲 | 羲 | 羲 | 義 | 義 | 义 | 義 | 羲 | 義 | 义 | 采用俗体楷书字形（另造指事字："乂"代表捕杀，一点代表真理） |
| 掇2·49 | 墙盘 | 说文解字 | 曹全碑 | 颜真卿 | 颜真卿 | 苏轼 | 孙过庭 | 印刷字库 | 印刷字库 | |

图 3-1 "义"字演化过程示意图

基于上述观点，本章承前启后，以"义"为主关键字展开论述。不过，我还想告诉大家的是，即使有**"学会定义、善于反义、追求正义"**的指导，企业也永远是在雾中启航。

所以才有了苹果公司乔布斯的初学者心态：永远保持初学者心态，拥有初学者心态是件了不起的事情。当一个人带着老手的成功、经验、词语、逻辑、财富、权威、地位等堆积物，可能只看到新事物的一两个点。而一旦放下成功，永远当个新手，就会"万象齐现，万法齐含"，这是乔布斯成功真正的密码。而我说，没有成功，持续追求的过程才是成功。看王维的《山居秋暝》。

**山居秋暝　（唐）王维**
**空山新雨后，天气晚来秋。明月松间照，清泉石上流。**
**竹喧归浣女，莲动下渔舟。随意春芳歇，王孙自可留。**

## 3.1 人文主义范式

### 3.1.1 人文主义流变

人为万物之灵，应致力于文明的进步，发扬人性，发挥人力，拥护人权，培养人格。

人文主义（humanism）倾向于对人的个性的关怀，注重强调维护人类的人性尊严，提倡宽容的世俗文化，反对暴力与歧视，主张自由平等和自我价值。人文主义是文艺复兴时期形成的思想体系、世界观，也是这一时期进步文学的中心思想。它主张一切以人为本，反对神的权威，把人从中世纪的神学枷锁下解放出来。它宣扬个性解放，追求现实人生幸福；追求自由平等，反对等级观念；崇尚理性，反对蒙昧。《周易·贲卦·象传》有言，"观乎天文，以察时变，观乎人文，以化成天下。"这说明人文的概念是中国文化所固有的。但人文主义却是西方文化中 humanism 一词的译语，也有人把它译成人本主义。所谓"人本"，在西方文化中是相对"物本"和"神本"而言的。不过，西方文化占强势地位的是"物本"和"神本"，前者成就科学和形而上学，后者成就宗教信仰。正是在这个意义上，唐君毅（1909—1978）才说："西方之'人文主义'，差不多均是由于欲对峙或反抗某种文化上的偏蔽而兴起。"牟宗三（1909—1995）才说："在西方学术思想传统里，人文主义不是主流。而且它也是潜伏在那里，时隐时显，因此它始终没有彰显出来，完成其自身之系统，以为领导其文化生命前进之骨干。"这就是说，人文主义虽然是西方文化中提出的概念，但因"人"这个"本"被"物本"和"神本"所掩蔽了，故从人文主义在西方文化的发展来看，并不能尽人文主义的全蕴。

人文主义在西方文化中的发展，若就其粗线条勾勒，可分为西塞罗时代的人文主义、文艺复兴时期的人文主义和 18 世纪德国的人文主义。这三个阶段的人文主义就其基本性格而言，皆不能担当领导西方文化生命的使命，是其共性。因为它们有其不可克服的局限性与不足。关于西方人文主义的限制与不足，牟宗三在其《人文主义的完成》一文中有详细的分析。不管是西塞罗的人文主义、文艺复兴的人文主义还是德国的人文主义，他们借用柏拉图哲学中的 idea（理型）概念，把"人格"作为生命的理型而内化于生命之中，导入人文主义之内，从而使人文主义克服主观主义的浪漫精神而走向客观主义。这样，人在其自身之中有其内在的形成法则，各个人都是从内在的无限发展达到其整严规定的个性。牟宗三认为："有了人格概念，先把自己的生命内在地客观化，然后始能肯定人间的一切人文活动，见出其能完成人格的教养作用。这就是移向客观主义。"

现代的人文主义开始于启蒙运动（弗兰齐斯科·彼特拉克被称为"人文主义之父"），在启蒙运动中人文主义被看作是不依靠宗教来回答道德问题的答案。在启蒙运动的人文主义中，超自然的解释一般被忽略，这种人文主义也称为"世俗人文主义"。文艺复兴时的人文主义者大力倡导尊重个人的基本权利，而启蒙运动中的人文主义则始终抱着"人是可以得到完善的"这一希望。人是世界的最高理想，因此，自然界中的其他一切不过是用来实现这个理想的工具而已。

中国的人文主义，应推孔子之儒学，"孔子首先肯定人是宇宙中最高贵的，我是人，唯有人有'我'的自觉。举凡一切可以使人成为更完美的说法，便是人文主义；讨论使人成为更完美的思想，便是人文思想。"孔子之人格，在于高明与博厚。孔子之真诚恻怛，一面如天之高明，一面如地之博厚。"毋意、毋必、毋固、毋我"，一切无我无私之精神，岂能外于是？"老默而识之""天何言哉，四时行焉，百物生焉，天何言哉！"一切天人合一之精神，岂能外于是？"老者安之，朋友信之，少者怀之""鸟兽不可与同群，吾非斯人之徒与而谁与？"一切仁以为己任之精神，岂能外于是？"文王既没，文不在兹乎？天之将丧斯文也，后死者不得与于斯文也；天之未丧斯文也，匡人其如予何？"这一种对历史文化之使命感、责任感，何以过之！时下正是中华文化广大于全球之时，这是我辈的使命和责任。

人文主义并没有统一的定义，约翰·沃尔夫冈·歌德和弗里德里希·席勒的人文主义往往被称为历史主义，而威廉·冯·洪堡的人文主义则与启蒙运动的人文主义完全不同。文艺复兴时期哲学被看作是思想的根本，而在洪堡时期科学被看作思想的根本。限于篇幅，本节借鉴《人类简史》的分类简要介绍自由人文主义、社会人文主义、进化人文主义和本书独创的太极人文主义。

### 1. 自由人文主义

广义的自由人文主义（liberal humanism）大致出现于 20 世纪 70 年代，最早创造者难以考证。在当时的社会语境下，受后结构主义思潮以及一系列社会运动的影响，人们对它的使用常带有贬义色彩，它被认为是直至现代批评理论（critical theory）出现之前主导西方文学研究领域的一整套观念、原则和实践方法的统称。"自由"指的是一种非激进主义的政治态度，即在政治问题上态度暧昧、逃避选择，不明确表示归属于哪个政治利益集团。自由人文主义者坚信文学研究是一门清白的、价值中立的学问，不服务于任何直接的社会功利目的。

狭义的自由人文主义是指在 19 世纪末 20 世纪初，由英国批评家马修·阿诺德、利维斯等人以牛津和剑桥大学为主阵地发起和倡导的一场文学运动。他们认为，文学研究关乎英国社会的健康未来，通过对那些构成民族文学"伟大的传统"的文学经典的细读，可以"传播温文尔雅的社会行为举止、正确的趣味习惯和共同的文化标准"。正是在他们的推动下，文学研究得以从"一门适合于妇女、工人和那些希望向殖民地人民炫耀自己的人的学科"逐渐转变成"不仅是一门值得研究的学科，而且是最富于教化作用的事业，是社会形成的精神本质"。

自由人文主义作为一种人文主义的模式一直影响到现在，其主要围绕"个人自由""世俗化""普遍价值"三个方面展开。

- 个人自由。自由人文主义建立在人是自由的基础上。自由人文主义基于一种启蒙人文，与个人的关怀、自由、民主、平等相结合，反对神的偶像崇拜，但又将个人自由作为一种偶像崇拜，这里的个人自由或者可以称之为人权。自由人文主义的人文教育重建理念，实际上触及个人存在的本质性特征，从个体的自身价值来说，人一方面要具有工具理性，即技术能力，另一方面也要具有价值理性，即人文价值；就个体的社会历史价值而言，一方面社会历史的进步需要工具理性，即先进的科学技术，另一方面也需要同样先进的价值理性即人文价值，如果放弃人文价值，社会历史也会偏离正常的轨道。对于个人的自由，随着商业世俗化的加强，个人自由发展才有了真正存在的可能，人的存在可能性才能获得完整意义上的实现。
- 世俗化。自由人文主义在都市世俗化的背景下，人文教育效果的获得不仅取决于媒介技术本身，而且取决于自由人文主义的意识形态功能。后者的首要作用即在于重新制造一场通识教育的启蒙嘉年华。
- 普遍价值。全球化时代，人文主义也应该是多元现代性的一种表征。特别是建基于世俗化上的自由人文主义，根植于市民社会空间并依赖于市民社会的人文教育的重建也必须能够提供最具理论前沿的价值与反思能力。

### 2. 社会人文主义

社会人文主义相信"人性"乃是集体的，并非个体的，其存在于所有智人整体之中。社会人文主义者探寻的是所有个体之间的平等，最重要的就是要保护智人这个物种的平等，他们认为神圣的不是每个个人心中的声音，而是由所有智人这种物种构成的整体。

社会人文主义和自由人文主义都以一神论为基础，这种只存在一个神的信仰，将上帝看作世界唯一的创造者，并且是仁慈的神圣的至善者，管理并插手人类的活动，如"人人平等"的理念，就是认为在神的面前，所有的灵魂一律平等。对社会人文主义者来说，"不平等"代表着偏重人类的某些边际特质，这比人类的普通本质更重要，而这是对人类神圣性最严重的亵渎。例如，如果富人比穷人有特权，就代表重视"金钱"超过了人类的普遍本质，也就是说，在社会人文主义的思想下，不论贫富，人类从本质上来说应该是全部相同的。社会人文主义在尊重个人利益和意愿的前提下，又加入了国家的意志。当面临个体问题时，以个体利益不可侵犯为原则。当面临集体问题时，要个人服从集体，个人利益让步于集体利益。在自由人文主义之后，社会人文主义曾大有席卷全球之势。

### 3. 进化人文主义

自由人文主义强调人人生而平等，没有高低贵贱，每一个生命都应得到尊重。而进化人文主义认为，自然选择是促进社会发展的有力规则。占据优势的个体战胜虚弱的个体，会淘汰劣质的成分，帮助整体发展。占据优势的民族，同样承担着淘汰弱势民族的责任。进化人文主义不认为战争是对敌人生命的摧残，而是从心里相信这是正义的战争，承担着促进全人类进化的责任，淘汰劣势民族，让自己的优秀民族得到发扬。虽然现在听起来可笑，但在进化人文主义产生的当时，它犹如病毒一样蔓延。

进化人文主义，以纳粹为著名代表，是深受进化论影响的人文主义。和其他人文主义者相比，纳粹相信人类并不是永恒的，而是一个可以演化或者堕落的物种。人可以变成超人，也可以沦为非人。此论的症结出在简化上，出在生物决定论上：出生、性别和基因的组合，决定了人类的特质和能力，因此个人的和社会的变化可能性就很小了。于是纳粹说，他们的任务是保卫人类，使其向前演化而不致后退堕落。这就引出了可怕的罪行，即消灭纳粹眼里的"非人"，以自然的名义施行残酷。他们说："自然选择本身就是残酷的，那么为什么我们还要表达仁慈？"

人们很容易就忘了，纳粹的罪行正是在"人类"的名义下犯下的。我们必须反思这个概念，因为在21世纪，进化人文主义再次兴起。借助技术的手段，我们再度着手创造超人。我们应该特别谨慎于这类野心，而且明白，目的并不能正当化手段，我们不能为了"超人"的理想而不择手段。在不断兴起的进化人文主义里，生态恶化和资源短缺是值得人类反思的议题。我们必须清楚地界分生态恶化和资源短缺。人类可用的资源一直在增长，未来恐怕仍将如是。200年前我们不知道怎么生产和使用电力、燃油、塑料、橡胶、铀、钛和许多其他能源。每一代科学家都发现了更多的能源为人类所用，旧能源还没用完，新的就出来了。相比之下，对生态恶化的恐惧更加常见，我们正在摧毁地球生态系统，导致越来越多的动植物灭绝。未来可能会是这样：人类掌握了取之不竭的材料和能源，而自然环境败坏殆尽。

自由人文主义、社会人文主义、进化人文主义的比较，如表3-1所示。

表3-1 自由人文主义、社会人文主义和进化人文主义的比较

| | 自由人文主义 | 社会人文主义 | 进化人文主义 |
|---|---|---|---|
| | 智人拥有独特且神圣的本质，与其他生物有根本的不同。所谓的至善，讲的是对整体人性有好处 | | |
| 人性特征 | 人性是个人的概念，存在于每个智人心中 | 人性是整体的概念，存在于所有智人整体之中 | 人性可变，可能退化成非人，也可能进化成超人 |
| 使命内涵 | 最重要的使命是保护每个智人心中的自由 | 最重要的使命是保护智人这个物种的平等 | 最重要的使命是保护人类，避免退化成非人，并且鼓励进化成超人 |

## 3.1.2 太极人文主义

太极人文主义是本书创造的一个词，用太极隐喻中国人文发展变迁。

所谓学科形态，大体上是指这门学科，在历史发生、发展过程中，形成的学科"思维结构"的外在样式，而其框架范式，则是指与外在形态相对应的并由其长期过滤、升华而来的内部结构方式。本书认为，太极对中国人文发展影响至深，因此构建了太极人文主义。

在先秦典籍中，"太极"一词仅见于《庄子·大宗师》，其意原指宇宙空间之最高极限，此为"太极"之最初含义。战国之际，随着原始卜筮在生活中的广泛运用，系统解释《周易》的著作陆续出现。《易传》的述作者便借用"太极"一词，以指称产生六十四卦象的文化根源。汉代以下，哲学史上儒、道、释三家均围绕着"太极"问题展开了长期的各取所需的争辩论证，借以宣扬自身的教义，由此"太极"也经历了由实而虚、由气到数、由理到心等曲折迥异的演化过程。《素问》云，"阴阳者，天地之道也。万物之纲纪，变化之父母，生杀之本始，神明之府也。"由此易见，"太极图"就是大化宇宙结构的全息模型标识，它形象地反映了阴阳八卦等自然天地的普遍规律，包含着极其深刻的中国古代自然哲学的世界观和方法论原理。"太极图"是一个旋转动态图。"太极图"的动态性旋转运动张扬着一切物质都存在着运动变化，即世间万物的变化及其变化规律的体现皆是在其运动、变化之中加以表征。其结构、图形、符号、标识的简单、美观、深奥、魔变的审美特质，使它当之无愧地成为"中国哲学第一图"，从而彰显着中国传统文化的生命魅力。

中华"太极图"深邃的哲理意蕴、文化哲学源头的历史地位、深远的现实意义皆昭示着中华哲学与古老文化的亮丽景观。事实上，两条阴阳鱼本身就存在着"次序图"，阳鱼的黑鱼眼就是坎（水）卦的上阴爻，而阴鱼中的白鱼眼就是离（火）卦的上阳爻。故而"阴阳鱼图"是由"八卦图"演绎而来，它原本就该称为"太极八卦图"，而"阴阳鱼图"却只能算是它的俗名代称。由于该图已经构成整圆，它就应该是"太极图"，因为"八卦"生于"四象"，"四象"生于"阴阳"，"阴阳"必合为"太极"。唯有如此，它方能与"太极生两仪，两仪生四象，四象生八卦"的生命意境整合融通。同时，"太极图"又可视为"道图"，《老子》的"有物混成……强字之曰道"，《系辞传》的"一阴一阳之谓道"，就是指"太极图"中的阴阳物质混成了生命"道"境。因此，"太极图"或"道图"有欲形而未形的哲理蕴含，即阴流与阳流在相互追逐，有形流妙变的动感，故可借助它来表达"形而上"与"形而下"的思辨关系，进而理解为"道生万物"与"太极生天地"的自然之理趣。华夏"太极图"原本是中国古代先祖概括阴阳易理和反映世界发生、发展变化规律的图式符号。世传"太极图"出自陈抟之手，陈氏传有三种图式：一为"先天太极图"，一为"龙图"，一为"无极图"。宋代朱熹云，"先天图传自希夷，希夷又自有所传。盖方士技术用以修炼，《参同契》所言是也。""太极图"先天八卦的方位排列是"乾一、兑二、离三、震四、巽五、坎六、艮七、坤八"。其图始于乾阳，终于坤阴，反映了太极系统阳盛则息，阴盛则消的全息变化体征。

"太极图"是华夏古代先民概括阴阳易理以及探讨宇宙人生变化发展规律的图式范例。它千百年来以广博悠远、意味隽永的内涵和体恤万物、亘古辉映的义理，激励着后世贤达对其寻根溯源、探赜索隐、演绎升华。它张扬着炎黄先祖图标设计智慧的文明结晶，故被西方著名学者贡布里希誉为"一幅完美无缺的图案"。"太极图"的美可谓是哲学与美学在图形语言中的统整调谐范式，而"太极图"符号标识中的阴阳二极紧密的契合融通将给国人以自由无限的哲与美的生命文化遐思。

谈太极必谈易。孔子将《易》的内容分为三个层次"赞""数""德"。孔子认为:"幽赞而达乎数,明数而达乎德,又仁守者而义行之耳。赞而不达于数,则其为之巫;数而不达于德,则其为之史。史巫之筮,之而未也,好之而非也。""德"是最高层次,是《易》本质的体现。如果没有达到这个层次,则为"史巫之筮",皆未得《易》之真谛。孔子对《易经》的认识,与时人相比,同异各有。相同的是利用《易经》的占卜功能,预卜行为的吉凶结果。不同的是,孔子并没有停留在《易经》的卜筮功能上,而是更多地关注其道德因素。此义帛书《要》篇记载得十分清楚。子曰:易,我后其祝卜矣,我观其德义耳也。后世之士疑丘者,或以易乎?吾求其德而已,吾与史巫同途而殊归者也。君子德行焉求福,故祭祀而寡也;仁义焉求吉,故卜筮而希也。祝巫卜筮其后乎?我们看到孔子对《易经》的兴趣主要集中在其"古之遗言"上,关注的是其道德训诫意义。孔子作《易传》别开生面,《易传》释《易》,开中国哲学史之先声。一是《易传》提出并使用了一系列的哲学概念和哲学范畴,诸如阴阳、乾坤、太极、太和、鬼神、道与器、先天与后天、形而上与形而下等哲学术语;二是《易传》在解读卦爻辞、探索起源、揭示规律、阐述应用等方面充满了丰富的哲学思想,诸如阴阳思想、中和思想、人本思想、忧患思想、天人合一思想、对称平衡思想等。《易传》为人类在自然科学和社会科学领域的探索活动,提供了科学的思维方法,具有普遍的指导意义。

孔子对易第三个层次的认知"德"形成了儒家开启的人文主义先河,而"德"是西周时期人文主义的核心,这要归功于文王、周公为代表的西周初年的文化精英。周取代殷商之后,对传统宗教进行了深刻、彻底的反思,终于发现并非"天命不僭",而是"天命靡常""惟命不于常",甚至"天不可信"。至于夏、殷两代的废替,皆因"惟不敬厥德,乃早坠厥命"。原来,社会发展变化的最终根据,并不是神秘莫测的天命,而是人的德行。摒弃天命,注重人事,显然是对传统宗教的根本否定和彻底批判,标志着中国人文主义的形成。不过,同时,周公们又巧妙地将人文主义成果纳入宗教的体系之中。周公提出"皇天无亲,惟德是辅",主张"以德配天"。在这里,天仍然是人格神,只不过能够根据人的德行扬善罚恶而已。另外,周公还制定了一整套祭祀礼仪制度,用人文主义成果来强化宗法性传统宗教。这种做法后世经常使用,俨然成为一种规律,比如佛教为了在中华大地站稳脚跟,主动拥抱儒道两家,也是这样的一种人文改革。本书认为,这同时形成了中国文化包容的基因。

| 实践聚焦 |　　　　　　一江春水向东流:任正非的人文主义情怀

我们既要有信心,也不要盲目相信未来,历史的灾难,都是我们的前车之鉴。我们的责任是不断延长我们的生命。千古兴亡多少事,一江春水向东流。

小时候,妈妈给我们讲希腊大力神的故事,我们崇拜得不得了。少年不知事的时期崇拜李元霸、宇文成都这种盖世英雄。在青春萌动的时期,突然敏感到李清照的千古情人是力拔山兮的项羽,至此"生当作人杰,死亦为鬼雄"又成了人生警句。当然个人英雄主义,也不是没有意义,它迫使我们在学习上争斗,成就了较好的成绩。当我走向社会,多少年后才知道,碰到头破血流就是这种不知事的人生哲学。我大学没入团,当兵多年没入党,处处在人生逆境,个人很孤立,当我明白团结就是力量这句话的时候,已过了不惑之年。想起蹉跎了的岁月,才觉得,怎么会这么幼稚可笑，一点都不明白开放、妥协、灰度呢？

我是在生活所迫、人生路窄的时候，创立华为的。那时我已领悟到个人才是历史长河中最渺小的。我看过云南的盘山道，那么艰险，一百多年前是怎么确定路线，怎么修筑的？我佩服筑路人的智慧与辛苦！万里长城、河边的纤夫、奔驰的高铁……我深刻地体会到，组织的力量、众人的力量，才是无穷的。

人感知自己的渺小，行为才开始伟大。在创立华为时，我已过了不惑之年。不惑是等待人的心理成熟的尺度。而我进入不惑之年时，人类已进入电脑时代，世界等不得我的不惑了。我突然发觉自己本来是优秀的中国青年，所谓的专家，竟然越来越无知。不是不惑，而是要重新起步新的学习，时代已经没时间与机会，让我不惑了，前程充满了不确定性。

我刚来深圳还准备从事技术工作，或者搞点科研的。我后来明白，一个人不管如何努力，永远也赶不上时代的步伐，更何况知识爆炸的时代。只有组织起数十人、数百人、数千人一同奋斗，你站在这上面，才摸得到时代的脚。我转而去创建华为，不再是自己去做专家，而是做组织者。在时代前面，我越来越不懂技术、越来越不懂财务、半懂不懂管理，如果不能民主地善待团体，充分发挥各路英雄的作用，我将一事无成。从事组织建设成了我后来的追求，如何组织起千军万马，这对我来说是天大的难题。

我创建了华为公司，当时在中国叫个体户，这么一个弱小的个体户，想组织起千军万马，是有些想吃天鹅肉的梦幻。我创建公司时设计了员工持股制度，通过利益分享，团结起员工。那时我还不懂期权制度，更不知道西方在这方面很发达，有多种形式的激励机制，仅凭自己过去的人生挫折，感悟到与员工分担责任，分享利益。创立之初我与父亲相商过这种做法，结果得到他的大力支持。这种无意中插的花，竟然今天开放得如此鲜艳，成就华为的大事业。在华为成立之初，我是听任各地"游击队长"自由发挥的。其实，我也领导不了他们。

前十年几乎没有开过办公会类似的会议，总是飞到各地去，听取他们的汇报，他们说怎么办就怎么办，理解他们，支持他们；听听研发人员的发散思维，乱成一团的所谓研发，当时简直不可能有清晰的方向，像玻璃窗上的苍蝇，乱碰乱撞，听客户一点点改进的要求，就奋力去找机会……更谈不上如何去管财务了。

也许是我无能，才如此放权，使各路诸侯的聪明才智大发挥，成就了华为。我那时被称作甩手掌柜，不是我甩手，而是我真不知道如何管。今天的接班人们，个个都是人中精英，他们还会不会像我那么愚钝，继续放权，发挥全体的积极性，继往开来，承前启后呢？他们担任的事业更大，会不会被事务压昏了……相信华为的惯性，相信接班人们的智慧。

1997年后，公司内部的思想混乱，主义林立，各路诸侯都显示出他们的实力，公司往何处去，不得要领。我请中国人民大学的教授们一起讨论"基本法"，用于集合大家发散的思维，几上几下的讨论，不知不觉中"春秋战国"就无声无息了，人大的教授厉害，怎么就统一了大家的认识呢？从此，开始形成了所谓的华为企业文化，这个文化是全体员工悟出来的。

我那时变成了一个文化教员。业界老说我神秘、伟大，其实我知道自己，名实不符。我不是为了抬高自己，而隐起来，而是因害怕而低调的。真正聪明的是13万员工，以及客户的宽容与牵引，我只不过用利益分享的方式，将他们的才智黏合起来。公司在意志适当集中以后，就必须产生必要的制度来支撑这个文化。这时，我这个假掌柜就躲不了了，大约在2003年前的几年时间，我累坏了，身体有多项疾病，动过两次癌症手术，但我乐观……

那时，要出来多少文件才能指导、约束公司的运行？那时公司已有几万员工，而且每天还在不断大量地涌入。你可以想象混乱到什么样子。问题集中到你这一点，你不拿主意就无法运行，把你聚焦在太阳下烤，你才知道CEO不好当。每天10多个小时的工作，仍然是一头雾水，衣服皱巴巴的，内外矛盾交集。

我人生中并没有合适的管理经历，从学校，到军队，都没有做过有行政权力的"官"，不可能有产生出有效文件的素质，左了改，右了又改过来，反复烙饼，把多少优秀人才烙糊了，烙跑了……这段时间的摸着石头过河，险些被水淹死。2002年，公司差点崩溃了，我却无能为力控制这个公司，有半年时间都是噩梦，梦醒时常常哭。真的，不是公司的骨干们在茫茫黑暗中点燃自己的心，来照亮前进的路程，现在公司早已没有了。这段时间孙董事长团结员工，增强信心，功不可没。

大约2004年，美国顾问公司帮助我们设计公司组织结构时，认为我们还没有中枢机构，不可思议。而且高层只是空任命，也不运作，提出来要建立EMT（executive management team），我不愿做EMT的主席，就开始了轮值主席制度，由八位领导轮流执政，每人半年，经过两个循环，演变到今年的轮值CEO制度。

轮值制度，平衡了公司各方面的矛盾，使公司得以均衡成长。轮值的好处是，每个轮值者，在一段时间里，担负了公司COO的职责，不仅要处理日常事务，而且要为高层会议准备起草文件，大大地锻炼了他们。同时，他不得不削小他的屁股，否则就达不到别人对他决议的拥护。这样他就将他管辖的部门，带入了全局利益的平衡，公司的山头无意中削平了。

经历了八年轮值，在新董事会中，他们多数被选上，又开始了在董事会领导下的轮值CEO制度，他们在轮值期间是公司的最高行政首长，更多地着眼公司的战略，着眼制度建设。他们将日常经营决策的权力进一步下放给各BG、区域，以推动扩张的合理进行。

这比将公司的成败系于一人的制度要好。每个轮值CEO在轮值期间奋力地牵引公司前进。他走偏了，下一轮的轮值会及时去纠正航向，避免问题累积过重不得解决。我不知道我们的路能走多好，这需要全体员工的拥护，以及客户和合作伙伴的理解与支持。由于我的不聪明，引出来的集体奋斗与智慧，若能为公司的强大、为祖国、为世界做出一点贡献，20多年的辛苦就值得了。我知识的底蕴不够，但我容得了优秀的员工与我一起工作，他们出类拔萃，夹着我前进，我又没有什么退路，不得不被"绑"着、"架"着往前走，不小心就让他们抬到了峨眉山顶。我也体会到团结合作的力量。这些年来进步最大的是我，从一个"土民"，被精英们抬成了一个体面的小老头。因为我的性格像海绵一样，善于吸取他们的营养，总结他们的精华，而且大胆地开放输出。那些人中精英，在时代的大潮中，更会被众人团结合作抬到喜马拉雅山顶。希腊大力神的母亲是大地，他只要一靠在大地上就力大无穷。我们的大地就是众人和制度，相信制度的力量，会使他们团结合作把公司抬到金顶。

作为轮值CEO，他们不再只关注内部的建设与运作，同时，也放眼外部，放眼世界，要自己适应外部环境的运作，趋利避害。我们无法准确预测未来，但仍要大胆拥抱未来。面对潮起潮落，即使公司大幅度萎缩，我们也要淡定，也要矢志不移地继续推动组织朝向长期价值贡献的方向去改革。要改革，更要开放。要去除成功的惰性与思维的惯性对队伍的影响,不能躺在过去荣耀的延长线上,只要我们能不断地激活队伍,我们就有希望。

历史的灾难经常是周而复始的,人们的贪婪,从未因灾难改进过,过高的杠杆比,推动经济的泡沫化,总会破灭。我们唯有把握更清晰的方向,更努力地工作,任何投机总会要还账的。经济越来越不可控,如果金融危机进一步延伸爆炸,货币急剧贬值,外部社会动荡,我们会独善其身吗?我们有能力挽救自己吗?我们行驶的航船,员工会像韩国人卖掉金首饰救国家一样,给我们集资买油吗?历史没有终结,繁荣会永恒吗?我们既要有信心,也不要盲目相信未来,历史的灾难,都是我们的前车之鉴。我们对未来的无知是无法解决的问题,但我们可以通过归纳找到方向,并使自己处在合理组织结构及优良的进取状态,以此来预防未来。死亡是会到来的,这是历史规律,我们的责任是不断延长我们的生命。

千古兴亡多少事,一江春水向东流,流过太平洋,流过印度洋……不回头。

资料来源:改编自任正非的报告。

## 3.2 科学主义范式

### 3.2.1 技治主义

技术理性追求有效性思维,追求工具的效率与行动方案的正确决策。一旦这种思维方式盛行,人们所注重的将是效率与计划性,而不是人的需要与价值。官僚主义的科层制从技术的效率意义上来讲,是高度合理的。但从其一味追求功利,漠视人的情感与精神价值来说,却是不合理的。

技术理性观念是以经验主义、唯理主义、实证主义与分析哲学作为哲学上的支持的。在这些哲学中,古代的本体的优先地位被认识论的优先地位所取代。这些哲学竭力寻求知识的基础,却不问人生意义的根据。即使是探求伦理与价值问题,也是套用自然科学的认识方式。这实际上是误入歧途。人生的爱与悔罪、痛苦与狂喜、顿悟与灵性都不是数学式的思维方式和仿造自然科学体系所构造的庞大的哲学体系所能感触得了的。

技术理性至上是不可取的。那种把人类现存的社会弊端归咎于技术,试图拒绝排斥技术的做法是错误的。我们需要反对的是科学技术的文化霸权,是技术理性的无限制的虚无主义扩张。理性不应该仅仅体现在人们对目的与实现这一目的之手段关系的调节上,也应该体现在对目的的正确理解和把握上,体现在对合目的的行为之后果的预见与权衡上。一句话,理性应该成为一种人类选择与调节自我行为的能力。

技术与人性关系的悖论,广为关注的是自然环境问题。在此,我们重点介绍著名的环境哲学家霍尔姆斯·罗尔斯顿的理论。罗尔斯顿坚持认为自然是有价值的,人类应尊重它,承认它存在的权利,承担对它的道德责任和义务。他认为,自然的价值是由自然系统的结构决定的一种性质,是自然界储存起来的一种成就。

自然作为整体的进化,是产生价值的源泉。自然"有计划地"朝着计划方向进化,不断产生更加完善的物种,演化出更加完善的生态系统,产生了能够对它进行评价的人类。自然维护和促进价值的潜力是非常强大的,人类的出现就是自然进化的强大能力产生的结果。人类要顺应自然进化,就应该顺应自然维护和促进价值的规律,按照自然进化的原则,在自然界中进行价值管理。

自然的整个网络系统是多种价值的转换器。内在的、个体的、以自身为目的的和局部的价值，是外在的、集体的、工具的和整体的价值的组成部分。在自然的进化过程中，随着个体的个性和自由的发展，自然系统产生了越来越丰富的内在价值，就是以自身为根据的个体价值。一个自然物以自身为目的的内在价值，在自然系统中也会转变成为它物或者系统的工具价值。但是，对它物或者系统来说，这些工具价值变成了内在价值或整体的价值。经过自然网络系统转换器的这种作用，内在价值和工具价值就来回地在整体中的部分和部分中的整体之间运动。每一种价值都是共同体中的价值。

自然价值的存在，不依赖于评价主体，也不总是随着人们对它的评价而表现出来。在人类带来价值概念之前，自然界本身早就存在价值了。这些价值存在于自然的创造性进化过程中，在以前没有生命和精神的地方产生了生命和精神，随之产生了客观的价值标准。当然，在人类产生之后，自然的一些价值与人类的利益发生了关系。但是，不能因此说自然界中的一切价值只与人类相关，自然界一切价值都离不开人的评价，更不能说，自然界只有作为人类资源的工具价值，除此之外毫无价值。

价值与事实是不可分割地结合在一起的，它们都是自然系统的属性。生态学描述了生物和环境向尽善尽美的目标共同进化，如亨德里克·安东·洛伦兹所言，"沿着结构复杂性和组织性的阶梯攀登并趋向最大自由能和最小熵状态"。罗尔斯顿认为，关于自然的价值理论为保护地球上的所有生命和整个自然界提供了理论依据，每一种事物在自然中都有自己的地位，它们都为维护地球生物圈的完整性而发挥着自己的作用。人类应该承认这些非人类客体的道德权利，为尊重生命和自然界尽自己的责任和义务。

技术是人类改造自然的实践活动，因此，"新技术"的概念必然要承担"新自然"的概念。这种新的自然观要求我们把自然看作一个与人共存于这个世界的伙伴，一个具有自己权利的主体。马尔库塞指出，不仅仅人，自然也等待着解放。从统治逻辑中解放出来的技术将是非暴力的、非毁灭性的。它着眼于现实生活的重建，而在重建的生活中，人将走向一种平定的生存，实现人与自然和解。

罗尔斯顿指出："我们的目标是超越工具主义者的发展模式，寻求一种全球的伦理学，在生态和文化两个方面都重视地球上的生命共同体，并把它看作世界对这种伦理学的检验。"这种伦理学，内涵仍然是解决管理与技术之间的有机依存关系。

研究技术和管理的历史演变（如图3-2所示），站在管理哲学立场上对技术与管理之间的关系进行思考，我们得出一致结论：技术向管理回归。这是人类超越"人类中心主义"的必然体现。

### 3.2.2 数据主义

《人类简史》的作者尤瓦尔·赫拉利认为自然科学告诉我们，人类从来没有做过什么自由的选择，所有的选择都是由大脑和身体当中的生物化学反应机制决定的。他进一步讲自由意志并不存在，人类所有的选择都只是生物化学计算的过程。在未来，人类会进入数据主义的时代。数据不一定正确地描述了现实，但它仍有可能在接下来的一个时代征服世界。他认为人类越来越希望所有的大问题或者说艰难问题的答案，不再来自于人类的感受，而是基于一些来自外部的数据处理系统做出的分析。

数据主义认为，宇宙由数据流组成，任何现象或实体的价值在于对数据处理的贡献。**数据主义**由**计算机科学与生物学**这两大科学潮流爆炸汇流而成。在查尔斯·罗伯特·达尔文发表《物种起源》150 年后,生命科学认为生物体都是生化算法;在艾伦·麦席森·图灵想出"图灵机"概念的 80 年后,信息科学家学会了写出越来越复杂的电子算法。**数据主义指出,同样的数学定律同时适用于生化算法及电子算法,让两者合而为一就打破了动物和机器之间的隔阂。**

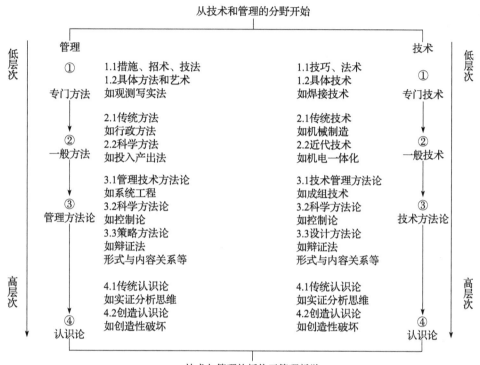

图 3-2　技术与管理理论层次比较

今天,数据量太大了,人类已经无法直接处理海量数据并形成信息,于是**计算机算法接管了数据处理的工作,而之后得出的信息、知识,也就随之成了计算机算法的收获,成了计算机的智能。**最坚信数据主义的正是它的两个母学科:**计算机科学与生物学**。两者之中以生物学更为重要,生物学拥抱了数据主义,才让计算机科学的小小突破撼动了整个世界,可能彻底改变生命的本质。

数据主义认为,生物体无非就是各种算法的集合。传统上,人试图理解数据,也就是从数据中获得知识,再从知识中获得智慧。但现在数据主义认为有些东西的数据太过复杂,你理解不了也无须理解数据,你只要让算法去直接处理这些数据,从这些数据中发现规律拿来用就行了。如果你把每个人都想象成一个处理器,人与人之间的交流就是信息交流,那么整个人类社会就是一个数据处理系统,整个人类历史,就是给这个系统增加效率的历史。

一切都是数据处理,有了这个思想,我们就可以把一切问题当成算法问题,那么我们只要建立一个连接所有数据的万物互联的网络,这个网络和它包含的各种算法,就比任何一个人都更了解这个人,能够帮我们解决各种问题,替我们做出各种决定。

在过去的 7 万年间,人类先扩散,再分成不同群体,最后再次合并。但合并不代表一切回到原点。过去的多元族群融入今天的地球村时，各自都带着思想、工具和行为上的独特传承，呈现一路走来的收集与发展成果。如果人类整体就是单一的数据处理系统，它的产出是什么？数据主义者会说，其产出会是一个全新的甚至效率更高的数据处理系统，称为"**万物互联网**"。只要这个任务完成，智人就会功成身退。

数据主义一开始也是一个中立的科学理论，但正逐渐成为要判别是非的宗教。而对这个新宗教来说，最高的价值就是"**信息流**"。数据主义认为，人类的体验并不神圣，智人并非造物主的巅峰之作，也不是未来神人的前身。人类只是创造万物互联的工具，而万物互联可能从地球这个行星向外扩张，扩展到整个星系，甚至整个宇宙。

**数据主义者要连接越来越多的媒体，产生和使用越来越多的信息，让数据流最大化。**尤瓦尔·赫拉利说，就算这个万物之网不能解决所有问题，它也已经有了极大的价值，"数据教"也已经可以合理存在了。人类之所以想要融入这个数据流，正是因为只要成为数据流的一部分，你就会加入一个比自己更伟大的计划。

人文主义认为所有的体验发生在我们心中，我们要从自己的心里找出一切事物的意义，进而为宇宙赋予意义。数据主义则认为，经验不分享就没有价值，而且我们并不需要（甚至不可能）从自己心里找到意义。**我们该做的，就是要记录自己的体验，再连接到整个大数据流中，接着算法就会找出这些体验的意义，并告诉我们接下来该怎么做。**

现代的年轻人新座右铭是："**如果你体验到了什么，就记录下来。如果你记录下了什么，就上传。如果你上传了什么，就分享。**"过去的人文主义呼吁着："聆听自己内心的声音！"而现在的数据主义则呼吁："聆听算法的意见！"这个世界的变化速度比以往更快，而我们又已被海量的数据、想法、承诺和威胁所淹没。人类正逐渐将手中的权力交给自由市场、群众智能和外部算法，部分原因就在于人类无力处理大量数据。我们无法真正预测未来，因为科技并不会带来确定的结果。至少我们有一点可以明确，**未来，本质上就是不确定的。**

看了尤瓦尔·赫拉利及其追随者关于数据主义的论述，不知道你是什么样的感想。我以为数据主义像历史上出现过的所有主义一样，仅仅是一种主义罢了。因为我们普罗大众不像所谓的主流科学家那样深研，所以往往关注结果，而过程是极其漫长的，即使主流科学家也未必知道答案，更何况结论往往是非主流科学家所发现的。当下，大部分主流的认知科学家仍然相信意识和创造性的本质最终都可以用机械论来解释，他们认为未来的AI可以做人类想做的任何事情；不过仍然有一些科学家认为人类意识永远不会被机器模仿，从理论上讲，心智不等于机器，他们认为大脑活动本质上是量子式的。关于这方面的争论留给认知科学家们去工作，接下来我们看看数据主义下信息化对组织的影响，这是我们的日常生活。

**首先，对组织运营的影响。**①信息化提高组织运营效率：运营就是将资源或者要素有机结合，提高产品或服务的过程。信息化通过要素重新配置提高了企业的生产经营和管理效率，加强了组织内部的沟通速度。高层政策刚发布，中层和员工已经通过网络了解了。通过远程视频和通话系统可以很容易地实现异地多处同步会议。②信息化使管理更科学：企业可以通过信息技术获得更全面的信息，利用系统分析工具得到更准确的市场分析和未来需求的预测。如客户关系管理系统的运用可以实现与客户的实时沟通。③信息化降低运营成本：降低新产品的研发和生产成本以及渐进性创新的成本，如计算机辅助设计和制造技术；信息化的发展进一步改善零库存管理、柔性制造的效果；降低沟通和交易成本；通过提高信息资源开发利用的效率，扩大信息资源的范围，使得组织以低成本实现信息的贡献，改变企业的竞争态势。

**其次，对组织创新的影响。**信息化推动了组织结构的优化，为创新氛围的形成提供了可能。同时，互联网理念的发展为管理实践带来了更多、更具创意和发展潜力的商业模式。①信息化推动创新活动：知识、技术共享以及创新者的交流对创新具有非常重要的意义。信息化为知识提供交流和共享的平台，使组织创新者可以更好、更快、更充分地交流沟通；使组织与外界的联系，尤其是与顾客和供应商的联系更为密切；使创新的市场导向性更强。②信息化推动组织结构优化：精确、柔性、具有创新精神的扁平化动态网络结构逐步取代了金字塔状的科层型结构。在新型组织结构中，信息系统取代了中层监督和控制部门的大部分职能，加强了决策层和执行层的直接沟通，削弱了中层的作用，减少了管理层次，为组织的系统性学习提供了可能。海星只有 5 条腿，没有脑袋，即使砍断海星的腿，它仍然可以存活，而且可以再生出腿，所以海星的生命力极其强大。组织向扁平化和分权化转变就是向海星学习，Google、Skype 都是如此。③互联网等信息化技术促生了利用组织外部的群体智慧来解决组织内部难题的全新商业模式——众包（crowd-sourcing）。杰夫·豪首先提出"众包"的概念，并宣告了全新的商业模式的诞生——从最开始的外包到后来的开源，再到今天的众包。众包是指在传统上内部员工或外部承包商所负责的工作外包给一个没有清晰边界的、大型的自发群体去做。通过众包模式，企业可以更好地解决内部研发的难题（美国 InnoCentive 网站），更好地预测市场和投资未来，更好地收集创意。具体如图 3-3 所示。

图 3-3 外包、开源和众包的比较

数据主义下的信息化时代，**开放、平等、共享以及全球运作**成为组织发展的重要准则。

**开放**：开放是打开封闭的组织，将严格的、清晰的组织边界模糊化，从而更多地整合组织外部的无限资源。维基经济学认为，组织依靠外部的人力资本要比依靠内部资源经营得更好。信息化技术的发展和标准化的应用是组织的开放性成长的基础。当前的开放教育活动，可以使很多想到麻省理工学院、斯坦福大学等名校读书的学子梦想成真。具体如图 3-4 所示。

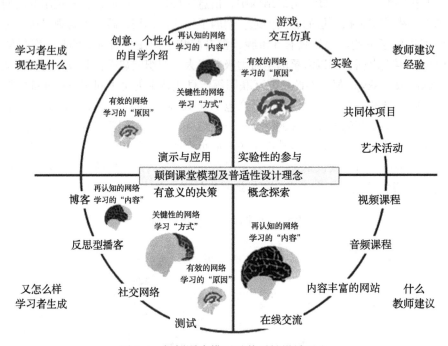

图 3-4　颠倒课堂模型及普适性设计理念

**平等**：在人们的潜意识中，组织管理就是等级制度，虽然在可预见的未来等级制度不可能消除，但维基经济为我们带来了新的组织形式——平等。在信息产品的生产和服务上，平等的组织形式甚至可以超越等级组织。协作之所以取得成功，是因为在执行某些任务时，借助自发组织比层级管理体制具有更高的效率。

**共享**：新的知识产权经济学正在盛行。明智的公司开始将知识产权视为一种共同的基金——在知识产权的保护与共享之间实现最优的平衡组合，而不是完全保护。如从 1999 年开始，至少有 12 家制药公司放弃封闭的研发项目，而去支持 SNP 研究联盟的开放性合作。共享并不意味着完全的公开，组织也需要保护关键的知识产权。

**全球运作**：弗里德曼在《世界是平的》一书中指出，技术的发展，特别是信息通信技术的发展，极大地推动了世界经济体的发展、成长和交易。生存的战略性动机促使大量企业走向世界舞台，全球化的企业必然需要全球化的管理提供支持，也就是说在市场、制造、研发、金融和人力资源等方面要加快全球化的步伐。全球化使得市场竞争更加激烈，最为典型的就是跨国企业对本土企业的冲击非常严重。特别是对发展中国家来说，本土企业缺乏资本、技术以及管理经验，很容易受到大型跨国企业的冲击而以失败告终。经营环境的不确定性主要源于东道国的政策。与美国相比，中国的经济政策更加强调宏观调控，政府的作用更大，也因此可能为企业带来更多的不确定性。不同国家经营环境的差异主要体现在文化上。例如，中国的"关系"文化、美国的"标准"文化。这些个人价值观和行为的差异也要求跨国企业采取有效的文化管理。跨国企业的计划、组织、领导和控制都会发生翻天覆地的变化。

| 实践聚焦 | 全球最大的最规范的综合类外包平台 Upwork

Upwork 是全球最大的最规范的综合类外包平台，前身是 Elance 和 Odesk，合并于 2015 年 6 月，目前拥有注册自由职业者 1 200 万和 500 万企业客户（2017 年年底），是全球最大的外包人力服务市场。自由职业者很容易在平台上接到诸如 IT 编程、语言翻译、内容写作、平面设计、采购、创意和法务等工作；雇主很方便在平台上找到各种不同技能类型的服务商来加入自己的团队或项目。

**Upwork 的故事**。改进工作的故事始于 10 多年前，当时硅谷一家初创公司的技术主管意识到，他在雅典的密友是一个网络项目的完美人选。这个团队认为他是最好的人选，但他很担心和半个地球的人一起工作。

**新工作方式的诞生**。作为回应，两人创建了一个新的基于 web 的平台，为远程工作带来了可见性和信任。它是如此成功，以至于公司意识到，其他企业也将受益于获得更多优质人才的可靠渠道，而员工将享受在网上找工作的自由和灵活性。他们决定成立一家公司，履行这项技术的承诺。一直到现在，这项技术是 Upwork 的基础——世界领先的自由职业网站。随着每年有数百万个工作岗位被更新，自由职业者每年通过该网站赚取超过 10 亿美元，并为公司提供 3 500 多种技能。

**一个世界的机会**。通过 Upwork 业务，可以完成更多的工作，与自由职业者联系，参与项目，从 web 和移动应用开发到 SEO、社交媒体营销、内容撰写、平面设计、管理帮助和其他数千个项目。无论何时何地，只要能找到、聘用、与最优秀的专业人士共事，就能迅速、简便、经济实惠。

**Upwork 的愿景**。把有才能的企业联系起来，让它们不受限制地工作。

## 3.3 管理主义范式

从管理思想的演进来看，能本管理取代人本管理和物本管理的管理思维体现了管理思想的历史进步。物本管理思维反映了一种理性的管理思维，其核心观点是把组织视为以效率为中心的系统，强调满足经济性利益，很大程度上忽视了人的社会性需求。在此基础上产生的人本管理反映了一种以人的动机为中心的、基于人性的管理思维，强调管理活动中物之于人的配合性，开始关注作为生命个体的人的社会需求，是工业时代形成和发展的一次较为重大的管理思维的跃迁。到了互联网、物联网、万联网和移动互联网时代，以顾客体验和用户为中心更加聚焦人的创造力，激发每一个体的巨大潜力和内在创造力成了组织的命题。能本管理时代的到来契合了互联网下对于生命个体能量的挖掘。从以上可以看出，200 年西方企业管理模式演变大体分为三个时代：物本管理时代、人本管理时代和能本管理时代。物本管理、人本管理、能本管理的比较如表 3-2 所示。

表 3-2　三本管理之比较

|  | 物本管理 | 人本管理 | 能本管理 |
|---|---|---|---|
| 主要特征 | 以效率为中心 | 以人的动机为中心 | 以人的创造力为中心 |
| 管理模式 | 满足经济性利益，忽略人的社会性需求，流水线生产管理模式 | 关注人的动机，满足人的经济性利益和社会性需求，精益生产管理模式 | 通过机制和系统释放人的创造力，关注员工个性化需求，人单合一双赢管理模式 |
| 组织模式 | 传统的正三角组织结构 | 传统的正三角组织结构 | 开放式网络组织结构 |
| 人才管理模式 | 人才封闭性，企业内部自己培养，领导高度集权，控制为主 | 半封闭半开放性，内部培养为主，员工得到部分经营授权 | 开放性，人才无边界，开放的人才生态圈。员工获得自我管理权，鼓励自主创业 |
| 代表企业 | 美国福特汽车公司 | 日本丰田汽车公司 | 中国海尔家电公司 |

### 3.3.1　物本主义

物本管理的典型是卓别林在《摩登时代》中刻画的时代。人和机器发生冲突，人成为机器的附庸。主角夏尔洛是那个时代的悲剧人物，他在不断加快的传送带式的作业线上被弄得精神失常。泰勒、法约尔是这个时代的代表，他们都强调管理的科学性、合理性、纪律性，但是他们未对管理中人的因素和作用给予足够的重视。他们基于"经济人"的假设开展管理工作，在他们眼中，社会是由一群为了自我经济利益的无组织的个人组成的。

在物本管理哲学的指导下，管理者以效率为中心，员工被视为流水线上的一个环节（人工智能时代的机器人或许可以这样定义），管理者通过严格的管理制度控制与约束员工的行为以达成管理目标。采用物本管理模式的企业通过金钱等物质刺激员工的工作积极性，在某种程度上扼杀了人性和创造力。福特汽车所创立的大规模生产流水线是典型代表。

亨利·福特于 1903 年创立了福特汽车公司。1913 年，该公司开发出了世界上第一条流水线，缔造了一个至今仍未被打破的世界纪录。流水线之前，汽车工业完全是手工作坊型的，每装配一辆汽车要 728 个人工小时，当时汽车的年产量大约 12 辆。1913 年，福特将创新理念和反向思维逻辑应用在汽车组装中，把一个重复的过程分为若干个子过程，每个子过程可以和其他子过程并行运作。在大规模生产流水线上，工人间的分工更为精细，每个人只需重复自己的那道工序，彼此分工协作，产品的质量和产量大幅度提高，极大促进了生产工艺过程和产品的标准化，该流水线使每辆 T 型汽车的组装时间由原来的 12 小时 28 分钟缩短至 10 秒钟，生产效率提高了 4 488 倍！

### 3.3.2　人本主义

人本管理从西方角度看是由梅奥开启的，他通过霍桑实验发现人是"社会人"，是复杂的社会关系的成员，工人的生产积极性是提高劳动生产率的第一因素。梅奥以后的许多学者开始研究人的动机对管理效率和激励模式的影响，管理由此步入了"人本管理"时代。人本管理关注人的动机对组织绩效的影响，管理者除了要满足个体的经济需求之外，还要想办法满足人的社会需求，两者的持续平衡才能最大化激励员工产生更高的效率。同时，人本管理强调对员工适度授权，以提高员工决策的自主性。丰田汽车推广的精益管理，其核心思想就是给予一线员工充分的现场决策权，鼓励他们进行创新。

丰田精益生产方式（Toyota production system，TPS）是丰田汽车公司迫于现实状况而产生的管理模式，由大野耐一创建，是丰田公司的核心竞争力和高效率的源泉，同时也是国际上企业经营管理效仿的榜样。所谓精益生产，是指通过持续改进措施，识别和消除所有产品和服务中的浪费/非增值型作业的系统方法。丰田的管理者普遍达成共识，员工与企业之间是信任与合作关系，减少浪费或者改善不是对人的实施，而是由人来实施，人力价值永远是最重要的价值源泉。应当将错误视为学习的机会，采取纠正措施，并从每次经历中获得经验。精益生产的核心思想是施行人性化管理，永远尊重员工，永远追求无浪费的一流制造，把管理直接建立在"以人为本"之上，在团队层面使员工获得"剑"的精神，在工作层面使员工获得"菊"般的归宿感，这是典型的日本"菊与刀"文化。日本丰田精益生产思想图示如图 3-5 所示。

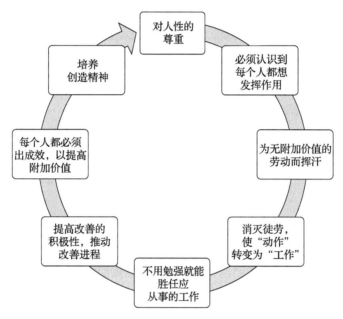

图 3-5　日本丰田精益生产思想图示

### 3.3.3　能本主义

互联网的出现推动管理学进入"能本管理"时代，能本管理最大的特点是关注"人的创造力"，这个时代是人本管理的高级发展阶段，它仍然坚持以人为核心，但是从以人的"动机"为核心转为以"人的创造力"为核心，尤其是探索和利用系统与机制释放每一个人的能量。互联网激发了个人的创造热情，改变了员工和企业之间传统的工作关系，激励模式更应该符合员工的个性化需求。德鲁克认为，21 世纪，激励知识型员工需要设计个性化的激励措施，要以激励他们的创造力为核心，要让知识员工进行自我管理，必须赋予他们自主权。能本管理就是以能力建设为本位的管理，能力包括德能、体能、技能、智能和潜能。能本管理包括：组织发展所需的能力为首要管理对象；能力为管理的根本出发点，是管理的决定性因素；能力是具有终极意义的管理价值目标；激励手段是为了提高和发挥个人能力。

海尔是能本管理的典型代表，它所推行的自主经营体、利益共同体、小微和创客，其核心目的是让每一个人进行自我创业，借助互联网的手段开放组织边界，搭建开放式的网络组织结构来整合全球范围的智慧资源，构建人才生态圈，让内外人才高度融合，激发知识员工的活力，共同为顾客创造价值，进而实现自我价值，鼓励每个员工进行自我管理。

海尔全面开放组织边界的目的就是构建一个为"集体创业家"提供增值服务的平台型企业。海尔"集体创业家"平台模式如图3-6所示。

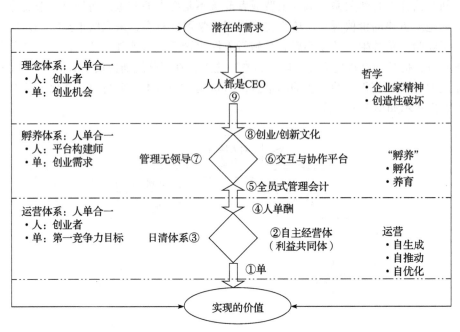

图3-6 海尔"集体创业家"平台模式

创业平台主要有三个部分。主题，主题是人和机会的匹配，就是创业者和创业机会的匹配；功能，创业机会的识别和创造，创业机会的转化和实现；体系，理念体系、孵养体系和运营体系。这里仅介绍三大体系。

**理念体系**：人人都是CEO。创业者需要具备企业家精神，拥有"创造性破坏能力"，这样通过机制设计、制度安排和创新策略才能将战略机会转化为价值。**孵养体系**：孵化和养育的简称，孵养平台的成果是小微企业，它们都是各自企业的隐形冠军。**运营体系**：它的使命是将战略机会、潜在需求转化为顾客可以获得的价值，它的主体是自主经营体、利益共同体或者小微企业，它们都是顾客价值实现的转化器。

除此之外，还有学者提出过神本管理、资本管理、科本管理、知本管理、"去中心化"管理等，限于篇幅，仅简述之。

人类对于宇宙、自然以及社会的某些强大力量无法理解和驾驭时，就神化之，创造出"上帝"与"鬼神"，让他们进入管理并发挥主导作用。同时，统治者大力倡导"君权神授"的观念，借此巩固其世俗的管理权势，这是"神本管理"的起源，即管理的主宰权被献给了神，管理者假借神的意志控制人的进程。而在"敬鬼神而远之"的中国传统社会，神本管理还包括"祖本管理"的内容，祖先的意志对后代的管理起着十分重要的作用，墨子的"天志、明鬼"等思想就是具体的体现。中国传统的管理模式从治心修身开始，再经由家庭管理推广至国家治理，即"修身、齐家、治国、平天下"。

货币是为了方便人类生产和生活而创造的，作为一种管理工具进入人类历史，且随着人类社会的发展，逐渐成为权势的替代品或符号，并变得日益强大起来，以资为本的管理模式——资本管理应运而生。货币不但成为资本，还演进成为管理的主宰性力量，使得管理像服用了高强度的兴奋剂一样亢奋起来，慢慢地，钱变成了人的主宰，这在资本主义社会尤其显著。

自18世纪后30年起，西欧各主要资本主义国家先后通过产业革命，从工场手工业逐渐过渡到机器大工业，机器成了劳动过程的技术条件，科技逐渐代替了人力，自然科学被自觉地应用于生产，生产形式由原来劳动者之间的相互协助转变为人成了机器的辅助者，科本管理——科学技术（如自动化生产线）在企业中发挥主导作用的经验管理模式出现了。这种管理强调以技术为核心，人则退居其次，管理者开始忽视人性，将人等同于机械运转的零部件。

20世纪之后，美国开始出现职业经理人，这些专门从事管理工作的人才凭借自身的管理才干逐渐获得了对企业的控制权。当然，职业经理人凭借其管理技能在管理中获得主动权的状况与管理成为专门的科学技能是分不开的，同时不断推陈出新的管理科学知识逐渐形成了管理的又一个"本"——知本管理时代来临。

当今时代，互联网催生了一批优秀的新创企业，传统企业随着互联网的发展纷纷谋求转型升级，"去中心化"管理逐渐进入企业家的视野。所谓"去中心化"，是指通过互联网技术，淡化传统信息传播金字塔中的"信息中心"，让原来传播中的"受众"成为新的信源，实现人人都是中心。从企业的角度来说，"去中心化"管理就是通过业务管理模块的协同使企业内外的资源协调整合运作，在统一的平台上协作处理业务，信息同步共享，形成知识体系，共同面对竞争和变化，消除"信息和应用孤岛"，让企业能够在不放弃原有信息系统的基础上体验协同，获得"人员、流程、信息、应用协同"等需求的满足。

### 3.3.4 管理思潮轮流坐庄

随着经济发展的盛衰起伏，管理学界理性主义（强调人的经济性）与人文主义（强调人的社会性）的主流意识形态轮流坐庄。实际上这是管理学原理中讲到的生产力属性和生产关系属性交互作用的结果。明茨伯格有一次发牢骚，"我们不把政府交给政治学家去运作，不把社会交给社会学家去运作，为什么把经济交给经济学家去运作呢？"这算是人文主义的声音。

管理学者斯蒂文·巴利与罗伯特·孔达1992年发现，一个多世纪以来，理性主义与非理性主义（或者人文主义）的管理思潮交替成为管理学界的主流意识形态，每二三十年轮流坐一次庄（如表3-3所示）。19世纪末的工业优化，是为了提高当时工人的生产和生活条件；紧接着的科学管理运动、人际关系学派大家一般都很熟悉；第二次世界大战后理性主义思潮的最好写照，可能是前些年中国流行的《蓝血十杰》一书中麦克纳马拉和他的同事们第二次世界大战退役后在福特公司的经历，因为是统计挂帅，一切以数字为标准。然后是由日本发起的企业文化，再接着是知识管理，一直到今日管理学界的东方管理或者中国式管理、整合管理等。

表3-3　管理思潮轮流坐庄（补充自巴利和孔达的观点）

| 主流意识形态 | 兴盛时期 | 主要内容 | 主义 |
| --- | --- | --- | --- |
| 工业优化 | 1870～1900年 | 提高员工福利 | 非理性主义 |
| 科学管理 | 1900～1923年 | 泰勒制，理性控制 | 理性主义 |
| 人际关系 | 1923～1955年 | 员工是人，也需要关怀 | 非理性主义 |
| 理性系统 | 1955～1980年 | 数字，数字，数字 | 理性主义 |
| 企业文化 | 1980～1995年 | 企业文化决定企业绩效 | 非理性主义 |
| 资源观和知识管理 | 1995～2015年 | 学习型组织、各种信息管理系统 | 理性主义 |
| 整合/时空理论 | 2015年至今 | 中国文化/整合管理 | 非理性主义 |

巴利和孔达发现，管理思潮的交替与宏观经济状况相关。当经济一路凯歌向上时，理性主义占上风。当经济萎靡不振时，人文主义占上风。如 1929 年的大萧条成全了人际关系学派，战后的狂飙突进则让理性管理风光一时。20 世纪 80 年代日本崛起，又掀起了一场企业文化运动。巴利和孔达提出了一个解释，当公司的绩效看起来与资本的有效管理联系更为紧密时，理性主义胜出；而当公司的绩效看起来与劳动的有效管理联系更为紧密时，人文主义胜出。

肖知兴认为他们并未说中要害。他的理解是企业界缺什么，理论界与舆论界就会喊什么。宏观经济好，大家日子都好过时，容易铺张浪费，所以要强调理性控制，节流增效；当经济收缩时，大家都精打细算过日子，所以要强调信任，放手让员工去创新，开源增效。聪明的管理者当然不会被这些潮流携裹着走，而会根据自己所处的市场、行业、企业的需要来选择最适合于本企业的管理组合。李平认为，如今人们正逐渐形成一项共识，即社会研究应注重多视角切入和跨学科交叉。然而，尽管反复呼吁采用综合式的研究方法，学者们却并未做出积极的响应。究其原因，并不是缺乏动力或者未尽努力，而是没有能力。

### 3.3.5 管理本源回归

管理的定义到底是什么？如何给管理下定义？为什么管理是这样的？在《管理学原理》中，不同的学者从不同的角度给出了不同的说法，这些说法仅仅在合适的时间和合适的空间起到了合适的作用，但是从来没有一个让人类遵循的统一答案，我认为也不可能有。我想可能只有"学会定义、善于反义、追求正义"能够尝试回答这三个问题，因为管理涉及的人、事、物始终在变化，从来没停止。

那么，到底什么是管理？我想从关系角度尝试回答之。管理处理的是各种错综复杂的关系，我认为最大的关系是空，最小的关系是爱，即使 AI 里的庞杂算法也是在处理关系，这些错综复杂的关系是由人、事、物的交互连接导致的，因此产生了视角不同、判断不同、行动不同和结果不同，不过不同中也有同，这个同就是处理关系的基本规律，在此将其概括为"时、位、应、中"四字规律（如表 3-4 所示），下面详细解析之。

表 3-4　管理关系

| | 定义 | 解析 | 认识论 | 行动论 | 道理 |
|---|---|---|---|---|---|
| 关系 | 最大关系：空，空无多有，无内外、大小、多少之分 | 错综复杂（互） | 看问题视角不同、判断不同、行动不同、结果不同 | 时位应中 | 损、益两卦揭示了天道、人道的区别和应用 |
| | 最小关系：爱。广义爱是博爱，狭义爱有差等，追求平等爱 | | | | |
| | 人都是天然以自我为中心，这是人性的本质，而管理在本质上处理的就是"人"与"我"的关系。管理哲学研究的这种关系，就是要基于自我管理，突破自我，打通人我，走出小我，成就大我，这就是"恕"道。恕道，第一是反省后的推己及人，第二是尊重后的肯定他人，第三是宽容后的包容大众。这就是健康的关系管理 | | | | |

"时"指的是与时俱进。管理过程必然会因应时间变化调整管理措施，今天的成功经验可能成为明天失败的主要原因。"位"指的是与市俱进。同一家企业在不同的地区其管理必然需要调整，海尔公司的"6S 大脚印"管理举措在海尔总部是批评和负激励，到美国海尔子公司后变成了表扬和正激励。"应"指的是基于实践的行动过程，在时间和空间因素发生变化的前提下，管理实践成了没有对错标准的唯一选择，所以德鲁克讲"管理不在于知，而在于行，其验证在于成果，其唯一权威是成就"。"中"指的是与师俱进的水平概念，什

么是"水平概念"？就是水平不流、人平不语、静水深流。谁能告诉我们是否达到水平标准？《易经·系辞》讲道，"无有师保，如临父母"，就是这个"师"。众所周知，企业没有成为标准前会有很多标杆和老师可以参考、模仿、学习和超越，当企业超越标杆和老师成为业界标准以后怎么办？佛陀说"以戒为师"，我理解这个"戒"在中国就是《易经》中的损、益两卦。简而言之，损者，减也；益者，加也，有损有益是谓变。损、益两卦启示管理者得中之道和盛衰之道，受此启发，**当你成为管理者的时候，首先要学会做减法而非加法。**

企业管理始终追求盛而不衰，所以德鲁克有一句话，"企业唯一正确的解释是创造顾客"，言外之意，企业要持续性活着必须追求利润，这应该就是企业盛而不衰的本源解释，想要盛而不衰就得学会得中之道。求得盛而不衰，首先要自损，"自损者益，自益者缺。"自损的根本是清心寡欲，自损即自减，自减即是加，而且是倍加，因此我说管理者首先要学会减法。其次是"损以远害，益以兴利"，意思是减少损害，增加利益，这就是德鲁克的利益最大化原则。最后是《荀子·宥坐》中揭示的"富有四海，守之以谦，此所谓挹而损之之道也"的"挹（舀出）而损之"，这是"持满之道"，也就是不衰之道，任何一个主体通过加、减求势兴盛起来以后，就要防止势满带来的倾覆。满势，是最大化优势，是兴盛到了极点。这时候，就要从满势中舀一点出去，留点空间给未来。通过加减，争取优势，使自己的力量和事业兴旺发达，使求功者得功，求名者得名，求胜者得胜，求利者得利，求权者得权。这是制胜之道。通过加减，防止过与不及，防止盛极而衰，这是亚里士多德所说的完美的"黄金中道"，也是安全持满之道。这就是损益两卦的启示，这还是在启示人而非其他。因此，管理的本质在于回到原点，在于满足人的基本人性和需求。管理哲学基本理论体系也是基于此认识进行设计的。所谓寻找管理秘诀和现成答案的想法和做法，在管理哲学看来都是不可取、不可行的。管理的"道"就是"道法自然"，所以松下幸之助说"经营就是下雨打伞"，黄鸣说"经营就是遇水搭桥"，李翱说"云在青天水在瓶"。管理者主要关注规则、理性和效能；经营者主要关注发展、机会和活力，仅此而已。剩下的就是管理者的自我管理和管理自我。

人都是天然以自我为中心，这是人性的本质，而管理在本质上处理的就是"人"与"我"的关系。管理哲学研究的这种关系，就是要基于自我管理，突破自我，打通人我，走出小我，成就大我，这就是"恕"道。

- 反省后的推己及人。
- 尊重后的肯定他人。
- 宽容后的包容大众。

这就是健康的关系管理。我们再看看西方的，尤其是德鲁克的管理。

基于对管理本质的认识，我们需要界定管理的命题，德鲁克认为管理有四大核心命题。首先，谁是企业的顾客？这是企业的根本问题，在此基础上给顾客创造价值，企业的运营规划系统要支持企业的基本定位，芭比娃娃在中国以外很畅销，2011年在上海的旗舰店开业两年就关门了，源于中国的年轻妈妈担心芭比娃娃过于开放和性感的服装误导孩子。其次，什么是顾客认可的价值？嘉士伯啤酒在丹麦哥本哈根以口味重为主打，到中国投资后，仍然坚持这一定位，结果业绩遭受重创，后来在中国的嘉士伯调整为淡爽型才逐渐成为知名品牌。再次，企业的经营战略是否匹配顾客的价值。匹配是企业能力的一种战略性设计。中国许多企业都学习海尔，为什么没有学到海尔的成就呢？匹配很重要。最后，从顾客那里获得的价值是什么？利润是衡量这一价值的重要指标而非唯一指标。

进一步讲，管理者应该是"得道之人"，得"道"之士的精神境界远远超出一般人所能理解的水平，他们具有谨慎、警惕、严肃、洒脱、融和、纯朴、旷达、浑厚等人格修养功夫，他们微而不显，含而不露，高深莫测，为人处事，从不自满高傲。得"道"人士有良好的人格修养和心理素质，有良好的静定功夫和内心活动。表面上他们清静无为，实际上极富创造性，即静极而动、动极而静，这是他们的生命活动过程。得"道"之士的人格敦厚朴实、静定持心，内心世界极为丰富，并且可以在特定的条件下，由静而转入动。这种人格上的静与动同样符合"道"的变化规律。一个管理者只有自我塑造出智慧明达、意志坚定的人格魅力，方可逐步地利己利他，调理大众，"己尚不立，何以立人。"

查尔斯·汉迪在《超越确定性》中指出，做生意赚钱常被说成是一种对公众有益的事，因为经济增长会刺激需求，能让人们过着安逸与进步的生活，因此，便没有任何爱国或为他人着想的人敢反对。然而，这类增长的本质，却与传统中的"陶冶修炼"的观念相违背，它没有特定方向，而且会不断地自我衍生对无用之物的需求。世人争先恐后地学习亚当·斯密，左手举着《国富论》，右手举着《道德情操论》，可是有几人真正倾听了他的"应当以陶冶修炼为首要目标"？又有几人真正做到了这两者的有机融合？实际上更多的现象是"从头到脚每个毛孔都滴着血和肮脏的东西"的资本的量化积累和积累以后的基于财富的慈善和社会公益。从现实的角度来看，二者不是有机论指导下的整体而是机械论哲学下的割裂，更不是创造财富和效率的市场，需要以创造文明的同情心来加以平衡。事实上，我们把一切不愿意自己做的事，都推给国家来承担。

据黄仁宇根据法国历史学家鲍德尔的考证，"资本主义"这一名词还是19世纪后期的产物，而仅在20世纪内广泛使用。马克思虽称"资本家"及"资本家的时代"，却并未引用资本主义这一名词。今日我们公认的最先的资本主义思想家实为亚当·斯密，而他自己也不知道资本主义为何物！这难道不是天大的讽刺吗？

实际上，管理者的自我认知制约着管理的发展，管理者认识自我的方法有三种：聆听、学习和挑战权威。聆听是去除我执，学习是开放心智，挑战权威是破除局限、减少惰性（包括腐化、失责等）。这些方法帮助人类建立了所谓的管理，实际上是人类想象的管理。我们看看《人类简史》的作者尤瓦尔·赫拉利怎么说。

客观事物的存在，是不受人类意识及信念影响的。例如，"放射线"早在人类发现它之前就已经存在了。就算有人不相信有放射线的存在，还是会受到它的伤害。而人权、神、上帝之类的概念显然不属于这一类。

以上概念并非靠单一个人的意识和信念形成的主观事物，它们靠的是许多个人主观意识之间的连接网络。也就是说存在于主体之间，存在于千万人共同的想象之中。如若是某个人的想法改变了，对这项事物的影响并不大，但如果是这个网络里面大多数人改变了想法，这种"主体间"的事物就会发生改变或是消失。由此想到一种组织文化的形成其实就是由组织核心人物想象出的特定概念，通过某些方式进行传播、带动、推广，使得组织中的个人主观意识达成大多数的认同，乃至形成每一个人相互之间的连接网络。网络一旦形成就使得这个概念通过相互之间的影响更加牢固地根植于每个人的意识中。这样一个循环往复的过程需要时间的积淀，不断地强化。待组织中的个人已经忘记最初的概念不过是想象，而把它当作自然存在时，组织的特质便显露出来了，组织中的个人会自然依顺这一秩序规范，而即使是新加入组织的个人，由于群体内部主体之间强大的连接网络的影响，也会在最短的时间内自我调适认识与行为以与之适应。由此可以看出，想象建构世界主要有以下原因。

第一，想象建构的秩序深深地与真实的世界结合。想象虽然仅存在人类脑海中，但可以与真实的世界紧密结合。因为这种想象并非凭空产生，而是自小就受到来自外界的影响，而这种影响通常都被强调千真万确、绝非虚构。譬如自由市场是最好的经济制度，不是因为亚当·斯密自己这么说，是因为这是自然不变的规律。

第二，想象建构的秩序塑造了我们的欲望。浪漫的消费主义，是一种结合了19世纪浪漫主义和20世纪消费主义的思想。浪漫主义告诉我们，必须体会不同的情感，尝试不同的关系，品尝不同的美食，远离熟悉的环境，体验不同的文化，最后让我们感受到"那次的经验让我眼界大开，从此整个生活都不一样了"。而消费主义告诉我们，想要快乐，就该去买更多的产品、服务。这两者一拍即合，催生了大批人花钱去国外度假，进而推动现代旅游产业的发展。这样看来，旅游业真正贩卖的并不是名胜古迹，也不是机票和饭店房间，而是一种旅游中的经验。所以，那种跨国旅游，并不是某个人的欲望，而是他信奉着浪漫的消费主义。

第三，想象建构的秩序存在于人和人之间思想的连接。例如，有一个主题为"如何发起一场运动"的TED演讲，里面提到，在小到课堂活动，大到国家革命的一场运动中，领导人是必需的，但是他的跟随者才是关键，因为他的第一个追随者才是引起这种"一传十，十传百"的开始。同样，想象建构的秩序并非个人主观的臆想，而是存在于主体之间，存在于千万人共同的想象之中的。

因此，身为人类不可能脱离想象所建构出的秩序。而人类一次次以为自己脱离了某种束缚、迈向自由，其实只不过是到了一间监狱，把活动范围稍稍加以扩大。这种"想象构建的秩序"一旦形成，就会深深地与真实的世界结合，并对群体中的每一个人的思想意识和行为产生直接的影响，因此它具有相当的稳固性，个人很难打破，往往只能是自然接受。反之，借由这种稳固的秩序，也可以对每个人的行为产生影响而无须费力。

**所以，管理不过是人类的一场想象！而真实，已然是混沌！**

《庄子·应帝王》最早讲到混沌：南海之帝为倏，北海之帝为忽，中央之帝为混沌。倏与忽时相与遇於混沌之地，混沌待之甚善。倏与忽谋报混沌之德，曰："人皆有七窍，以视听食息，此独无有，尝试凿之。"日凿一窍，七日而混沌死。

南海的帝王叫倏，北海的帝王叫忽，中央的帝王叫混沌。倏和忽常跑到混沌的地方去玩，混沌对待他们非常友好。倏和忽商量报答混沌的恩情，说："人都有七窍，用来看外界、听声音、吃食物、呼吸空气，唯独混沌没有七窍，让我们试着给混沌凿出七窍。"于是，倏和忽每天替混沌开一窍，到了第七天，混沌就死了。人的本性都是无为和自然的，却很容易遭到破坏，如果有意地加上心机、智巧等小聪明，人纯净的本性就会遭到破坏而死亡。

事实告诉我们，混沌总是与秩序为伴的，美好世界是混沌和秩序相互协作创造出来的。混沌理论使人们原来限于简单系统的观念发生了革命性的转变，使人们更清楚地认识到简单与复杂、确定与随机的内在联系，因此有人将混沌学誉为21世纪继相对论与量子论之后的第三次科学革命，这次革命适用于我们看得见、摸得着的世界，适用于和人自己同一尺度的对象。简单来说，混沌可以看作是反馈过程中的非线性实现调节和控制，轻推一个线性过程，它会保持稍离原轨；而非线性系统受到同样的轻推，倾向于轨道初始点，混沌在信息的不断反馈和改变过程中物化成形。

混沌开始之处，科学家们开始寻求各种不同的不规则现象之间的联系，经典科学也就随之终止了。因为自从世界上有物理学家探索自然规律以来，人们就特别忽略了无序，而它存在于大气中、海洋湍流中、野生动物种群数的涨落中，以及心脏和大脑的振动中。混沌是关于系统的整体性质的科学，它打破了各门学科的界限，当混沌革命走上正轨时，优秀的物理学家们觉得他们毫不为难地回到了与人同尺度的现象，他们不仅研究星系，还研究云彩。

混沌实则是复杂秩序的产生者，它所产生的秩序，叫作分型结构（如图3-7所示）。分型结构的本质是自相似性，或者说标度不变形，就是说把它放大或缩小 $N$ 倍和原先长的一样，或者说宇宙里包含着小宇宙的无限迭代形式。分型是自然界中图案的主宰，从树叶到海岸线，到人类的肺都具有此类结构。分型如此常见，是自然界中的混沌动力学体系写下的诗篇。每一个分型结构的背后，大概都藏着如蝴蝶翩翩起舞般美丽的动力学方程。

图3-7　一种分型示意图

中国文化、希腊神话和现代科学都告诉我们，弄清混沌的本质才是最重要的。混沌是一种思想，它使所有科学家们相信大家都是同一个合资企业的成员。在集体尺度和个人尺度上，混沌的思想用不同的方式并由于不同的原因而前进着。在人类的世界里，复杂性繁荣兴旺，那些想从科学中找到大自然的习惯的一般理解的人们，最好借助混沌的定律。对任何一个科学家来说，在混沌的方法成为必然之前，混沌的思想是不可能奏效的。自封为混沌传教士的美国佐治亚理工学院的福特说，"对我来说，混沌像一场梦。它提供了这样的可能性：如果你过来玩这场游戏，你就可能撞上矿产丰富的母脉。本质上，混沌不过是一种摆脱了秩序和可预测性镣铐的动力学过程；解脱了的动力系统得以随机地探索其每一种可能性。说重些，秩序是完全平庸的，混沌则真正富有魅力。当碎裂的海浪混沌地涌向海岸时，当火焰在即将熄灭的木材上混沌地舞动时，有谁不为之着迷呢？混沌能为我们展示一种令人兴奋的艺术多样性，提供选择的丰富性。我们可敢希望避免混沌之破坏性而收获其丰富性？这里不存在选择。人类与日俱增地面对一些异常复杂的问题，它们超出了确定性求解的范围。唯一知道的希望在于套住混沌之马，因为只有混沌能够迅速地提供各种各样的试验解，从中根据确定性方案，可以迅速选择出正确的或最优的解。一言以蔽之，通过让受控制的混沌发挥作用，人类就可以出奇制胜地解决复杂问题。"

科学家们普遍认为，混沌有三方面的性质，包括**稳定性**——代表在有噪声的世界中动力系统的最终状态，**低维性**——在长方形或方盒子似的只有少数自由度的相空间中的一条轨道，**非周期性**——永不自我重复。例如，新的雪花模型的核心也是混沌的实质，在稳定力和不稳定力之间的精巧平衡，原子尺度上的力与日常生活尺度上的力之间的强大相互作用。

布里格斯和皮特指出，整体"总是以混沌作伪装"。若想弄清混沌过程是如何呈现系统内在秩序的，我们必须实现从部分到整体的观念转变。任何一个系统，如果想保持生机勃勃，必须具有进入混沌状态的潜能，"生物蛰伏于秩序井然的系统内"正是混沌的破坏性力量，让过去解体，并带给我们一个新的未来。混沌的创新本质总是把我们从过去的僵化模式中解脱出来。只有混沌，才能创造出让我们再造自我的条件。

这就是未来的管理！管理不过是人的一场想象！而混沌早已经给出了答案！看！

我和谁都不争，和谁争我都不屑；我爱大自然，其次是艺术；

我双手烤着，生命之火取暖；火萎了，我也准备走了。——杨绛

正如吴春波所言，在管理上，心灵鸡汤不靠谱，经营理论不靠谱，管理格言不靠谱，成功案例不靠谱，大师预言不靠谱，管理时尚不靠谱，独门秘籍不靠谱。最靠谱的就是那一锅老汤，这锅老汤必须由经历者自我经历，必须由经历者自我革命，必须由经历者自我成就，而且必须回归管理本质、商业逻辑和自然常识。管理无范式，混沌是答案。

| 实践聚焦 |

## 鸣梁海战

鸣梁海战又称鸣梁大捷，即公元 1597 年 10 月 26 日，朝鲜王国海军将领李舜臣指挥朝军与日军在今韩国鸣梁海峡进行了一场海战。朝军利用鸣梁海峡特殊的地理特征以 12 艘板屋船击退日军战船 130 艘，成为海战史上以少胜多的著名战役。

# Part 2 第二篇

## 整体管理论

- 第 4 章 西方管理百年
- 第 5 章 东方千年传承
- 第 6 章 反管理原理

# 第4章

# 西方管理百年

## 4.1 西方管理 100 余年

### 4.1.1 管理有模式无定式

我特别喜欢 Thinkers 50 创始人、管理史学家斯图尔特·克雷纳在《管理百年》中的一句话，"管理没有最终的答案，只有永恒的追问"，我理解这句话是斯图尔特·克雷纳对西方百年管理思想变迁的类似于原教旨主义式的归纳总结。正如布鲁斯 A. 帕斯特纳克在《管理百年》原版推荐序中所言，"理论家们总想着把管理学引入某个角落，让它尘埃落定，但管理学却总是不断挑衅，让他们美梦成空。它一次次从理论家手里逃脱，一次次从人们的指缝中溜走。"是的，从西方角度来看，我个人同意这种现象和基于这种现象的判断，我始终相信"管理有模式，但是管理无定式。"其原因在于人心叵测、人性多变、难于按照科学管理的范式进行量化，关键问题在于有必要量化吗？这个问题留在分析完东方管理千年后给出答案。

未来，管理会更加强烈地影响人类的生活，人类的本性绝不甘心让其总是朦胧，企业会继续发展，管理会持续探索，成功和失败对管理研究者和实践者而言同等重要。

本章基于管理百年年表，在此基础上选择与管理哲学相关度高的以管理研究者为主、管理实践者为辅的管理大师进行解析，以明晰百年管理发展变迁的脉络，为"反管理"基本原理的运用搭建半壁江山。克雷纳的《管理百年》选择了 1889～2000 年的 42 位管理大师作为研究样本，向我们展示了没有一位中国人的管理百年。本书从中选择并补充 2000 年至今一共 24 位管理大师进行研究，其中重点研究玛丽·帕克·福列特、彼得·德鲁克、查尔斯·汉迪和张瑞敏 4 位管理哲学大师的思想发展变迁轨迹，以期有所发现。

之所以选择这 24 位管理大师还有一个至关重要的原因，这 24 位大师基本上都遵循斯图尔特·克雷纳的一个观点"**任何组织都要依赖人来完成奇妙的事情，这超越了使命的召唤**"，完全正确，对此我完全相信并一直按此实践管理理念。当然 24 这个数字在中国还有 24 节气等含义，是一个循环周期的结束和新周期的开始。从哪里开始呢？一定是从海尔公司和 CEO 张瑞敏开始新的管理循环周期，海尔的"人单合一"正在成为引领世界管理的"新范式"。

## 4.1.2 西方管理百年的 20 人

基于《管理百年》的基本资料，参考其他文献整理 20 位西方管理大师的心路历程如下。本书选择从法约尔开始。

### 1. 亨利·法约尔（Henri Fayol，1841—1925）

亨利·法约尔自 1860 年以矿业工程师的身份进入法国矿业公司以来，一辈子都在该公司从事管理工作，在此期间，他系统地阐述了别具一格的管理哲学。在管理领域，他的贡献有三个方面：第一，他意识到管理具有普遍性；第二，他认为管理是一门具有独立规律的学科；第三，他提出了 14 条管理的一般原则和 5 项管理基本职能。从法约尔开始，管理变成了一种普遍适用的概念，尤其是行政管理到现在仍然具有顽强的生命力。不过，他的《工业管理与一般管理》一直到他去世后的 1929 年才有了英文版，这恰恰说明他的思想是经得起时间检验的。

### 2. 弗雷德里克·温斯洛·泰勒（Frederick Winslow Taylor，1856—1915）

如果说亨利·法约尔关注的是比较宏观的管理本质这类理论问题的话，那么泰勒可以说是一个解决实际问题的管理能手，他的兴趣广泛、见解甚多。在寻求问题的解决办法的过程中，他对秩序和效率很有激情，却刻意回避"公平竞争"之类的概念，因此他选择用秒表来推动变革，从那以后，时间意识开始由管理者衡量，在那之后产生的科学管理成为第一套国际化的管理理论。泰勒的效率哲学突出的是"多就是好"，这与当时世界范围内的短缺吻合，一贯的解决问题的方式无形中帮助他解决了当时的问题，自然也就成就了科学管理。

泰勒最重要的贡献是发明了"管理"这门科学，他把科学分析、精准量化、工作流程等带入了工作职场，在此之前乃至于到 20 世纪 70 年代初都很少有人审视之。直到亨利·明茨伯格在《管理工作的本质》（1973 年）给出了让泰勒震惊的见解"管理者是一种彻底缺乏效率的方式，从一种任务跳到另一种任务，从一种工作换到另一种工作。"

泰勒确立的科学管理提出管理的职责在于衡量，因此而造就出一个致力于监督、测量和观察的管理品种，就是后来的中层管理，它是监督者、记录者、报告者，这样一来，毕生致力于提高效率的泰勒，却创造出了影响企业效率和决策的最大障碍。为什么？按照德鲁克的说法，21 世纪的最大挑战是提高知识工人的生产力而不是提高生产率。所以科学管理思想的问题在于把道德的考量放到了效率至上的理性主义态度之下，科学管理的立足点缺乏对个人价值和才智的信任和尊重。展望今天的 AI（人工智能），其来源之一必然是科学管理的效率至上，可是创造了现代计算机前身的英国数学家查尔斯·巴贝奇早就说过，"既然机器需要的是机械的人，何必还要聘用有创造力的工匠呢？"各位，做何感想？

### 3. 亨利·福特（Henry Ford，1863—1947）

"我本来是想雇用工人的一双手和脚，可是我却不走运地必须和这双手和脚的主人打交道。"福特的这句感慨是什么意思呢？从宏观层面来看，亨利·福特留下了一笔鼓舞人心的遗产，以至于赫胥黎在《美丽新世界》中把"新纪元"定义为 A.F,也就是 After Ford"福特之后"……然而,福特公司是建立在恐惧和猜忌的基础上的,福特是一部生动地告诉我们不该做什么的反面教材,他对人的管理骇人听闻,他对公司的管理也在最初的胜利之后停滞不前,他一直拒绝改变 T 型车的技术,一直到回天乏术。这又是为什么?

福特的根本错误就在于他相信成功能让自己施展无限的控制力,实际上他是这样说和做的。福特说过"必须减少工人的想法,并把他们的动作减少到最低限度。他们要尽可能只用一个动作完成每件事"。这明显是回应泰勒的思想。后来,T 型车的生产被分解为 84 个步骤。至于 1914 年把工人的日薪提高到 5 美元绝不是仁慈的表现,仅仅是为了解决跳槽率太高的无奈之举。因此,当我们赞美亨利·福特创造了大规模生产和生产线的时候,我们必须知道,福特的"活动生产线"是基于之前许多行业的"装备生产线",实际上为了寻找灵感,福特经常去芝加哥的肉类加工厂和西尔斯的邮购厂参观。

泰勒的思想和福特的实践催生了大量的仿效者和追随者,松下幸之助(まつした こうのすけ,1894—1989)极大地受到亨利·福特的启发,松下基于类似的原则创建了自己的商业帝国。松下与福特最关键的区别在于松下看出了商业中强大的道德伦理元素,公司不是单纯的生产工具,还是社会和个人福祉的载体。这是松下幸之助对于管理的贡献。

### 4. 小阿尔弗雷德·普理查德·斯隆(Alfred P. Sloan Jr. 1875—1966)

尽管钱德勒和德鲁克都把斯隆的组织模式奉为管理典范,但斯隆在通用汽车公司设计的分权结构是围绕汇报和委员会的底层机制而建立的,这种机制最终变得尾大不掉。随着时间推移,委员会越来越多,严格的目标和狭隘的成功标准扼杀了企业的主动创新意识,到 20 世纪 60 年代,斯隆在企业集权和分权之间维持的精妙平衡不见了,当年成就通用汽车的辉煌制度被通用自己给辜负了。

斯隆在成为总裁之前如韦尔奇一样打算辞职,去欧洲旅游使他认识到通用汽车可能成为世界上有史以来最伟大的制造企业,因而改变了主意,这个改变造就了斯隆善用群体智慧的现代管理者身份。在通用公司早期,有条不紊、理智严谨的斯隆与专注的创业家杜兰特紧密合作,斯隆把杜兰特描述成类似福特的独裁者。对此,斯隆认为:"倘若每一个问题,独裁者都知道答案,那么独裁的确是最有效的管理方式,但是独裁者永远不可能做到。"正是基于对杜兰特管理方法的认识和思考,才有了斯隆的依靠集体智慧进行管理的结果。

斯隆思考的核心实质是组织问题。1923 年他就任总裁后开始了一系列改革。他用明确的政策和有天赋的高管取代了杜兰特喜怒无常的独裁式领导。一方面,斯隆创造了一支高度专业化、冷静和精明的全新管理团队以做出合适的决策;另一方面,斯隆确立了分权经营和集中政策控制相结合的组织模式,就是后来的战略业务单元(strategic business unit)。如果说福特靠着尽量压缩产品范围实现了标准化和大规模生产,斯隆则是借助杜兰特积累的工业大杂烩,扩展产品线。斯隆的组织模式赋予了事业单元前所未有的责任,实际上自我组织的最好方式就是把责任下放到个人。"就帮助公司扩大规模、走多元化道路、跳出最初的功能性组织限制而言,多事业部恐怕是最为重要的一项管理创新了。"当代管理思想家苏曼特·高沙尔和克里斯托弗·巴特利特说。多事业部形式造就了大型组织分权化的趋势,也造就了斯隆 20 世纪管理思想家的美誉,后来也是它使得通用汽车公司陷入经营困境。苏曼特·高沙尔和克里斯托弗·巴特利特认为："没有流程可以挑战制度性智慧，推翻现有知识基础，重新配置数据来源，正因为缺乏这类挑战，这些公司才逐渐陷入僵化，把传统智慧捧到神圣的地位而不愿改变，受过时的知识和专业技术的限制，跟瞬息万变的现实脱节了。"

### 5. 马克斯·韦伯（Max Weber，1864—1920）

由于泰勒和福特对组织性质这一主题保持沉默，马克斯·韦伯开始思考他们的理论和实践产生了什么样的组织影响。韦伯注意到了工业发展趋势，工厂、工头和中层管理者，新业务的发展规模，又设想了组织的未来。最后他提出的预见竟然是"工业发展不可避免要使人丧失'人性'"。按韦伯所说，官僚体制是工业新世界里组织的终极形式。官僚体制不带个人色彩，人们靠工作联系起来，它等级体系森严，有着无情的理性，还有精心设计的晋升结构和部门界限。韦伯本人并不主张实行官僚体制，不幸的是，企业往往按照类似韦伯想象的方式加以组织，官僚模型建立在不容置疑的忠诚、服从和臃肿的层级体制之上，竟成了组织效法的榜样。从官僚体制的特征以及韦伯的出身来看，我们会发现官僚体制根本来源于19世纪普鲁士官僚制度，这种体制跟大型组织完全契合；韦伯官僚体制的另一个灵感与第一次世界大战期间德国军事官僚机构的"总体战"有关。

就在韦伯对官僚体制进行研究的时候，福列特基于自己独特的民主政治观，以及对于人类组织中普遍存在的联系行为的强烈认同，尤其是基于对"人"的重视，从完全不同于官僚制的角度，提出了组织设计的新模式，即"集体工作网"，这一模式，建立在环形心理反应的互动机制上。福列特的组织理论，反映了社会变化从工业化社会向知识化社会过渡的趋势。因而，20世纪后半叶，凡是批判官僚制的学者，总会在福列特的理论中找到共鸣。而福列特对组织的重新设计，并不是彻底否定官僚制。官僚制立足于工具理性，追求效率，但缺乏相应的人文关怀。福列特则立足于价值理性，以人为本，具有强烈的人道主义情怀。她的理论是对官僚制的一种补充和修正，并在一定程度上克服了官僚制忽视"人"的弊端。

任何组织理论都必须对权威和权力做出合乎逻辑的解释，否则，无异于在沙滩上构建理论大厦。为了给融合统一的行动原则提供理论前提，福列特对权威有自己全新的阐释。雷恩曾对福列特的权威理论做出了简明的概括："福列特试图用'共享的权力'来代替'统治的权力'，用'共同行动'来代替同意和强制。当存在'发号施令者'和'接受命令者'的时候，融合统一就难于实现。'上级'和'下级'的角色区分，为利益共同性的认识制造了障碍。为了克服这一点，福列特反对'专断的权力'，创造性地提出使命令'非人称化'，并服从'情景规律'。"

### 6. 埃尔顿·梅奥（George Elton Mayo，1880—1949）

图尔特·克雷纳在《管理百年》中讲道，"**唯有意识到泰勒、福特或者斯隆的理论和实践中全无人性之地位，才能充分理解霍桑实验的重大意义。**"泰勒发现了可以让斯密特那样的人从事的工作，福特发现了通过流水线从事大规模应用的工作，斯隆发现了战略事业单元可以组织的工作，**但是他们都没有看见是"人"在完成工作。**做完霍桑实验的**埃尔顿·梅奥**总结道，"只要企业管理方法还不曾考虑到人类本性和社会

动机，工业发展就摆脱不了罢工和怠工行为。"大多数时候，管理者看重的是生产和组织条件，却忽视了管理的人性艺术。所以才有福特的名言，"**人工作有两个原因，一是为了工资，二是因为担心失去工作。**"这种完全出于经济原因的工作观在当时居于主导地位，也为泰勒和福特提供了那么顺从的劳动力供其调教。今天，当全球企业都普遍面临90后、00后员工的时候，不考虑人性、不考虑工作动机、把员工当作"机器"而非看成一直在变化的复杂的有机系统的管理已经无所适从了。

埃尔顿·梅奥是澳大利亚人，曾经在阿德莱德印刷公司工作，1926年转入哈佛大学商学院研究新项目。这个由洛克菲勒基金会资助的新项目用于探索以下问题：工人在工厂怎样工作？工人在工作中最关心什么？怎样才能激励工人？哪些因素会影响工人的士气和生产力？科学管理为什么不能对生产力和生产行为产生革命性影响？带着这些问题，埃尔顿·梅奥开始了经历过2万多次访谈、历时8年、有趣且有吸引力的霍桑实验。从此开始，管理学开始关注人的问题，但不是出于人道考虑，而是受到绝望的驱使，公司只希望最大限度地提高生产效率，图尔特·克雷纳如是言。

### 7. 切斯特·巴纳德（Chester I. Barnard，1886—1961）

在20世纪管理界的理论家和实践者当中，巴纳德是极少数设法弥合了理论和实践鸿沟者之一。他第一个把理性决策提升到管理职业核心的地位。他特别强调沟通的必要性，他认为经理的基本职能：一是提供沟通体系，二是出力保证核心活动的可靠性，三是阐述和定义企业目标。他认为价值观和目标需要转化成行动，而不是毫无意义的激励口号，他采用今天所谓的"**整体方法**"，称"在社会里，个人和组织的所有行动都存在直接或间接的联系，它们互相依存。"巴纳德把商业组织单纯看成是一种手段，旨在帮助人们实现单个人无法完成的目标，巴纳德始终还是那个时代的人，他主张企业支配个人，把组织忠诚度排在最首要的位置。纵然如此，巴纳德仍为工作世界引入了道德维度，他认为管理需要道德，从而扩宽了管理的职业任务，除了关心测量、控制和监督，还应该关心诸如价值观和组织等更为抽象和模糊的概念。

### 8. 亚伯拉罕·马斯洛（Abraham Harold Maslow，1908—1970）

20世界60年代西方开始置身消费为主导的时代，人际关系学派学者们则开始反思、怀疑激励问题。对激励问题产生兴趣，是他们意识到，在就业率极高的情况下，提高工人的效率是改善行业绩效的关键。在20世纪头10年，激励人们的是恐惧和需求，然后变成了消费的欲望，不过两者之间的过渡不简单。

马斯洛采用了古往今来（从马基雅维利到史蒂芬·柯维）在作家里流行的方法研究激励问题：观察自我实现度高的成功人士，并试图找出其共同点，他研究了阿尔伯特·爱因斯坦、埃莉诺·罗斯福等成功人士，然后以不容置疑的口吻否定了弗洛伊德学派。他认为"研究残疾、发育不良、不成熟、不健康的样本，只能形成有缺陷的心理学和哲学思想"。他也不欣赏斯金纳倡导的奖励和重复激励动物的心理学方法，他更乐意用更积极的方法（通过比赛而非奖励来激励），同时承认人的个性和特质。

基本上，马斯洛对人类本性持有相当乐观积极的态度。他的结论是普遍需求即生理、安全感、爱和尊重必须首先得到满足，人才能行为无私。一旦匮乏性需求得到满足，人们转而寻求其他需求：社会需求和自我实现需求，由此构建了他的需求层次理论。需求层次理论为激励建起了合理的框架，但它的明显缺陷是它对人类本性的认识：人总是想要更多，而且需求的满足并非线性逐层次进行的，往往是交互的。

为了检验自己的理论，1962年夏天，马斯洛到一家名为"非线性系统"的公司工作，观察工作环境和组织实践，事后写了《忧心管理》，利用价值观、目标和愿景以及团队合作定义了开明管理。值得注意的是，马斯洛的早年成长经历对他的思想和学说的建立影响深远，他尤其强调从**人性整体**研究心理学，而不是行为主义，他的早期思想充满了人本特征。由于不满足于人本主义只关注个体自我及其实现，再加上受到东方智慧的影响，马斯洛在20世纪60年代中后期开始酝酿超个人心理学。他认为这种心理学以宇宙为中心而不是以人的需要和兴趣为中心，它超出人性、同一性和自我实现的概念。

### 9. 埃德加·沙因（Edger Schein，1928— ）

公司人的事业隐含着一种认识：忠诚和稳定的绩效能带来就业保障，这对双方都有利。企业高管得到了可观的收入，收获了强烈的安全感；公司得到了忠诚、勤奋的管理者。这一默契的协议也就是所谓的"心理契约"，最早提出这个说法的就是埃德加·沙因。20世纪50年代，他观察当时新兴的不同管理培训机构所采用的方法，尤其是通用电气公司在克罗顿维尔的管理发展学院的方法，对雇员和雇主的关系产生了兴趣。群体动因和沙因对洗脑的认识，让他对"企业文化"产生了兴趣。沙因提到了管理培训和洗脑的联系，暗示心理契约远远不止一桩舒适的互惠交易。首先，心理契约是围绕忠诚建立起来的。其次，心理契约引出的另一个问题是视角。心理契约奖励的是一板一眼前进的步兵战士，要的是一双稳定可靠的手。

根据沙因的说法，如果我们不能够将组织文化作为应对变革的首要资源的话，所谓的组织学习、组织发展、有规划的变革等将无从谈起。而且，如果管理者对自己的组织文化无意识的话，他们将被动地为文化所左右。文化最好能够为组织的每一个成员所理解，但是，对组织领导者来说，理解自己的组织文化则是必需的。

### 10. 弗雷德里克·赫兹伯格（Frederick Herzberg，1923—2000）

赫兹伯格在匹兹堡心理辅导服务部门工作的时候，获准对工作态度领域进行调查，面对大量文献，他感觉无从下手，后来关于人想从工作里获得什么的数据帮助了他，他开始以心理健康不等于心理疾病的对立面为基础着手提出新的概念"工作满意度"，这是赫兹伯格激励创新研究的开始。在美国和其他30多个国家，他多次被聘为高级咨询人员和管理教育专家。他的访问主要围绕两个问题展开：**在工作中，哪些事项是让他们感到满意的，并估计这种积极情绪持续多长时间；又有哪些事项是让他们感到不满意的，并估计这种消极情绪持续多长时间**。赫兹伯格把工作中的激励元素分成了两类：一类满足人的本能需求（保健因素），一类满足人的独有需求（激励因素）。他认为，能带来满意度的因素跟引发不满的因素完全不同，其结论是保健因素是造成工作不快的主要原因，激励因素则是通往工作满意的康庄大道。

赫兹伯格持续研究激励问题，1968年他在《哈佛商业评论》发表了一篇文章《再问一次，你如何激励员工》（该期销售量达100万）。这篇文章介绍了激励法KITA（kick in the ass：如果你已经有了做某项工作的人选，用他。如果用不上他，那就甩掉他），KITA 分为三种：消极生理手段、消极心理手段和积极手段，第三种是达到真正激励的首选，他还创造了工作丰富化的研究。他认为一旦商业组织能把自己和员工从数字牢笼中解放出来，创造性地扩展个人在企业里的角色，它就能够变成一股向善的巨大力量。

### 11. 道格拉斯·麦格雷戈（Douglas M.McGregor，1906—1964）

麦格雷戈是人际关系学派迄今为止最后一位关键人物，他是倡导激励理论最具有影响力、观点最广为人引用的思想家。他的学生评价他说："麦格雷戈有一种天赋，他能理解那些真正打动实际工作者的东西。"

麦格雷戈认为，有关人的性质和人的行为的假设对决定管理人员的工作方式来讲是极为重要的。管理人员以人性假设为依据，可用不同的方式来组织、控制和激励。基于这种思想，麦格雷戈提出了有关人性的两种截然不同的观点：一种是消极的 X 理论，即人性本恶，另一种是积极的 Y 理论，即人性本善。X 理论阐述了独裁式的管理风格，而 Y 理论则阐述了民主式的管理风格。

X 理论假设人对工作的基本评价是负面的：人都是不喜欢工作的，并且一有可能就逃避工作；一般人都愿意被人指挥并且希望逃避责任。基于上述假设，管理方式是胡萝卜加大棒，一方面靠金钱收买与刺激，另一方面严密地控制和惩罚，迫使其为组织目标努力。麦格雷戈发现当时企业中对人的管理工作以及传统的组织结构、管理政策、实践和规划都是以 X 理论为依据的。Y 理论对于人性假设是正面的：一般人在本质上并不厌恶工作，在没有严密的监管下，也会努力完成生产任务。在适当的条件下，一般人不仅愿意承担责任，而且会主动寻求责任感。基于 Y 理论，管理者的任务是创造使人得以发挥才能的工作环境，对人的激励主要是给予来自工作本身的内在激励，在管理制度上给予工人更多的自主权，实行自我控制。

管理就是对人的管理，而人又是千差万别的，我们不知道该怎样把握人的本性，怎样合理地进行激励，怎样才能让组织的效率最高。对人的认识是一个不断深化的过程，同时需要管理人员不断地摸索和实践。麦格雷戈承认持 X 理论的管理者完全可以在企业里独断专行又信任员工，而持 Y 理论的管理者也可能完全信任员工但却把企业搞得一团糟。因此，他在去世前把组织和个人义务融合在一起提出了 Z 理论，然后威廉·大内接过了 Z 理论的战旗。

威廉·大内的《Z 理论》非常推崇日本的就业和管理实践，《日本的管理艺术》一书呼应了威廉·大内的意见，该书认为西方企业管理实践的问题在于管理技巧不足，这种观点显然过于狭隘。问题的关键在于西方管理者没有准备好采用非线性思维的终极工具，他们总是想着要衡量什么，做些什么，努力抓住些什么。可是他们抓住了什么呢？

### 12. 阿尔文·托夫勒（Alvin Toffler，1928—2016）

阿尔文·托夫勒是社会思想家，1970 年出版的《未来的冲击》着眼于变革的过程，1980 年出版的《第三次浪潮》聚焦于变革的方向，1990 年出版的《权力的转移》探讨如何控制各种变革，对当今社会思潮有广泛而深远的影响。在所有社会进程中，托夫勒眼中社会的变迁就像一个高速旋转着的万花筒,他竭力在万花筒里找出未来变化的端倪和可能出路,他关注最多的就是时间和速度。

托夫勒把人类社会的发展比作一辆不断加速的赛车,随着每一次技术进步,发展速度呈几何倍数上升。他制作过一张时间表:公元前人们普遍使用的交通工具马车的时速是每小时 20 英里,1880 年发明的蒸汽火车提高到每小时 100 英里,1938 年出现的飞机的速度达到了每小时 400 英里,1960 年发明火箭飞机将速度提升到每小时 4 800 英里,而宇航船的速度达到每小时 18 000 英里。他的另一张时间表是:1714 年发明的打字机用了 150 年才被普遍运用,1836 年发明的收割机用了 100 年时间才得以推广,而 1920 年发明的吸尘器、冰箱只用了 34 年时间就在全球普及,1939 年以后发明的电视机只用了 8 年时间就行销全球。这是个让人迷茫的变化速度,但唯一的选择就是变革,托夫勒称这种变革为革命。

托夫勒看到,当强权和暴力时代渐行渐远的时候,社会前进的动力仅有权力是不能保持平衡的,这个时代需要财富推动社会发展。他用时间、空间和知识为我们重新设计了未来的财富生产系统。在眼前这个竞争世界的高速公路上有九辆车,每辆车都代表一个机构:企业是跑在最前面的那辆车——因为竞争的驱动和技术进步的推动,企业以最快的速度行驶。紧随其后的是民间机构、家庭和工会。在第二方阵的车队包括政府机构、教育体系、全球性组织、法律制度等。从这个未来学家的眼里,你很难找到未来趋势的定论,在他速度论的刺激下,你要考虑的是,自己是否需要一张新地图和一辆更快的车。今天,我们看到,托夫勒设想的受技术和知识所推动的充满变化和不确定的世界正在走来,未来已来。

### 13. 亨利·明茨伯格(Henry Mintzberg,1939— )

紧接着托夫勒之后第二个戳破管理泡沫的是亨利·明茨伯格,他通过挑战正统学说奠定了自己的事业基础,他扎扎实实地向世人提出管理的有效性问题。明茨伯格的角色是叛逆者,他对管理领域常提出打破传统及偶像迷信的独到见解,是经理角色学派的主要代表人物。他在组织管理学方面的主要贡献在于对管理者工作的分析。1973 年,明茨伯格以《管理工作的实质》一举成名,书中揭示了管理者的三大类角色:人际、信息和决策角色,仔细考察了管理者的工作及其对组织的巨大作用,并就如何提高管理效率为管理者提供了建议。目前,中国职业经理人对企业的作用逐步被认同。这种背景下,明茨伯格关于经理工作对组织作用的分析,非常有助于职业经理人认清自己的价值。

明茨伯格对管理学尤其是 MBA 教育颇有微词,他广为流传的一句名言是:"**MBA 因为错误的原因用错误的方式教育错误的人。**"他曾经说过,受过 MBA 教育的人都应该在自己的前额纹上骷髅和交叉骨头标志,下面再注明:"**本人不能胜任管理工作。**"他的批评言论都收集在《管理者,而非 MBA》一书中,他说:"坐在教室里学不到领导一个企业的方法。"领导力和管理是密不可分的。明茨伯格的发难得到了数个国际管理学教育巨头的响应,他们试图将管理学转化为一门科学,或者是一种职业,忽略它在情绪上不够理性的方面。

### 14. 克里斯·阿吉里斯(Chris Argyris,1923—2013)

阿特·克莱纳(Art Kleiner)在《异端学说的年代》中回忆:"阿吉里斯戴着眼镜、面色深沉、身材瘦削、脸颊消瘦，当争论变得激烈的时候，不管自己如何，他都会停下来咧嘴笑一笑，像是对能有机会检验自己的想法而感到欣欣然。阿吉里斯的嗓音很有特色，细长、温和，并带有一点儿欧洲口音。他争论的方式也极具分析性。实际上，他对于生活的态度就是充满激情地去搜寻、探究原因并总结出规律。但是，他所深入研究的话题——探寻人类的本性——令诸多有识之士敬而远之。比如，人们为什么不能够按照自己的意愿快乐地生活，组织内部的人群之间为什么会存在如此多的内耗行为等。"也许，正是他思想的深度，影响了其理论的普及程度。

早期的组织理论专家，几乎都记住了组织，却忘记了组织中的"人"。随着行为科学的诞生，"人"开始成为组织的主体，然而，个人与组织的关系却没有得到理性深入的探讨。对此，阿吉里斯一语惊人，他通过自己的研究断然宣布：**正式组织同人性发展背道而驰**。阿吉里斯提出，正式组织遵循的那些原则，是阻碍人性健康发展的罪魁祸首。首先，产业革命时期的专业化原则，确实在机器化大生产的迅猛发展上建立了丰功伟绩。然而，专业化的致命之处，在于以消除个性差异为前提。其次，组织的等级层次结构，会剥夺员工的自主权，限制员工的知情权。没有自主权就会造成依赖、被动和从属心理，没有知情权、缺乏信息就会没有长远打算。再次，组织的集中统一领导，**使员工的个性发展由"自治"变为"他治"**。员工的奋斗目标不是自己设定的，而是组织和上级为他安排的。最后，组织的控制幅度原则，会加大员工的"管理距离"。控制幅度越小，部门划分就越多，不同部门之间员工的沟通往来，就需要层层请示到有权指挥这两个部门的共同领导为止。

根据对正式组织管理原则的批判，阿吉里斯指出，正式组织拒斥成熟的个性，却欢迎婴儿的个性。事实上，婴儿式的员工甚至低能弱智者，反而能在组织中得到较高评价。一个成年人，如果在组织中以非常不成熟的方式（即听话的婴儿宝宝方式）从事工作，通常能得到高薪甚至提升。反而，个性不断发展的员工，往往会感到束缚苦闷，感到组织对自己的限制。个性越成熟，与组织的冲突就越大。对于个性强烈的部下，上级也会觉得不听话不顺眼。正式组织变得越严格、越规范，工作任务变得越机械、越专门，对人性发展的限制就越强大。

### 15. 罗莎贝丝·莫斯·坎特（Rosabeth Moss Kanter，1943— ）

当彼得斯和沃特曼通过《追求卓越》重新发现有悖于企业主流的人文尺度的时候，当他们反对分析至上主义，认为管理是科学也是艺术，他们强调人基于数据的时候，罗莎贝丝·莫斯·坎特也加入了他们的行列。

坎特早先是研究乌托邦式社会群落的社会学家，坎特以社会学家的眼光来研究她的对象，她不把企业看成是将投入变成产出的微型经济系统，而是将企业视为意在改造个体为集体目标服务的小社会。坎特从对企业活动的细致考察着手，描绘了一个更加以人为本的未来企业世界。驱动力来自于小型组织，而不是那么庞大的组织。她把大型组织的传统优势和小型组织的灵活速度结合起来引入了"创业后公司"的概念。

坎特认为，变革和创新是密切相关的。发展和持续创新的关键在于采用"一体化方法"，不能靠"割裂式方法",这显然跟福列特一脉相承,这也与我提倡的反管理思想完全吻合。美国人的不幸在于,"在割裂独立的公司里,创业家精神悄悄地窒息了。"坎特认为,为在这种一体化的、刺激创新的环境下有效管理,需要三种新的技能。第一种是"职力技能",说服他人投入信息、支持和资源的技能;第二种是加大团队成员及员工参与度,处理相关问题的能力;第三种是能够处理如何在组织里设计、构建变革——将个别创新者发起的微观变革跟宏观变革或战略方向的重新调整联系起来。

公司允许还是限制有效使用权力,程度有多高——这就是僵化和创新企业之间最重要的差别。"经理总说自己向员工授权,但到底有多少人真正这样做了呢?"坎特对此表示出极大的怀疑。坎特的研究指向回归根本的线索:领导。造就差异归根结底还是要靠人:领导者不但能帮助人们创造差异,还能引发大规模、大范围的系列变革。领导力大师本尼斯来了。

### 16. 沃伦·本尼斯(Warren G. Bennis,1925—)

沃伦·本尼斯师承道格拉斯·麦克雷戈,20世纪50年代接触了群体动力学,60年代成为未来学家。他在《临时社会》中探索了新的组织形式,他设想组织演变成"特别小组",从等级制度和毫无意义的文书工作中解放出来。他在为企业世界设想未来可能性的同时碰上许多现实问题。他曾经担任辛辛那提大学的校长,"在辛辛那提大学的时候,我意识到自己正通过校长职位追求权力。我想当大学校长,但我其实不想做校长该做的事情。我想要的是影响力,说到底,我其实并不太擅长当校长。我望向窗外,心想,那个修草坪的人恐怕更能控制他在做的事情。"本尼斯如是说。

于是,他重新回到了学术领域,"我只要一开始想问题,就在思考领导力问题。""领导学已经成为一个重要的研究领域,对其发展的关注和兴趣不再仅限于美国,它成了真正的全球现象。"其研究从人文立场上反对源自军队的英雄崇拜,他认为领导力是后天造就出来的;领导者并没有什么超凡的领导魅力;领导力与组织所有层级的人都有关;领导力不是控制、指挥和操纵。本尼斯通过对90位美国领导人的研究发现,这90位领导人的共同特点是"对当前混乱状态的控制能力"。本尼斯想要表达的是,领导力无所不包,所有人都能拥有它。它从90位领导者身上发现了4种常见能力:引导注意力(愿景的问题)、把握意义(沟通的问题)、赢得信任(言行合一)和自我管理。又是落脚到自我管理上,这与东方的追求何其相似。所谓自我管理指的是,领导人成功的必要因素不在于展示人格魅力或时间管理,更值得强调的是坚持不懈和自我认知,敢担风险,勇于承诺,最重要的还是学习。

当西方的经理人抱着脑袋发呆时,领导者给予了希望;在一个饱受悲观和混乱折磨的世界里,领导者带来了清醒和乐观。他们不用框架、矩阵去解决企业沉疴,而是以人的方式去迎接挑战。

### 17. 彼得·圣吉(Peter M. Senge,1947—)

彼得·圣吉认为"要从西方学习"的观念是错误的,应该站在自己的角度看问题,应该跟西方是平等的。彼得·圣吉还批评说,工业文明在取得成就的同时,第一,破坏了生态;第二,破坏了传统文化。

彼得·圣吉师从佛睿思特(Jay Forrester)教授(学习系统动力学),他受整体动态搭配的管理新观念影响致力于将系统动力学与组织学习、创造原理、认知科学、群体深度对话与模拟演练游戏融合,发展出学习型组织的蓝图。

彼得·圣吉的代表作是《第五项修炼》,主要内容有"自我超越""改善心智模式""建立共同愿景""团队学习""系统思考"五项管理技巧,试图通过这些具体的修炼办法来提升人类组织整体运作的"群体智力"。《第五项修炼》的核心是强调以系统思考代替机械思考和静止思考,并通过了解动态复杂性等问题,找出解决问题的高"杠杆解"。它涉及个人和组织心智模式的转变,它深入到哲学的方法论层次,强调以企业全员学习与创新精神为目标,在共同愿景下进行长期而终身的团队学习。它顺应了信息化时代大潮,是知识经济的产物,完全符合中国创建学习型社会、城市、社区、企业和学习型家庭的发展目标。

### 18. 吉姆·柯林斯(Jim Collins,1955—)

"造钟,而不是造时。"吉姆·柯林斯指出,"伟大公司的创办人通常都是制造时钟的人,而不是报时的人。他们主要致力于建立一个时钟,而不只是找对时机,用一种高瞻远瞩的产品打入市场;他们并非致力于高瞻远瞩领袖的人格特质,而是致力于构建高瞻远瞩公司的组织特质,他们最大的创造物是公司本身及其代表的一切。""造钟"就是建立一种机制,使得公司能靠组织的力量在市场中生存与发展,而不必依靠某个偶然的东西。随着市场的进一步完善与规范,企业必须越来越依靠一个好的机制,包括好的组织结构、评价考核体系、战略管理等。

吉姆·柯林斯认为领导力分成五个等级。"第一级"是个人能力;"第二级"是团队技巧;"第三级"是管理能力;"第四级"是传统观念上的领导力;"第五级领导"不仅拥有前四个层级的所有技能,还有一种"超常能力",那是一种谦逊的品质与坚定的职业意志的矛盾结合。这些人大多不愿抛头露面,不接受阿谀奉承,却有着坚强的毅力,愿意付出一切使公司变得更加杰出,并因此舍弃了自己的私欲,将精力都投入到实现公司更宏伟的目标上。这并不是说"第五级领导者"没有自我或没有个人私欲。事实上,他们的雄心壮志不是为了他们自己,而是为了公司和公司伟大的前途。多年的潜心研究,使柯林斯对企业的发展规律积累了无人能比的深刻认识,他认为成功的唯一道路就是清晰的思路、坚定的行动;那些带领优秀公司转变为伟大公司的领导者往往谦逊但有韧性、质朴但是无畏,谦虚+意志=领导力……

### 19. 苏曼特拉·戈沙尔(Sumantra Ghoshal,1948—2004)

戈沙尔2004年11月去世前提出了一个至今仍在争论的话题。他认为,过去30年中各商学院学术圈中所发展的一系列理论,是诸多公司丑闻产生的根源。他的观点是:"为了避免安然事件的重演,商学院只要停止做一些正在做的事情就行了。"他认为,如今管理实践中很多弊病,都可以在管理理论中找到根源,"我们的理论和观点可能助长了我们如今正在厉声谴责的管理实践。"这些被奉为圭臬的假设与理论虽然能够"科学地"发展管理理论,推理出严谨的数学模型,但其本身却有着各种各样的缺陷,最重要的是,它们没有考虑到"人的意图与选择的因素"。

戈沙尔发展了"跨国公司"的概念并指出面对全球化和本地化的选择,公司只能同时接受两种策略。跨国公司的产生,兼具大、小公司的特性,可以同时进行全球和地区化的运营。与集权化和等级森严的结构不同,跨国公司实行网络化运作。戈沙尔理论体系的核心是要求经理人具备跨越国界工作、整合各地的队伍和资源,以实现战略目标的心态。公司正在进行一场变革,不再强迫员工遵循严格的规章制度,而是对机构本身进行调整,使其适应员工的才干和能力,这完全可以称得上"个人化公司"。这样做,公司"释放了被企业束缚的人质",让个人能有创新和为公司增添价值的空间。

### 20. 丹娜·左哈尔（Danah Zohar）

从牛顿物理到量子物理,人类正在经历认知方式上的重大改变。无论是商界还是其他领域的领导者,都需要从根本上重构思维方式,以应对充满未知、复杂和不确定性的未来。

丹娜·左哈尔认为牛顿式思维在当今变化万千的信息时代有自身的局限性,只强调稳定、规律的牛顿式管理不能激发团队的创意和激情,自上而下的科层管理已经成为沉疴顽疾。她提出"自下而上的量子组织",认为量子组织非常灵活且反应敏捷,量子组织的基础架构能促进个人和组织的创造力,应该充分发挥员工的创客精神,而且量子组织将在多元化中成长！她号召企业领导告别高高在上,以仆人心态来做领导,不做权威的灯塔型领导,做服务型领导。更重要的参与,是组织者,是模范作用,企业愿景和彼此关系更重要。服务型的商业领袖帮助他人,成就自己,不仅为股东、员工、客户服务,也为集体、地球、人性、未来服务！

世界急速变迁,许多问题、危机及不确定接踵而来,想要妥善应变,只有从根本上转变思维模式。牛顿思维认为世界是由"原子"构成的,因此世界将日复一日地稳定运作。在过去的机械工程年代,凡事大都呈现规范化、有秩序,牛顿思维是可行的。但今天的信息时代,一切几乎都由量子科技创造出的计算机芯片所主导,到处充满了不确定性与不安全感。牛顿思维已经难再适用。量子思维（quantum thinking）探索宇宙的起源与运行,它主张世界由能量球所组成。不同的能量产生难以预测的组合变化,衍生出各式各样的新事物,蕴含着强大的潜在力量。身处 21 世纪竞争激烈的年代,企业若仍用牛顿思维来管理,强调集权、员工只需听令行事、不得有意见,那将陷入困境。她呼吁,企业需要新的量子管理（quantum management）思维,将每个员工看作特殊的能量球,放手让员工集体发挥创意,"由下而上"地为公司注入源源不绝的动力。

无独有偶,包括彼得·圣吉、加里·哈默尔等管理大师,也都不约而同指出,新的企业管理思维,必须走向民主化、由下而上,管理阶层只需告诉下属要达到什么目标、有哪些资源和条件可用,然后充分授权。唯有如此,才能在充满变迁与不确定的未来年代里,确立长治久安的一席之地……

至于 BPR、ERP、CRM、JIT、LP 等这些新鲜得不能再新鲜的名词和应用的结果,想必大家都是知道的,尤其是从结果来看,往往是一种僵化取代另一种僵化。那么,混沌、复杂、分型、认知失调、不确定、模糊、隐喻、阿米巴等又如何呢？总体上说,知识的力量是占据竞争优势的新途径,这意味着卡尔·马克思"工人控制生产资料"的目标业已实现。我们的大脑统治了企业世界,智力资本登堂入室,它不可避免地与德鲁克创造的知识工人和知识管理联系起来,知识工人也就是中产阶级拥有了生产资料,全世界的思想者们团结起来。

克雷纳引用德鲁克的观点给出了答案。德鲁克认为,这 100 年来,管理学最大的成就是把劳动者的生产力提高了 50 倍,但这已经不再是 21 世纪面临的最大挑战。德鲁克认为,21 世纪最大的挑战是提高知识工人的生产力,据德鲁克估计,部分知识工人的生产力在过去 70 年里不升反降。"从现在起,知识是关键。世界不再朝着劳动、物质资料、能源密集的方向前进,而是愈发朝向知识密集。"在未来互联网想象力时代,如何提升生产力呢?

| 实践聚焦 | 《摩登时代》及《儿女一箩筐》

这两部电影都可以作为视频案例。通过百度分别以"摩登时代"和"儿女一箩筐"为关键词进行搜索,可以在线观看。

## 4.2 管理效率主义追求

### 4.2.1 四个管理效率问题

从效率较大化的角度出发,按照陈春花的观点,西方管理主要解决了三个效率较大化问题。

**一是生产效率问题**。泰勒的科学管理通过亚当·斯密的劳动分工理论解决了这个问题。泰勒在《科学管理原理》一书中清晰地阐述了获得劳动生产率较大化的四条原理:科学划分工作元素;员工选择、培训和开发;与员工经常沟通;管理者与员工应有平等的工作和责任范围。这四条原理明确地告诉我们提高劳动生产率的手段是分工。

**二是组织效率问题**。马克斯·韦伯的官僚组织模式即行政组织理论,亨利·法约尔的基于管理要素的专业能力,这二者的结合解决了组织效率问题,也就是说组织效率较大化的手段是专业化水平与等级制度的结合。一方面,我们需要强化专业化的能力,无论是管理者、领导者还是基层人员,只有贡献了专业化的水平,才算是胜任了管理工作;另一方面,需要明确的分责分权制度,只有职责清晰的分工,权力明确的分配,等级安排合理,组织结构有序,管理的效能才会有效地发挥。专业化水平与等级制度的结合正是组织效率较大化的来源。

**三是个人效率问题**。管理者在管理过程中应该将精力放在事务性工作上还是放在员工身上?从霍桑实验来看,工作效率的提升主要在于人的积极性。能够触动和推动工作效率的是管理者对员工的激励。今天的奖金已经不再具有长期激励效应,股权计划和年薪制度在更多的时候表现为一个必需的条件而不是激励。导致这种现象的原因是以往的激励以个人成功为导向,今天是一个需要借用团队智慧和能力来竞争的环境,运用以团队精神为导向的激励才会发挥效用。把员工需求和组织发展的目标联结在一起,不能够只关注组织目标而忽略了个人的需求,也不能够只强调个人需求而伤害组织目标,只有两者都得到关注并实现,管理才能够有效。因此,使个人效率较大化的手段是个人创造组织环境,满足需求,挖掘潜力。霍桑效应告诉我们:从旁人的角度,善意的谎言和夸奖真的可以造就一个人;从自我的角度,你认为自己是什么样的人,你就能成为什么样的人。

**四是 AI(artificial intelligence,人工智能)效率问题**。这个问题目前还在发展的道路上,本书仅仅提出来,当然还没有答案。不过我们大胆猜想一下,能够平衡人工智能的可能只有人文,而且东方的人文肯定会发挥重大作用。

从上述分析会发现,西方管理百年主要谋求解决效率问题,前三个效率问题是比较重大的规律性问题,第四个问题人类暂时还没有答案。所以,我们说,挖掘重大的规律性问题是管理研究的必要条件。不过话又说回来,仅仅追求效率就够了吗?

彼得·德鲁克曾在《卓有成效的管理者》一书中简明扼要地指出："效率是正确地做事，而效能是做正确的事。效率和效能不应偏废，但这并不意味着效率和效能具有同样的重要性。我们当然希望同时提高效率和效能，但在效率与效能无法兼得时，我们首先应着眼于效能，然后再设法提高效率。""对企业而言，不可缺少的是效能，而非效率。"在现实生活中，无论是企业的商业行为，还是个人的工作方法，人们关注的重点往往在效率和正确做事上。实际上，效能即做正确的事远远比效率即正确地做事重要得多。"正确地做事"强调的是效率，其结果是更快地朝目标迈进；"做正确的事"强调的则是效能，其结果是确保工作在坚实地朝着目标迈进。今天，改革开放 40 年以来的中国企业管理的发展需要我们认真地基于反思回答到底什么是中国企业需要的管理。这个问题的答案尤其需要管理哲学，管理哲学隆重登场的春天已然来临。

"正确地做事"与"做正确的事"有着本质的区别。"正确地做事"是以"做正确的事"为前提的。首先要做正确的事，然后才是正确地做事。试想，在企业里，员工在生产线上，按照要求生产产品，其质量、操作都达到了标准，他是在正确地做事。但是如果产品根本就没有用户，这就不是在做正确的事。这时无论做事的方式方法多么正确，其结果都是徒劳无益的。正确做事，更要做正确的事，这是一种很重要的管理思想。任何时候，对任何人或者组织而言，**"做正确的事"都要远比"正确地做事"重要**。对企业的生存和发展而言，"做正确的事"是由企业战略来解决的，"正确地做事"则是企业战术，即执行问题。如果做的是正确的事，即使执行中有一些偏差，其结果可能也不会致命；但如果做的是错误的事，即使执行得完美无缺，其结果对企业来说也是南辕北辙。对企业而言，倡导"正确地做事"的工作方法和培养"正确地做事"的人与倡导"做正确的事"的工作方法和培养"做正确的事"的人，其产生的效果是截然不同的。前者是保守的、被动接受的，而后者是进取创新的、主动的。

### 4.2.2　中国企业学习过程

我国引入西方现代管理科学理论有近 40 年了，其间经历了雾里看花、水土不服、质疑反思和本土创新四个阶段，下面解析其原因。

中国企业经过 40 年的努力发展，绝大部分健在的企业已经形成一定的规模，管理问题由创业阶段的次要矛盾上升为转型期或成长期的主要矛盾。但是，目前的企业管理仍然处于战国时期，各种管理思想和方法百花齐放、百家争鸣，不同的人纷纷提出不同的主张，甚至有人认为管理太过简单，没有形成自己独立的理论和方法体系支撑。坚持到现在的企业并非都受过系统训练，失败的企业也不一定没有接受系统训练，因此对科学管理质疑不断。

西方管理科学理论及方法是在漫长的西方工业文明进程的基础上发现并总结出来的，是经过实证验证的系统性理论。西方管理科学之所以在中国经历这四个阶段，不在于管理科学本身，而在于我们的管理指导思想进入了误区、发生了偏差。在对管理哲学没有明确认知的情况下，管理者往往自觉或不自觉地用传统文化作为管理指导思想，而中国传统文化的基点与西方管理科学的基点是不一致的，在这样的思想指导下，科学的管理方法只能结出苦果。

管理思想走入误区有以下几个方面原因。

**第一，对中国传统文化的误解和误用。**广义的中国传统文化指的是中国古代诸子百家理论形成的广泛的文化体系。易学、道家等位于形而上的哲学层面，儒家、墨家、法家等位于形而下的应用层面。狭义的中国传统文化是自西汉"罢黜百家、独尊儒术"后，把儒家思想从"术"的层面提升为国家思想，形成了以儒家文化为主导的思想体系，其核心是"人"。儒家在组织层面作为管理的指导思想，在先期对组织管理具有推动作用，一旦组织稳定之后往往表现破坏作用。从企业实践来看，凡以儒家思想为指导的企业无不发挥"人"的作用，创业初期有较强的凝聚力；企业做到一定规模时，靠领导人一己之力难以应付全面工作。此时企业落入或者采用科学管理以求继续发展，或者采用人治管理维持现状的悖论中。在经济和人性双重规律的支配下，企业往往选择前者。矛盾由此产生，现代科学管理的基点是"物"和"事"，基于儒家文化管理的基点是"人"。管"物"体现了管理的科学性，适合用定量的方法进行标准研究，由此积累了管理的显性知识。管"人"体现了管理的艺术性，适合用定性的方法进行扎根研究，由此积累了管理的隐性知识，要靠中国传统道家文化"悟"来掌握。至于管"事"，贾旭东认为管"事"是管理工程的事情，包括管"物""人"两个方面，体现了管理的技术性。要提高管事的能力，既要会用隐性知识"悟"，更要靠显性知识去"做"。管"事"的评价标准一定是实践，即德鲁克的"管理在于行而不在于知"。这是第一个误区。

**第二，管理理论界的误导和误信**。管理理论界仅仅引导企业知其然而不知其所以然，管理理论界在投其所好心态作祟下，产生了各种学说：传统文化说、管理方法说、"中国式管理"说、"东方管理"说⋯⋯莫衷一是。本书认为这些说法都或多或少有一定的道理，不过最主要的问题在于缺乏全观视野、整体思维、系统行动和时空使命，基本都是在西方原子还原论逻辑思维下的产物，这种产物往往只见树木不见森林，这也是本人提出"未来管理≈古代中国管理艺术 × 现代西方管理科学"的根本原因。贾旭东认为学术界在讨论管理理论创新时常将视野局限于学术界，只关注理论如何产生，不研究理论产生后如何付诸实践。我认为"为什么、是什么、怎么做"本来是三位一体的，当前被人为割裂了。《道德经》有言"少则得，多则惑"，《庄子》有言"其一也一，其不一也一"。意思是认识到了根本的东西，提一纲而得全目，认识不到根本的东西，学得越多越陷于迷惑。这个问题非常紧迫，应引起管理理论界、企业实践界和咨询顾问界乃至于政府的高度关注。由此可见，管理哲学任重而道远。

**第三，管理者的认知水平及思维惯性的影响**。首先，管理者的管理理论认知水平参差不齐，尤其是现在仍在管理岗位上的第一代创业者，大都没有接受正规的西方管理科班教育，往往奉行需要原则，因需要而"活学活用、急用先学、立竿见影"。最常见的现象是热衷读"点子"，读"励志"而不愿读原理书籍，舍本逐末、欲速不达。不从原理上系统地认识管理，这造成了他们善于从事物的表象观察事物而不善于从形而上的高度思考问题，从而使他们的知识不能用来指导企业的全面管理，企业也不能像沃伦·巴菲特所说的那样健全管理。其次，管理者的思维惯性在一定程度上影响了企业的发展。众所周知，企业在创业期的管理指导思想、思维方式、主体作用发挥与企业在成长期和成熟期的要求是不一样的。但是由于管理者系统管理知识不足，他们不能对企业总体发展形成清晰的认知。他们习惯了在创业阶段形成的思维方法和管理方法，成长期和成熟期仍然继续延用，反而变成了企业管理的包袱。他们背着这个包袱走进了成熟期后的转型期。在转型期中，客观要求管理要件必须适应企业发展的要求，固有的管理形式与新的要求之间的矛盾迫使企业不得不去应变。由于思维惯性的作用，企业仍在"用奇"的思维方式下寻求管理方法上的突破，因此引进西方现代管理方法，这又产生了指导思想与方法的严重错位。

当前，企业界流行着一种"复制思维"，拥有这种复制思维的管理者是"邯郸学步"式的"拿来主义者"，他们患上了"管理近视症"，到处试图寻找管理秘籍和放之四海皆准的"万能工具"。《庄子·天运》篇中的"东施效颦"故事是这些管理者的最佳写照，他们擅长模仿看似漂亮和实用的管理工具及模型，在"彼知颦美而不知颦之所以美"的情况下，盲目照搬的结果是削弱了企业的竞争优势。然而，他们不能认真反思自己，反而高呼"管理无用论"，继而误导更多的"东施"涌现出来。

首先，管理没有捷径，这是卓越企业的共识，因此做管理要有长期观；其次，做管理要有系统观，除了重视管理工具和管理方法的创新，更应该重视管理软、硬环境的建设。最后，管理要重视人的意识的变化，正如土光敏夫一辈子只关注人的意识的变化。

过去讲"拿来主义"，不管三七二十一，先占有，后挑选！这是短缺经济时代的"圣旨"，因为拿得慢了就会两手空空。现在是过剩经济时代，主要矛盾不再是"有与无"，而是"优与次优"，拥有月亮就会错过太阳，贪恋芝麻就会漏过西瓜。多少人八面伸饵，要我们占有，然而一旦吞下，我们还有重新选择的余地吗？所以，世易时移，因时顺变，"先占有，后挑选"须变作"先挑选，后占有"，是为"新拿来主义"！这是过剩经济时代的"圭臬"。但有选择，莫不如此。40年前刚开始改革开放的时候，意识领先者往往容易胜出，这种意识表现在大胆的投资和投机行为上，具体而言就是更多的、更快的是复制西方管理的成果，前提是短缺经济时代几乎什么都需要。40年后我们需要反思以改正某些意识，投机的空间仍然存在，但是越来越少，投资的质量要求越来越高，在某些领域我们已经成为标杆，没有参照物可以复制，必须依靠自主创新才能驱动下一轮发展，实际上这时候意识领先者同样容易胜出，只是意识的内涵发生了质的变化，当前的时代已经变成了过剩经济时代。不过值得我们注意的是，应对过剩经济时代的管理哲学思想与短缺经济时代的管理哲学思想是一致的，东方的管理哲学思想与西方的管理哲学思想在对管理的认识上也是一致的，都要回答三个基本问题：管理是什么？管理为什么？管理怎么做？究竟如何选择呢？本书下一章会继续探讨。

| 实践聚焦 | 松下电器商学院如何培养商业人才

1970年创办的松下电器商学院是为松下集团培养销售经理的1年制商业大学。商学院的教育方针和教学内容十分有趣，熔中国儒家哲学与现代企业管理于一炉，对学员进行严格的教育。商学院的纲领是：严守产业人的本分，以期改善和提高社会生活，为世界文化的发展做贡献。商学院的信条是：和亲合作，全员至诚，团结一致，服务社会。商学院的研修目标是：《大学》之"明德"——竭尽全力，身体力行，实践商业道德；《大学》之"亲民"——至诚无欺，保持良好的人际关系；《大学》之"至善"——为实现尽善尽美的目标而努力。商学院的作风是：寒暄要大声，用语要准确，行动要敏捷，服装要整洁，穿鞋要讲究，扫除要彻底。

松下电器商学院学员一天的学习和生活情况。

清晨5:30，松下电器公司的旗帜冉冉升起。

6:00，象征进攻性的"咚咚"的鼓声把大家唤醒。

6:10，全员集合。点名之后，各个学员面向故乡，遥拜父母，心中默念："孝，德之本也。身体发肤,受之父母,不敢毁伤,孝之始也。立身行道,扬名于后世,以显父母,孝之终也。"接着,做早操。然后,列队跑步3公里。

7:10,早饭。每顿饭前,全体正襟危坐,双手合十,口诵"五观之偈",飘瞟然,若在世外:一偈"此膳耗费多少劳力",二偈"自己是否具有享受此膳之功德",三偈"以清心寡欲为宗",四偈"作为健全身心之良药享用此膳",五偈"为走人之正道享用此膳"。饭后,还要双手合十,诵念:愿此功德,广播天下,吾与众生,共成道业。

7:50,商业道德课。通过学习《大学》《论语》《孟子》《孝经》,确立"经商之道在于德"的思想。

8:40,早会。全体师生集合,站成方队,朗诵松下公司的"纲领""信条"和"精神",齐唱松下公司之歌。

9:00,以班为单位,站成一圈,交流经验。

9:10至下午4:00,4节业务课。由讲师讲解经营之道,诸如,经营思想、经营心理学、市场学以及顾客接待术和商品推销术。

4:30,自由活动。有的到运动场打球,有的到卡拉OK歌厅唱歌,有的到体育馆练柔道、剑道。

晚上6:50,茶道。大家换上和服,席地而坐,通过煮茶和品茶,追求形式上的完美、气氛上的和谐和精神上的享受。

晚上10:17,点名。全体学员面壁,感谢父母的养育之恩。

晚上10:20,全体正襟冥想,总结一天的收获。

晚上10:30,熄灯。一天的学习结束。

1918年,松下创办生产插座和电风扇底盘的小公司。后来首创"事业本部制""终身雇用制""年功序列制",再后来引进竞争机制淘汰"终身雇用制"。他要建250年的企业。1951年,松下幸之助第一次踏上美国土地,面对强大的美国,他提出了自己的发展思路"从前是以一个日本人的立场来考虑事情,如今要以一个世界人的眼光做出判断。作为一个经济上的世界人,必须利用本民族文化的优长才能从事世界性的经济活动。"松下的经营哲学是"首先要细心倾听他人的意见"。

## 4.3 四位管理哲学大师

### 4.3.1 管理理论之母:玛丽·帕克·福列特

玛丽·帕克·福列特(Mary Parker Follett,1868—1933)在政治学、经济学、法学和哲学方面都有着极高的素养。这种不同学科的综合优势,使她可以把知识融会贯通,从而在管理学界提出独具特色的新型理论。有人认为,20世纪60年代以后管理学的诸多探索,追根溯源都能在福列特那里得到启示。由于她对管理学的巨大贡献,德鲁克把她称为"管理学的先知"。

福列特1868年出生于美国马萨诸塞州的昆西,幼年时母亲神智不健全,父亲又在她十来岁时撒手人寰。作为家中老大,福列特过早地肩负起照顾家庭的重担。有人说"苦难是一所学校"。正是因为童年的自立自强,她比常人对生活的苦难有更深切的理解;正是生活的磨砺,使她养成坚强、独立、执着的个性。福列特的成就与她所接受的良好教育是分不开的。她的学习显然不是为了文凭,而是为了求知。在大西洋两岸众多优秀学府的深造经历,以及在社会科学诸多领域的广泛涉猎，使她具备了一名学者应有的渊博知识和敏锐的洞察力。

德国哲学家约翰·费希特对福列特的影响至深。费希特认为，个人并不拥有自由意志，个人的自我从属于一个更广泛的自我世界，使自我成为一种社会性的自我，直到全部融合成为一种"大自我"，而这种"大自我"又是所有人的共同生活的一部分。这一思想构成了《新国家：作为大众政府解决方案的集体组织》的基本思路。福列特在这本书中的名言是："**我们只有在集体组织之中才能发现真正的人。个人的潜能在被集体生活释放出来之前，始终只是一种潜能。人只有通过集体才能发现自己的真正品格，得到自己的真正自由。**"福列特是一位有着强烈人文关怀的学者，她关心的是如何使人在拥有真正的自由和得到充分发展的同时，创造一个井然有序的公平社会。她倡导通过团体生活释放被压抑的人性，反对社会出现千人一面、个人日益平庸化的趋势。

福列特是一位追求学以致用、知行合一的学者。1900年回到波士顿，她选择了下层聚居区一个男性俱乐部从事社会公益服务。她信奉的是"直面惨淡人生"的勇气和信念，绝不放弃自己的努力。福列特一直从事公益性的社会工作达25年，她一直强调亲自动手，直接参与，这使她不可避免地成为革新家。在她眼里，没有什么是微不足道的事情，再小的事情都有它的意义。福列特极为勤奋，她几乎每天都在"以一种极度的创造性的狂热"从事工作。1918年，她的名著《新国家：作为大众政府解决方案的集体组织》出版后，引起了巨大反响，进而使福列特看到了政治生活的另一面，她逐渐厌倦了政治学，兴趣转向了工商企业。她是这样说的："在那里我发现了未来的希望。那些企业家们不是学究式的或是教条的人，而是在思考他们实际上已经做了什么，他们愿意去尝试新的方式。""企业的世界富有刺激性，生机勃勃，激动人心，完全是先锋式的工作。"在生命的最后十余年里，福列特全身心地投入企业的管理咨询工作，成功地实现了从一位政治哲学家向企业哲学家的转变。

在企业组织和管理领域，福列特开始了一个崭新的生涯。她新颖独到的见解，征服了一批富有预见性和思维敏锐的管理精英。1924年，她出版了企业哲学的代表作《创造性的经验》，开辟了管理思想的新领域。福列特认为，企业作为一种崭新的社会组织形态，不只是一种经济组织，更是一种社会服务组织。她已经预见到，人类民主状况的改善必将与企业的发展有着密切的联系。在这种思路下，她把企业放在整个社会的大背景中加以研究，并且特别关注企业在社会公平与公正方面的决定性作用。从这一高瞻远瞩的视野出发，福列特提出了一系列崭新的管理理念，其中包含有关权力、领导、控制、建设性矛盾以及融合统一等多种内容。她的密友林德尔·厄威克（Lyndall F Urwick，1891—1983）在她逝世后，于1941年与H.C.梅特卡夫共同编辑出版了《动态管理：福列特演讲集》，1949年又出版了福列特的演讲集——《自由与协作》。在技术至上和个人主义的美国，福列特的思想没有引起当时人们足够的重视；但在英国她的思想受到了一定的关注；尤其是在强调群体的日本，福列特的思想得到高度赞扬。随着社会的发展，在20世纪80年代美国新公共管理运动的"重塑政府"浪潮中，福列特的思想才成为政府变革的渊源。在信息化和全球化的背景下，福列特的当代意义更为突出。她倡导的融合统一原则，对于异质文化的整合与和谐社会的建设极具指导意义。站在新的世纪，人们会发现，福列特80年前的思想，仍然值得我们去发掘。

按照福列特的思想，管理的实质是心理上和利益上的融合统一，组织的实质是情景支配下的互动体系，所以，组织与管理中的领导活动也要随之产生全新的变化。在福列特的理论中，领导不再是对他人的统治和支配，而是领导者与被领导者的相互影响。她认为：**"人们在团体中寻求归属，在联合中寻求安慰，在隶属中寻求实现。"** 所以，管理的本质是寻求合作。"权威是一个自我发展的过程，所以就不应该把人们分隔开来并将他们分成两个阶级——发出命令的和服从命令的。" **福列特推崇开明型的领导**：首先，领导最重要的素质就是控制整个局势的能力；其次，领导者要有预测能力；再次，领导者应当有冒险精神；最后，领导者应该善于培养下属，甚至勇于追随下属。**她推广组织内部横向部门的交叉合作。** 她认为，企业管理中最重要的趋势是各个不同部门之间的交叉作用的体制。今天，越来越多的管理者认识到组织扁平化的意义，越来越多的组织转向韦尔奇所倡导的"无边界组织"，转向领导和部属的互动，矩阵组织、团队组织、环形组织、椭圆组织、网络状组织，以及学习型组织等，都验证了福列特的预见。**福列特重新解读了控制**：控制不能束缚人的自主性和创造力。控制来源于比较复杂的情景，不能由最高层集中控制，必须在组织中的许多"点"上形成"控制集合"或"相互关联"。这种交织和相互关联是以协调为基础的。协调是一个连续不断的过程，协调和控制是重合的，协调的目的就是保证有控制地实现目标。**福列特纠正了人们对于协调/合作的误解**。福列特曾经明确指出，"为了集体的利益，个人要无私地放弃自己的个性和利益的谬论，是我所知道的最普遍、最有隐患的谬论之一。"她解释说，在国际事务中，不应当使自己的国家丧失民族性，而正是这种民族性，才使国家具有了国际性。企业也是这样，部门主管不应当放弃自己部门应有的权利，而应当使自己的部门与整个企业统一化、整体化。融合统一不是一种没有个体支撑的想象中的"集体"，而是许许多多具体政策之间的相互作用。融合统一不以牺牲个体为代价，恰恰相反，它以个体作用为前提。由此，以人类社会的联系和互动为前提，在集体的环境下达到人性的全面释放，实现人的全面发展。这与马克思的思想不谋而合，这背后是福列特关于冲突的认识，她认为冲突是生活的必然现象，应该把它利用起来，让它为人类效力，解决冲突的方法无非是压制、妥协和整合，**而整合才是积极向前的**，**不是非此即彼，而是彼此相依**。福列特在《动态管理》一书中警告，"我们应当记住，我们永远不可能把人和机械截然分开。"**现在不会，将来更不会**。"企业人际关系研究和运营研究是浑然一体的。"**现在是，将来更是**。

正是基于"合作"的哲学理念，福列特创造性地提出了"相互服务"的概念。她坚持认为企业有着更广泛的社会责任，而不仅仅是经济责任。"企业事实上并且也应当被视为一个真正的社会服务部门。"我们为利益、为服务、为我们自己的发展而工作，为对创造事物的热爱而工作……我们的工作本身，就是我们对社会的最伟大的服务。福列特的这番关于"相互服务"的概念的诠释，表达了她的管理思想的核心理念，即"企业与社会是统一的"。正是在这种统一中，她把企业管理与政治哲学融汇到了一起，从而独创了她的管理哲学。

福列特思想中最关键的一条：**人是所有商业活动的中心，也是所有活动的中心**。这比梅奥们又前进了一步，梅奥虽然从人文关怀的角度观察职场，但他仍然假设工作的行为受"感情逻辑"的支配，老板的行为则从"成本和效率逻辑"出发。"向工人授权、把知识与责任相结合、依靠持续的价值观把单个的人吸引到一起来……这才应该是思想立足点。" 20世纪40年代德鲁克到处寻找文献的时候，却发现没听人提到福列特的名字，今天，又有多少人提到她的名字呢？接下来看看德鲁克。

## 4.3.2 现代管理之父：彼得·德鲁克

彼得·德鲁克（Peter F. Drucker，1909—2005）对世人有卓越贡献及深远影响，被尊为"管理大师中的大师"。德鲁克以他建立于广泛实践基础之上的著作，奠定了其现代管理学开创者的地位，被誉为"现代管理学之父"。

1909年11月19日，德鲁克出生于维也纳，家境富裕。他先后在奥地利和德国受教育，1929年后在伦敦任新闻记者和国际银行的经济学家，1931年获法兰克福大学法学博士，1937年移民美国，曾在银行、保险公司和跨国公司任经济学家与管理顾问，1943年加入美国籍。德鲁克曾在贝宁顿学院任哲学和政治学教授，并在纽约大学研究生院担任了20多年的管理学教授。德鲁克一直认为自己是一名作家和老师。2005年11月11日，彼得·德鲁克在美国加州克莱蒙特家中逝世，享年95岁。

作为第一个提出"管理学"概念的人，当今世界，很难找到一个比德鲁克更能引领时代的思考者：20世纪50年代初，他指出计算机终将彻底改变商业；1961年，他提醒美国应关注日本工业的崛起；20年后，又是他首先警告日本可能陷入经济滞胀；20世纪90年代，其率先对"知识经济"进行了阐释。

德鲁克一生著书和授课未曾间断，其中最受推崇的是他的原则概念及发明，包括：**将管理学开创成为一门学科，目标管理与自我控制是管理哲学，组织的目的是创造和满足顾客，企业的基本功能是营销与创新，高层管理者在企业策略中的角色，成效比效率更重要，分权化，民营化，知识工作者的兴起，以知识和资讯为基础的社会**。事实上，自从20世纪40年代管理学学术研究兴起以来，德鲁克的文章从来都是企业界，特别是一线经理们关注的焦点和对比学习的标尺，他也因此被誉为"美国公司总裁的导师"。从学术的角度来讲，要想取得这一成就必须在本专业内做到以下三点：**正确地提出问题；提出切实可行的解决之道；与时俱进，在社会进步的背景下重复前两个步骤**。德鲁克本人的工作是满足上述条件的典范。在管理学的理论和实践中，这一工作流程也是德鲁克本人所极力提倡的。

关注企业面临的一般性经营问题固然是管理学家的职责，但如果管理学家仅仅从企业经营的微观层次上，而不能从社会和时代所发生的根本性变化出发，对企业经营的外部环境中所出现的前所未有的变化做出敏锐的反应，那么他所培养的只能是"解决问题"的经理而不是发现机会、把握机会，甚至创造机会的"企业家"。作为"企业家的导师"，这意味着德鲁克必须以高度的敏感觉察和分析时代变迁向社会提出新的要求，并且以最快的速度向社会、向企业界报告他的发现，向一线的CEO们发出警报，提醒他们由于外部环境的变化，企业在竞争中可能遭遇的各种危机。在过去的几十年里，他从未放弃过这种努力。

德鲁克"一向善于将抽象的理论还原为人们在日常工作生活中可以领悟到的思想观念"。培根说过，知识就是力量，德鲁克则补充道，分享的知识才是有力量的。德鲁克的思想几乎涉及了管理学的方方面面，现在我们熟知的许多管理理论的概念都是他首先提出来的。但德鲁克不是一个通常意义上的管理学者，实际上他和管理学院派一直格格不入。他在谈到自己的职业时说："写作是我的职业，咨询是我的实验室。"他的研究领域涵盖了管理学、政治学和社会学的诸多范畴，这使得他的作品具有宽广的视野和恒久的穿透力。

1950 年元旦，德鲁克和他的父亲去探望他的老师约瑟夫·熊彼特，过了 8 天熊彼特就去世了。在这次见面中，熊彼特对德鲁克父子说："**我现在已经到了这样的年龄，知道仅仅凭借自己的书和理论而流芳百世是不够的。除非能改变人们的生活，否则就没有任何重大的意义。**"这句话成了德鲁克后来衡量自己一生成败的基本标准，也是他一生从事学术研究的重要法则，还是他和学术界格格不入的主要原因。他一边教书，一边咨询，一边写作，正是这三种不同的身份塑造了他区别于别的管理学者的重要特征。这种研究方法在管理学术中被称为"管理经验学派"，这种学派在学术研究中不属主流。由于他们的研究方法不符合科学的"学术规范"，没有"模型"和"论证"，因此很难在学术论文中引用他们的"研究成果"。

1971 年秋天，德鲁克到加州克莱尔蒙特研究生院工作。这个选择反映了他对当时的管理学研究和教学的日益不满。他相信管理学应该是一门综合的人文学科，而不是一些细分学科的组合。克莱尔蒙特研究生院遵从了他的管理哲学，这里的学生不仅要学习经济和管理，还要学习历史、社会学、法律和自然科学。这种学术训练方式沿袭了欧洲的大学传统，也反映了管理的本质要求。那就是管理不应该只是一些技能的训练，而是对人类、社会和企业的整体认识。管理不应该只是一些理论和学术研究，而应该用来解决社会和企业所需要解决的问题。幸好有像安迪·格鲁夫、比尔·盖茨、杰克·韦尔奇、张瑞敏这样伟大的企业家和经理人积极实践他的理论，从而不容辩驳地证明了他的理论的价值。

### 4.3.3　管理哲学之父：查尔斯·汉迪

汉迪（Charles Handy，1932—）1932 年出生于爱尔兰，英国《金融时报》称他是欧洲屈指可数的"管理哲学家"，并把他评为仅次于德鲁克的管理大师。汉迪在英国上完大学后，在东南亚和伦敦的壳牌公司工作，并担任高级管理人员，后进入斯隆管理学院学习，开始对组织管理及其运作原理产生兴趣。1967 年汉迪返回英国创办了英国首家管理研究生院——伦敦商学院。他以**"四种管理文化""组织与个人的关系""未来工作形态"**等新观念而闻名于世。汉迪管理思想的特色，就是注重不同管理文化的有机融合，他自己称之为**"文化合宜论"**。**以文化带动管理，以管理发展文化，组织与个体并重，利润与道义共存**，这些是非常富有现实指导意义的。

在当今时代，人越来越成为组织、机器、电脑、AI 和工资的奴隶，汉迪这种以人为本、文化共融的管理思想理论，无疑具有振聋发聩的时代意义。他不仅具有严谨的逻辑思维能力，还具有非凡的想象力，这使他成为新秩序的预言家。因其理论方面的思想主要是通过推理和自己的实践得来的，他获得了"艺术管理大师"的称号。他把世界上的问题分为两种，一种是"收敛性问题"，即可以找到"唯一答案"的问题；另一种是"发散性问题"，即无法找到唯一答案的问题。真正的商业问题都是发散性的，这正是商业的困难和魅力之所在。

他认为，今天的社会是非理性的，未来将是"不连贯的变化"时代，要想雕塑未来，就必须大胆地设想那些"不可能的事"。他指出，只有那些打破传统思维模式，进行"非理性"思维的人才对 20 世纪的生活产生了最深远的影响。所以说，如果我们想要达到不同的结果，就必须依靠非理性的人。汉迪认为激励人性才是管理的真谛，他说："世界会改变，但人性不变，我所努力探究的就是人与人之间的关系。"

汉迪分别从**觉醒、变动和非理性**三个方面描写我们的时代。《**觉醒的年代**》提出了三种管理思想架构：一是在持续成长的同时施行新变革的"西格玛曲线"，二是必须在做与做得到之间取得平衡的"甜甜圈理论"，三是充分运用妥协艺术的"中国式契约"。汉迪总结了当代社会所面临的九大悖论：智慧、工作、生产力、时间、财富、组织、时代、个人以及正义悖论。《**变动的年代**》由多篇汉迪的短论组成，反映出汉迪对人类即将要步入的世界的思考。世界将面临巨变，变动之大，令我们不得不警惕。未来，我们的工作环境、组织的结构、管理的方式都会发生巨大的改变，而公司为何而存在？追求利润的目的何在？这些时时困扰我们的问题，汉迪都会一一评述。汉迪从个人定位、组织蓝图、未来趋势三个方面对未来的企业及社会的发展趋势给予了新鲜而富有哲理的分析。《**非理性的年代**》告诉那些在组织中工作的人们，为什么他们在思考工作的组织方式的时候，可能需要进行"颠覆性"的思考，并且需要非理性的和革命性的思维。未来即将到来的变化、用颠覆性思维思考未来的工作与生活……都是汉迪经过深刻思考，展现给读者的璀璨明珠，这本书提出了"三叶草组织""3I 组织""联邦制组织"这些汉迪据有代表性且对世界产生重要影响的理论。

如果说德鲁克使管理登上大雅之堂，汤姆·彼得斯将其推而广之，那么汉迪则赋予了管理所缺失的哲学的优雅和雄辩。这是沃伦·本尼斯对查尔斯·汉迪的评价。

### 4.3.4 世界新管理范式引领者：张瑞敏

张瑞敏（1949—），现任海尔集团董事局主席兼首席执行官，因其对管理模式的不断创新而受到国内外管理界的关注和赞誉。世界一流战略大师加里·哈默尔评价张瑞敏为互联网时代 CEO 的代表。

1984 年，张瑞敏临危受命，接任当时已经资不抵债、濒临倒闭的青岛电冰箱总厂厂长。34 年管理心路，张瑞敏始终以创新的企业家精神和顺应时代潮流的超前战略决策引航海尔，持续发展。在海尔持续创新不断壮大的过程中，张瑞敏确立的以创新为核心价值观的企业文化发挥了重要作用。在管理实践中，张瑞敏将中国传统文化精髓与西方现代管理思想融会贯通，"兼收并蓄、创新发展、自成一家"，从"日事日毕、日清日高"的 OEC 管理模式，到每个人都面向市场的"市场链"管理，张瑞敏在管理领域的不断创新赢得了全球管理界的关注和高度评价。"海尔文化激活休克鱼"案例被写入美国哈佛商学院案例库，张瑞敏也因此成为首位登上哈佛讲坛的中国企业家。

张瑞敏认为，没有成功的企业，只有时代的企业，所谓成功只不过是踏准了时代的节拍。在互联网时代，张瑞敏的管理思维再次突破传统管理的桎梏，提出并在海尔实践人单合一双赢商业模式，让员工在为用户创造价值的过程中实现自身价值；通过搭建机会公平、结果公平的机制平台，推进员工自主经营，让每个人成为自己的 CEO。西方管理界和实践领域对海尔和张瑞敏的创新给予了较高评价，认为海尔推进的创新模式是超前的。2012 年 12 月，张瑞敏应邀赴西班牙 IESE 商学院、瑞士 IMD 商学院演讲人单合一双赢模式，获得"全球睿智领袖精英奖""IMD 管理思想领袖奖"，并荣获"亚洲品牌永远精神领袖奖"。2015 年 11 月，张瑞敏荣获 Thinkers50 杰出成就奖之"最佳理念实践奖"，并入选"2015 年度 Thinkers50 榜单"，是唯一同时获得两个奖项的中国企业家。在 2016 年国是论坛上，张瑞敏阐释了互联网时代大企业转型的原因。他认为，传统的企业管理模式不仅是过时了，更是被颠覆了。对时代而言，用户需要的是个性化需求，但传统的流水线只能提供大规模制造，这要求企业必须从大规模制造变成大规模定制。同时，过去是信息不对称，而现在信息不对称的主动权到了用户手里，在张瑞敏看来，这要求企业去中间化、去中介化。这种思维也彻底颠覆了以科层制为代表的传统管理模式，换句话说，大企业转型很重要的原因是时代的要求。

在张瑞敏的带领下，海尔的创业经历了名牌战略阶段（1984～1991 年）、多元化战略阶段（1991～1998 年）、国际化战略阶段（1998～2005 年）、全球化品牌战略阶段（2005～2012 年）、网络化战略阶段（2012～2019 年）。创业 30 多年来，海尔致力于成为"时代的企业"，每个阶段的战略主题都是随着时代变化而不断变化的，但贯穿海尔发展历程的，都离不开管理创新，重点关注的就是"人"的价值实现，使员工在为用户创造价值的同时实现自身的价值。海尔从 2005 年提出"人单合一"已经十多年，现在人单合一双赢模式因破解了互联网时代的管理难题而吸引了世界著名商学院、管理专家争相跟踪研究。

下面重点介绍海尔的"人单合一"和张瑞敏的"没有成功的企业，只有时代的企业"。

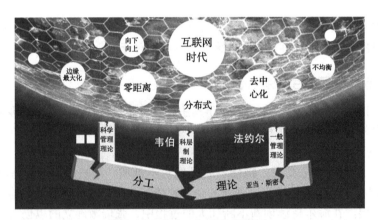

海尔"人单合一"理论背景图

资料来源：海尔官网。

互联网的发展带来了全球经济一体化，加速着企业的全球化进程。互联网的三个特征——零距离、去中心化、分布式，分别颠覆了古典管理理论三位先驱泰勒、韦伯和法约尔的理论，新的时代规则要求企业管理模式的重塑。

第一，零距离颠覆了泰勒的"科学管理理论"。科学管理理论以动作时间研究著称，动作时间研究的结果形成了今天的流水线，在流水线上，人是没有创造力的，完全变成机器的附庸。而在互联网时代，用户和企业之间必须零距离，只有零距离才能满足用户的个性化需求，大规模制造注定被大规模定制所代替。

第二，去中心化颠覆了韦伯的"科层制理论"。科层制的组织架构是金字塔式的，这种"正三角"形的组织里充满了各种层级，从决策层、管理层到操作层，逐层增大，基层人员的自主空间很小。而在互联网时代，所谓去中心化就是每个人都是中心，对内部而言每个员工都是中心，对外部而言每个用户都是中心，金字塔式的组织架构要变得扁平化。

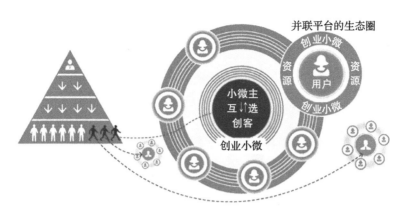

海尔组织创新结构图

资料来源：海尔官网。

传统企业的组织是串联式的，从企划研发、制造、营销、服务一直到最后的用户，企划与用户之间有很多传动轮，但这些传动轮并不知道用户在哪里，这是企业里的中间层。还有一些社会上的中间层，比如供应商、销售商。这些中间层拉远了企业和用户之间的距离。海尔"外去中间商，内去隔热墙"，把架设在企业和用户之间的引发效率迟延和信息失真的传动轮彻底去除，让企业和用户直接连在一块，从传统串联流程转型为可实现各方利益最大化的利益共同体。在利益共同体里，各种资源可以无障碍进入，同时能够实现各方的利益最大化。要建成并联的生态圈，组织结构一定要变。现在的海尔，没有层级，只有三种人——平台主、小微主、创客，都围着用户转。平台主从管控者变为服务者，员工从听从上级指挥到为用户创造价值，必须要变成创业者、创客，这些创客组成小微创业企业，创客和小微主共同创造用户、市场。小微主不是企业任命的，而是创客共同选举的。创客和小微主间可以互选，企业内部的人不行，还可以引进外部资源。小微加上社会资源，就变成了一个生态圈，共同去创造不同的市场。这就会形成有很多并联平台的生态圈，对应不同的市场和不同的用户。

第三，分布式颠覆了法约尔的"一般管理理论"。一般管理理论强调的是企业内部职能的再平衡，但无论怎样平衡都是内部封闭起来做一件事。根据乔伊法则，最聪明的人永远在企业外部。互联网为企业利用这些分布式的资源创造了条件，企业要从封闭变得开放，世界就是我的研发部，世界就是我的人力资源部。

具体到企业经营实践层面，用户被互联网"激活"后，传统企业的"生产—库存—销售"模式不能满足用户碎片化、个性化的需求，为解决这个问题，更好地为用户创造价值，海尔积极探索互联网时代创造用户的新型商业模式，即"人单合一双赢"模式。另外，海尔内部员工全部变为接口人，接入全世界一流资源，将世界变成海尔的研发部和人力资源部。

海尔抓住新工业革命的机遇，加快探索实践"人单合一双赢"模式，搭建"人人创客，引爆引领"的创业生态系统，不断推动员工、组织和企业实现转型。为保障员工、组织、企业三个转型的顺利展开，海尔搭建了两大平台：投资驱动平台和用户付薪平台。其中，投资驱动平台就是将企业从管控组织颠覆为生生不息的创业生态圈，为创业者在不同创业阶段提供资金支持。用户付薪平台是指创客的薪酬由用户说了算，从企业付薪到用户付薪，促使创业小微公司不断自演进和迭代升级。投资驱动平台和用户付薪平台是海尔模式创新的驱动力量。

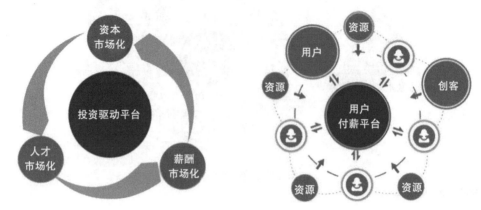

海尔"人单合一"驱动机制图

资料来源：海尔官网。

| 实践聚焦 | 海尔"人单合一"管理模式

从2005年开始，海尔发起了一场规模空前的组织变革，这次变革的核心就是"消除距离"，建立互联网时代的管理模式，这一管理模式被海尔概念化为人单合一双赢管理模式。

人单合一：人就是员工，"单"表面是订单，本质是顾客，包括顾客的需求、顾客的价值。人单合一就是把员工和他应该为顾客创造的价值、面对的顾客资源"合"在一起。

人单合一双赢模式与传统模式最本质的区别是：传统管理模式以企业为中心，人单合一双赢模式以用户为中心。互联网时代，信息不对称的主动权转移到用户手中，用户可以决定企业的生存。企业唯一的选择就是跟上用户点击鼠标的速度。要做到这一点，就要给一线员工最大的自主权和决策权，让他在第一时间对用户的需求做出反应。人单合一双赢模式就是让员工成为自主创新的主体，原来员工听企业的，现在变成员工听用户的、企业听员工的。

人单合一双赢的本质是：我的用户我创造，我的增值我分享。也就是说，员工有权根据市场的变化自主决策，员工有权根据为用户创造的价值自己决定收入。

人单合一双赢管理模式理论背景：工业社会200多年来企业管理的组织架构和管理理论的基础是分工理论，其影响体现在两点上。一是制造，二是组织。在制造方面的体现就是流水线，泰勒提出时间动作研究，把小作坊变成工业化。流水线直到今天仍然是企业提高效率的主要工具。在组织方面的体现就是科层制。今天，韦伯的科层制企业仍在沿用。科层制组织就像一个金字塔，层级非常多。但在互联网时代的今天，科层制已经不适应时代需求了。

钱德勒把现代工业资本主义的原动力归结为规模和范围，中国企业也正在追求规模经济和范围经济，要做大做强。海尔认为，在信息技术时代，原动力并不是规模和范围，而是平台。所谓平台，就是快速汇集资源的生态圈，用最快的速度把各种资源汇集到一起满足用户互联网时代的个性化需求。出现这个现象是因为互联网时代的到来导致了用户主导企业。因此，传统商业模式正在受到挑战。人单合一双赢模式生逢其时。

第 4 章 西方管理百年

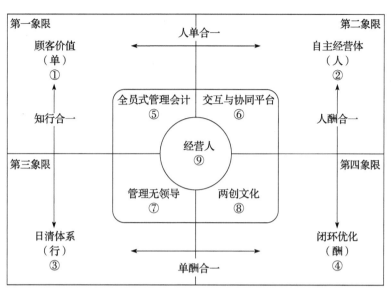

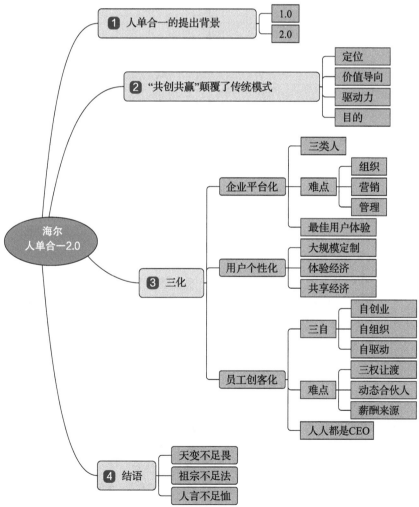

海尔的人单合一双赢管理模式

人单合一双赢管理模式分为三个层次。第一层次是运营体系：①顾客价值；②自主经营体；③日清体系；④人单酬，国外称为ZEUS（宙斯）体系，人单合一模式的运营体系也被称为"宙斯模型"。第二层次是运营平台：⑤"全员式"管理会计；⑥交互与协同平台；⑦管理无领导；⑧两创文化。第三层次是经营哲学：⑨经营人，这是人单合一管理模式的灵魂。

任何一种管理模式都是一系列要素的组合体，所谓的管理模式是以某种管理哲学为基础，在管理过程中不断形成的一套管理系统。它应该包括三个要素：管理体系、管理平台和管理哲学。其中，管理体系包括管理的工具，属于运行层面，比较容易模仿和复制；管理平台是运行的基础，不易被发现和模仿；管理哲学是运行的灵魂，与企业创始人的价值和经营理念有关，最不能复制和模仿，这部分都和人有关，因此，任何管理模式本质都是释放人的活力。德鲁克认为，组织的宗旨是解放并激发人的能力而不是使它对称或和谐。

曹仰峰将海尔管理模式概括为"三环理论"，三环理论囊括了组织变革的原则和要素，触及组织变革的本质所在，可以解释组织变革为什么成功，为什么失败。

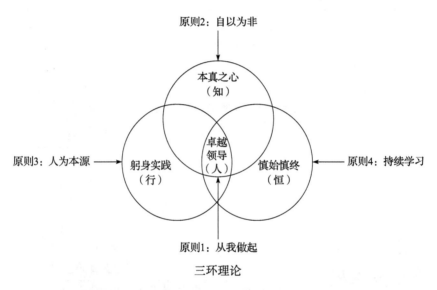

三环理论

人："卓越领导"触及组织变革最核心的问题，谁来变革？匹配这一核心原则的是"从我做起"。我是谁？是企业领导人，企业领导人创造新思想、新知识的能力是组织变革的源泉。

知："本真之心"触及组织变革的两个问题——为什么要变革？为谁变革？匹配这一核心原则的是"自以为非"。成功的变革需要遵循基本规律，需要有本真心态，需要从本质上认知为谁变革，为何变革。答案就是为满足顾客价值而变，为员工实现自我价值而变。

行："躬身实践"触及组织变革的两个问题——什么时候从哪里开始变革？如何进行变革？匹配这一核心原则的是"人为本源"。变革的本质是变人，改变人的心态和行为。

恒："慎始慎终"触及组织变革的持续和改进问题，匹配这一核心原则的是"持续学习"。张瑞敏每年阅读100本书！三环理论告诉我们，持续变革是知行合一的管理实践活动。

资料来源：曹仰峰，海尔转型：人人都是CEO。

# 第5章 东方千年传承

### 开篇案例

观 自 在

程明霞在《管理百年》推荐序中直言"中国的企业对管理缺乏常识、缺乏认知;赚钱有多容易,管理就有多混乱;本土企业从没穿过'现代管理的鞋子'"等,这些我基本认可。但是她同时直言"中国对现代管理学的唯一贡献是《孙子兵法》"云云,这是我不认可的,单纯从这100年来看,确实少之又少,放眼千年,中国从来不少管理,仅仅是说法不一,所以我们必须探讨中国的千年管理。唯如此,才可能让中国迎来属于自己的管理世纪和管理时代,因为当下的中国正处于千年不遇的机会窗口期,这正是企业家和管理者使命的用武之地。

克雷纳在西方管理百年中发现了演化的影子,我倒认为如果放在千年来看,才真正能够发现所谓洪荒演化,演化是规律,没有实践和时间的积累,如何发现规律呢?这就是一眼千年东方管理的真正价值。至于布鲁斯 A. 帕斯特纳克所谓的"叫人难以接受的事实:成功也是一种失败",在东方而言"这一切都不是事!"因为东方管理一直在变化中生存,从来没有停止过,虽然过往的100年我们可能没有贡献所谓的管理大师。

本章首先解析"观"的含义,然后给出中国管理变迁简史,再次对东西方管理哲学进行比较,最后给出本书关于管理哲学的定义。

## 5.1 一眼千年观天下

### 5.1.1 观字的含义

風地觀

什么是观?先梳理一下"观"字的演变。从图 5-1 发现,"观"从甲骨文到简体字,其本意一直没有变,都是类似猫头鹰这样的猛禽瞪大锐利的眼睛警觉察看,到今天的简体"观"字,仍然强调猛禽夸张的大眼"无所不见"的多重洞察力。

| 甲骨文 | 金文 | 篆文 | 隶书 | 楷书 | 行书 | 草书 | 繁体标宋 | 简体标宋 | 简化方案 |
|---|---|---|---|---|---|---|---|---|---|
| (字形) | (字形) | (字形) | (字形) | 觀 | 觀 | 观 | 觀 | 观 | 类推简化，如：<br>勸→劝<br>覎→规 |
| 粹452 | 效卣 | 中山王鼎 | 说文解字 | 隶辨 | 颜真卿 | 董琬 | 陆游 | 印刷字库 | 印刷字库 |

图 5-1　"观"字变迁过程示意图

《说文解字》释观，"谛视也，宷（shěn）谛之视也。"谛视就是仔细地看。《谷梁传》曰，"常事曰视，非常曰观。凡以我谛视物曰观，使人得以谛视我亦曰观。"段玉裁《说文解字注》也说，"常事曰视，非常曰观。凡以我谛视物曰观。使人得以谛视我亦曰观。犹之以我见人、使人见我皆曰视。""观"还有"多"之意，物多而后可观。

"观"在《易经》中对应的是"观卦"；《黄帝内经》中是其第一部《经法》里的文章，讲从道学到黄老之学的变化；"观"字在佛教中多用，如"观自在"，观人、观境、观心、观事、观音，都强调要经历，在自身经历中开悟、在经历中培育智慧，做一个智者，然后就可能不被外在之境所影响。本章会交叉使用以上三个方面"观"的含义。

### 5.1.2　观卦及作用

观卦是《易经》第 20 卦，它上承临卦，下接噬嗑卦。《序卦传》说，临者，大也。物大然后可观，故受之以"观"。可观而后有所合，故受之以"噬嗑"。如果说临卦有君临天下之意，那么，观卦则是观天下之意。下面详细解释观卦的含义及启示。

观卦卦辞为"盥而不荐，有孚顒若。"盥指的是水盆，古代以水为镜，盥洗而可正衣冠、洗垢面、整乱发、彰显其美，一丝不荐，无有杂乱；有孚，即深孚众望；顒若，内心诚敬，充满虔诚之貌。所以从卦辞来看，古人于观字，带有一种仪式感。一如包佶的"寓形齐指马，观境制心猿"，又如李白的"观心同水月，解领得明珠"，都强调观的洁净感。

观卦象辞为"大观在上，顺而巽，中正以观天下。观，盥而不荐，有孚顒若，下观而化也。观天之神道，而四时不忒；圣人以神道设教，而天下服矣！"观卦象辞译文为：宏大壮观的天象高高在上，具有柔顺谦逊的美德，凭借中和刚正之德被天下人所仰观。因为以中正谛视天下，又能深孚众望、虔诚肃穆，这就叫下观而天下可化。天下世人通过仰观天象而获得教化，仰观大自然天象运行的神妙法则，感悟时空四季井然有序而没有差错的道理。圣人应仿效大自然的神妙法则去设立教化，经过细心的观察和全面考核，从而才能有全面认识而做出有利于发展的行为，让天下百姓获得教化而归顺诚服。因此，"观"乃天下之大法。

先观自己，后观天下，此为观。不观世界，何以有世界观。通过观摩、察看、审视而后才能明天下之理，知天下之情，晓已身之美，谋久远之法。观，人类认识事物之大法。无论是观宗庙、先王、风俗、民生，还是观人、事、物，都应当"静察其阳，动察其阴，先观其迹，后知其心。"唯有"观"才能洞察一切、厘清一切，把事情做好、做大和做顺，

是以中正谛视天下则神道可立，万民可教，天下可服。观者亦能从中培养德行，修正认识，正确决策，在观摩、察看、审视中理智、成熟、借鉴和发展。通过观，能使观者做到容止可观，进退可度，则下观其德而顺其化，使事物通顺和达开来，这就叫下观而天下可化矣。我们得学会动观修智，静观修慧，动静等观。

《樵鱼问对》上说，"我亦人，人亦我，我与人皆物也。用天下之目为己之目，其目无所不见；用天下耳为己之耳，其耳无所不听；用天下口为己口，其口无所不言；用天下心为己之心，其心无所不谋。此以物观物也。一心观万心，一身观万身，一物观万物，一世观万世，则无所不观。"是以"大观在上，顺而巽"。此"中正以观天下也"。唐太宗说过："人以铜为镜，可以正衣冠；以古为镜，可以见兴替；以人为镜，可以知得失。"这都是观法之大义。

因而，观卦中的"观"是双向互动的，一是下观以明天下，二是上观而化天下。管理者理应先观天下以知天下，不应高高在上；另外，要做天下和团队的榜样，让天下人、团队成员有所观而效仿其德，从而化成天下。因此，治天下、带队伍就是治自己，己正而天下正，己明而天下明。自己都改变不了自己，如何能改变天下？所以说，想把天下治理好、想把企业组织好，必须学会观摩、察看、审视而受之"观"。观卦象辞说得更形象：风行地上，观。观卦就是风行地上。风是风化、教化、气度、作风。风行地上，就是良好的教化普遍流行，就像大自然风化的效果一样。因此，先王观此卦象得以巡视四方、体观民情、实施教化。

《易经》据此提出了六观（童观、窥观、观我生、观国之光、观我生、观其生），以六观之法来化民成俗，治平天下。这"六观"完全可以用于企业管理。

**初六：童观，小人无咎，君子吝。《象》曰：初六童观，小人道也。** 像"幼稚无知"的童蒙一样看事物，对小人来说平安无事，但对治国理政的君子来说就会有风险。童观是指涉世不深地观察天下，只看表面，不能深入到背后的实质中去，当然很难发现真实的问题。这个阶段相当于搭建队伍，不可幼稚，走马观花，雾里看花，而应高瞻远瞩，洞悉本质。

**六二：窥观，利女贞。《象》曰：窥观女贞，亦可丑也。** 窥观的人缺乏干大事业的眼界，门阙之见、坐井观天、目光短视注定了失败。观天下者，首先要有一颗博大的心，心有多大，视野就有多宽；其次要有一颗光明的心，心有多亮，所见才有多明。这个阶段要树立外部标杆，观天下者必须从不同的角度去观察才能看清事物的真相，才能明心见性，凭主观的见解就会贻误大事。这意味着，观天下不可偏狭，要去除己见，摒弃私心。

**六三：观我生进退。《象》曰：观我生进退，未失道也。** 观我生，即正视自我，唯有如此，方能定进退。只有对自己有了清晰的认知，才能做到进退有度，抉择正确。《吕氏春秋·察今篇》说："察己则可以知人，察今则可以知古，人与我同耳。有道之士，贵以近知远，以今知古，以益所见知所不见。故审堂下之阴而知日月之行，阴阳之变；见瓶水之冰而知天下之寒，鱼鳖之藏；尝一脟肉而知一镬之味，一鼎之调。"可见，只有正视自我才能知天下而不惑，只有审视己心才能行而无过。

商汤问伊尹："欲取天下，若何？"伊尹对答曰："欲取天下，天下不可取；可取，身将先取。"伊尹是商汤手下的贤人，他直言，凡是想取天下的人，恰恰得不到天下，若想得天下，得先掌握自己。取天下如此，观天下更当如此，凡事之本，必先治身。因此，观天下者应先观自己，以正自心，做到容止可观，进退有度，这一阶段要时刻反思自身。

**六四：观国之光，利用宾于王。《象》曰：观国之光，尚宾也。** 乾隆写过一副对联：立政待英才，慎乃攸司，知人则哲；与贤共大位，勖哉多士，观国之光。观国之光即观察国家民情民俗，也观察国家光华，一旦发现有敏捷眼光者、超人才识者，即礼贤下士。能看到组织之光华、特色优势，就能发现问题，改变问题，当然可以有利于国家社稷。孟子说："观水有术，必观其澜。日月有明，容光必照焉。"观水有术，观国亦有术，只有看到长处、光华，才能深入洞察国家的发展方向。因此，观天下者当着重发现天下的亮点或优势、成绩，这事关国家发展大计，也只有这样，才能进一步了解民间疾苦。这一个阶段要学会整合才能提升。

**九五：观我生，君子无咎。《象》曰：观我生，观民也。**观天下者在了解天下的光华之后，重点就要放在观民上。古人将王天下者视为民之父母，故称"我生"。因此，观我生，君子就无咎。有道是民为邦本，本固邦宁。只有审慎地观民所需，知民所乐，才能行无过。孟子说："政，民为大。乐民之乐，则民乐其乐；忧民之忧，则民亦忧其忧。乐以天下，忧以天下，然后不王者，未之有也。"观民，观卦将其置于九五的位置，足见《易经》的民生观，只有画好民情图，才能搭建连心桥。《汉书·刑法志》云："圣人既躬明悊之性，必通天地之心，制礼作教，立法设刑，动缘民情，而则天象地。"古人把晓不晓民情看作是衡量行政长官优劣的标准。这一阶段要设立标准，标准为王。

**上九：观其生，君子无咎。《象》曰：观其生，志未平也。**"观我生"是站在"我"的角度来观，而"观其生"是站在"民"的角度来观。一个是"生民"，一个是"民生"。因此，无论是哪一种结果都"无咎"。但是，站在民的角度来观天下，显然能够产生一种"志未平"的感觉。民众对观天下者的愿望显然与观天下者自己的出发点会有差别。只有将二者综合起来观，才能做到天下会通，顺民心、理物宜，才能产生"革命尚未成功"的进取感。这一阶段须从人类未来出发才能有所领悟。从"观我生"到"观其生"就是送给别人快乐，只有送给别人快乐才能倍增自己的心乐，范仲淹的"先天下之忧而忧，后天下之乐而乐"是"心乐"的最高境界。

观卦解析至此，我忆起第一次"观"美国的感悟："自由不自由"。

黑格尔主张，"在思维里，我是自由的，因为我不在他物中，而完全保持在我自身中，并且那对我是客观存在着的对象，也是为我而存在的，与我有不可分割的统一。"荷兰哲学家斯宾诺莎认为，"每个人都是他自己的思想的主人。"甄树青则认为，"思想自由不是指思想得到自由自在的发生。因为思想在个人的脑中并没有所谓的自由与不自由，这个问题乃起源于思想的对外发表，就是思想的发表是否受外来力量的干涉。如果受干涉，乃不自由。"我给他加一句，如果不受干涉，也未必自由。而苏格拉底更是为思想自由付出生命的第一圣人，他曾说，"世界上谁也没权命令别人信仰什么，或剥夺别人随心所欲思考的权利。"这样看起来，所谓自由指的是形而上的思想和思维啊。

我曾经在 EMBA 课堂上讲过老总的第一要务是"游山玩水、风花雪月"（本书第 11 章详解）。此言一出，石破天惊。实际上，这没有什么好奇怪的，我指的就是思想的自由啊！思想的自由是没有止境的。王石说当我觉得事业上无法得到满足的时候，偶然发现登山具有挑战性，于是便开始登山。我登山没有特殊的目的，就是喜欢挑战。假如硬要说有什么目的的话，这个目的是我可以借由登山远离我的公司——如果我不远离它，就会折腾它，折腾我的员工。折腾员工是不对的。公司的任何决定，或对或错都是相对而言的，我的决定未必是对的，别人的决定未必是错的。所以我要出走，远离公司，远离员工。我很赞赏王石的这种有担当的想法和做法，当我们大多数企业家还沉迷于折腾公司的时候，王石已经开始远离公司，这种做法无疑是大境界、大格局、大视野和大舞台。因此，请各位管理者开始考虑善意地远离公司！请各位管理者放弃自以为是的假设"如果我不在，公司会……"你要相信，你不在公司可能会更加美好！

登山可以算是一种志向，如果管理者都能有一个正确的志向，并每天锲而不舍地坚持下去，这样你就知道你需要什么，在物欲的诱惑发生时，你就会心境如镜。自然的山易登，心中的山难登，每个人心中都有一座追求自由思想的圣山！请记住，总有一种力量让我们泪流满面，这种力量叫"自由思想的坚持"！

康德说："自由就是我要做什么就做什么吗？"如果我要做什么就可以做什么，如果这就叫作自由，那就太肤浅了。康德说："自由是我不要做什么就能够不做什么"，这才是真正的自由。可现实并非如此，自从尼采说"上帝已死"之后，上帝是"死"了，人却都解放了，人解放的唯一表现就是欲望的无限释放。但是好像人又没有太好的办法，人总是有欲望的，怎么办呢？王石不愧是建筑专家，他从哲学和文化层面研究中国的江南园林，尤其是中国古代的园林，他的结论是中国的古人非常环保，即使是"大人"到了晚年也非常环保，他们环保的方式就是到微缩的园林中陶冶情操，这真是一种独特的见解。以此看来中国人对人的看法，尤其是在开发个人价值方面，实际上比西方人民主、自由、平等的概念要大得多，中国人的微缩景观就是在解决你的欲望的前提下减少资源消耗，这就是中国人的哲学！我个人完全同意这种哲学和文化层面的解释，也同意这种解释背后的引领，这需要企业家去做功课，这是企业承担社会责任的自由！王石接着谈到由此得出的结论，他说，"现在全球需要真正的共同的价值观，这个价值观是人和自然并列的哲学观。"我认为人和自然不可能并列，人必然是自然的产物和过客。"近代文明以人为中心，认为人类处于世界中心"的哲学源头就是笛卡尔的"我思，故我在"。而以人类为文明中心的本质就是欲望的无限释放，于是征服自然变成了人类最大的幸福，征服自然就能够增加人类的财富，这种甚嚣尘上的美国式"欲望观"一定会毁了人类！可以这样说，现代"欲望人"对外是破坏自然，对内是破坏人性。所以，自然是中心，人类只不过是自然的过客。人类要向自然学习，要回归谦虚，要感谢自然，要认识到是自然"让我们活着"。还是尼采在《查拉图斯特拉如是说》中讲得精彩："人类是一根系在兽与超人间的软索——一根悬在深谷上的软索。往彼端去是危险的，停在半途是危险的，向后瞻望也是危险的，战栗或不前进，都是危险的。人类之伟大处，人类之可爱处，正在于它是一个过程与一个没落。"人类的没落已经开始了，使人类走向毁灭的无非是傲慢！请记住，总有一种力量让我们刻骨铭心，这种力量叫"抛弃不自由的傲慢"！

我只有一盏指路明灯，那就是经验之灯，除了以往的经验以外，我不知道还有什么更好的方法来判断未来。帕特里克·亨利于 1775 年以这句话开始了著名的《在弗吉尼亚州议会上的演讲》，这篇演讲的最后一句话就是著名的"至于我，不自由，毋宁死"。如果说追求自由是人的自利本性，那么不自由就是人的利他人性，自利则生，自利使人获得了生存的基本驱动力，使人得以成为人，使人得以成就事业；利他则久，没有利他，人生和事业就会失去平衡，结果只能是死路一条。所以，美国华盛顿广场的那句名言讲得好，"Freedom is not free"。

自由的背后是自律，除了自律外，自由还要接受他律，他律就是外在的道德和法律规则的约束。自由的概念就像太极的两面，一面是动力无限的阳，一面是自律和他律的阴，阴阳结合，相互转化和制约才是真正的自由。如果能够掌握这点大约可"通天下之志，定天下之业，断天下之疑"了。

管理者与领导者的区别正如那阳光与激光，带领大家走向未来、追求愿景、留下思想的领导者和站在当下、谋求协同、留下脚印的管理者都需要一点点感性的率真，这一点点感性的率真正如尼采"精神三变"之婴儿状态，尼采认为精神有三变：从骆驼到狮子再到婴儿。

骆驼是沙漠之舟，刻苦耐劳，意味着创业的时候要接受训练，承受包袱。骆驼必须听从他人的指导、接受他人的命令，所听到的是别人说"你应该如何"！在创业阶段，一个人往往盲目地崇拜大人（大人者，与天地合其德，与日月合其明，与四时合其序，与鬼神合其吉凶），这时候思考最多的是"怎么变成狮子呢？"因此，骆驼是认知理性的象征。

狮子是森林之王，怀疑一切，意味着发展过程中要特立独行，承受孤独。狮子自己做决定，对自己负责，狮子说得最多的就是"我要如何"！发展过程中，要承担自我，为自己负责，但这是要付出代价的，因为当我们能够自由选择想要做的事情的时候，同时也就丧失了寻找借口和抱怨的权利。弗洛姆曾经说道，"给我自由吗？千万不要给我自由！因为随着自由而来的是要负责任啊！我一有自由之后就自己做选择，选择之后就做我自己，但是我做不起啊！"因此，狮子是强力意志的象征。

狮子之后是婴儿，婴儿不带偏见，是全新的创造。婴儿意味着完美的开始，提供了所有的可能性。当一个人抵达婴儿阶段，就不会再遭遇到前面所说的种种问题，婴儿代表心灵重新回归原点。所以，老子说复归于婴儿是摆脱困境的开始。"有些真理只有孩子能看到，成年人和非哲学家被现实生活的琐碎所囿，不得不操心'严肃的事情'，于是为了一些看上去更重要的问题抛弃了洞察力。"因此，婴儿是未来和希望的象征。

如果从观卦初爻来看的话，这是童观时代。接下来我们看看日本人安冈正笃怎么说。

安冈正笃是日本著名汉学家、思想家、王守仁/阳明研究权威与管理教育家。稻盛和夫在《活法》中引用了安冈正笃的人生六中观：

- **"忙中有闲"**。一般的闲是指无聊、精神涣散，而在忙碌中找到的闲，才是真正的闲。真的闲是忙中偷闲。《题鹤林寺僧舍》（李涉）云："终日昏昏醉梦间，忽闻春尽强登山。因过竹院逢僧话，又得浮生半日闲。"这才是真正的闲。
- **"苦中有乐"**。困苦中也是存在乐趣的，一个人的一生只是充满乐趣是不行的，还得体会苦中乐。
- **"死中有活"**。已经做好了必死的觉悟，却活了下来。
- **"意中有人"**。人生无论何时何地，要有意中人，这很重要。广而言之，有私淑的对象、追求崇拜的偶像、提拔自己的长者、困厄之际的倾诉对象等，这都是人生旅途上很重要的际遇。
- **"壶中有天"**。是说人无论置于何种境地，都要创造一个属于自己的内心世界。可以是哲学，也可以是兴趣，由此来决定人的风致。
- **"腹中有书"**，鼓励人们保持爱读书的习惯，但不是追求片段的知识，而是藏在腹底的哲学、信念、人性。知识是从听、读而来的，但必须注入自己的经验、体会，加以累积，这样才会形成自己的见识，从而力行实践。

### 5.1.3 四知到六知

2005年6月12日，苹果公司董事长史蒂夫·乔布斯在斯坦福大学毕业典礼上为毕业生做了"求知若饥，谦逊若愚"的演讲，其中第三个故事是"记住，你即将死去"，内容如下。

我（指乔布斯，下同）在17岁那年读过一句话，话是这样说的，"如果你把每一天都当作是生命中的最后一天来度过，总有一天你会收益良多。"当时，这句话给我留下了很深的印象，从那以后的33年来，我每天早上都会对着镜子问我自己，"如果今天是我生命的最后一天，我还会去做我今天打算做的事吗？"如果我的答案一连几天都是"不会"，我就知道我需要做出改变了。"记住，你即将死去"是我一生中遇到的最重要的箴言，它帮我指明了生命中重要的选择，这是帮助我为生命中的重要选择做出决定的最好办法。因为几乎所有的事情，包括所有的期待、骄傲、畏怯、难堪，所有的所有，都在死亡面前变得不值一提。在死亡面前，生命中最重要的才能存留下来。时刻提醒自己的生命行将终结，这是防止自己畏手畏脚的最好办法。既然你已经一无所有，为什么不听听内心真实的想法呢？每个人都不想死。即使有人向往天堂，他也不想以死亡的方式去那里。但是，我们大家最终都会投入死亡的怀抱。每个人都难逃一死，这才是事物发展的规律，因为死亡就是生命中最好的一个发明。死亡作为生命新老交替的使者，抹去老旧的事物，让新生的力量有空间发展。此时此刻，你们就是新生的力量，但不用太久，你们也会慢慢老去，最后消失。很抱歉说得这么悲观，但这是事实。我们的时间是很有限的，不要去过自己不想要的生活，那是在浪费时间。不要被教条束缚，那与生活在他人的思想之中无异。不要让旁人的观点淹没了你内心的呐喊。最重要的是，你们要有勇气去追寻心底的想法，去追寻自己的知觉。它们才真正清楚你想要成为什么样的人。其他一切因素都只能拿来参考。

我们有理由相信，仅仅是这段文字就足以让人人深思，这应该就是谛视吧。这个案例启发我们在观过程中应该做到四点：知微知彰、知柔知刚、知常知变、知行合一。

这几个"知"最早来源于《易经·系辞下》。"君子见几而作，不俟终日。君子知微知彰，知柔知刚，万夫之望。"本书在此基础上借鉴陈国权的"领导与管理的时空理论"，增加了"知常知变和知行合一"。

**"知微知彰"** 指的是：既要了解事物细小的萌芽状态，又要了解事物发展起来以后的显著特征，是事物发展过程性和结果性的统一。在《易经·系辞下》此话的前一句是"见几"，初见是几，是知其微，既见其几，逆知事之祸福，是知其彰。在企业管理中，领导者和管理者要全面地对小到微观个体，大至国家和全社会的宏观环境进行充分关注。张瑞敏的本事之一就是"善于抓小事，成功以后推而广之"。他说，作为企业领导，要有一种对一种事情一抓到底的韧性。海尔的做法是，一件事情从头到尾抓出一个模式来，再把这个模式推而广之，成功率非常高，这恐怕是一种中国特色吧。虽然我是万人企业的领导，也还要亲自到基层抓某一件小事，而你不去做是不行的。有时候必须抓得非常具体，当然是属于带有全局性、趋向性的问题。要善于通过一个容易操作的模式，把"小事"变成一个大局面。企业管理中有这么一句话：每天只抓好一件事情就足够了。抓而不紧等于不抓。实际上，抓好一件事情等于抓好一批事，因为每一件事都不是孤立的，抓好了一件事会连带把周围的一批事都带动起来。

"知微"就是知道"天下难事，必做与易；天下大事，必做于细"。《说苑》记载：齐桓公与管仲谋划攻打莒国，计划还没有实行，就被人知道了。桓公觉得很奇怪，问管仲，管仲说，"国家中必然有圣人在。"于是，齐桓公命令大臣都进入朝堂，分级站立，管仲指着东郭垂说："你就是讲征伐莒国的人吧！"东郭垂一愣，然后回答"是的"。管仲瞪了他一眼，

"我没说攻打莒国，你为什么说攻打莒国呢？"东郭垂镇静了一下，回答说，"我听说君子善于用计谋，小人善于用心意，我私下猜测到的。"管仲接着问："你是怎么猜测到的？"东郭垂回答："我听说君子有三种表情。悠然喜乐的人，是钟鼓的神色表情；神色严肃、清净的人，是哀丧的神色表情；神色充满了旺盛的人，这是要兴兵作战的表情。前几天，我望到您在台上，充满了旺盛的样子，就知道要兴兵打仗了。您呼而不吟，所说的就是莒，您举臂而指，自然就是莒国，而且我私下考虑小诸侯国中，还没有服从的，不也只有莒国吗？"这就是知微。

领导者知彰要诀在于抓纲要，务根本，避免事必躬亲。艾森豪威尔曾经在麦克阿瑟手下工作，他讲麦氏的工作方法时说，"他布置工作，从不唠唠叨叨，不强调坐班时间，而求工作效率，只要工作做完了，他就不再过问。他越是只抓大事，放小节，我就越紧张。我整天忙得团团转，每天晚上 7:00 或者 7:45 才能离开办公室，因为只有这样，我的工作节奏才能跟上他的步伐。但是，如果我想休息一周，只需向他透漏一点，他就会满口答应。"

"**知柔知刚**"指的是：刚柔是变化之道，既知初时之柔，则逆知在后之刚，言凡物之体，从柔以至刚，凡事之理，从微以至彰，知几之人，既知其始，又知其末。刚与柔显现在过程中，是过程中事物的呈现形态。在企业管理中，领导者和管理者不仅要重视硬实力（人、机、料、法、环等）的建设，更要关注软实力（信心、信仰、价值观等）的建设。

知柔一要顺承，柔就是谦逊包容，就是根据客观形势的需要，做出一定的让步，理顺主体与客观对象的关系，以求得亨通顺达，柔只可顺刚，不可秉刚，秉刚则逆，产生危害。知柔二要谨慎，能达到大蓄卦上九"何天之衢"（何等畅达的通天大路）那样的亨通顺达。知柔三要安静，平稳，以柔克刚，以柔蓄刚。

领导要学会以"柔和"之道治事。①以感化代替高压。汉光武帝，"吾理天下，亦欲以柔道行之。"拿破仑认为，"世界上只有两种力量是可怕的，即刀枪和思想。"②以不争求争。曲则全，枉则直，洼则盈，敝则新，少则得，多则惑。是以圣人抱一为天下式。不自见，故明；不自是，故彰；不自伐，故有功；不自矜，故长。夫唯不争，故天下莫能与之争。古之所谓曲则全者，岂虚言哉！诚全而归之。③以静制动。苏洵说，"一忍可以制百勇，一静可以制百动。"以静制动就是"热问题，冷处理"的领导智慧。④领导者要善于退一步。《菜根谭》有言，"径路窄处，留一步与人行；滋味浓时，减三分让人尝。此是涉世一极安乐法。"

知刚代表坚硬、正直、强盛、上升、前行、光明磊落、坚忍不拔、无私无欲。世上莫如人欲险，所以才有"海纳百川，有容乃大；壁立千仞，无欲则刚。"人只一念贪私，便消刚为柔，塞智为昏，变恩为惨，坏了一生人品，故古人以不贪为宝，所以度越一世。刚是易的灵魂，64卦的展开就是刚柔相摩相荡、相易相应、相推相济的哲学。刚是刚健有为，刚是"生生不已，新新不停"，刚是以刚健的精神革故鼎新。刚是意志力，始终坚信否极泰来、剥尽复至。刚就是对邪恶势力和歪理邪说要刚猛相加。领导者无欲则刚："无欲"必须进德修业，"无欲"必须淡泊明志。当领导仅有聪明是不够的，还需要有志向，志向是世界最伟大的抗拒腐败的力量，有一个正确的志向，并每天锲而不舍地坚持下去，这样你就知道你需要什么，在物欲的诱惑发生时，你会心境如镜。拿破仑说，"我有时像狮子，有时像绵羊，我的全部成功的秘诀在于，我知道什么时候应当是前者，什么时候应当是后者。"李嘉诚说，"做人如果可以做到'仁慈的狮子'，你就成功了！"这就是"知柔知刚"。

"知常知变"："常"指客观规律，强调了在特定意义上，世界上存在相对稳定的、不太发生变化的内容，如自然法则和社会常规；"变"指变化，强调了不确定性和新情况的出现。"知常知变"实际上是领导者和管理者认清事物兼具稳定性和变化的本质的前提条件和方法论。"知常知变"在鼓励领导者和管理者认清组织发展的稳定性与动态性的同时树立时间观念，认清客观规律，总结历史经验，同时明确组织内外部环境随着时间的推移而不断变化，在总结过去、反思现在、规划未来的基础上进行持续的学习和创新。

"知行合一"指的是王守仁阐述的一种哲学与世界观，其为心学的核心理念之一。王守仁继承陆九渊"心即是理"之思想，反对程颐、朱熹通过事事物物追求"至理"的"格物致知"方法，因为事理无穷无尽，格之则未免烦累，故提倡从自己内心中去寻找"理"，认为"理"全在人"心"，"理"化生宇宙天地万物，人秉其秀气，故人心自秉其精要。在知与行的关系上，王守仁从"天地万物本吾一体"出发，强调要知，更要行，知中有行，行中有知，二者互为表里，不可分离。知必然要表现为行，不行则不能算真知。《传习录》有"知是行之始，行是知之成"的观点。知行合一在企业管理中就是领导者和管理者的行动路径，强调用积极和正确的方式将知识转变成行动、运用于实践，从而为组织和社会带来更好的成就和福祉。因此，在真正进行系统思考，实现对组织全生命周期的整体规划、设计、诊断和持续改进，做到知行一致的同时，领导者和管理者更要顺应自然和人类历史社会发展规律，尊重客观事实和环境，促进"天人合一"和社会和谐，进而建设更美好的社会。

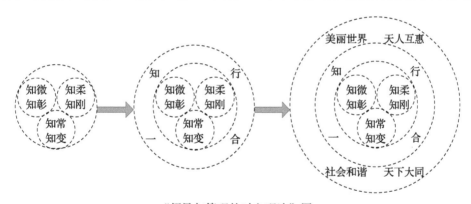

"领导与管理的时空理论"图

### 5.1.4 科学观哲学

铃木大拙认为，"'观'在佛教的认识论中占据最重要位置，因为'观'是'知'的基础。没有'观'就不可能有'知'，所有的知识都来源于'观'。在佛教教义中，'知'与'观'总是联系在一起。佛教哲学的终极目的是按照实在的原貌去认识它，'观'就是经历顿悟。"

我认为，从火星看地球是一种观，从地球看火星也是一种观，前者由外而内，后者由内而外……可以说，观的方式和方法多种多样，那么有没有某种程度上达成一致的"观"呢？答案可能就在F.卡普拉的《物理学之道》中，作者认为西方的物理学家与东方的神秘主义的宇宙观之间存在相似性（见图5-2和图5-3）。我读完该书的体会如下：科学打着太极、跳着湿婆之舞探索宇宙的本质。只有当观察者成为参与者，宇宙才是共享的宇宙，这是观的真谛，"观"的最高境界是庄子的坐忘大通，坐忘才可能达到统一，获得心斋。

## 图 5-2　科学之"观"示意图

- 理性知识
- 西方的"向"科学
- ①苏格拉底"自知其无知"　②佛教认为是有限真理和相对知识　③《奥义书》认为是低级知识
- 产生了理性特征的宇宙观,这种宇宙观天然地具有局限性和相对性,正如爱因斯坦所言:"凡是涉及实在的数学定律都是不确定的,凡是确定的定律都不涉及实在"
- ①采用抽象的概念和符号,其结构是线性序列,功能是比较、测量和分类。②海森堡是这样说的,"每一句话或每一个思想,无论它看来如何明确,也只是在有限的范围内适用。"③用数学表达式强调逻辑,用符号表达结构标准化,总之,符合毕达哥拉斯的"万物皆数"的哲学。罗素是这样说的,"数学和神学的结合开始于毕达哥拉斯,这是希腊中世纪,直到近代康德的宗教哲学的特点。在柏拉图、奥古斯都、阿奎那、笛卡尔、斯宾诺莎和莱布尼兹的哲学中,宗教和理性,对道德的渴望与对永恒事物在逻辑上必然的赞赏都密切地糅合在一起,这种结合使欧洲理性化的神学有别于亚洲更坦率的神秘主义",其结果是越来越脱离实际世界,所以必须得到补充
- 在这样的前提下诞生了西方的科学研究。科学研究分为三步。①收集有关待解释现象的实验证据;②将实验事实与数学符号相联系,给出数学表达式建立的数学模型;③用普通语言阐明数学表达式的模型。这就是现代西方一般意义上的科学方法。这与希腊哲学又不同,希腊哲学往往从公理/原则出发演绎出模型,不是从事实出发归纳出模型,这对于第二步极为重要。简单来说,西方对知识的解释方法就是这样的
- 西方科学重视实验,我称为"外观"
- 西方的观知识,培养了理性思维
- 西方探索宇宙本质的方式

图 5-2　科学之"观"示意图

资料来源:改编自《物理学之道》。

## 图 5-3　哲学之"观"示意图

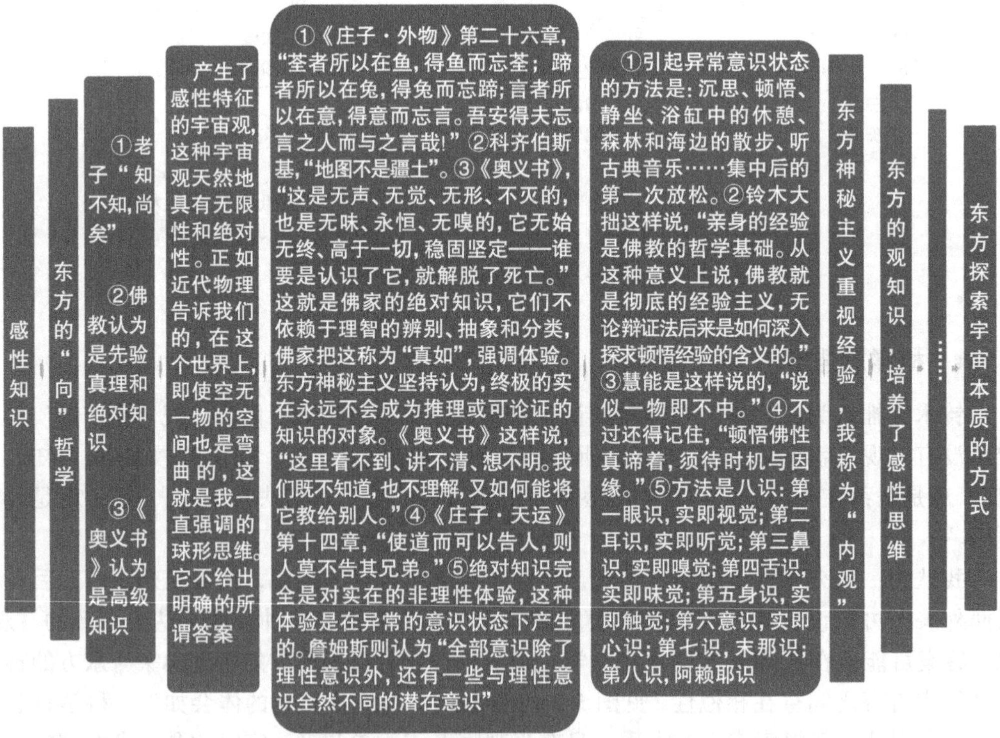

- 感性知识
- 东方的"向"哲学
- ①老子"知不知,尚矣"　②佛教认为是先验真理和绝对知识　③《奥义书》认为是高级知识
- 产生了感性特征的宇宙观,这种宇宙观天然地具有无限性和绝对性。正如近代物理告诉我们的,在这个世界上,即使空无一物的空间也是弯曲的,这就是我一直强调的球形思维。它不给出明确的所谓答案
- ①《庄子·外物》第二十六章,"荃者所以在鱼,得鱼而忘荃;蹄者所以在兔,得兔而忘蹄;言者所以在意,得意而忘言。吾安得夫忘言之人而与之言哉!"②科齐伯斯基,"地图不是疆土"。③《奥义书》,"这是无声、无觉、无形、不灭的,也是无味、永恒、无嗅的,它无始无终、高于一切,稳固坚定——谁要是认识了它,就解脱了死亡。"这就是佛家的绝对知识,它们不依赖于理智的辨别、抽象和分类,佛家把这称为"真如",强调体验。东方神秘主义坚持认为,终极的实在永远不会成为推理或可论证的知识的对象。《奥义书》这样说,"这里看不到、讲不清、想不明。我们既不知道,也不理解,又如何能将它教给别人。"④《庄子·天运》第十四章,"使道而可以告人,则人莫不告其兄弟。"⑤绝对知识完全是对实在的非理性体验,这种体验是在异常的意识状态下产生的。詹姆斯则认为"全部意识除了理性意识外,还有一些与理性意识全然不同的潜在意识"
- ①引起异常意识状态的方法是:沉思、顿悟、静坐、浴缸中的休憩、森林和海边的散步、听古典音乐……集中后的第一次认识。②铃木大拙是这样说,"亲身的经验是佛教的哲学基础。从这种意义上说,佛教就是彻底的经验主义,无论辩证法后来是如何深入探求顿悟经验的含义的。"③慧能是这样说的,"说似一物即不中。"④不过还得记住,"顿悟佛性真谛着,须待时机与因缘。"⑤方法是八识:第一眼识,实即视觉;第二耳识,实即听觉;第三鼻识,实即嗅觉;第四舌识,实即味觉;第五身识,实即触觉;第六意识,实即心识;第七识,末那识;第八识,阿赖耶识
- 东方神秘主义重视经验,我称为"内观"
- 东方的观知识,培养了感性思维
- 东方探索宇宙本质的方式

图 5-3　哲学之"观"示意图

资料来源:改编自《物理学之道》。

单纯从科学角度看，量子理论和相对论已经取代了牛顿物理学以及由此产生的机械论哲学。牛顿的经典力学及其机械论哲学影响了世界几百年，对管理和领导者的思维也有重大的影响。今天管理者和领导者首先要修正的就是机械论的哲学思维，实际上科学实验和哲学系统仅是方式不同，二者都极其复杂并具有相当的可靠性。海森堡认为，"在人类思想发展史中，最富成果的发展几乎总是发生在两种不同思维方法的交汇点上。它们可能起源于人类文化中十分不同的部分，不同的时间、文化环境或不同的宗教传统。因此，如果它们真正地汇合，也就是说，如果它们之间至少关联到这样的程度，以至于发生真正的相互作用，那么我们就可以预期将继之以新颖有趣的发展。"

大家可能有一种体验，当我们忘记了某个人的名字，不管怎么思索都无济于事时，却在我们放弃努力，将注意力转向其他方面去以后，突然一闪念，想起了那个忘记的名字，并且"就在嘴边"。在这个过程中，我们并没有思考，这是一种突然的、即时的醒悟。这种醒悟在佛教就是发现自己的"本来面目"，也就是佛教的顿悟。还有一个例子是，你听到某个笑话的时候，会会心一笑，这一笑是自发的，是我们领悟到笑话的本意时体会到的，所以《道德经》中写道"不笑不足以为道"。

我的本意是要通过科学和哲学的比较，帮助管理者和领导者找回本真和本心。如果说理性代表了科学的研究工作，感性代表了哲学的沉思工作，那么"为学日益，为道日损。损之又损，以至于无为"则很好地指出了二者显著的异同。综上，为了我们的未来，领导者要强化科学研究，科学研究的目的在于创新，今日之中国尤其需要自主创新。不过我们要记住，不管哪种科学研究和自主创新都有适用范围，为了推进我们的事业，物理学家丘（Chew）的"基于局限性的为什么"的问题值得学习，也就是说一旦某个科学研究或者自主创新能成立，我们需要经常提出它为什么能成立，它的局限性在哪里。只有这样才能推进这项事业。此外，领导者要带领团队体验哲学、学习哲学，利用沉思、静坐等方式洞察人性，重塑思维，毕竟所有的事业都是人来完成的。

诺奖获得者黑塞说过一句话，他说："对每一个人而言，真正的执着只有一个，找到自我就是找到那个事业，然后在心中坚守一生，全心全意永不停息。所有其他路都是不完整的，是人的逃避方式，是对大众期望的懦弱回归，是随波逐流，是对内心的恐惧。"企业家/领导者/管理者内心如果没有一种对事业的极大热爱，很难走出心魔。所以首先要想清楚，什么是你一生的事业，然后把自己献给这个事业。木心有言，"许多人的失落是违背了自己少年时代的立志，自认为成熟，自认为练达，自认为精明，从前多幼稚，总算看透了，想穿了，于是我们就此变成了自己年少时最憎恶的那种人。"

现代社会充满了各种利益冲突，人们很容易成为冲突的一方，卷在利益的漩涡中难以自拔，这往往导致了苦恼。苦恼的原因是身处其中，如果尝试做"中立方""旁观者"，而不是冲突的一方，情况可能就不同了，我们可能就获得了更深一层的智慧，可能就看清了所谓"冲突"的实质，会认为自己为所谓的"利益冲突"付出的大量精力是不值得的，甚至会觉得自己的行为是可笑的。置身事外，跳出是非圈，做清醒的旁观者，正是"观"的启示之一。另外，利益面前要学会"鸟瞰"。如果能够居高临下地看，就会看得远一点，就可能全面认识当下的事物。认识问题的正确度与认识问题的高度是成正比的。居高临下地看问题，并不是增长傲慢，相反，是为了开拓思维的广度、深度。《道德经》说得好，"虽有荣观，燕处超然。"就是说面对荣誉和利益，要有鸟瞰的视野和超然的态度。所以,"观"告诉我们要管理好自己的信仰、自己的生存、自己的生活、自己的生命和最后的死亡。

| 实践聚焦 |　　　　　　　　西点军校的细节管理

对领导人而言,熟知细节是最佳的训练,尤其是面对紧急、影响重大的事情时。诚如西点军校潘模将军所说,"细枝末节最伤脑筋。"他的意思是说,即使是最聪明的人设计出来的最伟大的计划,执行的时候也还是必须从小处着手,整个计划的成败就取决于这些细节。西点努力训练学生养成追求细节完美的习惯,变成像呼吸一样的本能反应。

新生都要轮流报日程——站在走廊的时钟下面,大声清楚地报时,报日程的时候如果有任何错误,学长都会过来质问,甚至导致新生报行事历。新生面对这么多的要求,有时候不太可能每一件事都做到尽善尽美,因此他们开始学会判断各项工作的轻重缓急,在重要与次要之间取得平衡。只要专心于任务的细节,就能够应付内心的压力。面对像战斗这样压力沉重、情况危急的环境,人绝对不可能事事都做到完美,但是平日的训练使他们对于追求完美已经习以为常,完美对他们不是巅峰的状态。他们必须在最短的时间内找出可行的办法,决定轻重缓急,在有限的时间做尽可能最好的安排。

西点不是不给学生奖励,只是慎选奖励的时机,表扬确实能够强化学生良好行为。选择奖励形式的时候,主管人员必须自问:"我的员工是为了什么而工作?他们对公司最大的要求是什么?"工人也许只是为了养家糊口而工作,对这样的人,金钱是最好的奖励。中高层的主管,工作可能是为了发挥创造力或是追求个人成长。给予奖励之前,应该仔细考虑每个人的需求和希望。

## 5.2 一张图里看春秋

### 5.2.1 从自然祭祀到人文诸子

2017年《国家宝藏》节目的播出,一下子掀起了世界范围内的中国文物、文化和文明热潮。尤其是第一期节目中王希孟的"千里江山图",这幅曾经在2008年奥运会开幕式上向全球展示的绝世画卷,再次震惊了世人。"千里江山图"至少有两点启示。

**其一:匠人精神**。何谓匠人匠心精神?看看日本企业。日本人喜欢"工匠达人"甚至胜过喜欢"天才"。在日本,"工匠达人"们都受到当权者的厚遇和庇护。在日本以外的"商人的亚洲"圈子里,很难有像李嘉诚长江和记公司那样成长为全球规模的大企业的。在亚洲,日本是将"工匠达人"尊为人生目标和典范的国家之一。这个国家绝大多数企业人,在各自的工作环境里力争成为达人。企业的经营者和管理阶层本来就有一种强烈的"武士"志向。相比之下,普通老百姓更喜欢"工匠达人"。所谓"工匠达人气质",首先属于赞誉之词,其含义包括敬重工匠达人的倔强性格在内。工匠中间若有将其本领发挥到极致者,他将享受"达人"的桂冠,受到最大的尊敬。日本"工匠达人"的文化被称为消减文化,这充分体现在日本古典能乐中,就是尽最大可能将舞台动作削减到极限,"削减文化"构成了"工匠达人的日本"的底色。"匠人精神"——所谓"执着",就是对事情"不放弃"；所谓"不放弃"，也是一种"思想的深度"，从而淬炼心性，养成自己，唤醒每个人的一流精神。

德国情况如何呢？一位记者问彼得·冯·西门子（Peter von Siemens）："为什么一个 8 000 万人口的德国，竟然会有 2 300 多个世界名牌呢？"这位总裁是这样回答的："这靠的是德国人的工作态度，对每个生产技术细节的重视，德国的企业员工承担着生产一流产品的义务，提供良好售后服务的义务。"记者反问他："企业的最终目标不是利润的最大化吗？管它什么义务呢？"总裁回答道，"不，那是英美的经济学，德国人有自己的经济学，就追求两点：一是生产过程的和谐与安全，二是高科技产品的实用性。这才是企业生产的灵魂，而不是什么利润的最大化。企业运作不仅仅是为了经济利益，事实上，遵守企业道德、精益求精制造产品，更是德国企业与生俱来的天职和义务！"这就是德国人的匠心意识和匠人精神。

匠人\匠心精神并不是舶来品，《庄子·养生主》中的"庖丁解牛"就是匠人精神的故事，当然它不光讲匠人精神，它还讲做事不仅要掌握规律，还要持着一种谨慎小心的态度，收敛锋芒，并且在懂得利用规律的同时，更要去反复实践，像庖丁"所解数千牛矣"一样，不停地重复，终究会悟出事物的真理所在。人类社会充满着错综复杂的矛盾，人处世间，只有像庖丁解牛那样避开矛盾，做到顺应自然，才能保身、全生、养亲、尽年。这应该是大匠人精神。

**其二：青蓝之比**。青出于蓝而胜于蓝出自荀子的《劝学》，荀子用靛青比喻在学术上有所建树的后起之秀，而用蓝草比喻老师或前辈。人经过学习或教育之后可以得到提高，学生超过老师或后人胜过前人，这是"劝学"的原意。后来又陆续有宋真宗的"劝学"诗、曾国藩的"劝学"、福泽谕吉的"劝学"和张之洞的"劝学"等。福泽谕吉的"劝学"立足于西方人权思想，提倡自由平等，肯定人民为国家主人，同时号召人民舍身卫国，使日本文明追上先进国家。他认为学习第一重要，而且学习不只是读书和空谈，必须是有用之学。他勉励肩负重任的学者们不要独善其身，而要兴办事业，为世人造福，做世人的榜样。张之洞的"劝学"主旨是以中学为内学，以西学为外学，以中学治身心，以西学应世事，以中学为体，以西学为用，简称中体西用。关于体用关系，后来有很多不同看法，本书不在此赘述。

不管是谁的"劝学"，重点在一个"学"字上。学习是一个人获取能力，提升素质的途径；学习要有一种锲而不舍的"钉钉子"精神，要忍得住孤独，耐得住寂寞；学习贵在理论与实际相结合，做到学以致用；不要以一成不变的态度看待他人，要以发展的眼光看待事物。面对"VUCA-微卡时代"的今天如何"劝学"呢？

**第一，要基于青出于蓝而鼓励创新**。尤其对于 90 后，应该以匠心精神、匠人意识、"匠士"学位激励他们投入创新的怀抱；应该以华夏文明、文化、文脉帮助他们建立创新信心；应该搭建创新的环境、氛围和场域，从而使他们在滋养下实现"青出于蓝而胜于蓝"的梦想。

**第二，要重新认识人与自然的关系**。过去把 humanitarianism 译为"人道主义""人类中心主义"，言外之意是凡事以人类为中心谋生存的思维方式。正因如此，人与自然才越来越发生背离，环境问题也得不到解决。这样的人类中心主义已经穷途末路了。所以，人与自然的关系就是要恢复在现代化进程中被毁坏了的各种"关系"。我们要认识到人类是被自然滋养才有今天和未来，对自然万物只有敬畏和谦卑，才有可能实现"绿水青山就是金山银山"的目标。

接下来，用图 5-4 和图 5-5 简单概述华夏文明发展脉络。

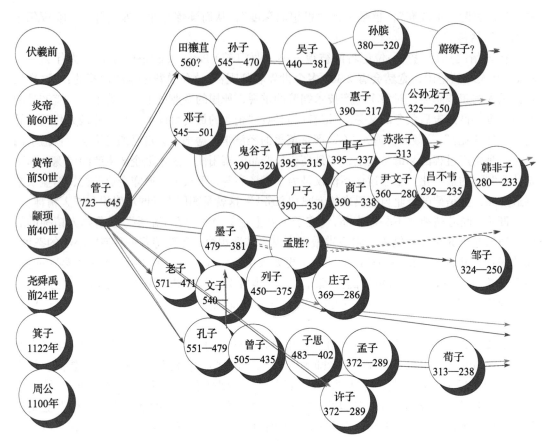

图 5-4 从三皇五帝到诸子百家简要变迁图

中华文明、文化、文脉博大精深，限于篇幅，仅从图 5-4 中管中窥豹。三皇五帝自不待言，然后是尧、舜、禹，接下来是箕子和周公，承上启下的是管仲，由此开出了《汉书·艺文志》所谓的"九流十家"。一是道家，由老子到文子、列子及庄子；二是儒家，由孔子到曾子、子思、孟子及荀子；三是兵家，由田（司马）穰苴到孙武、吴起、孙膑及尉缭子；四是法家，由邓子（邓析）到慎到、尸佼（"天地四方曰宇，往来古今曰宙"是他的观点）、申不害、商鞅、尹文子、吕不韦和韩非子；五是名家，由邓子（邓析）到惠施和公孙龙；六是纵横家，由邓子（邓析）到鬼谷子以及苏秦和张仪；七是墨家，由墨子延续三代后销声匿迹，乃至于近代重提墨子；八是阴阳家，由管仲追溯到邹衍；九是农家，许行是代表人物。

接着解析图 5-5，我用三个圆圈分别代表印度、中国和西方文化。代表印度的是一个"空"圈，佛教认为地、水、火、风是组成物质的四大元素，由于四大的和合，而有诸般的体相，成之为"色"；如果四大失调，成之为"病"；如果缺少任何一样，成之为"死亡"；最后四大分散，终究归于"空"，色与空的形成，只是聚合与离散的现象，因此用"空"代表之。代表中国的是"太极图"，从《易经》到《道德经》到周敦颐到现代，表示的是阴阳动态平衡、协同发展、多元并存的天下。代表西方的是带直线的圆圈，表示线性思维主导下的非此即彼的二元分化。应该说这三个圆圈不是最早的开始，也不是最终的结束，是到目前为止比较合适的一种认识，是过程中的比较共识的结果，因此放在了起点的位置。

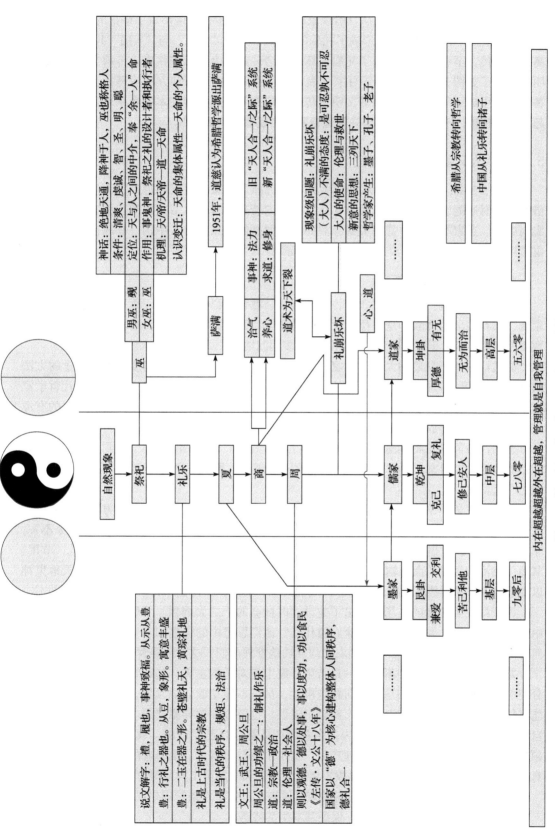

图 5-5 儒、墨、道三分天下及文明生成简图

内在超越超越外在超越，管理就是自我管理

从过程来看，东西方都是从自然现象的认识开始起步，慢慢形成了祭祀的行为和认知，在漫长的变迁中，中国的先民形成了礼乐的积累和结晶，"大人"与"人民"共同开出了夏、商、周三代，至春秋时期出现了礼崩乐坏的社会现象。为了维护秩序、传承文脉、延续文明，诞生了如图 5-4 所示的诸子百家代表，分别用不同的思想和方法治理社会，在朝代更替过程中生成了华夏绵绵不绝的文明流传。**中华文明薪火相传在本书看来就是"内在超越超越外在超越，千百年来始终坚守管理自我之自我管理的真谛"。**

### 5.2.2 从人文诸子到管理定位

在图 5-5 中，本书依据传承渊源关系主要选择了墨家、儒家和道家三大显学诸子，并借鉴经过时空凝练过的核心思想贯穿从古及今的管理过程，本节主要阐述墨家与基层、儒家与中层、道家与高层的管理关系，需要说明的是佛教系后传入中国，非原创，因此本节仅借用释迦牟尼开悟之树给出管理的树禅启示。

#### 1. 墨学思想与基层管理

墨子何许人也？墨子，科圣也，他在哲学、教育、科学、逻辑、军事防御工程等许多领域，都有杰出的贡献，是一位伟大的平民圣人。墨子，科学家也，实利家也；其所言名数质力诸理，多合于近世科学；其论证，则多用归纳法。

胡适认为墨子是最伟大的科学家、逻辑学家和哲学家，是一种高度发展的科学的方法的创始人，《墨子》是当时"真正有价值的唯一著作"。李约瑟认为墨家是中国古代哲学家当中对数学和科学哲学最感兴趣的，现存的墨家学派著作中也包含有对时间和空间的有趣定义，墨家的科学成就超过整个古希腊。钱穆认为，"孔子之道，有教无类，墨子先贱人，自习于儒，乃苦其礼而倡墨道，墨子其固古之伟人哉！"梁启超认为，"论到人格，墨子真算是千古的大实行家，不惟在中国无人能比，求诸全世界也是少见。"由此可见墨子的影响力之广远。

墨学因战争于平民有损无益，故倡非攻；非攻又须以兼爱易之，是为方法论，故倡兼爱；彼时贵族把持社会阶层的流通管道，平民无由上达，故倡尚贤；列国分立，政令不一，非攻无由统一，故倡尚同；贵族所行礼乐奢侈淫靡，苛言而厉民，故倡非乐、非礼、节用、节葬；统治阶级以"命"辖制庶人阶级的革命意志，故倡非命；又树赏善罚恶的天地鬼神以加添智识水平不甚高之庶民的意志，故倡天志、明鬼；又与儒家每事均对立，又倡非儒。

墨子站在生产者的立场上提出了建设当时社会的十二大纲领。了解之，就了解了目前中国社会基层工人和普通民众：他们想什么？他们思想中的合理和不合理之处是什么？如何看待他们思想中的合理和不合理？如何成功地管理他们？这对于经营管理者很有意义。

基层员工主要有三大不足：一是希望分配上绝对平均主义，这跟管理阶层希望按贡献分配的思想产生冲突。二是认识问题走极端，员工不能正确认识领导，认为领导是神，不能有任何错误，正确的态度是人人都会犯错误，也要容许领导犯错误。三是不能正确认识自己的价值。员工往往错误地认为：企业的产品都是自己生产的，领导只说不干。其实，领导干的是看不见、摸不着的管理产品，员工干的是看得见、摸得着的具体产品，双方都有贡献。准确地说，企业的发展是投资者、管理者和基层员工共同努力的结果。

围绕这三大不足，应用墨家思想的兼爱原则给出如下六条管理建议。

- 第一，"有恒产者有恒心"：保证基本生活待遇。

- 第二，深入员工当中，把员工当作朋友，获得员工认可，让他们认识你的贤能，培养你在他们当中的权威，获得高的执行力。
- 第三，加强教育。既有技能的教育，也有做人的教育。教育可以提升员工认识问题的能力，看到自身不足，从而尊重别人。
- 第四，建立规矩，完善制度。对基层员工而言，制度约束管用。
- 第五，了解员工的活动规律。重视员工中"群众领袖"的工作，了解员工的疾苦和需求，借用他的号召力做好员工的工作。
- 第六，心胸大度。做领导的，没有不挨骂的，领导者必须看到这一点，而且做好打持久战的思想准备。

本书认为，墨子的思想核心是"兼相爱、交相利"，也可以概括为"苦己利他"。这一思想不光适用于基层，实际上很多企业家都视若珍宝。

**施振荣的"为别人着想"思想**。施振荣称，自己能够成功最重要的一点是会为别人着想，思考别人的理想。"我会为消费者、员工、整个环境着想。我为别人着想，自己并不会因此少了什么，我反而因此得到了最大的利益和回馈，所以，我鼓励更多的人为别人着想。"

**吉田忠雄论"善的循环"思想**。"我一贯主张企业必须赚钱，而且多多益善，但是利润不可独吞。我将利润分成三份，1/3以质量好的产品和低廉的价格交给消费者，1/3给代理商，1/3用在工厂，要多方受益。如果我们播种善的种子，给别人利益，善还会循环给我们。"

**松下幸之助论"交相利"**。"经营的最终目的不是利益，而是将寄托在我们肩膀上的大众的希望通过数字表现出来，完成我们对社会的义务。企业的责任是'把大众需要的东西，变得像自来水一样便宜。'纵使有了精神的安定，倘若物质匮乏，仍会导致连维持生命都很困难；纵使物质丰富，倘若精神上有安心立命之惑，人也不会有'做人的价值'与做人的幸福。物质与精神二者并存，俨如车之两轮。"这是松下在《我的做法与想法》中表达的目标。

**涩泽荣一的《论语》与算盘**。涩泽荣一一生的命题都是"金钱与道德"的关系问题。年少之时，涩泽荣一就从父亲那里学习《论语》，《论语》培养了涩泽荣一的教养基础，但是却与活生生的经济现实发生了冲突，令他苦恼和矛盾。后来他潜心精读《论语》，发现道德与经济并不矛盾，从此以后，他确立了"遵照《论语》的教导经营商业"的理念，找到了"金钱与道德的一致性"的思想基础。作为经济界人物，从初期开始，他就将精力投注到金融业务领域，创立了日本第一家银行——第一国立银行，而这家银行也成为涩泽荣一培育出500家企业的源泉，这就是涩泽荣一建立的实业，与福泽谕吉的实学遥相呼应，共同引导日本提升层次和境界。"倘若一切皆流于形式，精神则趋于贫乏"是涩泽荣一最喜欢的格言。

### 2. 儒学思想与中层管理

儒学的内容博大精深，延绵几千年，限于篇幅不能赘述。本书选用近代大儒曾国藩的观点阐释。曾国藩一生经历了儒家（理想的追求）到法家（现实的眼光）到道家（成熟的心态）的历练过程，最终达到自强不息和厚德载物合一的中庸之道，这就是中国文化的活水。他是怎么做到的呢？

曾国藩在《曾胡治兵语录》中讲道，"仁者，所谓欲立而立人，欲达而达人是也。待弁兵如待子弟之心，当望其成长，望其成立，则人知恩矣。礼者，即所谓无众寡无大小无敢慢，泰而不骄也。正其衣冠，尊其瞻视，俨然人望而畏之，威而不猛也。持之以敬，临之以庄，无形无声之际，常有凛然难犯之象，则人知威矣。守斯二者，虽蛮陌之邦行也，何兵之不治哉！"这段话清晰地交代了曾国藩求才、育才、用才、励才和留才的管理之道。下面详述之。

**一是求才，求才的方法是广揽。**求贤若渴，大业乃成。真正成功的领导者都会主动地寻找人才。比尔·盖茨说，"我们的人才观就是追随人才，哪里有一流的人才，我们就追随到哪里。"韦尔奇说，"我最大的成就是发现人才，发现一大批人才。"

**二是育才，育才的方法是勤教。**松下幸之助常说，"经营的光芒是灿烂或暗淡，完全在于人才的培育如何。"松下指出，"优秀的人才很难捡到，也很难控制，最好自己用心去培养。每个人都要经过训练，才能成为优秀人才。""不管做什么事都一样，最重要的，就是要有想去完成那件事的强烈心愿。若心里一直想非完成它不可，事情可以说是已成功了一半。有了这种心态，必定能想出完成这件事的手段或方法来。"

**三是用才，用才的方法是慎用。**西乡隆盛有言："对国家有功劳者应给予俸禄，但不能因有功劳而给予地位。该给予地位者，必定是具有与地位相配的能力与见识者，若将地位给予有功劳而无见识者，国家必致衰败。"松下是这样用的：不论公司的形式或体制怎样，在经营者的心里，都必须有"请你这样做"的态度，否则不能让所有的员工更加勤勉。如果一个企业拥有一两万名员工，这样做还不够，还必须有"请你帮我这样做"的态度；而如果拥有五万或十万名员工，更要以"两手合起来拜佛"的态度，否则的话，部属很难发挥优点，更不可能去卖力工作。如果有诚恳的态度，即使是相同的言行，也会有不同的影响力。部属们会体会出命令的真义。即使认为过于严格，也都会谅解而认真地执行。否则，即使命令再三，部属也不愿意接受，结果必会怠慢工作，而最终导致没有好的成效，身为一个经营者应该重视这点。

**四是励才，励才的方法是严绳。**以礼仪荣辱正面引导人，以赏罚分明后面督促人，所谓"抓两头，促中间"，领导者的一切激励原则，不仅是作为任务目标的正强化，而且要注意人格的正强化才是关键。即所谓"爱人之道贵以严。""教人责其短，用人用其长。"

**五是留才，留才的方法是厚养。**留人固然需要物质利益，但是真正的人才更看重领导者人格。即松下所谓的"用拜佛的态度留人，用高尚的人格留人，用共同的事业留人，用诚挚的感情留人，用理解留人，用高薪留人。"松下也认为"不论经营理念或使命感多么高明，在物质方面不能满足人的需求，即使再强调使命感，也没有人听得进去。当然，人对物质的欲望是无穷的，即使给得再充实，还是无法让人满足，不过，最起码要不比其他同行业差。"

曾国藩自己在管理过程中始终严于律己，告诫自己人生需耐冷——遭受冷遇、耐苦——承受劳苦、耐烦——经受繁杂、耐闲——忍受逆境，方成大事。这不就是今天管理者的情绪管理吗？管理者天然地就应该在一种不顺利的境遇下开展工作，一经焦躁，则心绪少佳，办事必不能妥善，管理者要学会向愤怒开炮。正如曾国藩所言：天下断无易处之境遇，人间哪有空闲的光阴。

曾国藩自己为了戒烟，订立了"日课十二条"：主敬、静坐、早起、读书不二、读史、日知其所亡、月无忘所能、谨言、养气、保身、作字、夜不出门。由十二条不难看出，戒烟时的曾国藩痛下决心，要将今后的人生，当作一场对自己深入持久、全面细微、严谨苛酷的修炼。曾国藩自诩"以禹墨（勤俭）为体，以庄老（虚静）为用"，他哪里仅仅是儒家？

戒烟成功了，可那难啃的硬骨头"日课十二条"，曾国藩究其一生做得怎样呢？拣几条看看，"写日记"，自29岁时起，一日不曾间断，一直写至去世的前一天；"作诗文"，宗法桐城派，创立晚清散文"湘乡派"，成为文学家；"作字"，无一日不坚持，终成书法家。正是这种舍得对自己下苦力、用笨办法、持之以恒、坚忍不拔、精进不辍的精神和毅力造就了曾国藩人生的完满与巅峰。他匡救时弊，整肃政风，倡办洋务，冀图自强，成为中国历史上"睁眼看世界"并积极实践第一人。

事实告诉我们，那些专注于自我，关注内心，专心做事，不断修正、完善、强大自我的人，最终将有力量参与、把握，甚至改变世界发展的轨迹；而那些忽视了自我，总是将兴趣和精力投向外部，投向别人的人，最终将只能沦为无聊、热闹的看客，乖乖地被别人、被历史牵着鼻子走。

用儒家思想管理中层，当学习曾国藩的修己法门。在《论语》中修己有三个层次，分别是："修己以敬"，如蘧伯玉、宓子贱和南宫适这班君子；"修己安人"，如箕子、比干、微子、伯夷、叔齐、管仲这班仁者；"修己安民"，如尧、舜、禹（禅让）、汤、文、武（革命）这班圣人。要想达到三修的境界，可以参考"王霸相杂，礼法相隆"的方法。

### 3. 道学思想与高层管理

道家代表老子和庄子及其代表作《道德经》和《南华经》在本书中多次提到并用到，因此在本节仅用其"无为而治"的核心思想对应高层管理。

参考曾仕强的观点，将"无为而治"解析为**认识自己、控制自己和成就自己**三部曲。

**第一步，认识自己**。首先要了解自己的倾向/潜在能力，包括价值观、态度、兴趣、偏好、性格和能力；其次要明白自己的一般智力/特殊智力，包括长处、职业规划、敬业精神等；最后要了解自己的身体状况，包括身体健康、个人风险管理、学习和成长等。

**第二步，控制自己**。领导者自己"无知"，下属才能有表现"知"的机会；领导者自己"无能"，下属才能有表现"能"的机会；领导者懂得无为，下属才能够大有为；领导者必须"有所不为"，才能恰到好处地"为所应为"，勿以恶小而为之，勿以善小而不为。

**第三步，成就自己**。知人善任、有容乃大、真诚服务、仁爱为怀、信义为重、知命乐天可以帮助我们成就自己。

用道家的"无为而治"进行高层管理，就是用"自视甚卑，卑以自牧"的态度认识自己，用"不聋不瞎，不配当家"的方法控制自己，用"建立自我，追求无我"的境界来成就自己。能如此，即可"因循而任下，责成而不劳"。这才是领导力！高层领导力的前端是钢铁意志般的团队，团队前端是白花花的银子，其后端是自我认知、自我悦纳、自我管理。圣·埃克苏佩里在《小王子》中有言，"如果你想建造一艘船，先不要把人们召集起来采集木材、分配工作和发号施令，而要教导他们向往浩瀚无边的大海。"

企业所有的突破，到最后都是企业家本人/创始人自己的突破。企业家要是没有一个强大的内心，没有对公司所代表的事业发自内心的热爱，技术层面无论有多好的系统，最后可能都是白费力气，这就是"无己而治"。

### 4. 树禅

佛祖释迦牟尼一生有三棵树相伴，分别是出生时的无忧树、开悟时的菩提树、涅槃时的婆罗树。本节就借用佛祖的"树禅"总结给出管理阶层主体定位的结论（如表5-1所示）。

表 5-1 管理阶层主体定位"树禅"

| 阶层 | 职能 | 现象 | 行为 | 追求 | 思想 | 特征 |
|---|---|---|---|---|---|---|
| 基层 | 执行 | 冠盖云集 | 墨守成规 | 成就感 | 苦己利他 | 确定 |
| 中层 | 管理 | 中流砥柱 | 随机应变 | 责任感 | 克己复礼 | 风险 |
| 高层 | 经营 | 根深蒂固 | 一日三变 | 使命感 | 无为而治 | 不定 |

管理哲学谋求更多的是提出问题，不仅仅给出一个所谓的简单答案，因为推敲问题的答案可以为探索问题带来动力，这就是哲学的魅力，我们想尽可能多地带来原创的教诲。问题意识首要在于倾听，这完全可以从繁体字的"聽"中获得所有灵感。管理经验就是管理局限，管理科学建立了那么多的标准，这些经验型的标准就是今天互联网时代的管理局限，是时候破掉了。

| 实践聚焦 | 松下幸之助"兼爱、交利"的故事

1953年9月22日新政治经济研究所成立一周年时，松下幸之助演讲"日本的旅游绝不仅仅是购买纪念品，而要从'自己拥有，也给予他人'这一崇高的博爱精神的角度来认识。'拥有者'所拥有的，是日本的景色之美、自然之美……这些美丽的景观长久以来一直为日本人自己所独占，这样想来确实是一种遗憾——煤炭和石油当然重要，但如果把美丽的景色也看作重要资源的话，可以说，日本在资源上不逊色于别的国家。""日本位于东方的尽头，距离欧美遥远，但这绝不是弱点，而是优点。因为人类的心理就是'距离产生美'。所以，日本的位置非常理想，而且现在已经进入了飞机时代。"这就是松下幸之助兼爱思想的体现。

## 5.3 东西方管理哲学比较

第4章详细阐述了西方百年的管理变迁，本章限于篇幅比较概括性地解析了东方管理传承，接下来我们对东西方管理哲学进行比较。

### 5.3.1 东西方管理哲学的基本情况

#### 1. 西方管理哲学发展的三种情况

现代哲学的基本思想和概念多半来自西方，管理哲学也是如此。西方早就有关于管理哲学的各种名词，如企业、工厂、组织、社会、政治哲学等。这些名称反映了西方管理学起源于工厂管理的历史过程。通常认为，管理哲学应该与哲学的历史一样古老，无论是柏拉图《理想国》还是老子《道德经》思想，都可以看作是管理哲学的最初的一些论述。更值得关注的是与现代管理发展相应的现代管理哲学。现代西方管理哲学大约有三种情况。

**第一，在管理学理论发展过程中形成的管理哲学。**在现代管理思想史上，较早明确提出管理哲学概念的是泰勒。泰勒在《科学管理原理》中提出，"科学管理包括某种主要的普遍原则，是一种能以各种方法运用的哲学观""科学管理从本质精髓来说，包含着某种哲学，这种哲学是科学管理四大原理相结合的产物"。泰勒的观点提出了对管理哲学的某种理解，即管理哲学是具有普遍性的管理理论，泰勒倾向于把科学管理看成是管理哲学，认为

自己的理论概念的哲学层面重于技术层面。根据丹尼尔 A. 雷恩（Daniel A. Wren）的说法，第一个提出"管理哲学"的是英国的奥列弗·谢尔登（Oliver Sheldon，1894—1951），他在1923年出版了《管理哲学》一书，他宣称"管理哲学试图阐明统治整个管理实践的目的、发展路线和原则，应该用管理哲学来指导日常的职业实践"，他强调"服务的经济基础、对人员效率和技术效率的重视，以及管理部门保证实施社会正义的责任"。

谢尔登管理哲学的基本原则如下：①工业存在是为了提供社会良好的生活所必需的足够数量的商品和服务。②工业管理用以社会服务的概念为依据的原则来制约。③独立于资本和人工之外的工业管理，分为三部分——经营职能、管理职能、组织职能。④管理一方面维持工业的经济基础，另一方面通过提高工厂中人和物两种因素的效率来达到社会目标。⑤为了提高效率，管理运用科学理论和方法开发工业中的人力资源。⑥效率取决于组织结构，结构以工作和设备的分析为依据。⑦管理活动范围有4种——制造开始时的职能，制造的实际作业，便于制造进行的职能，产品分配所必需的职能。⑧使工厂中的人和物得以有效利用。⑨作为对社会承担的责任，要求对生产中人采用某些措施。⑩通过对各种标准的研究和制定，可以建立一种不同于工业中应用和技术科学的"管理的科学"，以形成一种制约工业行为的法典。总体来看，创造了"管理哲学"名词的谢尔登对管理哲学的贡献不能与泰勒相比。到20世纪20年代，政治哲学家玛丽·福列特开始进入人们的视野。

玛丽·福列特一生致力于建立一种管理哲学，她认为任何一个持久的、有生产性的社会都必须建立在对个人和集体的激励愿望之上。她提出一种自然主义观点，主张人们一起工作无须强制，权威要服从形势和规律，显然这种观点具有更强的哲学意识，她也因此成为所谓的企业哲学家。她的主要观点如下：①我们只有在团体组织之中，才能发现真正的人。②民主是一种社会意识，而不是个人的发展。③对于人群中的社会关系，应该采取协商一致的原则。④协作是管理的核心。⑤经理人控制的是情景，不是单一的要素。

**第二，在社会经济发展中的管理哲学变革**。20世纪30年代西方经济危机引发的普遍的"灵魂的混乱"和新教伦理的危机造成了管理哲学的新发展。在这种混乱中，在西方占统治地位的个人和功利主义失宠，道德秩序开始重建，人道和集体主义开始上升，哲学和宗教有了新的发展动力，生存的意义成了人们需要思考的问题。尤其值得一提的是西奥多·罗斯福推行的所谓"新政"，这在事实上以行政和法律的手段推动了现代企业伦理的诞生。这种"新政"导致"企业按照它自己的愿望行事的美妙日子一去不复返了"，"新政"也标志着经济过程从亚当·斯密的"看不见的手"转到利斯曼的"快乐的手"，这些都标志着管理哲学的现代变化。第二次世界大战以后，由于危机和战争给了人们在社会关系上更多的寻求认同感的理由，管理者关心的主要问题，开始由"物本"转向"人本"，直到今天的"能本"。在这样的社会背景下，产生了威廉 H. 纽曼（William H.Newman）"企业公民"的社会哲学观点，并据此建立了公司的一般管理哲学。

**第三，管理哲学从规范化到多元化**。从雷恩到米勒再到孔茨，一直在坚持不懈地探索管理哲学的建设，雷恩曾经讲，"当我们学会把组织技术问题与人群问题更好地联系起来的时候，综合就会实现。"雷恩的话只是一种理想，现实并非如此。其实这正表明管理需要哲学，并且在走向哲学。只有哲学才会是不同观点的永久争论，并在争论中提高自己，而科学除了前沿问题外，其余的都是统一的、标准的。德鲁克认为管理处理三个问题：经济绩效、唯一的资源——人、企业的社会责任。他还特别提到知识工作和知识员工的管理问题，但是很少有人像张瑞敏一样发现德鲁克的预见性和思想性，张瑞敏利用德鲁克的思想很好地经营了海尔。由此可以认为，德鲁克是具有实践性的管理哲学的主要代表。

除此之外，克里斯托弗·霍金森的《领导哲学》以价值观为主题的管理哲学探讨、后现代主义与人本管理、与无为而治类似的许多卓越思想都促进了西方管理哲学的发展。

从上述三种情况来看，西方管理哲学的体系架构主要是围绕三方面问题展开的。一是管理学的基本问题，即管理是什么（what），管理为什么（why）和如何管理（how）。二是管理哲学的方法论问题，如何创造一种适合管理哲学自身的方法论，而非简单的拿来主义。三是管理哲学的不断改进和创新问题。本书尝试在这些问题上有所回答。

### 2. 中国管理哲学的基本情况

对上述三方面问题的回答，中西方管理哲学的观点基本是一致的。真正意义上的中国管理哲学应该是《道德经》。《道德经》是在中国传统哲学《易经》自然观基础上的发展，应用于组织管理工作和管理者自我管理的社会观、组织观、发展观、行为观及管理方法的认识论和方法论的总和。西方管理哲学所涉及的问题，《道德经》早已有了明确的结论，而且在体系架构方面远远比西方管理哲学更加深邃和宽泛。《道德经》把形而上所涉及的管理思想和形而下所涉及的管理方法，从整体到具体都详细而系统地进行了论述。

西方管理科学思想源于西方哲学，而西方哲学源于古希腊，古希腊哲学的宇宙观、世界观及事物规律的认识观与中国古代哲学思想有很多相似的地方，当中国传统哲学已进入组织管理（天下、邦、国、乡、家的管理）和管理者（王、侯、将、相等管理者）的自我管理的应用时（管理哲学的产生），古希腊哲学还没有到这个阶段。

西方管理思想重点是"事"，管理的出发点在于"治"，管理方法在于"计划、组织、指挥、协调、控制"。中国管理哲学思想的重点也是"事"（中国传统文化的重点则在于"人"），管理的出发点在于"防"，这一点比西方管理科学领先了一步。中国管理哲学对管理方法的认识是"始制有名，无为而治"，即在组织管理与客观规律的双重要求下展开管理活动。这一点更能让管理主体明白"管理方向"和"管理方法"的一致性与科学性。

中国管理哲学对管理思想和方法原则方面的探讨水平，远高于西方管理科学探讨的范围和深度。尤其是对管理主体思想和行为的探索远非西方管理的认识和方法论所能企及。这些深邃思想意识的形成，是几千年社会实践和对事物运动规律观察的高度总结的结果，没有时间作为基奠是达不到的。中国管理哲学是今后全球管理哲学研究和管理实践的指导。真理和科学的结果具有唯一性和排它性，企图探寻另外全新的管理哲学思想的想法是幼稚可笑的。

爱因斯坦在普林斯顿高等研究院的办公室的墙上有一段话，"并不是所有重要的事情都能够以数量计，而且并不是所有以数量计的事情都是重要的。"我们没有必要落入数量化的陷阱。我们完全有理由对中国的管理哲学自信起来，诚如《道德经》第四十七章所言，"不出户，知天下；不窥牖，见天道。其出弥远，其知弥少。是以圣人不行而知，不见而明，不为而成。"

劳伦斯·米勒（Lawrence Miller）在《美国企业精神》中认为：单靠管理技能是不足以解决问题的，尽管人们狂热地寻求新管理方式、方法，却往往把握不住管理的灵魂和精神，也就是管理阶层依据何种基础而有管理的权力，而这个灵魂和精神正是管理力量的源泉。他甚至认为：在全球化竞争时代，公司唯有发展出一种能激励在竞争中获得成功的一切行为的文化，方才立于不败之地。这无疑把一个人人生价值观的重要性，提升到一个公司甚至一个国家生死存亡的高度，值得深省。这个问题在中国传统文化中从来不缺乏指导：比如管仲最有建树的是方法论，孙武最有建树的是军事哲学思维，以孔孟为代表的儒家最有建树的是人性论和伦理，以老庄为代表的道家最有建树的是自然无为哲学，我们还可以列举很多。

因此，阿诺德·约瑟夫·汤因比把未来世界统一的希望寄托在中国身上，并由衷地梦想成为中国的一员，他曾写道："世界统一是避免人类集体自杀之路。在这点上，现在各民族中最具充分准备的，是两千年来培育了独特思维的中华民族。"法国启蒙思想家伏尔泰亦曾写道："中国是地球上人口最多，管理最好，而且最优秀、最古老也最广博的王国……我们不能像中国人一样，这真是太不幸！人类智慧不可能想象出比中国政治还要优良的政治组织。我认为只有中国才是世界上最公正、仁爱的民族。"德国著名物理学家赫尔曼·哈肯在《协同学》中谈道："改善每个人的生活是人类当今最重要的任务之一。无论对社会还是个人来说，这个任务所提出的问题日益复杂。我们亟待找到一些基本原理，并从哲学上予以透彻剖析。""事实上，协同学与东方对世界的整体性观察颇相一致。"而荣格、佛罗伊德、萨特、叔本华、海森伯格、马斯洛等都从东方文化的启迪中获得过深邃的启示。

### 5.3.2 东西方认识论与方法论的比较

接下来，从认识论和方法论角度对东西方进行比较，其结果如表 5-2 所示。

表 5-2 东西方认识论和方法论比较

|  | 西方二元认知模式 | 东方一元认知模式 |
| --- | --- | --- |
| 认识角度 | 主客观对立 | 主客观统一 |
| 内在假设 | 外在事物规律性地认识和把握 | 内在自我规律性探知和把握 |
| 认知工具 | 逻辑思维、科学仪器 | 形象思维、内在直观 |
| 认知特点 | 长于逻辑分析 | 长于内在直观 |
| 模式剖析 | 本体局部性、思维有限性 | 本体整体论、内明无限性 |
| 适用领域 | 自然科学应用 | 人文科学应用 |

西方主观对客体的认知模式，必然长于逻辑分析，对自然科学尤为适用，在管理上使得人们着重研究外在有形的结构，注重生理的体验，强调个体的自由，倾向于人性恶的自发性。西方认知主要角度和假设：

**（1）个体自由是主客体对立的必然产物。** 外在的一切人或物无非是满足人类自我趋乐避苦的天性，但是客观世界资源的有限和短缺，使得人们认为相互竞争是理所当然之事，人类自私的"恶"质自然成为人们思想中必然的观念。埃里克·詹奇在《自组织的宇宙观》中谈道："在西方世界，我们所谓的伦理，是社会层项上的一种行为规范，它首先与保证个人自由发展相适应。这也就是为什么西方世界如此热衷谈论权利，谈论基本人权，以及各种特殊群体、少数民族、有特权和无特权的人们的种种权利，而从来闭口不谈义务……因而，只是一种披着社会建议的行为规范伪装的个人主义伦理。"

**（2）注重外在有形特质追求。** 这是人们对现实客体物质世界比较了解和可见的自然趋势。人们把幸福的一切希望都寄托在外在的物质、爱情、名声和他人对自我持久满足之上，一旦失去便空虚痛苦，而现实的一切却恰恰如此难以预料，人类的内心便时刻处于焦渴与期盼之中。虽然人们希望内在精神的自由得到充分满足，但是人们对内在心理科学知识认知的欠缺，以及生理对一般人心理的影响作用已成为习惯，人们已无暇去考虑最初的动因和后果，更何况科学对现实影响如此巨大。埃里克·詹奇曾对西方现代幸福观如此评价，"西方关于所有权的伦理认为，生活的意义不是在生活达到最大满足程度的过程中，而是在财富的积累、知识的增长和影响势力的放大上。"

西方认知模式主要特性是本体局限性和思维有限性。

**一是本体局限性**。人类科学对自我的无知已成为现代科学的重大缺憾，至于心意的时空超越及对外物作用等特性则一无所知，辉煌的科学成就仍不得不使得罗素坦率地承认"人的理智无法给许多对人类极为重要的问题找出最后的答案。"洛仑兹曾伤心地说，"在今天，人们提出与昨天所说的话完全相反的主张。在这样的时期，已经没有真理的标准，也不知道科学是什么。"因此，管理者应该审慎地对待西方哲学观、价值取向、伦理行为、教育与人权等观念。尤其在人文管理上更应慎重，切不可以偏概全，误导群盲。

**二是思维局限性**。西方认知主体是具备逻辑思维功能的人脑。人们总是急于去认识和了解外面精彩的世界，却很少去反省和检验人脑的理性思维是否准确和可靠。"哥德尔不完备性定理"令人信服地证明了这样一个事实：即使在纯粹数学逻辑中也存在着一些人们根本不知道它们是可解还是不可解性的问题。冷静地探讨"科学逻辑思维悖论"的起因，根本是来源于认知主体与客体的对立，来自于有限思维与无限世界的矛盾。思维认知从诞生起就属于第二位，而不是事物运动的本体，它纯粹是自心的产物，被用来交流和实用的规则与方法。它无法当下认清心物运动的本体规律，甚至可以肯定地说：通过二元方式去认知穷究外物之规律，以期达到自由无限幸福永恒的路径选择，是根本不可能达到终极目的的。

管理者明白现代人的认知方法、价值取向及其行为特点是极为重要的，要想使现代人类改变对事物错误的看法和放弃对外在事物的追求是很困难的。我们早已习惯"外在的他人或事物"是我们快乐的来源，因此我们会很自然地执着追求而并不认为有什么不好。许多对事物运动错误的认识，都是来自于我们已有的成见和习惯，它深深隐藏在内心中，这样思考，这样生活，所以不再去追寻和验证它们是否正确合理，也无暇去顾虑最后的结果对自己是否真正有利。我们面对着如此庞大的人类社会群体思维与行为习惯，如何去引导和提升人类自身的认识和行动，是每一个管理者必须面对的社会现实。

东方一元认知模式是主客观统一的，将主观客体等位旁观，乃至中立旁观亦复不存，物我一体，内在本有的一切智慧自然现前，彻知宇宙人生的一切运动规律的东方认知模式，其目的在于消除主客观二元对立，通过对自我不断破除否定，使得人性中人人皆有的无限智慧自然显现，真正合理地实现内在的无限自由，以进入人生最终永恒幸福的圆满境界。

东方认知方法独特性表现在：其一，应用人性中不证自明、超越时空的"内在直觉"去洞察同样无限的宇宙时空运动，如此才有对等认识的可能。其二，对事物运动的最彻底的认识，莫过于你就是事物运动本身。但是每个人内在直觉的无限性总是或多或少地被人们自身的是非好恶所综合而成的个性遮蔽，无法彻底地做到中立无我，就无法做到与宇宙人生的本体融为一体。所以，只好通过对主客观不断地否定扬弃，由小我到大我直至无我，使得内在直觉无限的智慧得以现前，最终透彻地把握宇宙人生的真实规律，从必然走向无限自由的王国。所以爱因斯坦说："科学发现的过程是非逻辑的，我相信直觉和灵感。"《易经》曰："易无思也，无为也，寂然不动，感而遂通天下之故。"《道德经》曰："致虚极，守静笃，万物并作，吾以观复。"苏格拉底始终一贯地坚持他一无所知，他之所以比别人聪明就在于他一无所知，但是他并不认为智慧是不可得到的，正相反，他认为追求智慧有极大的意义。

东方主观与客体合一，当下明了的认知模式，必然使东方人注重直觉习性，对于深隐难测的人文管理最为适用。在管理实践上，尤其体现在注重整体的和谐、善恶伦理以及内在无形的把握之上。东方内明认知模式有如下特性。

**本体整体性**。东方亲身实证心物一元的本体规律与现代物理学的理论惊人地相似，更加卓越的是将宇宙全息和能量守恒定律普适于物质与精神世界中运用，自然派生出博大精深的中国传统文化，为人类的自由幸福提供了丰富的人生价值、取向法则、善恶伦理、思维认知模式等人生的整体规律，对以人为本的现代管理科学提供了许多科学合理的观念与实践方法。基于本体运动规律并已与现代协同学相一致的东方整体世界观无疑可以使人们正确地理解把握人类社会系统有序的产生与消失，以及自由的限制与实现的因果规律，进而实践创立出持久、稳定、自由的自组织系统，为人类社会的和平与自由而服务。正如诺斯在《经济史中的结构与变迁》中所阐明的，"意识形态是一种行为方式，这种方式通过给人们提供一种'世界观'，一方面使得人们行为决策更为经济，另一方面可以通过道德伦理力量来克服'搭便车'行为以便社会得到稳定。"总之，正确的整体世界观对人类的政治、经济以及技术组织都是至关重要的。因此，哈肯言"协调导致有序。"埃里克·詹奇亦写道，"自组织中越是自由，就越有序。"这再次验证了中国阴阳平衡在天人合一的中庸哲学中的正确合理性。

**直观无限性**。东方的认知模式揭示了人类内在本有的智慧与潜能的无限性，一方面提供了一整套开发和显现内在潜能的致知途径和实践方法，另一方面揭示了翔实精致的宇宙和人生的运动规律与心意生命的本质，拓展了人类的视野。作为管理者应该自觉主动地去学习，体验与印证自我无限的潜质。一方面，可以看清与把握内在无形的精神力量的产生发展、壮大和消灭的规律，由内在无形逐渐显化于外，不仅使得自我身心清明舒畅，且可以高度清醒地觉察到他人与世界中内在细微隐显的变化过程，故可"为之于未有，治之于未乱"，以实现自觉觉他、自立立人的共同自由幸福的管理目标。这必然能提高管理者的决策与用人水平。另一方面，可以使人们明白生命层次广泛性与流转性规律。耗散结构的形成与消失可以普适于宇宙一切有形和无形的心物世界，不同能量层次可以形成相应不同层次的生命。能量守恒与宇宙全息定律，无疑可以实现人们深刻理解其意念、语言与行为的不灭性与后果，以提高其自觉意识与自我管理能力。所以《道德经》曰，"豫兮若冬涉川，犹兮若畏四邻"。

东方内明认知模式对人类精神世界的本质规律有着深刻正确的洞察和把握，自然会注重内在精神自由的满足。东方人深知人类的一切幸福最终来源于内在无限自由天性的满足，贤哲们千百年来冷静地观察了人们所有达到快乐的方法和行为以及最终对自我自由能否实现的利害结果，明智地指出人类烦恼来源于对自我的无知与贪求，并提出了一整套改进人类社会已有习惯的方法，但是能否被管理者理解和接受并予以实践，是当今管理及教育的关键。但是不要误以为东方内明认知方法无法创造科学的文明，爱因斯坦曾惊叹道："在古代缺乏近代技术手段和逻辑系统的条件下，中国竟将人类几乎所有发明都令人惊奇地做出来了。"

总而言之，一个管理者只有自我塑造出智慧明达、意志坚定的人格魅力，方可逐步地利己利他，调理大众。因此，我认为，管理哲学的春天已经到来了。

空手把锄头，步行骑水牛；人从桥上过，桥流水不流。——南北朝善慧大士

手把青秧插满田，低头便见水中天。心地清净方为道，退步原来是向前。——布袋和尚

### 5.3.3 新管理哲学理论体系的构建

#### 1. 从哲学到管理哲学

哲学的思考具有终极价值，它体现了人类永不止歇的知识追求。在这永无休止的发展中，**哲学体现了最有效的开放，允许最无限界的争辩**，正是开放和争辩使人类智慧得到最充分的展现。所以爱因斯坦说，"哲学是其他一切学科的母亲。"霍金斯说，"哲学是管理行为的组成部分、核心部分，不论管理者是否意识到这点。""倘若哲学家不会成为管理者，那么管理者必须是哲学家。"而菲茨杰拉尔德认为，所谓一流的智慧，是指同时具备两种互相对立的思维方式，并能使其正常发挥作用的能力，这就是超人的智慧。哲学给企业家三个礼物。

（1）**哲学让人思考**。思考，使人不盲从、不极端，所以利于创新，以及在创新的艰难中保持淡定。这正是优秀企业家必备的品格。邓亚萍当年打球能打遍天下，居然就因为自己矮！当高挑身材成为固定的选才标准时，她反而看到了矮的空间："看什么球都高，看什么球都敢打！"有哲学的辩证观，天下没有不可转化的优与劣。

（2）**哲学促人整合**。整合催生深刻，催生愉悦。一个善于整合的企业家，才最容易获得领导实效的同时拥有领导魅力，进而让自己得以修养性情。张瑞敏无疑是这方面的翘楚。

（3）**哲学引人平和**。心态是持续成功的第一基础。如果说思考与整合能带给我们远见，那么远见能带给我们的就是平和。你可曾注意过当站在高处时，径直望远与径直望上、望下的区别？后两者一定使人心慌，唯有望远，能令人心旷神怡，气平心定。平和的人，才最有安全感。甚至从最务实的角度说，平和还有利我们的健康。

哲学是什么？简而言之，哲学当然是本体论、价值观、认识论和方法论的集成。

什么是管理哲学呢？有人说，管理哲学是管理科学基础上的凝练和整合。

我认为，**管理哲学是管理者基于智慧提升而追求幸福的处理矛盾关系的学问**。一方面是提升智慧，智慧来自于实践。所以，德鲁克说管理是一种实践，其本质不在于"知"而在于"行"，其验证不在于逻辑而在于成果，其唯一权威就是成就。另一方面是追求幸福，而幸福来自生活。爱因斯坦说只要你有一件合理的事去做，你的生活就会显得特别美好。

#### 2. 管理哲学的时代价值

（1）**变化的时代需要管理哲学**。从近代科学技术产生以来，不仅物质生产以非常陡峭的几何曲线形式增长，甚至精神、文化、思想、制度以及其他各种非物质的人类存在，也是以类似的速度变化。某种学说控制思想界几十甚至几百年的事情已经基本消失了，过多的"主义"开始把思想弄得支离破碎。任何一种学说都不能自称为哲学，**哲学的本质包括了独立思考、怀疑精神和对信仰的反思**，从这个意义上说，哲学仅仅是一种思想与精神的发展过程，不是一种完全确定的主义。

变化促使管理者进一步思考发展的可能性，包括对变化做出的反应和在变化中维持稳定。事实上，这已经不是战略规划之类所能提供的了。人不可能不去做力所能及的预见，而这些预见在高速度的变化面前变得非常脆弱。管理的发展必须与人的精神、心理、情感、

价值判断、信仰、社会文化和风俗等结合起来考虑。管理者需要管理精神、管理文化、管理艺术，不仅仅是管理技术。随着IT技术迅猛发展，维系组织的方式也发生了巨大的变化，松散方式的管理与集权、规范化的管理同时并存。此时组织已经不是原有的管理技术、管理方法所能覆盖的，这在另一个角度催产着管理哲学。

（2）**管理的纯技术性发展的歧路需要管理哲学**。科学管理创立之后，管理在纯技术的道路上越走越远。西方传统的管理科学，严格说来是一种数学应用方法。即使最新意义上所谓的管理科学，即包括了管理信息系统和更多地引进了管理思想的管理科学，实际上也是在科学管理引进科学方法这一基础上的新进展。随着技术的日益发达，管理科学日益成为一种规范性技术，同时对新的信息技术提出更高的要求。与此同时，经济学在自己的发展中，又发现了知识的作用，并在生产函数中加入了新的要素。对知识的这种发现，其实是发现了人的主动性作用，发现了人的不同素质对管理的极大影响。这种对立是深刻的。纯技术发展的前提之一在于价值与技术或事实的分离、目的与手段的分离。这种假设前提如同科学的理想化方法、隔离性分离方法一样，在管理发展的一定阶段上会极大地促进管理的发展，并且在今后也还会有其确定不移的功能。但是，这种分离所内含的偏差也会逐渐增大。当前管理学理论研究中的所谓"丛林"和"新丛林"现象，正说明了这种情况。在科学管理与人本管理的两条路线上的争执，更明确地提出了纯技术的管理道路的无法继续。

（3）**管理的组织与人的矛盾需要管理哲学**。管理显然是人的事业，但传统管理又要求系统的高度协调和个人对组织的顺从。所以，张瑞敏既是海尔的设计师，又是牧师。在强调个人人性的西方，这是一种重大的矛盾。西方的文化批判理论，其主要方面即是批判现代社会对人的技术控制。这种控制压抑甚至扭曲了人性，而管理却在某种程度上推波助澜。没有理由把人在企业组织中的存在与其在社会中的存在严格分离。这种以社会存在为背景的组织与人的矛盾是一种根本性矛盾。所有的组织制度的建设无非是在尽可能地控制或减少矛盾。在矛盾必然存在的条件下，需要做出适当的选择，以使矛盾双方合理共存。但是，在协作的扩大与个人的发展之间，选择何种比例，科学对此还无能为力。按照巴纳德的说法，这是一个涉及信仰与基本价值判断的问题。组织的力量是人类社会发展的前提之一。维系组织的力量是管理的目的和原动力，然而维系的方法却不是唯一的。道德、情感、舆论、组织规制和技术方法的力量都会对管理过程产生作用，都会造成组织的发展或溃败。确定的作用与不确定的作用在研究和实行过程中具有极其不同的形态。对此做出分析的可能性远大于做出结论。

（4）**管理者的理性发展需要管理哲学**。管理是科学与艺术的结合。作为艺术，管理创造了人的发展的最大的可能性。纯艺术几乎不受社会客观性的制约，管理并非如此。管理艺术需要更高的协调能力，并且随时受到效率和效益的检验，受到社会的检验，或者说，受到现实理性的检验。科学与理性可以对此提供最有效的互补性。管理者需要各方面的能力和特性，即使现实的管理者并不可能具有下列所述的全部，这些能力包括洞察力、预见性、决策力、表达力、心理的坚韧程度和承受力、鼓动力、策划力、战略智慧、灵活性等。在现代条件下，理性仍然是一个最具普遍性的品格。"跟着感觉走"的成功者固然也有，但是，能够适时地以理性判断代替一时冲动的人，成功的可能性大得多。管理者的理性修养需要经验和理论两个方面的陶冶。仅仅根据教科书是无法从事实际管理的。而完全从实际管理中产生的管理者，常常容易局限于经验。管理哲学提供了一个让管理者深入思考管理问题的机会和提示。对管理方法论和管理价值观有着深刻理解的管理者，在把握管理过程时显然可以期望更高的境界、更大的成就和更光辉的前景。

哲学思维启发我们，"无"可以生"有"，无用乃是大用。一个没有哲学思维的人，很难适应现实世界；一个没有哲学精神和头脑的管理者，也很难管理好组织和团队。学习管理哲学和运用管理哲学都是十分必要的。管理哲学的研究意义包括三个方面：

**第一，管理哲学可以增加人们对管理行为和管理世界的认知。** 管理哲学是研究人类管理活动中主客体及其关系和普遍规律的学问。管理哲学通过经验、超验、价值和信仰等方法对人类的管理行为进行探索，它整体、系统、全面地研究管理行为和揭示管理活动中最本源的规律。因此，管理哲学不同于以往的人力资源、财务、生产、营销等管理技术学问，而是从哲学的角度、从人的角度来研究人类的管理行为。管理哲学既是对人类全部管理知识的概括和总结，也是人类企图对全面未知管理世界的想象和假定；它既包括人的直接管理经验，也包括人的间接管理经验；既包括管理的经验知识，也包括管理的先验和超验知识；既反映了人类对管理行为的观察力、判断力，也反映了人的想象力；既是真实的管理世界的反映，也是理想、虚幻管理世界的反映。因此，管理哲学是对全部已知管理世界和未知管理世界的高度总结，是人对全部整体管理世界的终极认识，能够增进人们对于管理行为的认知。

**第二，管理哲学能够帮助人们改善客观的管理行为。** 马克思指出，哲学家们只是用不同的方式解释世界，而问题在于改变世界。就是说哲学能够帮助人们改变客观世界。人是观念的动物，观念的改变能带来行为的改变。管理哲学以管理行为中的若干重要概念为研究内容，试图提供一个系统的、全面的、复杂的管理世界图景，从而引导人们对管理行为进行自我理解和自我认知。同时，管理哲学以概念框架和逻辑思维的形式来指导人们如何描述、解释、把握和改善管理行为。管理哲学理论所具有的普遍性、超越性、本源性，能够为人们提供一整套关于管理行为和管理活动的价值观念，从而有助于完善和规范人们的管理世界观和价值观。面对无助的世界，人类的想法和行为总是充满了局限性，而哲学的思维则试图帮助人们超越这种局限，让人们在看待问题的时候全面而非片面、深入而非肤浅、远视而非近视、圆通而非僵化、联系而非孤立，从而能够有效地改善自身的管理行为。

**第三，管理哲学能够改造人们的主观世界。** 知识是人生力量和乐趣的源泉。人生总是面对未知世界，求知是人的本性，从不知到知，从无知到有知，从知之甚少到知之甚多，这是一个永无止境的认知发展过程。人生有许多欲望和追求，恐怕最难满足的是心灵对无限世界探知的渴望。无论一个人多么智慧，每个人都将面临未知世界，都无法穷尽对世界的认识，都难以满足内心深处的好奇心和渴望，都会感到无知、迷茫、混乱和无意义。为了满足人的求知欲、摆脱思想混乱和认知失调、寻找人生的目的和意义、明确人生的方向和道路、达到人与世界的相互适应，人需要界定世界，创造超现实的思想体系，终结有限认识，创造无限信仰，并使管理者达到内心安定、身心协调、人世和谐。终极性的管理哲学认识，能够使管理者摆脱对未知世界的恐惧和无知世界的迷茫，使管理者认识到人生的终极意义和价值，使管理者能够超越千变万化，使管理者认识到殊途同归、别物同源。

**管理哲学使管理者豁达**，它使管理者不断打破思想的桎梏，跳出思想的牢笼。**管理哲学使管理者永恒**，它使管理者超越起点和终点的思维模式以及各种界限，赋予生命以永恒。**管理哲学使管理者无限**，它使管理者以超验和超然的思想摆脱具象以追求思想境界的无限。**管理哲学使管理者超脱**，它使管理者在精神世界享受快乐。**管理哲学使管理者圆满**，它使管理者超越现实困难，确立人生的基本价值和终极价值，使管理者自立目标、自寻手段、自我奋斗、自我激励、自我挑战和自我实现。

### 3. 管理哲学的研究对象

管理哲学有三个研究对象。**所谓管理主体**，是在管理环境中基于一定的世界观产生的价值观念，运用管理手段和方法，利用管理资源对管理客体施加主动影响并试图达到确定的管理目标的组织和个人。其构成要素包括：管理权力、态度、动机、需要、能力、素质和觉悟等多个方面。由于管理活动是复杂的，因此管理主体具有主动性、自觉性、自律性、自主性和自由性的特征。**所谓管理客体**，指的是管理主体实施管理活动的对象，是管理活动的接受者。第一，管理客体是管理主体的认识、追求和实践对象。第二，管理客体既包括物质的（生产资料），也包括精神的（文化、价值、思想）；既包括人为改造的，也包括纯自然的管理客体。第三，管理客体具有客观性，不依赖主观意识而存在。**所谓管理关系**，管理活动是管理主客体共同作用的结果，管理关系源于管理实践活动中与管理理论研究中各种复杂关系的出现和处理，从某种角度来看，管理哲学就是研究管理关系的一门学问。

管理哲学有三方面研究内容。

- **本体管理哲学**：形而上的管理哲学考虑存在、理性、价值、意志、人格、自由、生命等问题。
- **实践管理哲学**：管理学通常讨论管理方法、技术、手段、制度和组织等，很少提高到方法论的层面讨论，很少讨论方法、技术、手段、措施以及组织和组织制度的发展中人的因素与经济因素、文化背景、社会影响、科学技术的作用，以及它们的相互关系。
- **思维的管理哲学**：企业的经营管理需要提出一种基本的思考态度，或者是企业的存在有其存在的基本假说。由于哲学被认为是一种思维基础，因此管理哲学在企业的经营管理的具体过程中是存在的，在很多场合被称为管理理念。

### 4. 管理哲学的学习态度

（1）**独立思考，清醒考察**。管理哲学的研究者有必要深入考察实际的管理过程并对之独立思考。实际的管理过程是具体的、丰富的，管理哲学是抽象的、枯燥的。任何时候，管理哲学都代替不了实际的管理过程。管理哲学只有渗透进管理的具体过程中，才能发现它所具有的特殊的深刻性和根本的创造性，同时，它的高屋建瓴式的战略思维特征才会显露出来。考察是对实际管理过程的多方面的观察和考量。由于人的作用，科学的观察也渗透着理论，离不开人的干预，因此试图避开干预管理来保持考察的客观性是不可能的。相反，积极地参与管理过程才是合理的考察方式。但是过度参与具体的管理过程，很容易失去独立的观察能力，考察需要保持客观性。在干预中保持一份清醒，是管理和管理哲学的要求。只有在任何时候都独立思考，才能保持清醒。这种能力需要在学习和实践中培养。

（2）**超出过程，思考外围**。研究管理哲学，思维超出实际的过程是非常必要的。管理技术的发展为管理者提供了无数的信息和选择，管理者很容易迷失在信息和选择的海洋中。解决迷失的方法就是超出具体的过程。对于考察客观性的要求，同样意味着要超出过程。一方面不能消极地避免干预，另一方面又要超出过程，看起来是矛盾的，实则不然。沉埋在过程中的研究必然局限于琐碎，这不是管理哲学的研究方式。管理哲学要求思考在过程之外、之上的东西，这就有必要超出过程来思考，没有超脱的精神，不可能认识管理的真谛。

（3）**善于提出战略性问题**。按照波普尔的科学哲学，科学研究是从问题到新的问题，中间阶段则是假说和对假说的检验，这种观点未必完全正确，但至少重视问题是非常有益的。因为，好的问题其实已经包含了答案。战略性问题是作为决策者的领导人真正关注的中心。提出战略性问题也在某种程度上提出了管理哲学的问题。战略性问题的提出要求更有远见和洞察力，具有对管理系统及管理环境的更深刻和更实际的认识。一般而言，从更高的角度来深刻地理解现实问题，总是能使现实问题变得更具有哲学意义。

（4）**坚持创新**。哲学的一个本质是创新，管理哲学也是如此。哲学往往是观点的碰撞、交锋和争论，哲学恰恰是在不断的争论中得到创新和发展的。现代管理本身是在创新中产生的，管理哲学不仅要理解创新，而且要积极地参与创新，把创新作为灵魂。如果把管理哲学作为教条而不懂创新，管理哲学将毫无意义。管理哲学本身也在迅速的创新发展中。当然，创新并不意味着毫无限制，创新与稳定的关系本是一个值得探讨的管理哲学问题。

（5）**克服实用主义**。尽管管理哲学具有行动的哲学的特性，但管理哲学极少可能产生直接的和短期的实际作用。严格说来，管理哲学是提示了一些思想方法，但这些思想方法运用本身就是仁者见仁、智者见智了。实用主义的态度是管理哲学的大敌，实用主义非常容易走向教条主义。管理哲学绝对不是教条，甚至也不是行动指南。管理哲学只不过是一种力图克服人的思想局限的方法。冷静求实是我们对待管理哲学的科学态度，因为**世界上最宽阔的是海洋，比海洋更宽阔的是天空，比天空更宽广的是人的胸怀**。

### 5.3.4 管理哲学的学习方法

（1）**系统思考**。管理哲学不能作为一种纯思辨性质的学问来研究。管理哲学的研究需要更多地结合社会问题、企业经营具体过程、经济与政治环境、文化和心理现象。这种结合并非偶然的，它需要结合条件和环境进行系统思考。系统思考不意味着对每一个因素都完全周到地考虑。系统思考本身就是一种方法和哲学，它具有层次性，有时间上的先后和空间上的远近。对系统要素的思考完全有必要对突出因素和突出事件有更多的考察。在系统思考中，善于选择主要问题，同时避开枝节问题是一种艺术。

（2）**环境导向**。现代科学把复杂性和混沌摄入了视野，现代技术通过生产的放大效应造成社会的歧化。西方哲学与人文科学研究对现代社会文化的批判，既有其独特的视野，又难免因为局限而带来偏见。对中国社会情境而言，传统文化是无法摆脱的历史遗产，信息网络和知识经济的浪潮又冲击着刚刚步入工业社会不久的中国。这就是我们目前所见到的中国：传统与现代所构织的复杂的混合体，这个混合体正在通过自组织过程形成自己的结构。中国社会处于转型期，研究者所见的是转型期的特殊情况。这是值得清醒对待的，把特殊等同于一般是危险的。同时，我们所面临的还是一个复杂快变的社会，这种时间上的紧缩带来了行为适应的困难，管理哲学必须充分考虑这一事实。环境导向要求我们研究管理哲学，在考虑经验的同时还得考虑超验，在考虑价值的同时还得考虑信仰。

（3）**交叉研究**。学科交叉和理论交叉是管理哲学得以发展的重要条件。管理哲学本身也是管理学和哲学之间的交叉融合。现代管理环境具有很强的综合性、复杂性，充分注意各领域的交叉也是有必要的。单一学科都有其显见的片面性。即使是哲学，失去自己传统领地的痛苦与失落也可能使思辨的头脑变得疯狂。每个学科都可能迷失在自己精巧的逻辑结构中。交叉研究是管理哲学得以提升自我的正途。

（4）**批判性思维**。批判性思维是基于充分的理性和客观事实而进行理论评估与客观评价的能力与意愿，它不为感性和无事实根据的传闻所左右。具有批判性思维的人能抵制毫无根据的想法。批判性思维者认为，批评一种观点并不等于批评持有此种观点的人。他们非常热衷于通过辩论探明观点的合理性。不过批判性思维也并非仅仅是一种否定性思维，它还具有创造性和建设性的能力——能够对一件事情给出更多可选择的解释，思考研究结果的意义，并能运用所获得的新知识来解决社会和个人问题。这些都是管理哲学研究所必需的。

| 实践聚焦 |

## 德蕾萨启示录

一颗纯洁的心，很容易看到基督。在饥饿的人中，在赤身露体的人中，在无家可归的人中，在寂寞的人中，在没有人要的人中，在没有人爱的人中，在麻风病病人当中，在酗酒的人中，在躺在街上的乞丐中。穷人饿了，不仅希望有一块面包而已，更希望有人爱他！穷人赤身露体，不仅希望有人给他一块布，更希望有人能给他人应有的尊严！穷人无家可归，不仅希望有一间小屋可以栖身，而且希望再也没有人遗弃他，忘了他，对他漠不关心。

印度天主教修女德蕾萨，塞尔维亚人，早年在英国接受教育，但是她在印度时一直不穿鞋，人家就问她，德蕾萨修女，你怎么不穿鞋啊？德蕾萨说，我服务的印度民众都太苦了，他们很多人都没有鞋穿，我如果穿上鞋，就跟他们距离太远了。原来德蕾萨所服务的印度民众大部分都赤脚，所以她自己也不穿鞋。有一次戴安娜王妃去访问印度，亲自去晋见德蕾萨，她突然间发现德蕾萨的脚上没有穿鞋，事后她跟别人讲了这么一句话，我跟她握手的时候发现她没有穿鞋，我脚上穿了一双白色的高跟鞋，真羞愧呀。后来南斯拉夫①爆发内战，德蕾萨去问负责战争的指挥官时说，战区里那些可怜的女人跟小孩儿都逃不出来，指挥官跟她这样讲，我想停火，对方不停啊，没办法。德蕾萨说：那么只好我去了。德蕾萨走进战区，双方一听说德蕾萨修女在战区里面，立刻停火，她把一些可怜的女人跟小孩儿带走以后，两边又打了起来。

这个消息后来传到联合国，联合国秘书长安南听到这则消息，叹了口气说："这件事连我也做不到。"其实联合国调停了好几次，南斯拉夫的内战始终没有停火，德蕾萨走进去以后双方却能立刻自动停火，伟大的德蕾萨在战区里面具有很高的威信。后来德蕾萨在印度逝世，她的祖国塞尔维亚希望她能够归葬，印度总理特别为此打电话给塞尔维亚领导人，让她安葬在印度，后来塞尔维亚同意，她的躯体安葬在了印度。

德蕾萨出殡的那一天，她的遗体被12个印度人抬起来，在抬起来前有人提出要不要给她穿上鞋子，后来决定不穿，因为德蕾萨一生不穿鞋，所以死后也不穿。身上盖的是印度的国旗，印度为她举行国葬，就在德蕾萨的遗体被抬起来时，在场的印度人统统下跪，包括印度总理。德蕾萨的遗体抬过大街时，两边大楼上的印度人全下楼来，没有人敢站得比她高，统统跪在地上。虽然德蕾萨在印度没有任何功名，也没有任何爵位，更没有任何官位，但是伟大的德蕾萨死的时候印度的总理跪在地上，所有的印度人跪在地上，更何况她还不是印度人，是塞尔维亚人。

---

① 已解体。

# 第6章

# 反管理原理

### 开篇案例

**泰勒与科学管理：来自《清教徒的礼物》的礼物**

泰勒1880年自主创业时自称"管理顾问工程师"，这个头衔今天叫"管理顾问"。泰勒发起的运动被称为"科学管理"，也有人称作"泰勒主义"，应用他的方法被称为"泰勒化"，他的原理应用到全社会被称作"效率运动"。《清教徒的礼物》的作者霍博兄弟认为科学管理并不科学，泰勒主义实践者最科学的地方就是使用初级代数；20世纪中叶，处于成熟阶段的科学管理，特点反而是系统的应用常识；20世纪下半叶，泰勒的思想再次受到重视，然而这次却拥有很大的破坏性，表现形式为所谓"新泰勒主义"的"专家崇拜"。霍博兄弟认为泰勒直到去世都为自己的机械天赋以及在机械厂当工程学徒的经历深感骄傲；用格伦·波特在《技术史》中的话说，泰勒主义"呈现出了世俗宗教的某些特点"，泰勒有意无意地利用宗教宣扬自己的思想、维护自己的利益；泰勒是彻底的极端利己主义者，他几乎没有组织能力，即根据大大小小的目的协调各种财力、物力和人力。他虽然身为工场改革家，却不会管人。泰勒工场管理法的核心在于蔑视普通工人，操作工应被视作"大小孩"，他们"不用也不应思考"。"适合把生铁搬运作为长期工作的人，应该够愚蠢、够迟钝，在心理结构上比其他人都更接近公牛。"随着时间的推移，泰勒的工作研究融入了当时的管理文化，不像最初那样野蛮，他去世后，吉尔布雷思夫妇以他的"工作研究"为基础创造了"方法研究"。

霍博兄弟认为新泰勒主义的表现形式就是"专家"崇拜，崇拜终结了美国管理和美国社会的黄金时代。为什么失败的管理者泰勒变成了管理顾问，后来还想变成社会工程师？为他立传的作家告诉我们，答案在于他复杂的性格和他的恃才傲物。霍博兄弟在《清教徒的礼物》中写道，"我们听说，他做管理者期间'一再遭遇失败、失望和拒绝'"，于是泰勒打着"科学"旗帜创造了一种管理方法论，他自己并没有应用这种管理方法论，只是教给了别人。泰勒发起的"专家"崇拜，本质上是对传统美国社会四个清教特点（打造人间天国、亲力亲为、先集体后个人、组织能力取决于责任到人或社区）的攻击，而新泰勒主义用数个"专家"代替一个通才，造成了责任分散、不好问责的状况。

泰勒的工作和思想首次进入公众视野，靠的是最高法院大法官路易·布兰迪斯当年还不是最高法院大法官时与人进行的一场关于东方铁路公司是否要提价的辩论，路易·布兰迪斯偶然发现泰勒的《论车间管理》中提到的"重新设计任务可以让生产力提高9倍"的观点，用此观点，布兰迪斯的结论是铁路公司不需要提价。后来《纽约时报》在头版头条报道了这一消息，"布兰迪斯说，科学管理可让铁路公司每天节省1 000 000美元，称提价没必要。"这是"科学管理"一词首次出现在报刊上，布兰迪斯发明了这个词以后，泰勒就采纳了。布兰迪斯之所以把泰勒的方法论称作"科学管理"，是因为泰勒在描述自己的方法论时经常提到"科学"一词。这就是科学管理一词的来龙去脉，就这点事儿。很有启发吧！

## 6.1 自发性对称破缺

2016年的诺贝尔物理学奖为人类揭示了没有对称破缺的拓扑相变，不过自然界中还存在着大量的自发性对称破缺现象，南部阳一郎就是因为发现次原子物理的自发性对称破缺机制而获得2008年度诺贝尔物理学奖的。所谓自发性对称破缺，是指一个物理系统的拉格朗日量（概括整个系统动力状态的函数）具有某种对称性，而基态（系统的最低能阶）却不具有该对称性，描述的是系统从某一状态转变为另一状态，且两种状态都具有相对稳定性。自然界发展的基本特征之一就是对称破缺和对称性的统一，非线性、突变、分层和自组织等都是对称破缺的现象，对称破缺与否标志着系统的发展状况，系统的发展离不开破缺。对称破缺是系统走向有序的主要机制，系统有序演化是对称破缺的结果。从系统科学的角度来看，对管理的研究可以从自发性对称破缺中寻找答案。

有学者已经开始从自发性对称破缺视角对管理现象进行研究。宋波等基于自发性对称破缺的视角研究战略联盟过程演化，提出了"心理破缺—行为破缺—收益破缺"的演化机制。王介南发现自发性对称破缺现象出现在易学中的河图和洛书中。成中英认为管理不应该仅仅从经验与理论方面进行研究，还应该进行文化、价值与哲学层面的综合把握，他认为管理研究进入了第三个阶段。这一切都表明，自泰勒开启的科学管理原理经历100多年的研究发展而形成的西方管理科学和美国管理模式已经出现了对称破缺的现象。

不管是科学管理原理还是美国管理模式，都是基于西方（主要是美国）企业管理实践的贡献并在此基础上总结出来的，都是经过实证验证的系统性理论。西方科学管理之所以在中国"水土不服"，在于管理指导思想发生了偏差。这就使得西方管理科学和美国管理模式在东方企业的适用性受到了挑战。陈春花认为中国企业的管理实践在职业化程度、管理的常识性认知和企业用人等实践方面与西方企业有着显著的不同，这些导致了不同的企业管理案例、不同的企业运行规律和人文关怀，海尔、华为、联想等中国企业的实践既有西方的理论影响，又有东方的文化熏陶，这为学者研究管理提供了丰富的素材，这种研究可能是中国管理模式的探索，在笔者则是基于自发性对称破缺的"反管理"范式的研究。本章面对日益不确定的管理情境，运用自然和系统科学的原理，引入自发性对称破缺的研究视角，研究管理的普遍规律和未来趋势，加深对管理的系统性、动态性和层次性的认识，谋求获得管理研究的更加科学性和普遍性的意义。本章不只是质疑西方的管理科学，更是从自发性对称破缺视角审视其局限性；本章不在于抬高中国传统文化的价值，而是揭示其一直以来的贡献。实际上，吴文俊的数学成就和屠呦呦获得诺贝尔医学奖都是东西方传统文化与现代科学融合的结果。在互联网时代，有理由相信这种融合会越来越多，在自发性对称破缺下会涌现更多的融合后的创新成果，作为管理学人有责任有义务推进这一历史进程。

## 6.1.1 自发性对称破缺及其影响

### 1. 自发性对称破缺的本源认知

王介南认为"太初"时期的宇宙存在正反各 50 个粒子，这 50 个粒子构成一种混沌之气，后来发生自发的对称破缺，分为洛书和河图之数，也就是说，自发性对称破缺在中国经典文化河图与洛书中早已有所记录和解释，这被认为是自发性对称破缺现象的最早记载，如图 6-1 所示。图 6-1 从左下角到右上角的对角线将方阵分为不对称的两个部分，左边的点数是 45，右边的点数是 55，王介南认为这是河图和洛书中存在的宇宙密码（本章不深入探讨这个问题，感兴趣的读者可以查阅王介南的著作）。在物理学研究中，李政道指出在弱作用下，物理学中的有些对称性被破坏掉了，并且根本无法实现对一半基本粒子的独立。武杰、李润珍和程守华认为对称破缺是自然演化发展的一条基本规律，其创造了现象世界。物理学家盖尔曼也曾指出：我们需要系统性地对整体进行研究，如果没有对

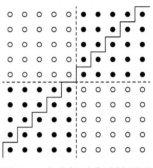

图 6-1　自发性对称破缺图示

复杂非线性系统进行各部分紧密联系的研究，那么我们对整体行为就不会有清晰的认识。综上而言，自发性对称破缺包含了整体性、系统性、关联性、包容性、创造性等特点，最终实现了世界万物的自然演化。

### 2. 管理的自发性对称破缺

受科学和科技发展的影响，对管理的研究多以线性规律、因果关系为基础。而现实的社会实践中，事物之间不仅存在着因果关系，还存有更高级别的非线性相互作用。因果关系是以线性规律为基础的认识，强调一事物与另一事物的等比例性与相关性。由非平衡自组织理论可知，非线性的相互作用才是自然界发展变化的内在机制，管理也受这一机制的制约。钱学森认为经济社会系统是由人组成的开放的复杂巨系统，它与复杂系统具有本质的内在一致性。管理也是一个复杂的社会经济系统，它是由相互联系、相互作用和相互制约的各种实体按一定的规则所组成的具有自身发展规律的有机整体。

基于以上认识，需要对管理进行整体的系统性思考。自发性对称破缺打破了对管理的线性认识，在非平衡态下，环境的微小波动必将引起整个管理活动的变化。在环境非线性与非平衡态下，自发性对称破缺现象就会出现。因此，从自发性对称破缺的角度，系统性、层次性、整体性的认识管理是管理实践活动的必然要求，也是对管理理论的深刻探讨。在此将环境微小波动导致的管理变化称为管理的生长尖，实际上，正是对称与对称破缺的混合放大了管理生长尖，从而在微观优先的基础上开始了新的美妙的管理结构的出现。

海尔的张瑞敏和华为的任正非早就意识到"失衡—均衡—再失衡……"是企业管理发展循环往复的基本规律。在非均衡态下，组织内部出现自发性对称破缺，正是对称破缺使组织达到一种新的平衡态势。当组织内部结构与外部环境再发生变化时，组织与管理再次处于非平衡状态下，自发性对称破缺现象会再次出现。基于对管理的整体认知，华为的任正非提出了"灰度管理"。"灰度管理"是从整体生成论的角度对管理进行的思考，通过对管理主体人和管理客体人/物的再思考与反思考，实践着管理活动，而这些也被称为混沌中的有序。

## 6.1.2 对西方主导下的管理研究反思

西方物本主义主张以组织中的"物"为中心来实现系统的运转，同时强调组织中人的机械性、物性以及人与物的配合性。人本主义主张以"人"为中心，强调物与人的配合性，强调开发人的主动性、能动性和积极性，同时关注人的心理与精神，主张从人性与人的需求方面激励人的行为。无论物本主义还是人本主义，对管理的核心要素人、组织以及组织中的人都有明确的描述，但是需要指出的是在两者之中忽略了环境对人、环境对组织的影响。两种管理思想各执一端，缺乏中道（温和主义）的引领。东方管理哲学根植于东方情境之中更加关注人的发展，注重"以人为本、以德为先、人为为人"思想。在世界文化大融合的趋势下，环境因素在组织管理中变得异常关键，无论物本主义还是人本主义，只有认清和反思自身，认清和反思他者，才能实现东西方管理思想的深度融合。只有了解了基于自发性对称破缺的两者的内部一致性，才能避免任何一方的"排斥"反应，进一步解决环境适用性和管理悖论问题。

之所以有"反管理"意识和概念的产生，直接的思考之源是笔者长期在中国传统文化中浸润和对中国企业管理实践的长期追踪研究（每年坚持调研10家左右的企业），间接的思考之源是《反哲学》和《商感》的启发。基于直接和间接来源的整合，笔者始终坚持从文化、技术和哲学角度思考以下几个问题：从全球角度来看，目前的西方管理是否合适？目前美国管理模式主导下的西方管理还缺失什么？东方情境下的西方管理是否还能健康运行？当前的管理符合对称破缺的基本规律吗？这四个问题极深又难，对这四个问题长期的深度思考，帮助笔者提出"反管理"的基本概念并探索"反管理"的基本机理。

### 1. 从全球角度来看目前的西方管理是否合适

毋庸置疑，科学管理和管理科学始于西方，由此开启的计划、组织、指挥、协调与控制等经典的职能划分基本代表了管理的科学性。从西方的视角来看，管理的目的主要是追求效率与效益，泰勒曾经在《科学管理原理》一书中特意强调管理的可持续性，但是对此的追随者甚少。于是，科学的管理和管理的科学逐渐占据了管理者和管理界的中心。那么，管理的艺术性呢？虽然经典的管理原理无一例外都强调管理是科学与艺术的统一，但是在西方管理中仍然没有找到合适的关于管理的非科学性的答案。基于自发性对称破缺原理，从中国传统文化之河图中或许会有所发现，河图的图与河图的数的演化恰巧构成了一个"十字架"的基本结构（请参考《管理学报》中《反管理》一文），我认为这种结构用西方的宗教解释就是"博爱"，这是管理的非科学性的根本，反思现在建立在科学性基础上的管理的控制性，显然是缺乏"爱"之基本基础。游汉明认为，东方的智慧可以弥补西方理论的不足。本书接受这一观点，在"反管理"机理中将此称为"自身自发现"。这是第一问对"反管理"概念的贡献。

### 2. 目前美国管理模式主导下的西方管理还缺失什么

人力资源的基本原理表明人是有舒适区的，推而广之，管理也是有舒适区的，管理的舒适区是由管理的主体——人造成的。当"勉强成习惯，习惯成自然"以后，管理的舒适区就建立了起来，一旦建立了，要改变它就会难乎其难。西方的以美国为首的管理模式已经延续了上百年，可以说已经进入了舒适区状态，是时候改变了。如何改变呢？基于自发性对称破缺的基本原理，从中国传统文化之《易经》和《道德经》等所揭示的一元论中的辩证、中道、简化等思想，比照发现西方管理更关注对和错的结果，极少关注对和错的过程性。本书接受这一观点，在"反管理"机理中将此称为"自身反发现"。这是第二问对"反管理"概念的贡献。

### 3. 东方情境下的西方管理是否还能健康运行

中国的管理科学是40多年前从西方引进的，当前中国的企业已经开始了对西方管理的"质疑反思和独特创新"，因为情境的变化导致了管理的变化，实际上从权变理论出发，没有哪一个理论是在任何情境下都适用的。因此，基于自发性对称破缺原理，从中国传统文化的洛书中寻找灵感，洛书的图和洛书的数的演化恰巧构成了一个"万字符"（请参考《管理学报》中《反管理》一文），从动态的角度来看，"万字符"既可以左旋，又可以右旋，也因此形成了不同的情境变化。这样看来，不考虑东方情境的西方管理显然是不健康的，游汉明指出西方理论应用到东方土壤中需要进一步的修订与修改。本书接受这一观点，在"反管理"机理中将此称为"反身自发现"。这是第三问对"反管理"概念的贡献。

### 4. 当前的管理符合对称破缺的基本规律吗

为什么管理一定要符合对称破缺呢？可能的原因是对称及对称破缺是到目前为止人类认知的最基本规律。能认知这种规律就是管理"道"家了。"道"由"辶"字旁、"自"字旁和"丷一"组成。本书将其分别解析为道是曲折的，道是自为的，道是阴阳平衡和阴阳不测的。对企业而言，管理的基本原理是确定的，可是任何一家企业在形成自己管理模式的过程中都不是一成不变的，所以管理在确定和不确定的组合中由作为主体的人来追求达到更好而不是最好。由阴阳不测达到阴阳平衡非得自己经历曲折的道路而不能达成，从模糊和混沌的无知开始经历漫长的曲折从而生成管理自我和自我管理的模式，才是唯一途径，这是中国传统文化"神道设教"给管理的启示。所谓"一阴一阳之谓道，阴阳不测之为神"，也就是通过"道"和"神"的组合达成教化的目的。本书接受这一观点，在"反管理"机理中将此称为"反身反发现"。这是第四问对"反管理"概念的贡献。

以上对四个问题从文化、宗教、技术和哲学的角度进行了简略的探索性解析，这种解析帮助本书得出了"反管理"的四种基本机理，但还需要对"管理"的东西方词源进行重新思考。

## 6.1.3 对"管理"一词词源重新认识

### 1. 对"管理"一词中文词源的重新认识

从《说文解字》和《古汉语常用字字典》中"管"和"理"词源含义入手重新认识"管理"。

《说文解字》对"管"字的解释是，"如篪，六孔。十二月之音。物开地牙，故谓之管。"意思是说：管是六孔乐器，代表十二月之音。当管这种乐器吹起之时，物开地牙，世界欢欣，这被称之为"管"。管也常写为"琯"，管字由竹（竹引申为毛笔，毛笔代表签字）和官（官为掌权者）组合而成，琯字由王（玉石代表印章）和官（官为掌权者）组合而成。由此解释管是掌权者利用毛笔/印章等工具行使权力，进一步推理掌权者用笔/印章行使权力的时候是欢欣鼓舞和幸福快乐的，这就是"管"的本义。讽刺的是，当今东西方的"管"字早已经背离了这一基本词义，"管"已经发展成为控制人和事的基本手段，哪里还有欢欣鼓舞和幸福快乐？

　　《古汉语常用字字典》中"管"有四义：其一是乐器，我认为最大的乐器是自然之器，它奏响的是天籁之音，这层含义既有有形的乐队的林林总总，也有无形的道法自然。其二是竹管，成语"管中窥豹"来自此意，这难道不是告诫我们目前的管理好似"管中窥豹"吗？这层含义既有从自然到人文的发展，也有对人类渺小的自我认知的提醒。其三是钥匙，出自《左传·僖公三十二年》"郑人使我掌其北门之管"，这层含义既有硬件的、理性的、可见的具象，又有软件的、感性的、未见的抽象。其四是掌管，如李斯进入秦宫管事二十余年，最终结果却是"腰斩于咸阳，夷三族"。

　　《说文解字》对"理"字的解释，"理，治玉也。从玉里声。"段玉裁对《战国策·秦策三》中"郑人谓玉之未理者为璞……"的解析是，"郑人谓玉之未理者为璞。是理为剖析也。玉虽至坚。而治之得其鳃理以成器不难，谓之理。凡天下一事一物，必推其情至于无憾而后即安。是之谓天理，是之谓善治。"按此，"理"的终极追求是情而无憾的心安理得，这与儒家"修己以敬、修己安人和修己安民"的观点一致。那么，怎样才能获得这种心安理得？秘密就在"理"中："理"字由王（玉）和里（作坊）组合而成，古义表示在作坊中治玉。进一步解释为获得心安理得的路径就是对掌权者的治，同时东方文化中特别强调管理好自己，再去管理他人。

　　《古汉语常用字字典》中"理"有四义：其一是雕琢，原义指的是加工玉石，引申为治理和整理，如《荀子·天论》"政令不明，举措不时，本事不理，夫是之谓人祆也。"其中的"理"就是治理。其二是纹理和条理，如《荀子·儒校》"井井（整齐不乱）兮其有理也"中的"理"就是条理。其三是道理、规律，如《孟子·告子上》"故理义之悦我心，犹刍豢之悦我口"和《庄子·养生主》"依乎天理"中的"理"就是规律和道理。其四是法官，如《管子·小匡》"弦子旗（人名）为理"的"理"就是法官。

　　由《说文解字》对"管"和"理"的词源注释发现，"管理"在中国的传统文化和社会运行中是天然的、首尾相连的、圆满的善的循环，正如"常山之蛇""击其首则尾至，击其尾则首至，击其中则首尾俱至"。中国的传统管理更多的是自然派，非人为派，将来应该是自然人为、人为自然派的组合。从《古汉语常用字字典》注释"管"和"理"字时所使用的例子可以发现，不论是荀子、孟子、庄子还是更早期的管子，皆是管理大师，而他们所针对的主体和客体都是"人"，他们所使用的既非单纯的道，又非单纯的术，却是道与术的结合，在中国自古有之。

**2. 对"管理"一词外文词源的重新认识**

　　在爱德华·布雷特的《现代管理的演变》第一册的序言中，安德鲁·汤姆森和罗杰·扬总结道："管理是建立组织和实现组织目标的方法；没有它，现代文明及其财富创造流程就无从谈起。"然而，对于什么是"管理"的绝对定义却难以找到，泰勒、德鲁克和彼得斯等人的著作中出现的管理概念都不同。

　　根据摩根·威策尔的研究，"管理"以及相关联的"管理者"等词首先出现在16世纪晚期的英国。最初来源是拉丁语manus，字面意思是"手"，但也有"权力"和"权限"的含义。研究者还发现，中世纪晚期意大利词maneggiare逐渐取代了factore，成为对主管贸易、制造企业的官员的称呼。法语词manegerie在16世纪也开始出现。在英语里，"管理"这个词很长时间泛指对事物的控制和指导，不管是个人还是集体事务。从17世纪开始，成百上千本出版物的书名里都有"管理"这个词,意义包罗万象。到 17 世纪中期,这个词进入商业和金融领域,最初的意思是"去做"和"引起什么被做",后者更为重要。今天的管理活动及与之相关的活动——引导、领导、策划、控制、指导、协调等,可以看出还广泛保持了其原有意思。

在此详细介绍一下泰勒《科学管理原理》及其引入中国的缘起。1903 年,泰勒在美国机械工程师学会发表《车间管理》一文,1907 年公布了金属切削试验的成果,1911 年《美国杂志》连载了他的三篇文章,同年合编成《科学管理原理》,由纽约哈珀兄弟出版公司出版。不少论著认为,该书提出的科学管理理论,开创了传统管理进入科学管理的新阶段,使管理成为一门系统的科学,是管理理论的转折点。1914 年有了第一个中译本,题为《工厂适用学理的管理法》,1916 年 11 月由中华书局出版单行本。书中所阐明的学理管理法之精义有六条:

- 工作定额原理,即提高劳动生产率必须制定出有科学依据的合理的日工作量,为此必须对工时和动作进行研究,从而制定出标准的工作定额。
- "第一流工人"原理,在制定工作定额时,要以那种"最适合于他的工作而又有进取心"的所谓"第一流工人",在不损害其健康的情况下维持很长年限的速度为标准。
- 标准化原理,包括操作方法、工具机器和材料、作业环境标准化等。
- 差别计件工资制,即以标准工作定额为基础实行差别计件工资制。
- 精神革命。这是科学管理的核心,即必须使工人和雇主双方认识到,提高劳动生产率对大家都有利,雇主降低了成本,增加了利润,工人提高了工资,改善了生活。
- 行政控制原理,主张计划和执行职能分开,这种分权化原则能大大提高企业管理效率。

该书前附有 1914 年 5 月 4 日泰勒致译者的复信。"穆先生如握:顷接奉四月二十三号大札,敬悉先生拟将拙著《学理管理法》一书译成华文,深为欣喜……"这里的穆先生即穆藕初,初名湘玥,江苏上海浦东人。1913～1914 年,他在美国研究泰勒的科学管理法,1914 年回国创办上海德大纱厂,在董乐苏的帮助下,把《科学管理法》一书译出。他在译序中讲:"振兴实业之要有三,一曰原料,二曰制造,三曰市场,三者缺一,即无以跻国运于隆盛。"他认为中国工业不兴的主要原因是缺乏管理人才。他在美留学时特别注意美国的管理科学,"深佩彼邦人士,于管理上种种方法,推究入微,凡有所利,无不力图,凡有所病,无不力除。予在此数年研究期中,更得戴乐尔先生新著之《学理管理法》一卷,一再披览,于以恍焉悟美国实业界管理方法之精进,实此辈先觉左右指导之功居多。"他还指出:"此书所载事实,虽借钢铁业发端,用其道以施之各业,无不推行尽利。虽然,此《学理管理法》岂第适用于改进凡百实业而已,诚得一般有志改进家,熟按此书所载方法,引申触类变通化裁而妙用,无论个人与家庭,社会与国家,种种事业,参用此项新管理法,无不立收奇效。"

以上是《科学管理原理》最初引进中国的情况,应该说不可谓不早,但是利用就另当别论了。具有讽刺意味的是泰勒的发源于匹兹堡钢铁工业的"科学管理原理"若干年后成为世界管理的范本,而同样是发端于鞍山钢铁工业的"鞍钢宪法"(两参一改三结合)到今天又有几人知晓?为什么?大概是方法论的问题,中国的管理向来不缺思想和理念,缺的是基于方法论的行为以及这种行为的推而广之。"反管理"式盘工具的提出,是从方法论角度的考虑。

### 3.《反哲学》《商感》和中国管理实践的启示

除了上述启发之外,《反哲学》和《商感》两本书对"反管理"概念的建立提供了不同视角的启示和新的认知。此外,齐善鸿等指出任何科学研究都必然从实践出发,从对实践中获得经验的观察、总结和归纳开始,形式主义逻辑的任何一步推理也都要回到实践中。因此,中国管理实践也是本书提出"反管理"概念的重要的思路来源。

(1)**《反哲学》的启发**。"反哲学"是日本人木田元针对日本人西周的"哲学"概念提出的新概念,木田元在《反哲学》中从"哲学是仅属于欧美人的思考法""古代希腊发生的事""哲学与基督教的渊源"以及"近代哲学的展开"四个命题出发深入剖析了西方哲学的认知。在此基础上他得出"'哲学'归根结底还是西方文化圈特有的一种不自然的思考方式"的结论,他进一步论证了欧美在19世纪末的时候,从哲学家尼采已经开始了哲学批判或"反哲学"意义上的思考。木田元的最终看法是,"以超自然原理"看待自然的"超自然的思考模式"以及以此为基础创立的"制作的存在论"和把自然看成无生命物质的自然观紧密联系在一起,这决定了西方文化形成的方向,此点我完全赞同。从西方哲学"制作"过程的历史来看,有两个重要节点必须关注:第一个节点是苏格拉底及其之前的自然思考,这是西周翻译"爱智慧"为"哲学"的最早起源,然而,苏格拉底的学生柏拉图却制造了不生不灭的超自然思考;第二个节点是尼采晚年经由权力意志提倡回到过去的自然思考方式,但是同时期的黑格尔仍然基于亚里士多德的知识论倡导超自然思考。由此形成了"存在"的"自然形成"和"人为制造"的混淆,以西方的思考没有办法给出答案,因为西方的文化根基于此。我思考的结果是:企业学习西方的市场经济没有错,但是市场经济背后的西方式的功利主义没有被中国化,因此没办法形成企业自身对于市场经济的思考、思想和理论;管理学者学习实证研究也没有错,但是实证研究同样没有被中国化,因此没有形成学者自身关于实证研究的思考、思想和理论。武亚军曾指出,中国学者要根据自身特点,批判性地吸收西方管理学研究的多元范式与方法论。刘祯、陈春花、徐梅鑫认为要和而不同,对管理理论不仅仅是批判,要发展,更要贴近于实践。Weick提出,管理研究要轻装上阵,不要过多地受已有研究与理论的束缚,不敢有新的理论或实践创新。韩巍指出管理需要不同的声音,需要批判与反思。在本书,这种反思就是"反管理"的开始,这就是《反哲学》对"反管理"的贡献。

(2)**《商感》的启发**。《商感》是史蒂芬·赛格尔写的一本"从管理科学到领导哲学"的著作。《商感》从三个层面探讨了超越管理学的科学探讨的过程:首先探讨了管理学从科学概念到哲学概念的过渡,其次展示了管理学理论的当代趋势建立在哲学框架下而不是科学框架下,最后形成了适于从科学概念过渡到哲学概念的一种教育理念。这三个层面的探讨是围绕着企业家、哲学家和管理理论工作者进行的。在第一层面,史蒂芬·赛格尔指出"商感"是杰克·韦尔奇(狂热)、安德鲁·格鲁夫(神经质)、乔治·索罗斯(担忧)、里卡多·塞姆勒(压力)、摩特·梅尔森(不确定性和绝望)等商业成功人士的存在经验。在第二层面,史蒂芬·赛格尔指出哈默和钱皮的"企业再造"概念、克莱顿·克里斯坦森的"创新者的困境"概念、费尔南多·佛洛雷斯的"企业生命"概念、卡普兰和福斯特的"创造性破坏"概念、玻里曼和迪尔的"组织架构"概念等都是依据哲学而非科学框架推测出来的管理学理论。在第三层面,史蒂芬·赛格尔指出,对存在主义哲学家而言,生存在传统夹缝中的不确定性为哲学思想的产生提供了动力,如尼采的孤独以及与主流社会脱节、祁克果的基督教的异己感、萨特的基于大众文化的强烈异己感、马丁·海德格尔的不确定性、马丁·布伯的神圣不安全感等，这些存在主义哲学家既发现自身是社会的一部分，又对这个社会不满，正是这种存在态势使得他们将存在经验转化为反映社会的机会，进而发展成为哲学思想，以激励那些苦苦探索生存意义的人们。本书接受史蒂芬·赛格尔的分析和观点，这是促使本书提出"反管理"的一个重要的思考起点，"反管理"绝不仅仅是科学，也不单单是哲学，"反管理"是科学与哲学的合体，由此出发，"反管理"既有东方的整体生成性（这帮助它产生了整体性的认识论），又有西方的原子还原性（这帮助它产生了个体性的方法论）。可以这样说，"反管理"是整体生成论和原子还原论的统一。

（3）西方管理理论与中国实践管理的反思。齐善鸿认为管理是人在自然和人群中的一种复杂的互动过程，并认为管理主客体之间构成了复杂的互动系统。这印证了本书从整体生成论来认识与反思管理的思路。他认为管理包括五大主体，第一个管理主体是客观规律与人伦规律，第二个管理主体是每个人自己，第三个管理主体是管理者，第四个管理主体是部下，第五个管理主体是外部专业组织对企业管理的定期专业诊断。同时，他还指出，如果把管理看作是一个由人构成的相互联系、相互依赖有意志的开放管理系统的话，那么现在西方的很多管理理论都存在一定的适用条件和边界，因为大部分的理论都是从管理的某个层面或者某个角度来研究管理。这是当前管理研究的尴尬，在原子还原论指导下的管理研究自然会越来越细分，能够整合的应该是整体生成论的指导而非其他。

谢洪明在研究了多个跨国公司并购案例后指出，中国民营企业在跨国并购中对冲突的处理是动态过程，双方的融合没有消除矛盾，而是利用矛盾产生了新的合力，在螺旋进化的过程中不断平衡跨国并购双方的利益，不断整合双方的战略目标。这是东方处理矛盾的方式，它与西方消除矛盾的处理方式不同，东方始终认为矛盾是一种存在，矛与盾彼此不分离，所以不是消除，而是利用从而达到新的高度。这是东方的管理实践，应对矛盾，并不是决出孰优孰劣，而是充分利用矛盾，因为矛盾本身具有建设性。基于这种看法，笔者在"反管理"概念的建构过程中提出了"未来管理≈古代中国管理艺术 × 现代西方管理科学"的论断。

| 实践聚焦 | 新时代的管理转向：从科学走向科学与哲学并行交融——兼谈周长辉的《诗的在场、学者性与人的味道》

### 1. 后退一步

科学管理学的一个有趣的问题是，如果科学管理学是管理者借以理解员工的学科，那么，又是谁来了解并领悟管理者的行为呢？其危险在于我们将陷于管理者理解管理者的工作的无限循环之中。然后，又是管理者理解那些理解管理者的管理者的工作……就这样依次循环往复。从哲学角度来看，管理者和员工都不了解自己，他们都需要从哲学角度来思考自己的做事方式，这就是哲学的任务，这就是理解转向自我的任务。中国的先秦文化传统和西方的古代哲学主张皆是如此，后退一步方可获得全方位的观察，这就是全观视野、全观理解和全观管理，这就是后退一步思维引导下的管理。

最近，周长辉以诗的方式甘愿成为后退一步思维的追随者、推动者和引领者，他在《诗的在场、学者性与人的味道》一文中有言，"管理学与诗，没有什么根本的分别。它们都是一种生活。"韩巍认为这是本体意义上的判断，我以为这应该是基于科学管理的长期生成的客观性（判）基础上的在场主观性结论（断），正如周本人所言，"人唯有回归到人，才是唯一的出路。如果管理学者的学术性已经具有了机器性的品质，那么人则已经死亡。"这应该是科学管理的知识性长期占场的结果，是时候呼唤品性登场了。实际上，也只有后退一步才可以获得全观，才可以帮助我们培养正确的假设、信仰、传统和思想。

很少有管理学著作把管理学看成是哲学活动，并且把哲学看成是我们使管理者的活动具有意义的学科框架，原因之一就是科学一直在对管理学加以束缚，并且被冠以"合法性"的帽子。我们需要将管理学解放出来，接受那些非科学却严谨的思维过程。科学在稳定中运行，哲学在破坏中发展。科学框架预先假定稳定和规范，它建立在根据过去的模式来预测未来的基础上，注重分析已经存在的数据和信息，其研究目标是已经存在的客体或实体。正如休谟所主张的，科学的基础是期望未来会重复过去。然而，未来和过去的心理契约已经解除。未来重复过去的节奏感已经使人们拥有了安全感、熟悉感以及对日常规律的信任感，在未知世界中，我们不可能期望重复，按照欧内斯特·盖尔纳的话说，哲学是那种当我们不能确定未来和过去之间存在稳定关系时而做的思考。科学过程总是建立在对思想者（管理者）和思想的内容（员工）进行分离的基础之上的，这种荒唐处境如今受到了根本质疑：有效率的员工应该有自己的工作过程，这恰恰是90后、千禧后员工的本质特征，这进一步证明科学管理如不改造自身必将寿终正寝。正如安德鲁·格鲁夫所言，"即使那些相信用科学方法研究管理学的人也不得不依赖本能和非人判断力……当身处一种破坏性境地时，一个惨痛的事实就是，个人得以渡过难关，靠的只有本能和判断力。"

**2. 借双慧眼**

学习哲学就是为了能够透过他人的眼睛检查自己的观点和盲点。把我们自己从自己的立场中独立出来的过程基本不会主动出现，也不会由于某种推理或愿望而出现。当我们习惯的看问题或做事情的方式受到阻碍或遭到破坏时，才会出现独立，这种阻碍的形式之一就是他人的注释。实际上心里契约解除过程中所经历的极度不确定时刻也是一种破坏和阻碍，当我们对自己之外的某个事情不确定时，就产生了客观不确定性。这时候我们失去了熟悉的，尚未建立新的。当我们站在惯例和传统之外的时候，意味着我们不再受常理的限制和约束。

正如韦尔奇所说，在面对变革时，不能进行防御或变得不知所措，哲学态度能够使这种不确定性成为用新方法看问题的一个机会。目前，管理学理论和实践都在呼唤新的角度，哲学思辨过程对管理学来说至关重要，尤其在今天的VUCA时代，我们需要能将变革时期经历的不确定性转化为独立的机会，转化为允许我们看到并落实新机会的机会。我们需要能从仅仅试图转变环境转变到使我们的思想适应其本身就是多变的思想方法上来。但是由于违背了过去和未来之间的心理契约，管理者不能简单地把他们的思考方法视为理所当然，他们很可能没有恰当的思想方法来做出判断，他们在开始用习惯的思想方法并期望能够做出明智的管理决定的过程中发现这种方式本身值得怀疑。因此，哲学独立对授权管理者非常重要，我们需要能够"管理"在过去和未来之间的心理契约被破坏时所经历的不确定性，我们需要培养管理心理契约破坏的艺术。

对周长辉而言，他正帮助管理者培养慧眼，以"管理"被"破坏"的心理契约，并以"诗"的名义和形式重构不确定的心理契约。这诗将确定性逼回墙角，使它以三角的形式确立其真正的本质，这就是"截断众流"，我称之为"大转折点投一点光辉"，在主流的管理研究套路这样的大事面前先退开一步，这是智者之思考、行动和引领。正如木心所言，"历史上，许多智者不理会他存在的时代。"克里斯托弗·霍金森在《领导哲学》中认为,虽然最合适的领导形式属于政治家类型,最有益的领导形式属于技术专家类型,然而,最有责任感、号召力和最能以自己的方式使人满意的领导形式则属于诗人类型。诗人号召他的追随者超越他们自己,他激发和引导追随者萌生最初的动机和价值观。由于这种原始类型本质上的宗教特征,追随者本人亦变得如同他们的领导者一样"危险"——无论是对自己还是对他人。他们具有过度盲从和狂热的气质,这在他们自己的社会阶层内可能导致两败俱伤的竞争,而在这些社会阶层之外,则可能导致反对异己的暴力行为。当然,这个判断是根据较低级的原始类型的观点而得出来的。对诗人和他的追随者来说,不存在什么推诿躲闪、缺乏自信和谨小慎微,领导者和追随者都是具有责任感的。

### 3. 别有洞天

爬山的时候,或许有过这样的经历,从一线天到别有洞天。这种经历形成的经验实际上引导我们思考,当一直以来作为行为准则的习惯、传统和假设不再被认为是理所当然,而我们尚未获得下一轮的安全感和聚焦行为新方法的时候,甚至我们正在经历惊愕、震撼、震惊和不知所措的时候,我们的情绪和行为该如何转向呢?这时候需要哲学登场了,科学不过是认知过程的显性因子、认知节点的隐性因子,而哲学却是认知节点的显性因子、认知过程的隐性因子,二者的相摩相荡融洽成独特的全程,因为哲学是通过打破现有传统来创造新视野、可能性和做事新方法的过程。不过,按照史蒂芬·赛格尔的观点,现代西方哲学已经偏离了存在主义超然的哲学思想,逻辑分析成了哲学的主要驱动力,在这种认知中,只有理性的才是真实的,任何不在理性范围之内的都被看作是不具备哲学意义的。而木心认为,一切理性的求知活动都是采用静止、僵化、不变的概念去接触和解释流动变化的生活冲动!而柏格森则认为直觉是认识世界、把握真理的唯一方法!所谓直觉,是理智的交融,使人们置身于对象之内,以便与其中独特的、无法表达的东西相符合!

存在意义的问题、人们寻求生活目的的问题对逻辑分析哲学而言都被认为过于个人化,可笑的是,正是这些问题最初激励了古人并且正在激励着今人,对存在意义的惊奇性探索成就了存在。柏拉图因为惊奇而成为哲学家,尼采呢?尼采认为超然的经历成为"对所有价值的重新发现"的机会,他认为我们的价值观在大多数情况下是暗含在我们的经验中的。这些价值观在我们没有明确地适应它的方式的情况下给予指导。在破坏带来的超然时刻,这些价值观变成了明确的检验主题,对它们的批判成为以新方式创造生活的基础。苏格拉底的思考方法源于古雅典社会传统的打破,笛卡尔的理性哲学源于他继承的天主教传统的打破,尼采形成人类新观点的基础则是上帝的死亡,祁克果重新迷恋基督教的基础是基督教传统的破坏。当人类宽阔自己的视域后,就会清楚地看到传统的破坏如何形成了对人类和他们命运的新远见的基础。

这种体验就是杜鲁所说的柏拉图从洞穴中进行的思考,而且杜鲁把这个过程看成是由三个过程组成的:传统、破坏和远见。在我看来,周长辉的《诗的在场、学者性与人的味道》正是对管理传统的反思式破坏,他的目的在于告诫管理学人,管理除了当下,还有诗和远方,诗的场性就在于它为管理学人构建了洞穴之外的包含洞穴的远方。如果柏拉图是西方教导人类对洞穴之外的事物进行思考的第一个思想家,那么是否可以这样说,周长辉是当下引领管理学人对管理之外的事物进行思考的思想家之一?听听他的呐喊,"在今天,大多数管理学者都与实证主义难脱干系。他们的研究,'很像但不是'",一句"很像但不是",恰如其分地表达了当下的实际。当今的实证主义一以贯之地坚守理性至上,强调知识的客观性,于是,管理学人大都自觉地在自身(荣格认为自身是我的总体的主体)与客体(研究对象)之间划出一条线,"这条线,在本质上,意味着研究者自己也同时成为所研究对象的客体。于是,主人就成了客人的客人。于是,在研究的场合,主体缺位。"周长辉认为不在场的管理研究是缺乏学者性的,就是缺乏学术性之上的人性的回归。我以为然。在周长辉就是"诗,让人的内心柔软,并因此具有悯怀。"这是周长辉的软性抱负,这抱负往往招致羡慕嫉妒恨。不过,我倒是认为,假以时日,羡慕嫉妒恨恰恰可以使软性抱负变现,它不仅仅在于洞穴之内的既有的坚守,更在于洞穴之外的新奇的眼睛,管理学人应该有哲学和诗的基础。

众所周知,一切都源于传统,当我们把传统视为理所当然,我们甚至不知道我们身在传统中。对我而言,管理不过是一场想象罢了,这想象在于设计与选择,一切皆在于设计与选择,这设计与选择决定了人性并重构了人性。是时候让人性回归了,回归了才可以真正地认知这人类。而拯救人类世界是需要提高人文的整体性的。现在,管理学人需要开始从新的角度看待自己的存在,5G、AI、EVs、BAT、Facebook、Google等这些新兴技术和公司正在引导人类质疑洞穴和传统,如果这些是外部驱动的话,人类提高自身反省就是内部驱动,这两者的综合思考要求人类解除禁锢,这包括:对现实的期望被颠覆后的震撼;对新现实的不适应的震撼;最终以新方法看待自己的存在,并基于新观点对看问题的方法进行批判的能力的建构。这些的回报就是创造了一种看待事物的新远见的可能性。实际上,这需要管理教育的引领和管理教育的转向,我们需要从"某处得到的观点"转变为"无处得来的观点",我们必须认识到自身的无知而非不可知。杰克·韦尔奇认为:在不断变化着的世界里的一个复杂的组织中,CEO不能详细定义一个组织的策略,策略对韦尔奇而言就是"中心思想",为通用电气提供方向。这就是脱离洞穴的过程,这被称为辩证法。史蒂芬·赛格尔认为辩证法的哲学思辨过程中发生的独立完全不同于科学形式的独立,科学家在自身和研究目标之间拉开距离,这与周长辉所言一致。而德鲁克却要求放弃自己的观点以便获得对它的批判观点,使自己独立于自己的行为方式的做法使得自己能够看清自己的行为方式。这种"放弃自己立场的行为"被称为"哲学困境",不过它恰恰是哲学独立和客观性的前提。

不确定时代的不确定让我们感觉受到严重的威胁,走出这一洞穴的方法之一就是主动放弃自己的立场,这样,我们主观上已经为自身赢得了适应和创造的时空,这就是诗带来的超脱。我们知道,纳尔逊·曼德拉无论受到种族隔离当局多大的威胁和羞辱,他总能与他所介入的事务保持独立感,他总是能把敌人的仇恨和敌人对他的恐惧变成更宽广的视觉,他基本能保持超然的状态。柏拉图把从自己的介入状态后退称为智慧,我把从自己的介入状态前进称为勇气,这两者都需要能够关注全局,而关注全局的绊脚石就是恐惧和快乐,所以我说"纯苦无乐,是为大乐"。史蒂芬·赛格尔认为培养智慧是不容易的,它需要一种训练良好的情感约束,柏拉图所称的"哲学家国王"的教育需要重新启程。

管理学所关注的是对假设进行反思,这需要科学,更需要哲学的支撑,尤其需要马克思哲学的支撑,因为对框架、规范、假说、商业理论和传统管理的反思基本都是哲学活动,如果不把它们放在哲学框架中,就犯了范畴错误。从对管理的科学解释向哲学解释的转变，进而向科学与哲学并重的解释的转变，是从作为独立的科学家的管理者概念向能够脱离组织的惯性，进而引领组织未来的新管理者的概念的转变，这一哲学思辨的过程对于找到一个立场很重要，这个立场在周长辉就是诗的在场，诗的辩证法让管理学人认识管理世界的概念、假设或框架。佛教的冥想、心理学的分析、老子的虚空、庄子的坐忘，我把这些统一称为"集中之后的第一放松"，这第一放松就是走出洞穴，迎接新生，这样，我们看到了太阳，也看到了光，而光是照亮世界的一种方法，这方法让人类获得哲学适应的能力和未来。

## 6.2 "反管理"基本原理

### 6.2.1 "反管理"的定义

通过上述一种机制、四大问题、词源含义的重新认识、两大启示以及理论与实践的反思基础上的整合式（holistic）分析，笔者提出了"反管理"的概念。所谓"反管理"指的是，为了自然环境的持续发展和组织中的人的幸福快乐，利用科学的理性工具和哲学引发的感性直觉获得服务于人与自然和谐共生的规律性治理的真、善、美的循环。"反管理"必然指向和针对管理，"反管理"不是对管理求反，"反管理"是涵盖管理的一种新的范式。"反管理"既是自身的自发现，也是自身的反发现；"反管理"还是反身的自发现，也是反身的反发现，"反管理"是我和你的统一。

该定义从使命、范畴和机理三个方面给出了"反管理"的基本内涵。使命层的内涵回答了管理、管理实践者和管理理论者的目标、境界及对未来的展望和渴望；范畴层的内涵回答了该定义本身的边界，是一种全新的认识域，它可能涵盖了宇宙观、世界观和人生观的全部；机理层的内涵回答了该定义的内在逻辑，它是上下相推、左右相生、前后相随的"叁天两地"而成的六合式逻辑。我们可以这样说，在伟大的中华民族复兴的征程上，在从站起来到富起来再到强起来的路途上，"反管理"必将成为一种基于"道路自信、理论自信、制度自信和文化自信"的自信式的管理范式。

### 6.2.2 "反管理"的特征

（1）**"反管理"是幸福快乐的**。"反管理"从幸福快乐出发，一路幸福快乐地走来，其结果也是幸福快乐的。正如艾略特所言，"人类必不可停止探索，而一切探索的尽头就是重回起点，并首次对起点有真正的认识和了解。"左丘明在《左传》中有言，"君以此始，必以此终"，老子则言，"慎终如始，则无败事"。古今中外，何其一致的和衷共济。我们因为忘却而背叛，因此我们痛苦不堪。所以，"反管理"的第一特征就是幸福快乐。

（2）**"反管理"是敬畏规律的**。为什么相对长期稳定的星球都是圆形或者近似圆形的？笔者认为这是宇宙的基本规律，因为圆形相对地、动态地、长期地处于稳定态。"反管理"也具有这种规律属性，"反管理"追求"管"的幸福快乐，这种幸福快乐通过"理"来达成，"理"就是治玉，而中国上古造字玉与王同字，王者三横一竖，三横乃"天、地、人"三才，一竖乃贯通"天、地、人"三才，这才是圆满的管理，这就是"反管理"敬畏规律的最直接体现。

（3）**"反管理"是自由循环的**。心理学家弗洛姆曾经说道，"给我自由吗？千万不要给我自由！因为随着自由而来的是要负责任啊！我一有自由之后就自己做选择，选择之后就做我自己,但是我做不起啊!"细思此话,基于此种自由论的管理是被动循环的,这种被动循环的背后是人征服自然、奴役自然的欲望的无限扩张,而"反管理"倡导和坚持的是人与自然的和谐统一、天人互惠,这种和谐统一于"反管理"的管首(尾)理尾(首)的自然循环中。

(4)**"反管理"是道法自洽的**。道法自洽是道法自然的深化和延续,不能达到道法自洽的道法自然是不自然的,达到道法自洽的道法自然必然是自适应、自调节和自圆满的。这就是"反管理"的本真,这种本真在西方的管理科学中是没有发现的,西方的管理没有预设让其生生不息的拟人化机制。而众所周知的事实是,自洽才能达到动态平衡,静止的平衡往往都是短暂的。

(5)**"反管理"是物人共在的**。从科学管理抽离出的管理的概念可能是"科学"的,大家都知道科学管理的对象是物本,一直到梅奥才开始针对人,但是这种针对人的前提仍然是物本的人,而非人本的人。"反管理"的根本含义在笔者看来也是针对物本的,"管"由竹子开始定义,一直定义到毛笔和印章,"理"就是治玉,不过"反管理"的这些物本最终都落实到人本,是物与人的合二为一。形象地说,人(管理者)利用毛笔行权,用印章表明身份(管)的同时,要懂得自治(理),也就是说管理的重点在理不在管。因此,"反管理"是物人共在的。

(6)**"反管理"是人人共治的**。互联网时代是人人时代,人在大数据面前得以成为真正的人,人的所有行为踪迹无处可逃,只要愿意记录和查阅,任何人的任何信息都可以一览无余。人如果不能基于自我的幸福快乐达致人人的幸福快乐,人如果仍然以利己之心而非以利他之心追求自我,人必将被人人淘汰,人的尊严必将沦落,人建构的管理必将被人所解构。

### 6.2.3 "反管理"的工具

#### 1. "反管理"的思考结构

在对东西方比较认识的基础上,本书构建了"反管理"的思考结构,如表6-1所示。

表 6-1 反管理的思考结构

| 视域 | 属性 | 关系/连接 | 追求 |
| --- | --- | --- | --- |
| 东方内在 | 必然性 | 强连接 | 自然自觉 |
| 西方外在 | 偶然性 | 弱连接 | 人为他觉 |
| …… | | | |

在"反管理"的思考结构中,笔者将其界定为视域、属性、关系/连接与追求四个方面。就视域而言,通过管理词源语义的查询与研究,发现东方的管理更多地关注人的自我实现以及人格的自我升华,这对应着追求视角的自然自觉;西方的管理更多关注的是外在的管理控制,这对应着追求视角的人为他觉。不可预知的时代领域以强关系为主导,可预知的未来人类社会的主体关系构成弱连接的权重。东方哲学思想更注重社会发展规律性的探讨,更有利于对未知时代与领域的指导;西方管理思想更注重的是事物发展规律的思考,更注重的是对已知时代与领域的指导。因此本书将强关系与东方的内在联系起来,将弱关系与西方外在联系起来。这是本书思考"反管理"的思考结构。

#### 2. "反管理"的研究工具

为了从方法论层面对"反管理"进行研究,本书在中国传统推算历数和进行式占的科学工具（也是模仿宇宙结构的工具）式盘和阴阳思想之太极图的基础上提出了"反管理"式盘的概念。**所谓"反管理"式盘，是考虑符号化和格式化的特征，囊括"反管理"的知识网络和进行"反管理"相关分析的一种逻辑工具**，如图 6-2 所示。图 6-2 中太极图白中含黑的左边是东方/西方管理，那么对立统一的黑中含白的右边就是西方/东方管理，二者是左右相生的关系。白中含黑的左边的白是自身/反身自发现，白中含黑的左边的黑是自身/反身反发现；黑中含白的右边的黑是反身/自身自发现，黑中含白的右边的白是反身/自身反发现。

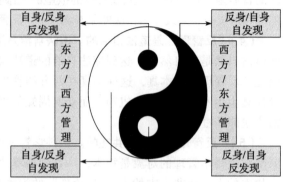

图 6-2 "反管理"式盘原理图

传统式盘是一圈一圈向外生成扩展的，结合上文的分析，最终构建了如图 6-3 所示的"反管理"式盘。该式盘由内向外的层展（一层一层展开）体现了整体生成论的思想，该式盘独立的式层（独立的完整的一层）体现了原子还原论的思想。"反管理"式盘由内向外的第一层是原理层；第二层是思考结构层，就是由视域、属性、关系和追求组成的式层；第三层是特征层，就是由幸福快乐、敬畏自然、自由循环、道法自洽、物人共在、人人共治等组成的式层。遵循这种规律，可以依次向外扩展，从而形成"反管理"的基本研究工具"反管理"式盘。

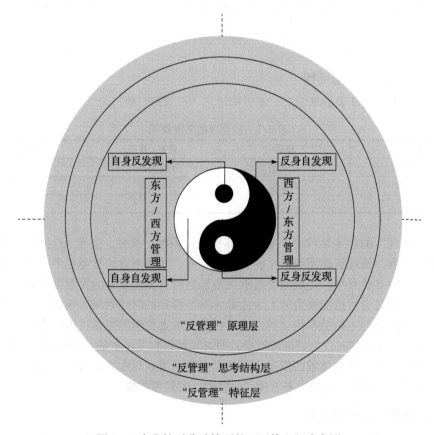

图 6-3 自发性对称破缺下的"反管理"式盘图

| 实践聚焦 |　　　　　　　　　华为的"灰度管理"

基于对华为自身管理实践的再认识，任正非提出了"灰度管理"的概念，"灰度"是华为一路走来沉淀的管理思想的精髓。"灰度管理"是从整体生成论的角度对管理的深入探讨。在平衡态与非平衡态的不断转化与前进中，只有实现对管理的"再认识"与"反认识"，实现"灰度管理"，才能最大化地实现管理效能。

华为"灰度管理"包含了两大核心精神，涉及企业管理的五个层面。灰度的两大核心精神是开放与宽容。开放是"灰度"最基本的态度。只有开放才能适应瞬息多变的环境，在变化中始终保持创新精神，保持正确的前进方向，才能在市场竞争中立于不败之地。宽容是"灰度"在管理实践中的应用原则和手段。管理者的宽容，为企业带来的是和谐的发展环境。只有宽容，才能有效地处理好企业内外错综复杂的关系，此宽容是基于自治基础上的宽容。五大管理层面分别是企业的战略、管理者的气质、经营的策略、管理者的追求以及奉行的原则。

（1）企业的战略：企业战略往往是在混沌中产生的，即从灰色中脱颖而出，方向是随时间和空间而变的，但它的常态是不清晰的，并非"非黑即白"的彼此，而是灰度。

（2）管理者的气质：宽容是一种坚强而不是软弱。宽容所体现出来的退让是有目的的、有计划的，主动权掌握在自己的手中。无奈和迫不得已不能算作宽容。只有勇敢的人，才懂得如何宽容。

（3）经营的策略：妥协是非常务实、通权达变的丛林智慧，是双方或多方在某种条件下达成的共识。在解决问题上，它不是最好的办法，但在没有更好的方法出现之前，它却是最好的方法，因为它有不少的好处。

（4）管理者的追求：反对完美主义，反对烦琐哲学，反对盲目的创新，反对没有全局效益提升的局部优化，反对没有全局观的干部主导变革，反对没有业务实践经验的人参加变革，反对对没有充分论证的流程进行试用，主张不断改良，要耐住性子，谋定而后动。

（5）奉行的原则：要善于总结为什么成功，以后怎样持续成功，再将这些管理哲学的理念，用西方的方法规范，使之标准化，只有这样才不会成为一个僵化的西方样板。一个企业活的灵魂，就是坚持因地制宜和实事求是，这就是华为的"反管理"。

华为灰度管理式盘解析如图6-4所示。

图6-4　华为灰度管理式盘解析

## 6.3　管理世界整体论

### 6.3.1　环境资源与管理

**1. 环境与资源的研究渊源**

（1）**环境学派**。环境学派成立于20世纪70年代后期，代表人物有Hannan、Freeman。

主要理论观点为：将注意力转移到组织外部，重点研究组织外部环境对战略制定的影响。他们认为，事实上并不存在组织内部的战略者，也不存在任何内部的战略过程和战略领导；环境迫使组织进入特定的生态位置，从而影响战略，拒绝适应环境的企业终将死亡。

（2）**资源学派**。资源学派理论观点在20世纪80年代中期就出现了，以沃纳菲尔特、大卫·柯林斯、塞西尔·蒙哥马利等为代表。该学派认为企业资源与能力的价值性和稀缺性是其经济利润的来源。在资源差异产生收益差异的假定下，在适应环境的过程中寻找自己生存和发展的位置。巴尼认为，企业的资源还有人力资本以及组织资本的正式和非正式资源。另外，还有一种资源观将社会资本纳入其中，社会资本能够为企业提供收益。在本书写作的过程中，大数据是资源、资产、资本、能源的观点正在被人类接受。资源学派是竞争战略理论的集大成者。强调资源问题的重要性，是资源学派的理论出发点和基础。

（3）**环境学派和资源学派的不同**。环境学派过分强调组织所处的外部环境对组织战略制定的影响，认为环境有一种模糊的力量，在战略制定中处于中心角色，而领导和组织则处于被动地位。资源学派将公司内部分析和外部分析结合起来，通过培育企业独特的战略资源并进行最大限度的优化配置来制定企业的长远发展战略以获取独特的竞争优势。这两种理论都无法系统全面地阐述企业的竞争力源泉问题。企业竞争力既是企业对拥有的内部资源进行配置和优化的能力，也是企业适应外部环境生存和发展的能力。

（4）**环境与资源的辩证关系**。资源与环境具有同一性，环境是大资源，资源是环境的部分。资源与环境相辅相成，横向上具有协同性，纵向上具有持续性。资源的优化对环境具有客观依赖性，保持良好的环境必然限制资源的开发利用。资源与环境唯一的区别在于资源有价值，是有主的、自主的，是可以认识、利用和控制的，人可以保护资源。而环境无价值，它是无主的、他主的，环境是人以外的，没有被人认识、不能被利用和控制的，环境不能被保护，但人可以保护资源。人要顺应环境发展变化的客观规律。人要在自然规律的基础上充分发挥主观能动性。人、资源与环境的和谐发展是一个动态适应的过程。

### 2. 环境与资源的未来问题

（1）环境可持续发展基础上的保护。按钱易的归纳，当今世界正面临着十大环境问题：全球气候变暖、臭氧层破坏、生物多样性减少、酸雨蔓延、森林锐减、土地荒漠化、资源短缺、水环境污染严重、大气污染肆虐、固体废弃物成灾。现代社会不断向前，人与自然却日渐隔膜，生态危机触目惊心。在此背景下，我们应重新审视中国传统的"天人合一"思想，积极调适人与自然的关系。"天人合一"观念起源很早。自漫长的新石器农耕时代以来，生存和发展的需要、绝对神权和王权尚不严重，原始氏族的和谐体制成为"天人合一"观念产生的现实历史基础。"天人合一"观念成熟在先秦。这一时期的"天人合一"观念强调了"人"必须与"天"相认同、一致、和谐、协调，突出其自然的含义。儒家突出强调人与自然之间的亲善和谐。孟子和荀子主张尊重自然规律。庄子追求"以天合天"，人物同一。同时，"天人合一"观念也是董仲舒等汉儒的核心观点。宋代的张载更是提出了"民胞物与"的命题，将民众看成是同胞，万物看成是朋友。

首先，"天人合一"观启发人类认清人与自然的关系，正确对待自然。按许启贤的研究，至少应该注意三方面：①天地是万物之父母，"与天地合其德"；②人和自然万物是兄弟朋友，应互相友爱；③顺应自然，改造自然，天人相互协调。其次，人类应有整体思维，视天、地、人为一整体，认为天、地、人存在着普遍的联系。

全球性的生态环境问题，从根本上说是人类发展经济和科技的过程中，没能正确处理好人类活动与自然生态的关系问题而导致的。因此，要真正克服人类遭遇到的生态环境危机，首先必须从端正人与自然关系的认识做起。这意味着与工业文明的"人类中心主义"分手和决裂，而代之以"天人合一、天人互惠"的观念，创建一种适合于21世纪的新的文明方式。

（2）资源可持续开发基础上的保护。可持续发展的资源观要求以优化资源效用、资源质量和资源效益为导向，通过开发经济资源、人文社会资源来推动自然资源的可持续利用，通过自然、经济和人文资源的优化组合和互动，来推动经济社会可持续发展。

传统的发展模式是高耗能、高物耗的粗放型增长方式。这导致了三方面问题：①从人口与资源承载能力看，将面临供给不足与成本上升障碍。②从环境污染与生态破坏的趋势来看，生态环境进一步恶化。③从国际贸易来看，我国产品在国际贸易竞争中处于极不利的地位。与发达国家相比，我国更要合理利用资源。举措如下：第一，转变传统发展战略，走可持续发展道路。第二，选择有利于资源和环境保护的产业结构，优化工业布局。第三，建立以合理利用自然资源为核心的资源发展战略。第四，提高企业的技术创新能力，积极开发有利于资源利用和环境保护的先进技术。第五，大力发展循环经济，按照"资源—产品—再生资源"的反馈式流程发展循环经济。

### 3. 环境、资源与管理的基本问题

**（1）人与环境是对立统一的。** 所谓对立，即人类的主观需求和有目的的活动，同环境的客观属性和发展规律之间，不可避免地存在着矛盾。所谓统一，即人类以环境为载体，总是在一定的环境空间存在，人类活动总是同其周围的环境相互作用、相互制约和相互转化。只有人与自然和谐共处，才能促使经济的长远发展和自然资源的永续利用。首先把"环境换取增长"的意识观念转变为"环境优化增长"。其次，普及环境保护的意识，倡导低碳生活，培养节约意识。再次，环保部门需要加强对生态环境的治理，加大财政投入力度，并研发新技术，以更有效地对环境进行治理。最后，加强新能源的开发。

**（2）系统环境观视角下的人类管理实践。** 环境观是人类赖以生存的环境和人与环境相互关系的基本认识，它决定了人类对待环境的态度并制约了人类在生产活动中的行为。以人为本的环境观，就是以实现全面发展为目标，追求人与环境的和谐相处、协同进步和可持续发展。以人为本的环境观在实践中进行不断反馈，追求人类和环境和谐共同的发展。在系统的环境观下，自然界被看作是与人有内在联系的生态系统。

**（3）制度环境、技术环境与管理相互影响。** 制度是存在于企业的活动主体中各种规则的总和，管理和制度是相互渗透的。在管理过程中，必须有稳定的制度作为依据，这样一个企业才能正常有效地运转。技术环境指的是一个国家的技术水平、技术政策、新产品开发能力和技术动向等，技术对企业的影响是多方面的，技术进步将使社会对企业的产品和服务的需求发生变化，从而给企业提供有利的发展机会。

**（4）管理与环境相互依赖。** 管理环境分为外部环境和内部环境。外部环境包括政治、社会文化、经济、技术和生态环境等。内部环境则包括人力资源、物力资源和内部文化环境，随着组织发展对组织管理活动产生影响。外部环境影响管理决策和方法的同时，管理也对外部环境有反能动作用。内部环境随组织的产生而产生，在一定条件下可以调节和控制。组织内部环境中，人力资源环境是最重要的，物力资源和财力资源也是组织内部环境

的基础。

（5）从观念到实践，建立以人为本的资源观。①人的生存和发展都要依赖于自然资源，人类社会不断发展和进步的历史，就是人们各种需求不断得到满足的历史。②人本身是一种资源，即"人力资源"。将人的本性与人力资源的属性相区分有重要的意义。第一，抽象意义和普遍意义上的人与资源的本质属性相对应，给出了人和资源关系的基本逻辑，建立了资源观的价值起点。第二，人力资源是具体意义上的人成为一种工具和手段的特点表现，其存在和发展遵循着资源运动的基本规律。人力资源是所有资源中唯一具有主动性和自觉性的资源形态。第三，人力资源开发、利用和保护的最终目的是满足人的需要，实现人的目的以及促进人的发展。③要树立可持续的资源观。"以物为本"的资源观：靠加大资源投入来扩大生产规模，从而促进经济的增长，见效快却效率低下，会导致严重的生态问题和民生问题。"以人为本"的资源观：核心是人与自然和谐相处。人们可以通过实际活动，在有限范围内改造世界，并通过改造自然来促进人类与自然共同的可持续发展。

未来组织的硬资源不再像传统组织的那样，层次清晰，分类明确。未来组织的硬资源所包含的天然资源和其他劳动对象的比例越来越低，而对人工智能为代表的技术资源越来越看重，这是由科技发展的趋势所决定的，未来技术的力量必然会对组织管理产生重大影响，以"技术理性"为中心的资源论甚嚣尘上。同时，对以人为中心的管理资源的重视得到了加强。新生代员工在组织人员的构成上越来越多，对现有的组织管理提出了以下挑战。

挑战权威：新生代员工自我意识更加强烈，严密死板的层级体系对他们来说更像是一场闹剧。传统的价值观倡导员工以组织目标为核心，"为了大我，牺牲小我"已经不再符合新生代员工的需求。受到言论自由、民主、平等浪潮席卷的年轻人已经敢于对权威挑战、施压，反感管理者高高在上，对于命令式的领导方式接受度不高。

叛逆心理：新生代员工，国外有专门的术语叫"千禧一代"。他们差不多与电脑同时诞生，在互联网的陪伴下长大，浸淫于"社区网络""移动终端"等名词，贴有"微博控""人人控""微信控"等标签，可以说，他们的价值观体系已经深深根植了自由以及叛逆。学历层次不高并不意味着他们头脑不灵活，相反，叛逆的性格结合技术手法的多样让管理者十分头痛。

制度"悬空"：新生代员工对于严格的组织管理内生反感和排斥，喜欢自由轻松的工作环境，向往休闲的工作方式，更加注重个体价值的发挥和实现，渴望受到关注和尊重，对于组织的严格约束往往抵触，传统的"硬管理"思维虽然可以限制他们违反纪律的可能性，但"后遗症"很明显，包括员工想方设法规避"制度漏洞""无视制度"，很容易产生制度"悬空"。

因此，未来组织的硬管理方法会和当下的组织管理产生很大的区别，一方面，要注重越来越智能的管理技术，引进各种管理App，随时随地与员工沟通交流；另一方面，未来硬管理的成分越来越褪色，取而代之的是包含了人文色彩的软管理的"硬资源"。面向未来的组织，传统意义上的技术资源和管理资源的概念将被颠覆，组织的"硬管理"会更加且一定趋向于"软管理"，以人文资源为代表的组织资源会更加契合组织管理和发展的需要，彰显人文色彩的企业形象才会适应未来不确定性的时代，这才是企业管理最大的保险和资源！

## 6.3.2 资源整合三原理

### 1. 整合性原理

贝塔朗菲将系统定义为处于相互关系中,并与环境有相互关系的诸要素的集合。韦氏字典将系统定义为规律化的交互作用,或互依项目的集合构成的一致整体。拉兹洛认为,系统包括一系列实体和它们之间联系的观念,他把系统定义为抽象集上的关系。还有学者将系统定义为可识别的独立的 $X$、$I$、$V_i$ 各个部分的集合,其中:$X$ 为笛卡尔积,$I$ 为指标集,$V_i$ 为关系的各分量。朴昌根认为系统是处于特定相互关系中的诸要素的集合。

要从数量和质量两个方面考察系统构成元素。元素数量要适当,要合理,没有足够数量的构成元素不行,同类元素数量过多也不行。元素质量要恰到好处。素质过高,系统容纳不了;素质太低,又败坏系统整合,这是从系统的优化立场上考虑问题。

研究问题的角度,期望方向的不同价值观决定了系统构成"元素"以及构成元素中不同性质的区隔。正因为如此,把系统分成"子系统""分系统",或其他元素或元素类,表现出丰富多彩的运作,从而显示出各不相同的系统内景。运动的本质需从联系中探求,联系的本质从运动中发现。系统构成元素之间的联系分为结构上和功能上的联系。两者的关系是系统功能的决定性和系统结构的体现性。要研究系统的结构序和功能序,要研究各种支配关系的"序关系",以及主从关系,要研究"序因子",要研究序变及其对系统整体性能的影响。

(1)**开放系统与随机涨落**。系统都是开放的,封闭和孤立系统是人们为了研究某一种事物方便而做出的一种对环境的限制和对方向的限制。开放系统都是动态的,静态系统并不存在。运动是唯一带有绝对性色彩的东西。运动的绝对性特征决定了开放的绝对性特征。宇宙本身就是开放的,它无始无终,无边无沿。宇宙生成理论都是在一定的假设基础上完成研究的,这就是管理哲学的观点。

动态开放系统的现代研究,要数普利高津的"耗散结构理论"影响较大。我们仅谈"涨落"的启发。涨落在不同的条件下起着迥然不同的作用。对于近平衡区的系统,在一定条件下,随机的涨落引起了相空间中系统运动轨道的混乱,从而导致了无序状态。但对远离平衡区的耗散结构来说,随机的涨落却成了促使系统从不稳定的状态跃迁到一个新的有序状态的积极的、有活力的因素,涨落是形成新的稳定有序结构的杠杆。耗散结构一旦产生,就具有相对的稳定性,不被任何的小干扰所破坏。这种涨落性,在一定的管理空间区域内和限制条件下,不会改变管理区域的"宏观态势"。正是由于系统的这种随机涨落性是永恒存在的,正由于它对系统活力和稳定的重大作用,这就为我们进行资源有效整合提供了思路的理论基础。

(2)**资源配置系统的整合性**。源配置系统的整合性是指系统结构、功能与行为所具有的综合性质不同于系统内部按照一定性质所划分的资源配置子系统或分系统之结构、功能与行为所具有的性质的简单加和(代数和)。也就是说,资源配置意义上的系统整合性是一种动态的而非静态的概念。

资源配置的系统整合原理还受到心理学方面的提醒和鼓舞,人的思维是经过长期进化的结果,具有微妙的整合感悟。比如从视觉角度讲,看一个事物是先看到整体还是个体和局部?心理学研究表明,先有普遍后有个别,先有整体后有部分。人的大脑具有很好的"完形"的机能,这种机能,是一种场机能,它表明人们对刺激物的反应具有一种积极能动地组织成完美图形趋向的能力。这种"完形"的进化能力，反映在资源配置上，就会本能地，即直觉感悟地迅速发现资源之间的有机联系，并进行趋利避害的组合，这就是整合的运作。

### 2. 共生性原理

（1）**共生系统**。共生系统包括共生单元、共生模式、共生环境。共生单元指构成共生体或共生关系的基本能量生产和交换单位，它是形成共生体的基本物质条件。共生模式（共生关系）指共生单元相互作用的方式或相互结合的形式。在行为方式上分为寄生、偏利共生、互惠共生关系；在组织程度上分为点共生、间歇共生、连续共生和一体化共生等多种状态。生活中随处可见共生现象，比如电影院、商场与餐厅共生，"小天鹅"洗衣机和"碧浪"洗衣粉共生等。共生环境指共生关系存在发展的外部条件，共生单元以外的所有因素的总和构成共生环境。

共生系统的基本状态如表 6-2 所示。

表 6-2 共生系统的基本状态

|  | 点共生模式 $M_1$ | 间歇共生模式 $M_2$ | 连续共生模式 $M_3$ | 一体化共生模式 $M_4$ |
|---|---|---|---|---|
| 寄生 $P_1$ | $S_{11}(M_1, P_1)$ | $S_{12}(M_2, P_1)$ | $S_{13}(M_3, P_1)$ | $S_{14}(M_4, P_1)$ |
| 偏利共生 $P_2$ | $S_{21}(M_1, P_2)$ | $S_{22}(M_2, P_2)$ | $S_{23}(M_3, P_2)$ | $S_{24}(M_4, P_2)$ |
| 非对称互惠共生 $P_3$ | $S_{31}(M_1, P_3)$ | $S_{32}(M_2, P_3)$ | $S_{33}(M_3, P_3)$ | $S_{34}(M_4, P_3)$ |
| 对称互惠共生 $P_4$ | $S_{41}(M_1, P_4)$ | $S_{42}(M_2, P_4)$ | $S_{43}(M_3, P_4)$ | $S_{44}(M_4, P_4)$ |

表 6-2 所示的 16 种状态，代表了任何共生系统可能存在的基本状态。对这些基本状态及其变化的分析，就构成了共生系统分析与研究的基本内容；同时也为我们促进共生系统的优化指明了方向，即向一体化共生进化和向对称互惠共生进化。

（2）**共生的基本原理**。共生的基本原理指反映共生系统形成与发展中的一些内在的必然联系，是共生系统赖以形成与发展的基本规则，是理解共生关系的要害所在。主要包括：质参数兼容原理、共生能量生成原理、共生界面选择原理、共生系统相变原理、共生系统进化原理。

（3）**认识共生现象及其过程的本质**。共生是一种自组织现象，共生过程是一种自组织过程。共生过程既具有自组织过程的一般特征，又具有共生过程的独特个性。共生过程是共生单元的共同进化过程，是特定时空条件下的必然进化过程。共同进化、发展、适应是共生的深刻本质。共生为共生单元提供理想的进化路径。在自然界内部、人类社会内部以及自然界和人类社会之间的共生关系同样服从共生的一般本质，即共同进化。

共生反映了组织之间的相互依存关系。相互依存能使组织向更有生命力的方向演化。同时，它也反映了组织体之间的物质、信息和能量关系。生物共生单元之间的关系体现为物质要素的供求关系，经济共生单元之间的关系体现为共生经济要素的供求关系。共生关系的存在体现在形成一种共生能量，这种能量是共生关系增加的净能量，这种能量来源于共生体对物质、信息、能量的有效生产、交换和配置。共生关系影响共生单元和环境中同类单元的存在和发展。共生关系对环境产生或正向的，或反向的，或中性的影响。共生过程将产生共生能量，共生能量是共生单元、共生模式与共生环境共同作用的结果，体现在共生关系的协同作用和创新活力上。

### 3. 态势性原理

（1）**"态"与"势"的本质含义**。"态"指的是状态，也就是人或事物表现出来的形态；"势"是指一切事物力量表现出来的趋向；而"态势"是指"状态和形势"。姜太公有言："先谋后事者昌。""谋"是指谋划，目的在于创造有利于我的形势，即"造势"。"事"是指运作，目的在于创造有利于我的状态，即"造态"。围棋谋势不谋子。谋势，就是谋划形势、研究趋势；谋子，就是研究状态、关心做法。

从力学来看，"态"指力的运动外显状态，反映的是力的运动学特征，体现的是力学系统的行为形态；"势"指力的储备内隐状态，反映的是力的动力学特征，体现的是力学系统的结构形态。从"资源"配置、管理和运作立场上来看，"态"和"势"分别指管理者在进行资源配置运筹和运作中所涉及的资源配置格局的运行和能量状态，是资源配置系统的运动学和动力学特征的反映。"势"是一种能量储备的状态，这种储备的能量发泄出来，"势"则变小，而状态则由一种形态演进成另一种形态。"势"乃是不同"态"的一种组合，"势"一变，则"态"随着变化，不同的"态"会组成不同的"势"。松下幸之助说，"水库哲学就是蓄势哲学。"

（2）**造势基本要素**。造势是指管理主体（即造势主体）改造已有的资源配置形势而成为期望的管理势，或者创造新的资源配置格局，即新的管理势的过程。"造势"本身也是"管理系统"，有四个要素：

**一是造势主体**。造势主体的个人素质、知识结构、认识水平、运作能力以及思维方式等，对于造势的结果和由势而导致的管理状态的演变，都会产生直接的重大的影响。

**二是造势的目标**。造势的目标分为两个环节，即态势现状和目标指向，目标指向又分为目标方向和大小。"态势现状"较"目标指向"而言是第一位的，是前提和基础。"目标指向"较"态势现状"而言是结果产物。"目标方向"较"目标大小"而言是第一位的，造势目标方向明确了，目标的大小就要恰如其分。

**三是造势规则和方法**。①造势规则，即按照什么样的准则和原则来造势，这取决于许多复杂的因素：既可以有系统内部的，也可以有系统外部的；既可以有现成的理论根据或者过去的经验借鉴，也可以是造势主体独创出来的。②造势方法，不论是策略、流程，还是方式、方法和技巧，都可以借鉴古今中外学者的研究成果。真正的方法是"运用之妙，存乎一心"。

**四是有潜能的资源**。造势，是要人为地创造出系统不同运动状态的差异（梯度），而这种状态的形成，就需要资源的潜能在资源配置运动过程中的集结和释放。一旦管理势创造成功，就可以在管理者认为必要的时候，让管理势演变成他所需要的管理状态，而在这个过程之中，离不开具有潜能的各种管理资源的有效支持。

（3）**关于态势原理的几点认识**。具体如下：

- 造势是一切决策的根本所在。资源配置决策，乃至所有决策，其根本所在都是为了形成一种朝着期望方向有效运动的初始条件，即"势"。
- 我们永远面对一个无穷无尽的潜能宝库。物质能量是守恒的，不能再生，也不会消灭，经常发生的只是转移和转换。我们要尽可能地研究资源配置系统的巨大潜能，并想办法把它们开发、释放出来。
- 确立"势"是有向"状态差"的观念。"差"意味着能量的集聚，有"差"才有"势"。例如，势差（心理势）、压差（血压）等。管理者要随时注意把握和控制，使"势"

不偏离期望方向。因为在资源配置中，人们所创造的资源配置系统的势总是指向期望目的，而在导致的管理状态迭代运动中，由于可能受到来自其他外来势的作用而导致对资源状态运动的干扰。

- 知势与任势。知势，是指对势的科学认识和把握。包括知势形，明了势的形态；知势趋，明了势的发展方向和趋势；知势源，明了势形成的根源出处及形成原因；知势机，明了势的内部结构和机理；知势限，明了势所受到的约束条件。

《孙子·谋攻篇》有言，故知胜有五：知可以战与不可以战者胜，识众寡之用者胜，上下同欲者胜，以虞待不虞者胜，将能而君不御者胜。此五者，知胜之道也。故曰：知彼知己，百战不殆；不知彼而知己，一胜一负；不知彼不知己，每战必败。

任势，是对势的把握与运作过程，是要善于运用力量，因势利导，借势成事。任势，可以任由势的自然发展，也可以使其转向；可以保持势的本来的运动力度，也可以使其加速、减速，但无论如何，任势的运作艺术在于给人一种"顺其自然""顺理成章"的感觉。企业经营不但要正确运用自己的力量，还要巧用客观矛盾所产生的外力，采取能带来效益的行动。

《孙子·势篇》有言：故善战者，求之于势，不责于人，故能择人而任势。任势者，其战人也，如转木石。木石之性，安则静，危则动，方则止，圆则行。故善战人之势，如转圆石于千仞之山者，势也。

### 6.3.3 全息管理资源论

#### 1. 管理的三级资源论

所谓永恒的思维亮点，就是把面前的每一事件均视为一种机会。基于量子的哲学观提出：世界的未来，本质上是机会决定的，而非因果关系所决定的。因此，把面前的每一事件均视为一种机会，就具有了管理哲学上的劝诱和警示作用。既然摆在面前的每一事件都可视为机会，那么"不放弃任何一个机会"的观念就产生了，与此相对应的就是"要善于选择机会"，这是开发"机会资源"的基本观念。因此，管理者要学会三级资源消息论。

第一资源主要指天然资源和其他劳动对象。一般来说，第一资源不出效益。第一资源在经济效益的运行过程中是以费用和消耗的形式出现的，并且以这种形式参与经济效益的形成。

技术资源统称为第二资源。一个有专长的技术人员如果树立了管理观念，掌握了管理知识和技能，他的用武之地将更加广阔。

管理资源称为第三级资源。管理资源与技术资源在相互配合的过程中，存在着不同的分工。管理主司功能，技术主司结构；管理主司计划，技术主司实施；管理主司配置，技术主司操作。所以说，技术资源与管理资源是相关的，也是相容的。

我们想要落脚在一个有力的机会上，而不是一个奇幻的想法上，必须将三级资源升华为三类资产。第一是本质资产，主要指的是现金、土地、人员、专利、产品、服务、大数据等，往往要借助外人的观点，因为这些资产可能被组织内部人视为理所当然；第二是操作资产，指的是来自于某件工作的方式，比如如何发奖金等；第三是情境资产，即依靠现行"情境"或环境得到的资产，往往来自于环境变迁。

（1）资源与效益。所谓效益，指的是效果与利益，既可以指项目对国民经济所做的直接和间接贡献,也可以指劳动(包括物化劳动与活劳动)占用、劳动消耗与获得的劳动成果之间的比较。天然资源与技术资源相较于管理资源来说,其灵活性较低,对于经济效益的贡献较少,讨论管理资源的时候,我们必须提到人的作用。

人力资源是进行社会生产最基本、最重要的资源。对企业来说,人力资源管理能够给企业带来效益,也可能不带来效益。如果人力资源管理的政策和活动有助于企业人力资本存量的提高,有助于人力资本作用的发挥,那么,它对企业效益就会是正效应;反之,如果人力资源管理的政策和活动导致企业人才的流失,员工对企业认同感下降,工作效率低下,那么,它对企业效益的影响就是负效应。

德鲁克在《管理的实践》中指出,管理有管理企业、管理经理人员和管理员工及他们的工作三大职能,并引入"人力资源"这个概念,企业需要依赖其管理人员与技术人员的创造性与主动性,来为其赢得竞争优势,充分利用内外部的人力资源,使人尽其才、事得其人、人事皆宜,以降低成本,实现经济效益与社会效益的最大化,增强企业的竞争力。

(2)资源与效率。效率的本意为"单位时间完成的工作量",后被引入经济学中,指的是最有效地使用社会资源以满足人类的愿望和需要,在给定投入和技术的条件下,经济资源没有浪费,或对经济资源做了能带来最大可能性的满足程度的利用,即社会能从其稀缺资源中得到最多东西的特性,也就是我们通常说的"经济蛋糕的大小"。

从管理学角度来讲,效率是指在特定时间内,组织的各种投入与产出之间的比率关系,与投入成反比,与产出成正比。一般来说,公共部门的效率一是生产效率,指生产或者提供服务的平均成本;二是配置效率,指组织所提供的产品或服务是否能够满足利害关系人的不同偏好。换言之,对已有资源的利用率越高,产出与投入之比越大,所获得的效率便越大。

随着经济学与管理学等学科之间知识交叉的深入,出现"资源效率"一词,指的是单位资源所产生的经济、社会、生态和环境等有益效果的相对数量。提高效率的途径在于对资源的有序分配,一般而言,管理者通过设立标准流程、操作规程、分工协作等规范化体系,以实现管理系统的良性运作,从而提高企业的运作效率。

(3)资源与效用/效能。《尉缭子·武议》有言:"起兵,直使甲胄生虮者,必为吾所效用也。"意思是说进行战争,能使军队坚持长期作战的,必然是(由于军令严明)官兵不得不为我效力的缘故。"效用"一词在古代是"发挥作用"的意思,而今更多用于经济学中,意为"对于消费者通过消费或者享受闲暇等使自己的需求、欲望得到满足的一个度量",经济学家用它来解释有理性的消费者如何把他们有限的资源分配在能给他们带来最大满足的商品上。

《尹文子·大道上》有言:"庆赏刑罚,君事也;守职效能,臣业也。"其意思是:奖赏有功,惩罚犯罪,这是君主的事情;严守职责,尽心竭力,这是臣子的职能。"效能"在这里指的是"贡献才能"。当下,效能指的是达到系统目标的程度,或系统期望达到一组具体任务要求的程度。一般而言,主要指办事的效率和工作的能力,是衡量工作结果的尺度,效率、效果、效益是衡量效能的依据。当代学者提出"资源管理效能""人力资源效能",前者是指资源管理实现预期效果的程度,或单位资源管理投入所产生的预期效果,后者是指人力资源管理活动所达成预期结果或影响的程度。效能＝效率 × 目标,即一个人或组织不能片面地追求效率,效率高不代表目的就可以实现,有了目标再乘以效率才是达到目的的方法。

（4）资源与有效。《汉书·元帝纪》曰："惟阴阳不调，未烛其咎，娄敕公卿，日望有效。"意思是，"我每天战战栗栗、昼夜反省过失，不敢废事而自宁。对于阴阳不调，不知错误出在何处，屡次晓谕公卿，期望能够努力从政，以收到成效。""有效"在这里是"有成效，有效果"的意思，而在当代，"有效"指的是"能实现预期目的，有效果。"

资源不等于金钱，但资源可以给我们带来财富。拥有资源并不等于成功，因为资源毕竟是有限的，我们需要做的是充分挖掘和利用自然资源、技术资源与管理资源，在增加产出的同时，减少资源投入，在追求效率的同时，达成预期的目标，实现效益的最大化，则能够化一般资源为有效资源，提升资源的内在价值。

### 2. 管理机缘论

（1）**机会的定义及类别**。爱德华·波诺认为机会就像原料、劳动力或财力等商业元素一样真实——但是只有在你看得见它的时候，它才存在。机会的定义意味着改革与创新，有时候问题也被定义为机会。刘冀生认为，一般来讲，时机是时间和机会的统一体，任何机会都是在一定的时间范围里出现的。机会是指人类社会发展过程中，发展主体内外部条件所提供的客观可能性。波诺将机会解释为一项可能而且显然值得追求的行动方针。我们就波诺所定义的"机会"进一步阐释：

探究机会时，所有用来冒险的资源，唯有思考的时间而已。机会与空想的差异，在于机会是可行的。机会的可行性必须能够使下面两个问题得到令人满意的答复：我们能够采取什么行动来实现它？我们从行动方针中获得利润的可能性有多大？将想法转化成实际的机会，需要用到思考的时间和精力。

我们思考的目的是什么？第一个目的形成可能产生机会的想法。第二个目的在于评估它的利润。第三个目的规划出切实可行的行动方针。

显而易见，在思考上所冒的风险越大，整个机会的冒险程度越小。当机会被定义成"显然值得追求的行动方针"时，要注意所谓值得追求的行动方针不应只局限在完成整个计划。行动方针应该包括获取更多资讯、调查市场状况、进行更深入的研究，或者拟订一个导航计划。探索机会和发展机会没有捷径，深思熟虑的时间是必需的。在思考上所做的投资，将来会在别的机会思考上派上用场。

第一种分类是从机会指示的事件变化的方向同组织的既定方向来比较，机会分为三类：①同向机会，机会所指示的方向与组织行为既定方向是一致的。②类向机会，机会所指示的方向与组织行为的既定方向稍有偏离，一方面含有一部分已做的预见，另一方面具有需要进行预测的新领域。③异向机会，机会所指示的方向同组织行为的既定方向背道而驰，不可知的成分很大。

第二种分类：就组织行为的机会在拓广的意义上说（考虑机会成本问题）。机会主要分为平稳性机会、短暂性机会。平稳性机会指在一定时期内不会消失或消失速度很慢的机会。资金时间价值、劳动时间价值、均衡生产问题都是平稳性机会。短暂性机会是指存在时间不长或转瞬即逝的机会，如捕捉市场机会时所指的那种机会，其特征为意外性、易逝性。

第三种分类：从机会对一个组织发展决策的作用上，划分为扩张型机会和聚敛型机会。扩张型机会表现为组织规模的扩大、产量的增加和市场的膨胀。聚敛型机会表现为活动本身的收缩，也可以表现为对进行这项活动所需成本的限制。

（2）**时机与机缘**。张福堰认为随着工业的发展，"机"的性质已经由"机械"中保持本质特性的"机"的含义，演变异化为特指"机器""机械""工具"意义了。本书仅讨论"机会"一词，因此把它们排除在"机"的家族之外。现在看看"机"的家族成员。

"机"家族的前缀成员主要有三类：表明随时间而要求有所变化的成员，如时机、转机；表明利用所涉及的机的成员，如乘机、参透玄机、随机应变；表明围绕机这一核心系统性的成员，如动机、生机、事机、(兵有)"四机"(气机、地机、事机、力机)。具体如图6-5所示。

"机"家族的后缀成员主要有五类：表明因机而设计、创造的结构，如机关、机械、机制、机构；出于机的微妙而进行作为的办法、思路，如机巧、机能；

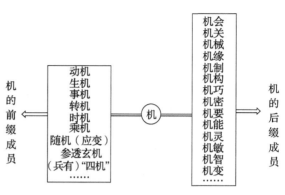

图6-5 机会诠释——时机与机缘

对于机的敏感、洞察和见识，如机灵、机敏、机警、机智、机变；由于机的特殊重要地位而强化、维护的成员，如机密、机要；为求得机的认同而寻求密切联系的成员，如机会、机遇、机缘。

古人言，"难得而易失者，时也。时至而不旋踵者，机也。故圣人常顺时以动，智者必因时而发。"意思是说：难以获得而最易失去的东西便是时间。时运一到，必须抓紧，就连转动脚跟那样的一瞬间也不耽误，这就是要抓住机遇。所以，圣人顺着时运而决定自己的行动方向，聪明的人利用机遇而有所作为。这段话充分地讲明了时与机的意义所在。

"时"的含义主要有三点，其一，时间的永恒运动性和时间运动的不可逆转性，强调的是时间运动的某一个点。其二，强调的是时间运动的某一个区隔或区间。其三，强调的是时间运动的方向。

对"机"的研究首先在于参透玄机，如开锁的机理取决于钥匙的结构机理同锁的内部结构机理正好互补相生（或相克）。所以，把时机作为一个词整体运用，含义十分丰富且十分深刻。时机 = 握时 × 参机 = 握时参机，握时，把握时运（方向）和火候（时点、时段）。参机，就是参透玄机。

吴起指出了战阵之事的四大关键，对于成败具有决定性的影响，不掌握，不能成为军队的高级主管。"凡兵有四机：一曰气机，二曰地机，三曰事机，四曰力机。三军之众，百万之师；张设轻重，在于一人，是谓气机。路狭道险，名山大塞，十夫所守，千夫不过，是谓地机。善行间谍，轻兵往来，分散其众，使其君臣相怨，上下相咎，是谓事机。车坚管辖，舟利橹楫，士习战陈，马闲驰逐，是谓力机。知此四者，乃可为将。"

气机：三军指挥中枢，队伍士气的根源；地机：地理条件的要害之处；事机：战争策略中的纲领，纲举目张；力机：行动力度的核心环节。

明朝人揭暄《兵经一百》讲"机"：势之维系处为机，事之转变处为机，物之紧切处为机，时之凑合处为机。有目前即是机，转瞬即非机者；有乘之即为机，失之即无机者。谋之宜深，藏之宜密。定于识，利于决。这讲了机的所在、变化、转化、运作。所以我们认为：辨别战机在于卓识，利用战机在于决断。

"机"含有不寻常的信息。这种不寻常体现在信息集中强度很大上，也体现在负载的信息很特殊上。当然，由于信息的共享性，谁都可以去参机；由于信息的不确定性，又不是随便一个人都有资格参机的,尤其是"参透";由于信息的可传递和可扩散、再生、湮灭等特性,机的存在是可以变化的。正如《兵经一百》所说,"目前为机,转瞬非机;乘之为机,失之无机",这就是"机会易逝"的典型特征。

机会具有系统性、意外性、客观性、物质性、易逝性和不可存储性。机会是资源,机会是有价值的。机会的价值依据在于与机会不可分割的"时间""信息""知识"三类资源的价值,机会作为资源,是以上述三类资源整合面目出现的,而其价值还反映在它可以给把握住机会的人们带来程度不同的收益。机会的价值也表现有主观性和依赖性——只对需求者具有价值,对不同的需求者的价值不同,对获取机会的需求者来说具有正价值。

机会的价值展开图如图6-6所示。

(3)**机会资源**。具体如下。

**第一,开发机会资源是一种强烈的机会意识**。萨缪尔森说,"市场经济是一种有关资源配置的经济组织形式;市场经济是一种价格、市场、盈利和亏损以及激励的体系,它决定生产什么,怎样生产和为谁生产的问题。"而企业家是识别机会资源的主要人群,霍思曼认为企业家是人类创造财富的第四个基本要素;萨伊说,"把经济资源从生产效率

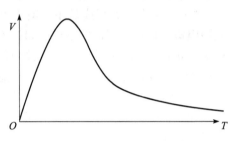

图6-6 机会的价值展开图

较低、产量较小的领域转到生产效率较高、产量较大的领域的人,便是企业家。"拉斯那认为,企业家行为的本质就是及时发现在投入和产出的相对关系中潜在的、尚未被利用的机会,并灵活地充分利用这一机会。彭罗斯认为,企业家机能根本的重要性在于预见未来和发现生产机会的能力。熊彼特说,"作为企业家决策能力基础的洞察力即'在所处的环境中大胆地废弃不起作用的因素,果断地选择对成功起作用的要素'。"德鲁克说,"企业家精神就是社会创新精神。"由于上述一切的意义都离不开机会的追求、创造、把握、利用、切换,而没有机会的追求和利用,就无从谈起任何资源(或资产)的利用和配置的意义和价值,所以,开发机会资源是十分重要的,具有头等的意义。

在经济学家眼中,企业家担负着六种社会职能。

- **中间人**:体力劳动和消费者之间的中间人,制造业和商业之间的中间人,投入和产出联结起来的中间人,促进对买卖双方都有利的交易机会得以实现的中间人等。
- **市场调节人**:调节市场结构的主体,统筹、调整市场交易中已经发挥作用的领域和尚未充分发挥作用的领域之间的关系。
- **冒险的事业家**:敢于冒险和承担风险去经营企业,以深刻而敏锐的洞察力去发现发展时机,灵活的、明察秋毫的资质,企业家的作用与处理不可靠的能力是结合起来的。
- **创造性地破坏**:突破、破坏经济循环惯行轨道,创造需求者剩余和生产者剩余,把握革新的主动权,把创造的新欲望教给消费者,使经济结构不断地从内部进行革命突破。
- **社会服务**:把所付出的努力最有效地用来满足人们的欲望;发现企业活动场所即生产机会;从实际工作的角度来看,社会的进步是靠实业家来完成的。
- **宣传和说服工作**:取得信任的说服力;一方面通过观察他人能力的能力,另一方面通过让别人相信自己有能力的能力,使有关保证能力的制约条件在一定程度上得以克服;促成对买卖双方都有利的交易机会的实现。

为了从理论上明确机会意识的重要性，我们简要地谈一谈有限非决定性。非决定性相对于决定性，决定性又叫因果性。"因果论是20世纪20年代两股深刻的革命性思潮（量子理论和逻辑实证论）的牺牲品。""随机无规"这个概念贯穿整个当代科学，因此，到了20世纪中叶，科学家和哲学家开始承认，机遇是存在的一种形式，是生成过程的一种形式。因果决定论正是忽视了这一点，故有懈可击。

从管理方面来说，非决定性指的是管理所涉及的未来状态只是部分地由它现在的状态决定，机会在决定管理事态发展上将会起到关键性的作用。有限性来自于海森堡及其他科学家对量子场论中"测不准原理"的哲学解释，指的是承认测量精度的有限性和随机性检验的有限性。按照诺依曼对测量问题的研究，测量结果不只会有几率的预言性，而且测量精度必然是有限的。这一结论适用于对管理事态及其变化的观测属性。

综上，**有限非决定性是指在承认有限性测量精度和有限性随机检验的基础上，管理系统的未来状态只是部分地由它现在的状态所决定的，机会在决定管理事态发展上将会起到关键的作用**。应当指出，这种有限非决定性特征，并不是完全排斥任何"决定性"的无决定性。尽管机会是偶然的，随机发生的，但"偶然是必然的交叉"。因此，从另一种意义上可以说，"有限非决定性"也就是"有限统计决定性"。

由于"**社会现象的随机性与自然现象的随机性具有相同的性质，那就是多因果关系所造成的不确定性**"，所以管理行为的特点就表现为一种选择性，特别是组织的管理行为表现出来的系统选择行为。这正如有人所说的，"选择是作用于或然性空间的一种限定，是一种合目的的运动。这种限定不仅受到必然性的制约，而且受到必要性的制约。价值便是一种系统自我保持的必要性，是客体转化为主体，借以实现主体组织程度的尺度。它扬弃了客观的自在性、潜在性和必然性，而赋予它对象性、现实性和合目的性。价值要求提供了系统选择的标准和动力，是自我调节、自我组织倾向的重要源泉。"

**第二，开发机会资源是一种察机和参机行为**。"察机"从三个角度进行：一是时间角度，密切注视变化，预见机会。月晕而风，础润而雨，滴水石穿，物极必反等都在告诫我们要在时间推移的立场上关注质变、重大事件发生的可能性。二是空间角度，凡属交叉部位和交叉点，以及连接点，都是"机"，在这里集中了大量信息，往往成为系统的要害所在。比如动物的眼、关节、植物的枝杈结合部等。三是系统的关键部位和关键事物，即影响系统生存与发展全局的那些部位或事物。系统的薄弱环节，指的是通常容易被忽视的所谓"盲区"和"盲点"。系统内发生的异常事件，它表明有什么"机"我们没有察觉到，或是洞察不到位，或是有相反的错误评估。

察机之后是"参机"，"参机"有如下程序：首先，察机；其次，研究"机"的结构，即机理，实际上就是要找出与"机"有关的"关联因子"，即构成关系实质的各种要素；再次，研究"机"的破译方法；最后，开机指完全把握"机"的内部信息，创造事实，使管理运动对运作者有益而无害。

《三十六计：反客为主》有言，为人驱使者为奴，为人尊处者为客，不能立足者为暂客，能立足者为久客，客久而不能主事者为贱客，能主事则可渐握机要，而为主矣。故反客为主之局：第一步须争客位；第二步须乘隙；第三步须插足；第四步须握机；第五步乃成为主。为主，则并人之军矣。此渐进之阴谋也。

一旦渐渐掌握了机要之处的话，就已经反客为主了。这个过程分为五步：争客位，乘隙，插足，握机，成功。概括地讲，把主动权慢慢地掌握到自己手中分成五步，强调循序渐进，不可急躁莽撞，泄露机密，只会把事情搞坏。用在军事上，就要把别人的军队拿过来，控制指挥权。按语称此计为"渐进之阴谋"，既是"阴谋"，又必须"渐进"，才能奏效。

美国一些学者研究日本营销战略，曾提出"机会频谱"的概念，认为机会频谱的一端是已经存在的机会，另一端是创造的机会。日本人无论是在行业机会的识别与管理方面，还是在市场机会的识别和管理方面，都能很好地把握机会频谱并巧妙地"参机"运作。

**第三，开发机会资源中由问题到决策的过程。**具体步骤如下：①提出正确的问题。海森堡在《物理学与哲学》中指出，"提出正确的问题往往等于解决了问题的大半。"②状况评估。"兰德四步决策法"中，"状况评估"是第一道理性程序。其过程见图6-7。③问题分析。"状况评估"之后是"问题分析"，问题分析的基础在于因果性的思考模式，它能使我们实际地找出、描述、分析，以及解决某一状况。④决策分析。这里主要谈决策陷阱。决策陷阱的表现为：

- **贸然投入**，在收集资讯下结论之前，先花几分钟来考察所面对问题的症结，或透彻地分析为什么你认为该做这样的决策。
- **框架的盲点**，针对错误的问题进行解决，未经过深思熟虑就为你的决策造出心智的架构，它使你忽略了最佳的选择，看不见重要的目标。
- **缺乏框架的控制**，无法意识清楚地用一种以上的方式来界定问题，不当地受其他人的框架所左右。**过度自信**，对自身的判断过于自信，以致怠于搜集必备的事实性资讯。
- **经验常理**，短视地抄小路，不当地仰仗"经验常理"。
- **轻举妄动**，不依循一套有系统的程序来做，草率行事。
- **群体的失败**，假设有许多精明干练的人士参与，好的抉择会自动自发地跑出来，导致在管理群体决策的过程上失败。
- **为回馈而自我愚弄**，由过去结果所得事实证据，在诠释其真正代表意义上的失败。
- **不做追踪**，怠于保持系统化的记录来追溯决策结果，怠于分析能呈现关键性教训的结果在决策过程上的审核失败。

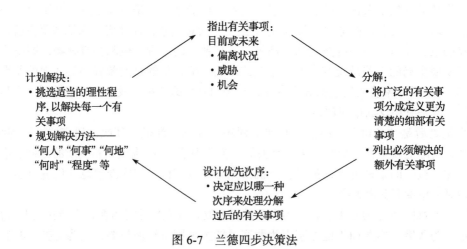

图6-7 兰德四步决策法

**第四，开发机会资源可以由创意而使机会价值极大化。**一个伟大的创意能导致财富重组，使默默无闻的品牌一夜之间闻名全球；一个伟大的创意能开创一个事业或挽救一个企业；一个伟大的创意在一个支点上掀起整个地球，从而彻底改变这个世界；一个好的创意会使机会资源价值极大化。1963年奥斯本提出创意解决问题法，他认为创意思考包括三个步骤，即寻找事实、寻找创意和寻找解答。后来，潘能斯、萨克森和屈芬格都对此进行了修正，从而有了创意解决问题法的基本步骤（共六步）。

### 步骤1：寻找目标

| 发散性思考 | 收敛性思考 |
|---|---|
| 列出你所能想到的关于这个问题的每一件事情。请利用"5W"技巧帮助你思考 | 1. 以星号标注重点<br>2. 如果显现出自然的类别，请将重点分类 |

### 步骤2：寻找事实

| 发散性思考 | 收敛性思考 |
|---|---|
| 列出忧虑、挑战或机会（你想要解决的问题范围） | 1. 找出重点（最相关或最重要的问题）<br>2. 选择一个对你来说最重要的问题<br>3. 将这个重点以"用什么方法我或我们可以……"的问句格式陈述<br>　选择标准：①所有权。你是否有意或愿意解决它？②优先顺序。这个问题有多重要？③紧迫性。解决这个问题有多紧急？ |

### 步骤3：寻找问题

| 发散性思考 | 收敛性思考 |
|---|---|
| 1. 检查寻找事实步骤中所产生的重点<br>2. 利用每一个重点来重新定义问题<br>3. 列出所有问题的新定义 | 1. 挑出一些最好的问题重新定义<br>2. 选择一个最有可能解决问题的新定义（或选择原始定义）<br>陈述问题的标准：所有权，激发许多创意的可能性，不受条件限制 |

### 步骤4：寻找创意

| 发散性思考 | 收敛性思考 |
|---|---|
| 1. 不受限制地列出所有可以解决你问题的创意<br>2. 使用许多正式的技巧（如创造力图、语意直觉法、类推法、假设法、图片刺激法）以产生创意 | 1. 寻找创意的重点<br>2. 如果可能的话，将重点分类<br>3. 选择最有可能成为解答的创意或创意群组 |

### 步骤5：寻找解决办法

| 发散性思考 | 收敛性思考 |
|---|---|
| 1. 列出评估标准<br>2. 如果有必要的话，将各类的重点转化成更可行的解决方法（扩展和发展观念） | 1. 如果标准太多，选择最重要的<br>2. 利用这些标准选择最好的解决方式或解决方式组合。如果时间允许的话，使用加权决策矩阵，或激昂每一个解决方法针对每一个标准予以评分（1=不太可能，5=非常可能） |

### 步骤6：寻求接纳

| 发散性思考 | 收敛性思考 |
|---|---|
| 1. 列出潜在的执行障碍<br>2. 针对最主要的障碍，列出预防措施和权变计划<br>3. 发展执行行动方针 | 1. 选出最主要的执行障碍<br>2. 评估行动计划以确保其成功 |

开发机会资源最重要的便是创造先机。邦德曾经归纳出中国儒家价值观的基本要点：毅力、重理论、节俭是长程人生观；个人稳定、重传统、要面子、讲究礼尚往来属于短程人生观。从各个方面来看，事实反复证明，毅力是创造、发明的关键要素。创新的核心在明天，不在眼前。开发机会资源，重在创造机遇；创造机遇，核心又在洞悉时机，创造先机。曾国藩说："吾平生在不辨明暗、是非之时，专好心通身变，寻达全新之境。"可以说，创造先机，思路无一定之规，无一时之规。

（4）意识光谱。约翰·怀特对《意识光谱》是这样评价的：一天，我正在攀爬一座心智的高山，并艰难地试着征服途中一个极其陡峭的巅峰，这时我向下望去，看到平原遥远的那一头，肯·威尔伯正迈着大步向着山麓丘陵走来。接着他加速了，小跑起来，很快爬上了海拔较低的地方，但他并没有在上坡时减慢速度，而是展示出他那登山运动的稀世天赋。他不仅没有减速，实际上还跑得更快了。他迈着优雅的步子冲过了极长的一段距离，让像我这样的旁观者瞠目结舌。然后，他竟然启动了冥想的喷射推进器，一跃抵达了灵性的最上层！而我只能站在那里，屏住呼吸，看着他划过天空留下的轨迹，欣慰地笑着。

《意识光谱》自1974年完成之日起，历经3年磨砺，被33家出版社拒绝发行，问世之后震惊世人，成为继阿罗频多《神圣人性论》、海德格尔《存在与时间》、怀海德《过程与实在》之后，20世纪最伟大的四本哲学著作之一，成为当代整合心理学与灵修的重要参考。书中阐述了意识的六种阶层：阴影层、自我阶层、生物社会带、存在阶层、超个人带及大心境界。

**阴影层**：在某些情况下，一个人很可能跟灵魂的各个面疏离，不再认同它们，因而将认同感窄化成"自我"的某些局部，我们称之为人格面具，也就是我们所谓的阴影层：认同贫乏而不正确的自我形象（也就是人格面具），而将其他心理倾向视为过度痛苦、邪恶或不想要的东西，于是这些被解离出来的心理内涵，便形成了阴影面的问题。

**自我阶层**：意识处于这个阶层的人并不直接认同身心有机体，其认同的只是"自我"或自我形象，于是整个有机体便形成了"灵魂"与"肉体"分家的状态。如果一个人只认同他的灵魂、心智或"自我"，便等于在说"我拥有一副肉身"，而非"我即是肉身"。这样的认同感其实背离了事实，因为你觉得你并不是自己的那副肉体，而是存在于肉体之中的一个灵魂。此阶层的意识几乎完全认同了内在心象，而非完整的身心有机体，所以是被智力及象征思考所掌控的。佛家称此为智力阶层。

**生物社会带**：生物社会带包括于存在阶层的上限中，亦即文化前提、家族关系、社会表象，以及渗透各处的语言、逻辑、道德或法令之类的社会机制。

**存在阶层**：处于存在阶层的人完全认同了存在于时空之中的身心有机体，因为自我之分、有机体与环境的界分，在这个阶段开始清楚地确立。理性思维活动与个人意志也在这个阶段开始发展。

**超个人带**：这些阶层代表的是意识光谱超越个人性的阶段，这时个人已不再意识到自己和一切万有的界分，其认同感也不再局限于个人有机体的范围之内。所谓的原型也是发生在这个阶层，根据大乘佛法的观点，这些阶层被统称为"超越个人性之上的藏识"；在印度教的传统里，它们被称为"本因"。

**大心境界**：人类意识最深层的认同，跟宇宙的绝对或终极实现是同一种状态，亦即所谓的梵我、道、法身、阿拉或神之源头。根据世界宗教传统的看法，"大心"就是唯一的存在；它没有空间性，因此是无限的；它没有时间性，所以是永恒的。除了它之外，别无一物。处于这种境界时，我们认同的是宇宙和一切万有，换句话说，我们就是一切万有。

光谱的每一个阶层均代表着越来越窄化的认同感：从宇宙意识逐渐收缩为完整的有机体，从完整的有机体收缩为与肉体疏离的灵魂，再从与肉体疏离的灵魂收缩为人格面具。意识光谱循着连续不断的二元对立（有机体与环境、生与死、心与身、人格面具与阴影层的对立），而演化成各种不同的阶层。深一层地来看，大心并不是诸多阶层中的一层，而是不二的独一境界，因此，"大心阶层"也只不过是一种方便的说法罢了。意识光谱的各种阶层并不是互不相连的，如同任何一种谱系一样，它们是相互渗透的。

### 3. 全息资源能力论

企业资源能力论是从企业内部构成要素出发理解企业和企业成长。彭罗斯、沃纳菲尔特、巴尼等将企业视为资源的集合体，并认为这些或有形或无形的资源在企业之间的流动和复制都是困难的，它们的运用能够形成独特的企业能力，进而形成企业持久竞争优势的源泉。

（1）**关键资源识别与获取**。资源识别是确立未来竞争优势的基础，确定企业的主要资源，然后通过资源分解，应用资源基础理论检验方法确定真正有价值的关键资源。各种资源的重要性不等同。这需要运用"资源价值创造区"理论检验资源的特性，采用资源价值评估的五项标准：不可模仿性、持久性、占有性、替代性和竞争性进行价值评估，从需求性、稀缺性和可获得性三个维度对资源检验。最后，判断在所拥有的总体资源中，哪些可以成为关键资源。

关键资源有时单独部分不具有优势，但结合在一起就成为一种较好的资源包。从资源的形态来看，同质的资源不能成为优势资源，这类资源在企业竞争中所起的作用会因竞争对手的模仿而降低；对外部资源依赖性强的资源也难以形成优势竞争资源，它们被替代的可能性较大，而且这类资源的数量和质量有可能因为竞争对手的侵蚀而削弱。

在识别关键资源的基础上，如何获取关键资源成为提升企业竞争优势、维持企业可持续发展的决定性因素。关键资源获取主要是指在企业外部获取所需的必要的资源，构建资源库。按照获取资源的来源，资源获取可以分为资源外部获取和资源内部积累两个维度。

（2）**核心动态能力的构建**。"动态能力"战略观是经济学家 Teece 等人于1997年提出的，其中"动态"强调的是不断更新自身能力以适应不断变化的外部环境；"能力"强调的是通过战略管理来整合、重构、配置内外部资源和组织技能以满足环境不断变化的需求。

企业的评估、整合、学习和技术创新能力构成了企业核心动态能力。企业核心动态能力的构建就是要调整企业内外部资源，使之能够在市场动态的环境中保持和提高自身的竞争优势。在 Teece 等人的研究中，认为核心动态能力不局限于任何一种核心能力，而处于企业能力结构的最高层，更抽象，使企业在面对市场环境变化时，能迅速整合，建立和重构内外部资源、技能和能力，形成新的竞争优势。企业的核心动态能力是企业整合、构建和重组内外部资源以修正运营操作能力，从而适应动态复杂快速变化环境的能力，能够使企业动态地适应复杂变化的环境。因此，为了适应动态的环境，获取持续的竞争优势，企业的核心能力必须进行动态更新和持续演化，这种随着时间的推移而不断更新并创造新竞争优势的核心能力就是核心动态能力。企业核心动态能力的本质，就是企业核心动态能力要素整合必须与企业所面临的内外部环境变化始终相互匹配。

（3）**知识管理能力的提升**。近来，越来越多的企业将知识管理能力的提升作为增强核心竞争力的关键方法之一。知识管理能力是指企业中的个体或群体在各个子系统中围绕知识管理领域所具备的条件和作用力,可以归纳为生产、传播和应用能力,这些能力来源于企业生产经营各个环节中的知识循环。现实中许多企业在知识管理方面还存在知识资源严重浪费、信息孤岛频现、知识互换中盲点等现象。因此,需要不断提升知识管理能力。企业知识管理能力提升的策略主要如下:

**第一,增强员工对知识管理的认可程度**。员工对知识管理的认可程度直接决定着知识管理的实施成效,也在一定程度上决定着知识管理能力的高低。企业通过组织培训班、企业网等方式,向员工宣传知识管理的相关知识及其他企业在知识管理方面的成功案例,让员工充分认识到知识是企业核心竞争力的重要部分,知识管理对个人和企业发展具有重要的意义。

**第二,营造有利于知识管理能力提升的文化氛围**。良好的文化氛围是促进知识管理能力提升的"助推器"。企业需要通过塑造共同愿景、建立有效的知识共享及创新激励机制,增强员工的知识共享意识,鼓励员工进行知识应用与创新,培育积极进行知识共享和乐于投身知识创新的文化氛围。

**第三,加强企业外显知识组合化**。企业外显知识组合化是指企业将获取到的与企业有关的知识进行整理、加工后成为自己的知识,实现丰富员工个人、团队和企业知识的目的。外显知识组合化运用信息技术,建立起一种可以编辑、存储、传播知识的知识库,随着认识的不断更新,员工可以结合形势的变化,将最新的知识不断补充到知识库当中。

**第四,建立健全的知识保护体系**。由于企业的一些关键知识关系着企业的核心技术,这些核心技术直接影响着企业的长远发展,因此,有必要围绕自身发展战略制定明确的知识保护制度,减少企业员工流动率,避免核心知识流失,对企业知识库及数据库的申请访问实行对外保护等,建立一套健全的知识保护体系来保护企业的核心知识,提升企业的知识管理能力。

(4)**全息资源论意识域的建立**。全息论,源于物理学上的特殊产物"全息照片"——一般照片只能看到物件一个角度的影像,但全息照片则能提供无限多个角度观察的立体影像。原理是利用光学的衍射,在全息照片的底片上记录单一频率的光束照射到物体上反射出来的衍射波纹。观看全息照片时,需要用与记录影像时相同频率的光波照射到全息底片上,方能产生物品的影像。因其构成的特殊性,"全息照片"有个特性:如果将底片打碎,利用底片的任何一个碎片都能还原出该物品的整体影像。由于这一特性与全息论认为的"机体的每一个局部都是整体的缩影,贮存着整个物像的全部信息"的意思一致,因此该理论被冠以"全息"二字。

全息论是研究事物间所具有的全息关系的特性和规律的学说。全息论与中医相似,中医理论认为,人体是一个有机整体,内脏有病可以反映到体表。《灵枢·本脏》云,"有诸内者,必形诸外",意思是外在皮肤毛窍的病态表现,都是内在脏腑不调的表现,必调和诸内;另外一个角度解释,心灵层面(内)的问题,也会在身(外)病上来体现。故曰:"视其外应,以知其内脏,则知所病矣。"深入全息论必须注意以下几条特性:第一,所谓的"机体的每一个局部都是整体",当中的"局部"和"整体"两者应该都是相对独立的系统,而不是任意范围、任意大小的局部都能与整体存在信息的对应性。第二,全息论未必只能应用于在"整体"里面寻找浓缩的信息的"局部",也能反过来,寻找"整体"所隶属"整体",并运用其之间存在的信息对应性。第三,"整体"与"局部"的信息变化速度存在"同步性"或"成比例性"。同步性指两系统相应的信息变化速度基本一样;成比例性指两系统的信息变化速度不一致,但各种相应信息之间的变化速度比值基本恒定。这个恒定的比值,具体由系统特性决定。

| 实践聚焦 |　　　　企业成功的三要素:势、道、术

企业家靠什么成功?王石的总结就是:势、道、术。

**首先是势**。"势"代表企业可能遇到的机遇,企业可以借助好的"势",走向成功。"势"需要机缘巧合,也需要企业主动去把握。这就是"谋事在人,成事在天"。

**其次是道**。万科为什么能走到今天呢?经常有企业家问王石:做了这么多年,为什么我的企业还是做不大?王老师,您教教我怎样将企业做大。其实,即便企业很小,但是小而精,难道不好吗?如果你硬要将它们做大,就有可能抓不住上面说的"势",结果一定会走形。本来挺好的,你硬性扩大,就可能适得其反。

有人会这样问:那万科是怎么做大的呢?王石是这样回答的:我并没有把"做大"当成目标,我从没想着做大它,它慢慢就大了。打个比方,今年销售额1000亿元,我不会将明年的目标定到1200亿元,反而可能会降低到800亿元。因为一切发展都要符合规律。突然之间快了,人力、管控等很多资源就可能会跟不上去,这样就无法应对市场的变化及风险。要按照规律按部就班地去做。所以,"道"的第一点是"不要把大当成目标",第二点是"企业的目的是什么"。企业赚钱了,目的是什么?如果这个问题弄不清楚,有些人可能会一直在困惑中努力。

王石说,万科搞住宅产业化也不是因为它高尚到要拯救地球。万科是为了质量!住宅产业化就是要提高质量,减少木材使用,所以就变成了绿色建筑。这个目标听起来高尚多了。

万科的绰号是万科运动员有限公司。为什么这么说呢?因为万科作为一个企业,关心员工的身体健康。在管理层的KPI指标里,平均体重超标了要被罚奖金的。企业真正做到了对员工的身体健康和利益负责。所以,万科的员工只要听到别人说万科不好,就会积极维护和捍卫,这就是企业管理的"道"。

**最后谈谈"术"**。管理学上经常会提到"关系"。与社会学、心理学常说的"关系"不同,王石认为管理学上有两种关系:强关系和弱关系。

什么是强关系?举个例子,很多人和王石挺熟,有的熟到可以随时给王石打电话,这就是强关系。弱关系呢?再举个例子,在互联网时代下,每个人都是网上的一个点,点和点之间的关系是弱关系。

当下中国社会人际关系中最典型的是强关系,表现为血缘、地缘、同学、校友会。对应的弱关系是什么呢?王石认为就是没太多联系。万科在美国投资了不少项目,大部分管理人员,如总经理、会计师、项目经理等都在当地招聘,就是典型的弱关系。

那么问题来了,弱关系如何管理呢?核心就是靠契约。万科在美国的收益还不错,就是因为用了弱关系的管理办法。如果非要利用强关系,从中国调熟人过去,但是到当地两眼一抹黑,效率肯定上不去。所以,在全球化互联网社会中,弱关系也是同样重要的。

万科得以成功,靠的就是契约中心。在用人上,万科从没靠地缘或毕业学校来筛选,只要是人才就可以。这就是企业成功所凭借的"术"。

(以上案例来自2017年10月14日,王石在美国奥兰多为中城联盟联合纽约大学主办的美国房地产特训营学员分享的"企业成功三要素",略有改编。)

Part 3 第三篇

# 自为方法论

- 第 7 章　组织制度变迁
- 第 8 章　自性组织治理
- 第 9 章　水式自管理

# 第7章

# 组织制度变迁

## 开篇案例

### 汽车与洋楼，丰田与德胜的比较

德胜（苏州）洋楼有限公司成立于1997年，它的前身是美国联邦德胜公司在中国上海设立的代表处。德胜洋楼是一家令人震撼的公司，你看不到传统意义上举止粗鲁、不文明的农民工，他们被改造成合格的产业工人，甚至是文质彬彬的绅士。而这些农民"土"工造出了最"洋"的美制木结构别墅，其房屋质量甚至超出了美国的标准。其员工手册被誉为中国企业的管理圣经。与动辄就高谈"做世界500强""品牌价值××亿元"相反，德胜在自己的小世界里快乐地运转着，不慌不忙，诚实做事，琢磨着人性和管理的互动。正如《道德经》所言："知足不辱，知止不殆。持盈保泰，长生久视之道。"德胜一直用朴素、扎实、精益求精的做法慢慢地渗透。德胜洋楼可能是未来中国企业管理的一个模式，这是河田信从中国文化属性角度给出的判断。下面我们从四个方面研究德胜洋楼的管理之道。

**其一，人本主义经营与"信赖度"管理**。在德胜，员工永远不用打卡，工作时间的保证全靠大家自觉。员工可以随心所欲地调休，上班时间必须满负荷地工作。公司明确规定，不允许员工带病坚持工作，因为带病坚持工作是对自己身体的不珍惜。在德胜，员工报销只须写上费用相关信息并在真实性声明上签字。偌大的公司财务部只有3个人和1个专门分析职工报销行为真实性的"个人信用计算机辅助系统"。每个员工自己都有在一定额度内的签单权，只要填好报销单据，不需高管签字，就可以拿到现金，省去了所有审批程序。德胜每年一次在五星级酒店举办员工大会。据说，酒店方面一听说这么多农民工要来，曾经十分紧张，而让他们大跌眼镜的是，他们看到的是一群绅士集团的农民工。员工工作五年后，为了增长见识，会得到海外出差的资格。工资采用的是尊重工作年数的工资制，曾经辞职的员工在满足一定条件下允许再回到公司来，除去辞职期间，工作年数会在过去的时间基础上累加。在育人上有着严格一面的同时，也有着温暖的一面。这种经营的原动力，显然是放在"人"上，而非"资本"上。

**其二，德胜的制度管理**。德胜制度管理的构造分为"制度要求条款""制度执行细则""监督检查手册"三层，这三部分的比例约是1:2:3，监督检查手册是最厚的。一般企业的比例是3:2:1，与德胜正好相反，监督检查手册是最轻的。德胜的做法是"不轻易制定制度，一旦制定下来了就必须执行，而且要完美地坚守"。监督检查手册的充实是德胜制度管理中非常重要的特征。比如，德胜不允许员工与顾客之间出现收受贿赂的行为，也禁止员工出席顾客招待的宴席。其实这些制度很多企业都有，问题是如何保证整个制度的执行。如果没有支持"制度要求条款"的执行细则，执行很难。德胜在禁止收受贿赂的"制度要求条款"的"执行细则"中，明确规定禁止收受20根以上的香烟，禁止收受100克以上的酒，每次禁止接受20元以上的工作餐。正是因为有这样的执行细则，制度才得以贯彻。德胜通过"执行细则"和"监督检查手册"的充实，使得制度的执行率非常高。德胜通过规定组织中人与人之间的关系来实现与外部环境完全不同的组织文化的构筑。比如，一个月内与同事吃饭的次数限制在1次以内，禁止员工之间的借贷行为，禁止询问同事的私事等。

**其三，"君子"企业文化**。德胜的企业文化围绕"诚实、勤劳、有爱心、不走捷径"核心价值观展开。价值观把"诚实"放在第一位，这是德胜最令人佩服的一点。做企业的实质就是教育。德胜公司深信，"制度只能对君子有效，对于小人，任何优良制度的威力都将大打折扣，或者无效。德胜公司的员工应该努力使自己变成君子，远离小人。"德胜公司认为，既然是个人信用问题，就应当让员工个人承担。德胜价值观中"勤劳、不走捷径"的精神亦是从上至下贯穿整个企业。比如，每个德胜人必须随身携带工牌、笔记本和笔。任何人接到客户提出的问题，无论是不是自己的分内事，都必须写下来，第一时间告知相关人员。看到或想到公司的什么问题，都要及时记录并转告相关人员。一旦忘带这三样东西就要接受处罚。高尚源于细节。恰恰由于做到了快乐劳动、真诚待人、严于律己，德胜的所有员工才能享受到作为"企业人"的满足。德胜另一个最重要的价值核心是"爱心"。聂圣哲说，"爱心是管理到了最高境界的时候所不可缺少的东西。"忠诚应该是双向的，不能只单方面地要求员工对企业忠诚，企业也要对员工忠诚。企业对员工的忠诚就是爱心。

**其四，德胜与丰田的比较**。德胜从来不招收专业产业工人，都是从初高中生开始自己培养，一般需要经过两年左右的学习。对于试用期的职工，公司会做出提示："您正从一个农民转变为一名产业工人，但转变的过程是痛苦的。"丰田的理念是"造物即造人"，德胜是"将农民工培育成职业产业工人兼绅士"，背后的思想是严格、缜密地制定经营执行的标准，并完全确保对标准的遵守和执行，从而改变与制造业不匹配的中国式文化，并培育出与众不同的企业文化。其重点是标准，标准作为制造业经营的前提，丰田和德胜都有，但各自有区别。

技术人员把标准做出来，然后交给现场员工去执行。这时的标准是把完全按照规定的动作去做规定为义务，并把标准作业与变动工资相结合，以求提高作业效率，这就是泰勒科学管理原理下的美国式标准作业。丰田和德胜两家公司怎么做呢？

丰田的做法是：在传统标准作业的基础上，还要将隐性知识转变为显性知识，再加上技术、技能的传承，以及经验的横向展开，甚至还要将"标准作业"的方法彻底推广到开发设计部门。丰田就是要将标准变更为更好的标准的"不断改善"。大野耐一曾这样说，"标准过了一个月都不更改的人是'工资小偷'。"德胜的做法是：定期召开业务标准改定会议，以补充不足和遗漏，使其成为更好的标准。这种会议，被称为'趁热打铁'，不惜花费时间功夫，也要继续改善。德胜的业务标准与制造部门的作业标准不同，作业标准一般把焦点放在结果上，德胜的业务标准放在流程中，聂圣哲倡导过"轻视业务程序的人永远都是德胜的敌人"。

德胜与丰田一样：标准作业的动作不与工资挂钩，两家公司把标准作业看成是"育人"

和"磨炼流程"的最重要手段。通过制度化与标准进行管理，表面上看，很像韦伯的官僚制。但在德胜，为了警戒这种官僚制和"管理贵族"，重视现场的价值观非常浓厚。

聂圣哲将"手握权力，自吹自擂，或者无视他人，不尊重他人，再或者不愿意弄脏自己的手"的文化定义为官僚文化，这种文化下的管理贵族流弊很多，会破坏人与人之间的诚意，降低公司的效率，作为与此对抗的第一步，要从"尊重劳动"开始。"在我们的民族中，有一种蔑视劳动的空气，只想着不劳动就能赚到钱。必须把这种思想转变为尊重劳动的文化。"因此，即使晋升为管理者以后，即使成为副总监、总监或者经理，每月也要有一定时间参加劳动，这就是德胜所说的"代岗制"。这与丰田的"现场现物"很相似，但德胜公司提高到了民族问题的高度，可见其志向之高远。河田信如是说。

## 7.1 文官制度与《摩西十诫》

### 7.1.1 中国文官制度

看完黄仁宇的《万历十五年》，知道了大明王朝灭亡的真正原因就是：**明亡于文极，清成于质朴**。实际上，**任何组织的更替都是一种稀缺（如质朴）取代了一种丰盛（如文极）**。大清王朝顺利取代大明王朝近300年江山基业的真正原因在于第一代创业者的思想局限，洪武帝朱元璋仅仅看到了用"皮革"治文官的功效，却忽视了这些文官的根本需求。那些文人们普遍奉伦理道德为宗，其旨又是什么呢？开创者并没有理清，仅靠"杀"元老的方式是解决不了根本问题的。这算是中国文官制度的一个缩影。

许倬云认为，中国的政治制度起源是从秦始皇才正式开始的。秦始皇统一中国后，正式废除了"世卿世禄制"，实行中央集权下的郡县制，全国大大小小的官员，一律由中央考核任免，郡县长官由皇帝本人任命。全国的组织人事大权集中于朝廷，甚至集中于帝王一人之手——发布了一系列配套的监察、考核法规，开创了此后1 500年间全球最有效的行政制度。

在王朝和文官制度上，中国的王朝和欧洲的王朝不一样。孔子、墨子选贤与能的观念以后，法家继承儒家和墨家的贤能理念，鼓吹专业的人员管理专业的事情。皇权和法家共治天下，从此形成了在当时理论上合理的中国特殊政治制度。中国的文官制度比欧洲的贵族专政要高明，也比日本武官的武士精神和朝鲜的世袭制度要高明。但是法家从古到今，一直没有讨论主权，法家的主权在皇帝，皇帝是天命的。当文官制度碰到皇权，就一筹莫展。

从董仲舒开始，建议察举选贤以后，中国的社会和政治，基本上是由皇权和文官集团共同治理。按常态论，皇权至上，文官权是帮助皇权的。但是文官系统自成体制，皇权通常不能干预太多。因此各朝各代都有党争，代理皇帝利益的代表和文官集团之间斗争，前者代表中央权力的皇权，后者往往以清流自居，代表贤能。这种争斗不断出现。改朝换代，从新建立的皇朝到皇朝衰微，中间经常有这一过程，这也就是本节开篇谈到的明清延续问题。

一般规律是：新皇朝最初设计的制度刚开始做得都不错，新制度的设计一定是针对刚过去的朝代的错误而设计的，但循环了一段时间之后，就会出问题。从几千年的文官制度看，它不完美。为什么？法与人的关系问题，法治、人治和仁治始终混合在一起，这是特色也是弊端。制度的落实，还是靠那些放在权力位置上的人。把某人搁在一个固定位置上，不同年龄的人认知不同，时间久了，习惯就形成了，驾轻就熟的同时陷于思维和行为的舒适区，也许就无所事事，也许没有力量了，更常见的情形是囿于传统人伦关系而保守退缩不肯改变。更有甚者，一个文官集团，从父亲传到儿子传到孙子，从师傅传到徒弟传到徒孙，代际传承的都是一个集团的既得利益，不是一种家族企业、商业和技艺的传承，而是如何保护既得利益、如何做好文官的传承。到后来，传统的制度不许变，不敢变，不创新，不突破，遇到上述过程造就的困难而不能自我革命，自我革命是最困难的，倒闭就成了必然的结果。

中国传统文化的整体性在文官制度上变现为整体平衡性，许倬云认为文官制度都是平衡体，有一个环节出问题，全体跟着出问题。你试图调节，硬要扳回原初的样子，是扳不回去的，徒然增加更多的纠纷和烦恼。一个制度衰老了，即使有了能干的人，他也无能为力，因为原来的那些人会掣肘，王安石和张居正的改革都是这样失败的。中国历史上的大多数改革家，没有几位逃出皇权的宿命。一个平衡体变动时，任何一个环节都不能出问题。所有的环节，不能同步地改变，尤其是不能同步地换人。一项制度，经常因为人的因素、利益的分配和分布，会有各部分比重的变动。所以文官制度往往到了第二代就开始出问题，到了第三代一定出问题。我们通过张居正变法的故事看看如何才能完成制度性设计。

张居正在风雨飘摇中做到了大明王朝首辅的位置，甫一上任，他的高参心学泰州学派代表人物何心隐，为他谋划了总体改革设计的三件事：进贤用贤；多用循吏，少用清流；清巨室，利庶民。

**所谓进贤用贤**：指的是多举荐贤者，多任用贤达参与公共治理，目的在于消除朋党政治。欧阳修在《朋党论》中将唐灭亡的原因归为朋党之争，"唐之晚年，渐起朋党之论，及昭宗时，尽杀朝之名士，或投之黄河，曰：'此辈清流，可投浊流。'而唐遂亡矣。"

**所谓多用循吏，少用清流**：仍然是任用官吏治理政事。循吏代表人物是楚国令尹孙叔敖，循吏通常指的是"重农宣教、清正廉洁、所居民富、所去见思的州县级地方官"，后来演变成民间的清官、青天大老爷等称谓；清流指的是德行高洁，负有名望的士大夫。从东汉开始，文官集团内部有一个政治派别，他们评议时政，上疏言事，弹劾大臣，指斥宦官，对外反对列强蚕食，对内主张整饬纪纲，这部分人在明朝称为清流，比如东林党的顾宪成等人结社讲学，匡正时弊，要求当时的政府革除积弊，反对权贵贪纵枉法。

**所谓清巨室、利庶民**：指的是清理皇权、皇族，为百姓服务，在当时的宏观制度下，这不可能。在改革过程中，张居正也深刻地意识到，他什么都可以碰，唯一不能碰的是皇权；他什么都可以更改，唯一不能改的是皇室利益。这样一来，他的富国强兵的愿望就大打折扣。但他不肯接受这一现实，仍试图在夹缝中实现理想。尽管张居正以"做人与做事，以做事第一"为原则，抱着"慨然委蛇，至于别人怎么看我，知我罪我，在所不计"的态度，试图以一己之力荡涤污浊扭转乾坤，夹缝中实现理想，但在这最后的改革限度面前，张居正除了妥协别无他法。看看张居正的行动。

吏治上，张居正"首先是整饬吏治，裁汰冗员。让六科监督六部，内阁稽查六科。如此考核制度的建立，使内阁真正成了权力中枢，首辅也就能理直气壮地担负起替皇上总揽朝局调理阴阳的责任"。

经济上，"从万历二年开始，首辅又整顿驿递、税关、盐政、漕政与马政，一直到子粒田征税，事无巨细全部厘清。将过去许多不合理的制度逐一改正，几年下来，国家财政根本好转。"随后，实施"一条鞭法"，完成中国财税体制上的重大变革。

取得吏治和经济上的胜利之后，张居正将改革的目标指向了文化：关书院、停讲学，连何心隐本人也只落得冤死狱中的下场。事情的结局还远不止这些，尽管张居正在世时威权达于人臣之极，但是死后不久，即被抄家、祸及子孙，自己十年的心血付诸东流。

那么，对改革家的张居正而言，何以"成于改革，毁于改革"？对由张居正所推动这场改革来说，何以"成于张居正，毁于张居正"？这里是否包含着困扰"改革"的死结呢？

"改革"是相对"革命"和"保守"而言的，改革是介于激进的制度变革（革命）和僵化的体制守成（保守）之间的一种社会现实。它最根本的特点就是在维护现有的组织制度的前提下由这一制度中的管理者进行体制性的调整。张居正所面对的明王朝之"弊"，哪些属于体制上的原因，哪些属于制度性的缺陷？属于体制性的原因可以通过制度内的体制性修补来完成，而制度性的缺陷则只能通过加强制度建设来进行约束，不可能获得根本改变，这就将问题指向了张居正改革的**效度与限度**的问题，这是最主要的问题。

体制内的调整是有限度的，其限度包含着两方面的内容：一是支撑现有体制的利益集团的利益不能受到损害，二是改革派自身作为一个利益集团其利益不能受到损害。前者涉及改革／革命的根本性问题或曰原则之争；后者则意味着在改革话语体系内，"改革派"自身也是一个利益集团，它往往依靠其对改革过程中决策及实施过程中权力的掌握而形成一种特权集团，从而有意无意地游离于改革的目标指向之外。

张居正的改革与其他古代改革一样，往往是由某个人或者以某个人为代表的集团来推动和实施的。因此，改革领袖的"卡里斯玛"，成为主导改革进程最重要的砝码。"卡里斯玛"是马克斯·韦伯创立的一个术语，韦伯在探讨现代西方合法性统治权威的形成时，区别了三种合法性统治类型：一是依靠法律正当性与价值合理性行使统治的**法理型**；二是依靠习惯的正当性行使统治的**传统型**；三是依靠情感的正当性行使统治的**"卡里斯玛"型**，他以之来指称那些在社会各行各业中具有原创性、富于神圣感召力的人物的特殊品质。马克思曾说过，"每一个社会时代都需要有自己的伟大人物，如果没有这样的人物，它就要创造出这样的人物来。"可见领袖权威对于时代的重要性。卡里斯玛型领导者可以分为两类。

**社会化的卡里斯玛型领导者**很慎重地使用自己的权威，善于反省，有坚定的自信心，他们讲究平等，尊重现有的权力架构，努力满足追随者的需求，通过授权来激励下属。李嘉诚就是这种类型，他认为人文精神永远是创意的源泉。作为企业领导，必须具有国际视野，能全景思维，有长远的眼光，务实创新，掌握最新、最准确的资料，做出正确的决策，迅速行动，全力以赴。更重要的是要建立个人和企业良好信誉，这是在资产负债表之中见不到但价值无限的资产。领导的全心努力投入与热诚是企业最大的鼓动力，透过管理层与员工之间的互动沟通、对同事的尊重，才可以建立团队精神。商业的存在除了创造繁荣和就业机会，最大的作用是服务人类的需求，企业本身虽然要为股东谋取利润，但是仍然应该坚持"正直"是企业的固定文化，也可以被视为经营的其中一项成本。一个有使命感的企业家，应该努力坚持走一条正途，这样可以得到不同程度的成就。**社会化的领导者是利他的领导者，利他的领导者**的深层动机是促进他人的福祉，为了达到这个目标，他们可以牺牲自己的利益。他们与人交往的兴趣来自他们对他人真诚的关怀。他们建立制度化的权威体系，寻求一种社会化的成就感，这种成就感的衡量标准是集体生活环境和生活质量的提高。他们严于律己，持之以恒地发展自己的个人能力。他们让追随者信仰自己从事的事业，坚持一种普遍的价值观而不是个人崇拜。

**个人化的卡理斯玛型领导者**非常注重培植自己的无上权威，他们从来不反省，内心有很强的不安全感，缺乏自信心，非常喜欢使用各种阴谋诡计。他们的行为是为满足自己的需求。他们独断专行，乐于通过奖惩来激励追随者。他们与追随者之间的关系是一种依附与被依附的关系，强调无条件服从，而不是独立思考。**个人化的卡理斯玛型领导者**的心理基础，对追随者而言，是儿童时期对万能的父母的崇拜心理，对领导者而言，则是一种自恋心理。**个人化的领导者就是利己的领导者**。利己的领导者的内在动机是为了他们个人私己的利益，在需要牺牲他人利益的时候，他们决不会手软。他们与人交往是为了消除内心强烈的不安全感。他们行踪诡秘，永远不让别人知道他们心里在想什么。他们培植个人的无上权威而不是制度的权威。他们寻求个人的成就感而不是社会化的成就感。他们放纵自我，无限地膨胀自我。如果可能，他们会让整个世界为他们的一个想法而停下来，换一个方式运转。他们鼓励对本人的崇拜，而不是对一种普遍事业的信仰。

作为发生在万历年间的这场改革运动，张居正无疑是这场改革运动的领袖、首领、总设计师和坚决的执行者。他以其克己奉公、博学多才赢得同僚和皇帝的信任，又因其卓越的政治智慧游刃于各种权力关系之间。但是，依靠个人魅力维系的改革是有问题的。这使得改革有着维系于一身的危险：一方面，作为改革领袖，自身的操守成为抵抗反改革派的重要屏障。一旦自身言行不慎，便有获罪的可能。十余年间，张居正虽贵为首辅，但是举止言行仍然处处小心。另一方面，一旦改革领袖稍有差错或有变故，就面临着改革前功尽弃的危险。

从实践的角度说，改革就意味着各种现实性的利益关系的重新调整。在利益关系面前，任何的书生意气都是难以成事的。各个阶层有着各自不同的利益需求，即使同一阶层之内也会出现截然不同的利益指向。而张居正的改革措施均会涉及各类利益关系的重新调整，可谓牵一发而动全身。**改革最终未能完成制度性的设计，使体制有一种自我适应和调整的能力；而仅仅依赖于体制内个人的良知与威权，则难免失败的命运**。

那么，如何才能完成制度性的设计呢？

一个社会的制度不会从天上掉下来，而是该社会人与人在互动过程中产生的行为惯例、行为方式长期慢慢固化的结果。一部分落实到文字上，形成法律和各种规范，属于强制性的制度；另一部分无法精确到文字上，就形成道德风尚等非正式的行为规范，属于劝诫性的制度；第三部分则是新制度主义社会学的核心，认为在现实生活中，真正决定多数人行为选择的是所谓的认知性制度。认知性制度不动声色地决定人们的行为，大家都觉得按这些制度做事"天经地义"，从未想过做别的选择。所以，制度是人的行为固化的结果，人又按制度指定的方式去采取各种行为，二者相辅相成，互为因果。有什么样的制度，就会有什么样的人；有什么样的人，就会有什么样的制度。如何打造呢？实践聚焦会给出参考！

## 7.1.2 西方文官制度

许倬云认为，文官制度实际上就是韦伯主张的"工具性的合理"。结构运作之中会发生失调，换一些零件，也许就好了。但是人不是零件，摆进去的人和上上去的人肯定不一样。中国文官几千年下来，就是在人身上出现了问题。英国殖民时期，东印度公司采用了中国的文官选拔制度，考选职员，使用文官，职员运作非常好，但到第二代、第三代以后，也不行了。美国联邦政府，政务官是选举来的，常务官是考试来的，但是现在运作也不行了，因为政治使命，会改变选拔常务人员的条件。例如，必须照顾录取若干比例的黑人、若干比例的妇女,这样,最优秀的第一名,可能让给不优秀的第二名,工具理性不见了。

接下来简单看看西方文官制度。文官制度的产生可以追溯到中国西汉时的官吏任免制度,特别是隋唐时新兴起来的科举制度。现代西方国家的文官制度起源于英国。近代西方学习古代中国的科举制度,依据本国国情制定文官制度,完善发展。现代中国又学习西方的文官制度,建立了公务员考试制度。

文官制度是指资本主义国家关于各级文官的考试、任用、管理、权利和义务以及退休等一整套制度和体制,是以其特定的内容与形式构成的关于文官进、管、出的法律制度,目的在于选贤任能,提高行政效率。通常以1870年6月4日英政府颁布的正式确立公开竞争考试制度的枢密令,作为英国文官制度正式建立的标志。它的形成和建立,部分满足了新兴工业资产阶级要求国家机器适应和保护生产力发展的愿望,所以很快为资本主义各国所采用。加拿大和美国在英国的影响下,分别于1882年和1883年建立自己的文官制度。德国、法国、日本长期保留封建官僚制度,第二次世界大战后,才真正确立现代文官制度。在西方发达国家建立文官制度的同时,其他国家仿效或借鉴资本主义国家的经验,制定本国的文官制度。

西方文官制度包括七项主要内容。①任用制度。文官的任用有两层含义:一是将非文官录用为文官,二是录用的同时或录用后授予其一定的职务。主要有四种形式:选任制、考任制、委任制和聘任制。每个国家根据情况采用一种或同时采用几种。②文官的权利和义务。权利方面,主要有身份保障权和工资、退休金、抚恤金的领取权;义务方面,主要有执行职务、服从命令、严守秘密、对国家忠实、遵守法令、保持"政治中立"等。③职位分类。将各种职位制定出职级规范,作为考试、任用、升迁、工资、考核及人事行政管理的依据,可分为两种类型:一是美国的"职务分类",二是英国的"品位分类"。前者以"事"为中心,后者以"人"为中心。④考绩奖惩制度。定期对文官的考勤和工作成绩进行评定,成绩优秀者奖励,成绩不良者,给予教育、训诫或调动工作、降低职务,目的在于充分发挥和提高公务员的工作效率。⑤报酬福利制度。各国都规定文官享有工资、退休金、抚恤金的领取权。⑥培训进修制度。目的在于提高文官的素质和能力。⑦人事管理机构。各国都有专门人事机构,负责人事行政事宜,分为部外制、部内制、折中制和党统一领导制四种类型。

现代西方国家文官制度有三项特点。①**法治化**。各国都设有统一管理文官的机构,文官只对法律或法定职权负责。各国法律明确规定了文官的法定地位、权力、责任、义务,文官职务常任,无过失不受免职处分。此外,各国法律按一定的标准将所有文官职位进行统一划分和归类,并据此做出对特定职位的要求与待遇,这是对文官进行科学管理的基础。②**知识化和专业化**。现代文官制度要在法律规定的知识、专业、道德和才能统一标准下,公开考试择优录用。文官的任用须经过严格的考试,录用后进行培训,以确保文官文化素质和专业水平。③**讲求职业道德**。现代文官作为常任的政府工作人员,必须忠于国家,为国家的总体利益服务。因此,各国文官制度几乎都规定要"政治中立",依法办事,廉洁奉公,遵守纪律,严守机密,不得经商和兼职,保持文官应有的形象。可见,文官制度体现了"机会均等""自由竞争"和"在法律面前人人平等"的原则,对维护社会的整体利益起到了较大作用。

由于研究视角的不同,本书主要研究企业视角的管理哲学,因此不对西方文官制度详细解析。我们用彼得·圣吉在《变革之舞:学习型组织持续发展面临的挑战》中的观点结束本节。他说:"任何进步都不会保持太久,除非革新者学着去理解为什么体制会反弹回来,以及他们自己的态度和观念是怎样助长'反弹'的。当他们意识到这一点后,他们就会开始持续保持深刻变革的系统性战略。"

实际上,从组织变迁角度来看,西方组织理论一般首推《出埃及记》中摩西如何带领众人出走埃及作为西方组织的源头。下面我们简单回顾摩西及其"十诫"的来龙去脉。

### 7.1.3 摩西及其十诫

摩西是公元前13世纪时犹太人的民族领袖,史学界认为他是犹太教的创始者,在犹太教、基督教、伊斯兰教和巴哈伊信仰等宗教里都被认为是极为重要的先知。按照以色列人的传承,《摩西五经》便是由其所著。《出埃及记》中记载,摩西受耶和华之命,率领被奴役的希伯来人逃离古埃及,前往一块富饶之地:迦南地。经历40多年的艰难跋涉,他在就要到达目的地的时候去世了。在摩西的带领下,希伯来人摆脱了被奴役的悲惨生活,学会遵守十诫,并成为历史上首个尊奉单一神宗教的民族。

《圣经》中记载,由于移居到埃及的犹太人劳动勤奋,且擅长贸易,他们积攒了许多财富,这引起了执政者的不满。再加之执政者对于以色列人的恐惧,法老下令杀死新出生的犹太男孩。摩西出生后其母亲为保其性命就取了一个蒲草箱,抹上石漆和石油,将孩子放在里面,把箱子搁在河边的芦荻中,后来被来洗澡的埃及公主发现,带回了宫中。长大后,摩西失手杀死了一名殴打犹太人的士兵,为了躲避法老的追杀,他来到了米甸并娶祭司的女儿西坡拉为妻,生有一子。一日,摩西受到了神的感召,回到埃及,并带领居住在埃及的犹太人,返回故乡。在回乡的路上,摩西得到了神所颁布的《十诫》,即《摩西十诫》。

《圣经》解释希伯来人的领袖摩西在领导他的人民时所遇到的组织问题。据文献记载,摩西的岳父耶罗斯曾批评摩西处理政务事必躬亲的做法,并提出三点建议:**首先,制定法令,昭告民众;其次,建立等级,分权而治;最后,最重要的政务由摩西亲自处理**。这些原则符合现代管理组织程序的基础,体现了**分权原则、授权原则和例外原则**。

摩西在率领希伯来人摆脱埃及人的奴役而出走的过程中,十分忙碌。摩西的岳父耶罗斯对他说:"你这种做事的方式不对头,你会累垮的。你承担的事情太繁重,光靠你个人是完不成的。我给你一个建议,你应当从百姓中挑选出能干的人,封他们为千夫长、百夫长、五十夫长、十夫长,让他们审理百姓的各种案件。凡是大事呈报到你这里,所有的小事由他们去裁决,这样他们会替你分担许多容易处理的琐事。如果你能这样做事,是上帝的旨意,那么你就能在位长久。"这被西方组织理论视为最早的组织的来源。

组织结构设计的主要内容之一是划分管理层次。管理层次是组织最高管理者到基层工作人员之间的隶属关系的数量。例如,摩西岳父的组织结构设计从摩西到普通百姓之间有五个隶属关系(摩西—千夫长、千夫长—百夫长、百夫长—五十夫长、五十夫长—十人长、十人长—百姓),即管理层次是5。管理层次的产生是组织规模不断扩大的结果。当生产力水平低下,社会分工极为简单,所谓的管理者就是自己,不需要管理层次。以后有了小作坊,一个师傅管几个徒弟,只有一个管理层次。但随着生产的发展、科技的进步、经济的增长,组织的规模越来越大,管理者与被管理者之间的关系随之复杂化。对任何一个管理者而言,其时间、精力和能力都是有限的。在管理者的能力、精力和时间允许的范围内,增加直接管理的人数,不会降低管理的有效性,但超过这个限度时,管理效率就会下降。

此时必须增加一个管理层次。这就是组织管理层次和管理幅度的基本原理。互联网时代，管理幅度和管理层次及组织管理都发生了新的变化，本书其他章节会有解析。接下来看看形成西方组织结构背后的精神世界。

根据《圣经》记载，《十诫》是上帝耶和华借由以色列的先知和首领摩西向以色列民族颁布的律法中的首要的十条规定，以《十诫》为代表的摩西律法是犹太人生活和信仰的准则，也是最初的法律条文，在基督教中有很重要的地位。《十诫》的内容在《旧约·圣经》中出现过三次。

**第一条**：我是耶和华，你的上帝，曾将你从埃及地为奴之家领出来，除了我之外，你不可有别的神。**第二条**：不可为自己雕刻偶像，也不可做什么形象仿佛上天、下地，和地底下、水中的百物。不可跪拜那些像，也不可侍奉它，因为我耶和华——你的神是忌邪的神。恨我的，我必追讨他的罪，自父及子，直到三四代；爱我、守我戒命的，我必向他们发慈爱，直到千代。**第三条**：不可妄称耶和华——你神的名；因为妄称耶和华名的，耶和华必不以他为无罪。**第四条**：当纪念安息日，守为圣日。六日要劳碌做你一切的工，但第七日是向耶和华——你神当守的安息日。这一日你和你的儿女、仆婢、牲畜，并你城里寄居的客旅，无论何工都不可做；因为六日之内，耶和华造天、地、海和其中的万物，第七日便安息，所以耶和华赐福与安息日，定为圣日。**第五条**：当孝敬父母，使你的日子在耶和华——你神所赐你的地上得以长久。**第六条**：不可杀人。**第七条**：不可奸淫。**第八条**：不可偷盗。**第九条**：不可做假见证陷害人。**第十条**：不可贪邻居的房屋；也不可贪邻居的妻子、仆婢、牛驴，和他一切所有的。

《摩西十诫》被称为人类历史上第二部成文法律，体现了平等的"人神契约"精神：谁要毁约，谁就会受到上帝的惩罚。在延续犹太教传承的《旧约》的《十诫》同时，天主教、新教等都有所变化。本书不对摩西及其《十诫》做过多的阐述。摩西对西方精神世界而言，奠定了一切皆是律法的精神和物质基础，当然也产生了影响后世的一元论哲学基础。除此之外，西方世界还有主张"一切皆苦难"的耶稣、主张"一切都是资本"的卡尔·马克思、主张"一切皆是性"的弗洛伊德、主张"一切皆相对"的爱因斯坦和主张"一切皆是财富"的罗斯查尔德家族。

组织已经成为现代社会最基础的组成部门之一，现代组织行为学对组织的定义有很多，大多依据管理学理论、社会学理论，而我们必须了解的是，组织作为人类集体行动的一种协作方式，其存在的历史是远远超过管理和社会学研究的，组织对人类社会的变化和发展必然存在巨大的推动作用。所以在探讨未来组织的变化趋势和发展方向之前，我们有必要对组织进行溯源，明白过去人类几千年历史中，组织是如何产生、变化的，在这个过程中，又是什么因素起到了推动作用，什么因素作为组织发展与社会变迁的中介力，这就是本节的目的。

| 实践聚焦 |

### 打造新制度的张瑞敏

中国缺乏一流企业是缺乏优秀制度的结果，也是缺乏优秀企业家、官员、员工的结果，二者其实是一件事情的两面。那么，中国的企业到底应该怎么做呢？我们看看张瑞敏的做法。

在打造新制度方面，创业时期的张瑞敏是不折不扣的堂吉诃德式的（取其褒义）英雄。他单枪匹马地在传统制度时间与空间二维的汪洋大海中，建立起一个现代企业的制度孤岛，堪称制度变革的典范。

**首先，张瑞敏建立了理性监督、控制制度的合法性**。中国人在小圈子内崇拜义气，强调"用人不疑，疑人不用"的传统，对小圈子内的人骨子里持一种"性善论"，对理性的监督、控制本能地表示极大的反感。这种特殊主义价值观对于建设大型科层制组织几乎是一剂毒药。张瑞敏针锋相对地提出，人是斜坡上的球体，没有外力，就会往下走，用人就得疑人，没有监督控制，就没有一流的绩效。OEC（overall everything control）成为海尔管理的第一基石。

**其次，张瑞敏打破特殊主义传统，建立了普遍主义的权威**。特殊主义社会是以身份关系为主的社会，每个人都有特定的身份，以及与不同身份的人交往的特定行为规范。特殊主义社会的身份型组织靠成员的义气、觉悟、良心等道德关系维持运转，区别于普遍主义基于契约关系的科层制组织。在身份型组织中，对员工过去一年的工作表现的评判，就是对这个员工过去一年道德水平的评判。在契约型社会中，有权力对个人的道德水平做正式评判者只有一个上帝/上级。上级对你绩效的评判是对你过去一年工作的评判，而不是对你的人品、道德的评判。这种大型科层制组织需要的普遍主义绩效管理程序，对传统特殊主义身份社会的成员而言，却几乎构成一种人格上的侮辱。张瑞敏提出对事不对人的原则，直指普遍主义的思想内核。"日清日高"奠定了正式绩效管理的基础，还有各种非正式的绩效管理，包括生产线上6S脚印上的自我批评和《海尔人》报上充满了火药味的各种批评报道，这里对某个人某项具体工作的否定不是对这个人的否定。

**张瑞敏建立理性权威的最后一个制度对手是中国的神秘主义传统**。他多次强调，管理其实很简单，不简单的则是将一件简单的事做一千遍、做一万遍都不变形。管理的目的是在任何时候都不要有惊心动魄的事情发生。"很抱歉，没有故事讲给你听。"他对前来采访的记者说。海尔成名之后，到海尔取经的参观团络绎不绝，关于海尔的书籍、音像资料汗牛充栋。国人多以聪明自居，有几个人明白管理在很大程度上其实就是"搏傻"，这与马奇的观点出奇一致。**简单的事情重复做，你就是专家；重复的事情用心做，你就是赢家。**

诚然，海尔自身也有各种各样的问题，前方道路依然艰险，但20世纪末一个叫张瑞敏的中国人在这个曾经耻于言利的古老国度发起的制度革命，势必在未来的企业管理史上留下重重一笔。

## 7.2 从直线职能到事业部

### 7.2.1 直线职能制

#### 1. 直线制组织结构

直线制是最简单的集权式组织结构形式，又称军队式结构，其领导关系按垂直系统建立，不设专门的职能机构，自上而下形同直线（如图7-1所示）。

直线制组织结构的优点是：结构比较简单，责任分明，命令统一。缺点是：它要求行政负责人通晓多种知识和技能，亲自处理各种业务。在业务比较复杂、企业规模比较大的情况下，把所有管理职能都集中到最高主管一人身上，显然是难以胜任的。直线制只适用于规模较小、生产技术比较简单的企业，对生产技术和经营管理比较复杂的企业并不适宜。

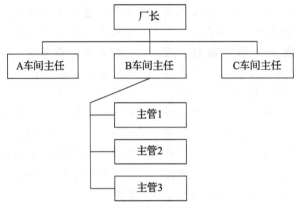

图 7-1　直线制组织结构示意图

**2. 职能制组织结构**

职能制起源于法约尔在其经营的煤矿所建立的组织形式，故又称"法约尔模型"。它是按职能来组织部门分工，即从企业高层到基层，均把承担相同职能的管理业务及其人员组合在一起，设置相应的管理部门和管理职务。例如，把所有同销售有关的业务工作和人员都集中起来，成立销售部门，由分管市场营销的副经理领导全部销售工作。

**职能制组织的优点**：职能划分部门，职责明确规定；管理人员固定地归属于一个职能结构，专门从事一项职能工作，部门间联系长期不变，整个组织系统有较高的稳定性；各部门和各类人员实行专业化分工，有利于管理人员注重并能熟练掌握本职工作的技能；管理权力高度集中，便于最高领导层对整个企业实施严格的控制。

**职能制组织的缺点**：①横向协调差。高度的专业化分工以及稳定性使各职能部门片面强调本部门工作的重要性和利益，致力于提高本部门工作效率，职能部门横向协调比较困难。②适应性差。人们主要关心自己狭窄的专业工作，妨碍相互间的信息沟通，决策在执行中往往被部门观点和利益所曲解而难以贯彻。整个组织对环境变化适应性差。③企业领导负担重。职能制结构的横向协调只有高层领导才能解决，加之经营决策权又集中在他们手中，企业高层领导的工作负担重。④不利于培养素质全面的、能够经营整个企业的管理人才。主管人员属于专业职能人员，工作本身限制扩展知识、技能和经验，养成了注重部门工作与目标的思维方式的行为习惯，难以胜任也不适合担任对企业全面负责的高层领导工作（如图 7-2 所示）。

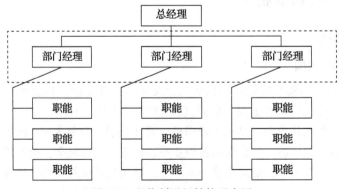

图 7-2　职能制组织结构示意图

职能制结构主要适用于中小型的、产品品种比较单一、生产技术发展变化较慢、外部环境比较稳定的企业。当企业规模、内部条件的复杂程度和外部环境的不确定性超出了职能制结构所允许的限度时,固然不应再采用这种结构形式,但在组织的某些局部,仍可部分运用这种按职能划分部门的方法。

### 3. 直线职能制结构

直线职能制(型)是最常见的结构形式,在大中型组织中尤为普遍。这种组织结构的特点是:以直线为基础,在各级行政主管之下设置相应的职能部门从事专业管理,作为该级行政主管的参谋,实行主管统一指挥与职能部门参谋—指导相结合。在该结构下,下级机构既受上级的管理,又受同级职能部门的指导和监督。各级行政领导人逐级负责,高度集权。因而,这是一种按经营管理职能划分部门,并由最高经营者直接指挥各职能部门的体制。直线职能制组织结构被称为"U型组织""简单结构""单一职能型结构"或"单元结构"。这种组织结构,相对于产品单一、销量大、决策信息少的企业非常有效。美国钢铁公司就是以这种方式在1901年成为第一个10亿美元的企业的,这种组织结构同样也在福特时代的汽车工业中得到应用,它使福特公司开发出流水线作业方式,使汽车工业得以规模化并带动了经济上的成功(如图7-3所示)。

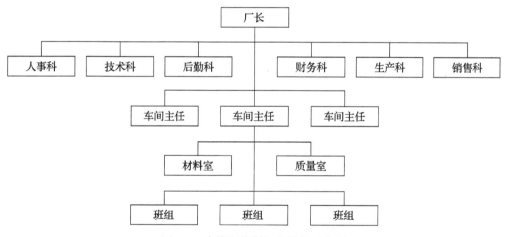

图 7-3 直线职能制组织结构示意图

**直线职能制结构的优点**:快速、灵活、维持成本低且责任清晰。它比直线制组织结构具有优越性。它既保持了直线制结构集中统一指挥的优点,又吸收了职能制结构分工细密、注重专业化管理的长处,从而有助于提高管理工作的效率。

**直线职能制结构的缺点**:部门间缺乏信息交流,不利于集思广益地做出决策;直线部门与职能部门(参谋部门)之间目标不易统一,职能部门之间横向联系较差,信息传递路线较长,矛盾较多,上层主管的协调工作量大;难以从组织内部培养熟悉全面情况的管理人才;系统刚性大,适应性差,容易因循守旧,对新情况不易及时做出反应。环境相对稳定而确定,目标明确而持久,技术相对统一而稳定,决策可以程序化时,以采用直线职能制结构为宜。

上述几种结构都是机械式结构,它具有严格的结构层次和固定的职责,强调高度的正规化,有正式的沟通渠道,决策常采用集权形式。它按照不同的设计原则对组织进行划分。

机械式组织注重对任务进行高度的劳动分工和职能分工，以客观的不受个人情感影响的方式挑选符合职务规范要求的合格的任职人员，并对分工以后的专业化工作进行严密的层次控制，同时制定出许多程序、规则和标准。个性差异和人性判断被减少到最低限度，提倡以标准化来实现稳定性和可预见性，规则、条例成为组织高效运行的润滑剂，组织结构特征是趋向刚性。机械式组织是稳定的僵硬的结构形式，它追求的主要目标是稳定运行中的效率。随着组织规模、环境的变化越来越不适应，因此有了有机式组织结构。

### 7.2.2 项目矩阵制

**1. 矩阵式组织结构**

矩阵式组织，即"在一个机构之机能式组织形态下，为某种特别任务，另外成立专案小组负责，此专案小组与原组织配合，在形态上有行列交叉之式"。在组织结构上，矩阵式组织可以将企业中各个办事处更有效地结为一体，矩阵式组织结构可以解放各个职能部门经理间的限制，以使职能部门经理间更好地就资源进行全面的沟通。其次，矩阵式组织可以帮助企业暂时减少员工招聘的成本。各个部门中关键的人可以同时被企业中各个项目所使用。除此之外，当知识在一个平等的基础上，所有项目也是可以利用的。因此，矩阵式组织可以在项目管理过程中，帮助企业在时间、成本和绩效上平衡。

矩阵式管理模式就是以产品线为纵轴，区域机构为横轴的交叉组织管理模式，是多产品线、跨区域或跨国企业经营的基本模式。矩阵式结构具有灵活、高效、便于资源共享和组织内部沟通等优势，可以适应多元化产品、分散市场以及分权管理等复杂条件。在矩阵组织中，强调区域本地化及产品业务垂直化，各地分公司和产品线经理都可以更好地了解客户需求，提供差异化的产品及服务，赢得更多订单和市场。实际上，美国众多大型企业在过去的50年里不断进行组织结构方面的调整，从高度集权的功能组织结构转向权力下放的事业部制，重新组建战略业务单元（SBU），最终成立结合产品事业部和地区机构的矩阵式组织结构（如图7-4所示）。

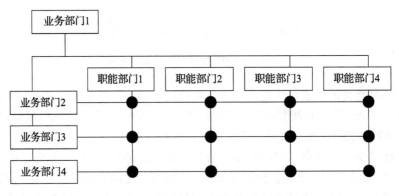

图 7-4 矩阵式组织结构示意图

**矩阵式组织结构的优点**：横向与纵向关系相结合协作生产；针对特定的任务进行人员配置有利于发挥个体优势，集众家之长，提高劳动生产率；各部门人员的不定期的组合有利于信息交流，提高专业管理水平。

**矩阵式组织结构的缺点**：①项目负责人的责任大于权力，项目负责人对项目参加人员管理困难，没有足够的激励与惩治手段，人员上的双重管理是矩阵式结构的先天缺陷。②由于项目组成人员来自各个职能部门，任务完成以后，仍要回原单位，因而容易产生临时观念。③项目一般涉及较多的专业，所以要求项目负责人具有较高的协调能力和丰富的经验，但是优秀的项目负责人比较难找到。

矩阵式结构适用于一些重大攻关项目。企业可用来完成涉及面广的、临时性的、复杂的重大工程项目或管理改革任务。

### 2. 项目型组织结构

项目型组织是指那些一切工作都围绕项目进行，通过项目创造价值并达成自身战略目标的组织。这里所谓的项目型组织，不同于我们日常所说的项目部，它是指一种专门的组织结构。

项目型组织中，每个项目像微型公司那样运行。完成项目目标所需的所有资源完全分配给项目。采用项目型组织的公司经营业务就是项目。专职的项目经理对项目团队拥有完全的项目权力和行政权力。由于每个项目团队严格致力于一个项目，所以，项目型组织的设置完全是为了迅速、有效地对项目目标和客户需要做出反应。项目型组织无论从单个项目，还是整个公司来看，都是成本低效的。每个项目必须为专门工作的团队成员提供薪金。在项目型组织中，为了最大限度地利用项目资源，保证在预算范围内成功地完成项目，需要有详尽而准确的计划和一个有效的控制系统。**项目型组织的优点是**：能控制资源，向客户负责。**项目型组织的缺点是**：成本低效，项目间缺乏知识信息交流（如图 7-5 所示）。

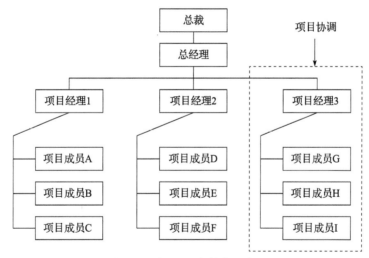

图 7-5　项目型组织结构示意图

### 3. 弱矩阵制

弱矩阵组织形式是矩阵型组织的一种形式，类似职能式组织形式的一个极端。在这种组织形式里，项目可能只有一个全职人员，即项目经理，项目成员不是直接从职能部门调派过来，而是利用他们在职能部门为项目提供服务。

弱矩阵组织结构（如图 7-6 所示）基本保留项目的职能组织结构的大部分主要特征，但在组织系统中为更好地实施项目，建立相应明确的项目管理班子。项目班子由各职能部门属下的职能人员或职能组所组成，这样针对某一项目就有对项目总体负责的项目管理班子。

然而，在弱矩阵组织结构中并未明确对项目目标负责的项目经理，即使有项目负责人，他的角色也只不过是一个项目协调者或项目监督者，而不是一个管理者。

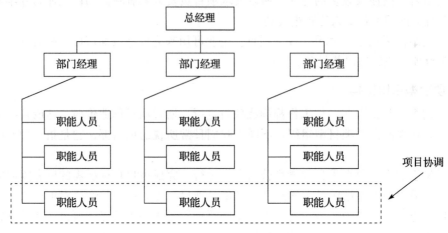

图 7-6　弱矩阵组织结构示意图

弱矩阵组织保留了职能型组织的许多特点，项目经理的角色更像协调人员而非一个管理者。技术简单的项目适合采用弱矩阵制，主要是因为：技术简单的项目，各职能部门所承担的工作，其技术界面是明晰的或比较简单，跨部门的协调工作很少或很容易做。

### 4. 强矩阵制

强矩阵组织形式是矩阵的另一个极端。强矩阵组织形式类似于项目式组织形式，区别在于项目部从公司中分离出来作为独立的单元，项目人员可根据需要全职或兼职地为项目服务。强矩阵结构具有项目的线性组织结构的主要特征。强矩阵结构在系统原有的职能组织结构基础上，由系统的最高领导任命对项目全权负责的项目经理，项目经理直接向最高领导负责，如图 7-7 所示。

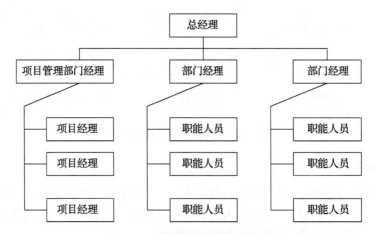

图 7-7　强矩阵组织结构示意图

在强矩阵组织中，具有项目型组织的许多特点：拥有专职的、具有较大权限的项目经理以及专职的项目管理人员。对于技术复杂而且时间相对紧迫的项目，适合采用强矩阵组织。

### 5. 均衡矩阵制

均衡矩阵组织是指直线职能型和项目型两种体制相对均衡的组织，所以它兼有直线职能型和项目型两方面的特性。在这种组织中，不但有正式设立的项目团队，而且项目团队较大一部分人员是专职从事项目工作的。这种组织中的项目团队有专、兼职的项目管理人员。这种组织的项目经理也可以是专、兼职的，他们的权力比直线职能中的项目经理大，但是比项目组织中的项目经理小。在项目开展的过程中获得各种资源的权力也是介于直线职能和项目型组织的项目团队之间的，所以被称为均衡矩阵组织，如图 7-8 所示。

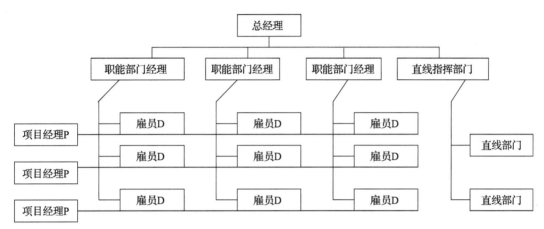

图 7-8 均衡矩阵组织结构示意图

均衡矩阵制保留了职能型组织的许多特点，在运用上采取了弱矩阵制与强矩阵制的优点，相对具有中间色彩。对于技术要求不高的项目可以考虑采用均衡矩阵制。主要是因为：技术要求一般的项目，各职能部门所承担的工作，其技术界面相对难度不大，跨部门的协调工作也相对较小，但是有些也需要依据具体情况来做参考。

### 7.2.3 事业部制

事业部制组织结构亦称 M 型结构或多部门结构，也称为产品部式结构或战略经营单位。即按产品或地区设立事业部（或大的子公司），每个事业部都有自己较完整的职能机构。事业部在最高决策层的授权下享有一定的投资权限，是具有较大经营自主权的利润中心，其下级单位是成本中心。事业部制集中决策，分散经营。集团最高层只掌握重大问题决策权，事业部本质上是一种企业界定其二级经营单位的模式。事业部制适用于规模庞大，品种繁多，技术复杂的大型企业。

事业部制最早是由通用汽车公司总裁斯隆于 1924 年提出的，也叫"联邦分权化"，是一种高度（层）集权下的分权管理体制。当时，通用汽车公司合并收买了许多小公司，企业规模急剧扩大，产品种类和经营项目增多，而内部管理适应不了这种急剧的发展而显得十分混乱。斯隆参考了杜邦化学公司的经验，以事业部制的形式于 1924 年完成了对原有组织的改组，使通用汽车公司的整合与发展获得了较大成功，成为实行事业部制的典型，因而事业部制又称"斯隆模型"。"经营之神"松下 1927 年也采用了事业部制，这种管理架构在当时被视为划时代的机构改革，与"终身雇用制""年功序列制"并称为松下制胜的"三大法宝"。

事业部制是分级管理、分级核算、自负盈亏的一种形式,即一个公司按地区或按产品类别分成若干个事业部,从产品的设计、原料采购、成本核算、产品制造,一直到产品销售,均由事业部及所属工厂负责,实行单独核算,独立经营,公司总部只保留人事决策、预算控制和监督大权,并通过利润等指标对事业部进行控制。

**事业部制的优点**:总公司领导集中精力考虑全局问题;事业部实行独立核算,利于组织专业化生产和实现企业的内部协作;各事业部之间有比较,有竞争,有利于企业的发展;事业部内部的供、产、销之间容易协调;事业部经理要从事业部整体来考虑问题,有利于培养和训练管理人才。

**事业部制的缺点**:公司与事业部的职能机构重叠,造成管理人员浪费;事业部实行独立核算,各事业部只考虑自身的利益,影响事业部之间的协作。

具体如图 7-9 所示。

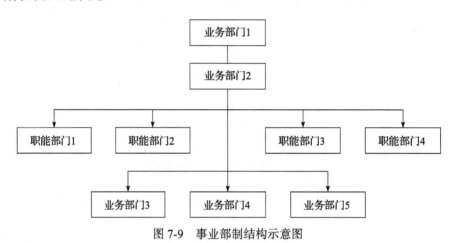

图 7-9 事业部制结构示意图

---

| 实践聚焦 |

### 美的事业部制改造[①]

美的事业部制始建于1997年,时逢美的在市场中遭遇败绩,经营业绩大幅滑坡。此前的1994年、1995年,美的空调全国销售排名第三、四名,到1996年落至第七位,1997年空调销售还要低于1996年。当时,中国早期的空调大王华宝由于业绩下滑和顺德市产业整合等原因被科龙收购,空调行业内和顺德企业界风传美的要被科龙收购。此前一直保持强劲增长势头的美的危机重重。这一阶段美的和其他企业一样,是直线式管理。对于所有的产品,总裁既抓销售又抓生产。在公司发展早期,这种集权式管理曾对公司发展起了推动作用。

随着规模的扩大,美的发展到空调、风扇、电饭煲在内的五大类1 000多种产品。这些产品仍然由总部统一销售和生产。由于各个产品的特点不一样,销售人员同时在区域中负责多项产品,总部职能部门也同时对应各个产品,在工作上造成专业性不够,工作重点不明确。当时的销售公司只负责产品销售,而集团专门成立了广告公司负责市场推广,服务公司负责售后服务,而产销计划则由经营管理部负责,在很大程度上形成了销研产的脱节。以董

---

① http://wiki.mbalib.com/wiki。

事长、总裁何享健为首的美的高层经过调研和反复论证,最终决定建立事业部制组织结构。

1997年1月,空调从总体业务中分离,成立了空调事业部。7月份,风扇事业部应运而生,后来又将电饭煲业务划给风扇事业部。此后新上马的饮水机、微波炉和风扇、电饭煲一起组建家庭电器事业部。到了2002年,家庭电器事业部下设电风扇、电饭煲、微波炉等6个分公司,年销量达到3000万台,销售额由最初的不到10亿元上升至2002年的40多亿元。后来,厨具、电机、压缩机等事业部纷纷成立。

2001年,美的集团正式分拆为两个集团公司(美的股份和威尚集团)和一个投资公司(美的技术投资公司),美的股份下设六大事业部:空调、家庭电器、厨具、电机、压缩机和磁控管,这部分为原美的集团公司主要资产,约占集团公司资产70%。新设立的威尚集团下设9个公司:电子、物流、房产、电工、家用电器、管理咨询、钢铁配送、环境设备、工业设计,主要包括集团中非上市公司资产及一些新的产业。

2002年7月,家庭电器事业部按产品一分为四:风扇事业部、饮水设备事业部、微波炉事业部和电饭煲事业部。在全球化市场的大背景下,随着美的小家电越做越大,产品策略分工不清晰及对市场的反应速度不够快的缺点越来越突出,因此必须改革小家电的经营策略和经营模式,改革的方式之一就是集中优势资源,按产品划分,组建组织简单、反应迅速的事业部。

2002年10月10日,冰箱事业部从空调事业部分拆出来。冰箱事业部的建立延续了美的事业部制度建立的一贯管理逻辑:以产品为主线成立事业部,专业化运作;对事业部充分授权,明确权、责、利,独立经营和核算,调动经营者释放活力。美的意欲在统一的平台上,使冰箱的运作在采购、生产、营销、品牌建设、促销、物流等各个环节都与空调有最大程度的资源共享。比如在销售业务上,冰箱渠道基本与空调渠道重合。然而,尽管冰箱产品投放市场后销售网点迅速扩张到1 000多个,但业绩并未达到原定目标,其市场预期也因此一再调低。此外,销售人员业绩考核中,空调仍然占有大部分的比例,冰箱的完成情况对业务员的绩效考核影响不大。这样销售人员用于冰箱销售中的精力有限,这不可避免地影响到冰箱销售。同时,在其他方面实现资源共享的初衷也并未实现。因此,美的最终还是决定将冰箱业务从空调事业部中分拆。

这样,美的按照产品逐步建立了事业部体系。事业部制的建立使美的集团总部脱身于日常琐事管理,将主要精力集中在总体战略决策、控制规模额度和投资额度、各事业部核心管理层任免的人事权以及市场的统一协调工作。

事业部制改造被美的认为是近年来异军突起的主要原因。2001年美的集团的销售收入突破140亿元,是1997年的四倍多。空调连续五年跻身国内市场前三名,牢牢占据着第一阵营的位置。压缩机、电机、风扇、电饭煲、微波炉等产品也在国内市场拥有很大的话语权。

## 7.3 牛顿式组织与量子组织

### 7.3.1 牛顿式组织

企业组织结构的演变是一个不断创新、不断发展的过程,先后出现了直线制、矩阵制、事业部制等组织结构形式。当前,金字塔式的层级结构已不能适应现代社会的要求。企业发展已经呈现出竞争全球化、顾客主导化、员工知识化和价值共创化等特点。企业组织形式必须是弹性的和分权化的。因此，现代企业十分推崇以客户的需求和满意度为目标，利用先进的制造技术、信息技术以及现代化的管理手段，最大限度地实现技术上的功能集成和管理上的职能集成，以打破传统的职能型组织结构，建立全新的过程型组织结构，从而实现企业经营成本、质量、服务和效率的巨大改善，以更好地适应以顾客、竞争、变化为特征的环境。

企业组织结构发展呈现出新的趋势，其特点是：重心两极化，外形扁平化，运作柔性化，结构动态化。团队组织、动态联盟、虚拟企业、小组制、细胞组织、小微和创客、阿米巴组织等新型的组织结构形式相继涌现，具体来说，具有这些特点的新型组织结构形态有：

**第一，横向型组织**。横向型组织弱化了纵向的层级，打破刻板的部门边界，注重横向的合作与协调。其特点是：①组织结构是围绕工作流程而不是围绕部门职能建立起来的，传统的部门界限被打破；②减少了纵向的组织层级，使组织结构扁平化；③管理者更多的是授权给较低层次的员工，重视运用自我管理的团队形式；④体现顾客和市场导向，围绕顾客和市场的需求，组织工作流程，建立相应的横向联系。

**第二，无边界组织**。寻求的是削减命令链，成员的等级秩序降到最低点，拥有无限的控制跨度，授权的工作团队代替职能部门。无边界的概念，是指打破企业内部和外部边界：打破内部边界，主要是在企业内部形成多功能团队，代替传统上割裂开来的职能部门；打破外部边界，则是与外部的供应商、客户包括竞争对手进行战略合作，建立合作联盟。

**第三，组织的网络化和虚拟化**。无边界组织和虚拟组织是组织网络化和虚拟化的具体形式，组织的虚拟化，既可以是虚拟经营，也可以是虚拟的办公空间。

迄今为止介绍的组织结构背后都是牛顿思维下的粒子自我模式下的组织结构，牛顿式的自我被看作是原子主义的、行为确定的、被刚性边界包围但内部是碎片化的，与它所处的环境是隔离的。丹娜·左哈尔在《量子领导力》中总结道：牛顿式组织模式是受规则约束的，它排除掉了自我私人的、不可预知的方面，从而将结构与功能分离开来，同时也与组织自身所处的环境隔离开来。牛顿式组织模式为人类提供了逻辑的、理性的、受规则限制的思考及"怎么办"式的思维模式。

在东方，自我的波形模式是网络化的亚洲组织的核心，网络化的自我在本质上被看作是相互关联的，一个人的本质就是他的人际关系。这个自我的界限是灵活的、模糊的、受风俗习惯和传统限制的。网络化的组织依赖于私下交往和人际关系，依赖于信任而非规则，它们有着复杂的结构，通过反复试验去适应所在的环境，并从中学习，以获得隐性知识和学习技能、识别模式的能力。

除了以上两种思考模式之外，脑科学提供的1秒钟振荡40次的γ波让人类的思维富有直觉力、洞察力、创造力和自省性，这种思维方式被丹娜·左哈尔称之为量子思维下的量子自我和量子组织。

### 7.3.2 量子组织

量子科学和所有新科学一样都在描述一个整体的、模糊的自组织的物理世界，这一点在詹姆斯·马奇（James G. March，1916—）那里就是模糊的智慧，狭义来看，与中国传统文化极其相像。众所周知，组织是由人的系统组成的组织而非物的系统组成的组织，因此组织所面对的所有问题和挑战都是思想方面的，组成组织的人在丹娜·左哈尔看来是量子自我，量子自我具有兼容并包性、整体关联性、自发组织性、边界灵活性、系统建构性、自我审视性、基于生命意义的潜在可能性，以上七个方面构成了当下和未来组织中人的核心特征，这些特征是存在组织中的需求和潜能，同时构成了任何最大化地利用人力资源和智慧资源的组织架构的基础。这种基础能对新的互联互通的全球性、命运共同体的社会性、一带一路的市场性的潜能做出灵活和创造性的安排与调整，能够使得组织在不确定性和迅速变革中持续发展。丹娜·左哈尔认为新科学与量子组织有八大特点。

（1）**新科学具有整体性**。在量子物理中，关系有助于创造更多事实，也就是新的现实，事件总是发生在相应环境中。受此影响，**量子组织也具有整体性**。现代企业组织一概暴露在全球环境下，任何轻微的变化都会影响整个世界。传统的机械论观点认为，企业组织的组成单元各自为政、互不关联，冲突和对抗是常态。今天，这种旧模式必须让位于动态整合的新模式，当个人融入更大的工作整体时，新模式必须保证量子自我所关心的完整性。完整性表现在整体关系的构建：领导与员工、员工与员工、部门与团队以及自身结构等所有内部关系的整体性构建，量子组织既能激励人与组织和环境的整体构建，又能激励与环境进行沟通对话的整体基础架构的构建，所有元素都应该被纳入公司组织中。

（2）**量子复杂系统具有处于有序和混乱之间的不确定性**。这种不确定性使得量子很灵活，发展的方向具有无限性。受此影响，我认为，**量子组织具有波粒二象一元性**。量子组织非常灵活并且反应敏捷，往往处于边缘之上。公司组织的环境越来越模糊、复杂和快变，公司的人员的责任、身份界限和生活模式等都在不断变迁。机械论模式下的刚性组织结构压抑了组织人的潜在反应力、想象力和组织潜能，因此必须做出改变。量子组织的基础架构应该具备波粒二象性合二为一的整体特征，量子组织能够调和不断变化的甚至时而矛盾的个体和团队的需求、时而机械化时而有机化的公司的需求，以及互补但偶尔冲突的需求，这些需求既是方的（粒子）也是全球的（波形），既有竞争的也有合作的。

（3）**新科学是涌现的自组织**。量子混沌系统具有创造性，时刻涌现着令人惊叹的新事实和复杂性，以此保障自身的可持续性。受此影响，**量子组织是自下而上、自组织和涌现的**。传统组织架构基本是自上而下的等级制度和受权威限制的僵化结构，这种结构浪费了组织人的创造性资源。量子组织的基础架构能够促进个人和组织的创造力。组织必须提升内部流动性和个人责任心，并促进信息和思想的自由流动，组织必须具备没有边界的内部空间和没有顾虑的内部关系，各个组成部分应该能够自由重组。如海尔的小微拥有自己的决策权、用人权和分配权，这样每一个个体都变成了一个量子能量球，都成了自己的CEO。

（4）**新科学是兼容并包的，适应性进化通过多重突变得以推进**。截至目前，科学家们认为物质是由波和粒子组成的，同时具有多种可能性。受此影响，**量子组织将在多元化中成长**。传统组织的唯一正确、非此即彼的绝对选择必须让位于多样性选择，以适应人员、组织和环境的多重性与多样新。正如爱因斯坦所言，"有多少观测者，就有多少对宇宙的看法，而每一种看法都会增添一些对宇宙的新认识。"量子组织应该有可以综合不同层次责任，适应各种各样教育、专业和职能背景的基础架构，并且这种架构能够有助于权力和决策下放，真正实现"百花齐放""百家争鸣"，多样性栖身于可以营造对话氛围的基础架构中。传统的机械论观点总是选择做老师，可是要记住：**我的老师是我的盲点，**

我的盲点才是我的老师。量子组织可以逆转，它应该同时拥有结构性和非结构性的流动自由。

（5）**海森堡不确定原理告诉我们，当我们介入一个量子系统的时候，我们就改变了这个系统**。我们提出的问题部分地决定了我们所得到的答案。**量子组织应该像爵士音乐的即兴演奏**。在交响乐团里，每个演奏者只专注于一种乐器和一部分乐谱，由指挥来构建整体。由于每个指挥对音乐的理解不同，同一首交响乐会被不同乐团演奏出不同效果。将各部分组织起来的是不断变换的背景主旋律和涌现的整体音乐。牛顿式组织创造职位并出售产品，职位和产品就像乐谱一样限制了生产，规定了基础架构，管理者或许能够使任务成功执行，但永远无法知道员工或企业可以创造出其他可能。而量子组织创造的基础架构，可以提出不同的问题，讨论不同的目标，构思不同的产品或功能。量子自我的设定就是能在边界上成长繁荣，量子组织应该有相应的基础架构在不确定性中自由发挥。

（6）**新科学发现了许多超越人类目前理解的有趣的、有价值的、有创造的"奇异吸引子"**。比起现实存在，量子与混沌和潜在可能的关联更大，比起"现在是什么"，它们更与"将会是什么"有关。**量子组织应该有很多奇异吸引子，应该很好玩**。结构固定、结果导向型的公司太害怕失败。在所有物种中，曾经存在过的99%的物种现在都不复存在。非线性系统在突破复杂性之前不得不通过混沌阶段。当两次获得诺贝尔奖的科学家莱纳斯·鲍林被问到为何他有如此多创造性想法时，他的回答是他只是有许多想法，其中有一些比较好罢了。量子组织应该具备支持玩乐和奖励的基础架构，承认冒险的价值。

（7）**量子物理描述了一个参与式的宇宙，观测者也是被观测事实的一部分。量子组织将会是"深绿色的"**。生态学家意识到，常规生态学与"深层生态学"不同，前者关心地球的自然环境，而后者更愿意把地球看作一个整体系统，该系统中，人类的以意义为中心的维度和非人类的以生命为中心的维度是共生关系。牛顿式组织利用环境开发人力和自然资源，量子组织则不同。量子组织在环境中存活的同时也创造环境，它既存在于环境中，又是自身的环境。量子组织要为自己参与创造的环境承担责任，包括自身、组织、社会和全球社区及价值。量子组织明白"深绿色"问题的重要性：工作是为了什么？

（8）**量子场论告诉人类，世界上存在的物质都是量子真空的激发，宇宙有无限多可能性，现实只是其中的一种呈现**。量子真空是宇宙本质的图景，真实事物的作用就是提供观赏这幅图景的角度。量子组织是注重愿景且追求价值的。牛顿式组织通过控制创造出供给不足的情形，它们缔造现代社会的错觉，使人们认为个人精神的空虚可以用物质来填满。但量子组织意识到人们是追求意义的，因为梦想，人们会超越失败和个人极限。生存系统就是进化系统，人们总是不断超越自我，以实现新的可能。梦想和愿景会随着与文化之间的对话而演变，量子组织会适应不同的需求和渴望，它们扎根的人类意义和价值层面是超越文化和时代的。这样的企业不止能以创造性的方式适应不同的品位和需求，还能参与创造品位和需求。

那么，什么样的组织是量子组织呢？下一章会有具体样本和案例。

### 7.3.3 网络组织

#### 1. 网络型组织

网络型组织结构是目前正在流行的一种新形式的组织设计，它使管理当局对于新技术、时尚，或者来自海外的低成本竞争具有更大的适应性和应变能力。网络结构是一种很小的中心组织，依靠其他组织以合同为基础进行制造、分销、营销或其他关键业务的经营活动。在网络型组织结构中，组织的大部分职能从组织外"购买"，这给管理当局提供了高度的灵活性，并使组织集中精力做它们最擅长的事。

图 7-10 是管理当局将其经营的主要职能都外包出去的一种网络结构。该网络组织结构的核心是一个小规模的经理小组，他们的工作是直接监督公司内部开展的各项活动，并协调同制造、分销和执行网络组织的其他职能的外部机构之间的关系。图中的虚线代表这种合同关系。本质上讲，网络型组织结构的管理者将大部分时间都花在协调和控制这些外部关系上。

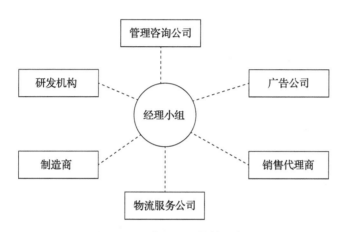

图 7-10 网络型组织结构示意图

网络型组织结构是一种只有很精干的中心机构，以契约关系的建立和维持为基础，依靠外部机构进行制造、销售或其他重要业务经营活动的组织结构形式。被联结在这一结构中的各经营单位之间并没有正式的资本所有关系和行政隶属关系，只是通过相对松散的契约（正式的协议契约书）纽带，透过一种互惠互利、相互协作、相互信任和支持的机制来进行密切的合作。

采用网络型结构的组织，它们所做的就是通过公司内联网和公司外互联网，创设一个物理和契约"关系"网络，与独立的制造商、销售代理商及其他机构达成长期协作协议，使他们按照契约要求执行相应的生产经营功能。由于网络型组织的大部分活动都是外包、外协的，公司的管理机构就只是一个精干的经理班子，负责监管内部活动，同时协调和控制与外部协作机构之间的关系。

**网络型组织的优点**：网络型组织结构的企业具有柔性特点，不再固定不变，要逐步走向分布化、扁平的网络来反映市场动态。①有利于构建学习型组织。网络型组织能够在组织内部与外部环境发生变化时，持续地适应环境并不断地自我改进。②网络型组织结构通过减少行政层次来减少信息失真，增加上下级的直接联系，所以减少了信息传递过程中的失真情况。③网络型组织结构能够通过"无边界"的整合资源，充分发挥员工的合作和自主意识，激发员工的积极性和能动性，通过信任和开诚布公来促进员工的合作。④网络型结构中的各组织单元建立在现代信息网络技术平台上，彼此之间有着紧密合作，使信息的处理速度大大提高。

**网络型组织的缺点**：网络型组织结构加剧了企业资源规划的难度；企业的管理风险增

加,在网络组织结构中要有更为明确的"协议"对网络中的结点进行协调、控制;工作效率的提高存在着瓶颈。高速信息处理过程中可能无法对全过程进行检测和控制,使得信息的采集、决策制定和业绩评价都无法进行。

### 2. 无边界组织

无边界组织是相对有边界组织而言的一种有机组织。有边界组织要保留边界,完全是为了保证组织的稳定与秩序。无边界组织也需要稳定和呈现度,所以它绝不是要完全否定企业组织必有的控制手段,包括工作分析、岗位定级、职责权力的设定,只是不能僵死化。

所谓无边界组织,是指边界不由某种预先设定的结构所限定或定义的组织结构。边界通常有横向、纵向和外部边界三种。横向边界是由工作专门化和部门化形成的,纵向边界是由组织层级所产生的,外部边界是组织与其顾客、供应商等之间形成的隔墙。

杰克·韦尔奇首先使用了无边界组织这一术语。韦尔奇力求取消公司内部的横向和纵向边界,并打破公司与客户和供应商之间存在的外部边界障碍。在动态外部环境下,组织为了更有效地运营,必须保持灵活性和非结构化。无边界组织力图取消指挥链,保持合适的管理幅度,以授权的团队取代部门。如何实现无边界的组织设计呢?管理者可以通过跨职能团队以及围绕工作流程而不是职能部门组织相关的工作活动等方式,以取消组织的横向边界;通过运用跨层级团队或参与式决策等手段,取消组织的纵向边界,使组织结构扁平化;通过与供应商建立战略联盟等取消组织的外部边界。韦尔奇强调无边界组织应该将各个职能部门之间的障碍全部消除,部门之间能够自由沟通,工作及工作程序和进程完全透明。

无边界组织强调各个单位、部门和岗位角色,在履行自己所专负的相应职责的基础上,还要对整个组织目标的实现承担不同程度的职责,包括协助支持其他单位、部门和岗位角色履行他们感到有困难的职责,甚至当其他单位、部门和岗位角色不能及时有效地承担责任时,直接顶上,以保证这个组织目标的实现。无边界组织的出现与发展,是伴随企业发展主导资源的变化而发生的一种企业组织变化。企业的各个单位、部门和岗位角色在企业的发展上有共同的目标,正是这种共同的目标使这种无边界组织能够带来充分高的效益。人力资源成为企业发展的主导资源之后,企业发展与员工发展的关系就直接形成了一种相互依存的关联关系,都需要通过对方的发展来实现自身的发展。这就使通过僵死的边界实施的控制成为多余,不可能取得所向往的效果。

在无边界组织的建设中,大公司要像小公司一样运作。因为小公司发展为大公司之后,官僚主义就会泛滥起来,每个人都只是按照等级科层组织所限定的职责进行活动,并不关注企业的整体目标。每个人都只是为了履行自己的职责而履行职责,不知道这种职责所服务的最终目标是什么,因而也就不会根据所服务的最终目标来灵活地调整自己的职责的履行方式和履行内容。无边界组织又绝不是要完全否定企业组织必有的控制手段。因为只要是一个组织,稳定和秩序是其存在的前提,所以,有必要借助一些控制手段来保证这种稳定和秩序。无边界组织强调的是在保证这种稳定和秩序的前提下,突破彼此之间的种种界限,以增强企业组织的灵活性和适应性。

### 3. 组织纵横整合

通常的做法会沿着两个纬度展开——纵向整合和横向整合,其共同目标都是达成企业运作的专业化分工及资源共享的均衡。但是两种方式却有着完全不同的特征，并在实际企业的组织设计运用上也存在很大的差别。

以专业化为导向的纵向整合相对来说封闭性较强，以加强组织的专业性为导向，这样的整合是改变组织指挥链结构的整合手段。以资源共享为导向的横向整合相对来说比较开放，基本是通过跨职能部门横向整合来加强企业组织的资源共享能力。横向整合机制并没有破坏专业化的协调，一般来说也不会破坏组织原本的权力分配，即不改变组织指挥链。横向整合与纵向整合的两种方式在组织设计中并不是独立存在的两种整合手段，往往结合运用以达成组织设计中的专业性与资源共享的均衡。

例如，矩阵结构是一种多维结构，安排了横向与纵向两条权威线，赋予了两种纬度相同的优先权。一个纬度沿着职能（研究开发、工程、生产和营销）进行分组；而在另一个纬度上，则按照项目（或者产品）进行分组。因此每一个管理节点上的人员都有两个领导者——一个职能领导和一个项目领导。不幸的是，矩阵结构也创造了一些类自身的问题，这些问题主要来自于每个管理节点人员对于两种权力的困惑和犹豫，在这种结构下，员工需要在两个领导之间的冲突中寻找平衡，这反而影响了组织效率的发挥。而在单一职能结构中，一个领导能够拥有绝对的权力以协调下属之间的冲突。这背后都是控制论控制的结果，接下来我们看看控制论下的组织机制。

### 4. 控制论组织机制

控制论视角的组织机制，**首先从组织概念谈起**。穆尼认为，从形式的意义上讲，组织意味着秩序，组织是每一种人群联合为了达到某种共同的目标的形式。由此出发，我们认为，组织是纯粹的过程，是管理的过程，是管理得以进行工作的手段，组织还必须包含职责分工，以便管理有效地进行协调。那么管理是什么呢？管理是开动、指挥和控制组织的计划和程序的生命活力。这就是管理和组织的关系。

巴纳德则认为：由于生理的、心理的、物质的、社会的限制，人们为了达到个人和共同的目标，就必须进行合作，于是形成群体，即一般意义上的组织。管理学意义上的组织是指按照一定目的和程序而组成的一种权责角色结构。这其中有四个重要概念。

- 职权：是指由一定的正式程序所赋予某项职位的一种权力。这种权力是一种职位权力，不是特定个人权力。
- 职责：是指某项职位应该完成某项任务的责任。
- 负责：是指反映上下级之间的一种关系。下级有向上级报告自己工作绩效的义务或责任，上级有对下级的工作进行必要指导的责任。
- 组织系统图：是指反映组织内各机构、岗位上下左右相互关系的一种图表。

**其次，组织理论研究的基本问题**。组织理论实质上就是研究如何合理、有效地进行分工，根据什么原则或标准来具体进行分工，怎样的分工才算合理、有效，如何协调分工后的各项活动。这一系列问题就是组织理论要研究的基本内容。具体而言要回答以下问题：①决定管理幅度，从而引起组织机构分级的因素是什么？②决定各种类型部门划分的因素是什么，各类型基本部门划分的优缺点有哪些？③在把各种业务工作指令下达给既定部门时，要注意哪些因素？④在一个组织中存在着哪些职权关系？⑤为什么应该把职权分散到整个组织结构的各个部分？确定分散程度的因素是什么？⑥委员会在组织中处于什么地位？⑦经理应该如何把组织理论应用到实际工作中？

**再次，组织结构设计的相关内容**。组织结构就是反映组织各部分排列顺序、空间位置、聚集状态、联系方式以及各要素之间相互关系的一种模式。由于组织内外环境的变化影响着这三个相互联系的问题，使得组织结构的形式呈现出多样性。因此，合理的组织结构设计就是要正确处理这三个基本问题：**管理幅度与管理层次；部门划分的原则；职权关系**。

管理幅度（管理跨度），是指一名主管人员有效地监督、管理其直接下属的人数。任何一个主管人员的管理幅度都是有限度的。超过这个限度，管理的效率就会下降；超过了管理幅度时，就需要增加一个管理层次。增加管理层次节约出来的时间一定要大于用于监督的时间，这是衡量增加一个管理层次是否合理的重要标准。管理幅度同管理层次呈反相关的关系。

部门划分的原则主要有：①力求维持最少部门。②组织机构应具有弹性，划分部门应随业务的需要而增减。③确保目标的实现。为此，必要的职能都必须具备。④各部门职务的指派应达到平衡，具有相对应的工作量分派。⑤检查职务与业务部门分设。考核和检查业务部门的人员，不应隶属于受其检查评价的部门，以真正发挥检查职能的作用。

职权，即职务范围内的管理权限。组织内的职权分为直线职权、参谋职权和职能职权三种类型。直线职权就是指挥权，必须遵循的原则：①分级原则。每一层次的直线职权应分明，以有利于执行决策职责和信息沟通。②职权等级原则。作为下属，应"用好、用足"自己的职权，在自己的职权范围内做出决策。只有当问题的解决超越自身职权界限时，才可以提交上级。直线人员应"善断"，直线是决策主体。参谋职权是指参谋所拥有的辅助性职权，包括提供咨询、建议等。参谋人员应"多谋"。艾伦提出6项发挥参谋作用的准则：①直线人员可做最后的决定，对基本目标负责，故有最后决定之权。②参谋人员提供建议与服务。③参谋人员可主动地从旁协助，不必等待邀请，时刻注意业务方面的情况，予以迅速协助。④直线人员应考虑参谋人员的建议，与参谋人员充分磋商，参谋人员应配合直线朝向目标前进。⑤直线人员对参谋的建议，如有适当理由，可予拒绝。此时上级主管不能受理，因为直线有选择权。⑥直线与参谋人员均有向上申诉之权。当彼此不能自行解决问题时，可请求上级解决。职能职权是指参谋人员或某部门的主管人员所拥有的原属直线主管的那部分权力。职能职权范围小于直线职权。职能职权的行使者多是一些有一定专长的参谋人员，其能从某一专业的角度出发来保证一项决策的科学性、可行性和实用性，促进管理效率的提高。职能职权的范围不能过宽，否则会喧宾夺主，仅限于解决"如何做"（how）、"何时做"（when）等问题，若无限扩大到"在哪做"（where）、"何时做"（when）、"做什么"（what）等方面的问题，就会取消直线人员的工作。应当集中在组织结构中关系最接近的那一级，不应越过上级下属的第一级。

**最后，控制论下的组织行为机制体系**。具体如图7-11所示。

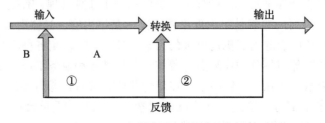

图7-11 一般控制论系统的四类机制

任何一个组织，都可被视为一个控制论系统。由图 7-11 可以看出，一个良好的控制论系统，基本的行为机制体系有四个相互联系的机制：**输入机制、输出机制、转换机制和反馈机制**。现代组织管理体制体现了一个复杂的控制论系统的行为，也是由四大行为机制所决定，决定其活力，决定其效率，决定其稳定和发展。

转换包括两个并行的过程：生产技术过程，指使购进（输入）的原材料经过物理的（机械加工）、化学的（化工产品生产）、生物的（发酵生产）过程，而一步步地成为期望要求的产成品和可进入流通的商品；管理过程，对工业企业而言，包括生产管理、作业调度、生产现场控制与协调、质量和工序控制，以及各有关职能部门的职能管理活动及其协调。

生产技术过程和管理过程乃是转换机制中不可分割的相互缠绕的两个过程。在实际的转换过程中，技术流程和管理流程已经缠绕到这种地步：在一定的意义上，二者已经成为互为因果、互为条件和保证的关系了。

反馈包括两个方面：反馈路线①，如果由于输入的问题而影响输出，则要反馈回"输入"，改进输入机制和输入成果；反馈路线②，如果由于转换的问题，那么就要反馈到"转换"，改进转换机制和转换过程。

所以，组织的管理者必须下大力气研究和调整输入、输出、转换和反馈机制，使它们各自的结构、功能与行为相对应而不是自相矛盾，同时四大机制之间的联系要和谐、有机，才能避免"各自为战"，才能有效地推动组织系统的顺利运行。需要注意的是：输入、输出、转换、反馈这四大机制的自身系统，由于它们自成系统，所以又有每一机制系统自身的输入、输出、转换和反馈各环节，同样应加以认真研究。图 7-11 中的 A 和 B 就是这种关系的表示。

| 实践聚焦 |

## 小米式组织架构

小米的组织架构是扁平化的，他们相信优秀的人本身就有很强的驱动力和自我管理能力。小米员工都有想做最好事情的冲动，公司有这样的产品信仰，管理就变得简单了。在小米这样的高速成长企业里，高度聚焦在核心产品上，管理扁平化，才能把事情做到极致。

雷军的"小餐馆理论"（最成功的老板是小餐馆的老板，因为每一个客户都是朋友）是支撑这种扁平化的核心理念。在内部，他们统一共识为少做事，才能把事情做到极致，才能快速。小米内部认为，如果一个同事不够优秀，很有可能影响到整个团队的工作效率。所以在小米创办 2 年的时间里，小米团队从 14 个人扩张到约 400 人，整个团队平均年龄高达 33 岁，几乎所有主要的员工都来自谷歌、微软、金山、摩托罗拉等公司。雷军每天都要花费一半以上的时间用来招人，前 100 名员工每名员工入职雷军都会亲自见面并沟通。

小米的组织架构层级很少，几千人的团队只有三级：七个核心创始人、部门 leader、员工，如图 7-12 所示；而且不会让团队太大，保持在 10 几人的规模，稍微大一点就拆分成小团队。从小米的办公布局就能看出这种组织结构：一层产品、一层营销、一层硬件、一层电商，每层由一名创始人坐镇，能一竿子插到底地执行。大家互不干涉，都希望能够在各自分管的领域做到业界一流，一起把这个事情做好。除 7 个创始人有职位以外，其他人都没有职位，都是工程师，晋升的奖励就是涨薪。不需要你考虑太多杂事和杂念，没有什么团队利益之争，一心在事情上。

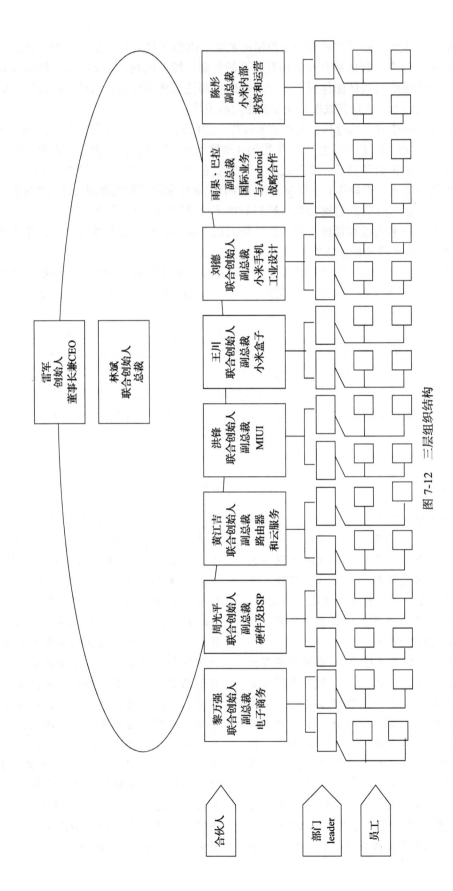

图 7-12　三层组织结构

不管你在别的公司做总监还是经理，在小米都是工程师，级别都一样，表现好就加薪，但是没有晋升。也就是说，他们的管理异常扁平化，把职能拆得很细。这也对合伙人的能力提出很高的要求，因为意味着他们要管的事情很多。但是，这样的管理制度避免了升降职位的一些负面情绪效果，减少了层级之间互相汇报浪费的时间。

这样的组织架构，减少了层级之间互相汇报所浪费的时间。小米现在数千人的规模，除了每个星期一召开的"公司级别例会"之外很少开会，也没什么季度总结会、半年报告会。在成立的几年里，7个合伙人只开过3次集体大会，时间都花在产品上面了。2012年8·15电商大战，从策划、设计到开发、供应链，仅用了不到24小时准备，上线后微博转发量近10万次，销售量近20万台。

小米为了做到能够真正地跟用户零距离，构建了一个充分挖掘用户需求，充分与用户互动的基层员工和用户做朋友的被称为"**爆扁爽**"的组织机制。爆强调产品策略，产品机构一定要爆，而整个组织就要确保所有的资源能够聚焦在让用户尖叫、有参与感的爆品打造上。扁用户的需求是非常分散、非常碎片化的，因此组织结构一定是压扁的。梳理和压缩组织，与用户真正保持零距离，充分加强组织对于用户需求和市场的相应能力，通过围绕着用户的需求，把团队结构也碎片化。比如说成立一个两三人小组，长期跟踪和改进一个功能模块，由工程师直接跟用户进行交流，进行响应。然后根据用户需求和反馈来改善，长期进行功能模块的完善和改进。爽就是要让员工非常爽的激励机制。小米的激励机制是这样来设定的。首先，采取与比市场高20%~30%的薪手水平。其次，去掉过去传统企业在用的KPI、考勤等这样的一些过程性的考核手段。把员工的业绩激励、业绩考核和用户的反馈直接挂钩，用用户的反馈来考核员工的业绩，让用户来激励团队。在整个爆扁爽的体系当中，也充分设计了一个能够在内部运营的过程当中，让员工参与的组织机制。也可以说，正是由于小米采取的这样一种与它的三三法则、三三战略、参与感战略匹配的扁平化的和爆扁爽的组织机制，才充分实现了小米如此辉煌的业绩。

小米"爆扁爽"组织机制如图7-13所示。

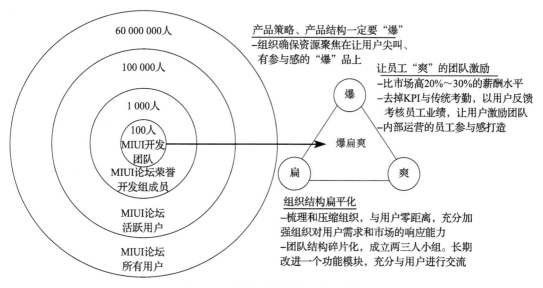

图7-13 小米"爆扁爽"组织机制

雷军的第一定位不是CEO，而是首席产品经理。大部分时间他都在参加各种产品会，每周定期和MIUI、米聊、手机和营销部门的同事坐下来，进行产品层面的讨论。很多小米公司的产品细节，就是在这样的会议当中，跟产品经理、工程师一起讨论决定的。

小米公司组织架构图如图7-14所示。

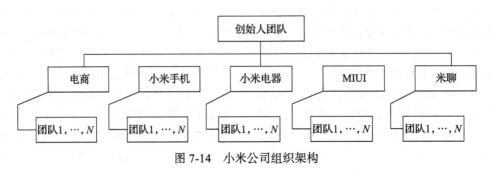

图7-14　小米公司组织架构

# 第8章

# 自性组织治理

## 开篇案例

### 基于创造力需求组织架构的模样

曾鸣认为基于科层制结构以管理为核心的公司架构，会演变为以赋能为关键词的创新平台，这种创新的组织架构在于提供平台，让一群创造者可以更自由地联结、更顺畅地协同、更高效地共创。新的组织有三个架构特征：强大的创新中后台；自由联通网状协同的团队结构；在线实时的动态指标矩阵。

#### 强大的创新中后台

传统的企业从产品到技术和运营是前后台一体化的垂直整合架构。阿里巴巴要做的就是打破烟囱式的结构，把能够共享的中后台资源都整合在一起用更高效的方法提供出来。

阿里很早就意识到内部数据都是割裂的，近百个团队都在用自己的方法定义数据，没有合适的基础设施以利用数据创新价值。后来专门成立了数据中后台团队，他们逐个部门去沟通，然后把数据定义、计算和存储全部都标准化，放到统一的平台上。这样任何部门都有统一的数据库，而且在使用数据的过程中都会被平台跟踪，所取得的任何附加值的服务，别的团队都能共享。这个中后台最关键的特征是透明和分享，每一个人都能清楚地知道其他平台参与者的工作。在这个过程中，每一次创新都基于过去许多的创新实践。而每一次创新又同样地在中后台的平台上沉淀，智能、技术、经验、模式都以这种机制日益丰富，共同迭代。创新的成本降低，效果提升。

Facebook内部有一套工作流软件，公司要求所有工程师的工作和代码都必须被记录在工作流软件中，任何没有被记录的信息得不到任何认可。所以在Facebook晋升是不需要重新被讨论的，因为你的能力到了什么程度，你该不该晋升，只要看你最终在知识库里面贡献了多少行代码，你的代码被多少人重复使用。这种平台性的合作，价值远远大于传统管理的方法。

#### 自由联通网状协同的团队结构

传统公司的科层制是典型的自上而下的树状结构。新的网状组织架构的每一个点都与其他所有点实时相连。组织与客户之间也是网状实时直连。组织架构正在从传统的结构入手变成从工作流入手，工作流的特征是一个任务要被完成，需要多方协同，信息必须实时触达这几方，然后相关的人做出合适的反应来完成工作，再传递到下一个工作。

"客户第一"在传统企业往往是个口号？客服部门口头上重要，实际上地位很低，不能真正解决客户的实际问题。要真正解决客户实际问题，一定要给客服人员赋能，实现赋能的条件：第一，信息流要通畅；第二，以工作流为基础的节点要透明化，调动相应的资源去解决一个问题。所以，任何一个人在协同网上都能够根据需要去获取相关信息，调动相应的资源，去节点上解决问题，而不是所有的信息都在传统的自下而上的科层制中被层层衰减，以至于高层并不知道实际发生的问题。

**在线实时的动态指标矩阵**

互联网企业充分地利用了技术优势，最核心的就是指标矩阵体系。传统 KPI 往往被简化为一到两个考核指标，如明年的销售收入，这样的 KPI 不能真正反映战略要求。类似谷歌和淘宝这种生态型企业的业务复杂度，已经超过了任何人能够简单地靠直觉或者数据去判断的程度。指标矩阵体系就是用完全数据化的方式来测量、评估和监控创新，一方面要对现有的业务实现完整的数据化，另一方面要用数据化的方式定义企业试图优化的方向，也就是所谓的价值目标的函数，而指标体系可以对整个生态都用数据化的方式来衡量和监控。

任正非讲让听得见炮火的士兵做决定，实际上如果没有组织架构的变化，根本做不到。让听得见炮火的士兵做决策有两个前提条件：第一，中后台要变成能调动相应资源的协同网络；第二，士兵的能力要有极大的提升。个体越来越强调专业知识，特别是综合判断力和创造力。相应地，整个组织结构也要网络化、平台化，来支撑任何个体根据需求调动资源的能力。

未来组织的样子：①志同道合、自由联结、协同共创的合伙人之间形成了智能演化生态体；②一致坚守的价值观提供了最基本的凝聚力和内驱力，定义了创新的目标和进化的方向；③强大透明的创新平台提供了协同创新的基础设施，让团队可以以比较小的摩擦自由重组和协作共创；④敏捷的小前端团队能够最迅速、最有效地整合资源，撬动最大的创新价值，同时逐步地沉淀创新能力，为中后台积累经验和知识，为未来的创新赋能；⑤动态的指标体系作为组织的智能信息系统，及时同步了组织内外的数据和信息，让整个组织和创新的每一个部分都能相互了解，共同配合，从而实现实时的全局调试和优化，确保组织和创新向着正确的方向迭代和演进。

## 8.1 自组织科学

### 8.1.1 自组织的发祥地

实验：伸出双手，伸出两根食指，像雨刮器一样平行摆动，然后不断加快速度到可以承受的极限。最终你会发现，手指随着速度的加快会从"平行摆动"变成"对称摆动"。这是因为当速度变得非常快时，肌肉指令已经跟不上非常快的速度，就会自己开始运动，这时人肌肉的自组织就会回归，回到一种天然对称的方式，然后再去响应人的命令。

发现：人这么智慧和自治的一个生命体，如果强制达成信息沟通去下命令，随着时间、空间和速度越来越快，你会发现，反而不听大脑指令了，这就是神奇的自组织。

自组织里有个奇异吸引子，类似于山坳是山脉的中心点，除了山坳之外都向中心点聚集，越靠近中心点越向外互斥，这个既相互排斥又相互吸引的地方，就是奇异吸引子。信息论的信息本质、产品的核心价值观、人类的组织价值观都是奇异吸引子。奇异吸引子是自组织的一个基因，要想让组织变得有序，必须要有奇异吸引子；要想让公司稳定，必须要有核心价值观；要想让产品被客户接受，产品必须有核心价值，这时所有的价值就能消灭客户市场的熵，即消灭市场中的无序，通过创造有序结构填补无序的熵，你就会兴盛起来。

自组织是公司兴衰的奇异吸引子，随着公司的规模越来越大，随着公司由创业阶段走向成熟阶段，如果不能从他组织嬗变为自组织，死亡是无可争议的结论。如何才能嬗变为自组织？唯有创新，创新是企业自救的奇异吸引子。因此才有了熊彼特在总结他所观察的现代经济演化特征时指出，推动进步的力量，并非来自过去经验的累积，而在于颠覆性的全盘创新；才有了郭凡生的反梯度推移创新，不是像通常那样序贯的、顺次的、梯度的推进，而是渐进过程的中断，非平衡发展的突变和创造性毁灭。记住，财富永远来源于更好地突破现状、把握未知，而非更好地完善已知。不过我们仍然需要从已知出发。接下来我们看看《庄子》中的"自组织"。本书认为自组织的鼻祖在东方，来源于庄子。

《庄子·天运》第一章："天其运乎？地其处乎？日月其争于所乎？孰主张是？孰维纲是？孰居无事推而行是？意者其有机缄而不得已邪？意者其运转而不能自止邪？云者为雨乎？雨者为云乎？孰隆施是？孰居无事淫乐而劝是？风起北方，一西一东，有上彷徨。孰嘘吸是？孰居无事而披拂是？敢问何故？"

天在自然运行吗？地在无心静处吗？日月交替出没是在争夺居所吧？谁在主宰这些现象呢？谁在维系这些现象呢？是谁安居无事推动而形成这些现象呢？或者有什么主宰的机关发动而出于不得已？还是揣测它们运转而不能自己停下来呢？云层是为了降雨吗？降雨是为了云层吗？是谁在行云布雨？是谁安居无事贪求欢乐而促成了这种现象？风吹起于北方，忽西忽东，在天空中来回游动，是谁吐气或吸气造成了云彩的飘动？还是谁安居无事去吹动它？我斗胆请教这是什么缘故。

《庄子·天运》第七章："夫白鶂之相视，眸子不运而风化；虫，雄鸣于上风，雌应于下风而风化。类自为雌雄，故风化。性不可易，命不可变，时不可止，道不可壅。苟得于道，无自而不可；失焉者，无自而可。"

白鶂（yi）雌雄相互而视，眼珠一动也不动，便相诱而孕；虫，雄的在上方鸣叫，雌的在下方相应而诱发生子；有一种名"类"的动物，自身具备雌雄两性，所以自身可生育。本性不可改变，天命不可变更，时光不会停留，大道不会壅塞。假如真正得道，怎样都可行，失去道，怎样都不可行。

《庄子·天运》主要讲自然的运转，本节仅摘录第一和第七章部分内容用于定性说明自组织的源头，其余部分大家可以自行阅读《庄子》，同时推荐阅读《道德经》。天运的这两段内容与自组织到底有什么关系呢？这还得结合他的"小而无内，大而无外"思想进一步定性解析，如图8-1所示。至于自组织的概念在下节会详细解析。

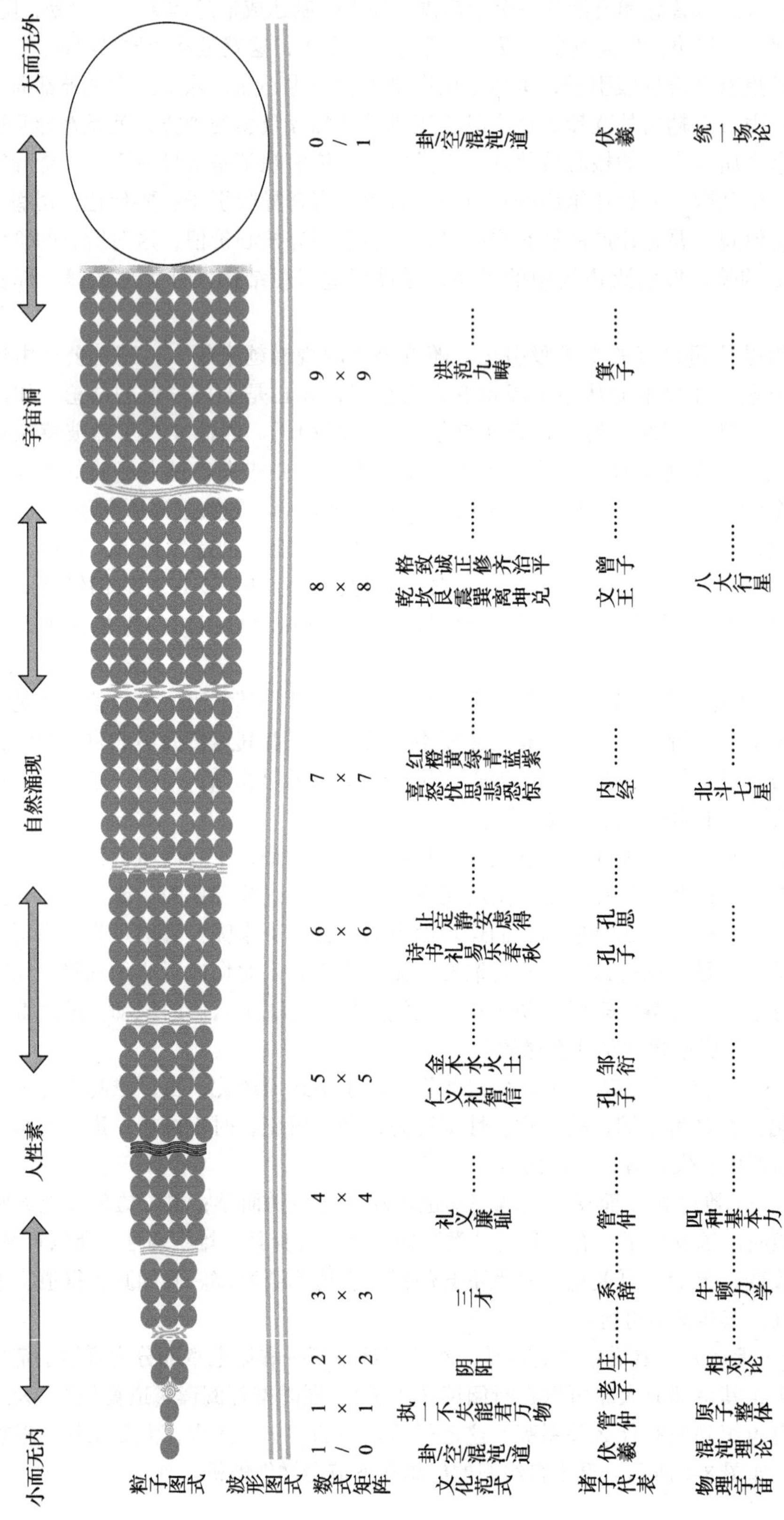

| 粒子图式 | 波形图式 | 数式 | 矩阵 | 文化范式 | 诸子代表 | 物理宇宙 |
|---|---|---|---|---|---|---|
| 小而无内 | | 1 / 0 | 1 × 1 | 执一 不二 失能 君君 万物 | 卦 空 混沌 道 | 原子 混沌 理论 整体 |
| ↕ | | 2 | 2 × 2 | 阴阳 | 伏羲 | 相对论 |
| | | 3 | 3 × 3 | 三才 | 管仲 系辞 | 牛顿力学 |
| | | 4 | 4 × 4 | 礼义廉耻 | 管仲 | 四种基本力 |
| 人性素 ↕ | | 5 | 5 × 5 | 仁义礼智信 金木水火土 | 孔子 邹衍 | |
| | | 6 | 6 × 6 | 诗书礼易乐春秋 止定静安虑得 | 孔子 思 | |
| 自然涌现 ↕ | | 7 | 7 × 7 | 喜怒忧思悲恐惊 红橙黄绿青蓝紫 | 内经 | 北斗七星 |
| | | 8 | 8 × 8 | 乾坎艮震巽离坤兑 格致诚正修齐治平 | 文王 曾子 | 八大行星 |
| 宇宙洞 ↕ | | 9 | 9 × 9 | 洪范九畴 | 箕子 | |
| 大而无外 ↕ | | 0 / 1 | | 卦 空 混沌 道 | 伏羲 | 统一场论 |

图 8-1 庄子思想下的自组织演化过程图解

## 8.1.2 自组织理论基础

用来描述系统不确定性的函数叫作熵（entropy）。在热力学中，根据热力学第二定律，由威廉·汤姆森提出作为一个"孤立"的系统，熵会随着时间的流逝而增加，由有序向无序，当系统的熵达到最大值时，系统中的其他有效能量已经全数转化为热能，所有物质温度达到热平衡，这种状态称为热寂。这种灰暗的论调正是诸多企业中所见到的实际情况，企业从创生，发展，扩张，随后凋落死亡，无不印证着这种图景。那么，问题来了，企业究竟有没有客观存在的运作规律？这就是本节要探讨的问题。

对于理论和事实的矛盾状况，普里戈金给出了一个说法：耗散结构。他从研究偏离平衡态热力学系统的输送过程入手，在远离平衡态的开放系统中，系统通过与外界交换能量、物质，形成有序的耗散结构，并通过不断的能量吸收来维持。**这种混沌系统在随机识别时形成耗散结构的过程被定义为自组织**，自组织首先是过程，其次才是结果。在自然科学领域，组织是系统内有序结构或这种有序结构的形成过程。哈肯进一步把组织分为**他组织和自组织**：如果一个系统靠外部指令而形成组织，就是他组织；如果不存在外部命令，系统按照相互默契的某种规则，各尽其责而又协调地自动形成有序机构，就是自组织。一个系统自组织功能愈强，其保持和产生新功能的能力也就愈强。

**自组织理论是 20 世纪 60 年代末期开始建立并发展起来的一种系统理论，主要是系统论的新发展。它的研究对象是复杂自组织系统（生命系统、社会系统）的形成和发展机制问题，即在一定条件下，系统如何自动地由无序走向有序，由低级有序走向高级有序。**

自组织理论由耗散结构理论、协同论、突变论、超循环理论、混沌理论和分形理论组成。自组织理论以新的基本概念和理论方法研究自然界和人类社会中的复杂现象，并探索复杂现象形成和演化的基本规律。从自然界中非生命的物理、化学过程怎样过渡到有生命的生物现象，到人类社会从低级走向高级的不断进化等，都是自组织理论研究的课题。**关于自组织的定义，目前有以下一些观点。**

**哲学观点**，康德首先提出了自组织。他认为自组织的自然事物其各部分既是由其他部分的作用而存在，又是为了其他部分、为了整体而存在的；各部分交互作用，彼此产生，并由于它们间的因果联结而产生整体。只有在这些条件下并按照这些规定，一个产物才能是一个有组织的并且是自组织的物，而作为这样的物，才称为一个自然目的。

**系统论观点**，自组织是指一个系统在内在机制的驱动下，自行从简单向复杂、从粗糙向细致方向发展，不断地提高自身的复杂度和精细度的过程。

**热力学观点**，自组织是指一个系统通过与外界交换物质、能量和信息，而不断地降低自身的熵含量，提高其有序度的过程。

**进化论观点**，自组织是指一个系统在"遗传""变异"和"优胜劣汰"机制的作用下，其组织结构和运行模式不断地自我完善，从而不断提高其对于环境的适应能力的过程。

**企业观点**，彭剑锋认为自组织具备八项特征。必须要有共享的愿景、目标；是分布式、多中心的控制手段；权威来自分布式、多层次；没有非常明确的角色分工；内部是高度信任授权体系；是网状结构形态；强调利益分享而不是独享，认为信任和授权是最大压力，分享是最好的管控；具有自我变革与学习力，不断自我变革与创新是永恒主题。

### 1. 耗散结构理论

**耗散结构**（dissipative structure）是相对于平衡结构提出来的，它提出一个远离平衡态的开放系统，在外界条件发生变化达到一定阈值时，量变可能引起质变，系统通过不断地与外界交换能量与物质，可能从原来的无序转变为一种时间、空间或功能的有序状态。**耗散结构理论**是指用热力学和统计物理学的方法，研究耗散结构形成的条件、机理和规律的理论。耗散结构理论作为以揭示复杂系统中的自组织运动规律的具有方法论功能的学科，其理论、概念和方法适用于解释自然和社会现象。耗散结构理论提出后，在自然和社会科学的很多领域产生了巨大影响。

**耗散结构理论内容**：一个远离平衡态的非线性的开放系统通过不断地与外界交换物质和能量，在系统内部某个参量的变化达到一定的阈值时，通过涨落，系统可能发生突变即非平衡相变，由原来的混沌无序转变为有序状态。这种在远离平衡的非线性区形成的新的稳定的宏观有序结构，由于需要不断与外界交换物质或能量才能维持，因此称之为"耗散结构"。

典型的耗散结构的形成与维持需要四个基本条件：一是系统必须是开放系统，孤立和封闭系统不可能产生耗散结构；二是系统必须处于远离平衡的非线性区，平衡区或近平衡区都不可能从一种有序走向另一更为高级的有序；三是系统中必须有某些非线性动力学过程，如正负反馈机制等，正是这种非线性相互作用使得系统内各要素之间产生协同动作和相干效应，使系统从无章变为有序；四是系统具有涨落或起伏的变化，才能启动非线性的相互作用，使体系跃迁到一个新的稳定有序态，形成耗散结构。涨落带有随机的偶然性，然而却可以导致必然的有序，必然性要通过偶然性来表现，偶然性是必然性的补充。

将耗散结构引入企业管理中，得到了管理耗散和管理耗散结构的概念。所谓管理耗散，是指当一个远离平衡态的复杂组织不断与环境进行物质、能量和信息的交换，在内部各单元之间的相互作用下，负熵增加，使组织有序度的增加大于自身无序度的增加，形成新的有序结构和产生新的能量的过程。管理耗散结构就是管理耗散过程中形成的自组织和自适应企业组织系统。企业管理的实质是一个负熵的过程。任何企业管理系统都是开放系统，内部的控制都要以与环境的输入输出为条件，必须不断与外部环境进行物质、能量、信息的交换，表现为人才、物质、资金、设备、产品等与外部环境的交流。只有当这个交流处于平衡状态时，才能保持其管理结构的不断改善和管理水平的不断提高，即负熵值的持续增加。否则，系统将不能运行，致使系统的内部人力、物力、财力调配发生困难，系统熵值增加。

### 2. 协同理论

**协同理论**（synergy theory）主要研究远离平衡态的开放系统在与外界有物质或能量交换的情况下，如何通过自己内部协同作用，自发地出现时间、空间和功能上的有序结构。协同论基于"很多子系统的合作受相同原理支配而与子系统特性无关"的原理，设想在跨学科领域内，考察其类似性以探求其规律。

协同论认为，尽管系统属性不同，但在整个环境中，各个系统存在着相互影响和合作的关系。哈肯在协同论中，描述了临界点附近的行为，阐述了慢变量支配原则和序参量概念，认为事物的演化受序参量的控制，演化的最终结构和有序程度决定于序参量。序参量的大小可以用来标志宏观有序的程度，当系统是无序时，序参量为零。当外界条件变化时，序参量也变化，当到达临界点时，序参量增长到最大，此时出现了一种宏观有序的有组织的结构。

协同理论的主要内容：**第一，协同效应**，是指复杂开放系统中大量子系统相互作用而产生的整体或集体效应。协同作用是系统有序结构形成的内驱力。协同作用能使系统在临界点发生质变，产生协同效应，使系统从无序变为有序，协同效应说明了系统自组织现象的观点。**第二，伺服原理**，即快变量服从慢变量，序参量支配子系统行为。它从系统内部稳定和不稳定因素间的相互作用方面描述了系统的自组织过程。其实质在于规定了临界点上系统的简化原则——快速衰减组态被迫跟随于缓慢增长的组态（序参量）。**第三，自组织原理**，自组织指系统在没有外部指令的条件下，其内部子系统之间能够按照某种规则自动形成一定的结构或功能，具有内在性和自生性。自组织原理解释了在一定的外部能量流、信息流和物质流输入的条件下，系统会通过大量子系统之间的协同作用而形成新的时间、空间或功能有序结构。

我们都知道，管理系统是一个复杂性开放系统，协同论又具有普适性特征，这表明管理研究适用于协同理论。万联网时代的企业管理面临动荡、无常、复杂、模糊的环境，企业系统要生存和发展，除了协同好内部各子系统之间的关系之外，还需协同一切可以协同的力量来弥补自身的不足，提高自身的竞争优势。在现代管理中，尽管影响管理系统的因素很多，但只要能够区分本质与非本质因素、必然与偶然因素、关键与次要因素，找出从中起决定作用的序参量，就能把握整个管理系统的发展方向。序参量的特征决定了它是管理系统发展演化的主导因素，只要在管理过程中审时度势，创造条件，通过控制管理系统外部参量和加强内部协同，强化和凸现所期望的序参量，就能使管理系统有序、稳定地运行。现代管理系统要想实现自我完善和发展，自组织是根本途径。

### 3. 突变理论

1972 年，勒内·托姆勒内·托姆在《结构稳定性和形态发生学》中对突变理论进行了独立且系统的阐述，托姆希望能够借此预测复杂无序的系统变化行为。"突变"法文原意是"灾变"，强调变化过程的间断或突然转换的意思。在自然界和人类社会活动中，除了渐变的和连续光滑的变化现象外，还存在着大量的突然变化和跃迁现象。托姆将系统内部状态的整体性"突跃"称为突变，其特点是过程连续而结果不连续。

**突变理论**（catastrophe theory）研究的是从一种稳定组态跃迁到另一种稳定组态的现象和规律。在微小的偶然扰动因素作用下，仍然能够保持原来状态的是稳定态，而一旦受到微扰就迅速离开原来状态的则是非稳定态，稳定态与非稳定态相互交错。非线性系统从某一个稳定态（平衡态）到另一个稳定态的转化，是以突变形式发生的。

突变理论广泛应用于变革管理和组织发展领域。有一种变化形式是平滑的、持续的和递增的，就是一种基于现有稳定界面的预设变化。业务流程改进（BPI）的一系列创意多遵循这一变化模式。还有一种变化形式则是灾难性的、突发的、激进的，彻底背离变化前的状态，它是全新定义另一个稳定状态的突变。这种变化往往是业务流程重组（BPR）的变革行为造成的。这种类型的变化是"非连续的"。有些情况下，组织会被强加以激进变革，而且，现实中可能根本就不存在那么一条"从哪里来，到哪里去"的清晰路径，引领组织持续渐进变革。在这种情况下，假设的变革路线也就毫无意义。

由于企业自身成长中的不确定性和经营环境的不确定性，突如其来的失败或萎缩成为时代的特征，人们越来越倾向于从系统论的角度将企业视为非线性复杂系统，并应用非线性系统理论分析企业发展的规律，探讨企业演化的模式和与环境的互动关系。哈罗德·孔茨认为，"不论是管理者，还是从事实务的主管人员，都不应该忽视系统方法。"今天的经济是全球化、开放的一体化经济,是高度分工又综合集成的经济,资金、人员、管理和品牌等资源不再像以前那样受到空间的限制,而是更加方便和自由地流动。每个企业不过是庞大网络体系中的一个节点,彼此制约,相互依赖。世界上任何一个角落的突变都会在全世界范围内飞速传播,冲击波迅速放大,其频度和深度前所未有,企业将面临更为动荡的商业环境。随着信息技术的飞速发展和网络的普及,全球化、信息化和网络化正在深刻地改变世界的商业模式,使企业不得不在一个蕴含更多不确定性和突变性的商业风险和危机中打拼。托马斯·库恩提出的范式转移特别强调新旧范式之间具有不可通约性,范式的转换是一种整体性、结构性转换;范式的改变是世界观的改变,范式改变了,这世界本身也随之改变了。

### 4. 超循环理论

超循环理论(super circulation theory)是关于非平衡态系统的自组织现象的理论。艾肯在20世纪70年代直接从生物领域的研究中提出,在生命现象中包含许多由酶的催化作用所推动的各种循环,基层的循环又组成了更高层次的循环,即超循环,还可组成再高层次的超循环。超循环系统,即经循环联系把自催化或自复制单元连接起来的系统。在此系统中,每一个复制单元既能指导自己的复制,又能对下一个中间物的产生提供催化帮助。艾肯把生物进化的达尔文学说通过巨系统高阶环理论,进行数学化,建立了一个通过自我复制、自然选择而进化到高度有序水平的自组织系统模型。这种从生物分子中概括出来的超循环模型对于一般复杂系统的分析具有重要的启示。如在复杂系统中,信息量的积累和提取不可能在一个单一的不可逆过程中完成,多个不可逆过程或循环过程将是高度自组织系统的结构方式之一。超循环理论对研究系统演化规律、系统自组织方式以及对复杂系统的处理都有深刻的影响。

### 5. 混沌理论

混沌理论(chaos theory)是一种兼具质性思考与量化分析的方法,用来探讨动态系统中必须用整体、连续的而不是单一的数据关系才能加以解释和预测的行为。1963年,爱德华·诺顿·洛伦茨提出混沌理论。混沌一词原指宇宙未形成前的状态,中国及古希腊哲学家对于宇宙之源起即持混沌论,主张宇宙是由混沌逐渐形成现今有条不紊的世界。在井然有序的宇宙中,自然科学家经过长期的探讨,逐一发现众多自然界中的规律,如地心引力、杠杆原理、相对论等。这些自然规律都能用单一的数学公式加以描述,并可以依据此公式准确预测物体的行径。

混沌现象起因于物体不断以某种规则复制前一阶段的运动状态,而产生无法预测的随机效果。具体而言,混沌现象发生于易变动的物体或系统,该物体在行动之初极为单纯,但经过一定规则的连续变动之后,却产生混沌状态。但是,此种混沌状态不同于一般杂乱无章的混乱,此一混沌现象经过长期及完整分析之后,可以从中理出某种规则出来。在人文及社会领域中因为事物之间相互牵引,混沌现象尤为多见。

混沌理论特性:①**随机性**。体系处于混沌状态是由体系内部动力学随机性产生的不规则性行为。体系内的局部不稳定是内随机性的特点,也是对初值敏感性的原因所在。②**敏感性**。系统的混沌运动,无论是离散的还是连续的,低维的还是高维的,保守的还是耗散的,时间演化的还是空间分布的,均具有系统的运动轨道对初值的极度敏感性。"蝴蝶效应"就是对这种敏感性的突出而形象的说明。③**分维性**。体系的混沌运动在相空间无穷缠绕、折叠和扭结，构成具有无穷层次的自相似结构。④**普适性**。当系统趋于混沌时，所表现出来的特征具有普适意义。其特征不因具体系统的不同和系统运动方程的差异而变化。⑤**标度律**。混沌现象是一种无周期性的有序态，只要数值计算的精度或实验的分辨率足够高，就可以从中发现小尺寸混沌的有序运动花样，所以具有标度律性质。

### 6. 分形理论

分形的概念是曼德布罗特首先提出的。1967年他发表了题为"英国的海岸线有多长"的论文。海岸线特征是极不规则、极不光滑，呈现极其蜿蜒复杂的变化。这种几乎同样程度的不规则性和复杂性，说明海岸线在形貌上是自相似的，也就是局部形态和整体形态的相似。曼德布罗特把部分与整体以某种方式相似的形体称为分形。在此基础上，形成了分形理论（fractal theory）。

**自相似原则和迭代生成原则**是分形理论的重要原则。它表征分形在通常的几何变换下具有不变性。由于自相似性是从不同尺度的对称出发，也就意味着递归。分形形体中的自相似性可以是完全相同，也可以是统计意义上的相似。标准的自相似分形是数学上的抽象，迭代生成无限精细的结构，这种有规分形只是少数，绝大部分分形是统计意义上的无规分形。

长期以来人们习惯于将点定义为零维，直线为一维，平面为二维，空间为三维，爱因斯坦在相对论中引入时间维，就形成四维时空。在数学上，把欧氏空间的几何对象连续地拉伸、压缩、扭曲，维数也不变，这就是拓扑维数。曼德布罗特曾描述过一个绳球的维数：从很远的距离观察这个绳球，可看作一点（零维）；从较近的距离观察，它充满了一个球形空间（三维）；再近一些，就看到了绳子（一维）；再向微观深入，绳子又变成了三维的柱，三维的柱又可分解成一维的纤维。那么，介于这些观察点之间的中间状态又如何呢？

分形理论及其方法论的提出打破了整体与部分、混乱与规则、有序与无序、简单与复杂、有限与无限、连续与间断之间的隔膜，找到了它们之间相互过渡的媒介和桥梁（即相似性），为人们从混沌与无序中认识规律和有序，从部分中认知整体和从整体中认识部分，从有限中认识无限，从无限深化中认识有限等提供了可能和根据，使人们对它们之间关系的认识的思维方式由线性阶段进展到了非线性阶段。

信息时代的企业组织形式是建立在程序组合基础上的灵活的、团队的、多样式组织和非正式组织的混合体，横向的企业组织将取代纵向的企业组织。程序组合将使组织变"扁"变"瘦"，变"扁"是指组织的纵向层次将大大减少；变"瘦"是指组织的横向部门将大大压缩和整合，使得工业化以来建立在分工基础上的职能部门和建立在管理中跨度基础上的层级制将不得不重新组合。企业组织的建设将以明确完整的任务和目标为基础，而不是建立在专业化分工基础之上。由于信息化和知识化给新的企业组织提供了组合分工和加大管理跨度的可能与机会，横向组织取代纵向层级组织成为企业组织的主体已成为一种当今企业组织建设的主流。这是分形理论在组织管理领域的应用。

## 8.1.3 自组织方法应用

自组织系统的机理是对称性破缺。对称性破缺的序根源于系统内部，外部环境只是提供触发系统产生这种序的条件，所有这种序或组织都是自发形成的。普里戈金指出，传统人类技术仔细地回避复杂性，自组织拥抱复杂性，复杂性是自组织的温床。

### 1. 自组织的条件（耗散结构）方法论应用

如何应用自组织条件方法论判断一个系统是开放的？卡尔·波普尔在《开放社会及其敌人》一书中，讨论了封闭社会和开放社会的区别："封闭社会的特征是信奉巫术的禁忌，而开放社会则是这样一个社会——其中人们在一定程度上已学会批判地对待禁忌，并凭自己的智性权威来做出决定。"在另一个地方，波普尔又指出，所谓开放社会，"即理性的和批判的社会"。波普尔特别反对把思考的权利拱手交给他人，从而成全或促进了社会的极权主义。

以组织管理过程为例，管理学家针对现代社会的发展，意识到过去把所有不同的个性、文化，通过组织这个"大熔炉"熔炼成为一种面孔、一个文化的办法已经过时。现在是允许多个性和多文化在一个组织中和平相处、合作的新时代。只有一种统一思想的组织无论从理论还是实际上看，都是不具备复杂性的简单组织，是逐步要退化的组织。如果一个组织只有领导者一个头脑，或把思想的权利都交付管理者来支配，那么这个组织必然会走向封闭组织，因为这样的组织缺乏非线性的思想交互作用，必然导致制度僵化、组织封闭，进而走向死寂。

即便组织中的管理者是理性主义者，也不能保证他所领导和管理的组织是理性组织和进步组织。首先，不能保证一个人时时处处永远理性。其次，不能保证他所领导的组织没有信息阻塞，从而导致判断失误。最后，不能保证理性主义不被误导，理性主义者如果被下属神化，被推崇到以为他自己判断永恒正确的地步，不吸纳其他与之相容的思想，更排斥与之不同的批评和建议，那么组织就会向退化方面转化。所以，思想的开放，有一种批判的态度和怀疑精神，允许不同观点和意见的存在，是开放社会在思想领域或方面的必要条件和基本特征。

### 2. 自组织的协同动力学方法论应用

互联网时代，企业更加注重合作，力求通过合作带动竞争，说明合作正在形成为企业发展过程中的重要趋势。以合作求竞争，已经被管理界所认识和提倡，并且被企业界所认同。新型企业没有明确的界线划分，它的作业过程、运行系统、操作及全体员工都相应地与顾客、供应商、合作伙伴，甚至竞争对手相互作用和有机联系在一起。这种相互联系、相互影响的组织关系，就是网络企业，其竞争优势表现在通过建立联系和连接实现互利而创造的价值上。

协同表达了这样的理念，即公司的整体价值大于公司各独立组成部分价值的简单总和。这种理念为公司实行多元化战略提供了理论基础。公司可以通过下属各个企业之间的各类不同形式的相互联系使得公司取得协同效应：资源共享、降低成本、规模经济与销售商的协同合作等，都可以取得协同效应。另一个实现协同的方式是，通过专业技能或专有知识的共享或转让，使得各下属企业在生成制造、市场营销或其他领域获得新的更好的运作手段。协同有赖于企业不同职能或下属企业之间的整合及协调。因此，企业组织结构、协调机制和企业制度等问题也与协同有关。

### 3. 自组织演化路径（突变论）的方法论应用

传统研究突变现象多从时间维度入手。而托姆另辟蹊径，把一个动态的时间突变问题（数学上称为"不连续性"问题）转换为一个突变行为集合所构成的"静态"结构问题。正如可以通过同时呈现在宇宙同一空间的不同恒星的不同演化阶段形态方法，表达为不同阶段的恒星时间演化一样，这种转换具有重要方法论和认识论意义。实际上，自然界和社会的突变现象极多，只是目前还不能对其中的绝大部分加以处理，用数学术语说即测度为零罢了。

突变论方法提供了一种几何化或结构化思路，在托姆看来这就提供了一种整体的看法，使用整体上几何化的思想在理论上有着巨大的意义。在许多学科中用到的某些概念，其意思并不清楚，无法形式化。按照托姆的观点，用语言表达的思想总倾向于将概念硬化，从而将概念的内在可变性遮盖起来。而突变论允许使用一种连续性逻辑，因为在正常思维中都有一个门槛，因此，突变论提供了超越同一性原理的可能性。在突变论的模型中，一切形态的发生都归之于冲突，归之于两个或更多个吸引子之间的斗争。事实上，它们构成了不同的区域，反映了系统的结构与运动演化的变化特性和相互作用特性。托姆特别喜欢赫拉克利特的一句名言：**应知冲突无处不在，正义就是斗争，万物的发展皆可归于斗争和必然。**

### 4. 自组织超循环方法论应用

黑格尔研究哲学史时曾经将人类的思想发展演化过程比作一个大圆圈，每种思想相当于大圆圈上的一个小圆圈，人的认识就是一个圆圈、一个圆圈向前发展。黑格尔建立的否定之否定规律就具有超循环解释结构和特征。思想的演化在最后阶段以螺旋上升的方式重复先前的事物或思想，当然后继思想比先前思想提升了，原来的思想只是后继思想的原型、萌芽或雏形。列宁在《哲学笔记》中也谈及这个问题，指出人类思想的发展演化具有大圆圈套小圆圈、螺旋上升的特征。他指出，人的认识"无限地近似于一串圆圈，近似于螺旋的曲线"。

以上所说都是在实际过程中已经存在的循环而后运用超循环理论再解释的案例。它不是最重要的，最重要的是能够以超循环思想和方法直接对事物或过程进行解释的一种预见式的运用。拉兹洛在其著作《进化广义综合理论》中利用超循环理论建立的解释社会文化系统的框架很有创造性。事实上，我们不仅在有自觉意识的学者那里发现了自觉运用超循环论的案例，而且在其他各种科学书籍（只要与跨学科思考有关的文献）中，几乎都能找到类似的并非自觉意识的超循环思考结构。例如，语言学领域存在的所谓"自举"，就是一种循环。著名的巴赫音乐模式中的递归结构也是一种超循环结构。逻辑中的悖论也与循环有关，而悖论和理论的非完备性问题更让人不断思考思维中更深沉的内容、语言表达和结构问题。

思想领域中，人类能够对思考进行思考；在客观知识领域，科学研究科学，知识改造知识，也是螺旋式的循环，一种递归、螺旋的、永远不会停顿的思想追逐。我们也常常从循环中，利用中断循环而得到上升；或者我们中断反馈，暂时得到解脱。在哲学中，我们常常陷入思考的循环之中。我们对终极的追求常常不能实现，常常适得其反，有时又像是莫比乌斯带上的蚂蚁，绕到了另一面。辩证法的"两极相通"讲的是前一个道理，"南辕北辙"成语讲的是后一种循环过程中的道理。所以，我们需要循环性地思考，在循环思考中得到启示，得到灵感，有时又极端讨厌思维中的循环，它使得我们不是原地踏步，就是谬以千里。

我们应该把正确的思想循环理解成为网络式样的各种思维要素之间的联结、组合，这样的思维循环或"超循环"将产生大量的创造性,通过相互作用,思想才能进步。成中英利用《易经》构造的管理思想模式就是明显的超循环模式,具体如图8-2所示。

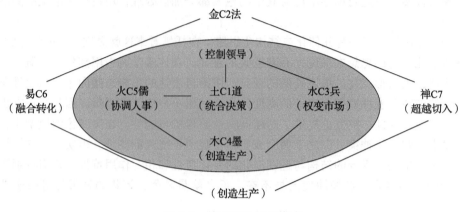

图 8-2　管理的超循环模式

### 5. 自组织分形结构方法论应用

（1）**无限与有限**。在本体论意义上,自然界存在许多有限与无限的真实的统一情况。了解了分形后,我们豁然开朗,原来人或动物的肺叶的体积是有限的,但是肺泡的表面积与该体积大小相比就几乎是无穷大的。在认识论意义上,分形方法提供给我们通过有限认识无限、构造无限,通过"可能"认识"不可能"的方法。

（2）**简单与复杂**。曼德布罗特集在数学上是一个异乎寻常的复杂对象,却能够用简短的程序在计算机上显示出来。这表明简单与复杂从来就不是截然分开的。本体上有序通过无序而产生,世界的复杂性逐渐生成,从逻辑上表明简单性可能是复杂性起源的源泉之一。简单的非线性叠加（迭代）出现了复杂,非线性的相互作用可以构成混沌动力学系统,而混沌动力学系统中的混沌的复杂性增长则可以进一步通过混沌的相互作用产生。

（3）**整体与部分**。经典物理学占统治地位时期,人们以为部分之和等于整体;系统论诞生和发展时期,人们发现整体大于部分之和;分形理论诞生后,人们发现部分与整体有自相似性。实际上,分形发现的部分与整体的自相似性完全不同于"部分之和即整体"的命题。经典科学中的部分与整体的关系是"部分的性质"相加后的"集合"="整体性质",而分形理论下的分形体中,是任意小分形元和任意一部分分形元与整体自相似。分形理论是从整体出发的理论方法,大自然也是先产生一个（可能混沌的）整体,然后才分形的。

（4）**规则与破碎、有序与无序**。分形结构在整体上都是一种破碎的非规则的形体。然而一般在其内部都存在内在的自相似性。大多数分形在一定标度范围内也是不变的。在这个范围内,不断地放大任何部分,其不规则程度都是一样的。按照统计的观点,几乎所有的分形又是置换不变的,即它的每一个部分移位、旋转、缩放等在统计意义下与其他任意部分相似,这些性质表明,分形的不规则性中存在着一定的规则性。它同时也暗示了自然界中一切形状及其现象都能够以较小或部分的细节反映出整体的不规则性。还有一个问题需要说明,有整形也有分形,整形和分形的结合与统一,才是自然界和社会的本质。

### 6. 自组织混沌理论方法论应用

传统科学管理的特点是规范化、最优化和数学化。实际上,管理根本不可能做到最优化，因为管理决策所需要的信息不可能完备，行为选择只能在几乎无穷的方案中选择极为有限的个别方案。即使在现代社会，管理仍然面临着大量复杂的、无法用纯粹数量的和确定性的方法予以解决的问题和对象。传统管理的第二个基础是线性数学。人们已发现这个基础实际上是一种理想化的东西。表面看，线性规划帮助管理人员解决了不少物流管理、时间管理等问题，使得管理优化。但是能够被线性处理的对象实在如凤毛麟角。现代管理对象主要是社会中的人和人群、人际关系。重视组织的硬结构、确定性，方法的定量化这都是必要的，但是忽略管理中的人和人性的特征，必将导致管理失败。近年来，管理领域开始重视软件、柔性，承认管理过程中存在大量的不确定性、模糊和自组织特征，并进行了相关的研究。这些研究表明在社会科学和管理科学领域已经充分注意到了管理中的混沌特性。

袁闯和刘洪都对"混沌管理"进行了研究。袁闯认为，混沌管理的本质是适合复杂人假定和复杂管理的方法论。混沌管理的方法论特征有：①非规范化，即与现代西方管理的追求规范化相反，不要求规范化管理。②非优化，即并不追求最优化与最高效率。这是由稳定的管理价值观所决定的。③不确定性，希望过程自然发生，不加干涉。因此，管理过程与结果之间无决定的、直接的关系。以上管理中的混沌思想虽然都用在中国古代，但是把中国古代的管理思想用混沌意义加以概括则没有本质性错误。而企业发展的多元化、管理的分散化、弹性工作时间的管理、对人性化管理的需求等，都为混沌管理思想的生长提供了良好的机会。事实上，对混沌特性的认识，就给我们在管理预测和决策方面提供了理论指导，混沌演化特性告诉我们，不存在长期预测，我们的预测能力总是有限的。事物总是在演化，不去追求最优化的管理目标，则给发展留下更广阔的空间。

#### 7. 综合的自组织方法论应用

开放系统，创造条件，加强物质、能量与信息输入使得自组织过程得以产生；激励系统内部子系统的非线性相互作用，通过竞争、合作推动系统产生整体新的模式和功能；通过循环耦合，突变渐变途径，使得系统得以维持自组织并且发展演化，增强有序程度和关联程度，通过自相似构建和寻求混沌临界点或域，将系统的演化推进到最大的复杂性可能空间，创造演化有序发展的良机。通过自组织的方法论，在自然界中纯粹自发的自组织在人类演化中成为一种自觉的行为，于是，马克思所说的人类的历史也成为自然之史，自觉的自然史。

---

**| 实践聚焦 |** 腾讯通过"故事墙"和"站立式会议"，实现自组织和高绩效

如何建立高绩效的自组织团队？腾讯有个"领航员项目"模式。在进行重大的产品开发和项目改进时，腾讯会选择经验丰富的领导人组成团队，使用更科学有效的方法，追求更高的品质，从而激发团队自主性。当团队成员高度认同团队目标并将其转化为自己的使命时，管理就是多余的，团队就可以实现自我组织。"领航员项目"的关键点是：引入"鲇鱼"，即引入有成功产品经验且有创造力的制作人和策划人，让他们带来完全不同的工作习惯和方法。

自组织之所以有效，在于自组织是由团队成员的内驱力驱动的，不是受外力的驱动。自组织团队之所以有内驱力，一方面是因为企业有组织的管理规则，为所有

团队成员提供了绩效目标和相应的激励空间，另一方面则是因为团队成员追求自我价值的人性要求。自组织要在管理与自由、他律与自律、自尊自重与外界管控等之间，达成精妙的平衡。

腾讯在"故事墙"上用不同颜色的纸片代表不同任务。黄色表示功能需求，蓝色表示技术任务，红色表示bug，纸片上还要标明任务、执行人、工作量和计划完成时间等信息。纸片的上下位置表示任务的优先级，位置越靠上，优先级越高。团队成员每天都可以看到整个项目的进展、每个任务要实现的功能，以及项目的瓶颈和问题。如果某一栏里的内容严重不足，相关负责人员就会自觉抓紧研究。"故事墙"实行仅仅四周，团队效率就提升了三倍，团队的满意度也随之上升。

同时，召开站立式会议，会议长度5分钟以内，大家站在故事墙前讨论项目进展。如果墙上没有自己的任务，或者自己的任务优先级不够，压力就很大，而且没有面子，不得不努力加班加点。这种管理方式，负责人不需要再去人为地分配任务，团队成员根据自己的任务情况领取任务，任务完成后将纸片挪到别的栏目即可，即认领—完成—确认。

**任何自组织都需要一个有效的场景和必要的管理道具**。这个有效的场景，一般是明确的任务场景，让大家可以把自己代入进去。"故事墙"就是任务场景，上面的纸片就是管理道具。站立式会议，则为这个场景增加了现场感和类似快节奏音效的作用，给所有团队成员立体的"刺激"。通过"任务场景—管理道具—现场感音效"，团队实现自我组织，自我驱动。

自组织模式不能有成规，否则就不是自组织。全国性的自组织，必然是网络结构，具有更强的组织柔性和扩展性，可以有效应对市场拓展中的不确定性。新的组织方式直接改变了传统人力资源横平竖直的叠床架屋模式，必然要有新的选人用人的标准和方式，人与人之间的工作关系和沟通方式要改变，新模式/新业态的工作绩效要有新的定义。自组织性越强的公司，人本属性越高，人本属性要求人本和资本更好地结合，股权、期权、收益权成为标配。

## 8.2 组织关系谱

### 8.2.1 组织变迁逻辑

#### 1. 组织变迁的循环流程

内外部环境的变化，企业资源的不断整合与变动，都给企业带来了机遇与挑战，这要求企业关注组织变革。组织变革是指运用行为科学和相关管理方法，对组织的权力结构、组织规模、沟通渠道、角色设定、组织与其他组织之间的关系，以及对组织成员的观念、态度、行为及成员之间的合作精神等进行有目的的、系统的调整和革新，以适应组织所处的内外环境、技术特征和组织任务等方面的变化，提高组织效能。

组织变革模型中最具影响的是Lewin变革模型。Lewin提出一个包含解冻、变革、再冻结等三个步骤的有计划组织变革模型，用以解释和指导如何发动、管理和稳定变革过程。

（1）**解冻**。关键在于创设变革的动机。鼓励员工改变原有的行为模式和工作态度，采取新的适应组织战略发展的行为与态度。一方面，需要对旧的行为与态度加以否定；另一方面，要使干部员工认识到变革的紧迫性。可以采用比较评估的办法找出差距和解冻的依据，帮助干部员工"解冻"现有态度和行为，愿意接受新的工作模式。此外，应注意创造一种开放的氛围和心理上的安全感，减少变革的心理障碍，提高变革成功的信心。

（2）**变革**。变革是一个学习过程，需要给干部员工提供新信息、新行为模式和新的视角，指明变革方向，实施变革，进而形成新的行为和态度。应该注意为新的工作态度和行为树立榜样，采用角色模范、导师指导、专家演讲、群体培训等多种途径。变革是个认知的过程，它由获得新的概念和信息得以完成。

（3）**再冻结**。利用必要的强化手段使新的态度与行为固定下来，使组织变革处于稳定状态。为了确保组织变革的稳定性，需要注意使干部员工有机会尝试和检验新的态度与行为，并及时给予正面的强化；同时，加强群体变革行为的稳定性，促使形成稳定持久的群体行为规范。

### 2. 组织变迁的管理关系

管理关系，源于管理实践活动中与管理理论研究中各种复杂关系的出现与处理。管理者管理水平的高低和管理能力的强弱，全看其对管理关系的分析和摆布的科学性和艺术性，全看这种分析和摆布的结果与效用。摆布管理关系的方法论主要有：系统论、循环论、生克论（或对立统一论）、三点论、程序论、倾向论、阶段论、模糊论、简化论、规律论、艺术论。

（1）系统论。系统具有如下特征：
- 整体性。凡事都要顾及整体效应。期望的效应：1+1>2，1+1>>2。
- 相关性。元素与系统相关，元素与元素相关，系统与环境相关，相关就是相互作用、影响与制约。
- 层次性。纵向层次表现为直线的等级关系，上下级是包容关系，可以同构化设计。横向层次表现为各侧面的协调关系，非包容关系，非同构。纵横关系是块块（子系统）与条条（分系统）的关系。
- 过程性。系统发展经历一个生命展开过程，过程性意味着系统创新与扬弃问题，以及更新过程中的阵痛与平复问题。
- 适应性。要主动适应，挖掘与调动系统的（主观）能动性，创造性地把适应和改变环境有机地结合起来。
- 不守恒性。系统的内部状态变化时，系统的能量守恒、质量守恒，但系统功效不守恒，这是我们对系统能有所作为的基本依据。
- 功能结构性。系统结构一定，则系统功能就确定下来，这就叫"结构决定功能"。对有目的系统而言，是由目的出发而要求功能，由功能去设计结构。功能和结构的对应是一个往复运作的过程。系统功能的考察，是通过系统行为能否有效实现目标来评判的。

（2）循环论。"一生二，二生三，三生万物"，万物复归一，这就是循环论。循环论是螺旋型进化，一切有效的管理控制都是符合循环论的。循环论包括：①分合循环论。"距离产生美"是说分开有吸引力，但总是有距离，就不会产生美。所以，还要缩短距离，过一段，再拉开距离。②阴阳循环论。相对立的事物，相生相克。唯有相克，才有相生；相生既久，又会相克。相反相成的方法论就属于阴阳循环论。③寿命论。生孕育着死的因素，死也是生机的存在。如何使生命展开的循环更加生动活泼和充实，如何延长生命周期的某一个阶段，这是寿命论研究中常常涉及的课题。④周转论。资金讲周转，讲周转效率。时间讲运转，讲昼夜年轮。信息讲流动，讲畅通和效价。实际上，资源只有周转才有能量激发和能量释放。⑤程序循环论。思维程序、决策程序、工艺流程、控制程序都必须形成"闭环"，即成为循环圈。凡不能延伸至初始步骤者，都不是好的程序。

（3）生克论（对立统一论）。事物间、事物内总有相生相克因素。相生时，相克呈潜形；相克时，相生呈隐性。有克才有生，有生必有克，对立统一。①相克性。任何事物，总有抑制其发展壮大的因素。②相生性。任何事物，总有推动其发展壮大的因素。③转化性。由于相生相克，才有事物的转化。相生的因素和相克的因素，并不是固定不变，随着此长彼消的过程，生克的格局就会发生质的变化，事物也就发生转化。④圆通性。所有矛盾皆可通融化解。太极图表现出至高至大的圆通学问，东方传统文化在于圆通，在于刚柔并济，在于以刚护柔，以柔克刚。圆通可包容所有的悖论。⑤互补性。互补不是形式上的组合，互补是内在特征的有机整合，互补须在互动过程中完善，波尔的观点是"互斥即互补"。

（4）三点论。一分为二，合二为一，一分为三，一分为多，统称为"三点论"，它们的共存共荣，才构成丰富多彩的运动景象。①中介性。弹性有中介，才成本费用的降低，才有效率和效能的实现。实际上，管理关系研究本身就是中介研究。②选择性。实现任一目标的途径都不是唯一的，因此才有方案的创造。要记住：不要放过任何一个机会，同时要善于选择。有选择，才有优化和进化。③弹性。弹性意味着留有余地。许多创新行为都在弹性范围内发生。由于弹性范围是一种过渡，所以才有"弹性边界"的说法，并由此而有"一分为三"的存在。④导向性。因为存在着管理主体同管理客体之间的"连接物"，有"连接物"并不一定就会有导向的成功。要思考"在不管中去管"的智慧。⑤异化和突变性。发生异化和突变之前，必有隐兆于中介。异化和突变的发生，均由中介物所引发。中介物内部运动的图像，符合量子场的规律。

（5）程序论。对事物间关系的协调、转化，应按一定的程序进行。程序环节的先后问题、平行问题、合并简化问题、剔除冗余问题、非自相矛盾的运动问题，都是程序论要认真研究对待的。程序论包括：

- 科学性。科学性的重要前提是科学程序。没有程序，不讲程序，就谈不上逻辑推理。没有逻辑推理，也谈不上科学。严肃的管理工作，一定要有规范的思考程序和运作程序。
- 流论。程序是事物和谐流动与流通的产物，不是人为杜撰出来的。要使"流"（物流、信息流、资金流、人流、设备流等）顺而畅，应不违背"周转"论。
- 反馈性。反馈，一般指负反馈，其机制由两方面构成。一方面是一旦系统出现目标差，则会出现纠正目标差的自动反应。另一方面是这种纠正目标差的反应可以一次次地积累起来。反馈还有半负反馈和正反馈。
- 控制论。控制的程序——制定控制标准，发现偏差，分析偏差，纠正偏差。

（6）倾向论。事物发展至某一点时，有许多发展倾向。倾向论包括：①多走向性。任何一个发展过程，在任何一个点处，均有多个演进倾向。②空间性。要研究在某一个发展节点上的演进倾向空间，研究其内部结构与该发展节点之间的结合机制。③合力性。决定发展倾向的不是只有一个因素，是不同因素合力作用的结果。④动态性。管理目标的达成，感觉上是直线视觉的，但运作上绝非直线。发展倾向是在动态演进中随时协调，包括协调上述合力的方向、大小，从而逐步逼近期望目标。⑤心理性。人们的不同心理都会对演进倾向产生影响。要研究反目标倾向、偏目标倾向和合目标倾向的各种心理要素，并恰如其分地进行整合诱导。⑥防止盲目性。要自觉地随时防止失去自觉性，陷入盲目性，要研究发展力度，也要确立发展的长度。过犹不及，中庸之道永远是基本的方法论。

（7）阶段论。事物的发展、管理运作，都是不同阶段相衔接而成为一个完整的循环过程的。要注意研究阶段之间的"结口"及其机理。阶段有战略阶段和策略环节性，也有务实性，一切从脚下开始。要面对现实，一切从实际出发；要具体问题具体分析；要讲外因与内因相结合；要强调和重视内因论；还要比较阶段性。要研究参照系，思考它的发展阶段，然后同本身的发展做出比较，确立良好的发展阶段链条。

（8）模糊论。人类大脑有"完形"的机能，表明模糊处理是可能的。一些圣贤之人倡导的"淡泊名利"，实际上就是模糊处理，是另一种意义上的明晰。①全息性。时空坐标中的每一个点都是一个全息点，都可以反映整个宇宙的所有信息，只是表现方式与人的感觉不一样而已。②无鱼无徒性。人本身是模糊集合体，而在不同的人为社会环境中，被配有各种不同眼镜的人审视出不同的形象。无鱼无徒论，可以活跃社会行为，可以发挥人的才智。③难得糊涂性。要研究模糊的智慧，要考虑何时何事要糊涂，何时何事不要糊涂，以及糊涂或不糊涂的程度。④度论。适度，就是恰如其分，恰到好处。"有理、有利、有节"，就是适度。

（9）简化论。从管理运作的立场来看，把复杂的东西变为简单的才会真正产生效率，而这种"变为"的过程需要水平。①关键论。把握关键，就导致简化。可从两个方向把握关键：哪些环节做好就大局已定，则哪些环节即为关键。哪些环节做不好，就不能保全大局稳定，则哪些环节即为关键。有了关键，那么资源就要向其倾斜、集中，也就是比较多的资源去应对比较少的选择。②归纳论。擅长归纳，即善于简化。③排队论。排队的结果，会导致简化过程。排队可以简化思路，可以节约资源，可以提高指挥效率。④突破口论。管理的切入点、价值的增长点，都集中了众多信息，结构复杂，简化是十分必要的。

（10）规律论。规律是矛盾的对立统一的本质反映。规律与人的认识有关。①对应性。同类事物或运动，有内在规律的趋同。因此，它们可以对应起来研究。②因果性。有因才有果。任何现象都是必然的，包括偶然现象，"偶然是必然的交叉"。③趋势性。趋势是表明规律的基本标志，但趋势具有多向度的可能性，因此，趋势研究具有很大的不确定性。④实验性。为把握规律，可以进行工程、心理、市场模拟实验等。由于它的局部性和模拟性特征，所以还要研究类似因素的可类比性及类比尺度。⑤相关类推性。根据事物之间的相关性，由一事物的规律性去推断另一事物的规律性。

（11）艺术论。艺术的造诣在于"在实践中揣摩，在揣摩中实践"，如此往复演练提高。①随机性。对随机的管理现象的难于把握和认识，常表现为艺术性的处理，如直觉的领悟、概数的把握、即兴处置和应景联想等。②灵变性。灵活不等于无边无沿，应变也不是异想天开。这是丰富经验和理论功底的不断积累而出现的现象。③气氛创造性。创造一种良好的文化氛围，使管理对象自然而然地、潜移默化地在其中被感染、被诱导、被激励、被鼓动。④虚实性。在运作时，以实对实、以虚对实、以实对虚、以虚对虚、外虚而内实、外实而内虚、外虚而内虚、外实而内实，不一而足。虚实思维，有如奇正思维，变化万千，反映艺术色彩的丰富。⑤载体性。以某一种形式的表达方式（信息）为载体，而携带和传达另一种必要的、不好点明的信息。这种观念在不同人员的心理-行为沟通上是要常常使用的。幽默法、委婉法、模糊法、暗示法都是载体性的体现。

### 8.2.2 组织重构认识

#### 1. 雇用关系的改变

经过一个多世纪的发展,几乎所有发达国家都已经步入了以雇员为主的社会。雇员的存在给社会发展带来了巨大的利益,稳定的组织结构,有效的任务分工,与工业流水线的绝佳配合,实现了工业企业的高效率与低成本。毫无疑问,雇员的存在给早期社会的发展带来了极大的创造力,并且创造了巨大的财富。雇员时代使得组织更加关注上下级关系,更加关注组织结构的稳定性以及个人对于组织目标实现的贡献,但过度地关注了命令的服从、条件约束以及规则标准的制定。随着技术的不断深入发展以及雇用关系对于人们创造力发挥的伤害,以雇员为主的社会形态逐渐发生着变化。今天,雇员的能力已经逐渐超越了组织的界线。

雇用关系的打破可追溯到40年前,标志性事件是组织管理外包的出现。雇用关系的改变,即从雇用关系改为合作关系。组织与员工之间很难再用"忠诚度"去界定,更多的是合作及契约精神。雇用社会,大多数人都在组织中工作或者为组织工作,每个人要发挥作用取决于是否能够与组织接触,并被雇主认可;每个人的生计也要与组织接触,并获得组织的肯定从而获得收益。这样的特点导致组织中"管理者"有了非常特殊的角色和权力,而"雇员"则失去了他自己本该有的自主与自由。现有的雇用关系逐渐朝向一种灵活的合约方向发展,用共同的目标和价值追求来约定与对方的关系,充分信任他们的能力和将要创造的价值,给予足够的空间和自由。

固有的组织结构中,雇员无法真正地发挥自己的创造力,组织的生存发展会受到阻碍。现在形成的新型的组织成员关系,在知识社会里,知识工作者还拥有生产工具。马克思认识到工厂的工人不拥有,而且也无法拥有生产工具,因此不得不"处于孤立的地位",这的确是马克思的远见卓识。现在,真正的投资体现在知识工作者的知识上。没有知识,无论机器多么先进,多么复杂,也不会具有生产力。

今天绝大多雇员都是知识工作者,他们拥有知识并因此拥有了自己的相对自由。相反,组织如果仅仅拥有资产,不能够为成员提供其运用知识和发挥知识的平台,这个组织也就丧失了自己的价值。组织必须要了解雇员的需求和希望,因为成员不再依赖于组织,而是依赖于自己的知识与能力;成员与组织之间的关系是合作关系,甚至是平等的网络关系。

这些改变,意味着雇用关系已经开始解除,人们之所以还在一个组织中,是因为组织拥有的资源与平台,倘若资源与平台进一步社会化、网络化,个体的自主性就会更加被显现出来,这一刻,就在眼前。商业组织不仅为制造产品提供服务,也培育人——员工受到工作环境和组织文化的熏陶。《美国管理学会学报》提出了促成组织实现其目的与意义的六项关键价值观:尊重个体、团结协作、包容多样性、适度分权、互惠互信、可持续性,其中排在首位的正是对个体的尊重。以往将员工简单地视为"人力资源"的认识,在今天的环境中已经无法完全释放个体的价值和潜力。

#### 2. 个体与组织的矛盾

古斯塔夫·勒庞在《乌合之众》中提到,个人一旦融入群体,他的个性便会被湮没,群体的思想便会占据绝对的统治地位,而与此同时,群体的行为也会表现出排斥异议、极端化、情绪化及低智商化等特点,进而对社会产生破坏性的影响。我们知道,组织一定是群体,但群体不一定是组织,群体可以看作是个人到组织之间的中介变量。更加具体地来看，影响组织绩效的自变量都有哪些？个体水平的自变量包括人格、价值观、态度、能力、动机等，群体水平的自变量包括沟通方式、领导方式、群体间关系与冲突程度等，组织水平的自变量包括组织设计、技术和工作过程、组织的人力资源实践、内部文化等。

管理的最大难点和痛点，在于个人和组织的矛盾。矛盾存在的基本表现是，个体和组织的目标常常是不一致的。个体的目标可以是生理的、心理的、社交的、金钱的和权力的。组织目标大多是追求利润、永续经营。另一个角度看，个人目标是内在的、个性化的、主观的事物，而组织虽然由个体组成，但其目标不是个体目标的简单集合，相反，组织的目标是外在的、非个人的、客观的事物。

从个体目标到组织目标的异变源于何处呢？我们借助群体的概念加以考察，我们可以发现人在群体中常常会表现出不适与排斥，进而影响群体的绩效。我们认为这种不适与排斥源于人的主体性。主体性不是简单的主体主观观念，更重要的是那种主体的创造性。

人的主体性生成是一个发展进化的过程。有两种形态的主体性：**对立的主体性和交互的主体性**。一是对立的主体性。这种主体性以"自我"为中心和主体，视他人、组织、世界为客体，追求个人利益的最大化，遵循二元对立的思维逻辑，这是导致群体内争斗的主要原因。从管理实践的层面看，这种对立的主体性意味着管理是集权、是约束、是暴力，对组织绩效的影响是负面和消极的。二是交互的主体性。交互的主体性体现了自我性不单单局限于本身一个个体，而会与其他某些个体进行联系、合作。交互的主体性似乎为解决个体与组织的矛盾提供了方法。但这种主体性关注的对象仍然是自我，只是从单数的"我"走向了复数的"我们"。《乌合之众》深刻体现了这类主体性：单一的自我性转变为多数个体的群体自我性，个性湮灭，转变为群体意识，群体的行为会表现出排斥异议、极端化、情绪化及低智商化等特点。这不仅没有解决个体和组织的矛盾，反而加大了危害。从管理实践的层面看，表现为群体放大了个体的理论，产生了影响组织绩效的非正式组织——组织内部对立的小群体，或者是具有社会破坏性的团体。所以说，对立的主体性和交互的主体性都是个人与组织冲突的根源，后者作为前者的发展形态，隐含了一种合适的变化趋势，但尚未成熟，缺乏约束和相关构念，无法借助其发展出解决方案。

值得骄傲的是，管理实践发展至今，早已诞生出许多优秀的组织。这些组织借助其设计理念、使命、结构、职能、制度等，做到了个人与组织的和谐统一。尽管环境不断变化，个体与组织的矛盾不时会以新的形式出现，但这些成功的实践，为我们昭示了解决问题的一般思路——协同的主体性。

**协同的主体性已由单数或复数的"主体性"上升到了"主体间性"**。主体可以由一个或几个个体构成，主体间的关系是协同，即协和、同步、和谐、协调、协作、合作，主体之间会交往、沟通、对话和理解。协同的主体性消除了片面的"唯我论""为我论"，又不会被"群体无意识"的盲目所累。这种成熟的主体性为解决个人和组织的矛盾打下了基础。

基于协同的原则制定措施，可使个人和组织由对立走向统一。**第一，管理者要转变思想观念，拒绝基于"工具人假设"和"经济人假设"的旧管理范式**。相反，管理者们应该相信组织成员们融入组织的愿望，并提供相应的激励措施，使组织成员们相信他们会对组织的成长提供帮助，并且组织的成长反过来会对他们个人的事业发展、自我实现提供助力。**第二，要创建有意义的工作环境和流程**。当组织成员发现工作能够匹配自己的才能并带来挑战感和成就感时，他们会感受到前所未有的激励感和满足感。**第三，创建组织层面的认同感并分享价值观**。当组织的文化能与员工的价值观发生共鸣时，很多困难将自动被克服。

组织需要发展众多手段，促进成员主体性的开放，使其融入组织整体性当中。**第四，创造蜂巢式的组织结构，而非筒仓式结构。**传统的筒仓式结构各安其位，缺少交流沟通。而蜂巢式结构四通八达，信息的交互、人员的协作、知识的联通都十分方便。组织能够成为成员学习探索、知识共享、行动创造的地点。**第五，建立公平的用人和分配制度。**地位和金钱利益的首要考量是化解组织和个人恶性博弈的根本保障，也是管理实践走向成功的基石。

### 3. 主体性与工具性

为了实现组织的目标，管理追求效率和精确性，这要求我们遵循客观规律，会不自觉地导致在管理过程中将人视为缺乏主观性的"工具"。管理学尚未正式形成的时期，工具人假设就开始萌芽。奴隶社会，工具人被当成生产的工具。到资本主义社会初级阶段，工具人开始盛行。生产力发展带来的工厂制度下，资本家们从自身利益出发，把工人当成用来达到管理目的的会说话的工具。管理既是科学也是艺术的二重属性是被普遍认同的观点。一方面，管理要求在实践过程中遵循客观规律，把握确定性关系的基本原则，优化确定性要素。这在客观上将人视为一种确定性的要素，忽略其主观可变性。另一方面，管理情境的多样化和复杂化，需要对各类不确定性要素进行综合的考量和把握。而其中最大的不确定便是人，管理的艺术性也称为管理的人文性。管理的人文性强调人是核心，管理的目的是激发人的主体性。

由管理的二重性发展出两种基本的管理模式——科学管理模式和人文管理模式。科学管理模式重视制度、工具、技术的运用，将人视为被动执行和服从命令的工具，强调他律。这类模式必将遭到人的反抗，所以在20世纪出现了人本管理模式，改变了将人视为工具的看法，转而将人视为目的，并尊重、理解、关心人的需求。然而人本管理也存在问题，那便是容易夸大人在管理过程中的作用，陷入人类中心主义的误区。

管理的二重属性是工具性与主体性之间存在矛盾的根源。认识论层面，工具理性的膨胀和价值理性的衰弱加剧了这一矛盾。工具理性指行为建立在以数学形式进行的对结果的量化和预测之上。价值理性指主观上坚持某种价值观而不顾及后果。社会形态的变化和生活水平的提升，使价值理性前所未有地衰弱，而工具理性相对应地急速膨胀。后者的直接效果是短期内管理效率大大提升，却带来了人的主体性缺失这一潜在危机。赫伯特·马尔库塞认为，在工具理性时代，人被异化为单向度的人，只追求科技，忽略了人的自由和全面发展。

工具性和主体性之间的矛盾成为管理理论和实践发展的首要制约。从宏观和微观两个层面考虑其解决对策。

宏观层面对策是构建自主管理模式。只有基于人的主体性构建自主管理的范式，将人作为内因，才能调和主体性与工具性之间的矛盾。什么是自主管理？从主体视角看，自主管理的核心特征是自主、自为、创造和超越性。模式的形式是根据员工的个性、专长和发展需求，结合组织的目标进行充分的授权，使每个人从管理的对象转变为自己的管理者和组织管理的一员，从而让每个人自由自觉地通过学习、协调、激励来完成工作任务并承担对应的责任，最大限度激发人的潜能，在个人自我实现的同时达到组织目标，最终使管理的工具性和目的性走向统一。首先，自主管理是人的主体性的内在要求，也是管理发展至今的必然趋势。德鲁克在《21世纪的管理挑战》中就提出了"自我管理"的思想。其次，人的自我反思特性，决定了人既可以作为管理的主体，也可以同时成为管理的客体。东方管理思想中体现的对人"自律"的要求，为自主管理的发展提供了文化基础。最后，从当今管理的大环境来看，组织的扁平化、知识经济、学习型组织也为自主管理的发展提供了丰厚的土壤。

微观层面需要创新，从组织中的某些个体指导整个组织和其他成员转变为组织为成员服务。①在制定组织的发展战略、成长计划时，要充分听取组织成员的意志，发扬民主精神。②组织要成为对成员的支持性存在。由"命令—控制"型的组织转变为"教练—服务型"的组织。③将传统的控制职能转变为"自我评价、反思和组织提升保障"。将绩效管理的功能从事后评价、控制转变为研究并发掘改进方向、创新工作方法，实现人潜能的最大开发。④创新组织的结构。改变传统的僵化、官僚和机械组织结构，消除唯命是从、领导最大的等级理念，代之以协作、平等和独立；建立组织内部层级沟通渠道，通过对话和协商充分发挥人的主体性以实现心灵的无碍、行为的和谐。⑤加大人力资源开发力度，加强员工的职业生涯规划和管理，从而培育员工的主体性，以适应自主式管理对组织成员的要求。

### 8.2.3 命运共同体治理

彭剑锋认为，自组织并不等于无组织。它只是说这种组织的秩序不是预先设计，而是自发形成的，自发从无序到有序，最终的目标是有序、提高效率、激发员工的活力，使得组织能够协同产生价值。自组织作为一种组织形态，它内在的本质追求并没有变，只是组织的形态、内部的运行机制，以及内部控制方式发生变化。要把握企业内部进行自组织管理的三个最核心要素，即**共创、共享、共治**。**共创**，就是人人都是价值创造者，人人都可能变成价值创造的中心。**共享**，就是自组织更强调利益共享，更强调构建利益共同体，包括资源信息的共享及利益的共享。代表未来人力资源发展方向的人力资本合伙人制度，在某种意义上其实可以理解为一种自组织，自主经营，利益共享。**共治**，就是指在组织内部是有一定的民主价值诉求表达的，它更强调群体制度，强调由大家一起来制定规则，强调员工参与及达成共识。

臧锋宇认为，由于个人的有限性、人们合作与交往的需要以及对理想生活的诉求，构建个体互助并共享社会资源的共同体，是人类开始年代的尝试。然而，要真正实现城邦共同体和大同世界的企望，对现代人而言仍有很长的路要走。因为现实的共同体存在着各种令人困惑的实际问题，解决这些问题不仅需要挖掘已有的思想资源，更要求结合实际实现思想创新。

作为始终关注人类命运的思想家，马克思在青年时代就意识到理想的共同体之于人类解放的现实价值。他将表面代表普遍利益、实际代表特殊利益的资本主义社会视为虚假的共同体，人们在异化的处境中失去了自由。人既是利己的原子式的个人，也是政治公民，马克思将这两种人格形象地视为"人的简约化"的结果。他认为，理想的个人实则体现了人的本质的"共同的存在物"，要构建作为人的道德、活动、享受和本质的"真正的共同体"，它是人的物质生活和精神生活的归宿。尽管自奴隶社会以来的社会形态也以共同体为基础，但在马克思看来，这样的共同体是与有个性的个人相对立的存在。作为"冒充的共同体"或"虚幻的共同体"，它们使人们从属于自己的创造物，实际上是从属于人的生活桎梏。为此，必须重建理想的共同体，避免私人利益与公共利益的对立，使个人不再沦为孤立的原子式的个人，而成为在历史中生成的具有社会关系的现实的个人。同时，使个人在分工过程中实现自由的联合，在共同劳动中摆脱异己力量的支配，从而在融入世界历史进程的物质生产和精神生产中获得自由与全面发展。

为了完整地理解共同体的历史演进，马克思条分缕析了亚细亚共同体、古典古代共同体和日耳曼共同体的形式，认为这些处于前资本主义条件下的自然—本源共同体随着生产力的发展以及分工与劳动条件的分离而自然消解了，随后的奴隶社会、封建社会是虚假的共同体。马克思在《资本论》中解析了货币共同体和资本共同体的抽象特征，货币共同体是直接现实的，但它只是实现私人利益的手段，不能反映人在社会关系中的内在需要。资本共同体则表现为在生产领域以资本的力量将工人联合起来，这样的联合旨在使工人成为实现资本增值的存在者，对工人的自我实现而言同样是一种抽象的存在。总之，马克思强调共同体是作为社会关系总和的个人生存与发展的内在前提，必须重建实现个性自由与全面发展的理想的共同体。在这个意义上，共同体是人们的基本生活方式，而在理想的共同体生成的途中，需要确立符合时代精神的人类命运共同体意识，形成各民族国家在解决全球性问题的过程中通力合作的世界观念，进而展现面向世界的人类情怀，这已成为中国特色社会主义发展的文化自觉。

在世界多极化、经济全球化、文化多样化和社会信息化的当今时代，我们都生活在世界历史中，由此所产生的全球性问题是纷繁复杂的经济模式、政治观念和文化要素共同作用的结果。以世界视野和共赢思维探寻全球治理模式，在公共利益和价值共识中求同存异，构建人类命运共同体，既有利于中国社会稳步发展，也有助于国际社会和谐安定。为此，中国多次强调牢固树立人类命运共同体意识，倡导在和平发展中与世界各国命运休戚与共，构建以合作共赢为核心的新型国际关系，弘扬共商共建共享的全球治理理念，这些得到国际社会普遍赞誉的观念体现了马克思主义哲学中国化的时代品格。

树立人类命运共同体意识体现了中国传统文化的天下观念，应当意识到社会存在对社会意识的决定作用，充分认识当今时代世界历史的走向和全人类的共同价值。合理解决全球性问题，必须摆脱资本拜物教和两极对立思维模式的束缚，在基于劳动实践的平等交往中谋求各国的公共利益和共同发展，通过包容互惠和文明对话，进一步超越虚假的共同体。同时应当意识到，社会发展必须尊重历史规律，完善社会生产方式和交往方式，既要有与时俱进的世界历史远见，也要有实际解决现实难题的有效思路。在当今时代条件下构建人类命运共同体，必须以一种与时俱进的世界观念和人类意识与各国携手并进，在处理重大全球性问题的过程中与各国共同谋划未来。中国传统文化的天下观念为树立人类命运共同体意识提供了有益的思想资源，古代先贤强调"以天下为天下"的世界视野和"以天下为己任"的担当意识，逐渐形成了"协和万邦、亲仁善邻、贵和尚中、和衷共济、和而不同、兼济天下"等价值理念，具有深远的启示意义。迈向人类命运共同体，应以中华传统处世之道的时代精神推动全球治理理念创新。"己所不欲，勿施于人"，事实证明，固守偏见与零和思维只能错失发展机遇，而彼此尊重与共同繁荣有利于各国的国家利益，将有助于促进世界和平与稳定发展。

在全球化时代树立人类命运共同体意识，需要深入理解和进一步发展中国化马克思主义矛盾论，构建以合作共赢为核心的新型国际关系，需要具有时代质感的矛盾观念，它在变幻万千的世界历史中无处不在。我们应当意识到，旧的矛盾得到克服之后，新的矛盾还会产生。在文化多样性的格局中理解人类共同的命运，必须求同存异，找到与矛盾共处的合理方式。正确处理全球化时代的诸多矛盾，必须审时度势，以迈向人类文明的态度加强协商与对话。因为在世界历史进程中国际社会彼此依存的程度日益加强，真正是"环球同此凉热",只有秉持休戚与共的智慧,我们才能实际地解决资源匮乏、环境污染、网络安全等全球性问题。

树立人类命运共同体意识,归根结底要确立一种具有世界历史视野的发展理念,当发展中国家的崛起成为不可阻挡的历史潮流,必须将符合时代精神的真实的共同体当作社会发展的内在价值,通过在真实的共同体中分享社会发展成果而实现人们物质生活和精神生活的实际需要。如今,中国特色社会主义的发展为人类命运共同体提供了实践场域,而创新、协调、绿色、开放和共享的新理念开启了新的发展空间。可以预期,和平崛起的中国将推动人类命运共同体持续发展,以开放的精神建构互惠互利的合作模式,形成使各国人民真实地感受到免于匮乏、获得发展并享有尊严的愿景。

中国正成为完善全球治理最为活跃的动力。中国共商、共建、共享的全球治理观,得到越来越广泛的认同。在当今国际治理体系面临分化挑战之时,中国提出并践行人类命运共同体理念,对国际合作共赢传递着强烈信心,广获各国认同,激发起同频共振、同声相应的合作共鸣。中国强调:坚持创新驱动,打造富有活力的增长模式;坚持协同联动,打造开放共赢的合作模式;坚持与时俱进,打造公正合理的治理模式;坚持公平包容,打造平衡普惠的发展模式。四个方面的阐释为世界经济发展指明了方向和路径,"世界命运应该由各国共同掌握,国际规则应该由各国共同书写,全球事务应该由各国共同治理,发展成果应该由各国共同分享。"

| 实践聚焦 | "黄金时代"到"镀金时代":田涛导读《清教徒的礼物》

《清教徒的礼物》的作者认为,美国奇迹植根于17~18世纪欧洲的清教徒们带给北美的四大精神礼物,包括**理想主义的使命感、亲力亲为的工匠精神、集体利益置于个人利益之上的道德观,以及互补与共治的组织能力。**

(1)**理想主义的使命感**。清教徒们自踏上美洲大陆起,就有一个坚定的信念"人生目标不管多么模糊,但归根结底都是为了建造人间天国"。正是基于这种精神力量的牵引,人生所经历的任何苦难、磨砺,以及日复一日的"看不到头的平凡劳作",都被赋予了价值与意义:劳动是人的天职;人应当学会"自省、自律、自制";做"俗家苦行僧",把战场和市场当作"修行之地"。真正合格的清教徒,应该是世俗的:拼命赚钱,同时又是"禁欲的",应该把赚到的钱用于再投资,不能将财富传承给后人,这会导致子女不劳而获,进而剥夺子女"劳动的神圣天职"。基于这样一种理念,

200年来,美国社会不承认任何贵族,除了工作的人;工作证是进入贵族阶层的唯一通行证。

(2)**亲力亲为的工匠精神**。1630年,温斯普罗率领着英国一个小镇上的大部居民,历经风险,抵达马萨诸塞州。进入寒冬时节,这批拓荒者们窝在临时搭建的窝棚中无所事事——在漫长的冬天,几百位精力旺盛、充满欲望和期待的年轻人无所事事,这对组织领袖来说,无疑是不祥和危险的。温斯普罗给追随者们编织的故事是:上帝是"伟大的工头",因此,我们要追随上帝的脚步,让自己忙碌起来,做木工、修房子……温斯普罗率先带头,每天不是日常管理,就是与佣人一起劳动。其结果是,热火朝天的木工活、机械活、技师工作……让个人与组织共同度过了一场精神危机。从此,"凡事要亲力亲为,而且,要有一点机械天赋"便成为传统,扎根于美国各阶层的文化之中。美国历史上

多位总统，比如华盛顿、林肯、富兰克林等，都有一个共同爱好：做木工……今天，很多美国人的房子都是自己动手盖的。美国人酷爱汽车，追求速度固然是重要原因，但更深层的奥秘是，不能让自己闲着。

（3）**集体利益置于个人利益之上的道德观**。300 年前的冒险家们远征长徙，经历着海上和陆地极其严酷、蛮荒的自然挑战，以及原住民的顽强抵抗、野兽蚊虫的侵扰，单个人是很难生存下去的。唯有将个人利益置于集体意志之中，才能一起活下去。这种组织基因才是美国之所以变得强大的本质所在。而现实中的美国军队，更是"国家·荣誉·责任"的具体化身，历百年而不变。大众理应有更多的自由精神与自由表达，但一个组织、国家的精英阶层，他们在保持自我个性、自由的同时，还必须为了组织、国家，理所当然地有更多的奉献精神、牺牲精神。与此同时，无论精英还是大众，一个人的成功，永远离不开组织平台，过度地放大个人的能力，忽视造就个人成长的平台力量，往往会成为时代的过客。

（4）**互补与共治的组织能力**。17～18 世纪的英国，曾经掀起过长达一个多世纪的北美"淘金热"，成功的群体大多是怀有坚定信仰的清教徒们，失败的群体更像"乌合之众"。前者拥有严密的组织和严明的纪律，拥有清晰的战略和行动方案，同时更拥有深孚众望的领导者，和严格的分工与协作。领袖和管理者们以愿景、使命和价值观牵引团队，以奖惩机制激发正能量，抑制负能量；拥有各类技能的专家、普通劳动者们以智慧和体力以及各自的创造性工作，形成**雁阵式的互补、共治的组织形态：**"**每个人都贡献各自特有的东西，造就整体的成功**"。传统欧洲社会强调阶层、出身、背景，阶层意识强烈。但清教文化带给美国的是"英雄不问出处"，在任一组织中，个人的发展亦是唯奋斗导向、唯结果导向，这就从根本上形成了美国 200 年的开放精神和创新氛围。优秀的组织一定是分层的，尽管分层级的组织不一定是优秀组织。但"火线管理层"必定是任何出色组织的核心基因。纳尔逊将军关于组织的名言是："要想取得最终胜利，最好在开战前对下属进行深入教导，让下属在开战前有着近乎绝望的主动性……"

清教徒的"四大礼物"造就了美国一大批龙头企业，杜邦、通用电气、AT&T……1920～1970 年代表着美国企业、军队、社团和国家管理的黄金时代，具体到企业，其主要特点表现在：

- 普遍的个体活力与普遍的组织活力。
- 一套利益共享的模式——在股东、员工、管理者、供应商、客户以及研究机构的目标和利益之间实现微妙的平衡。
- 各层级的管理者大多是从基层奋斗起来的，"将军来自于一线，来自于战场"。
- 每个基层管理者都烙上了首席执行官的"文身"——有职、有权、有责。
- 企业中，人人都是"组织人"。
- 避免借贷，拒绝奢华。
- 从世界各地延揽人才，以维持人才的竞争与合作的平衡。
- 中层管理者是承上启下的桥梁，是组织的拱心石。
- 自下而上、去中心化的分布式决策机制。
- 开放的组织文化。

而"**镀金时代**"呢？《清教徒的礼物》对此有大篇幅的揭示和抨击。

**定量分析管理绝对化**。泰勒与泰勒主义将西方管理带入了理性、科学的轨道，但同时也将丰富、生动、复杂的管理变成了干枯的标本，带进了教条机械主义、形而上学的窄胡同：不能测量的就不能管理；通过统计的镜头看世界，以此制定关系组织生死的决策。而量化、数据化统治一切的后果是，操纵数据、伪造数据和揉捏数据风行，"数据泛滥，真理稀有"成为普遍现象。科学管理对流程、分工、责任的过度细化，使得组织变成了一架冷冰冰的机器。组织不再温暖，员工在缺少了归属感的同时，也失去了激情与创造力。

**专家至上。**区分专家与非专家的唯一尺度是文凭高低、是否毕业于名校。首席执行官是"灾难性的发明"，其假设前提是：帝王般的CEO一个人知道所有的答案。因此带来20世纪80年代以来，美国大企业的"成也CEO，败也CEO"现象。职责由若干专家分担，造成责任不清：成功了一起抢功，失败了，无人主动担责。共治式领导被"帝王式统治"替代。

**数据统治一切，财务人成为公司灵魂。**财务永远有"好财务"与"坏财务"，"坏财务"的标签是把高管层与坏消息隔离开了，造假盛行，虚拟盈利以操纵股价。"好财务"则是独立有道德底线的，"只为真实负责"，并参与和协同业务体系，聚焦在真正的价值创造上，而非办公室的"数字游戏"。但可悲的是，在股价导向、资本导向的时代，"好财务"稀少，"坏财务"大行其道，因此标榜客观立场的"第三方机构"会计师事务所空前活跃，但"第三方"也常常与"坏财务"同流合污。

**超级实用主义文化主宰公司方向与战略。**利润至上，决策被股价牵着鼻子走，过度追求成本控制，研发投入不足……郭士纳曾经执掌的IBM的所谓"大象跳舞"实施的就是这样的变革方略，这也是造成IBM短期重生、长期衰退的重要根因。IBM曾经是一家充满使命精神的理想主义公司，MBA出身的专家型CEO将IBM引入了实用主义的泥潭。

**量化分析和科学管理的极端化，**"言必数据"的教条主义，抹杀了组织灵魂。企业中员工的知识、经验、士气、诚信和敬业程度，这些非理性的东西如何量化？如何换算成美元？同样，在科学管理风行的20世纪，特立独行、有点另类的管理学家德鲁克也大声警告：企业的首要利益相关者是客户。如果客户不满意，其他任何事情都免谈……**德鲁克企图让被扭曲的管理理论与实践回到传统精神，回到常识层面，回到本源。**

## 8.3 生态型组织

### 8.3.1 生物型组织

#### 1. 何谓生物型组织

从20世纪50年代以来，自然科学新成就在生物学研究中得到了广泛的应用，使得生物学的研究逐步深入，取得很多新的进展。生物学编年史专家恩斯特认为，应该建立全新的生物哲学体系。生物学家史蒂文认为，人们正在努力使生物学更关注总体和集成性，生物学将成为"不惧怕复杂的成熟科学"。如何将生物学的理论与哲学相结合已成为众多学者研究的热点，许多学者利用生物型模型研究现代组织和管理机制，提出了多种生物型组织和管理模型。

祁国宁在《生物型组织管理和模型综述》中对肖尔茨（Scholz）提出的生物型组织进行了介绍。

生物型组织具有如下特点。

（1）多样性：由于生物系统环境的复杂性和多样性，生物系统呈现多样性。而组织环境与生态系统环境一样，都具有复杂性和多样性的特点，因此生物型组织也呈现出多样性。

（2）生物系统的一个重要的特性是具有自组织能力，从生物型组织的整个过程来看，它可以自发形成和组织,这表明分布式控制将具有更重要的意义。

(3)生物系统具有自生和再生能力,而且这种能力与环境无关,并能持续保持。生物型组织也通过复制得以自生和再生。

(4)生物型组织的第四个特点基于如下假设:在一定程度上,层次结构是必需的,但是对组织的要求太苛刻了;非递阶结构对于决策的自治性也是必要的,层次结构可作为其补充。在非递阶组织里,各单元在自己的范围内对问题进行部分求解,然后将部分解迭加得到最优解。

(5)自觉、自律:将组织比喻为人,意味着存在控制生命体的时间历程的基因码,而这些基因码是生命组织最核心的部分。

(6)受控的进化:生命系统的最后一个组成原则是组织的发展过程不仅仅是有意识的,同时也是自发控制的。受控的进化表明由环境和与之紧密相联的组织历程是一种选择机制,对生命系统的变化、选择和保留起到决定性作用。单个生命系统难以甚至不可能对自己命运产生影响,只有一个群体的相互作用才会对组织生命历程产生作用。先进制造系统的生物型模型如图8-3所示。

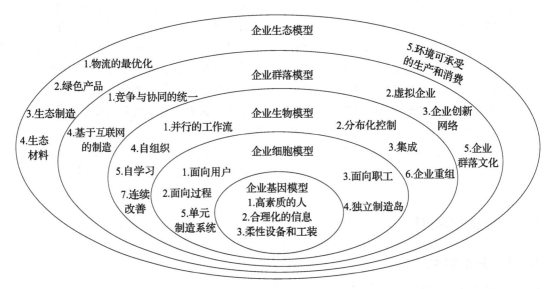

图 8-3　先进制造系统的生物型模型

### 2. 如何建设生物型组织

如何构建生物型组织,对大多数企业而言都是难题,马化腾在《马化腾致合作伙伴的一封信》中给出了他将腾讯的内在转变和经验得失总结为创造生物型组织的"灰度法则",马化腾从需求度、速度、灵活度、冗余度、开放协作度、创新度、进化度七个维度阐释了如何让企业本身拥有自进化自组织的能力。本节结合腾讯的"灰度法则"解析生物型组织的建构。

(1)**需求度:用户需求是产品核心,产品对需求的体现程度,就是企业被生态所需要的程度。**好的产品是有灵魂的,优美的设计、技术、运营都能体现背后的理念。但好产品其实不需要所谓特别厉害的设计,因为用户未必需要。腾讯现在很受好评的QQ邮箱,以前市场根本不认可,因为对用户来说非常笨重难用。后来公司从用户的使用习惯、需求去研究，究竟什么样的功能是用户最需要的。在研究过程中，形成了一个"10/100/1 000法则"：产品经理每个月必须做10个用户调查，关注100个用户博客，收集反馈1 000个用户体验。这个方法看起来有些笨，但很管用。用户群有客观差异，但没有所谓高低端之分。不管什么年龄和背景，所有人都喜欢清晰、简单、自然、好用的设计和产品，这是人对美最自然的感受和追求。

（2）**速度：快速实现单点突破，角度、锐度尤其是速度，是产品在生态中存在发展的根本**。在市场竞争中，一个好的产品往往是从不完美开始的。千万不要以为，先进入市场就可以安枕无忧。互联网时代，你的对手会很快赶上来。他们会比你做得更好，你的安全边界随时有可能被突破。"小步快跑，快速迭代"。也许每一次产品的更新都不是完美的，但是如果坚持每天发现、修正一两个小问题，不到一年基本就把作品打磨出来了，自己也就很有产品感觉了。所谓创新的灰度，就是为了实现单点突破要允许不完美，但要快速向完美逼近。

（3）**灵活度：敏捷企业、快速迭代产品的关键是主动变化，主动变化比应变能力更重要**。互联网生态下，应变能力非常重要。但是，实际上主动变化能力更重要。管理者、产品技术人员而不仅仅是市场人员，如果能够更早地预见问题、主动变化，就不会在市场中陷入被动。在维护根基、保持和增强核心竞争的同时，企业本身各个方面的灵活非常关键，主动变化在一个生态型企业里面应该成为常态。

（4）**冗余度：容忍失败，允许适度浪费，鼓励内部竞争、内部试错，不尝试失败就没有成功**。在创新的问题上，要允许适度的浪费。在资源许可的前提下，即使有两个团队同时研发一款产品也是可以接受的。很多人都看到了微信的成功，但其实在腾讯内部，先后有几个团队同时研发基于手机的通信软件，每个团队的设计理念和实现方式都不一样，最后微信受到了很多用户的青睐。

（5）**开放协作度：最大程度地扩展协作，互联网很多恶性竞争都可以转向协作型创新**。互联网的美妙就在于越多人参与，网络的价值就越大，用户需求越能得到满足，每一个参与协作的组织从中获取的收益也越大。适当的灰度意味着，在聚焦于自己核心价值的同时，尽量深化和扩大社会化协作。互联网的本质是连接、开放、协作、分享，首先因为对他人有益，所以才对自己有益。一个好的生态系统必然是不同物种有不同分工，最后形成配合，而不是所有物种都朝一个方向进化。在这种新的思路下，互联网的很多恶性竞争都可以转向协作型创新。

（6）**进化度：构建生物型组织，让企业组织本身在无控过程中拥有自进化、自组织能力**。进化度，实质就是一个企业的文化、DNA、组织方式是否具有自主进化、自主生长、自我修复、自我净化的能力。一个"异端"的创新，很难获得足够的资源和支持，甚至会因为与组织过去的战略、优势相冲突而被排斥。要想改变它，唯有构建一个新的生物型组织形态。那些真正有活力的生态系统，外界看起来似乎混乱和失控，其实是组织在自然生长进化，在寻找创新。那些所谓的失败和浪费，也是复杂系统进化过程中必需的生物多样性。

（7）**创新度：创新并非刻意为之，而是充满可能性、多样性的生物型组织的必然产物**。创意、研发其实不是创新的源头。如果一个企业已经成为生态型企业，开放协作度、进化度、冗余度、速度、需求度都比较高，创新就会从灰度空间源源不断涌出。从这个意义上讲，创新不是原因，而是结果；创新不是源头，而是产物。企业要做的，是创造生物型组织，拓展自己的灰度空间，让现实和未来的土壤、生态充满可能性、多样性。

### 8.3.2 阿米巴经营

阿米巴在拉丁语中是单个原生体的意思，属原生动物变形虫科，虫体赤裸而柔软，其身体可以向各个方向伸出伪足，使形体变化不定，故得名变形虫。变形虫最大的特性是能够随外界环境的变化而变化，不断地进行自我调整来适应所面临的生存环境。1964年，为了保持公司的发展活力，稻盛和夫独创阿米巴经营方式。

阿米巴经营是指将组织分成小的集团，通过与市场直接联系的独立核算制进行运营，培养具有管理意识的领导，让全体员工参与经营管理，从而实现"全员参与"的经营方式。阿米巴经营不仅考核每个"阿米巴"的领导人，而且考核每个"阿米巴"人员每小时产生的附加价值。这样就可以真正落实"全员经营"的方针，就是发挥企业每一位员工的积极性和潜在的创造力，把企业经营得有声有色。另外，"阿米巴"具有适应环境的灵活性。

在京瓷公司创业第一年，稻盛和夫对经营一窍不通，所以一直为"靠什么开展经营"而苦恼不已。不久想到了"人心"，以"人心"为基础开展经营，不是很重要吗？一旦人心连接起来的话，将是世上最坚不可摧的。在京瓷第二年，稻盛和夫因为员工辞职事件而思考公司存在的意义，苦思冥想了数星期之后，终于明白了："虽然起初我是为了实现一个技术人员的梦想而创办了公司，但是一旦公司成立之后，员工们将自己的一生都托付给公司。所以公司有更重要的目的，那就是保障员工及其家庭的生活，并为其谋幸福，而我必须带头为员工谋幸福，这就是我的使命。"所以，稻盛和夫把"在追求全体员工物质与精神两方面幸福的同时，为人类和社会的进步与发展做出贡献"定为京瓷的经营理念，由此明确了京瓷公司存在的意义。员工也把京瓷当作"自己的公司"，把自己当作一个经营者而努力工作。从那时开始，稻盛和夫和员工的关系不是经营者与工人的关系，而是为了同一个目的而不惜任何努力的同志，在全体员工中间萌生出了真正的伙伴意识。

阿米巴经营就是以人心和公司存在的意义为基础的。人体内的数十万亿个细胞在一个统一的意志下相互协调，公司内的数千个阿米巴只有齐心协力，才能够使公司成为整体。有时阿米巴之间也会出现竞争。因此，前提条件就是从公司高层到阿米巴成员，必须用信任的纽带联结起来。阿米巴经营就是通过小集体的独立核算，实现全体参与经营，凝聚全体员工力量的经营管理系统。这其中，首先就要有能使全体员工全力埋头工作的经营理念和经营哲学。

阿米巴经营能够提高员工参与经营的积极性，增强员工的动力。另外，阿米巴经营的小集体是一种使效率得到彻底检验的系统。同时，由于责任明确，能够确保各个细节的透明度。阿米巴经营的目的：①确立各个与市场有直接联系的部门的核算制度。公司经营的原理和原则是"追求销售额最大化和经费最小化"。为了实践之，就要把组织划分成小的单元，采取能够及时应对市场变化的部门核算管理。②培养具有经营意识的人才。经营权下放之后，各个小单元的领导会树立起"自己也是一名经营者"的意识，进而萌生出作为经营者的责任感，尽可能地努力提升业绩。从作为员工的"被动"立场转变为作为领导的"主动"立场是树立经营者意识的开端，领导中不断涌现出与稻盛和夫共同承担经营责任的经营伙伴。③实现全员参与的经营。如果每一个员工都能在各自的工作岗位为自己的阿米巴甚至为公司整体做出贡献，如果阿米巴领导及其成员自己制定目标并为实现这一目标而感到工作的意义，那么全体员工就能够在工作中找到乐趣和价值，并努力工作。总而言之，阿米巴经营最根本的目的是培养人才，培养与企业家理念一致的经营人才。

实施阿米巴经营有两个条件：①企业经营者的人格魅力。经营者必须具备"追求全体员工物质和精神两方面幸福，并为社会做贡献"的明确信念。领导人的公平无私是调动员工积极性的最大动力，也是实施"阿米巴经营"的首要前提条件。②"哲学共有"。稻盛哲学里有"以心为本的经营""伙伴式经营""玻璃般透明的经营"以及"动机至善，私心了无"等内容。各个"阿米巴"之间，每一个"阿米巴"的每一位成员，在为自己和自己的"阿米巴"的业绩考虑时，如果缺乏为别人、为别的"阿米巴"以及为企业整体着想的"利他之心"，"阿米巴经营"将难以推行。在实施"阿米巴经营"的管理手法时，需要协调利己和利他、协调部门利益和整体利益的辩证法，需要"作为人，何谓正确"这种高层次的哲学。

### 8.3.3 组织再思考

**1. 德鲁克的社会生态**

1993年，德鲁克出版了《生态愿景》一书。他对自己的定位是，"我不是一名经济学家……也算不上社会学家……我自认为是一个社会生态学家，我关注的是人类自己创造的社会环境。"德鲁克热爱社会生态学，并用社会生态的视角审视管理，生态管理是管理历史上一次重大的变革。当今世界，各种管理理论层出不穷，然而在现实的管理活动中，这些管理理论根本无法解决生存、竞争和生态可持续发展的问题。因此，我们应该更深层次地理解管理问题的本质，不断更新管理理念，最终实现通过跨学科和先进的科学理念影响、改变我们的生活环境、平衡人类发展和生态环境的剧烈冲突和矛盾。

（1）**德鲁克社会生态思想的来源**。德鲁克的社会生态观深受宗教、道德以及人文思想的影响。这一思想的源头是基督教关于人的地位是与生俱来的、人是依据上帝的形象创造出来的观念，人有堕落的天性，但仍享有尊严，应得到善待，同时不断追求人生的意义。另一方面，人的尊严和价值只能在社会管理活动中才能实现和提升，也有可能受到极大的损害。人的生态理念也出自自然权利理论，这一理论认为这是自然界中所有生物普遍固有的权利，而不是人类所独有的。

除此之外，一些政治和经济学家也影响了这一理念的形成，20世纪30年代到40年代初，凯恩斯的国家干预主义被各国所接受以应对危机，而熊彼特反对凯恩斯的国家干预经济理论，他认为资本主义能够通过内在的"创造性破坏"实现变革和转型，而不是借助政府的干预。他同时强调生产技术革新和生产方法变革在资本主义经济发展中的作用，并把这种"创新"和生产要素的"新组合"看成是资本主义的最根本的特征。哈耶克则强调现代工业社会应该建立在自由市场经济秩序的基础上，凯恩斯的国家干预经济的理论如同计划经济一样，是资本主义、自由主义的天敌。这些论战给德鲁克留下了极为深刻的印象，他的一生经历了20世纪几乎所有重大的社会变革，包括两次世界大战、冷战格局的形成、苏联解体和东欧剧变、资本主义周期性的经济危机。因此，他更加珍视自由、多元化、社会生态、人的尊严等欧洲文明中优秀的价值观，并从积极的旁观者、建议者、建设者的角度来审视自由资本主义社会制度，由此形成了"既不悲观也不激进的保守主义思想倾向"。

（2）**德鲁克社会生态的主要思想**。德鲁克从社会生态学的视角分析企业、组织和人之间的关系，他将企业定位为社会生态系统的一个有机组件，其价值在于为社会提供必要的物质的同时使社会变得更加和谐美好。因此，必须考虑企业与环境的关系，共同形成良性互动循环。企业是社会生态的组成部分，不仅要关注本身的发展，还要关注与整个生态系统的关系，要更多地承担社会责任和生态责任。企业的发展目标必然要包括与社会共同进步与发展，必须培育企业与社会生态共同发展的价值观。人作为社会的主体和存在，也是自然界的存在，在功能性社会中，人具有一定的地位和其应有的生态作用。社会管理需要积极争取人的参与，发挥主人翁的作用，并让其承担相应的社会责任，实现人民共同的福祉——我为人人，人人为我。

社会生态管理的核心在于人才及其生态责任的培养，在德鲁克的眼中，人是管理的核心。他曾经指出："这是一个以人为主轴的事业。我与经济学家之间只有一点共识，那就是我不是经济学家。"人为轴心的管理主要有两层内涵，一是人是管理的主体，二是企业管理的关键是人。德鲁克的社会生态研究的基调是在变革与保守中平衡，20世纪50年代之后，他进一步意识到变革也需要管理，保持连贯性的方式不在于稳定不变，而在于将创新系统融入各种组织中。社会生态学研究的另一主题是组织，1937年，德鲁克初到美国时，美国已经成为组织社会，吸引德鲁克注意力的是大公司，德鲁克将公司看成是"一个社会组织，一个拥有权力、权威和责任组织分配的机制"，它扭转了民族国家诞生以来权力逐渐向中央政府集中的趋势，在与传统社会不同的层面上维护着社会自治。20世纪40年代，德鲁克认为工业社会中的现代公司是实现公民地位和功能的平台，并将这一思想写入《公司的概念》等著作。德鲁克关注的另一种组织是政府。德鲁克也一直在思考政府应该做什么，政府能够做什么。德鲁克看到了民族国家诞生以来的集权趋势，主张通过维护管理权的合法性，捍卫公司自治，同政府权力制衡。在政府权力边界问题上，德鲁克同哈耶克的观点基本一致，率先提出"重新私有化"主张，成为20世纪80年代英美保守主义改革的理论源泉。保守与变革的平衡以及各类组织，是德鲁克社会生态学研究的两大主题。虽然具体内涵不同，但自由、尊严、人的地位、组织的角色和功能、人类的发展和自我实现、个人对共同体和社会的需要等，则无疑是这两大主题的共同要素。

### 2. 查尔斯的组织生态

从1976年《组织的概念》出版以来，查尔斯·汉迪一直认为世界会变，但人性不会，他始终通过对人与人之间关系的探究来研究组织发展的内在规律。在《非理性时代》中，他提到"颠覆性"思考在组织管理活动中的重要性。当代科技与经济更紧密地结合在一起，尤其是信息和生物技术的结合，造成这个世界产生更加深刻的变化，而这种变化是非连续的，非连续的变化需要非连续的思维。他提出了"三叶草组织"，他认为今天的组织由三种不同的人员组成，第一片叶子是核心人员，包含大量具有相应资质的专业认识、技术人员和管理者。第二片叶子则是接受外包的独立专业人士及小公司。第三片叶子是弹性人力部分，也就是就业市场上增长最快的兼职人员和临时工作人员。这种对组织发展方式的理解非常符合环境非连续的特性，存在大量非核心的组织人员。

而在随后出版的《空雨衣》一书中，他深刻地认识到组织对社会的巨大影响，然而在现实生活中存在的一系列问题又让他感到无比困惑，我们比以前更加富裕却变得更加不快乐，生产力提高了却意味着更少的人付出了更多的劳动……查尔斯提出了一条S形曲线解释当代人心中的困惑，这条曲线简要说明了生命的历程：最初缓慢尝试、蹒跚学步、迈向巅峰、最后盛极而衰。它诉说了许多公司和产品起落的故事。书中指出组织寿命应当无穷，而人类最大的原罪便是对"伟大目标"的追求，而这些伟大的目标往往是超越自身利害的。

而在《超越确定性》一书中，他详细论述了当代公司存在的意义，强调公司及资产存在便有价值。在《饥饿的灵魂》一书中他强调企业和组织是社区，其居民理所应当是公民而非雇员。企业应该适应员工民主权利扩大的这样一种趋势，尊重企业的员工。

总体来说，查尔斯的组织生态是指组织的发展应该适应并推动现在的环境向有利于人类可持续发展方向前进，把组织内的各个组成部分当作生态中不可缺少的部分，存在即有价值，进而推动组织和谐向上发展。

### 3. 明茨伯格的五行组织

明茨伯格1983年出版了《卓有成效的组织》。他认为并不存在所谓的"卓有成效的组织"，只存在恰当的组织。什么样的才是恰当的组织？在论述组织结构设计时，"五"这个数字反复出现：五种协调机制、五个组成部分、五种组织结构。"五"在明茨伯格心里似乎有一种冥冥之中的奇妙含义。

（1）**五种协调机制**。按照他的说法，组织协调方法分为五种：相互调节、直接监督、工作流程标准化、工作输出标准化以及员工技能标准化。

相互调节是指通过简单的沟通就可以实现协调工作，这种管理手段是在最简单组织中最为常见的调节手段。然而它的应用范围却远不仅限于此。

当组织发展到一定程度时，组织的成员数量也会相应地提升，这时便需要一个指挥者或者监督者，他向其他人发布指令并监督他们的工作，这种协调方式被称为直接监督。

在工作重复度较高的情况下，这也意味着这种流程的可控度较高，这时便可以通过各种规章制度对固化的动作进行控制，学习泰勒的思想，使每个动作更加有效率，进而制度化。这就是工作流程标准化。

如果工作的流程相对复杂，工作流程标准化就难以发挥作用，因此，就只能通过对工作输出（即工作结果）的控制来达到协调工作的目的，组织只能通过将员工的技能标准化来实现工作协调的目的。

（2）**五个组成部分**。不同的组织有不同的结构图，但五个基本部分大抵都是存在的，除非这个组织很小，这五个部分是运营核心、战略高层、中间线、技术结构和支持人员。

运营核心包括提供生产和服务的基层人员，也就是操作者。运营核心往往会进行最彻底的标准化，当然标准化程度是有差别的，这与工作性质相关。

战略高层除了与组织外利益相关者沟通、制定组织战略之外，便是直接监督，如果组织还需要这种协调机制的话。这种协调机制对高层管理者来说，意味着分配资源、发布指令、批准重大决策、解决争端、设计组织、招募人员、监督绩效并激励员工。

中间线即中层管理者的集合，中层管理者在上下的直接监督流中从事一系列工作。他们要收集关于本单位绩效的反馈信息，并将其中的一部分呈交给上一级管理者，同时，他们还要参与一部分决策。

技术结构由分析者组成，他们通过影响他人的工作的方式为组织服务。他们中有对工作流程进行标准化的工作研究者，有对工作输出进行标准化的规划和控制分析者，有对员工技能进行标准化的人员分析者。往往在组织的各个层级都有技术结构存在。

而组织结构图上那些不处于工作流中，并专门提供支持的单位，便是支持人员。技术人员和支持人员被明茨伯格统称为职能部门人员。

（3）**五种组织结构**。五种组织结构形态分别为简单结构、机械式官僚结构、专业式官僚结构、事业部制结构、变形虫结构。

简单结构不够精致。它的技术结构规模很小，甚至没有。组织中的支持人员很少，劳动分工不严格，单位之间的差异化很小，管理层级也很少。它很少规范员工的行为。简单结构中的协调主要靠直接监督来完成，重要事务的执行权往往集中在 CEO 手中。

机械式官僚结构工作高度专业化、常规化。运营核心的程序非常规范。规章制度渗透到组织的每个角落。在操作层面上，单位规模较大。分组以职能为主，决策相对集中。行政管理结构完善，业务部门和职能部门泾渭分明。由于机械式官僚结构主要依靠操作工作流程的标准化来实现协调，所以技术结构（组织分析者和制度制定者）的地位在这类组织中举足轻重。由于规章制度无所不在，各个层级都非常注重正式沟通。决策往往也依循正式的权力链。

专业式官僚机构的协调主要靠技能标准化以及培训和思想灌输。它要雇用专业人士来负责运营核心，并赋予他们可观的工作控制权。这些组织仍然是官僚化的，它的协调机制和官僚结构一样，是通过设计实现的，通过预先规定的标准来完成。

在事业部制结构中，中间线的高层是依照市场来分组的。运营职能的分散和重复，把各事业部之间的相依性降到了最低，这样每个事业部都可以作为准独立实体来运作，而不需要和其他事业部进行协调。但是，事业部制结构中所要求的分权是高度受限的。

变形虫结构是相当灵活的，它的行为规范化程度很低，为了便于日常管理，让专家按职能分组成单位，但又把他们编入以市场为基础的小型项目组来进行工作。这个结构依靠联络机制来促进团队内部及团队之间的相互调节，在组织内部进行选择性分权。他们的主要工作是创新，这意味着要打破现有模式。

### 4. 齐善鸿的道本信仰

（1）**道本管理的提出**。对人的管理始终是管理理论的一个重要内容。几乎每一种管理理论的出现，都与对人性的认识有关，而"以人为本"则是对传统管理将人异化、客体化和工具化的一种反动，它反映了现代管理的中心进一步从对"物"的管理转向了对"人"的管理，将"利用人"的工具理性转向了"为了人"的价值理性。人类的实践证明，人类并不是世界的主宰，人有灵性，不同于一般动物，但这并不代表着人类有逆规律而行的特权。自诩为有灵性的人类，更应尊重人与自然的和谐规律、尊重人性的规律、尊重人类发展的科学规律，而不能让自己超越于客观的、整个自然界和自身的规律之上。管理也是如此，这就是齐善鸿所倡导的"道本管理"。

（2）**道本管理的概念与范畴**。道本管理就是基于以"道"为本的管理哲学思想，以至善信仰作为价值方向，以主观合于客观的主体能动作为动力机制。尊道爱人，破除管理强势控制的枷锁，激活人性神圣的力量，使管理从外部控制转化为以服务自律性成长为核心的道本管理模式。以此为指导，建构相应的管理思想体系与管理行动系统，达成管理对人、组织、社会与自然系统，以及对管理自身的系统适应性动态秩序与有机效率，并使这一过程形成良性的自我优化与提升的智能化机制系统，保证所有行动有利于不断接近终极目标与实现终极价值，真正实现管理文明对管理科学的统领，进而推动社会文明的进步。

道本管理哲学研究的范畴和对象具体表现为九个方面：

- 道本管理将人的有意识、指向目标的活动锁定在管理的终极价值上，以至善目的达成管理中人的共同发展和幸福。

- 道本管理将管理中相关多主体意志和客观规律统一到信仰的模式，以工作和管理的行动作为实践信仰的载体，建设基于日常工作践行信仰的使命团队。
- 道本管理运用契约模式建构管理中多主体与相关客体的关系秩序，以群体共商的形式将多主体个人意志凝聚成集体共同价值与集体契约。
- 道本管理将服务设定为管理的核心职能，建构管理中主体与相关客体的有机促进的活力关系模式，形成对过程效率的支撑与终极价值实现的保障。
- 道本管理将工作中连续学习、相互借鉴、不断突破、自我激励的自我管理作为每个人日常工作的基础管理模式。
- 道本管理以组织边界内外的相关利益主体和客体共同价值的实现、递进和优化，作为管理中目标、秩序、效率与效益及其模式设定的方向与标准。
- 道本管理在以上价值互动和推进的过程中，建立多主体和组织内外系统持续、良性和综合的价值协调模式。
- 道本管理就是要建立在复杂系统中，实现多主体和综合价值最优的卓越效率和优越性模式。
- 道本管理在完成上述管理活动的过程中，将自身建设成不断提升的具备系统性、有机性和自动智能化的活力系统。

（3）**道本管理实践的原则与体系**。道本管理实践的基本原则包括六个方面：一是以道为基础，道是管理思想的思想、管理原则的原则，道本管理的一切实践必须以是否合道为准绳；二是以道本思维为出发点，道本思维不要求实践者有多么丰富的知识和多高的学历，而是要有一个哲学的头脑和一颗学道、重道、修道和用道的心；三是以主体性为切入点，道本管理实践的各个方面一定是紧紧围绕着人的主体性而展开的；四是以道本管理理论为操作依据；五是以古今中外优秀文明为借鉴，实践中的道本管理包含了许多将中国的传统修身行为落地的具体操作方法；六是以促进人的文明进步和美好未来为方向。

道本管理的实践体系包括四个部分：天道指引、心道支撑、众道凝聚和胜道超越。天道指人与自然、宇宙相处互动中应该秉承的客观规律。人道指与人以及人的活动、人的社会组织等相关联的社会活动的一般规律；人道实践又可依据自身和他人两个层面细化为心道实践和众道实践。胜道超越则指管理将取得某种成果作为管理活动的最终诉求。

| 实践聚焦 | 韩都衣舍的自组织与中国智慧

在韩都衣舍，有200个产品小组，每个小组由三个人组成，一个设计师（选款师），一个页面制作专员，一个货品管理专员。每一款单品，从设计到拍摄，再到销售，都是由一个小组来完成的。围绕小组制，整个管理架构分为三层，一是与品牌相关的企划、视觉、市场部门；二是IT、供应链、物流、客服等互联网支持部门；三是人力、行政、财务等行政支持部门。整个公司的核心是产品小组，而市场、企划、设计、客服、行政、财务等部门全是小组的支持部门。在每个产品小组里，责、权、利完全统一，也高度自主。每个小组可自主决定产品的款式、定价、生产量，小组的KPI与销售额、毛利率、库存周转率相关。小组业绩越好，组员的收入越高，小组的组长必须以老板的思维方式去看数据，从而制定产品策略，并关注毛利和库存指标。

各小组也会被动态地考核，排名靠前

获得奖励，而排在末位的小组，会被解散重组。小组的组长变成老板，解决了员工职业升迁的问题，员工再也不用为提高收入而挖空心思考虑升职的问题，只需要专注地将产品做好。小组内"责、权、利"高度统一，每个人的成长都非常快。小组里的三个人，每个人的"责、权、利"不一样，往往是一个组长带两个"兵"。而当"兵"慢慢成长起来，想自立门户时，原小组就会分裂出新的小组。

韩都衣舍的"品牌三人行"，体现了当前自组织模式的几个核心特点：①个人主义。团队精干，个人高度负责，绝无扯皮而带来的负激励。②用户中心主义。自组织小组本身不需要管理规则，也不需要人为设定什么管理目标，一切以创造和满足用户需要为核心，直接面向市场。③勤劳和智慧致富主义。自组织小组只有一个目标，通过勤劳和智慧致富，舍此无他，小组的所有成员都会自动地开源节流，不需要审计和外部督查。④开疆拓土主义。有能力的人，可以自立门户，可以当小老板，这是一种很有效的内部创业模式，对绝大多数员工而言，激励足够到位。

胡明在《人力资源管理互联网思维》中对上述案例进行了分析，他运用中国古典哲学智慧，去解读当代的自组织。国内的哲学学者指出，中国的古典哲学，尤其是道家哲学，有着自组织的丰富和深邃的思想，学者们总结提炼出5种现实性和可操作性很强的模式，对管理者把握和运用自组织会有很好的帮助。

**模式一，"无A而B，不A而B"管理哲学命题**：不一定通过某种既定的管理手段，才能达到预定的目标，不一定达到某种要求后，才能达到预定的目标。在这里B往往是最终结果，也往往是关键。从管理角度而言，可以引发如下系列判断：可以不通过绩效考核的形式而实现组织和个人的绩效目标；可以不通过过多的管理干预和管理制度而实现企业管理目标；可以不通过过多过复杂的组织层次，达到将员工组织起来，发挥合力的作用。

所以，在碰到具体的管理问题时，不一定首先想到或用到传统的制度、规则、组织层次，而应该首先想一想，是不是还有其他更便捷的方式，这也是**轻足迹管理**的要义。

**模式二，"至A无A，大A不A"管理哲学命题**：为了组织而寻求组织的方式，为了工具而寻找工具的方式，为了制度而建立制度的方式，都不是最好的方式。管理到了一定高度，具有一定的水平，管理的工具和手段都不再是僵化的，而应该是文化的、内化的，是自发、自觉、自组织的。

管理是由加法到减法的过程。起初必然要经历文山会海的制度建设，经历从工具箱到工具仓库的建设过程，但是一旦实现了组织成熟，一旦通过组织、人才、机制发展，培养出具有高度自觉和高素质的人才，在良好的平台上施展才能，届时人力资源的各项管理制度可以不断简化，人才的文化自觉和职业自觉，可以代替制度。在一定程度上，可以通过恰当转换问题、焦点、场景，从而转换招法，以**轻足迹管理**实现目标。

**模式三，"因B而A，令B自A"管理哲学命题**：为达到某个核心目标，为实现某个核心价值，可以先构建一个能够产生这个目标，能够实现这个价值的机制、环境、空间或者条件，使得目标和价值，能够与机制、环境、空间、条件实现自由转化、孵化、变化，"催生化学反应"。

和君咨询认为，自组织管理是平台型管理。在多点驱动、内部创业、无边界组合的组织形态下，管理的重心需放在平台打造上。平台，既是供个体表现的舞台，也是价值创造活动的支撑和基础。平台是多形态的，包括共享的资源平台、共同遵守的规则（制度、机制）平台以及作为协同纽带的信息平台。需要特别强调的是，规则平台是自组织得以成立和运行的前提与保证。没有指挥中心的鸟群，在空中组成多种有序的图形，原因在于每只鸟都遵循共同的规则，如不能相撞、向中心靠拢、保持视线等。

和君咨询认为，自组织管理是文化型管理。一方面，在不确定的环境中，具体的策略、行为都需动态化、弹性化，但为保证组织使命的达成以及根本性安全，必须信守核心价值观和基本规则。在混沌的环境里，唯一能使企业不迷失的，是基石般的价值理念。处理复杂多变的内外部关系时，权变固然重要，但最终能消除不安的，恰恰是一些基本原则。另一方面，在分布式、多中心的情形下，价值观是组织控制最重要的手段，有时甚至是唯一的选择。自组织的协同，也有赖于价值观的一致性，后者已成为前者的必要条件。

**模式四，"欲A先B"管理哲学命题：**
为了达到核心目标，可以采取分阶段、分步骤、分层次的方式，还可以采取"之"字形的迂回方式。就管理而言，当A不明确、不确定，或者一时难以直接达成的时候，采取不断快速迭代、无限趋近的方式，不啻为明智之举。

从管理角度看，传统思路更多甚至唯一是为了实现组织，可以先无组织。实现组织是A，但是，我们是否可以换个思路，即为了实现某种程度的无组织或者自组织，先有组织，或者说，现在的组织正是为了以后无组织或者自组织？

**模式五："无A无不A"管理哲学命题：**
组织与自组织是"两极相通"，不过是一个大系统里的两种状态或者是两极，自组织里面一定会产生他组织的要求，他组织里也一定有自组织的诉求。

从自然观出发，自组织也不是目标。道法自然的组织是最高境界，不考核而考核，达到目标，不组织而组织，不管理而管理，是管理的最高境界。这个境界，所需要的不过是三点：乐知者、强文化、自组织。

实践中，企业建立自组织的攻略：开放言路，员工可以自由发言，建立虚拟社区和在线沟通空间；鼓励观点交互，鼓励理性和感性的交互，提倡多思路和多通路，多点激发；鼓励合规的竞争；鼓励协同，创造协力同心的激励；建立高度协同的机制，规则简单，少即是多；鼓励差异，减少雷同；构建自循环和超循环，实现自给；建立势差，不同层次进行交叉催化。

自组织之所以是个方向，之所以有效率、有力量，就在于它是以一种符合自然的方式，把蕴含在人本性中的积极能力释放出来，把蕴含在团队中的能量场打开，将能力和能量用到核心目标的实现上。自组织对当今管理者具有极大的启示：第一，现有的所有管理组织手段，都是不完善的，都不能充分地"尽人之性"，都需要不断进化；第二，现有的核心目标，未必是界定得十分清晰的，也未必能够做出精准的界定，都需要在实践中不断调试；第三，企业的资源，特别是人力资源，都有着相当大的盈余，没有得到充分开发。

# 第9章

# 水式自管理

∴开篇案例

海尔是海

　　海尔应像海,唯有海能以博大的胸怀纳百川而不嫌其细流,容污浊且能净化为碧水。正如此,才有滚滚长江、浊浊黄河、涓涓细流,不惜百折千回,争先恐后,投奔而来,汇成碧波浩淼、万世不竭、无与伦比的壮观!

　　一旦汇入海的大家庭中,每一分子便紧紧地凝聚在一起,不分彼此形成一个团结的整体,随着海的号令执着而又坚定不移地冲向同一个目标,即使粉身碎骨也在所不辞。因此,才有了大海摧枯拉朽的神奇。

　　而大海最被人类称道的是年复一年默默地做着无尽的奉献,袒露无私的胸怀。正因其"生而不有,为而不恃"不求索取,其自身才得到了永恒的存在。这种存在又为海中的一切提供了生生不息赖以生存的环境和条件。

　　海尔应像海,因为海尔确立了海一样宏伟的目标,就应敞开海一样的胸怀。不仅要广揽五湖四海有用之才,而且应具备海那样的自净能力,使这种氛围里的每一个人的素质都得到提高和升华。海尔人都应是能者,而不应有冗者、庸者。因为,海尔的发展需要各种各样的人才来支撑和保证。

　　要把所有的海尔人凝聚在一起,才能迸发出海一样的力量,这靠的是一种精神,一种我们一贯倡导的"敬业报国,追求卓越"的企业精神。同心干,不论你我,比贡献,不唯文凭。把许许多多的不可思议和不可能都在我们手中变为现实和可能,那么海尔巨浪就能冲过一切障碍,滚滚向前!

　　我们还应像大海为社会、为人类做出应有的奉献。只要我们对社会和人类的爱"真诚到永远",社会也会承认我们到永远,海尔将像海一样得到永恒的存在,而生活于其间的每一个人都将在为企业创一流效益、为社会做卓越贡献的同时得到丰厚的回报。海尔将和整个社会融为一体。海尔是海。

　　从2017年1月开始,西汉刘向《新序》中的"君子之治,始于不足见,而终于不可及"成了网络热句。因为张瑞敏在"坚定对'人单合一'模式的三个自信"演讲中引用了这句话。

除此之外，我们发现一种现象，首先，张瑞敏的自信来源于他对中国优秀传统文化的自信；其次，张瑞敏善于将中国传统文化精髓与西方现代管理思想融会贯通、兼收并蓄、创新发展、自成一家；最后，张瑞敏善于用"三"、善于讲"三"。这次演讲他谈到三个**自信**：对"人单合一"模式时代领先性的**自信**、对"人单合一"模式打造的创客所有制的**自信**、对"人单合一"模式国际化的**自信**。实际上，孔子说过四句话"天生德于予""知我者其天乎""人不知而不愠""焉知来者之不如今也"，这四句话可见孔子自信至深，他信天、信自己、信古人、信别人、信后人，他有一番深厚的信仰，这种精神在张瑞敏身上如是。除此之外，张瑞敏在其他场合还谈到"三个颠覆""三个矛盾""三个试错""三个是什么"，从这种现象出发，我们不免要问"三"来自于哪里？为什么要用"三"？怎么样用"三"？本章从此出发。

## 9.1 道与谦

### 9.1.1 道与"三才"

众所周知，张瑞敏不但个人喜好中国传统文化而成为中国传统文化坚定的拥趸，而且在海尔公司内部坚定地运用和推行中国传统文化与西方的管理科学结合以追求达成世界企业管理的至高境界。张瑞敏是为数不多的利用中国传统文化将企业管理做"到家"的世界级企业家，他既是儒商，又是商儒，在此沿用习惯称他为张子，张子从1984年到青岛电冰箱总厂做厂长到今天长期担任海尔的CEO，自有其因循。在本书看来，张瑞敏将管理的功夫做"到家"归功于"道"。下面就看看"道"，"道"字由三个部首组成，分别是"丷一""自"和"辶"。

首先是"丷一"。这"丷一"的含义，即《易经·系辞》所言，"一阴一阳之谓道，阴阳不测之谓神"，一阴一阳追求的是平衡、确定，阴阳不测告诫的是非平衡、测不准，这"丷一"的组合就是"神道设教"，神道设教就是平衡和非平衡的统一，用庄子的话来讲就是"其一也不一，其不一也一"，何所谓？答案是"一与不一"统一于"一"，这就是"神道设教"！谁能达到"神道设教"的境界呢？我以为答案是"天"，在目前人类的认知中只有天能做到，我称之为天道。"神道设教"之天道在海尔、在张子就是其自身角色定位为设计师与牧师，以及两种角色整合后的教化，设计师要根据组织内外部环境的变化调整组织结构以适应并引领组织的发展，但是没有任何一种组织结构是一成不变的，海尔一度频繁地更换组织结构，这就是阴阳不测的变化；牧师要在非平衡中寻找有序，牧师的职责是布道，什么道？张子布的是企业文化的道，按照柯林斯的观点，企业文化中核心价值观一般是不变的，这就是一阴一阳的有序。张子及海尔追求的就是这种非平衡的有序，这就是海尔张瑞敏的神道设教。

其次是"辶"。从字面来看，"辶"是达到"道"的过程，是永恒的、持续的、有机的、变化的达成价值的过程。由怀特海的过程哲学出发，世界即是过程，过程就是机体各个因子之间有内在联系的、持续的创造活动，它表现为一个机体可以转化为另一个机体，因而整个世界就表现为一种活动的过程。进一步讲，过程是什么形状的？艾略特有言，"我们必不可停止探索，而一切探索的尽头，就是重回起点，并对起点有首次般的了解。"由此可以判断过程是类似圆形的，至少可以确认过程是曲折的，这与《道德经》第二十二章第一句话"曲则全"简直异曲同工，何所谓？"曲则全"就可以"抱一为天下式"，"抱一为天下式"就可以圆满，谁能做到呢？我以为是"地"，在目前人类的认知中只有大地能做到，我称之为地道。曲折过程之地道，在海尔和张子就是创新，就是"自以为非、突破常规、善于借力"。多么美妙的曲折的"辶"，这才是过程的最完美的注脚。

最后是"自"。一方面，自我通过内在的自主达到一种自由；另一方面，自我经由外在的被动达到另一种自由。由管理的基于"控制"的原理出发会发现，目前管理所强调的主要是经由外在的被动而达到一种管理的自由，它是由外而内的。按照德鲁克的观点，管理的最高境界是自我管理，他强调的是内在的自主的自由的追求。我认为在张子带领下的海尔走的正是这样一条道路，我们当然知道，外在的被驱动不可少，但是内在的自驱动才是形成海尔目前结果的过程主要因子，这种自驱动表现为张子描述的"海尔是海"的蓝图以及在张子带领下"海尔是海"的扩散，实际上从"自主管理班组"到"小微与创客"，无一不是"内在的自"的主因的成功。谁能做到？放眼天下，张瑞敏做到了并正在继续做，我称之为人道。张瑞敏一直在追求"自管理"，在今天就是小微和创客的自创业、自组织和自驱动，在未来就是马克思在《资本论》中追求的"全体自由人的联合"，而前提是人的自由全面发展，张瑞敏带领海尔正在做。本章尝试从"海尔是海"的理念和海尔发展过程出发建构"自管理"的基本范式。

企业好似一条"污浊"的泉流，要涵纳这泉流又不失其纯净，一家企业必须成为大海，把时代的污秽纳于泉流的深处并使之重归澄澈，因为，博大精深的海有着藏污纳垢的容量和化浊为清的能力。我认为，从 1984 年的亏损 147 万元到今日世界版图内管理思想和管理行为的引领者，从自主管理班组到小微与创客，无一不是"海尔是海"的理念的落地和过程的延续，"海尔是海"成就了海尔，而这一切还远没有结束，它们一直在路上。

《易经·系辞》有言，"《易》之为书也，广大悉备。有天道焉，有人道焉，有地道焉。兼三才而两之，故六。六者非它也，三才之道也。"按照相对性原理，"兼三才而两之"成卦，故每卦六爻，这六爻构成了过程的六个阶段，六个阶段的结束转化为另一机体新的开始，此一成卦的六爻过程追求达到"通天下之志，定天下之业，断天下之疑"的境界。那么，《易经》六十四卦中哪一卦能代表海尔本轮发展的几个阶段呢？我认为"谦卦"可以代表，为什么"谦卦"可以代表海尔的发展呢？首先，按照吉姆·柯林斯的观点，公司若想实现从优秀到卓越的转变，有七项要素至关重要，其中第五级领导者要素是重中之重。所谓第五级领导者，是集谦逊的性格与坚强的职业意志于一身的高级经理人，他们谦逊而坚定，腼腆而无畏。他们给人的感觉是性格温和而内向，在职业意志上却表现出钢铁般的坚强。在他们平静的外表下，隐藏着一股强大的内在热情，一种将自己接受的任何事情都做到最好的执着精神。这算是西方管理学者对"谦卦"的诠释。其次，从过程论的角度来看，谦卦的六爻与海尔发展到目前的五个阶段以及即将到来的第六阶段存在一种自然而然的契合关系，在张瑞敏"海尔是海"理念引领下的海尔追求达到群龙无首、无为而治的境界，这需要谦的意识、思维和行为。那么，接下来看看谦卦与"海尔是海"的理念如何建构了海尔的管理范式。

### 9.1.2 谦之六爻

《易经》64 卦中只有谦卦爻辞表达的含义皆吉，其他 63 卦从爻辞来看都是吉凶含义的组合。这也是谦卦成为易经修身第一卦的原因。谦卦卦象上卦为坤卦，代表大地、卑微和恭顺，也代表孕育万物的母体；下卦为艮卦，代表高山、进取和活力，也代表意气风发的少年。高山深藏于大地之下，这就是谦卦，"高山"就是今天不再年轻的张瑞敏，"大地"

就是"海尔是海"这一核心理念,这两者的组合成就了今日和未来的海尔。实际上,中国和中华民族能够持续长青并继续成长何尝不是得益于谦呢?反过来看,历史上凡是失却谦虚的民族都毁灭了。谦卦的谦虚,不单单是礼仪谈吐等外在表现,更多的是能够冷静分析现有的成就,找出不如人意之处,从而客观地找准自己和成就的位置,这种内在谦虚的目的在于进一步优化和提升管理的行为,推进事业的前进,使之更有利于社会,因此谦虚是为了事业更顺利地前进。《易经·谦卦·彖》曰,"谦,亨,天道下济而光明,地道卑而上行。天道亏盈而益谦,地道变盈而流谦,鬼神害盈而福谦,人道恶盈而好谦。"根据三才只取"天道、地道和人道"进行解析:天道的特点是自身光明却俯身向下而成就万物,地道的特点是身处卑微却坚持成就万物欣欣向荣,人道的特点是厌恶、打击骄傲自满而喜欢谦虚。天、地、人都好谦,故谦亨通也,谦虚才得以使事业顺利前进。事业的顺利前进可以对应解析为谦卦的六爻。

首先简介一下卦、爻和爻辞的基本知识。《易经》64卦,每卦六爻,每一爻都有一个名称,叫爻名或者爻题,爻名的命名规则由下而上分别是初、二、三、四、五和上,阴爻用六,阳爻用九,比如第二爻是阳爻,那么此爻名就是九二,第三爻是阴爻,那么此爻名就是六三,以此类推。谦卦也严格遵照此种规则,第一爻是阴爻,命名为初六;第二爻是阴爻,命名为六二;第三爻是阳爻,命名为九三;第四爻是阴爻,命名为六四;第五爻是阴爻,命名为六五;第六爻是阴爻,命名为上六。每一爻后面都有一句或者几句文辞用以说明本爻的含义,这就是爻辞。

谦,初六爻辞"谦谦君子,用涉大川,吉",象曰"谦谦君子,卑以自牧也"。初六位于艮卦之下,有谦谦君子之象,凭此足以涉难行险,能谦卑自制,自我约束,自养其德,此为"谦卑自牧"。初六描述的情形与海尔1984～1991年第一阶段极其吻合,从著名的"十三条规章制度"到后来的"OEC"管理机制,海尔一路涉难行险地走过来,还创立了"自管理"的初级形式自主管理班组,这一切都归功于"谦卑自牧"。海的力量是伟大,但是没有水滴怎会有大海呢?所以,"谦卑自牧"就是成就自主管理班组的水滴。

谦,六二爻辞"鸣谦,贞吉",象曰"鸣谦贞吉,中心得也"。六二柔顺中正,谦德广闻,能谨守正道而获吉祥。程颐认为谦德积于中,发于外,见于声音颜色,就是鸣谦,而六二之贞吉是其本身自有的特点,不是勉强加上的。胡瑗认为中心得者,言君子所作所为皆得诸于心,然后发之于外,则无不中于道也。故此谦谦皆由中心得之,以至于声闻流传于人,而获自正之吉也,这就是"鸣谦得中"。六二描述的情形与海尔1991～1998年第二阶段特点是吻合的,从选择"休克鱼"进行兼并到建立策略事业单元的组织机制,这一切都归功于"鸣谦得中"。海的力量是伟大,但是没有溪流怎会有大海呢?所以,"鸣谦得中"就是成就策略事业单元的溪流。

谦,九三爻辞"劳谦,君子有终,吉",象曰"劳谦君子,万民服也"。九三阳刚得正,尊为卦主,以一阳而应五阴,承上接下,犹如勤奋匪懈、守谦不骄之君子,朝乾夕惕,持恒以终,故获吉祥。马振彪认为九三虽劳能谦,功在天下,不矜不伐,尽力于民事,先之劳之而无倦,能有其终,所以万民悦服于它,这就是"劳谦民服"。九三描述的情形与海尔1998～2005年第三阶段的特点是吻合的,第三阶段海尔开始在海外建立工业园,为了充分调动员工的积极性,海尔从基础的流水线开始颠覆传统的工序间的关系,由此开始建立SST的市场链机制,所有员工每天都知道自己应得和实得的薪酬,自然口服心服,这一切就是"劳谦民服"。海的力量是伟大,但是没有湖泊怎会有大海呢?所以,"劳谦民服"就是成就市场利益团体的湖泊。

谦，六四爻辞"无不利，㧑谦"，象曰"无不利，㧑谦，不违则也"。六四柔顺得正，上承六五，则柔顺奉上；下接九三劳谦，则谦以待下，以其处无所不利之时，故能发挥其谦德，使上下皆得其宜也。六四当无所不利之时，而能发挥其谦德，使上下皆得其宜者，乃谓其能固守处谦之常道而不变，这就是"㧑谦得正"。六四描述的情形与海尔 2005～2012 年第四阶段的特点是吻合的，第四个阶段海尔开始实施"人单合一双赢"管理模式，追求自主经营体的建设，能够做到这一点而且被员工接受，得益于上下同心，固守谦道，上下皆宜，这一切就是"㧑谦得正"。海的力量是伟大，但是没有江河怎会有大海呢？所以，"㧑谦得正"就是成就自主经营体的江河。

谦，六五爻辞"不富，以其邻，利用侵伐，无不利"，象曰"利用侵伐，征不服也"。李士鉁认为，六五柔和居尊，自视澹然，有天下而不与，故不富。君不以有国为富，则臣不以有家为富，故六五之不富，并其邻亦同之。自二爻至五爻互为师卦，故利用侵伐以征不服，本谦德以用兵，体大顺以征不顺，故无不利。这就是"谦逊不富"。六五描述的情形与海尔 2012～2019 年第五阶段的特点是吻合的，第五个阶段海尔开创了小微与创客的商业模式，追求共创共赢生态圈管理模式，恐怕只有"谦逊不富"的思想才可以做到人人都是 CEO 的境界，这一切就是"谦虚不富"。海的力量是伟大，只有每一个独立个体都成为小的海洋才能形成团体的大海。所以，"谦虚不富"就是成就小微和创客的大海。

谦，上六爻辞"鸣谦，利用行师，征邑国"，象曰"鸣谦，志未得也。可用行师，征邑国也"。上六阴柔得位，与九三有应，处卦之极，有谦极而名声远闻之象，故利于行师讨逆，征伐不顺。上六虽谦德广闻，足以感化众人，然其欲天下尽归于谦道之志，尚未实现。马振彪认为，其用行师，志虽未得，所以济谦德而妙其用，平天下之不平者，一归于平，故五、上两爻言征伐也。这就是"谦德遂志"，至于行师讨逆是自然而然的事情，到第五个阶段小微和创客已经是目前全球最先进的商业模式了，这就是"平天下之不平者，一归于平"。本书把上六的情形设想为海尔的第六个阶段，这个阶段追求群龙无首、无为而治，借用维克多·雨果的名言，"世界上最宽阔的是海洋，比海洋更宽阔的是天空，比天空更宽阔的是人的胸怀。"将这个阶段暂且命名为"天空"。

### 9.1.3 范式的改变

"Paradigm"一词源自古希腊文"paradeiknunai"，意为"共同显示"，15 世纪转为拉丁文"paradeigma"，引申出范式、规范、模式和范例等含义。严格地说，学术研究中的范式来源于技术范式。安索夫指出："范式是关于研究对象的假设和事实的理论体系。"贝利认为范式"这个词用在社会科学中就是指观察社会世界的一种视野和参考框架，它由一整套概念和假设所组成"。巴克和穆恩认为，范式"是一套明确的或不明确的规则或规定，它界定了人们的思考和行动范围以及如何在有关领域中获得成功"，又指出"所谓的成功是指个人解决问题的能力"。人们可以把范式看成是一个"生理性过滤网"，透过范式来理解组织及其管理世界。巴克和穆恩强调范式的存在说明了竞赛和游戏规则的存在。竞赛体现了"界限"和"游戏规则"两个范式的重要特征。德鲁克在《论 21 世纪管理的挑战》中指出，所谓的"范式"是指像管理学这种社会科学关于"现实的基本假设"，"它们通常为学科领域的学者、撰叙者、教师以及实务工作者下意识地持有，并通过各种各样的表述被包含在学科中"。因而，它们"在很大程度上决定了学科设想的现实"。它们决定了学科认定的"事实","实际上是指学科认定本身的一切",并"在很大程度上"也决定了"被忽视或视为麻烦的意外而被置于不顾的部分"。

1969年，德鲁克应邀在国际管理运动的一次世界性讨论会上提交了一篇阐发其管理观点的论文《管理的角色》。文中讲道：在过去50年里，建立于管理的理论与实践上的主要假设今天迅速地变得不适当了。有一些实际上变得不再有效，事实上已经过时；另外一些虽仍可用，但也迅速地变得不充分；它们所涉及的管理日益变得不再是"主要的、支配的、普遍的职能和现实"，而大部分管理人士仍把传统的假设视为当然。1998年，德鲁克在《福布斯》杂志上发表了《管理的新范式》一文，举出并清算了管理在理论与实践的七个旧范式，明确提出了七个新范式，在美国管理学界引起震动。德鲁克认为，开始于20世纪30年代的正式的管理研究一直认定以下两套假设是真实的。第一套奠定了管理学科的基础，它们是：管理就是企业管理，有且应该有一种正确的组织形态，有且应该有一种正确的管理员工的方式。第二套奠定了管理实践的基础，它们是：技术、市场与最终用途是给定的，管理的范围是由法律界定的，管理专注于内部事物，由国家疆界所界定的经济体系是企业与管理的"生态环境"。这两套假设，就是管理范式的原点。

经过几十年的发展，管理理论结构发生了巨大的变化，遑论外界环境从管理研究开始至今。管理应该是适应环境的，传统的管理范式，在如今演变出众多新管理范式，如表9-1所示。除了表中特点之外，管理新范式还特别强调对"人"的重新认识。新的管理范式把"人的潜能"的培养和发挥放到了十分重要的位置。在传统的管理方式下，管理在进行组织设计时往往为了获得技术功能上的"完美"而忽视了对人的社会心理系统的考虑。

表9-1 传统管理范式与管理新范式

| 比较内容 | 传统管理范式 | 管理新范式 |
| --- | --- | --- |
| 生产方式 | 规模经济（大批量、少品种） | 范围经济（小批量、多品种）、集约经济（大批量、多品种、混流生产线）、准时生产（零库存） |
| 主导战略 | 低成本战略 | 多样化战略、市场领先战略 |
| 管理思想 | 专业化、规范化 | 快响应、柔性化 |
| 管理体制 | 各功能的部门管理、层次管理、各工作环节的顺序衔接（生产活动与经济活动分离） | 各功能的一体化管理、各工作环节的并行工程（生产活动与经营活动集成） |
| 组织结构 | 层次结构、顺序生产线为中心的"产品组织"，职能部门界线分明 | 网络结构、混流生产线为中心的"工艺组织"，职能部门界线打破 |
| 组织功能 | 指挥与控制 | 协调、控制、服务、创新 |
| 管理的基本人物 | 建立秩序 | 应付变革、适应环境、改造环境 |
| 人才素质要求 | 专业人才，技术素质与管理素质分离，重技能 | 柔性人才，技术素质与管理素质兼备，重智能 |

| 实践聚焦 |

**苏格拉底式的谦恭**

苏格拉底几乎生活在持续的不确定状态中，没有工作，没有生活规律，没有任何确定的东西可遵循。而正是这种不确定性加强了西方思想的传统，因此苏格拉底被视为西方理性主义发展的转折点。

史蒂芬·赛格尔认为：如今，我们有足够的证据表明管理学受积极利用智慧传统的变革所掌控。管理学正在经历变革，许多旧有的传统已经解体，而新的传统尚未建立起来。与历史上的任何时候相比，管理学在当代经历的变革都要广泛得多。在今天，没有路标的指引，我们应该如何走？中国从站起来，到富起来，再到强起来，当我们成为强者的时候，我们必须认识到，根本没有人知道应该朝什么方向走！正是在这种条件下，哲学才变得有意义。这个世界上与技术相关的强大力量正在摧枯拉朽地产生变革，比以往任何时候都快，中国正是在这种极强的不确定性中确定了强起来的伟大方略。这个时候，苏格拉底式的谦卑和极大的决心，将可能对经验造成干扰的"危险"变革转化成机会。

史蒂芬·赛格尔在《商感》中讲到托尔斯泰的故事。托尔斯泰自认为很现实，只想过平静的日常生活，比如写作、照看农场及买卖。然而，他却被空虚感所困扰，日常活动没有了意义。正如他所说，"在进行我所热爱的耕作时，我的脑子里会突然闪现一个问题，'瞧，你可以在萨马拉拥有600公顷①土地，300匹马——然后又怎样？'我全然没有了感觉，不知道还想拥有些什么。"这种空虚感比他对实用主义的追求更强烈，未能在工作中找到存在的意义，他开始意识到寻找存在意义的问题成了他主要的关注点："我痛苦地、长时间地找寻着；不出于懒散的好奇，也不曾以懈怠状态去找寻，而是痛苦地、顽强地找，昼夜不停地找——我犹如濒临毁灭的人在寻找救星一样……"由此可知，反思和质疑开始成为中年以后的托尔斯泰的爱好。儿童是不需要反思和质疑的，因为儿童一直带着未受污染的惊讶在打量这个世界，这未受污染的惊讶本身就是质疑，被社会行为规范规范成熟后的人已经疏远和忘怀了质疑，因此，对质疑保持激情是成年人通往未来的路径。

在叙述自己的思考过程时，苏格拉底经常谈到他求助于哲学不是因为他比别人更聪明，而是因为他感到迷惑不解、茫然无措。正如他所说，"我使别人茫然，不是因为我聪明，而是因为我自己彻底茫然了。"他不认为自己比其他人明智，而且因为他知道自己不知道，他才能够看到大多数人想当然的那些事情，就是社会传统。他不停地思考有关社会传统的问题，并鼓动别人去思考这些问题，他在帮助人们审视自己的生活，未经审视的生活是没有意义的。就苏格拉底而言，只有检验我们的生活，我们才能理解幸福在生活中的位置。

对苏格拉底而言，对经验进行检验要求有所谓"苏格拉底式谦恭"。这种谦恭就是对约定俗成的观点和看问题的角度进行认真倾听——这种谦恭要把自己的观点当成值得怀疑的而不是公认的事实。这就要求我们不仅要对他人的观点进行检验，还要对自己的观点提出质疑。苏格拉底式谦恭的基础是苏格拉底式的无知或苏格拉底的认为自己一无所知的观点。由于他相信自己一无所知，因而他约定俗成的东西越来越少，看到并检验的东西越来越多。他从不把自己或他人的成行经历看成是约定俗成的，所以，他能对暗含在经历中的假设进行检验，这种坚决地承认自己无知的态度就是苏格拉底式反思。

苏格拉底式谦恭承认犯错误不是耻辱，而是学习更多知识和技能的机会。苏格拉底哲学所涉及的正是这些隐藏而又坚定的信仰。苏格拉底哲学的任务是通过检验使得我们明白自己经验的信仰、世界观、典范和假设来使自己理解自己的经验。安德鲁·格鲁夫表现出苏格拉底式的谦恭，他常常引用马克·吐温的一句话："把所有鸡蛋都放在一个篮子里——赌一把，然后看看这只篮子。"看看这只篮子的承诺说明了苏格拉底式谦恭的精神所在。设计前景，

---

① 1公顷＝10 000平方米。

接受它的指引，但不能被它淹没。看守住前景，不要让它遮住了你的眼。

目前，在哲学中广为应用的检验并从经验中汲取原则和假设的方法之一就是"存在主义解释现象学"。这种方法也是我们检查自己的实践和经验的一面镜子。通过学科的透视来检验管理学的哲学经验中的作用使我们能够用系统、批判的方法看待管理者和领导者的哲学。同时，它还为我们提供了看待他们观点中的深邃和盲目之间的关系，以及对自己的经验进行质疑的坚定意志和自我评价时的沾沾自喜或自命不凡之间关系的框架。

从这个意义上讲，哲学乃至于管理哲学是从个人经验中汲取其中所含原则或观点，使他人可以从各自的情况中悟出道理的过程。同样地，我们可以利用他人的观点来检验自己的经验和假设。当我们从经验中汲取并审视其中所蕴含的原则或假设时，管理哲学给管理者和领导者指引道路。这就是苏格拉底谦恭的历史和现实价值，我称之为经典的力量。

## 9.2 自管理

### 9.2.1 库恩的范式革命

根据库恩的观点，"范式"指的是一个共同体成员所共享的信仰、价值、技术等的集合。在库恩看来，范式是一种对本体论、认识论和方法论的基本承诺，是科学家集团所共同接受的一组假说、理论、准则和方法的总和，这些东西在心理上形成科学家的共同信念。管理范式是企业家们用以解决实际问题的、大家能够接受的规则体系。

库恩在《科学革命的结构》中提出科学发展的"历史阶段论"，他认为每一个科学发展阶段都有特殊的内在结构，而体现这种结构的模型即范式。他指出：按既定的用法，范式就是一种公认的模型或模式。库恩提出这个概念的目的是想说明，在科学实践活动中，某些被公认的范例——包括定律、理论、应用以及仪器设备等——为某种科学研究传统的出现提供了模型。

范式概念是库恩范式理论的核心，范式从本质上讲是一种理论体系。范式理论指常规科学所赖以运作的理论基础和实践规范。范式是从事某一科学的研究者群体所共同遵从的世界观和行为方式，它包括三个方面：共同的基本理论、观念和方法；共同的信念；某种自然观（包括形而上学假定）。范式的基本原则可以在本体论、认识论和方法论层次表现出来，分别回答的是事物存在的真实性问题、知者与被知者之间的关系问题以及研究方法的理论体系问题。这些理论和原则对特定的科学家共同体起规范的作用，协调他们对世界的看法以及他们的行为方式。

一个稳定的范式如果不能提供解决问题的适当方式，它就会变弱，从而出现范式转移。按照库恩的定义，范式转移就是新的概念传统，是解释中的激进改变，科学据此对某一知识和活动领域采取全新的和变化了的视角。通常，范式转移是一个由某一特别事件引发的过程。所谓特别事件，是指在现有范式中被证明是反常事件的增加，为了纠正问题，决策者需要改变工具设定，并尝试新的政策工具。如果这些努力不能奏效，就会出现政策失败，进而打击旧的范式，促使人们去寻找新的范式，进行修正政策的试验过程。

企业成长过程的一个重要阶段是范式转换，范式转换理论是库恩有关科学革命理论在管理学领域的应用。企业范式指的是企业成员所共有的关于企业自身、环境、人员的观念和思维方式,是企业发展过程中形成的、为企业核心人物及多数人所拥有的正统的东西。范式转换理论认为,到了一定阶段,企业原来的范式必须转换,但这种转换很难,特别是在原来范式上取得较大成功的企业就更难了。范式转换理论非常近似战争理论和群众运动论的模式。范式转换理论揭示了事物发展的历史状态和内在发展规律,对人们理清所从事领域的发展路径以及把握其领域的未来走向都有启发作用,"作为普遍承认的科学成就,在一段时间里它为科学工作者共同体提供典型的问题和解答。"因此,库恩的范式理论具有了方法论的意义,它不再局限于科学发展史的运用,还被拓展运用于心理学、社会学、管理学等领域。

"鸭兔图"想必大家都见过,如图 9-1 所示,"动物"是兔子还是鸭子呢?不妨以儿童为对象做个试验。

试验发现,如果把这样一个图形放在一群孩子面前,孩子就会说:"这是鸭头!"过一会儿又会说:"这是兔头!"并且会不断地在两个图形之间转换。不仅面对这一图形时,而且在许多图形下,孩子们都会将它们看作一个具体的东西,而且会在不同时刻或情境下看作不同的东西。从心理学上讲,"鸭兔图"是格式塔心理学上的典型例证。它表明整体决定部分的性质,部分只有依存于整体才有意义。而在哲学上,哲学家却以

图 9-1 鸭兔图

此来思考感觉与认知的关系。比如,维特根斯坦在《哲学研究》中就借助这个图形来说明:如果同一个对象可以被看成是两个不同的东西,那么,这就表明知觉并不是纯粹的感觉。我们必须在叙述知觉中注意若干方面。对知觉的报道承受着概念,是对经验与思想的结合。知觉不是纯粹的感觉。感觉是我们被动接受的,几乎不存在差别。

在试验中,孩子们面对的是同一幅"鸭兔图",感觉到的东西是一样的。但是,他们在对接收到的感觉材料进行综合认知的时候,情况就发生了变化:有的孩子看成了鸭子,有的孩子看成了兔子。也就是说,观察事物的过程,同时也是给这个事物赋予意义的过程。赋予的意义不同,事物显现的面目就会大相径庭。胡塞尔也曾举过类似的例子。在这里,感觉材料并没有变,发生变化的是我们赋予意义的方式。

格拉维尔在写到中国同西方思维的不同之处时就提到,拥有相同年龄和教育背景的一组中国学生同一组非中国学生被安排浏览图片,并在观看后被问到看到了些什么。中国学生基本上将图片作为一个整体来描述,而非中国学生则指出了图片中的某些特定部分。由此,得出这样的结论:中国学生倾向于在全局中看待事物,而非中国学生则更关注他们所感兴趣的画面中的特定事物,这就是和合性和分别性的区别。我称此为思想和思考方式的范式转换!

按照库恩的观点,常规科学的目的在于稳定地扩展科学知识的广度和精度,不在于事实或理论的新颖性。历史表明,科学事业已经发展出一套强有力的独特技巧,以产生令人惊讶的现象和理论。在一套规则指导下进行的游戏,无意中产生了某些新东西,为了消化这些新东西就需要精心制作另一套规则。发现与发明之间的区别,或者说事实和理论之间的区别,是非常人所为的。发现始于意识到反常,即始于认识到自然界总是以某种方法违

反支配常规科学的范式所做的预测。发现不是那种可以适合于提出问题的过程。如果观察与概念同化、事实与理论同化两者在发现中是不可分离地连接在一起的话，那么发现必须经历时间。

范式程序和应用，就像范式定律和理论一样，都是科学所需要的，而且它们有相同的作用。它们会限制科学研究所涉足的现象领域，这在任何给定的时刻都是不可避免的。认清这一点，就可以同时看出，发现必然会使科学共同体的一个特殊部分的范式发生变化，并因此而导致程序和预期这两方面的变化。不论在前范式时期还是在导致大规模范式改变的危机时期，科学家们通常都会发展出许多思辨性的和不精确的理论，这些理论本身为发现指出了途径。发现不完全是由这些思辨性的和试探性的假设所预见到的，只有当试验和试探性理论相互连接在一起使之达成一致时，发现才会突现出来，理论才会变成范式。

科学革命在这里指科学发展中的非累积性事件，旧范式全部或部分地为一个与其完全不能开立的新范式所取代。科学革命起源于科学共同体中一小部分人逐渐感觉到：他们无法利用现范式有效地探究自然界的某一方面，而以前范式在这方面的研究中是起引导作用的。

原则上，一种新理论可能并不与任何旧理论相冲突，它可能只讨论以前未知的现象，或者，新理论可能仅是比现有理论更高层次的理论，它能把一批低层次的理论组合在一起，而无须对其中任一理论做实质性改变。如果确实如此，科学发展就会名副其实是累积性的，新的现象不过是在自然界中先前未知的领域中发现秩序而已。在科学的演进中，新知识所取代的是无知，而不是与之不相容的另一种知识。

一般只有三类现象可以引起新理论。第一类现象是那些现存范式已妥为解释的现象，但它们很少成为科学家创建新理论的动机或出发点；第二类现象是指那些其本质已为现有范式所表明，但其细节的理解却有待范式的完善的现象，它们是科学家常规研究的对象；第三类现象是公认的反常现象，其特征是无法被现有范式同化。只有这类现象才会促成新理论的发明。范式为除反常之外的所有现象提供一个在科学家视野内的确定的理论位置。

若科学家不对某种范式做出承诺，则不会有常规科学。甚至科学家在踏入新的研究领域，或对理论与实际之间的吻合程度有较高的要求时，都必须坚持对既有范式的承诺，否则范式就不可能提供尚未解决的谜题，让科学家从事研究。此外，不仅仅常规科学研究依赖于对范式的承诺。若科学家只在有例可循时才利用现有理论，那就不可能有意外发现、反常或危机了。而意外发现、反常和危机正是指向非常规科学的路标。

范式间的差异不仅仅是实质的，因为范式既是科学家观察自然的向导，也是他们从事研究的依据。范式是一个成熟的科学共同体在某段时间内所接纳的研究方法、问题领域和解题标准的源头活水。因此，接受新范式，常常需要重新定义相应的科学。以前不存在的或认为不足轻重的问题，随着新范式的出现，可能会成为能导致重大科学领域的基本问题。当问题改变时，分辨科学答案、形而上学臆测、文字或数学游戏的标准经常也会改变。牛顿的研究工作对于17世纪常规科学传统的冲击，为范式转换所产生的这类较为细致的效应提供了明显的例证。在牛顿以前，17世纪的新科学已成功地推翻了亚里士多德学派和经院学者以物质的本质来解释其现象的学说。

界定正当问题、概念和解释的标准一旦发生变化，整个科学都会随之转变。范式一改变，世界本身也随之改变了。科学家由一个新范式指引，去采用新工具，注意新领域，甚至更为重要的是，在革命过程中科学家用熟悉的工具去注意以前注意过的地方时，他们会看到新的不同的东西。即在革命之后，科学家所面对的是一个不同的世界。

达尔文在《物种起源》中极有洞察力地写道："虽然我完全相信此书观点的真理性……但是对于观点与我完全相反的博物学家，我并没有期望能使他们信服……但是我有信心面对未来，面对那些年轻的、正在成长的博物学家，他们将能毫无偏见地去看这个问题上的两种观点。"普朗克在他的《科学自传》中谈道："一个新的科学真理的胜利与其说靠他的反对者信服和领悟，还不如说是因为它的反对者终于都死了，而熟悉这个新科学真理的新一代成长起来了。"

### 9.2.2 自管理范式建构

基于范式和管理范式的基础概念，结合谦卦六爻基本含义，本书发现海尔公司在"海尔是海"理念的引领下，从自主管理班组开始，经历策略事业单元、市场利益团体、自主经营体，直到小微和创客，无不围绕"自"字下功夫，由此本书将此管理范式定义为"自管理"范式。所谓"自管理"范式，指的是以"谦"为核心特征的考虑"道"的含义的一种管理范式，"自管理"范式的本体论是"自"，它追求的是自然的自我和自我的自然的组合；"自管理"范式的认识论是"辶"，它追求的是以曲径和坦途相结合的基本认知和路径选择；"自管理"范式的方法论是"丷一"，它追求的是阴阳平衡和阴阳不测的矛盾统一。这三者组合而成的规则体系就是"自管理"范式的基本过程，其过程表现为由"谦卦"所萃取的六个阶段。

针对谦卦的六爻，对海尔而言前四个阶段已经完成，第五个阶段正在进行，第六个阶段还没有到来。由此判断，张瑞敏的管理生命是从无序的海洋中吸取了有序的自性从而生成了"自管理"范式的管理基因的绽放；张瑞敏的管理模式是从无形的海洋中建构了有形的可预见性从而生成了"自管理"范式的管理行为的组合；张瑞敏的管理模型是整合了稳定和不稳定特征的带有可变边界性从而认知了不可知论的"自管理"范式的清醒，这种生命、模式和模型不但形成了新的提供了无限地自我利用性质的范式结构，而且将海尔打造成为薛定谔所说的"'活的生物体具有'令人惊异的天赋把有序流集中于自身，这样才避免衰变为原子混沌'"的活生生的自组织生命体。基于"海尔是海"的"自管理"范式的六个阶段表述如表9-2所示。

表9-2 基于"海尔是海"的"自管理"范式的六个阶段表述

| 时间阶段 | 关键事件 | 组织形式 | "谦"因子 | 管理模式 | 发展战略 | 境界描述 |
| --- | --- | --- | --- | --- | --- | --- |
| 1984～1991年 | 砸冰箱 | 自主管理班组 | 谦卑自牧 | OEC管理 | 名牌战略 | 水滴 |
| 1991～1998年 | 吃休克鱼 | 策略事业单元 | 鸣谦得中 | 事业部制管理 | 多元化战略 | 溪流 |
| 1998～2005年 | 建立海外工业园 | 市场利益团体 | 劳谦民服 | 市场链管理 | 国际化战略 | 湖泊 |
| 2005～2012年 | 收购跨国公司业务 | 自主经营体 | 撝谦得正 | 人单合一双赢 | 全球化品牌战略 | 江河 |
| 2012～2019年 | 人人都是CEO | 小微与创客 | 谦逊不富 | 共创共赢生态圈 | 网络化战略 | 海洋 |
| 2019年～未来 | …… | 无领导团队 | 谦德遂志 | "空"管理 | …… | 天空 |

### 9.2.3 自管理范式解析

第一，自主管理班组的"水滴"阶段（1984～1991年），这个阶段利用OEC机制成就了海尔"谦卑自牧"的形象。1984年的海尔负债累累（147万元人民币）。据张瑞敏回忆，他是当年被派到海尔（此时海尔的名称是青岛电冰箱总厂）去的第三任厂长，前两任厂长因为各种原因先后离职，而他当时的想法极其简单：赶紧干出点业绩，然后好赶紧走人。谁也没有想到，就是这样一种极其朴素的想法恰恰成为日后海尔开放系统存在的根本，由此开始海尔的大门始终敞开着，员工去留自由。这同时也成为张瑞敏挑战自我的一项根本，他认为这样的企业都管理不好，其他企业也未必能管理好。他经常用《易经·坤卦》的话"永远战战兢兢，永远如履薄冰"自我提醒。当有记者问张瑞敏管理经验从何而来的时候，他的答案是管理经验从长期担任被管理者中来。我认为这就是张瑞敏身上体现的大海的谦卑，这种谦卑不但是对谦卦的绝佳注释，更应了《道德经》第六十六章揭示的道理，"江海之所以能为百谷王者，以其善下之，故能为百谷王。"所有这些在开始的时候奠定了海尔管理自相似性的基因。事实上，这种"趋下"的伦理价值观更容易获得稳定、和谐与成功。正是在张瑞敏"趋下"思想的引领下，海尔的管理行为开始自然而然表现出与众不同。

回顾海尔发展的第一阶段，对这一阶段海尔管理行为的判断可以总结为"别的企业抓数量，海尔抓质量"。海尔正是由此出发，专心专攻自身熟悉的电冰箱领域，形成自身独特的专有核心优势，这种优势就是在借力德国冰箱技术和冰箱设备的基础上生成的基于全面质量管理的OEC（日事日毕、日清日高）管理机制，也就是后来许多企业趋之若鹜去学习而学不成的OEC管理模式，学不成的原因之一是没有海尔砸冰箱的勇气和志气，而OEC管理机制培养了海尔自主管理的质量意识，它不单单是质量行为，更是无边界的质量意识。借助质量意识，在海尔产生了"合格班组""免检班组"和"自主管理班组"的班组建设的基本过程。一直到1994年，海尔的第一个自主管理班组"刘梅兰、韩美丽班组"诞生，这个班组生产的冰箱门封条可以免检，而且这个班组的员工收入比其他班组的高。自主管理班组长期坚持"日事日毕、日清日高"的胜利，这种胜利是"勉强成习惯，习惯成自然"的胜利，更是"海尔是海"之"海纳百川"的胜利。这些美丽的浪花和清澈的小溪正在汩汩流向大海，它们即将唱响大海的协奏曲。这就是谦卦初六爻辞揭示的道理"谦卑自牧"，自牧的是谦卑的自主管理班组，而且，管理者没有忘记即使再谦卑自牧也需要马斯洛的基本需求，大家已经看到了，自主管理班组的收入比其他班组高，这是这种形式得以存在的根本。

第二，战略事业单元的"溪流"阶段（1991~1998年），这个阶段利用事业部组织机制实现了海尔"鸣谦得中"的目标。以海尔为原型的《首席执行官》影片中有一个镜头：张瑞敏与杨绵绵在面临资金极其困难、银行不愿贷款的前提下讨论是否建设海尔工业园，两人意见是相左的，杨绵绵认为当时冰箱供不应求，当务之急是扩大冰箱生产规模，而张瑞敏却认为海尔应该搞多元化。由此，杨绵绵由衷地感叹自己经常跟不上张瑞敏的思路。今天看来，两人的"一大一强"的思路确实不同，尤其是张瑞敏谈到建设海尔工业园是一种机会的时候，他讲了这样一句话："做事哪里有无风险的？一件事能做不能做，不是看它的风险，而是看你能不能抓住风险中的机会，如果大家都看到了，那就不是机会了。"由此判断，张瑞敏作为海尔的CEO，有着比身边人和其他企业家更为超前的洞察力、构思力、适应力和执行力。洞察力表现在机会论方面，构思力表现在建设工业园方面，适应力表现在主动与管理者沟通方面，而执行力则是OEC机制。此时，"海尔是海"的企业宇宙观和海尔大厦的根基正在茁壮成长，张瑞敏和海尔人深知海不是一天形成的，它必然是涓涓细流奔腾到海。回望第一阶段，自主管理班组和OEC机制成效已显，当下海尔工业园初具规模,多元化发展思路已成,接下来具体做什么和怎么做呢?

回顾海尔发展的第二阶段,对这一阶段海尔管理行为的判断可以总结为"别的企业搞'独生子',海尔低成本扩张吃'休克鱼',以实现多元化的阶段目标"。以"无形盘活有形"是此阶段的最大特点。张瑞敏喜欢用水性思维诠释海尔文化,他认为企业管理有两点非常重要:一是"无形的东西往往比有形的东西更重要",作为企业领导不能仅仅看到产量、利润等有形的指标,更应该看到文化和氛围这些无形的东西;二是"为人做事以柔克刚",张瑞敏说,"过去,人们把以柔克刚看成是消极的,实际上以柔克刚主张的是弱转强、小转大的过程。"他进一步讲,"要认识到作为企业家,你永远是弱势;如果你真能认识到自己是弱势,你就会朝目标执着前进,也就会成功。"正是这种思想引领海尔选择"休克鱼"(比喻硬件不错、管理不善的企业)作为企业兼并的对象,以实现多元化的规模扩张和"东方亮了再亮西方"的战略布局。从"休克鱼"到"活力鱼"用的是海尔的管理思想和管理机制,这种机制就是全员 SBU(战略事业单位)。全员 SBU 是比自主管理班组高级的管理机制,在自主管理班组主动关心员工利益的基础上,全员 SBU 进一步利用利益兑现机制,深入地将员工的利益与工作结果挂钩,从而推动每个员工代表公司与公司的竞争对手去竞争。这样,每个员工都直面市场,时刻想着如何满足消费者的需求;每个员工都主动创新,时刻想着如何更快地争取到用户资源。于是,员工成了创新的主体,在为用户创造价值的过程中体现了自我的价值,实现了经营自我。这就是谦卦所讲的"鸣谦得中":"鸣谦"就是每个员工都在创新,这样用户的需求无论怎么变化,企业都能抓住用户的心,这就是"得中"。

第三,市场利益机制的"江河"阶段(1998~2005 年),这一阶段利用 SST 市场利益机制做到了"劳谦民服"的效果。企业流水线的上下游是什么关系,上下游员工之间又是什么关系呢?通常的回答无非是上下道工序的关系,员工和员工之间无非是工友关系。不过海尔改变了这种关系,在海尔上下游工序之间是平等的买卖、服务和契约关系。这就是海尔独创的应对变化的市场链机制。"市场链"是把市场经济中的利益调节机制引入企业内部。围绕集团的战略目标,把企业内部上下流程、工序和岗位之间的业务关系由原来的"纵向的依靠自上而下的计划安排和行政指令,横向依靠会议调度和上级命令协调;下级只服从上级,只对上级负责"的单纯行政机制转变成平等的市场买卖关系、服务和契约关系。企业的主要目标由过去的利润最大化转向以用户为中心,以市场为中心,每个人的利益都与市场挂钩。其具体做法就是"SST"机制:"索酬""索赔""跳闸"。索酬就是通过建立市场链为服务对象做好服务,从市场中取得报酬;索赔体现在市场链管理流程中,部门之间、上道工序与下道工序间互为咬合的关系,如不能"履约"就要被索赔;跳闸就是发挥闸口的作用,如果既不索酬也不索赔,第三方就会跳闸,"闸"出问题。市场链以此为基础,更关注企业外部的市场需求及外部需求对内部各环节的辐射,它以需求为导向制约和调整企业内部的各种关系。可以说,市场链的创新性也正在于它适应了管理发展的新趋势,即以市场需求为导向而非以企业生产为导向。这样,可以激发每个部门、每个员工的市场积极性和创新精神,从而激发企业内部的活力和创造力。当每个部门、每个员工分担的压力转化为不断提高、不断创新的动力时,企业的经济效益也就会不断上升。所以在海尔产生了这样一句顺口溜,"压力就是动力,动力就是能力,能力就是实力,实力就是魅力,魅力就是生产力,生产力就是财力。"

回顾海尔发展的第三阶段,对这一阶段海尔管理行为的判断可以总结为"以先难后易的思路坚持'走出去''走进去''走上去'的战略，最终在适应全球化的基础上建立了本土化的以市场链为纽带的业务流程再造管理模式"。"以市场链为纽带的企业业务流程再造"主要是指把"市场链"和业务流程再造有机集成，以索酬（S）、索赔（S）和跳闸（T）为手段，以流程再造为核心，以"订单"为凭据，重新整合管理资源与市场资源，在OEC管理平台上形成每一个人（流程）都有自己的顾客、每一个人（流程）都与市场零距离、每一个人（流程）的收入都由"市场"来支付的管理运营模式。众所周知，21世纪初期的企业外部环境已经开始了由工业经济向信息经济的转变，这是这个阶段最大的挑战，海尔也必须主动适应外部环境的变化。2002年5月21日，张瑞敏参加第八届"亚洲的未来"国际交流大会，在考察坐落于繁华地段的秋叶原家电大卖场的时候，一位记者问了张瑞敏一个问题，"您在短短17年时间里创造了海尔的奇迹，有人称您是中国的经营之神，您是怎么评价日本的经营之神土光敏夫的？"这是一个极其刁钻古怪的问题，张瑞敏没有直接回答他的问题，而是分别引用了土光敏夫和《孙子兵法》的一句话："没有垮不了的企业，没有沉不了的船，一切靠自己的努力，职工要三倍的努力，干部要十倍的努力。""能因敌变化而取胜者谓之神！"这两句话恰如其分地回答了企业与环境的关系，企业与环境的关系犹如水和山的关系，水遇到山以后不是远山而去，而是以山为伴、以山为用，这就是海尔的环境资源观。之所以在海尔得以实现，首先是干部的努力，其次是SST建立的利益机制和业务流程再造形成的适合员工创新的组织平台，这就是谦卦"劳谦民服"的境界。"劳谦"指的是干部首当其冲的示范效应，"民服"指的是员工奋勇当先的创新行为。

**第四，自主经营体的"湖泊"阶段（2005～2012年），这一阶段通过"三权机制"的制衡获得了"㧑谦得正"的效果。**沃顿商学院的马歇尔·梅耶经常到海尔去访问，他访问的目的之一是看看海尔还在不在。怎么回事？原来2005年张瑞敏在海尔刚刚提出"人单合一双赢模式"的时候，张瑞敏曾经跟马歇尔谈到这种模式，马歇尔教授当时的表态是海尔能做成的话，海尔就是全世界管理最好的，但是他认为海尔做不成。时光荏苒，很快十多年过去了，经过了市场检验并获得市场首肯后的"人单合一双赢模式"成了世界范围内企业界学习的标杆，马歇尔不得不承认，海尔在张瑞敏这样一位非常有远见和智慧的杰出领导人带领下，顺利地走过了只有一位领导人带领下的五次企业转型（按照马歇尔的观点，世界范围内的企业很少有一位企业家带领企业经历五次成功转型），已经走到了世界的前列。到底什么是"人单合一"呢？"人"，指员工；"单"，指用户价值；"合一"，指员工的价值实现与所创造的用户价值合一。"人单合一"指的是每个员工都直接面对用户，创造用户价值，并在为用户创造价值中实现自己的价值分享。员工不是从属于岗位，而是因用户而存在，有"单"才有"人"。在海尔集团的实践探索中，"人"的含义有了进一步的延伸："人"是开放的，不局限于企业内部，任何人都可以凭借有竞争力的预案竞争上岗；员工不再是被动执行者，而是拥有"三权"（现场决策权、用人权和分配权）的创业者和动态合伙人。"单"的含义也进一步延伸："单"是抢来的，不是上级分配的；"单"是引领，动态优化的，而不是狭义的订单，更不是封闭固化的。因此，人单合一概括为"竞单上岗、按单聚散""高单聚高人、高人树高单"。人单合一的"合一"，即通过"人单酬"来闭环，每个人的薪酬来自用户评价、用户付薪，而不是上级评价、企业付薪。传统的企业付薪是事后评价考核的结果，而用户付薪是事先算赢，对赌分享的超利。模式的颠覆同时颠覆了企业、员工和用户三者之间的关系。传统模式下，用户听员工的，员工听企业的；人单合一模式下，企业听员工的，员工听用户的。显然，"人单合一"是高于"SST"机制的一种新模式。这种模式的实现在组织结构而言就是"倒三角"结构,"倒三角"组织结构是靠顾客驱动、契约、人单酬和"官兵互选"四大机制实现的。

回顾海尔发展的第四阶段,对这一阶段海尔管理行为的判断可以总结为"整合全球资源,创建本土品牌,追求人单合一"。21世纪,互联网科技的快速发展和深入应用彻底颠覆了传统时代的经济理论和管理理论。互联网带来的"零距离"促使第一次和第二次工业革命时期的传统的、集中式的经营活动逐渐被第三次工业革命的分布式经营方式取代,传统的、等级化的经济和政治权力也将让位于以分布式节点组织的网络化驱动力。张瑞敏指出,互联网带来的"零距离"将以企业为中心颠覆为以用户为中心,使大规模制造变成大规模定制,这是对科学管理的颠覆;互联网带来的"去中心化"把员工的领导从过去的上级变成了用户,这是对科层制的颠覆;互联网带来的"分布式"意味着资源不局限于企业内部而是来自全球,"世界就是我的研发部",这是对企业内部职能再平衡的颠覆。"人单合一"理论和发展模式被认为是超前的但符合时代环境和发展趋势的引领式的管理理论和商业模式。转型和发展到了这个阶段,敬慎自修、努力揭谦、固守谦道,如何不得正!这就是谦卦"揭谦得正"的境界。

第五,人人都是CEO的"海洋"阶段(2012～2019年),这一阶段通过设置"三自机制"实现了"谦虚不富"的目的。手持洗衣机、空气魔方、雷神笔记本……越来越多的稀奇古怪的产品名称不断地贯穿你的耳目。所有这些产品都是海尔"创客所有制"基础上的"自主决策权、用人权、分配权""三自机制"下的产物。海尔只有三种人:平台主、小微主和创客,张瑞敏如是说。互联网时代,如何治理企业?正如《孙子兵法》所言,"治政如治班,分数治也。"不管治理多少人,与治理少数人是一样的,分开治理罢了。企业发展到现在,是建立"大"企业的航母模式,还是建立"小"企业的联合舰队模式?海尔显然选择了后者。何为大?何为小?凯文·凯利在《失控》中曾言,蜜蜂分群的时候,统治者不是蜂后,而是由不同蜂群之间民主决定应该何时何地安顿下来;蜜蜂作为蜂群的个体是独立而自由的,但作为个体的蜜蜂无法理解蜂群涌现的行为。小微公司如同蜂群,创客如同蜜蜂。这是一种看起来很彻底的分布式管理模式,利用"失控"获得没有限制的成长。海尔正在把自己变成分布式组织,张瑞敏认为要适应互联网时代必须完成这一转型,他相信分布式发展比中控式发展更能让海尔实现高速成长。

回顾海尔发展的第五阶段,对这一阶段海尔管理行为的判断可以总结为"做网络平台而不是做企业",这是一种对传统企业管理观和传统企业观的彻头彻尾的自我颠覆,这种颠覆追求"自创业、自组织、自驱动",这种颠覆将企业由封闭的组织转型为自循环的开放生态,就是"企业平台化、员工创客化、用户个性化":"企业平台化"对应企业的互联网思维,即企业无边界;"员工创客化"对应员工的价值体现,员工成为自主创业创新的创新者;"用户个性化"对应着企业的互联网宗旨,即创造用户全流程最佳体验。这种颠覆一方面将员工的身份从执行者转型为创业者,另一方面搭建了全球开放的创新创业平台,对待全球资源的态度是"不求所有,但求所用"。这是何等包容的心态、行为和境界,非"海尔是海"无已理解、认可和实现。这就是谦卦"谦逊不富"的境界,所谓"不富",就是"有天下而不占为己有,并能与其左右居高位者,均能谦以待下。"海尔通过搭建全球网络平台,从而拥有天下创新资源,但海尔并不据为己有,而是与天下共享,这就是"谦逊不富",企业不以有天下为富足,员工不以有企业为富裕,故无往而不胜,此谓不争善胜。

第六，无为而治与群龙无首的"天空"阶段（2019年至未来），这一阶段通过"空"机制追求"谦德遂志"的境界。我们都在践行德鲁克所言的"已经发生的未来"。未来固然不可知，但它一定首先是人的未来，其次才是企业的未来，最终还是人的未来。人和企业共同追求的未来有一条"坦途"，就是以"空"为核心特征的自然与社会的和谐共存。"空"是"有""无"和"有与无"的并存。就海尔而言，这种未来既可以是道家的"无为而治"，也可以是《易经》的"群龙无首"，还可以是佛家的"空无多有"，在这里都概括为"空"。

"无为而治"是海尔未来管理的本体论。《道德经》第十七章有言："太上，不知有之；其次，亲而誉之；其次，畏之；其次，侮之。信不足焉，有不信焉。悠兮，其贵言，功成事遂，百姓皆谓'我自然'。"我们认为，这段话从道治、德治、法治和人治四个层面构建了实现管理界自然理想国的美妙图景和康庄路径，这种图景和路径通过"贵言"的方式追求自然而然地达成全球管理界的新的管理范式。你接受与认可，它在；你不接受不认可，它还在；你接不接受、认不认可，它都在。我认为这是海尔未来的本体论。

"空无多有"是海尔未来管理的认识论。《般若波罗蜜多心经》有言，"色不异空，空不异色，色即是空，空即是色。"简单理解就是万事万物的普遍联系，用普遍联系的观点来看，一家企业必然追求多有，否则它没有存在的价值。如何才能追求多有呢？多有的方法就一条，学会常清零，常清零就是保持空无，保持空无就会多有。因此，海尔如果不能经常有意识地忘却自己的过去，就不可能有多有的未来。这是海尔未来的认识论。

"群龙无首"是海尔未来管理的方法论。《易·乾卦》有言，"用九，见群龙无首，吉。"所谓群龙无首，指的是"一群正义之'龙'在一起各尽所能，积极发展，团结互助，何须'首'的出现"。这与马克思在《资本论》的观点"自由人联合体"异曲同工，"群龙无首"就是自由人的自由联合，不过要达到全体自由人的自由联合，必须长期坚持海尔的工匠精神。这是海尔未来的方法论。

以上是海尔未来的三条，实际是四条路，这三条路整合在一起也是一条路。高度非线性的不稳定的自由边界问题让我们越来越不确定三条路应该选择哪一条，但正如避雷针一样，我们必须跟踪复杂的、动态变化着的边界，只能走一条路。

宏观管理倾向于形成不稳定，微观管理敏感的依赖作用虽小但却是关键的初始条件（温度、湿度、气氛……）的创造，这种创造的结果是"管理生长尖"生生不息成长后的稳定，正是稳定性和不稳定性的混合放大了这种微观优先，导致美妙的有序结构的出现，模式形成的规律是普适的。"海尔是海"是一种混沌，海就是吸引子，她造就了世界上一种非线性的"自管理"范式，这就是混沌中的有序。放眼远方，海尔的未来一定是飞龙在天，一定是群龙无首，所以，天空才是海尔的未来。

| 实践聚焦 |

## 海尔是云

人类社会的每一次繁荣进步都离不开科技的突破，人类文明的每一次飞跃发展更离不开思想的解放。当互联网带来指数科技的繁荣，我们再次站在了时代的风口，当大工业发展把每一个个体变成机器部件的最危急关头，时代列车转入一个新的轨道，"零距离""去中心化""分布式"的互联网思维把我们带进充满生机与挑战的人人时代，人人创客的时代。

历经30年的创新发展，海尔从一个濒

临倒闭的集体小厂成长为今天的全球白电第一品牌，在全球，海尔拥有数以亿计的用户，每天，十几万台海尔产品进入全球市场。人类工业文明的先进成果成就了海尔的今天，让海尔得以在短短30年的时间走过传统发达国家企业百年的道路。我们追上了曾经奉为经典的榜样，同时也失去了可资借鉴的标杆。面对新的挑战，我们剩下唯一没有被时代抛弃的武器是永远的两创精神，永远创业，永远创新。

唐太宗曾经问群臣，创业与守成孰难？他心里的答案是，创业难，守业更难。海尔的企业文化对这个问题的回答是，如果把创业和守业割裂来看就永远没有正确的答案，唯一的出路是只有创业没有守业。创业精神的天敌是自己曾经成功的经验和思维定式，《道德经》云，胜人者有力，自胜者强。海尔文化的基因只有一个密码，那就是自以为非。

企业如此，每一个人也是如此。因为，在互联网时代，每一个人都是自己的CEO，每一个人都应该成为创业家。

创业家，与企业家一字之差，其内涵和本质却有天壤之别。企业家还是以企业为中心，而创业家却是以用户为中心。企业家以创造完美的产品和服务为使命，而创业家以创造用户最佳生活体验为中心。企业家以规模和利润为成就标尺，而创业家以用户资源和粉丝为荣耀北斗。企业家以管理和控制为权力之杖，而创业家以自组织为魔法宝盒。成千上万人成就一个企业家，而每一个创新的个体都可以成为一个创业家。正所谓，"破一微尘出大千经卷"。

创业家。在海尔的创业平台上，你的名字叫创客。

30年，既轻如尘芥弹指可挥去，30年，又重如山丘难以割舍。其区别在于，你是生产产品的企业还是生产创客的平台。海尔选择的是，从一个封闭的科层制组织转型为一个开放的创业平台，从一个有围墙的花园变为万千物种自演进的生态系统。

创客。在你创业激情勃发的视野里，海尔的名字叫作创客公地。

创业初期，我们为社会奉献的是海尔牌产品，进而，我们以向社会提供海尔牌服务为宗旨，今天，我们向社会开放海尔资源，为创客们提供的将是海尔牌的创业平台。

在表层意义上，海尔向社会开放U+智慧生活的API，每一个创客都可以在此基础上延伸开发产品。在深层意义上，海尔向社会开放供应链资源，每一个供应商和用户都可以参与海尔全流程用户体验的价值创造。在本质意义上，海尔向社会开放机制创新的土壤，搭建机会均等、结果公平的游戏规则，呼唤利益攸关各方共建共享共赢。

自2005年以来，海尔就已经开始人单合一双赢模式的探索和试错，为此，我们不惜放弃对传统绩效的单一追求。在没有标杆的摸索中，我们宁愿承受外界的质疑和批评，但我们没有轻言放弃。因为鼓励我们坚持下去的不是成功，而是对时代精神的求索。

1994年，海尔创业十周年之际，我曾写过海尔是海。今天，我想说，海尔是一朵云，海再大，仍有边际。云再小，可接万端。

开放，开放，再开放。今天，在海尔的云创平台上，已经孕育和孵化出100多个创客小微，他们既有海尔的在册员工，离开企业进行创业，也不乏社会上的创业者来海尔平台在线创业。他们值得赢得尊重，我也要向他们表示感谢。因为，海尔的创业平台转型本身也是一种创业，作为平台的海尔，不是30年历史的海尔，而是一个初生的婴孩，一轮初升的朝日，每一个在海尔平台创业的创客，你们既是平台上的创业者，同时也是平台的建设者。

致敬，创客！致敬，伟大的创客时代！

## 9.3 水世界

### 9.3.1 谦虚的普遍价值

上文详细解析了"谦卦"与海尔战略发展的六大阶段,接下来继续分析"谦卦"历久弥新的价值并基于此进一步解析水性思维及其应用。图 9-2 是"谦卦"和它的变卦的关系,其卦变从下向上依次是第一爻阴爻变阳爻而成明夷卦、第二爻阴爻变阳爻而成升卦、第三爻阳爻变阴爻而成坤卦、第四爻阴爻变阳爻而成小过卦、第五爻阴爻变阳爻而成蹇卦、第六爻阴爻变阳爻而成艮卦。除了第三爻是阳爻变阴爻之外,其余的爻都是阴爻变阳爻,这就是"谦卦"内涵的自强的价值吧!

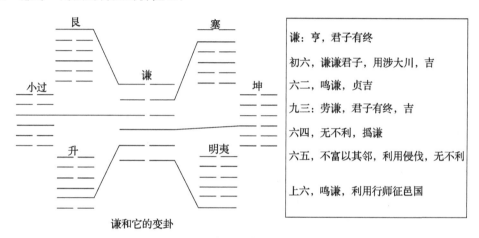

图 9-2  谦卦及其变卦的关系

谦卦的特点是地在山上,有"空谷藏锋"之象,远观此卦是一马平川的大地,近看却隐藏巍峨耸立的山峰。谦卦象征着谦谦君子的品格是自强而示弱,示弱而有终,有终而劳谦。

由"谦卦"各爻及其爻变所揭示的强弱关系出发分析企业中的人,可以将企业人分为四种,如图 9-3 所示。

- 自弱而示弱者。这类人一般是企业新人或者是新上任者,其日常表现往往是兢兢业业、如履薄冰,对于这种人要引导向强的能力方向发展。
- 自弱而示强者。这类人的表现是外强中干、狐假虎威,实际上没有大本事,不可以托付要事,对于这种人也要引导向强的能力方向发展。

图 9-3  依强弱关系将企业人分为四类

- 自强而示强者。这类人业绩比较强,自控能力差,虚火过剩,容易刚愎自用,对于这种人要引导向谦虚的方向发展。
- 自强而示弱者。这类人才有担当、堪大任,既勇于说自己不知道,又平易近人,谦虚谨慎,从善如流,这类人应该委以重任。

从这四类人出发,企业的命运常常维系在第四种人身上,只有谦谦君子成为企业决策者和带路人，企业才能如大地一般以卑下的姿态收纳广大的视野和事业，才能为团队指明前进的方向并坚韧不拔地带领企业向前发展。当然只有示弱是不够的，这第四类人才作为谦谦君子还须"有终"。谦卦卦辞是"亨，君子有终"，终的含义是终极目标，是企业家、决策者、带路人内心始终坚守的一份信念和情怀，是匠心独运，是不忘初心，方得终始。这正是"谦卦"地中之山不可动摇的棱角，有趣的是"谦卦"第六爻变化而成的"艮卦"的卦德是止，卦象是山，止的含义正是目标，始终坚守一直到出头之日。所以我们说没有信念者，只是骑墙的小人，小人的谦虚，只是虚伪。

没有目标而失败，有目标而复兴。我国台湾橙果公司（LOGO 如图 9-4 所示），蒋友柏先生的创业路完美地诠释了这一至道。蒋友柏是蒋介石的曾孙。他的朋友评价说："他是一个能弯腰的老板。"开创设计公司之初，他连要做什么都不知道，公司苦撑了几年后终于困难重重。到了公司快倒闭时，他甚至以堂堂一米八五的身躯跪在地上求人收购。后来他才领悟

图 9-4　蒋友柏之橙果设计 LOGO

出以"大拇指策略"带领公司走出困境。"大拇指"既是主心骨、公司的定位，也是蒋友柏心中的棱角，那座藏于深谷中的山。

经营者即使心中有那座山，创业路上一样尸横遍野。那是因为，君子自强有终，只是理想，最终都要脚踏实地实现出来。"劳谦"之劳指的是劳心劳力。空谈误国，实干兴邦。治理国家如是，治理企业亦如是。"谦卦"的主爻在九三"劳谦，君子有终，吉。"开头一个"劳"字，就是老祖宗苦口婆心强调的"君子自强有终，就得劳动起来！"

有一位企业员工的一天是这么度过的：早上上班，发现老板凌晨 4:30 给他发了一封邮件，总裁 10:00 回了邮件，副总裁 10:30 回了邮件，总经理们 12:00 回复，讨论到下午 3:00，技术方案就做出来了。晚上 10:00，产品经理发出项目的详细排期。整个过程只用了 18 个小时。这家企业就是腾讯公司，老板是马化腾。马化腾有一个自我评价："对懂的东西，我可能说得多点，其他事，我就不太知道怎么说。"谦谦君子，讷于言，敏于行，吾志所向，一往无前。这就是"劳谦"啊！经营管理常以成败论英雄，谦卦的智慧告诉我们，谦谦君子无往而不利。真正的领袖，并不自矜功伐，而是以自身的谦和魅力，垂范下属，乃至于垂范社会。不论管理者可以见多大天地、见多少众生，最终，都不过是要遇见最好的自己罢了。

君子谦谦，那是企业管理的道德，实则也是一种修行。

### 9.3.2　自然之水的隐喻

#### 1. 水性思维

《道德经》第八章："上善若水，水善利万物而不争，处众人之所恶，故几于道。居善地，心善渊，与善仁，言善信，正善治，事善能，动善时。夫唯不争，故无尤。""水"的性格，是道家"灵性"与"柔性"精神的生动体现。水性柔顺，明能照物，滋养万物而不与万物相争，有功于万物而又甘心屈尊于万物之下。所以，有道德的人效法水的柔性，温良谦让，广泛施恩却不奢望报答。道家哲学贵"灵"贵"柔"，而"灵"与"柔"又以水的特质来体现。水处柔弱，柔能克刚；水处流动，流水不腐；水处卑下，善于迂回，知迂回则无损；水善于忍让，善于融通，善于渗透，在一派柔弱之中，得以流畅，充满活力，这才具备了

真正的力量。

"灵性"和"柔性"的思想为中国企业提供了丰富的文化资源，至少对企业有六点启示。

（1）**流水不腐**。水的循环周而复始，无论如何变化，永不消失自我。**水的运动哲学启示我们经营企业观念要变，体制要变，经营方式要变，抱残守缺，非企业立业之道**。要保持开放，唯有开放才能使企业处于与外界不断交换与流动之中，观念、体制、经营方式通过不断的交流与交换，吐故纳新，新陈代谢，才能保持活力之源。要处于流动状态，在价值链的价值流动传递中保持企业的活力，通过变革，增进自身活力。

（2）**善于融通**。水流无处不到，虽然有时非常细微，但也能滴水穿石。水流润物细无声，水流时常涤荡着污垢，水经河流，注入大海，蒸发为云，降落为雨，滋养大地。此理念启示经营企业不同文化背景的员工要融合。新老员工，本地与外乡人，高低学历，空降兵与元老之间的融合，企业经营要容忍异质文化存在，唯有容百川才能强大。不同要素的融合，企业的效率在于整合要素资源。出资者、技术拥有者、员工、经营管理者、各种社会关系资源的拥有者，每一个人都投入自己的要素，各种要素有效融合，才创造出价值。

（3）**善于迂回**。管理要有水的灵性，你总会遇到各种各样的问题，随机应变非常重要。曾经取得的成功并不能昭示未来，市场总是千变万化，一样的问题在不同的时期解决办法也许会完全不同。聪明的管理者一定会因时制宜，因地制宜，成就团队业绩的同时，成就自己。"做人要厚道，办事要活套"，企业家应该做到外圆内方，大智若愚，方能纵横于商场。水根据地质、地形的变化，因势利导，实现自己的目标——纳入江海。企业经营唯一不变的是"权变"，如果把企业比为一条河流，那么企业经营的内外环境就是这条河流过的地质、地形，企业经营要根据不断变化的内外环境调整其战略适应性，防止核心竞争力的刚性，防止掉入定性思维的陷阱。为了达到目标，暂时走一走与理想背驰的路，有时却正是智慧的表现。

（4）**水处卑下**。老子说，"江海之所以能为百谷王者，以其善下之，故能为百谷王。是以欲上民，必以言下之；欲先民，必以身后之。"道家以"柔弱谦下"作为处世之道，要求"为而弗争"，不与人争有、争多，而是先帮助别人、给予别人，其结果却是"既以为人，己俞有，既以予人，己俞多"。诸如此类观念构成了道家"趋下"的伦理价值观，而事实上"趋下"更容易获得稳定和谐与成功。每一个企业都处于社会分工价值链的某一环节，企业的价值在企业外，企业的价值最终实现是为社会分工价值链的其他环节服务的。企业中不同岗位又处于企业价值链的某一个更小的环节，某一岗位价值的实现是为企业其他环节服务的。处卑下要求企业员工树立服务意识，为下一环节服务，以服务为乐，通过服务别人实现自身价值。

（5）**水知忍让**。为实现海纳百川的目标，要有博大的胸怀，忍受小的侮辱而成就大的事业。见小辱就拔剑而起，挺身而斗，不足为勇，所以"卒然临之而不惊，无故加之而不怒"。真正的强者总是善于隐藏自己的锋芒，成熟的管理者应该掌握一种外圆内方，绵里藏针的管理、处事技巧，让别人的攻击因为没有着力点而不能发挥作用。反之，自己只需轻轻一击就可以令竞争对手受到重创，这才是真正的高手应该做的事情。假装不知，实际上清楚；假装不行动，实际上只是暂时不能行动，或将待机而动。

（6）**以柔克刚**。"天下莫柔弱于水，而攻坚强者莫之能先，其无以易之。柔之胜刚，弱之胜强，天下莫不知，莫能行。"在道家看来，柔弱具有内在生命力，不是虚弱、脆弱，而是柔韧，保持一种不断发展、成长的生机，必定能战胜强大。强大往往意味着走向死亡——物壮则老。像水那样柔弱，那样趋下，那样平而后止，像水那样深沉平静，那样不求报答，那样洗涤污秽，正是为了"胜刚""胜强"。以柔弱胜刚强是道家的决胜之道。企业经营管理又何尝不是如此呢？这就是本章要说的水性思维。

### 2. 水的隐喻

我们继续讨论"水遇到山会怎样"。水既没有因为前面有山挡住去路而停滞等待，也没有远山而去。山挡住了水，成了水前进的克星，但水恰恰利用了山，把山作为亲密无间的河床，随时改变自己的形状。水为了自己的目标，可以委曲求全迅速改变自己。**水积极地改变自己。以山为伴，以山为用，决非远山而去**！水没有把山看成简单的环境，而把它作为可以利用的要素。它启示我们：不要去解释环境变化对自己所造成的影响，而要将环境作为自己是否要做出改变的判据，此所谓"识时务者为俊杰"。真正的"识时务者"，一定会主动改变自己，实现与环境的和谐。

传说，刘伯温对钱塘江两岸的水患非常了解。经过分析，他想出了根治海塘的办法。建塘伊始，刘伯温率船数艘，每只船满载砻糠，叫船工边划边把砻糠倒入钱塘江，任风吹动，砻糠轻飘，均被吹到江边，形成了一条弯曲的砻糠线。刘伯温下令就按砻糠线为新建塘基线，按此基准线筑塘。原来的一线型石塘使潮水没有回旋余地，石塘直接受力面大，容易被冲毁。改成弯曲型的防洪堤，则能缓解潮水冲击力，并且能使汹涌的大潮对江岸冲击由直接改为迂回，可以分流潮水撞击力度，使海塘受到的直接冲击力减轻，这既保障了海塘寿命，又减少了毁塘决堤的危险。自明代以后，海塘冲毁大大减少，沿塘的老百姓能安居乐业。

所谓"法"，就是"水去也"；道法自然，就是事物本身有其规律，决非人们想怎样就怎样。一位优秀的企业家，"我"的使命就是去掉自我，正本清源。**"我们要对所做的事情感兴趣，但不能凭兴趣做事情。"**我们强调按规律办事，但如何做事不应与一个人的情感牵扯在一起。企业家是很感性的人，但做事时要成为理性的人。越强调"法"，越要自然。因此，一个企业家具备了"水性"，就一定会成功。所以，**"做人要'笨'，做事要'法'"**，此所谓"笨人法事"。做人要敢于吃亏，做事要强调方法。一般人把条件看成是不变的因素，而优秀的企业家要让常人眼中不利的环境为自己所用，正是**"有条件要上，没有条件创造条件也要上"**。

被动适应环境与消极等待环境都是错误的，环境可能会被积极改造，环境需要我们巧妙地利用，就像水与山的关系那样，这就是管理者的环境观。**企业家应该把环境当成元素，当成资源而善加利用**。其实，环境本无好坏，全在人们的态度，你无奈它，却可以利用它。无论市场怎么变，只要有"土"与"将"，就能做到"水来土掩、兵来将挡"。从现象的对应面入手，才能找到有效解决问题的办法；唯有"搬救星"，才能"斗克星"。**这就是水式管理**。

### 3. 领悟水性

相传，赵州和他的弟子文远闲坐在房内，突然有个念头掠过这位童心未泯的老人脑中，他说："文远，我们来个示弱比赛，看谁把自己比喻得最低。"文远欣然从命。于是赵州先说："我是一头驴。"文远接着说："我是驴的屁股。"赵州又说："我是驴的粪。"文远再说："我是粪里的虫。"到了这时，赵州说不下去了，便问："你在粪里做什么？"文远回答说："我在那里享清福！"赵州说："好吧，你赢了。"老百姓经常说，没有吃不了的苦，只有享不了的福，文远在最糟糕的环境中照样能自得其乐，所以，老师很欣赏他。

我们向往幸福，追求快乐，其实我们并非不幸福，不是不快乐，而是我们没有感受幸福，没有体验快乐。我们不该为了向往幸福，把自己弄得很不幸福；我们不该为了追求快乐，把自己弄得很不快乐。如果真是那样的话，那我们向往的就不是真正的幸福，我们追求的就不是真正的快乐。所以，真正的幸福、快乐不仅体现在实现幸福和快乐的目标上，而且体现在实现幸福和快乐的过程中，体现在过程中的感受和体验上。也许这个过程有顺当、有曲折，有坦途、有坎坷，有成功、有挫折，有顺境、有逆境，这是人生的历练，也是人生的修为，这是真实的历史，也是丰富的阅历。如果我们能够在顺心如意的情况下快乐，又能够在不顺心如意的情况下保持平和，那我们的生活质量就会得到提高，这就叫快乐活着，幸福生活。

对中国大部分年轻人和企业而言，面对竞争和变化，往往都不"弱"，因为我们有智慧、有拼劲、有企图心；但常常都很"脆"，因为我们重视爆发力，忽略耐力，重视强度，忽略韧性，重视报时的人，忽略造钟的人。但千万别忘了，脆和弱永远是孪生姊妹。所以，在现今的中国，回归本原，以最平凡无奇的水为师，才能明白为什么水能够无处不在、影响世界。

如果企业的结构和战略能够像水一样"随势而动、顺势而为"，那么这家企业将具备第一流的综合竞争力，因为它已经将自身变革与发展完全地融入市场和环境的变化节奏中去。这正是杰克·韦尔奇在 GE 的最后一段时期所宣扬的"无边界组织"的真正内涵。任何进步都不会保持太久，除非革新者学着去理解为什么体制会反弹回来，以及他们自己的态度和观念是怎样助长"反弹"的。当他们意识到这一点后，他们就会开始持续保持深刻变革的系统性战略。

### 9.3.3 水火交互式平台

#### 1. 三化平台

"企业平台化、员工创客化、用户个性化。"海尔的"三化"改革毫无疑问地成为中国制造业转型的典型。对海尔来讲，如何利用互联网思维改造传统管理模式？如何通过交互的方式提高自己的品牌价值？如何激发员工活力并不断创新生产？这些成为必须思考的问题。

当下，不论是苏宁的"云商模式"转型、长虹的"家庭互联网"转型还是华为的"创新基因"改造等，都是在技术变革、行业演进的大背景下的积极应对之道。正如凯文·凯利所说："在这场互联网革命中，传统制造企业必须敢于走下巅峰，进入谷底，寻找重生的路径。"它可能意味着风险、失败、死亡……但却是必须选择的路径。"只有退化至与众不同，企业才能获得新生。"张瑞敏称："在海尔，无价值交互平台的交易都不应该存在。"海尔通过"平台＋内容＋终端＋应用"的全新生态模式，打造跨界产业链。而所谓的企业互联网思维，就是指企业的交互平台化发展。"原来企业追求的是规模和范围，现在企业自身就是一个平台。企业平台化的宗旨是要提高用户体验，即用户个性化。而对员工来讲，其平台价值体现就是要创客化。"

德鲁克说，"互联网消除了距离，这是它对各行业产生的最大影响。"那么，零距离、网络化对企业来讲又意味着什么？

"原来企业就像一个个堡垒，现在网络化让企业没有了边界，这是最重要的改变。"张瑞敏认为，以往企业对内面对的是员工，对外面对的是用户。企业和用户之间处于信息不对称的状态，企业千方百计地通过广告让用户知道并购买产品，因为信息垄断权在企业手里。"但是现在，用户得到的信息比企业还多，用户可能知道全世界产品的情况，企业却不一定知道。所以，你没法仅仅通过广告让用户相信你。"对内也是如此，"过去企业对员工采取的是控制管理，企业有一个模式和规范，员工就按照这个模式来执行。但现在员工知道信息比你更快，特别是对于用户，他是第一时间知道用户需求的。因此，我们需要让员工拥有自主权，发挥自身的创造力。"张瑞敏认为。

"没有建造生态圈的利共体都不应该存在。""没有用户全流程最佳体验的产品就不应该生产。""不是创客的员工都不应该存在。"在 2014 年的海尔战略规划中，张瑞敏明确给出三个不应该。对体系内部而言，这将意味着更大的调整。张瑞敏认为，"生态圈就像一盆盆景，表面看起来不错，但是它长不大。原因在于这个盆限制了它，它需要有人给它浇水、施肥、剪枝，一切依赖于别人，如果把盆砸碎，放到田地里面去，它能否禁得住风雨？很难说。"未来是否是开放的，海尔的评价标准有两个：一是能否资源无障碍进入，比如冰箱、洗衣机利共体，目前基础不错，但要看你使用的资源是否是全球最好的，如果不是，那一定说明有障碍，原因是你不够开放；二是所有进来的利益攸关方必须实现利益最大化，这样才能形成动态的资源最优化配置。至于用户全流程体验。正如《决胜移动终端》所说，消费者拥有了指尖上的权力。移动互联网时代，消费者不是去购物，而是在购物。所谓去购物，是指消费者到哪个地方购物，而"在购物"则是说，我在车上、家里、吃饭时，任何时候都可以。"消费者拥有这样的权力，但企业却没有，那么，企业如何让消费者得到最好的体验？"张瑞敏认为，企业必须建立全流程的用户体验，也就是说每时每刻企业都要和用户接触。"'粉丝'不是永恒的。今天暴涨，明天可能一个都没有。他和你没什么感情，关键是看你对他的体验满足得如何，创造得如何。"

如果我们尝试用中国传统文化隐喻的方法来解释的话，水和火的交互再恰当不过了。在海尔创牌大楼的门前正好有两个卦，从不同的角度看分别是既济卦和未济卦，这正是水火交融平台之像。

### 2. 既济卦的启示

《象》曰："水在火上，既济；君子以思患而预防之。"意思是说：事情已经大功告成；君子应有长远的目光，在事情成功之后，就要考虑将来可能出现的种种祸患，防患于未然。成功固然是可喜可贺的，然而对成功者来说，成功之时也恰恰是对自己最严峻的考验之时，甚至是失败的开始。研究表明，人们在经历一段时期的成功以后，会盲目地相信自己的能力，难以做出明智的决策，渐渐失去了成功之前的坚毅、果敢、理智、镇静等诸多优秀的品质。这种失去也许只是短时间的，然而，在关键时刻，那些先前的优秀品质，即便是瞬间的失去，也足以酿成非常严重的恶果，并将自己打倒。他们忘记了这样一个道理：成功只代表过去，现在和将来的一切，都得从零开始。

公元前 494 年，吴王夫差率领大军攻打越国，越王勾践走投无路，只好派文种前去求和。夫差想答应勾践的投降请求，伍子胥坚决反对。于是，文种私下里贿赂贪财好色的伯嚭，请伯嚭在夫差面前为勾践说好话。最终夫差听了伯嚭的劝说，答应了越国的求和，但要求勾践亲自到吴国去。勾践到达吴国后，夫差让勾践夫妇住在阖闾坟旁一间石屋里，让勾践给他喂马，让范蠡做奴仆的工作。两年后，夫差认为勾践真心归顺了他，就把勾践放回去了。勾践回到越国后，立志报仇雪耻。经过十余年卧薪尝胆、励精图治，越国逐渐国富民强了。

同时，勾践派范蠡把西施献给夫差。西施到吴国之后，以美貌使吴王沉湎于酒色，致使朝政混乱，府库空虚，军队的战斗力大大削弱。同时离间夫差与伍子胥，忠良伍子胥被吴王赐死。公元前482年，夫差为了当上霸主，约会鲁哀公、晋定公等在黄池会盟，把精兵都带走了，国内只留了老弱残兵。等夫差从黄池回来，勾践已经率领大军攻占了吴国国都姑苏。吴国士兵远道归来，筋疲力尽，被士气高涨的越军打得一败涂地。

夫差只好派伯嚭向勾践求和。勾践和范蠡认为暂时还不是灭吴的时机，于是同意了吴王的请求。公元前475年，越王勾践做好了充分准备，再次攻打吴国，吴军大败。越军把吴都包围了两年，夫差被逼得走投无路，自杀身亡。吴王夫差被接连的胜利冲昏了头脑，最终被勾践彻底击溃，自己也永远被钉在了历史的耻辱柱上，成为"卧薪尝胆"故事中的反面角色。

失败是成功之母，成功也是失败之母。许多失败者，并不是被对手打垮，而是被成功冲昏头脑。人生没有永久的辉煌，"月盈则亏，水满则溢。"成功者必须要时刻保持清醒的头脑，像曾子那样"三省吾身"，像唐太宗那样"三镜自照"，适时改正自己的缺点，矫正人生的航标，换个角度和立场去思考、去做事。只有甩掉成功的包袱，才能获得更大的成功。

对拥有辉煌过去的人来说，记忆珍藏了太多美好的回忆。然而，当沉醉于过去的成功的时候，也就失去了前进的动力。NBA著名球星阿里纳斯曾经说过："为什么我的球衣是0号？因为我要提醒自己，每天我都要全力奋战。"而张瑞敏则始终认为"成功是失败之母"。

### 3. 未济卦的启示

《象》曰："火在水上，未济；君子以慎辨物居方。"意思是：事情尚未完成，君子此时要明辨各种事物，看清事物的本质，努力使事物趋向好的方面发展，则万事可成。事业未竟，正处于最后关键时刻，能否成功就差一步。因此，千万不可以掉以轻心。要学会自我约束，坚持到底，必要时也可以适度冒险，以成就事业。事情往往离成功越近，越是困难，越容易发生意外。此时，要把精力和智慧集聚在所做的事情上，以便最大限度地发挥积极性和创造性。尤其是在遇到诱惑和挫折的时候，要不为所动、勇往直前，直到实现自己的目标。

20世纪50年代，一名女游泳运动员决心要成为世界上第一个横渡英吉利海峡的女性。为了实现这个梦想，她开始了漫长而又艰苦的训练。终于，激动人心的时刻来了，她在媒体和所有人的关注中开始了横渡英吉利海峡。刚开始时，天气非常好，她离目标越来越近。然而，当她就要达到目标的时候，大雾开始降临海面。雾越来越浓，她几乎无法看到眼前的任何东西。她在迷茫中继续游泳，但已经完全迷失了方向。她不知道距离目标还有多远，而且越来越疲倦，最后她放弃了。当救生艇把她从海里拉上船时，她这才发现，她只要再游100米就可以到达岸边了，为此她悔恨交加，在场的人都为她感到惋惜。接受媒体采访时，她为自己辩解道："如果我知道我离目标那么近，我一定可以达到目标并创下纪录。"

"为山九仞，岂一日之功。"很多事情都是输在最后一步，让人惋惜不已，甚至抱憾终生。有句话说得好，"成功者只不过是爬起来比倒下去多一次而已。"成功只属于锲而不舍、不轻言放弃的人。孔子曰:"譬如为山,未成一篑,止,吾止也。譬如平地,虽覆一篑,进,吾往也。"意思是说,"就像堆山,还差最后一筐土就大功告成的时候,你停下来了,是你自己要停下来的。如果是一块平地,虽然只倒了一筐土,这个进步,也是你自己要求的进步。"

进步是你自己要求的进步,半途而废也是因为你自己丧失了信心。无论是成功还是失败,都是你自己造成的。如果你没有勇气承担责任,总是把失败的原因推到客观因素上,你能改变已经失败的结果吗?失败的痛苦你能够让别人帮你分担吗?

"行百里者半九十。"事情往往如此:越是到最后,就越是艰苦,也越是考验一个人毅力品质的时候。成功往往就在于再坚持一下的努力之中。只不过这种努力,一定要有充足的"储备量"。失败者走过了九十九,而成功者走过了九十九后的一。如果想成为一个成功者,想要创造人生的奇迹,那你千万不要半途而废,更不要在走过了九十九之后而放弃最后的一,成功也许就在前面的一点点,也许就在前面不远的拐弯处。

| 实践聚焦 | 海尔是火:新年只是一个数字,新我才能迎接新太阳

公元纪年方式逐年累加,但只是一个数字而已。按照这种记录时间的方式,我们每一个人拥有的时间似乎越来越多,但何尝又不是越来越少。

新年总是带给人们对未来的美好憧憬。我想,人们憧憬的是"新",而不是"年"。如此来说,中国古代的干支纪年更符合哲学的追问。天、地、人与四时相洽,循环往复,无始无终。古人对天地四时克制而理性地敬畏,又无时无刻不以自己的勤劳和智慧去掌握它的规律,并顺其自然地改造着世界。

企业亦复如是。西方传统管理的垂直线性基因根深蒂固,在股东价值最大化的经营宗旨和委托代理激励机制驱动下,无穷尽地追求规模的增长,直到无法增长,终究难逃物壮则老的宿命。社会竞争的达尔文主义和"创造性破坏"的企业家精神造就了《财富》500强平均寿命越来越短的事实。西方文明原子论的文化基因伴随三次工业革命的造物奇迹日益固化,直到互联网及其下一个重大经济活动物联网到来的时候,曾经强大的文化基因变成了思想和组织僵化的渊薮。以牛顿力学为基础的经典物理学带我们认识了宇宙的一段时空,更大的空白留给了量子物理学。量子时代,东方文化的系统论思想重新照亮科学和哲学的夜空。不,事实上它从来都没有熄灭过。

企业由科层制的钢筋水泥所构筑,消失是它的归宿;组织是人的价值和使命的共同体,永恒是它的主旋律。

封闭的企业帝国要么毁灭,要么变成远离平衡态的自组织,其势如百川归海不可逆转。企业,作为工业革命的产物,已随时代远去,一起被带走的还有曾经牢不可破的科层金字塔,以及垂直线性结构赋予的控制权。如同古代丝绸之路上阿拉伯人驼铃悠扬的商队,企业终将消失在历史的尘烟中。

人类才是地球的主宰,但不是你我,没有任何一个人可以主宰世界,只有组织起来的人方成为这个星球最强大的动物。企业终殆而组织永存,永存的组织必须是符合耗散结构理论的自组织;品牌终殆而生态圈永续,永续的生态圈必须是利益相关各方共创共赢的社群。

万物互联中,你我,和每一件产品一样,都只是网上的一个节点。一旦成为节点,只有你自己才是自己的中心。而产品,一旦变成网器接入物联网就已失去固有的

功能价值，变成服务和解决方案的载体。网络上，任意一个节点的增加都会进一步放大网络效应，任意一个节点的删除都不会影响网络的运行。

从产品价值到生态圈共创共赢的生态价值，任何企业都无法回避，又难以企及。横亘在两种价值创造网络和价值传递网络之间的障碍不是楚河也不是汉界，它比任何物理的、制度的障碍更难以跨越，因其魔障在我们内心，那是曾经的成功积累的镜像，那是200年来原子论主导的线性管理的迷雾，唯有用户乘数理论为基础的人单合一模式方能破题。

人单合一是目前世界上率先探索的适应物联网社群经济的管理模式。与其说海尔首创了人单合一，不如说人单合一选择了海尔。人单合一的诞生需同时具备三个条件：其一，始终坚持"人的价值第一"的核心价值观；其二，始终坚持共创共赢的创造价值和传递价值体系；其三，始终坚持自以为非的创业创新文化基因。故而，人单合一和海尔都是时代的馈赠和选择，海尔与人单合一同为人的觉醒与礼赞！

物联网时代在人类进化史上如何定位未为可知，可以明确的是，物联网时代的企业必须变成生态圈，物联网时代的组织必须变成自组织，物联网时代的管理必须变成人单合一。无论生态圈、自组织还是人单合一模式，必须是不断进化的活的要素。正如古希腊哲学家赫拉克利特指出的那样，万物的本原是火，是"按规律燃烧，按规律熄灭着的活火"；无独有偶，中国古代哲学家庄子也有薪火相传之喻。企业终将被火燃烧，而生态圈则变成永恒的活火；小微有聚有散，而在生态圈中则创业精神薪尽火传。

在传统时代，我曾写过《海尔是海》，有容乃大！在互联网时代，我曾寄语创客《海尔是云》，连接万端！在物联网时代，我希望海尔是火，融入每一个用户的生活和每一个创客的生命中，薪火相传，生生不息。

人类发现了火，我们的祖先才能展开伟大的旅程。海尔模式应像火，引领世界企业引爆物联网时代的新征程。

太阳每天都是新的。新年只是一个数字，新我才能迎接新的太阳。

祝全球海尔创客新年快乐、日新日进！

——张瑞敏，2018年1月1日

# Part 4 第四篇

## 素性本体论

- 第 10 章 管理文明的迭代
- 第 11 章 管理激励的赋能
- 第 12 章 人性素论

# 第10章

# 管理文明的迭代

## 开篇案例

### "自由自在"的企业家

老子言,"孰能浊以静之徐清,孰能安以动之徐生。"谁能够做到?得道者!庄子言,"上与造物者游,下与外死生,无终始者为友。独与天地精神往来,而不傲倪于万物,不遣是非,以与世俗处。"谁能够做到?悟道者!怎样才能得道和悟道?

庄子言,"古之人,外化而内不化(随外物变化而内心保持不变)。"怎样"外化"?老子言,"挫其锐,解其纷。和其光,同其尘(收敛锐气,排除纷杂。调和光芒,混同尘垢)。"怎样"内不化"?庄子言,"乘物以游心,托不得已以养中,至矣。""不得已"就是顺势而为,把一切寄托"不得已",由此涵养内在自我,这就是"无待",能"无待",得大自由!

孟子有言,"学问之道无他,求其放心而已矣。"虽然我们为了未来有一种"只把他乡作故乡"的胸襟与气魄,有一种"风萧萧兮易水寒,壮士一去兮不复还"的洒脱和决绝,但是,路永远在脚下,我们必须从脚下一步步启航。今天,启航者正是企业家们!

伯特兰·阿瑟·威廉·罗素在《中国问题》中讲道,"**中国文化在某些方面越过西方,若是为了生存保国,降格以西方,对中国及西方国家而言,都不是一件好事。因为,几个世纪以来,中国人见证并身体力行着一种生活态度,如果能将它推行于全世界,那是人类的福音。**"

查尔斯·汉迪在《超越确定性》中认为,"**随着一个国家变得越来越富强,它就必须认真思考自己的前进方向;而对所有衣食无忧的人来说,则必须探究人生究竟意味着什么。**"为此,他认为"好的教师只管讲故事、提问题,而寻找答案则是学生们自己应该做的事情。教师只能指点方向,给出建议。"至于"指点江山,化腐朽为神奇则是学生们的事情。"

"自然而然"才可能会形成"企业家精神"。2017年9月25日发布的《关于营造企业家健康成长环境 弘扬优秀企业家精神 更好发挥企业家作用的意见》是新中国成立68年以来首次提出"企业家精神"的文件,请注意在这份意见中"激励、激发、鼓励、环境、氛围"这五个词一共出现了42次,占全文字数的1.4%。这意味着什么呢?实际上这是"干事创业"的宣言书,对所有人而言,中国文化自信下的创新创业正当其时,我们正在创造一个属于我们自己的新世界。为此,**首先想干事,要在认识层面集中心思谋划之;其次敢干**

事，要在态度认知层面放开胆量推动之；**再次会干事**，要在方法层面运用合适方法行动之；**最后干成事**，在本体层面激活人的潜力实现之。无独有偶，2018年5月20日有关部门又发布了《关于进一步激励广大干部新时代新担当新作为的意见》，其中新（新时代、新目标、新思想、新矛盾、新要求、新担当、新作为、新使命、新征程、新部署）、考核、激励、本领、精神、伟大、容错、创新、过硬、干事创业等词共出现了86次，占全文字数的5.7%。

这都说明了什么呢？这充分说明在中国引领下的基于中国文化的一场新的管理文明正在生成的过程中，这场新的管理文明首先是扎根中国传统文化的，其次是基于科学技术发展的，再次是为了人类共同迎接未来命运的，最终回归到自然而然的山水怀抱中。这一切都需要有情怀的、有信仰的、有梦想的企业家的共同努力。

## 10.1 互联互通下的管理文明

### 10.1.1 互联互通

基于人类追逐机会和技术的无限可能性，互联互通不仅是手段，更是人类的内在需求。人类无止境的探索欲望、资本扩张本能以及科技的创新仍在继续推动全球化，这是一次规模更大、速度更快、弹性更强的互联互通基础上的全球变革。

**自然**、**人类**、**文化**、**技术**这四股力量正在塑造新的管理文明。全球人口中有40%都是年轻人，这些"全球化新生代"的年轻人最认同的价值观是**互联互通和可持续发展**，他们可能不再自动效忠于本国体系。在他们看来自己不仅属于政治意义上的国家，而且应该去追求国家的相互连接。互联程度的加深弱化了国家的概念，形成了整体大于部分之和的全球化社会，世界正在步入全球网络文明体系。随着由感应设备网络组成的所谓全球"万联网"的兴起（物联网 × 互联网），世界将最终实现自我更新，给人类提供完全反映世界真实状况的情境。互联互通的**万联网改变了组织范式、促进了权力下放、形成了新的联盟、聚合了共享资源、提供了多元视角、营造了丰富情境**，一个叠加了所有要素的全新世界已然出现，一场全景管理文明的重构已经拉开帷幕，不过，这仍然只是宇宙网的一个节点，人类应该具备全观的视野。

互联互通的革命已经开启，现在各国建成的让人们相互连接的设施要远远超过将人类分割的设施。据测算，人类在未来40年里要建设的基础设施将超过此前4 000年的总和。世界不再是国与国的拼图，而是由基础设施连成的互联网电路图。实际上，中国现在所打造的"一带一路"和冰上"丝绸之路"是世界历史上规模最大的基础设施投资建设。互联互通下的全球体系中驱动人类社会组织演进的基本规律始终是供求动态变化，在这一基本规律滋养下，所有组织若能实时共享真实数据，必然形成新的管理文明。帕拉格·唐纳认为人类进入了以供应链为新型组织方式的时代，全球供应链体系现在已经替代国家成为全球化文明的基石。

要想理解现存世界，就需要综合考虑17世纪的主权论、18世纪的启蒙论、19世纪的帝国主义、20世纪的资本主义以及21世纪的技术发展。未来的世界应该用不确定性、引力、相对性和影响力等概念来理解。世界正在量子物理学"变化也会发生变化"的引领下朝向互联互通的文明前行和演化。帕拉格·唐纳把变化分为结构性变化和体系性变化，前者每几十年发生一次，它往往使世界变得更加复杂；后者数百年才会发生一次，它会使世界变得更加丰富多元。互联互通是世界丰富多元的主要原因，它是体系性变化，最终会改变系统本身。梅特卡夫定律告诉人类，网络并不是现有连接的简单结合，相反随着节点的增加，网络本身具有不断外延的特征。在量子时代，一个组织的重要性的决定因素不再是地理位置或者人口规模，而是互联互通的程度，也就是在地理、经济、数字和文化互联层面是否深度参与全球资源、资本、数据、人才、文化和其他有价值的资产的流动。

互联互通下的世界对管理的第一个影响就是权力下放，权力下放是将管辖领域分解成更小单位的永恒过程，部落、群体、组织都渴望掌控自身领域，这在互联网领域正在变成掌控未来的现实。帕拉格·唐纳认为资本主义和市场的散播、交通和通信范围的扩大、信息和网络的普及以及自主统治大众运动的兴起都造成了权力下放。权力下放的目标是威权不是主权，是自由追求利益的权利。权力下放是稳定的重要推动力量，其作用要超过民主；权力下放也是解决根植于人性深处的冲突的重要举措；权力下放可以让我们更加接近最合理的规模，因为互联互通的世界有着自我否定式的准则：边境线越多越好。由于认知需求、城镇化等原因，权力下放成了普遍的现象，鉴于基础设施的互联、经济整合、人口迁徙、政治和解和文化融通等趋势，聚合在不断深化，分化—聚合的动态变化印证了发展通过对立实现超越，是的，分化—聚合就是世界通过对立的方式实现统一。在分化—聚合的过程中，现在世界正在转向集体合作的功能性融合阶段。因此，通过创建跨界的功能区域，组织可以获得超越边界的规模效应，组织内部无法解决的摩擦，可以通过组织间的流动解决，流动意味着发展。

当今世界充满了相互关联的复杂性，中国采取的不是欧洲殖民意义上的重商主义，也不是大卫·李嘉图比较优势理论下的重商主义。在这种情境下，各个组织不再是垂直整合，而是网络整合，网络整合是持续的过程。这种持续的过程造就了一个超级连接的多级世界，这个世界是人类未曾踏入的新领域，这种连接引起的博弈持续时间越长，参与各方获利越多。就像数据在全球互联网的服务器中飞速传递，全球供应链也在四处开花，其蔓延之势不可阻挡，全球价值链正变成复杂的单一整体"混合价值链"，无论是实体领域还是虚拟经济，是制造业还是服务业，现在的产品应该打上"全球制造"的标签，而"中国制造""德国制造""美国制造"等则是打上区域、国家和组织文化烙印后的产物。在全球供应链的今天，各个组织都希望成为生产和分销的水平节点以及价值创造的垂直节点，只有两者结合才可以推动经济上行。节点之间的竞争充分显示了全球化经济对工作方式的重新定义，上班不再受空间或时间的限制，时区比国家界限更重要。如果说水平方向上的博弈是资源的竞争，那么垂直方向上的博弈就是创新的竞争。创新的平衡推动着实力的平衡，传统世界的战略目标是统治和压迫，但供应链世界的战略目标是资源运用和价值创造。

供应链世界是后意识形态的世界。帕拉格·唐纳认为，今天塑造地缘战略思维的主要因素不是意识形态，而是如何获得资源和基础设施。传统的同盟被利益联合所取代，现在的联合更多的是基于供求互补的合作关系，在后意识形态的供应链世界，各国关系网时刻充满变数。在供应链世界，大家关注的焦点应该是新劳动分工，不是势力范围。实际上，中国完全是在用供应链的视角看待世界。本节后续案例足以说明。

交通和互联是社会流动的真正途径。在21世纪，互联互通是最重要的资产类别。互联网世界充满了流动和冲突，却没有来自参与者以外的管制。今天，约30家企业控制着全世界90%的互联网流量，作为互联网的核心，互联网服务商更钟情于自我管理和自我调整。

万维网之父蒂姆·伯纳斯·李曾经对互联网的战略操控提出警告，倡议各方签订网络"大宪章"以保证互联网的中立性，但为时已晚。今天，互联网已经不再是一个真正的无国界平行宇宙，互联网与真实世界的关联越紧密，网络攻击就越具有致命性。但互联网自始至终是网状结构，它的目的是连接节点，不是国家代表。不管如何，互联网都会是一个自愿联合、在线商务和心理占用率竞争的世界，它的发展不会停止，只会变得更加多样和复杂。随着全球化的发展，整个系统的互动能力会愈加强大。互联网越来越类似于一个"全球大脑"，数字全球化"重塑"了世界，将我们集体化的组织协议变成了新型的网络效率，杰伦·拉尼尔如是说。真正的问题不在于这种转变是否正在发生，而在于是否人人都参与这种转变。最初，互联网是人类的目的地，如今，它是人类所在之处，它成了一种通用的规范。人类文明沿着自然的江河扩展，网络文明也同样沿着数字的河流传播。互联互通使得个人既有权选择归属于不同于原来的一方，也有权选择在同一时间属于多方。今天，在人类文化或者民族身份之外，人类也把连接性用于对自我价值感知的某种度量。

全球的互联互通在人类连续过程中越来越迅速，如果"人口即命运"为真的话，那么人类的命运在互联网时代就是一个全球性融合文明的出现。帕拉格·唐纳认为今日的青年人是移动互联和四海为家的一代，相比于民族主义，市民主义是一种更适合他们的精神气质。**互联网时代的人类正在通过"返祖"的方式获得某种智慧和启发**，因此，流动性应该是 21 世纪最为重要的人权之一，这导致了超越国家认同的"全球公民"现象首先从全球性职业人士开始传播。以赛亚·伯林曾告诫人类不要将历史看作宏大的、无个人力量介入的进程，而应该由家庭、商业、国家、民族和其他因素所构建的复杂个体身份进行人本主义的审视。每个人都由不同的方式所主导，没有什么能完全支配个人的决策。在本书写作时，中国大地正在上演一场人才争夺战，各省市基本都出台了引进人才的政策措施，人才红利的时代已然到来，从人口红利到人才红利，下一步必然是人文红利，是时候重构新的管理文明了。

从流星撞击到冰川时代，地球物理现象深刻塑造了人类。即便拥有了强大的科技和丰富的资源，人类也不应该傲慢。自然地理能够帮助人类跨越政治阻碍，更多转向功能逻辑，人类可以掌控自然，却永远无法全然驯服它，因为自然的复杂性远非人类可以精准测量。如今空间已经变成所有人都需要的重要资源，但是它不应该被控制，我们应该设计一种通过透明技术官僚协调合作以实现可持续发展的机制，在实现可持续发展最大化的同时让人类公平分享资源。对自然保持敬畏，就意味着人类应该像在地图上标注国家一样将资源标注清楚。帕拉格·唐纳认为它们是神圣的地理所在，在全球系统中扮演着关键角色，如果人类能够清晰地描述和标注资源的地质特征，人类或许能像保护政治边界一样保护自然边界。在数据能源到来的今天，中国提出的人类命运共同体的全球倡议注定是一种新的开始。

尼古拉·克里斯塔斯基和詹姆斯·富勒在《大连接》中谈道，"了解人类整体是如何变得比各个部分的总和更为强大的是 21 世纪的宏伟工程，而这项工程才刚刚开始。"这句话不适用于东方的传统文化，尤其是以中国为代表的传统文化根源就是整体大于部分之和，在互联互通的当代世界，人类"返祖"获得智慧的重要途径之一就是弘扬中国传统文化，互联互通带来的更大的复杂性和不确定性特征与之吻合。如果说互联互通是实现全球公民通往现代化道路主要路径的话，那么，人类的未来就不再是一个生来就享受某种权利的时代，人类的未来是一个文化滋养下的自给自足的时代，富有将不再是一种应得之物。全球互联互通已成为人类一次重塑版图和提升道德的机遇，人类应以连接而非分化的思维推动"咱们"为特征的人性化身份认知，从文化中获得的是智慧，不是走回头路。人类必须进一步大胆地思考如何利用互联互通促进大范围的人类进步。帕拉格·唐纳认为互联互通引发了认知革命，使得全球性成为一种新的思考基准，任何事情都存在一种全球维度。主导人类的不再是东西方理念，而是在西方的原子式狭隘视野和东方的整体主义、人文主义、科学唯物主义以及民主专家治国之间双向流动的智慧。

我们正在建设的是一个如《易经》"乾卦"所描述的"群龙无首"式的全球社会，一个加深内部整合、扩展全球联系的多文明、多极化的世界日益成型。过往，秩序建立在势力范围之上，今天，一个稳定的全球社会必须以跨文明的共同创造为基础，各方只有保持自我克制和相互信任，才能避免不良事件的发生，从而使得新范式在互联互通的推动下成型。爱米尔·涂尔干发现全球社会在本质上大于其所有组成部分的总和。他也相信不断增长的复杂劳动分工会导致功能上的相互依存，同时社会也会走向个体独特性应受到赞美与珍视的统一。随着全球化创造了越来越多基于比较优势的互动，他所说的动态密度（劳动分工不断扩张过程中所发生的交易的数量、速度以及多样性）也日益增长。多元化连接的时代已经到来。

爱因斯坦有言："**如果我们不能以提出问题的思维解决问题，就应该换一种思维面对这个世界所产生的问题。**"对全球互联互通评判的标准应该看它是否满足了"人性的需求"，全球治理需要一个和互联网一样的生成结构：没有中央控制的分布式协调机制，不断增长的参与者在网络之中相互依存。未来的每一次重塑都会以更多的连接和更少的分立为特征，人类应该将更多的精力放在边缘的互联互通上，边界不是风险和不确定性的解药，互联互通才是。

### 10.1.2 文化传承

中国的命脉在于文化传承，今天倡导的"一带一路"必然是文化根基上的科技创新与创业。限于篇幅，本书仅介绍《尚书·大禹谟》部分内容、箕子与《洪范·九畴》和中国文官制度三项内容，余下内容读者可以详读钱穆、熊十力、方东美、徐复观、牟宗三、冯友兰、杜维明、余英时、成中英、陈明哲、曾仕强等近代、当代诸位大德大贤的著作。

《尚书》是中国上古历史文献和追述古代事迹著作的汇编。"尚"常有三种解释：一说"上"是"上古"，《尚书》就是"上古的书"；二说"上"是"尊崇"，《尚书》就是"人们所尊崇的书"；三说"尚"代表"君王"，因为这部书的内容大多是臣下对"君上"言论的记载，所以叫作《尚书》。本节仅介绍《尚书·大禹谟》的两点：一是"人心惟危，道心惟微；惟精惟一，允执厥中"的中华心法；二是"正德、利用、厚生、惟和"的当代价值。

中国文化的重点，也是生命科学和认知科学的中心，就是"人心惟危，道心惟微；惟精惟一，允执厥中"。其含义为：人心居高思危，道心微妙居中，惟精惟一是道心的心法，我们要真诚地保持惟精惟一之道，不改变、不变换自己的理想和目标。

"人心惟危"：世上人心是不确定的，人的思想是危险的，这危险性来自于欲望，凡人都有欲望。现代管理中的"好胜心""荣誉心""有希望""生活有意义"这些都是好事情，但归纳起来都是欲望。欲望使人心非常危险，能毁灭自己，也能毁灭世界，所以说"人心惟危"。

"道心惟微"：告诫我们要先修养自身，用"微"修养自己的心性以达到道心的境界。"微"看不见摸不着，自己的思想情绪太微妙。什么叫作微？南怀瑾讲"不可思议"，你不能想象，也不能讨论，他认为心性的活动、思绪是摸不着、看不见的。"人心惟危，道心惟微"，就是要找出自己修养中不可思议的那个道德方面的功能。

"惟精惟一"：南怀瑾认为这是本身内在修养的功夫，你心念不要乱，万事要很精到。修养自己是唯一，心性自己要专一。社会的环境、物质的诱惑，容易把清明自在的心性染污了，就是"染缘易就、道业难成"，自己回过来想求到惟精惟一的境界，很难。所以《管子·心术下》有言，"执一不失，能君万物"。"一"在黑格尔就是"绝对中一切就是一"，就是理性。

"允执厥中"：世界上的一切都是相对的。治理国家，做人做事，讲自己的修养，都很难，所以要"允执厥中"，把握中道。治天下，有时候要用看似不善的方法来做，如何用看似不善的方法达到善的目的呢？就是把握中道。什么是"中"？中是天性的所在地、精神的集中点；中是恰当、合适、均衡、持平，中就是平，为政治理的道理就在于持平，"水平不流""人平不语""不平则鸣"。致中和，则天地位焉，万物育焉。

"人心惟危，道心惟微；惟精惟一，允执厥中"的价值体现在四个方面：治理组织重在人心的不确定，重在抓住事物的发展趋势，重在探究事物的本质特性，重在契合事物发展规律。

"正德、利用、厚生、惟和"，原语，"禹曰：'於！帝念哉！德惟善政，政在养民。水、火、金、木、土、谷，惟修；正德、利用、厚生、惟和。九功惟叙，九叙惟歌。戒之用休，董之用威，劝之以九歌俾勿坏。'"这段话是大禹和舜讨论治理国家的对话，大禹用"正德、利用、厚生、惟和"来阐述舜的治理国家的思想，获得了舜的高度好评。

正德：就是尽人之性，以正人德；尽物之性，以正物德。此处之"德"不单单指道德，还有事物属性的含义，"正"就是使事物的属性平正，不偏斜，而重点在于自正己德。

利用：尽物之用，利用自然资源，利用一切可以利用的资源，在数字经济时代尤其善于利用数据资源和能源。利用不单单指利用他人，还有相互利用和利用自己的含义，自利则生，利他则久，这才是利用的根本含义。

中国移动的核心价值观，前四个字就是"正德厚生"。禹为舜讲"正德厚生"，是强调善政和养民，是帝王的责任和义务。中国移动讲"正德厚生"，是强调企业对社会、对国家的责任和义务，强调作为领导者要有豪迈的胸怀，要有"地势坤，君子以厚德载物"的崇高德行。

厚生：厚生就是厚民之生，使民众的生活充足和富裕。本书认为这种富裕和充足不单单指物质生活，更应该倡导精神生活的富足。

惟和：主要是达致和谐之意，和是物质的满足，谐是精神的愉悦，和谐才是经济、政治、文化、社会和生态建设的全面发展。南怀瑾认为一切都是和平达到的，不是斗争和政争达到的，也不是战争达到的，但是和谐的道理上从来不缺少斗争。这就是辩证的认识和谐。

《尚书》将利用与正德、厚生并为三事，正德、利用、厚生三件大事的协调运行，乃平治天下的首要谋略。正德与厚生，相辅相成，《左传》云，"民生厚而德正，用利而事节。"颜习章解释三事的关联为，"正德，正利用厚生之德也；利用，利正德厚生之用也；厚生，厚正德利用之生也。"今天加一句，"惟和，惟正德厚生利用之和也。"

"正德、利用、厚生、惟和"告诉我们治理天下和治理组织一样,"正德"置于首位,是"利用"和"厚生"的前提,既正人德,又正物德,更正己德,方能利用自然、精神和数据资源,以达到使民众生活富足、精神愉悦、人际和谐之目的。接下来谈《洪范》。

箕子有言,"我闻在昔,鲧堙洪水,汩(gǔ)陈其五行,帝乃震怒,不畀(bì)洪范九畴,彝伦攸斁(dù)。鲧则殛死,禹乃嗣兴,天乃锡禹洪范九畴,彝伦攸叙。"

- 五行:水曰润下,火曰炎上,木曰曲直,金曰从革,土曰稼穑。水向下润湿产生咸味,火向上燃烧产生苦味,木可以弯曲伸直产生酸味,金可以加工成不同形状产生辣味,土可以种植庄稼产生甜味。五行在古代重在手工业的发展,重视物质生活资料的生产。
- 敬用五事:即貌、言、视、听、思。五事从态度恭敬、言论正当、观察明白、听闻聪敏、思考通达五个方面培养人的素质。态度恭敬臣民就严肃,言论正当天下就大治,观察明白就不会受蒙蔽,听闻聪敏就能判断正确,思考通达就能成为圣明的人。
- 农用八政:食、货、祭、司空、司徒、司寇、宾、师。即管理民食,管理财货,管理祭祀,管理建筑,管理教育,管理司法,接待宾客,治理军务。
- 协用五纪:就是要和岁、月、日、星辰、历数协调一致,这是天文观察和历法制定的两个方面,这两个方面的综合要求,目的在于确保社会经济持续而健康地向前发展。
- 建用皇极:即树立皇极(帝王统治天下的正道——大中至正)的威信,并建立遴选官员和赏罚的标准。这是箕子所谓的最高法则,最高法则就是家长制的典型法则。
- 乂用三德:正直、刚克、柔克。治理众民要以"正直"为本,同时在必要时又要刚柔并用,或者以刚制胜,或者以柔制胜。
- 明用稽疑:通过龟卜和巫占以探询上天的旨意,同时,参照卿士、众民和自己的意见做出判断和决定。
- 念用庶徵:通过雨、晴、暖、寒、风等的气候变化以判断年景和收成,这里讲的是治理国家大事不能忘记自然变化规律。
- 飨用五福,威用六极:通过寿、富、康宁、好德、善终等"五福"劝导人向善,通过夭折、多病、忧愁、贫穷、丑恶、懦弱等"六极"警戒和阻止人们从恶。

《洪范·九畴》阐述了行政准则及行政决策方式,是一部中国历代专制王朝的行政大法,奠定了阴阳五行说的基础,提供了中国人传统思维的框架。从内容看,它涵盖了对自然、人身、行为、治国安民、政纲、天文、历数、人德、气候征象、祸福种类等人生实践内容的全部,但它不是西方认识论意义上的知识,而是完全出于实用目的的一种经验积累。它其实是社会政治秩序对君王说话行为的经验总结。社会秩序的得治是《洪范·九畴》提出的真正目的,这与亚里士多德提出范畴理论的本体论目的有天壤之别。就目的的思维特征而言,亚里士多德范畴理论的提出,是出于一种"纯知识"的兴趣和好奇。而《洪范·九畴》的提出则是出于解决社会现实问题的实用性需要。从方法的角度看,亚里士多德对范畴的获得方法和途径进行了自觉的反思,在思维上具有思辨色彩,一种远离人生感觉经验的纯理性态度。相反,《洪范·九畴》是中国人对人生、社会现实关怀而求得的经验知识。"这些分类的标准是经验,故可视为经验的综合。"(成中英)由此可知,西方思维方式是本体、语言、逻辑三位一体,而中国的思维方式则是社会、实用、经验三位一体。箕子首次提出"社会公正"的政治哲学，并且寄希望于"开明君主制"。"皇建其有极"就是要国君建立治国的典范，这个典范就是"王道"，即遵王之道、之路、之义。箕子的成就被柳宗元概括为：正蒙难、法授圣、化及民。正蒙难指的是他坚持正义、敢于蒙受危难的品行；法授圣是他向武王献出治国的理念，由此成为武王的老师，周人因此能够顺应天地的常理以建立伦理道德；化及民指的是他到了封地，又在封地推行道义，教化百姓。

有了《尚书》所传的灵魂心法，有了《洪范》所传的行政治法，接下来就是《周礼》的组织体制结构。王介男认为除了《洪范·九畴》理论来源于洛书和河图的数理结构之外，《周礼》所定的天、地、四时（春、夏、秋、冬）设官的理论框架也来源于洛书和河图的数理结构。限于篇幅，本书仅介绍《周礼》设定的组织框架及其相关模式，这是真正的"中国模式"的源头，这种模式被弗朗西斯·福山称为"负责任的权威体制"。它达到了西方难以企及的历史高度：一是强大的中央集权国家，国家及其军队由中央政府掌握，非欧洲由封建领主或教会掌握；二是高度的行政官僚体制，官员由公正、普遍的考试制度选拔，非西方和中东由世袭或门第操纵；三是政治对人民负责，体现民本主义，强调当政者对人民负有道义责任，非西方在特权阶层内部进行权力分配。

- 天官，冢宰，太宰的别称，后即吏部，掌管人事。
- 地官，司徒，后为户部，掌民和土地。
- 春官，宗伯，后为礼部，掌礼仪和教化。
- 夏官，司马，后为兵部，掌军事。
- 秋官，司寇，后为刑部，掌刑狱。
- 冬官，司空，后为工部，掌营造和水利。

这种政制构想与天地四时相联系，可以共同纳入洛书的六面体中，这个六面体是时空统一的构造，这个构造甚至可以解释闵可夫斯基的理论。他说，"空间本身和时间本身都注定要消失在阴影之中，只有这两者的某种结合才能保持某种独立的现实性。"这样看来，这种政制是一种人事应乎天心、天人合一、天人互惠的体制。

由此可以推论，后之视今，犹今之视昔。美国历史学家杜兰认为，"中国这一社会，当希腊尚为野蛮民族居住之时，就已经开化了。她目睹巴比伦和亚述、波斯和犹太、雅典和罗马、威尼斯和西班牙的兴衰。甚至当巴尔干称雄欧罗巴，回复到黑暗和野蛮的时代，中国依然存在着。"是的，不但存在着，还将长期存在下去，这种继续存在的源头就是易学的变，下一节本书将选用乾卦"用九"来阐述变化之道。

文化是以文化人、化育人魂的过程与终结！从心法到行法到做法，反映了中国人对宇宙观、世界观和人生观的与众不同的认知，这种认识不但使中国在历史上保持长期统一、稳定和先进，而且在人类现代化的各个阶段均体现出积极意义，尤其是中国40年改革开放的丰功伟绩，进一步证明了"中国模式"的有效性，党的十九大确立的再用30年时间保持发展的方略是人性的、世界性的和宇宙性的。我们可以这样说，西方自由民主并非人类历史进化的终点，随着中国的伟大复兴，历史终结论也将寿终正寝，因为世界需要在多元基础上实现新的融合。还是张横渠讲得到位，中国文化就是"为天地立心，为生民立命，为往圣继绝学，为万世开太平。"我们斗胆加一句，中国文化还是"为人类命运共同体谋未来"。限于篇幅，本节仅以陈世锋的世界文化河系和儒学传承河系结束之。

世界文化河系图如图10-1所示。儒学传承河系图如图10-2所示。

272　第四篇　素性本体论

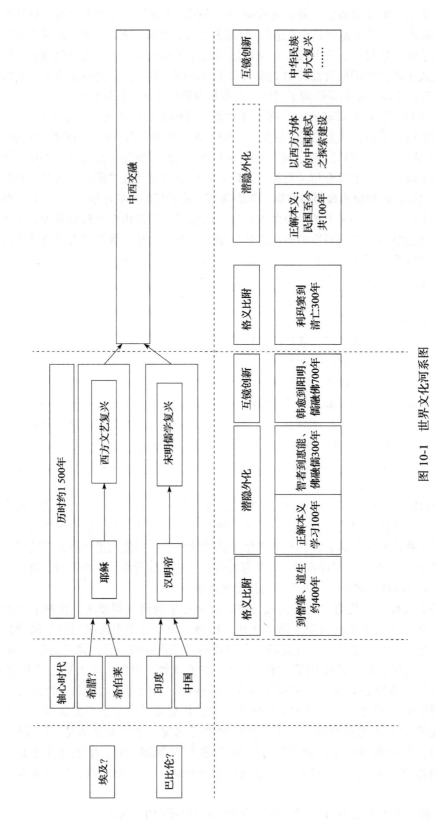

图 10-1　世界文化河系图

资料来源：改编自陈世锋。

第 10 章 管理文明的迭代 273

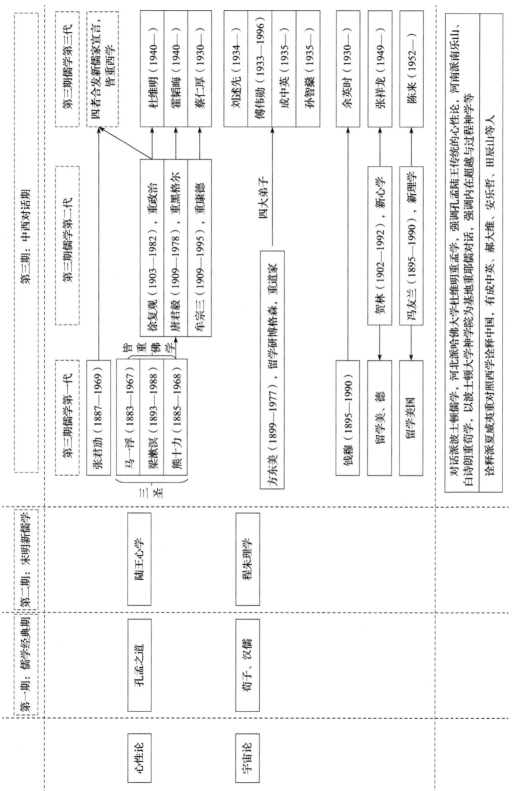

图 10-2 儒学传承河系图

资料来源：改编自陈世锋。

### 10.1.3 群龙无首

"群龙无首"语出乾卦用九爻辞"见群龙无首,吉。"让我们看看宏碁创始人施振荣的"王道薪传"的故事。

施振荣一直重视管理人才的培养,他有一个"群龙计划",各分公司的高级管理人员都到总部接受著名管理专家和他本人的培训,而终极目标就是要做到"群龙无首"。宏碁创业初期,施振荣就开始推动员工入股制,使公司上下成了利益共同体,员工有一种为个人事业而拼搏的良好心态,企业运作效率显著提高。而宏碁集团从一开始便力求打破跨国企业层级分明的管理模式,采用分散架构和管理分权制,在集团既定的大方向下,运作是各自为政。施振荣说,在"群龙无首"的分散管理体系中,他希望做到无为而治,他这个领导应该是无形的,"这是《易经》中的最高境界,是我一直在追求的。"有人问施振荣,组织如此分散,万一失去控制怎么办?他的回答是:"宁可失去控制而赚钱,不愿为了控制而赔钱。"这就是施振荣的王道精神,尤其值得注意的是他关于"控制"的理念,这与西方管理学完全不同。

在施振荣看来,"王道不是不要霸气,不竞争,而是从企业的利益相关者,包括社会和自然资源的责任等方面,去思考如何比竞争对手做得更好。"他的王道精神,从西方而言就是关注消费者、股东、员工、经销商,加上社会的利益。企业用这样的思维,就是"天下苍生"。企业这个王国可以自主选择自己的"天下",也就是自己的利益相关者。但企业身处社会中要对社会负责,身处环境中要保护环境,这是所有企业都要做的,这就是企业的王道。"在动态竞争中,唯一能警示的道理,就是王道——如何考虑与平衡企业周边的所有利益相关者。"施振荣的原则是:"我为己,但想到的办法很简单,就是利他。"

施振荣认为西方管理模式的盲点有人性贪婪、目光短浅、追逐利润、喜欢张扬、过度冒险。而中国传统管理也有缺点,比如猜疑、保密、独裁、优越感。所以,他认为理性的方式应该是,从限制条件及弱点思维出发,考虑与竞争者之差异性,经营团队的沟通与共识,以市场、客户价值为中心,考虑端到端的机会。这就是施振荣的"群龙无首"。

那么张瑞敏的"群龙无首"呢?张瑞敏是一位重战略和文化、集实践和理论于一身的变革者,他更侧重"无为而治",乃至于"无己而治"。在瞬息万变的商业环境下,领导者要做到"有为"和"无为"的辩证思考,引领企业变革前行。

凯文·凯利说,没有一个"中心的我"可以让你去诉求。说白了,就是没有一个上级听你的诉求,因为他没法给你下达一个正确的指令,所以没有中心了。没有中心就变成分布式的,所谓分布式就是扁平化、网络化。若干个单元分布式存在,每个人都可以面对市场,每个人都可以发挥自己的价值,每个人都可以拥有自主权。凯文·凯利提出的思想,其实和中国传统的思想一样,老子说"太上,不知有之",好的领导是部下不知道领导的存在。当然,不知道领导的存在不等于说他不存在,而是有一套机制、有一种氛围,让每一个人可以自驱动去实现自己的价值。失控并不是杂乱无章,它有一套让大家向同一个目标奋斗的机制。

到了群龙无首的最高境界会怎样呢?《易经》说,到了这种境界,"乾龙用九,天下治也",天下会治理好。所以,海尔坚定不移地把原来的串联变成并联,把原来的有层级有边界的正三角组织变成生态圈。海尔的"水交互平台"率先在生态圈方面进行了探索。原来一个水处理的产品,卖得不好,现在变成一个交互平台。首先,它是并联的。用户在上面，供应商也在上面，国内外品牌都有，全国的用户都在这里交互。其次，水交互平台最大的贡献就是把平台变成了生态圈，让用户和供应商都感到有兴趣点或兴奋点。所谓兴趣点就是水质，大家都关心自己小区的水质，我可以给你测水质，测出来之后要找能够解决水质问题的产品或解决方案。这就意味着，传统模式下是为自己的产品找用户，而现在是为用户找他们可能需要的方案及产品。这个是本质的不同。这就是海尔张瑞敏的群龙无首。

群龙无首在道家，就是"无为而治"乃至于"无己而治"，但是所持有的理由不尽相同。老子着眼在"反者道之动"，认为统治者越是一心加强统治，就越是达不到所想达到的结果。庄子则强调天然和人为之不同，统治者越是靠人为的手段来统治，悲惨和不幸就越多。这就是庄子所说的"相对快乐"，达到相对快乐的途径是人顺天性生活。相对快乐之所以相对，是因为它需要依靠别的东西。反过来说，人们不快乐的一个重要原因是惧怕死的来临和由此而来的忧虑，这种恐惧和忧虑是可以消除的，关键在于人对事物的本性有正确的洞察。《庄子·养生主》中讲到老子之死的故事，老子死后，他的朋友秦失前去吊唁，看到其他前来吊唁的人过于悲伤，就加以批评："是遁天倍情，忘其所受，古者谓之遁天之刑。适来，夫子时也；适去，夫子顺也。安时而处顺，哀乐不能入也，古者谓是帝之悬解。"这是说，人违反了自然的法则，去增多人的感情，而忘记了从自然已经得到的教诲。这是违反了自然所受到的惩罚。夫子之来，有他出生的时机，夫子之去，是顺从自然的必由之路。懂得夫子的来去，都是适时、顺势，就不至于为悲伤或欢乐所干扰。斯宾诺莎曾说，"人越多了解事物的因果由来，他就能越多掌握事件的后果，并减少由此而来的苦楚。"这就是道家讲的"以理化情"。

道家认为，圣人洞察事物本性，因此没有感情的冲动，并不是说圣人便没有对事物的感觉。毋宁说，他不为感情所扰，以至失去"心灵的宁静"。斯宾诺莎说，"懵懂无知的人不仅由于外界的各种因素而躁动不安，以至永不得享受心灵的宁静；他还对神和万物都懵懂无知，若不痛苦，便无法生活，真正不痛苦时，也就不存在了。有智慧的人，在他被认为有智慧的范围内，心神泰然，还由于意识到神、万物和自我，因具有某种永远的必然性而时刻存在，由此得以安享心灵的宁静。"圣人洞察事物的本性，不会由于变化而心中波涛汹涌。他的生命独立于外物，他心灵快乐也不受外界所左右，他可以达到"至乐"。达到"至乐"的途径就是超越了我，达到无我的境界，与道、天合一，因此"无为""无功""无名""无己"。

这当然不是一般人能达到的，一般人从有限论出发，认识总是片面局限，但是多数人并不意识到自己的局限性。结果是"有儒墨之是非，以是其所非，而非其所是。欲是其所非而非其所是。"所以，庄子认为，人们的是非观念是根据他们的局限性观点建立起来的，所有的观点都是相对的。换句话说，有"此"就有"彼"，它们之间孰是孰非，往复循环，如同一个圆圈。人若站在道德观点来看问题，就如同站在圆圈的中心，他看得到圆圈上每一个点的运动，而他自己则站在运动以外。记住，还有更高的知识，就是"不知之知""无知之知"。

| 实践聚焦 | 比雷埃夫斯港

比雷埃夫斯是地中海良港，那里只有　十来名中国管理人员，但在比雷埃夫斯集

装箱码头的总部大楼内，中文标语总是在英文标语的上方，两侧墙上挂着中国长城和雅典卫城的照片。当金融危机来袭，希腊瞬间成为国际金融市场的弃儿，为此希腊不得不将比雷埃夫斯经营管理权转让给中远集团，中远是世界上最大的散货运输和码头经营企业。自2010年以来，中远已对比雷埃夫斯投入了超过6亿美元的资金，这也让中远成了希腊最大的外国投资企业。

中远不只是投入资金而已，它对希腊在全球贸易中的未来地位有着远大设想。挂在集装箱码头总部的地图清晰地显示了这种设想：从标注为星号的比雷埃夫斯港出发，向北通过亚得里亚海指向中东欧，向西穿过地中海抵达伊比利亚半岛，西南指向非洲海岸，还有东北经过爱琴海和黑海直指俄罗斯。比雷埃夫斯将成为中国在欧洲的门户，中国借此地将产品覆盖至整个欧洲、中东和非洲地区，同时也可经由此地通过苏伊士运河。如果货物在比雷埃夫斯港卸下，在港口自贸区直接装上火车，往北穿过巴尔干半岛可抵达布拉格。这样通过比雷埃夫斯港转运，相比以前经过鹿特丹和汉堡港口的路程，中国至欧洲主要市场的运输时间可缩短一个星期。2013年，惠普公司就决定将亚洲运货至欧洲的卸货地点从鹿特丹转移到比雷埃夫斯。由于其转运、仓储和清关服务可享受欧洲免关税待遇，现在比雷埃夫斯每年可获得约10亿美元的物流和海关收入，这不仅可覆盖中远的投资，还有结余，因此现在就有人提出要扩建，要在比雷埃夫斯和雅典之间建立铁路走廊。

比雷埃夫斯仅仅是中远在苏伊士运河两端投资升级的一个物流枢纽，这样的物流枢纽能使各方获益，不仅是中远。现在几乎所有的亚洲航运公司都在使用比雷埃夫斯集装箱码头，另外还有30家欧洲航运公司在使用。现在，比雷埃夫斯全年开放。比雷埃夫斯之所以取得成功，是因为其经营不仅采纳了自由贸易标准，而且接轨了中国规则。集装箱码头总部的走廊上有一个屏幕，屏幕上显示了自2010年以来比雷埃夫斯的发展情况：仓储规模和集装箱吞吐量基本上每年翻一番，这也使得比雷埃夫斯重新成为欧洲最繁忙的十大港口之一。

## 10.2 工匠精神中的管理气质

### 10.2.1 周公与姜尚的较量

《淮南子·齐俗训》记载：周公受封鲁，太公受封齐。二人受封后讨论如何治理封地。

"昔太公望、周公旦受封而相见，太公问周公曰：'何以治鲁？'周公曰：'尊尊亲亲'，太公曰：'鲁从此弱矣。'周公问太公曰：'何以治齐？'太公曰：'举贤而尚功。'周公曰：'后世必有劫杀之君。'"尊尊亲亲是尊崇地位高的人，亲近自己的亲属宗族。姜子牙道，"鲁从此弱矣！"举贤而尚功是任用有才能的人，奖励有功劳的人。周公道，"后世必有劫杀之君。"

两位西周开国者并不知道，后来的历史跟他们开了一个颇具讽刺意味的玩笑，提倡"尊尊亲亲、长幼有序"的鲁国发生了庆父乱政，鲁国国力直线下降，32代亡国；而提倡"尊贤尚功"的齐国则因为国君无法阻止田氏势力的膨胀最终丢掉了王位，最终田氏齐国取代了姜氏齐国，24代亡国。

具体而言，姜子牙一到齐地，便采取了一系列正确而得力的措施，这些措施的顺利实施，使齐国很快成为富国强国，而这些政策之所以能得以实施，与姜子牙选贤任能，奖赏有功的用人政策是分不开的。除此之外，姜子牙也很懂得广泛地团结各部族的人，重用各部族中确有才能而不抱偏见的人。《史记·货殖列传》记载，"故善者因之，其次利道之，其次教诲之，其次整齐之，最下者与之争。"其意思是，最好的办法是听其自然，其次是随势引导，其次是加以教诲，再次是制定法律规章加以约束，最坏的做法是与民争利。也正因为如此，姜子牙治理齐国的方针是"因其俗，简其礼"。

无论任何时候，战略性资源都是一个组织变强必不可少的东西。在西周时期，决定一个国家能否强盛的战略性资源是粮食与人口。但是在姜子牙初到齐国时，他所得到的却是一块人口稀少、沼泽遍地、土壤盐碱化严重的封地。那么，姜子牙是如何发展齐国的呢？他因地制宜，并没有发展农业，相反却大力扶植工商业。齐地靠海，有丰富的鱼、盐资源，因此大力发展盐业。盐和铁是当时人们生活必不可少的资源，通过出口盐来换取粮食，发展国内的经济。到齐桓公即位任用管仲改革后，齐国干脆将盐作为国家资源加以掌控。据史料记载，齐地素有植桑养蚕、制陶、冶炼等手工业。

再看看鲁国的情况。周公因为辅助成王的缘故没有亲自前往封地就国，于是让伯禽前往封地就国。伯禽出发之前，周公告诫他应该谦恭下士，不能因为傲慢而失去民心。伯禽到达封国之后，把曲阜作为都城，然后依照周的制度、习俗进行治理。因为要去除当地的旧俗，伯禽前后用了三年时间才完成了初步的稳定，然后返回成周报告政绩。而齐国只用了五个月就返回成周报告结果，这是因为齐、鲁完全相反的政策。姜子牙简化了周的制度，并依照当地风俗治理封国，于是很快稳定了下来。

伯禽在位40余年，坚持使用周礼治理鲁国，又加上成王赋予了鲁国"郊祭文王""奏天子礼乐"的资格，鲁国因此在立国之初就奠定了丰厚的周文化基础。而在后来"礼崩乐坏"的时代，鲁国则成了典型周礼的保存者和实施者，世人称"周礼尽在鲁矣"。针对"礼崩乐坏"的现实建立大使命感的是孔子，孔子建立了儒家的根基。中国人基因中的责任思想（以天下为己任）、忠孝思想（仁、义、礼、智、信）、恕的思想（己所不欲，勿施于人）、伦理思想（修身、齐家、治国、平天下）都是儒家思想与社会治理结合的结果。因此，儒家思想到现在还是华人的主流思想。我们用《史记》中姜子牙与周文王的对话结束本部分。

"天下非一人之天下，乃天下人之天下也。同天下之利者则得天下，擅天下之利者则失天下。天有时，地有财，能与人共之者，仁也，仁之所在，天下归之；免人之死，解人之难，救人之患，济人之急者，德也，德之所在，天下归之；与人同忧、同乐、同好、同恶者，义也，义之所在，天下赴之；凡人恶死而乐生，好德而归利，能生利者，天下归之。"

周公治鲁，姜尚治齐的典故让我想起1976年理查·道金斯在《自私的基因》中所创造的meme一词，《牛津英语词典》将meme定义为"文化的基本单位，通过非遗传的方式，特别是模仿而得到传递"。meme一般被翻译为"摹因"或者"模因"，指的是"在诸如语言、观念、信仰、行为方式等的传递过程中与基因在生物进化过程中所起的作用相类似的那个东西"。理查·道金斯认为meme具有遗传、变异和选择的特征，按照这三个特征衡量，管理文明也是一种meme，其具有遗传、变异和选择的特性，最主要的是自遗传、自变异和自选择的自性。这种自性管理文明构成了世界文明延续带的有效组成部分（如图10-3所示）。

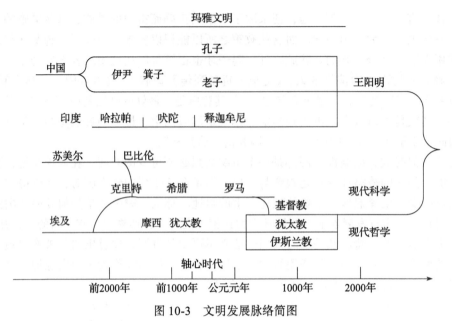

图 10-3　文明发展脉络简图

资料来源：改编自《机器崛起》。

### 10.2.2　千年工匠达人精神

传统即不断革新，太阳底下并无新鲜事。工匠达人的直觉是先验世界，物理大数据是科学世界，先验世界所占的比例变得越来越小，而大数据世界则在不断扩大。这就意味着电脑化而非人脑化，工匠达人做什么？做那不到 2% 的精细空间，这就是工匠达人精神的用武之地。下面以日本企业为例解析工匠达人及其精神。

爱普生东洋通信公司是由精工爱普生公司和东洋通信机两家公司事业整合而合并成立的。如果爱普生东洋通信公司的工厂现在停工停产，据说全世界范围内使用的手机都会变成无用之物，因为所有手机的心脏部位都安装有这家公司的零件"人造水晶"。

为什么说人造水晶掌控着手机产业的生死大权？因为一旦没有了它，将不再能够用手机接电话和打电话。水晶有两大特点：第一个特点是加压后会产生电，而且随着电压加大后形状会发生改变。第二个特点是振动以后会以非常稳定的频率持续振动。石英手表就是利用这种稳定的功能制造出来的。手机能够符合无线电波通信频率的标准，就是因为水晶具有这个功能。所以，手机的心脏部位需要一个精度极高的水晶（石英）振荡器。

人造水晶技术最早诞生于美国。爱普生东洋通信公司在没用美国专利的情况下，于 1960 年在日本第一次在工业化生产上获得了成功。随着人造水晶的质量有了突飞猛进的提高，其不久以后就被使用在无线电通信器材的零件中，发挥了超越天然水晶的优良性能，并且实现了天然水晶所做不到的批量生产和质量稳定化。爱普生东洋通信公司曾经一度制造过舰载和机载无线电报话机。从过去的军用无线电报话机、战后的车载电话到今天的手机，回顾爱普生东洋通信公司产品的变迁，我们会发现有两种趋势存在。一种是追求产品体积"**小上加小**"，另一种则是追求质量"**稳上加稳**"。

从这两个趋势中诞生了一项人类前所未有的产品。爱普生东洋通信公司一位名叫大岛刚的技术人员在研究中出了一点点计算错误。不料"**歪打正着**"，后来竟引出了石英振荡器电路的问世，并成为全世界的统一标准。因为石英振荡器电路，能让手机心脏更有规律地跳动。"在如此极为精密的世界，也就是纳米的世界里搞铸造，除了日本，世界上没有几个国家做得了。"小、轻、薄、浓缩，刚性又强，且柔软有韧性……这就是日本人的习惯思维方式。

"东海小岛边，孑影清泪沾衣衫，戏蟹白沙滩。"日本诗人石川啄木的这首短歌，明确表达了日本人的意识流向特征。大海这一浩瀚无际的意象，在这首短歌里被不断地浓缩成了小岛、海边小景和白色沙滩，达到极致时，竟浓缩成了一只小小的螃蟹和一滴眼泪。日本人将中国的大扇子改制为折扇，也是基于同一种意志流向。从世界上最短的诗歌形态俳句、盆栽、袖珍庭院以及多姿多彩的"便当文化"，到收音机、计算器和随身听，我们可以从日本文化的方方面面看到这种志向的存在。从清少纳言在日本古代经典《枕草子》中写下"小者，皆美也"的时代开始，至今可谓尚无任何改变。精益求精做出来的日本产品，素来是以缩小其形的方式，在世界中显示出它巨大的影响力的。日本极小世界、意识、思维、创新都是"小而无内下"的产物，反观美国马斯克的火箭、极大世界、意识、思维、创新都是"大而无外"的产物。唯此而已，无它。

就日本千年企业传承经验来看，之所以得以传承主要有五个特点：

- 绝不任人唯亲，即使是同族经营。只要对企业生存发展有利，不惜从外人中选拔优秀人才。
- 动中守静，静中善动。千年老字号企业的智慧总有一种"静"的感觉，实际上，千年企业是一种既灵活又善于应变的"动"的组织。
- 顺应时代要求不断创造新产品，同时经久不渝地恪守传统家业。不必什么都跟利益直接接轨，有的东西绝对不能让步！从千年传承中可以感觉到一种世代坚定不渝的意志。
- 各自要"安分"。不少老店企业的经营者都这样说，多亏了遵守严禁投机的家训，才没有因为泡沫经济时期伸手去炒股而深受重创。
- 老字号企业实践了"平民百姓的正义"。也就是说，买家和卖家都以公正和信赖为交易的基础。哲学家加藤尚武认为，只有坚持培养"平民百姓的正义"，此外人生的生存之道别无他选。这种"平民百姓的正义"正是日本千年老字号企业的血液。

对家族企业而言，跳出富不过三代的办法是在第三代的时候选择女婿挂帅，这是日本家族企业的经验。所谓"传统"，正是由此期间的"不断革新"构建起来的。在由华人群体所代表的"商人的亚洲"圈子里，迄今为止之所以没有世界规模的大企业诞生，最主要的原因在于家长制和注重血统的传统。他们有着世代被历史捉弄的含辛茹苦的亲身体验，而这种经验的积累必然导致对血亲以外的人那种根深蒂固的不信任感。华人的世界里甚至还有着"与其相信有能力的外人，莫如信任无能的亲人"的格言。女婿和法定养子，尽管在血缘关系方面有不利的一面，但正因为如此，他们才格外拼命欲保住老字号店的招牌。同样是家族经营，不一味拘泥于"血缘"的灵活性和接受外人的包容能力，是使日本成为世界上老店企业最多的国家的一大原因。

据《老店铺研究》的数据，在日本现拥有百年历史的老字号店铺和企业大约有 10 万家，其中有大约 45 000 家老店从事制造业，这正是日本老店企业的特殊性所在。之所以说它特殊，是因为这些老店不仅仅是"商人的企业"，更是"匠人的企业"，这才是日本企业长盛不衰的秘诀，其思想根基则是"镰仓时代（1185～1333 年）以后，掌管天下的武士都是种田人出身""包括各地诸侯自己在内，都认为干体力活是理所当然的事"。这造就了当权者对匠人的绝对信任的传承，而这种信任往往又跟对国家对政府的信任连为一体。这就是千年老店的核心使命：恪守本分。足立政男认为恪守本分是京都老店企业共通的特征。

韦伯在《新教伦理与资本主义精神》的《作者导论》中说，"资本主义确实等同于靠持续的、理性的、资本主义方式的企业活动来追求利润并且是不断再生的利润。因为资本主义必须如此：在一个完全资本主义式的社会秩序中，任何一个个别的资本主义企业者不利用各种机会去获取利润，那就注定要完蛋。"这是韦伯认为的资本主义企业家的精神，这种说法与富兰克林所谓的资本主义精神如出一辙，或者说富兰克林是韦伯思想的实践者罢了。我们可以这样说，"在一个刚刚开始的市场经济的社会秩序中，任何一个个别的企业家仅仅懂了利用各种机会去获取利润，那也注定了要完蛋。"中国的企业家除了获取利润，还得获取义润，利润往往指的是经济利益，而义润指的是除了经济利益以外的全部社会利益，诸如道德、伦理、责任、民主、自由、精神境界、社会公义等。这有点类似于富兰克林用另外一套语言对资本主义精神的概括，他认为资本主义精神是勤俭、诚实和有信用等美德。但是他更强调人生是以赚钱为目的的，人必须用一切最理性的方法来实现这一'非理性的'目的。这种说一套做一套的行为无疑是笛卡尔"天人二分"的结果。长期坚持物质界与精神界的各自独立、互不相干的关系形成了西方二元对立的思维模式和惯性，应该说正是这种思维导致了今日世界的大问题。当然，我们也很高兴地看到以怀德海为首的西方过程哲学家在 20 世纪已经提出了"人与自然是生命共同体"的论断，不过，一种思想从提出到落地、生根、发芽、开花、结果，没有上百年的实践和时间是行不通的。东方呢？东方的"天人合一""天人互惠"思维可能会发展出另外一套理路以贡献于人类社会。

从中国历史长河中商人的实践和思想家的论断来看，利润和义润是可以并行不悖的，不必为了利润而放弃义润，也不必为了义润而丢弃利润。一方面，中国的思想家们'一以贯之'地推行"义利合一"的理念：从《易经·系辞下》的"财以聚人"，到孔子的"以道得欲"，到孟子的"恒产恒心"，再到冯友兰人生"四种境界"，无一不是推崇"义利合一"的；另一方面，商人们'一以贯之'地实践"义利合一"行为：从范蠡的"计然七策"，到胡雪岩的"红顶商人"，到张瑞敏的"人单合一"，无不如此。

因此，可以这样说，未来的真正的世界企业家精神应该是二者同在的，这种同在正如汤一介所界定的中国企业家精神那样，他认为能用最合理的办法取得利润，而以社会的公义作为目的的精神，就是中国企业家精神。在这种手段与目的的关系中，目的更重要，这种目的就是提升人类福祉、促进世界和谐，方法可能就是中庸。具备这种精神的企业家不单是世界级的，更是未来的，因为只有他们才有资格做到朱熹所谓的"但能致中和于一身，则天下虽乱，而吾身之天地万物，不害而安泰；其不能者，天下虽治，而吾身之天地万物，不安而乖错。则其间一家一国，莫不皆然，此又不可不知也。"因为只有他们才能解决当前和未来一段时间内我们这个星球和人类社会发展的"人类和自然正在走上一条相互抵触的道路"的大问题。

### 10.2.3　量子人文基本规律

《汉书·天文志》有言，"夫天运三十岁一小变，百年中变，五百年大变，三大变一纪，三纪而大备，此大数也。"这是比较早的用时间量化人文规律的记载，据李零在《我们的中国》中的观点，国家与宗教的关系无外乎四种情况：第一种是类似埃及法老、早期中国和蒙古帝国的政教合一；第二种是类似印度的政教分裂，国家和宗教都是多元化的；第三种是类似基督教和伊斯兰教的宗教一元化、国家多元化，其源头是犹太教；第四种是秦汉以后的中国，其特征是国家一元化、宗教多元化，这是未来的趋势。接下来简单解析人文规律。

（1）**10年与10 000小时定律**。10 000小时定律是马尔科姆·格拉德威尔在《异类》中指出的定律。"人们眼中的天才之所以卓越非凡，并非天资超人一等，而是付出了持续不断的努力。10 000小时的锤炼是任何人从平凡变成世界级大师的必要条件。"他将此称为"一万小时定律"。丹尼尔·科伊尔的《一万小时天才理论》也如是言。

埃隆·马斯克成长为改变世界的人，他自青少年坚持到现在的泛读习惯是重要原因，早已经超越了10 000小时。达·芬奇为了练习画画，日复一日，年复一年，变换着不同角度、不同光线，少说也练习了10 000小时。巴菲特、比尔·盖茨、乔布斯，在他们的专业领域，专注都超过10 000小时以上，他们专注地阅读、思考、研究、实践……才有今日的成就。

其实，10 000小时还有另外一种表述方式，那就是"10年"。早在20世纪90年代，赫伯特·西蒙就提出"10年法则"。他指出：要在任何领域成为大师，一般需要约10年的艰苦努力。这不难让人联想到中国的古话"十年磨一剑"。人们都羡慕那些成就非凡的弄潮儿，可是有没有想到，他们其实大多数也和我们一样是平常人，之所以能脱颖而出，就是因为他们有超人的耐心和毅力，肯花10 000小时甚至更多的时间来训练和学习积累，所以才水滴石穿，终成正果。如果想像杰出人物一样出类拔萃，就先问问自己功夫下得够不够。无数事实证明，一个人只要有10 000个小时的苦练打底，你即使成不了大师、巨匠，至少也会成为本行业一个具有丰富经验的专家，一个对社会有用的人。但是要成为你想成为的人，就必须走上这条路。而在成功的诸多要素中，唯一能为我们所掌控的，恐怕也就是这10 000个小时了。

（2）**"三元九运"里的20年**。心理学上有一条著名的18/40/60岁定律：18岁的时候，开始打扮自己，并注意自己的言行，非常在意别人的看法；40岁的时候，更在乎内心，总算想明白不要把别人的看法看得太重；到了60岁才明白，其实，除了自己，别人压根就没有注意你，即便有人注意，也是与他们自己相关。这其中40岁是承上启下的年龄，现实、人生与哲学式的思考在此交汇。经历了40年的人生，重新按自己的思维尺度去评价上半生，并可能触发行为模式的变化。

好利来创始人罗红，在40岁前后的变化包括将企业的管理与未来交付出去，意识很强地投入精力去做环保宣传。在濮存昕看来，人生在40岁的变化就像登山一样，中年之前，要尽量登得高一些；中年之后，"下山"就要慢一些。也有此前未获"功名"者在40岁发力，40岁的亨利·福特通过流水线生产第三次向汽车王国发起颠覆革命。

中国传统文化中有"三元九运"的科学说法，三元九运是中国划分大时间的方法，自古便记载于黄历上，并结合干支历使用。中国古代先民仰观天文，俯察地理，经过漫长时期的观测，发现太阳系各大行星的运转规律与地球上的自然和人事现象的运动变化规律之间存在着某种内在规律性联系，特别是木星和土星的运行规律对地球影响很大。古人洞悉这一天机，以180年作为一个正元，每一正元包括三个元，即上元、中元、下元；每元60年，再分为三个运，每运为20年，从而构成了完整的三元和九运体系。

（3）**中国古谚语里的"30年河东与30年河西"**。"30年河东，30年河西"是一句广泛流传的谚语，比较早的出处是清吴敬梓《儒林外史》第四十六回，用来形容世事盛衰兴替，感叹世事变化无常。

历史上黄河河床较高，泥沙淤积严重，经常泛滥，黄河经常改道，每次改道后，一个村子以前在河的西岸，后来就变到东岸去了，所以叫30年河东，30年河西。河流流经弯道时，水质点做曲线运动产生离心力。在离心力的影响下，表层水流趋向凹岸，而底部的水流在压力的作用下，由凹岸流向凸岸，形成弯道环流，在弯道环流的作用下，凹岸发生侵蚀，凸岸发生堆积，以至河流越来越弯。由于长期对凹岸的冲刷作用，会发生"截弯取直"，形成牛轭湖，这样昔日的西岸就变成了今日的东岸。

就一家企业而言，超过30年的企业必须直面企业家精神的变化。首先是企业家本人思维的变化，世界上的每个人，看待世界的思维角度不同，得出的结论也会不同。而一个人的状态和能量的转变，来自于思维层级的转变，企业家精神的本质是创新和冒险，企业家精神的老化，必然导致企业的固步自封和掉队死亡。想超过30年的企业必须有新生力量的接力。华为成立30年以来，从管理哲学阐述到各项政策制定，契合着耗散结构的特征，提倡与外界积极开展物质、能量、信息交换的开放精神，不断通过多劳多得、破格提拔、人员流动、简化管理来打破平衡态，促使公司的熵减，克服队伍超稳态、流程冗长、组织臃肿、协同复杂等大企业病，激发活力，走向持续兴旺。这一切依赖任正非企业家精神的突破。

（4）**100年企业的追求与德鲁克的旁观**。百年企业是道义集团，不是单纯的利益集团。代表社会集体存在的工商企业，是先验的，应社会的需要而生，企业组织不能只关心利润，不能把经济绩效理解为利润；利润是企业组织发挥社会功能、履行社会责任之后的一个必然结果。不能把企业目的定义为"利润最大化"，把公司的性质或概念，理解为"生产者"或"经营者"，而应该理解为社会经济和人文活动的组织者，理解为社会组织或社区的管理者。为了取得杰出绩效，每项职务都要有助于整个组织目标的实现。特别是，管理人员的职务必须以整个企业的成功为核心。管理人员预期取得的绩效，必须与企业的目标绩效保持一致。管理人员的工作成果是由他对企业做出的贡献来衡量的。管理人员必须知道企业目标对自己的要求，清楚企业目标要求他取得的成就，而他的上级则必须弄清楚要求和期望什么样的贡献。如果这些要求不能实现，那么管理人员就搞错了方向，浪费了精力。

身为管理者，做事必须有效。一般来说，管理者普遍才智较高、想象力丰富，并具有很高的知识水准。但是一个人的有效性，与他的智力、想象力或知识之间，几乎没有太大的关联。有才能的人往往最为无效，因为他们没有认识到才能本身并不是成果。他们也不知道，一个人的才能，只有通过有条理、有系统的工作，才有可能产生效益。相反，在每一个组织中，当别人忙得晕头转向的时候，那些有效的勤勉人士却像龟兔赛跑的童话一样，脚踏实地，一步一个脚印，率先到达目的地。智力、想象力及知识，都是我们重要的资源。但是，资源本身是有一定局限性的，只有通过管理者卓有成效的工作，才能将这些资源转化为成果。

人不会忽然变胖，企业也不会突然变大，人们揽镜自怜警觉性高，企业则不然。企业常误以为增加脂肪就是成长，其实规模变大，对企业不一定是益处。正确的目标应该是"越来越好"，正确的做法是培养组织成员的能力，因为成员的能力才是组织成长的关键所在。一个组织在确立共同目标的时候，必须合乎社会的正义，满足社会的需求，就像个人服从组织一样。

殷志峰在《熵减：我们的活力之源》中讲到企业寿命和人类寿命在过去50年正好形成了一个剪刀差，与50年前相比，人类平均寿命由32岁提高到了55岁，而企业恰恰相反，平均寿命从55岁变成了32岁。华为所在的ICT行业，成长到领导地位的公司主要有三类：100岁左右的企业，如爱立信、诺基亚和IBM；微软、苹果、Oracle等企业基本是在1975年前后成立的，思科是1984年成立的，华为是1987年成立的；Facebook、谷歌、亚马逊、中国的BAT都是2000年以后成立的。有趣的是，这些公司的市场价值和创造价值的能力恰恰与成立时间成反比，也就是说越年轻的公司创造价值的能力越强。反观成功的大公司患上了变革无力症，往往是因为过往的成功固化为庞大的既有利益格局和保守惯性势能，为了捍卫既有利益和习惯，阻挠来自活性因子的变革，活性因子是变革过程中最重要的引发结构体系变革的序参量。

至于300、500、1 000和1 500年及其跨世纪的人文规律，本书不再解析。总之，西方经历了从中世纪犹太教、基督教世界观，到17世纪牛顿世界观，再到21世纪量子世界观哲学到科学的变迁过程。东方尤其是中国始终是传统文化基础上的世界观的变迁，这种变迁形成了中国独特的观世界的方式：混沌、相对、不确定、整体、涌现、交互、自发等，这一切特征与今日之量子世界观何其一致？英国财经作家米哈什·麦克瑞认为，有五个最重要的问题塑造了一切有意义的世界观：**我从哪里来？我到哪里去？我是谁？我为什么在这里？我应该做什么？**其结论是：土地、资本和自然资源对国家、企业和经济成功越来越不那么重要；相反，大数据、质量、人文、组织、动机和人的自律这些定性特征将会改变人类工作观念，从而对国家、企业和经济成功越来越重要。这就是我们正在实践的未来。

| 实践聚焦 | ## 金刚组的传承故事

"若是金刚组不稳，日本列岛也会跟着晃动。"金刚组，在日本历经1 430年不倒的建筑公司，是世界上现存最古老的家族企业。

金刚组由来自百济的柳重光于公元前578年创立。用明天皇二年（587年），在日本朝堂上就佛教信仰问题发生了分歧。一派以苏我氏为代表支持佛教在日本传播，另一派以物部氏为代表坚决反对佛教。推古天皇元年（593年），圣德太子命柳重光于摄津国荒陵山兴建官寺，迎奉四尊天王木像，赐名四天王寺。四王天寺竣工后，圣德太子非常欣赏来自百济的工匠，赐予"金刚"姓氏，自此，柳重光便改名为金刚重光。修建完四天王寺后，他得到新的命令：其子孙世代都负责维修管理四天王寺。

受惠于中国南北朝建筑知识，柳重光在修建四天王寺时，采用南北为中轴，中门、塔、金堂、讲堂一线排开的伽蓝布局。同时，柳重光一改日本岛传统竖穴式住居的倒锅盖屋顶样式，在金堂、五重塔、讲堂及西大门上运用由一条正脊、四条垂脊、四条戗脊组成的歇山顶结构。五重塔则运用南北朝时刚刚兴起的模数制，利用木质结构构件本身的叠加以做艺术上的加工，以斗拱的高度为模数，各间的面宽、进深与柱高均以斗拱倍数建造。四天王寺的金堂南北并通入口，五重塔更是四面通门，便以通风。从立面上看，四天王寺各堂的台基相较中原建筑稍高；从平面上看，东西南北四方走廊也较中原为宽。此类创建，日后均成为日本寺社建筑的基本规范。

搭乘日本的第一次西学东进风潮，金刚重光由"技术移民"身份跻身日本中上层社会，并且建立了持续千年的寺社建筑行会组织——金刚组。作为日本最古老的官大工组织，金刚组本身则作为家族继承式的"国企"长期存续。与欧洲早期石匠工会依靠对建筑的技术垄断，将组织潜行入经济、政治等多个领域不同，一心侍佛的金刚组官大工们始终以一种在野之人的心态从事寺社建筑，从未将名誉及寺领收入视作资本，扩展自己在整个行业的影响及控制力。

金刚组之停顿、缓和，不刻意于技术的革新与求变，而是尽力原封不动地保存千年之前的工艺。它之恪守、内敛，也是造寺之人心向佛法的一种苦修，尽力脱离尘世，不令自身转化为一种社会化的力量而成为既存纪律的牵制。

1801年四天王寺毁于雷火。将军德川家齐下令妥善重修寺院，还德于天。第32代栋梁金刚喜定受命营办。起初，奉行所的方案是命金刚组只作为设计方参与工程，而材料及施工由幕府召集承办。然而，金刚喜定据理力争，若不能掌控重建全部流程，宁可不再参与。幕府不得已，只能答应。重建工程原定于秋末进行，但金刚喜定却再次忤逆上意，坚持要到第二年初夏再行开工。对严控工程质量的金刚喜定而言，唯有"适材适所"，于建筑地附近取材，木材才能在被砍伐后将生命延续于建筑之中。而上乘栋梁材，须得是现伐活木，且水量稀少，在多雨的日本，能满足如此条件的只有冬季。树木砍伐之后，还不能立刻做材，必须自然风干一季之后，木材才能坚固结实，经得住长久考验。工程两年后完工，金刚喜定因建寺有功，得获"苗字带刀"许可。在"士农工商"身份等级制度森严的江户时代，能以"工"的身份拜领武士特权，实属罕见。这就是匠人精神。一辈子或者几代人专注做一件事，并做到极致，金刚组身体力行地诠释了"匠人精神"。在如今纷繁复杂的商品社会中，注重行业基本业务和道德，坚持认真对待每件事是金刚组不变的初心。金刚家族的传人，必须住在工作的地方。金刚组负责的施工场地，不会看到任何酒瓶烟头等杂物。他们坚守着金刚喜定立下的家训，"勤勉，慎醉，慎行，为人"。

庆应四年金刚组因"废佛毁释"乱潮，失去了维持千余年的四天王寺领，被迫开拓经营范围，进出其余寺庙并接受少量民宅建筑业务，甚至被迫为军方制造军用木箱以维持生机。昭和时代，第37代栋梁金刚治一无心祖业，又欠缺经营之才，令金刚组深陷困境。昭和七年，金刚治一于先祖坟前自尽，家族重担落在了其妻金刚芳江肩上。昭和九年，四天王寺五重塔再次于室户台风中被毁。金刚组在历史上唯一一位"难波女栋梁"金刚芳江的带领下再度受命复建，重回荒陵山。四天王寺重建工程的圆满完成，使金刚组重回日本寺社建筑视野当中。

幸得金刚组从金刚重光开始，便恪守传统"组合式工法"，并将其珍视为家族长盛的法门，绝不轻易求变。无论做何种建筑，均要求工匠在建筑过程中避免使用铆钉、钢板等金属固件，而只允许以木质仕口与继手将柱、梁、贯相接。同时，为建筑物建成后抵抗外力，避免年久变形，金刚组要求其下官大工的刨工技术务必要能做到仕口与继手的无缝连接。正是金刚组的执拗与坚守，为其赢得了主持好文亭重建项目的机会。

在参与偕乐园修复工程前夕，为应对寺社建筑订单锐减和其他建筑世家的崛起，金刚组做出了成立株式会社的决定。从这时开始，金刚组开始大量而且公开地扩大经营范围，承接古建筑复建、民宅建设，甚至于山车（庙会、祭祀用花车）、神舆的修复业务。

在株式会社化之后，金刚组最上层虽然名称由栋梁改为总裁，但依旧实行子传世袭。公司内部由总部及8个宫大工小组构成，每10人左右为一小组，宫大工在身份上并不从属于公司，不签订专属合同，相互之间的契约建立在数千年培养出来的信赖关系之上。各小组之间是独立与竞争关系，并将技术改良意见汇总至总部。公司总部统一承接外部订单，再根据各小组能力和专长特点对订单进行评估，确定施工小组。凭借在日本建筑业界逾千年积累的口碑和工艺，金刚组在日本稳步扩张。进入20世90年代，伴随着地产泡沫的破灭，金刚组也遭遇了创建以来最大的危机。2006年，高松建设全额出资成立新金刚组，旧金刚组成员大部分转入新公司以职员身份任职。同时，旧金刚组除房地产部以外，整合成立 KG 建设。2006 年 7 月 13日，KG 建设向大阪地方法院提出破产申请，经营1 400余年后，这家世界上最古老企业的家族式经营体制就此终结。2006 年 1月 11 日，日本大阪府四天王寺本坊内，金刚组第 39 代栋梁金刚利隆身着朱红锦缎和服，令左右见习官大工紧锁门窗，供上供品，高执木锛，沿曲尺描出的墨线在北山丸太上庄严地刨出一段深沟。这一被日本人称为"手斧始式"的仪式，每年如期而至，寓意建筑业一年之始。这是金刚组第 1 419 次手斧始式，然而，也可能是金刚家族成员担当仪式主角的最后一次。

当年83岁的金刚利隆曾表示，自己早晚有一天会赎回金刚组。可惜，他并没有等到这一天。2014 年 10 月，金刚利隆离世，身着和服的金刚组成员整齐地排列在两侧，恍然如隔世。正如金刚组自序："传统是需要很长时间慢慢建造起来的，就算是很小的一步，也会在历史上留下确实的痕迹。"他们不知道真正的巅峰在哪儿，可能只是在重复着他们认为正确的事情。这也许就是真正的工匠精神吧。

## 10.3 自然资源里的管理使命

### 10.3.1 山水思想

2017 年我参加中国战略管理学会铜仁会议，我对会议最感兴趣之处莫过于**通过少数人的"游山玩水"，满足多数人的"风花雪月"，我认为这是当代战略管理学人的必然使命。什么是有数人和无数人？**我以为定性地来说它们应该可以相对互换，因为"有多有少有大有小终有限，无多无少无大无小终无限"。有限？无限？有没有限？有数？无数？有没有数？选择哪个？答案自知！

什么是**游山玩水 & 风花雪月的使命？**先讲讲"宋堂"的故事。"宋"之一字上山下水，山水蒙卦，故我读蒙，并把我的教授工作室命名曰"宋堂"。我认为，我们**需要**的是通过山水获得**思想启蒙**，我们**想要**的是启蒙思想得以**传播和实践**……这则故事告诉我辈学人追求实践好像没有错，基于实践的理论创造好像更没有错，**不错但不够**的是对**思想积累的谦卑**和对**过程呈现的敬畏**，而**牵使命的那双手正是敬畏和谦卑。**

八字分四组：**游玩、山水、风月、雪花**，每组从两个方面来诠释，共八个方面。

**游玩不仅是心态更是实践，实践是根，心态是本，此为根本，我将此称为战略观念。**

我向来相信"一切行为思想使然！"我狭义地以为学会组织的转山行是为了原创思想而来，为了扎根于组织实践基础上的思想而来，为了更好地服务于实践以升华思想而来……众所周知，从《禹贡》中的禹迹，到《论语》中的孔游，到阳明的龙场，哪一项不是实践出来的？从海尔的"人单合一"，到华为的"以奋斗者为本"，到酷特智能的"酷特云蓝，治理之道"，哪一家又不是实践出来的？管理从来就是有模式无定式！一家企业在没有成为标准前，在你自努力的过程中，你会听到太多的喝彩，于是可以裸奔，裸奔的时候有人给你递上裤衩，帮你遮羞，这个时候往往会丢了自己。成为标准以后呢？大概只剩下孤独，孤独的遮羞布就是像丹柯那样拿出自己的心来烧，借着燃烧的微光照亮前进的路，这个时候才能找到自己。所以，欧阳桃花做报告的时候谦逊地说"接着讲"，因为她知道基于西方语言背后的文化建构的管理理论用于东方情境研究中天然地制造了断层，于是"女娲"们一直在补天，这少数的"游山玩水"者用自燃的精神弥补这断层以维持那天然的整体，我将此称为原子还原思维与整体生成思维的较量，用艾兰的话来说，中国提供了一个突破"前概念"的途径，至少扩展了我们思想所及的可能性的幅度。**"后学"就是要想方设法认识到优感的局限性**，这样做引发了一个问题，"实践是苦还是乐"？实践首先必然是苦的，铜仁梵净山的转山行难道不需要体力？体力的付出是一种苦。可是这真的是一种苦吗？当然不能算是，这种实践又何尝不是一种乐呢？所以，在我看来实践最终是乐的！实践就是实践，哪里有什么苦乐之分。这就是"游玩"的心态实践和实践心态。

**游是"路径"，玩是"目地"**。什么"路径"？就是"论语+算盘"的义利合一、德得相通。什么"目地"？就是"功禄财气顺自然，来也罢了，去了罢了。"能如此，方可在那"能够不做什么而可以不做什么"的自由情境中让梦想照进现实。照得进吗？看山水。

**山水既是思想更是伙伴，思想是源，伙伴是流，此为源流，我将此称为战略资源。**

中国思想/思维源头最有意义的概念以源于自然界的本喻为模型，这种从自然界中提取原型的思维路数从根本上影响了中国人思想体系的自觉建设，它本源地内含了人与物的整合以及人在整合中的谦卑和敬畏，这种"百姓日用而不知"的经验性的思维路数从一而终，一直延续到今天，这是西方"人为制造了上帝，然后又让上帝死掉"的思维先验所不能理解和不能接受的。因此，铜仁梵净山的转山行就是寻找那久违的**元点**，我们正在以回到过去的方式迎接和制造未来，西方的战略管理科学是刚刚的过去，从定位论，到能力论，到适应论，到……真真是你方唱罢我登场，各领风骚三五年。中国的自然山水是久违的过去，而这两者的融合才可能开出未来璀若星辰的战略之花。我们不妨回头看看500多年前的欧洲文艺复兴的开启者，前三杰也好，后三杰也罢，无一不是扛着"以人为中心而非以神为中心"的大旗开始了思想文化启蒙运动，然后才是思想文化平台上的科学与技术的高歌猛进，当然资产阶级对教会的不满以生产力的提升得以基本解决。今天"中国战略管理学会"的转山行自然是以萃生思想为第一要务，它不单是为"中国制造2025"呐与喊，更是为千年一遇的历史机遇鼓与呼。我们正在经历中国的第四个30年（姑且如下划分。1921～1949年：从建党到新中国成立；1949～1979年：从新中国成立到改革开放；1979～2012年：从改革开放到深改；2012～2049年：从深改到复兴）；我们同时正在经历自文艺复兴之后的新的500年，就是"文化搭台，双创唱戏"，就是中国复兴的大变，睡狮已经醒了。历史的机遇在拐角处等，中国正在**"不被人注意的角落起飞"**。"如欲平治天下，当今之世，舍我其谁也"，孟子斯言是说给当下的中国的。

### 10.3.2 风月情怀

"游山玩水"就是"让想象力飞"！想发现蓝海，就得去掉自我，正本清源；就得"笨人法事"，做人要敢于吃亏，做事要强调方法，此谓少数"游山玩水"者凭"山水思维"让大众"风花雪月"。

**风月既是普遍也是差异，普遍是路，差异是径，此为路径，我将此称为战略路径。**

到过泰山/西湖的都见过一处石刻，上书"虫二"，何谓？虫二者风月无边也。客观来说，大多数人往往会落入外部环境的窠臼，自然不自然地**被引渡**到那外在的舒适，越来越向往那无边无际的虚无缥缈，好像找到了彼岸，于是成为众生。殊不知**"天雨虽宽，不润无根之草；佛法虽广，不度无缘之人。"**于是我们看到了这番景象："**许多人的失落是违背了自己少年时代的立志，自认为成熟，自认为练达，自认为精明，从前多幼稚，总算看透了，想穿了，于是我们就此变成了自己年少时最憎恶的那种人。**"风月无边就是"无知指引下的一以贯之"，"一以贯之"就是普遍，"无知"就是差异。

纵观古今中外，老子之于"道"、庄子之于"化"、孔子之于"仁"、孟子之于"义"、马克思之于"阶级"、弗洛伊德之于"意识"、爱因斯坦之于"相对论"……无不"一以贯之"，此类事例举不胜举。今天，更需要我们在一个狭小的领域做不是那么伟大的事情，这才是伟大。讲一个故事，在为某公司管理人员授课过程中，我用该公司董事长某某华的"华"字建构了公司的管理模式：H（华）管理模式。H左边的竖线代表技术，右边的竖线代表管理，中间的横线代表协同。由此推想，我以为工业企业一般由技术起家，而后成为技术方面的领先者，我把此称为从**技术少"帅"**到**技术大"师"**，这有点类似于人由少年走向青年，往往追求那表象的、直线的外在。从青年走向中年呢，管理逐渐成为主要矛盾？这时候大多数企业开始问管理要效益，企业自然而然地开始亲近管理，我把此称为从**技术大"师"**到**管理之"帅"**，这时候才开始热恋那深刻的、非线性的内在，这是技术与管理的区别。有趣的是，"从帅到师、从师到帅"仅仅是"一"横之差，这个"一"就是H中间的一横，就是将技术与管理合而为一的"一"。有了这个"一"，企业在技术与管理双轮驱动下可能会有更辉煌的未来，没有这个"一"，企业很可能会戛然而止，这就是"一"的功劳。岂止是"一以贯之"，简直是"一以渡之"。渡谁？渡有缘人！谁是有缘人？在企业就是企业家！熊彼特说，"**企业家存在着征服的意志、战斗的精神，不是为了成功的结果，而是为了实现成功本身。**"要想实现成功本身，**首先需要承认自我的无知**。

认识到自己无知，才能够摆脱基于安全感考虑的对外物的依赖，这样才可能趋向于心灵的自由和意志的独立，只有心灵的自由、意志的独立才能导致谦和，一个谦和者才是最有学习能力者，也才最有可能带领和引导团队向前以走出困境。今天我们走出困境的路径之一就是**从已知到无知**，我把能做到这点的人称为自由人，不能做到这点的人称为依赖者。今日世界之主要问题在于大部分人都是从已知到已知，因此都是依赖者。所以，不追求安全感就是最大的安全感，不仰仗依赖性就是最大的依赖，不探索独立必不能独立。这就是**无知的差异性启示**。

**雪花既是规律也是赞美，规律得适，赞美有应，此为适应，我将此称为战略适应。**

讲一个故事：前一段时间有机会跟东北航空公司董事长陈春胜交流。后来我将无门惠开禅师的"春有百花秋有月，夏有凉风冬有雪，若无闲事挂心头，便是人间好时节"改编为"**春**有百花秋有月，夏有凉风冬有雪，若无闲事挂心头，**胜**是人间好时节"，将**春胜**两字嵌入诗中，因此得悟其经营之道：**四懂**。

一是懂**道**，此道就是古道热肠。一位善于通过文化活动尤其是善于利用传统文化建立氛围并进而利用氛围产生的仪式感的一把手，必然可以建立获得年轻人源头活水的"场域"，会利用"场域"进行经营的一把手一定会打通从振兴到复兴的境界之路。"执古之道，以御今之有，以知古始，是谓道纪。"诚如斯言！

二是懂**协**，此"**协**"为**协调、协作、协同和协约**。东北航空公司目前的治理结构是董事长、总裁、执行总裁、总经理，然后是执行层。这样的权力结构，必然要好好"协调"，这是西方管理的协调本质；协调是为了协作，协作才可能成就团队，今日世界之局面必须依靠团队作战方可获胜；团队作战追求协同一致，协同才可能成为利益共同体和命运共同体；而这些都离不开"协约"，协约主要在于"约"字，"约"既是主导**市场经济的契约精神**，又是深耕**人文红利**的指路明灯，这是法治的根本，更是文明的曙光。

三是懂**空**。我在 MBA 和 EMBA 课堂上经常这样问答：

有空吗？没空！**没空就是满、损、亏**。

有空吗？有空！**有空就是谦、益、盈**。

问答完毕，我会让学员体会用"空"获得醍醐灌顶的直觉。所以，**我们当学会"求空"而非求败**！"求空"后才能装思想，懂得用思想带领企业前行者才可以**空无多有**。

四是懂**孝**。什么是孝道？老父亲一直让陈春胜陪着回山东老家，为了让支撑生命延续的念想一直存在，陈春胜一直用善意的"我比较忙"作为借口，老父亲的生命也因此得以持续，这就是生命代际传承之光，这就是地头力哲学，这就是传统文化的**善孝**，这就是**敬畏和尊重规律**。有这样的"孝"心者以此种"孝"心治企，必然需要从管理现场发掘出让念想存续的因缘，然后由大家共同维护这一因缘，相信际会之光一定到来，这就是"**孝**"治的循环之道。

这不值得赞美吗？当然要赞美！要赞美什么？"**当你把阳光给了花朵的时候，花朵就把美丽给了你，这就是你的魅力**。"阳光、花朵、美丽和你我构成了一幅怎样和谐的成就自我魅力的图景啊！今天的 90 后、95 后甚至 00 后是否更适合用赞美的法子以延续皮格马利翁效应呢？大家都知道答案！

山会青起来，水会秀起来，一切都会好起来，管理从"**游山玩水**"中获得原型，在"**风花雪月**"中寻找普照。于是，我们看到：天慢慢地清了，地慢慢地宁了，物慢慢地生了，此谓得一之道！此谓"圣人不病，以其病病"，从来都是"为人愈有，与人愈多"，这就是少数人的"游山玩水"和多数人的"风花雪月"，少数奉献者将智慧作为燃点点燃自我给予多数需要者。"**不能去跳舞，我还有梦想！**"酷特智能股份有限公司董事长张代理如是言。

### 10.3.3 境界追求

韩非子在《八经·主道》中有言，"下君尽己之能，中君尽人之力，上君尽人之智。"这段话把管理者划分为三个层次，只能"尽己之能"，什么事都是自己干的基层管理者；只能"尽人之力"，让别人在自己的指挥下去执行的中层管理者；可以"尽人之智"，发挥别人的聪明才智，甚至替自己去决策、指挥和执行的高层管理者。与此有异曲同工之妙的是戴尔·卡耐基讲过的"和比自己强的人合作，而不是和他们战斗"。一般都是从知人善任角度解读这三句话，我想从基层、中层和高层的境界追求角度解读之。

本书认为，基层应多给予成就感，中层应多承担责任感，高层应多具备使命感，这才是一个有担当的组织的归属感和获得感。为什么这样定位呢？

**1. 基层的成就感**

成就感一词最早出自《易经·坤卦》六二爻辞"含章可贞，或从王事，无成有终。"其中的"无成"指的就是在高层身边做事，不与王争夺成就，其结果才是比较理想的。成就感是什么？如何用成就感呢？成就感是一种资源，不同阶段成就感的定义是不一样的，中层和高层能够把成就感给基层就是中、高层的成就感，因为基层比中、高层更需要这成就感。理解了为什么把成就感给予基层的道理，就可以达到"用环境带兵"的层次。环境是什么？环境尤其是软环境是一种氛围资源，中国传统文化就是一种氛围资源，懂得用文化创建氛围的管理者自然就懂了"管理是让别人忙的有效的学问"的道理。

在中国文化中，一个人的成就往往被认为是祖先阴德的回报。这种观念耐人寻味。一个人如果把当下的成就都归于自己的能力，这样的人不自我膨胀都难。如果一个人认为自己的成功原因在于祖先的阴德，反而会有一种感恩和战栗之心，有一种强烈的使命感和责任感，所想的是如何将这份福报传下去。如果一个人把自己的成就归于天命眷顾、父母关爱、朋友支持、下属帮助，就会有感恩之心、愧对之意。有感恩之心、愧对之意的人最容易保持清醒和控制自己的能力。这就是谦虚的力量，请大家记住，谦卑在英文中的词源是泥土，这叫作谦卑的成就。

**2. 中层的责任感**

中层的责任感用德鲁克的话来说就是"正确地做事"，对中层管理者而言，要培养卓越的"正确做事"的责任感，必须学会治事五到。其一是身到，要亲临现场；其二是心到，一心一意努力工作；其三是眼到，用自己的眼睛来观察；其四是手到，随时记录；其五是口到，交代任务一定到位，工作沟通一定到位。五到之中，心到最关键，星巴克咖啡创始人霍华德·舒尔茨有一部自传体的著作《将心注入》，他说，"我把心交给了每一杯咖啡，还有星巴克的伙伴们。当顾客们感受到这些时，他们会给予相应的回报。如果你倾心投入自己的工作，或是任何值得为之努力的事业，你就有可能实现在他人看来不可能实现的梦想。生活因此会变得很有意义。"

按部就班做事，最多只能把事做对；用心投入做事，事情才能得以卓越。因此，可以这样说：管理者就是发现和解决问题的人！用百米冲刺和跑马拉松来比喻正确地做事，用重点突破和闭环优化的原则来正确地做事，这就是问题管理的精髓。企业管理中的问题一般分为三类：老问题——指重复出现、长期得不到解决的问题；大问题——对目标完成阻力最大、对外影响最大、造成损失最大的问题；难问题——用多种办法逐渐有效但又不能很快得到根治、解决难度高的问题。问题能不能得以解决关键只有一个，就是管理者敢不敢把自己放到问题中！实际上，管理存在问题的根源在于管理者，在于主要管理者的认识问题，主要有以下五大认识：①终端的问题是领导的问题，这就是责任担当意识；②看不出问题是最大的问题，这说明标准制定有问题；③重复出现问题是作风问题，这说明有人容忍问题持续长期存在；④不善于解决之是素质问题，这说明需要加强方法的学习；⑤三不放过是解决问题之道。哪三不放过？找不到具体责任人不放过——责任人没有受到教育不放过；找不到问题的真正原因不放过——在于你敢不敢把自己摆进去；找不到最佳解决方案不放过——方案落实不到位也不放过。用陈云的"不唯上、不唯书、只唯实,交流、比较、反复"的思维方式思考是解决问题之道,这就是"上智悔前,中智悔后,下智无悔,悔者思也"。

### 3. 高层的使命感

什么是使命感?使命感就是一个人对自我天生属性的寻找与实现。简而言之,使命感就是"没事找事,别人的事当自己的事,自己的事不当回事,大家的事永远是大事!"这是使命感通俗易懂的表述。使命感就是德鲁克主张的"做正确的事",怎么做?通过愿景(管理者的概念技能)管理注意力,创造专注;通过沟通(管理者的人际技能)管理意义;通过定位(管理者的技术技能)管理信任;通过自我认识管理自己。

麦当劳的创始人雷·克罗克"坚持不懈"的使命感表述如下:在这个世界上没有什么事物可以代替坚持不懈。能力不可以,能力出众却没有取得成功的人到处都是。天才不可以,有天才而无收获几乎是一句格言。教育不可以,世上到处可见受过教育的流浪汉。坚持不懈,只要下定决心就无所不能。记住泰戈尔的名言,"只有流过血的手指,才能弹出世间的绝唱。"

心纯一,事就有其整体性;事纯一,心方得以安顿性,这就是使命感,信仰和梦想是一种情怀的守恒。当年的孔子知其不可为而为之,自己跟自己过不去;当年的墨子摩顶放踵利天下,自己折磨自己;当年的诸子百家哪一家不是抱着以天下苍生为己任而延续千年?人类轴心时代产生的具备使命感的思想家推动了人类文明的战车,也推动着管理、商业文明的战车驶向浩瀚的未来。

卡尔·雅斯贝尔斯在《历史的起源与目标》中第一次把公元前500年前后同时出现在中国、西方和印度等地区的人类文化突破现象称为"轴心时代",轴心时代的使命动力来自于人类本性的生物性、精神性和社会性三个基本维度,乃是人类本性的最一般规定,这种最一般规定尽管其表现形态可能会随着时代的不同而有所不同,但它们却是贯穿于人类社会任何历史形态之中的。这种普遍地存在于任何历史形态之中的一般人性,决定了人类生存的最一般需要或需求。人类需要的满足本质上异于普通动物。普通动物可以直接从自然界获取自己需要的生活资料,而人类则需要通过自己的生产来间接地满足人类使命感的追求。这其中自发地与反思的精神生活方式相摩相荡,不是一成不变的,它们之间可以互相转化:当自发的精神生活方式发展到一定程度,必然会被反思到;而一种自觉反思的精神生活方式一旦成为全民的意识,则往往又会积淀成民族的集体无意识(即自发的)。但是,这种变化不是任意地发生的,它是随着人类生产力的发展特别是人类政治制度的变迁而发生的。这就是管理文明的迭代,自发与反思构成了管理文明迭代的双螺旋。

除了这三感之外,中国文化中还有"甘节"的境界追求。

节卦是《易经》第六十卦。水泽节卦,万物有节。《节卦》的卦象是兑(泽)下坎(水)上,为泽上有水之表象,象征以堤防来节制。水在泽中,一旦满了就溢出来,而堤防本身就是用来节制水的盈虚的。君子应当效法节的易理,制定典章制度和必要的礼仪法度作为行事的准则,以此来节制人们的行为。

《节》卦的主旨是节制、限制。有节制,能限制,是事物发展的普遍规律。顺应这种规律,人类自觉地通过各种法律和规章调控自己的行为,社会才能顺利发展。节制分为四类:不节制,不节;安然实行节制,安节;适当地节制,甘节;过分节制,苦节。可见,节制自身也有节制问题。节而失节的教训，古今中外不乏其例。从四种节制来看，《易经》提倡"甘节"，不可以"不节"，这是要求人积极主动地进行自我克制以实现主客体的统一。

《易经》指出，进行自我克制的最高境界是将自我克制变成自己的追求，使自己的主观愿望与自我克制变成一回事，从而达到主观愿望与客观条件的完全吻合。

中国历史上有几位伟人也很重视"节"。

墨子"苦己利他"的思想与"苦节"如出一辙！"苦己利他"是在"苦节"基础上的升华。墨子强调财用上的节约，最终落脚点在于治理国家，同时，"尚节"也是墨子"兼爱"思想在财用上的体现，更是他为政治国的重要主张。墨子把"节"作为实现富国强兵的手段，在他看来，在治国上要想收到事半功倍的效果，必须"去其无用之费"，只有这样才能"用财不费，民德不劳，其兴利多矣"。

老子倡导"节俭"中的"节"，来源于节卦初九爻辞"不出户庭，无咎"，正是"足不出户"之象。孔子对此爻解释说，"不出户庭，知通塞也。"就是说之所以不出户庭，是知晓"通则当行，阻则当止"的道理。"不出户庭，无咎"是节卦的开始，自然应该谨慎从事。孔子对此进一步发挥说："乱之所生也，则言语以为阶。君不密则失臣，臣不密则失身，几（机）事不密则害成，是以君子缜密而不出也。"孔子说，之所以总有"乱"发生，其根源往往是由言语引发的。君主说话不慎密则失信于臣，臣下说话不慎密则灾殃及身，重要的事情不慎密则造成祸害。所以，君子处事说话谨守慎密，不乱出去，也就不会乱说话。这提醒人们说话办事要谨慎，防止言行有失而带来灾祸。提到足不出户，很容易想到老子的名言"不出户，知天下。"老子是这样说的，也是这样做的。

老子和墨子的思想中都有"节制"的萌芽，都倡导节俭，那么孔子在他的思想中是否也倡导"节"呢？孔子思想中倡导的"节"与老子、墨子倡导的"节"不同，如果说老子倡导的"节"是自然之"节"，墨子倡导的节是"苦节"的话，那么孔子倡导的"节"是基于"安节"追求"甘节"。儒家的节有中节、时中、适宜、无过无不及等中庸的思想内涵。

孔子曾在评价古代的往圣先哲之后自我评价，"我则异于是，无可无不可。"意思是说，我和他们都不一样，并不执着于什么境界，没有什么是绝对的不可以，也没有什么是绝对的可以。那么，孔子通过什么判定可以不可以呢？就是通过"时"——"时止则止，时行则行"。所以，孟子称赞孔子是"圣之时者也"。

这就是中国的传统，蒙培元认为，"实体论是西方哲学的传统……中国哲学则是境界论的。所谓境界，是指心灵超越所达到的一种境地，或者叫'心境'，其特点是内外合一、主客合一和天人合一。"而冯友兰先生依觉解程度不同提出了"自然境界、功利境界、道德境界、天地境界"的不同。陈世锋认为境界论之所以成为东方一个思维特点，主要原因在于，东方终极超越不是一个实体，而是一个很高的心理的德行水平，即是一个境界。境界论一方面是心灵的境界，另一方面将之划分为不同的层次。他认为，范式理论否定了普遍理性，而境界论则为理性进行了排序。

| 实践聚焦 | **酷特智能：工业互联网网红张代理的征服故事**

张代理的征服缘于做智能时代服装企业的一个梦想。10多年前，成衣品牌危机四伏，一连串库存、应收账款等渠道上的烂心事撞醒了张代理，几经反转他的脑海

里有了一幅未来的大画面:正装个性化量身定制时代即将到来。假如公司为上千万个用户定制西装会是什么样的画面?这幅未来的图画想想就让他激动不已。

当时不清楚,现在很清晰,原来那就是张代理的中国梦!他不想随波逐流,他要做一个智能时代的企业!他坚信梦想的力量。为了这个梦想,张代理10多年的征服开始了。

"企业家精神,就是战胜自己,不停地战胜自己的一种精神。我们正在全力以赴拥抱这个时代,我们认为可以创造一个全新的供求关系,为这个时代注入新的动能。""我认为现在这个时代如果用一个字来形容,那就是'酷',但是在这个酷的时代,如果没有特别的、创新的思维,将是一钱不值的。"张代理在解读企业名称时这样说道。

### 张代理凭什么征服

张代理做服装25年,在10多年前提出并推进数据驱动,经过10多年否定之否定的磨砺,已经成为西装个性化量身定制全球第一。智能时代袭来,许多"思想家"茫然不知所以,找不到方向和路径。扎根大地的张代理,却阔步在人工智能大道上,深信无穷智慧的源头和无中生有的思维操作系统。他坚信和强力推进的是源点论思想,源点论就是回到现场无形的无穷性智慧的源头,在百苦千难的创造性实践中,一是要尊重根本规律,要遵循、随顺、践行自然根本规律;二是要还原人性,还原人之真善美创造本性,激发人主观能动性和自主创造力。

在酷特智能股份有限公司,不仅董事长张代理有"量身定做"的"特权",每位消费者都可以通过网络下单,个性化定制自己的专属服装,且价格实惠,制作周期短。顾客只需下载酷特云蓝App,通过手机自主设计、选料、下单,测量采集19个部位的22个尺寸,一笔私人定制服装的订单就能轻松完成,接下来,驱动一切的将是大数据。在酷特智能个性化制造工厂,订单会自动转化成数据,发送到生产的各个环节。经过数年努力,酷特智能建立起板型、工艺、款式、BOM四大数据库,达到数百万万亿的海量数据,可以匹配男士正装99.9%以上的人体体型。过去,服装的私人定制从下单到交工需要90天,酷特现在仅需7个工作日。

### 张代理要征服什么

张代理看重因果、变化、动态平衡三大根本规律。他独落根本,实事求是,特别注重经营诚信和品质,特别注重为客户创造美好生活。他信奉变化的真理。他想要这样的真理成为一切人的真理:一切从零出发,到一境灭一境,入一步杀一步,得一趣忘一趣,知一妙去一妙。很少有人意识到,新时代思维要有新的操作系统。当时,公司大部分人以为他疯了。他一个人对抗整个世界。他要改变人们舒服、偷懒、按部就班的思维特质和行为结构,自然会受到众人的抵抗。而他一心想做的是以"源点论"新思维,更换人们思维操作系统和行为结构!

企业变革的根本在于人,在于意识。在张代理看来,企业的变革必须是全价值链、全生命周期的变革,不仅要有生产流程的改造,还要有颠覆式的组织和管理改造。"互联网、大数据等先进技术的进步与应用让这个时代的沟通变得更加直接和扁平化,传统的企业组织架构和管理方法变得越来越不合时宜。"张代理表示,"企业的个性化生产完全靠数据驱动后,企业的领导、部门、科层以及审批等原来的组织架构和管理方式甚至可能会阻碍企业生产的正常运转,因此,必须要完成组织架构和管理方式变革。"张代理提出了企业的"治理之道"。在这种全新的管理哲学下,企业组织架构趋于扁平,中层管理人员不复存在,员工和企业的关系从打工者与雇用者的模式中走出来,管理方式由过去的企业管理变为如今的自我治理。

张代理把酷特智能的科层、部门全部取消，通过规范化、标准化、体系化、数字化、平台化建设，去领导化、去部门、去科层、去审批、去岗位，每个人只剩下职务，是什么职务就有什么职能，实现了由人治到自治、从管理到治理的转变，形成了一套体系严谨、成熟可落地的"酷特智能治理之道"。发现真理难，贯彻真理更难。那需要舍得一身剐的胆略、强大无比的"坚决性"。他不去辩论，而是从根基上动摇、克服一切妨碍他行动的无明。那是一种超然的"坚决性"：在内里融化、粉碎和打破所有教条的规定性和明确性。这种"坚决性"是一种对事物的至诚，是一种对大自然根本规律的至诚。

10多年过去了，从开始一个人跟整个体制对抗，到现在已经全员一心主动积极参与其中，经历了数不清的难关。在云计算与大数据的背景下，张代理治理体系已经有模有样了：去科层、去审批、去领导化、数据驱动，全员对准利润目标，自组织自进化生态体系。法制化与数据驱动结合，威力无比。"我的生命我做主""自觉自动自主的创造"，这些人类先贤的理想，在张代理治理体系中开始实现了。

苦难的土壤，会开出灿烂的花。当然，无数的危机和磨砺还在前边等着。正是一个个危难，成为新治理体系的缘起。一个个危难，也将提供反转的契机，打磨出成型的张代理治理体系，必将成就新的管理文明。正如酷特智能的企业发展愿景所言，"做一个有益于社会进步和人类文明的百年企业"。

# 第11章

## 管理激励为赋能

❥开篇案例

**Celebrate What's Right with the World**

这是一个视频案例，可通过百度以"Celebrate What's Right with the World"为关键词进行搜索并在线观看。

## 11.1 赞美这世界

### 11.1.1 暗示的力量

尼采有言，中国有句古语"金无足赤，人无完人"，但是，如果谁真的想打起灯笼来到市面上寻找完人，最终令他感到的可能不是一种失望，而是一种意外：完人其实就是那些终日为"善"而奔波，而又在不知不觉中实现了"美"的"真"实不虚的普通人。哈罗德·罗森堡在《荒漠之死》中讲道，"一代人的标志是时尚，但历史的内容不仅是服装和行话。一个时代的人们不是担起属于他们时代的变革的重负，便是在它的压力之下死于荒野。"

接下来谈 90 后。社会学家把第二次世界大战以后每 10 年分成一个阶段加以研究，90后是指 1990 年 1 月 1 日至 1999 年 12 月 31 日出生的中国公民。90 后出生时改革开放已见明显成效，那是中国信息飞速发展的年代。可以说 90 后是信息时代的优先体验者，90 后不仅拥有自由奔放的想法，总是站在科技前沿，而且对未来持乐观态度，这使他们成为未来世界中最"可怕"的中国人。

今日世界的信息发展迅速，同时由于全球化，各地物品均涌入中国，各国交流日益广泛。90 后相对年轻，对新事物的接受能力较强，审美观和价值观也与前人有很大不同。市场经济的法则、竞争机制的强力、机会资源的有限，以及全球化的浪潮变得更加具体和真切，这一切使 90 后变得不仅更加理性、务实，而且更加开放、坦然。面对就业压力，他们的择业观念更加实际、更加灵活，面对异常激烈的职场竞争，他们的心态更加冷峻、更加淡定，在行动层面上更加重视规则，在机会面前更加注重实力。

现代社会转型、彰显人的价值、科学发展观的践行、以人为本的发展目标……成长在这种氛围下的 90 后，价值观中的人本化取向将是极其鲜明和强烈的。他们更加热心公益事业，更加反感对人性的扭曲和人格的变态。中国社会正在从同质向异质变迁，以僵化的、单一的形式传递文化的同质社会，所塑造的是从众人格；而以弹性的、多样的形式传递文化的异质社会，塑造的则是自律人格。从众人格的特征是它的共性化，自律人格的特征则是它的个性化。90后将是大力张扬个性的一代，这种个性张扬将从衣着、发型等个人生活领域向参与、表达等社会生活领域扩展。当社会的理性化趋势不断扩张的时候，科技的力量、市场的强势等所导致的紧张、忙碌，使得很多人没有时间去回眸历史、思考意义、接近自然，人更多的是存活于当下，较少知道何谓超越性的关怀和终极性的追求。90后可能是更加娱乐化的一代。娱乐社会的勃兴，不仅表现在娱乐明星产生的周期缩短，而且表现在娱乐成为一种大众共同消费品。处在这种背景下，娱乐从一开始便成为90后的一种基本生活方式。

陈春花在《激活个体》中讲到其阅读福布斯中文网Natalie Robehmed于2015年7月25日刊发的文章，文章的题目是"为何大学毕业生成批涌向初创公司"。文中介绍："如果问一批近年来毕业的大学生他们目前在哪里工作的话，有相当一部分人会回答说'在一家初创公司工作'。'初创公司'曾经是一个指代小企业的行业术语，但现在却让人联想到一种令人兴奋的具有企业家精神的生活方式——越来越多受过高等教育的年轻人倾向于选择这种生活方式。"在Natalie Robehmed的统计中，Y世代中有47%的人在员工人数少于100人的公司工作。

陈春花在《激活个体》中继续讲到：她曾经和一部分年轻人交流过，也认识一些被称为连环创业者的人，这些年轻人特别强调在初创公司工作，或者设立初创公司，最令他们感到愉快的是，没有等级职位划分的层级结构，没有大系统的僵化与内耗，拥有很多让他们自己觉得可以贡献价值的感觉，并可以看到最终的结果。许多人表示，在初创公司里，能够非常迅速地学会涉及范围更广泛的一系列技能，而不是像大型企业那样被固化在一个狭窄的职位通道里。最重要的是，他们都希望自己能够产生影响，并做出贡献，这些影响和贡献能够得到及时的反馈，这在大公司里根本做不到。

这就是今天管理必须面对的独特的、具有创新精神的个体，他们有自己的选择和价值取向。因此，陈春花提出了面向未来的新的管理范式：具有系统思考的领导者，依赖于个体内在价值，而不是沿用至今的组织价值，来思考整体以及个体的行为。这种新的管理范式，有关个体价值的创造会成为核心，如何设立并创造共享价值的平台，让组织拥有开放的属性，能为个体营造创新氛围，则成为管理者的基本命题。

不过，当下很多企业管理者对于90后的看法和心态恰如《琵琶记》的一段话。

我本将心向明月，奈何明月照沟渠。落花有意随流水，流水无心恋落花。

用这首七言绝句来描述当下的部分管理者对90后乃至00后的心态和看法再合适不过，很多60后、70后乃至于80后的管理者越来越"看不见、看不起、看不懂、跟不上"90后的思维和行为。怎么办呢？本节从赞美的视角探讨在AI（人工智能）、5G（五代通信）、BD（大数据）、BEV（电动汽车）等人类制造的技术环境下，以及技术环境的变化导致的不确定的社会环境下，如何激励和赋能90后个体。

本章开篇案例关于Dewitt Jones的"Celebrate What's Right with the World"，我多次在本科生、MBA、EMBA和EDP总裁培训班上使用过，我自己也多次被感动过。我记得有一次在呼伦贝尔为EMBA学员授课，当天课程结束后大家在草原上争先恐后地找蒲公英并为之照相，虽然没有照出Dewitt Jones的水平，但是大家踊跃向善的情怀和知行合一的执着令我深度思考。这不正是陈春花所说的"在今天，每一个普通的个体，都可能是'完人'，我们需要为此做出改变和努力！"今天的管理者应该记住一句话，"管理谁就得先适应谁。"

需要怎样改变和努力以适应今天的与众不同的个体呢？还是从赞美开始吧。

通常认为东方文化和西方文化有一个显著的差异，东方人一般比较含蓄、内敛，因此往往不愿意明言；西方人一般比较开放、自由，因此多直言不讳。面对 90 后，管理者需要重新认识和运用这种特性，赞美是比较合适的方法之一，赞美实际上是一种皮格马利翁效应。

皮格玛利翁效应的启示：赞美、信任和期待具有能量，它能改变人的行为，当一个人获得另一个人的信任、赞美时，他便感觉获得了社会支持，从而增强了自我价值，变得自信、自尊，获得一种积极向上的动力，并尽力达到对方的期待，以避免对方失望，从而维持这种社会支持的连续性。运用到管理中，要求领导对下属投入感情、希望和特别的诱导，使下属得以发挥自身的主动、积极和创造性。领导在交办任务时，不妨对下属说："我相信你一定能办好""你是会有办法的"，下属就会朝你期待的方向发展，人才就在期待之中产生。一个人如果本身能力不是很行，但是经过激励后，才能得以最大限度地发挥，也就变成了行。

杰克·韦尔奇是皮格马利翁效应的实践者。他认为，团队管理的最佳途径并不是通过"肩膀上的杠杠"来实现的，而是致力于确保每个人都知道最紧要的东西是构想，并激励他们完成构想。韦尔奇在自传中用很多词语描述理想的团队状态，如"无边界"理论、四E素质（精力、激发活力、锐气、执行力）等，以此来暗示团队成员"如果你想，你就可以"。在这方面，韦尔奇还是一个递送手写便条表示感谢的高手，这虽然花不了多少时间，却几乎总是能立竿见影。因此，韦尔奇说："给人以自信是到目前为止我所能做的最重要的事情。"

松下幸之助也是善用皮格马利翁效应的高手。他首创了电话管理术，经常给下属，包括新招的员工打电话。每次没有什么特别的事，只是问一下员工的近况如何。当下属回答说还算顺利时，松下又会说：很好，希望你好好加油。这样使接到电话的下属每每感到总裁对自己的信任和看重，精神为之一振。许多人在皮格马利翁效应的作用下，勤奋工作，逐步成长为独当一面的高才，毕竟人有 70% 的潜能是沉睡的。

皮格马利翁效应体现的是暗示的力量，它告诉人们，对一个人传递积极的期望，就会使他进步得更快，发展得更好。向一个人传递消极的期望则会使人自暴自弃，放弃努力。中村天风讲过一句话，"人做何事，皆可以心想事成，人可以实现自我暗示的目标。前提是珍视自己的心，并且能正确运用自己的心。"人类本性中最深刻的渴求就是赞美。每个人只要能被热情期待和肯定，就能得到希望的效果。管理者应该而且必须赏识你的下属，要把赏识当成下属工作中的一种需要。赞美下属会使他们心情愉快，工作更加积极，用更好的工作成果来回报你，何乐而不为呢？按照《怪诞行为学》的看法，赞美是一种"锚"，锚定指人们趋向于把对将来的估计和过去已有的估计相联系。在管理应用中，长期的坚持赞美会形成一种印记，对被赞美者而言会发生持续的反应，如果能够坚持赞美的话，会产生共振效应，长此以往就会转化为良性的行为习惯。

### 11.1.2 需求是根本

阿特金森认为激励就是"此时此刻对行动的方向、强度与持续性的（直接）影响"。琼斯认为激励涉及"行为怎样发端，怎样被赋予活力而激发，怎样延续，怎样导向，怎样终止，以及在所有一切进行过程中，该有机体是呈现出何种主观反应的"。维克托·弗鲁姆认为激励是"一个过程,这过程主宰着人们……在多种自愿活动的备选形式中所做出的选择"。这样看来,激励的出发点是为了满足需要,激励的对象是产生某种行为的个体或群体,激励的目的在于引导个体或群体重复与强化符合组织目标的行为。

动机激发过程涉及三个要素:需要——有价值的东西缺乏或者不足的状态,内驱力——渴望获得缺乏或者不足东西的内在驱动力,目标——满足需要和减弱内驱力的事物。激励是个体或群体通过高水平的努力而实现组织目标的愿望,而这种努力又能满足个体或群体的某些需要。

需要的基本问题就是需要的多样性和差异性。马斯洛认为人心理发展过程中五种需要是逐级递升的,且当下一级需要基本满足后上一级需要就会出现,这时追求上一级需要就成了驱动行为的动力。不过,不同的人以及同一个人在不同时期和条件下对五种需要的需求强度是不同的,其中必有一种最迫切,也就是所谓的"强势需要"。从图11-1可知,马斯洛把需要分为两类,生理、安全和社交需要属于低级需要,通过外部条件使人满足,当这些需要满足到一定程度时,人的需要强度会降低,对人的驱动力作用会减弱,属于保健因素;自尊和自我实现属于高级需要,从内部使人满足,且人对这两种需要永远不会满足,属于激励因素。

克雷顿·奥尔德弗把人的需要分为三种:生存需要、相互关系的需要、成长发展的需要,也叫 ERG 理论。奥尔德弗的需要理论与马斯洛

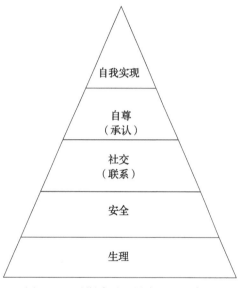

图 11-1　马斯洛需要层次理论示意图

的需要理论有一定的对应关系。以马斯洛的需要层次理论为基础,西方管理建立了一种激励模式:需要—目标—动机—行为—绩效—奖酬—满足—积极性,需要是基点,针对性设置目标,激发实现目标的动机,引发努力行为,根据工作给予奖酬,需要得到满足,看到进一步满足的希望,最终达到激发工作积极性的目的。

无论马斯洛还是赫兹伯格,主要都回答了以什么为基础,根据什么激发调动积极性等问题。在整个激励过程中,人的心理和行为非常复杂,受各种因素影响。因此,有效的激励应结合各种影响因素构建差异性、阶段性的需求满足平台。

维克托·弗鲁姆提出了期望理论:$M = E \cdot V$。$E$:目标效价,是人对实现目标有多大价值的主观判断,若认为价值大则积极性高,反之则低。$V$:期望值,实现目标可能性的大小,大则努力争取,反之则没有激励。由此出发,激励时要处理三个关系:努力与绩效的关系,绩效与奖励的关系,奖励与满足需要的关系。根据期望理论,组织的奖励不仅要符合个体预期绩效,还要满足个体需要。

洛克和休斯提出目标设置理论,进一步分析了影响目标激励作用的各种因素。①目标难度:难度低,缺乏挑战性;难度高,令人望而生畏。②目标明确性:SMART 原则,尽量明确。③目标可接受性:企业目标与个人目标协调时,目标可以发挥激励作用。

人的公平感取决于横向和纵向比较,亚当斯强调在激励过程中一定要注意奖酬的公平

合理。波特和劳勒围绕行为与绩效问题提出三个影响因素。①角色概念：一个人有了向目标努力的动机，还得有明确的角色概念，这样才有正确的行为和相应的绩效。②能力：一个人的努力最终能否取得理想绩效往往取决于自身的能力，管理者应根据员工能力安排工作使其胜任。③工作环境：一个人的努力和能力只有在良好的工作环境中才能得以发挥。

总之，工作目标的设定要结合角色定位和个体能力进行差异化、具体化，要保证经过一定的努力目标可以达成，目标达成后得到相应的奖励，而且奖励能满足人的优势需要。

因此，阶段性需求满足平台首先要设定难易程度适中的工作职位、工作目标；其次，选择与不同优势需要相对应的激励因子，以该激励因子为核心构建一个以其他几项激励因子为辅的激励组合；最后，在不同工作目标的达成与特定激励组合之间建立某种对应关系，管理动力正是产生于这种组合，核心激励因子首先满足人们的优势需要，而辅助激励因子确保人们获得与自身角色、能力定位相当的公平对待，从而激励并保障人们实现某些工作目标、从事某种行为的积极性。图11-2为阶段性需求满足平台。

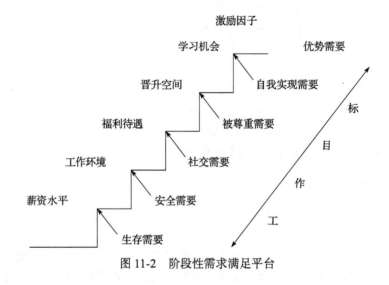

图11-2 阶段性需求满足平台

有必要对需要和想要进行比较，以进一步研究互联网时代人的特点。

从《动机心理学：理论与实务》中得知需要是指有机体在生存和发展的过程中，感受到的生理和心理上对客观事物的某种要求，更多的是变现为人体组织系统中一种缺乏和不平衡的状态。需要表现出有机体对于外界条件以及内部环境所表现出来的依赖性。只有一定程度上满足有机体的需要，才能够健康地成长。例如，人的生活需要空气、水、基本的食物作为保障。根据马斯洛的需要层次理论，需要是处在较低等级的最根本的需求层次，如果不能满足需要，其他一切激励都是空谈。因此，最初级别的最重要的激励是满足有机体的需要。

从《辞海》《汉语大辞典》里查询想要的语义，发现"想要"更多的解释是"一心向往，热切的希望"。类比于需要的词义，想要是指有机体在满足了一定的基本生存条件后，对于生活质量、自我需求的进一步追逐。例如，人们想要生活在安静的环境中。根据马斯洛的需要层次理论，想要是处在较高等级的需求层次，是为了更高水平的自我实现，所表现出来的欲望与向往。欲满足人们的"想要"，需要付出更大的代价，需要更高级别的激励。

明白了需要与想要的区别，有助于我们研究互联网原住民的特性。

## 11.1.3 人人的时代

汤因比在《历史研究》中总结了人类文明起源、成长、衰落和解体的规律。起源：人类对环境的"挑战"进行"迎战"。成长："适度的挑战"和"适度的迎战"之间的连续循环，表现为可显的外部成就和人类内在的发展。其中，少数人持续的创造性活动和人类自省作用巨大。衰落：少数创造者丧失了创造能力，道德出现问题，角色发生转换，多数人相应地撤回了他们的追随和模仿，社会失去了自决能力和新的应战能力。解体：少数人创造力的消失和灵魂的堕落，社会中的个体行为、情感和生活方面出现危机。

14世纪的文艺复兴，刮起了"以人为中心"的复兴之风，成就了欧洲几百年的辉煌；21世纪的互联网时代，再次兴起"以人为中心"之风，21世纪注定是中国人的时代。我们必须高度关注知识社会、互联网、物联网和万联网经济。Internet发展到今天已经进化到第三代：Internet1.0是桌面互联时代，是门户时代；Internet2.0是移动互联时代，是社交时代；Internet3.0是大互联时代，是物联网时代。有什么特征呢？彭剑锋总结为四大特征。

**第一，一个互联互通的商业民主时代。**互联互通是零距离的，信息的对称和零距离的沟通，平台上的利益相关者都可以自由、瞬时表达自己的价值主张和价值诉求，靠信息不对称和黑箱运作获取利益的盈利模式及股东价值优先的思维定式被颠覆了，取而代之的是客户价值优先、利益相关者价值平衡基础上的盈利模式。从某种意义上说，知识社会、互联、物联和万联网时代有可能真正实现商业民主和社会分工最优化。对企业的影响是：首先，从治理角度的股东价值优先到平台角度的利益群体（股东、员工、合作伙伴、社群等）价值平衡。其次，从产品设计角度的产品思维到平台用户的用户思维，用户体验至上。最后，从高端用户定位到得网络原住民得天下，用户是产品服务的一个组成部分。按照雷军的说法，小米管理团队创新就是基于互联网思维，雷军提出要和一群聪明人一起共事，为了挖到聪明人不惜一切代价。雷军认为优秀人才本身有很强的驱动力和自我管理能力，并为此设定管理方式和信任方式。雷军说小米的建立基于使命感、基于信仰，当员工对公司的产品有信仰，管理就变得简单了。

**第二，一个基于大数据的知识经济时代。**人与人、组织、环境以及三者交互必然产生大量数据、信息和知识，这些数据背后隐含着个性的需求、人性特征、情感变化、深度沟通和思想对话等方式产生的新信息、新知识。决策者越来越依赖大数据及数据背后的信息，谁拥有大数据，谁就能对大数据进行有效分析、挖掘与应用，谁就可能拥有未来。而这些数据主要来自于信息、行为和关系层面。这三个层面数据的交互就是企业未来的图景。因此，数据成为企业核心资产，知识成为企业最大财富，人才变得越来越流动；企业不再是业务驱动，而是大数据驱动经营管理，企业如何通过互联网整合个体知识劳动力成为急迫需要考虑的问题。维基百科在全球有30万名编辑，这30万人都不是它的员工，维基百科用户既是客户也是员工。它会把不同的客户分成不同的专业群，把要研究的问题发到群里，然后群里的专业人员自己组织项目，维基百科再给予资金支持，通过项目合作制来整合全球人才，不求所有，但求所用。这个时代，人格数字化，数字人格化。

**第三，一个客户价值至上和人力价值优先的网状价值时代。**信息的对称和透明，客户、员工、组织、环境和社会的互动交融，无障碍表达价值诉求和期望，共同构成了以客户与人力价值为关键连接点的网状价值结构。员工与客户的完全互动关系以及在互动中产生的价值诉求，导致企业必须不断满足不同层次、类型的客户—员工价值诉求，从而构建了全新的价值创造网，这个过程中人力价值成为最具价值创造潜能的要素。这导致组织的变化：员工与客户界限模糊，相互转化，海尔已经这样做了；人之要素史无前例地得到重视和发展，华为独创了"获取分享制"；人力资本合伙人制度成为主流，知识雇用资本，越来越多的企业将由知识群体构建。人人成为创造主体，组织不再是中心；客户价值优先成为新的商业模式。

第四，一个开放、共享和合作的"有机生态圈"时代。网络结构中，各个节点、节点背后的分支，互联互通成一个有机的生态圈，各种机体在圈里既竞争又合作，既独立生存又开放包容。开放、合作、共享是保证有机生态圈良性循环的基本生存法则。这导致组织做出改变：企业必须开放合作，以便于构建多方共赢的资源配置平台；企业组织应该被打造成成就员工的平台，要构建两个圈，一个是自主经营体的内部生态圈，另一个是跨界思维下的外部生态圈；企业必须构建共创共享利益机制。"有机生态圈"给中国企业未来道德战略成长提供了无限的想象力，战略成长就是通过转型变革去激活价值共创和价值共享，其核心是商业模式创新和技术进步创新的整合。这个时代是全球协同，在有机的世界生态圈里，谁也离不开谁，这个时代需要共享主义。

技术特征对社会内在精神和商业逻辑是有影响的，这种影响就是连接方式的改变，实际上"去中心化"是"泛中心化"，是网络上每一个节点都可以成为中心，到底是不是真正的中心取决于节点权重的大小和节点层级的多少，权重的广度和密度决定了开放度，层级的多少决定了平等度，这就是互联网时代的民主，这种民主注定了人性的回归！

工业时代，管理是在确定性思维中解决不确定问题，就是麦肯锡著名的"以假设为导向"：从经验出发，估计未来可能出现什么问题，怎么建模，怎么结构化，然后用什么工具、执行方法是什么，这些基本就是工业时代的管理思维。互联网时代，所有试图用确定性方法去解决不确定性问题的尝试注定是失败的。今天占主流地位的传统管理理论特别是泰勒的科学管理，基本都是基于高度确定性的控制假设。控制假设意味着把所有变量减到最低，特别是把"人"这个最大的变量做简单化处理。而人恰恰是最不能被简单化处理的。今天，世界变了，管理的未来已经彻底变成一个不确定的未来。必须学习用不确定的方式来解决不确定的问题，这就产生了难度，所有的难度都产生在这个两端都不确定的组合当中。

互联网时代的 21 世纪是个人时代，凭借互联网，个人得到了前所未有的话语权。我们必须重新想象个人时代对组织、商业和管理的影响。互联网思维的本质是互联网带来的精神内核是"泛中心化"的"开放"和"平等"，互联网式的解决问题的方法是"开源"和"平台"。精神和方法的结合就是互联网的连接，而互联网改变了"连接"的方式，这就是今天我们面临的现实。所以，张瑞敏才说"从来没有成功的企业，只有时代的企业"。

具体而言，互联网思维指的是：在大数据、云计算、互联网、物联网、移动电商等背景下，对市场、产品、组织战略、价值链、商业生态系统和制造这些的人进行重新审视的思考方式。实际上，互联网思维的核心就是技术规律与经济规律的阴阳相激相荡，由此产生了新的范式，形成了互联网九大思维，贯穿整个价值链/价值网始终的是用户思维和大数据思维；基于产业层面的是跨界思维；处于战略、商业模式和组织形态层面的有平台思维；涵盖产品研发、生产和服务环节的包括迭代思维、极致思维和简约思维；帮助实现销售和服务环节的是社会化思维和流量思维。下面具体解释之。

（1）用户思维：一切以用户为中心，得用户者得天下，用户思维强调用户体验和参与，是互联网思维的核心，其他思维都是围绕用户思维在不同层面的展开。用户思维，是指在价值链各个环节中都要"以用户为中心"去考虑问题。用户思维有三个法则必须注意：who-what-how。第一，你的目标用户是谁？第二，目标用户要什么？第三，怎样满足目标用户的需求？实际上，一切企业的经营问题都可以归结到这个体系上来。

（2）大数据思维：微信数据是成为垃圾资源还是真正资源？用户是一类人还是每个人？这些问题的解答都依赖大数据思维。大数据思维指对大数据的认识，对企业资产、关键竞争要素的理解，时至今日，大数据已经被称为数据能源、数据资产、数据资源、数据资本。用户只要在网络上，一般会产生信息、行为和关系三个层面的数据，这些数据的沉淀，有助于企业进行预测和决策，一切皆可被数据化，企业应该构建自己的大数据平台。这样，企业的用户就是每一个人，而非一类人。

（3）跨界思维：就是我一直强调的从火星看地球，从火星看地球在《易经》中对应上火下地的晋卦，晋卦可以狭义理解为进步、发展、提升。因此，从火星看地球就是跨界思维，就是大世界、大眼光、多角度、多视野看待和解决问题的思维方式，之所以如此是因为互联网和科技的高速发展，使得很多产业的边界变得模糊不清，互联网已经是无孔不入了。跨界思维就是"携用户"以令诸侯，目的是颠覆式创新。小米做手机、做电视都是这样的道理，他们一方面掌握着用户数据，另一方面又具备用户思维，自然可以引领用户的生活方式。

（4）迭代思维：《三体》中强调迭代，所谓迭代就是快速推出产品 1.0 版本，然后是 2.0、N.0 版本，然后是重复发布、反馈、再发布、再反馈，这样的一个过程就是一次迭代，经过几次迭代之后，产品能达到相对完美的状态。迭代就是快速和重复的升华。"敏捷开发"是互联网产品开发的典型方法论，是一种以人为核心、迭代、循序渐进的开发方法，允许有所不足，不断试错，在持续迭代中完善产品。迭代思维催生了微创新，微就是要从细微的用户需求入手，贴近用户心理，在用户参与和反馈中逐步改进。迭代思维对传统企业而言，更侧重迭代意识，意味着传统企业必须及时乃至于实时关注消费者需求，把握消费者需求的变化。

（5）极致思维：极致思维就是把产品、服务和用户体验做到极致，超越用户的预期，就是持续发扬工匠精神，打造让用户尖叫的产品。用极致思维打造产品方法有三：其一，痛点、痒点和兴奋点等用户的需求要抓得准；其二，要做到自己能力的极限；其三，管理要跟得上、盯得紧。在社会化媒体时代，好产品自然会形成口碑传播。阿芙精油是知名的淘宝品牌，这款产品有两个小细节可以看出其对服务体验的极致追求：首先是客服 24 小时轮流上班，使用 ThinkPad 小红帽笔记本工作，因为使用这种电脑切换窗口更加便捷，可以让用户少等几秒钟；其次，设置"CSO"即首席惊喜官，每天在用户留言中寻找潜在的推销员或专家，找到之后会给对方寄出包裹，为这个可能的"意见领袖"制造惊喜。

（6）简约思维：互联网时代，信息爆炸、速度超越，用户的耐心越来越不足，如何在短时间内抓住用户呢？其一，少就是多的哲学。用专注的心做简约的产品，如 Rose Only "一生只爱一人"就是用了少即是多哲学。1997 年苹果接近破产，乔布斯回归公司后砍掉了 70% 的产品线，重点开发 4 款产品，使得苹果扭亏为盈，起死回生。大道至简，越简单的东西越容易传播，越难做。专注才有力量，才能做到极致，尤其是创业时期，做不到专注，生存的希望渺茫。其二，简约即是美。在设计方面要做减法，外观要简洁，内在的操作流程要简化，苹果、特斯拉的外观，都是这样的设计。

（7）平台思维：平台思维就是开放、共享、共赢的思维，平台模式最有可能成就产业巨头。首先要打造多赢的生态圈，平台模式的精髓在于打造一个多主体共赢互利的生态圈，BAT成功之处在于围绕搜索、电商、社交等各自构筑了强大的产业生态。其次，善用现有的平台，当你不具备构建生态型平台实力的时候，就要思考怎样利用现有的平台。最后，关键是让企业成为员工的平台，互联网时代的组织变革，都是围绕着如何打造内部"平台型组织"，阿里巴巴25个事业部的分拆、腾讯6大事业部的调整，都旨在发挥内部组织的平台化作用。

（8）社会化思维：社会化商业的核心是网，公司面对的客户以网的形式存在，这将改变传统企业整个形态。怎么办？第一是利用好社会化媒体，利用粉丝的口碑传播力量。有一款智能手表的品牌，通过10条微信，近100个微信群讨论，3 000多人转发，11小时预订售出近20 000只智能手表，订单金额高达900多万元。第二是众包协同，众包是以"蜂群思维"和层级架构为核心的互联网协作模式，猪八戒网、开源中国、维基百科、小米手机用户深度参与等都是众包模式，传统企业要思考如何利用外脑，不用招募，便可"天下贤才入吾彀中"。

（9）流量思维：流量意味着体量，体量意味着分量，流量意味着追随、入口、价值。如何理解流量思维？其一，免费是为了更好地收费，互联网产品大多用免费策略极力争取用户、锁定用户。当年的360安全卫士，用免费杀毒入侵杀毒市场，一时间搅得杀毒市场天翻地覆。同时还要注意，"免费是最贵的"，由于产品、资源和时机不同，并不是所有的企业都适合选择免费策略，因此，流量也应该纳入资产负债表中。其二，免费要坚持到质变的临界点。任何一个互联网产品，只要用户活跃数量达到一定程度，就会产生质变，从而带来商机或价值。QQ若没有当年的坚持，也不可能有今天的"企鹅帝国"。

| 实践聚焦 |

  TED公开课"每一个孩子都需要一个冠军"；小米的100个梦想赞助商。这两个视频都可通过百度分别以"每一个孩子都需要一个冠军"和"100个梦想的赞助商"为关键词进行搜索，并在线观看。

## 11.2 激励这点事

### 11.2.1 奖励激励

  激励与奖励，在大多数人眼中，区分并不是特别清晰，两个词有相似之处，但也有着巨大的区别。首先，从定义入手，奖励的含义是给予荣誉或财物来鼓励，而激励代表的是激发勉励，使人振作。接下来，从两者的内容上加以区分。

  **因果层面**：两者的区别主要在前和后、因和果上。奖励主要是对于结果的给予，而激励多是先是因。奖励是行为的果，而激励是行为的因。**包含层面**：奖励是激励的一种重要手段，使用得当，能进一步调动人的积极性，激发人们自我完善的积极性。**实践层面**：奖励是对企业内的员工或下属的工作给予认定，对其进行物质奖励。激励则是着重考虑下属的内在动力，使员工在工作时能够充满热情，是一种内在的、更加深刻地激励下属的方式。奖励是对员工的工作结果的表彰，激励则是考虑员工的内在动力，激发员工内心情感。

  我们需要学会经营激励。经营激励，顾名思义，就是激励该如何营造与规划。从激励的本质上来讲，经营激励就是如何从人性的角度来设计营造激励。从经营激励的结构来讲，主要包括了激励的目的、激励的适用范围、激励的基本原则、激励所需的组织体系（激励机制的颁布与实施、激励机制的修订、激励机制的组织与实施人员、激励机制的解释部门）。

基本的激励主要是为了提高组织内员工的工作热情、积极性、忠诚度等。激励的适用范围主要是指要明确激励的受体是谁。激励的基本原则是激励实施的保障。激励的组织体系包括了组织内部颁布、实施、修订、解释激励机制与措施的部门或人员。从激励机制的内容上，其包括了精神激励、薪酬激励、荣誉激励、工作激励等。在实际的工作管理中，建立有效的激励机制以及实施有效的激励措施是经营激励的有效途径。

泰勒在《科学管理原理》中谈道，"对通常所采用的最佳管理模式可以这样定义：在这种管理体制下，工人们发挥最大程度的积极性；作为回报，则从他们的雇主那里取得某些特殊的刺激。"什么是特殊的刺激？泰勒没有给出答案，不过他提到了企业与员工共赢。"科学管理的根本目的是谋求最高劳动生产率，最高的工作效率是雇主和雇员达到共同富裕的基础，要达到最高工作效率的重要手段是用科学化的、标准化的管理方法代替经验管理。"

活力来源于机制，而最核心的机制则是激励机制。一部管理学的历史，可以说是一部研究如何激励员工创业和创新的历史。不管是泰勒的科学管理理论、赫兹伯格的双因素理论、麦克利兰的成就需要理论，还是张瑞敏的人单合一双赢管理，本质上都在关心一个问题，如何激励员工，让他们的积极性和主动性不断涌现。那么，员工所有价值中什么最重要呢？这就是成就感，成就感是激励机制的不二法门！麦克利兰对其成就感的定义是：争取成功，追求优越感，希望做得最好的需求！

什么样的机制才有魅力？《肖申克的救赎》中，瑞德望着监狱的高墙，对杜佛兰说，"你看，这些墙很有趣。刚入狱的时候，你痛恨周围的高墙；慢慢地，你习惯了生活在其中；最终你会发现自己不得不依靠它而生存。这就叫体制化。"

人的行为是机制下的产物，我们都生活在某种体制下，受之约束，受之左右，久而久之，就形成了带有某种特殊体制烙印的习惯。哲学家说人性是两面的，不同的制度和机制会引导出不同的人性，天使和魔鬼的距离并没有我们想象的那么遥远。所以才有人说，好的制度能够让人变成天使，坏的制度能够让人变成恶魔。

机制设计理论告诉我们，每个人在主观上都追求个人利益，按照主观私利行事，除非得到好处，否则参与者一般不会发自内心地行动。诺贝尔奖获得者、机制理论之父赫尔维茨则认为，"设计者所制定的机制需要给每个参与者一个激励，以使参与者在最大化个人利益的同时也能够达到设计者所制定的目标。

### 11.2.2 量子激励

激励分为激励主体与激励客体。主体是指施激励者，客体是指受激励者。激励自我与自我激励的主客体都是自我。在委托代理关系中，委托人由于经济上的强势而处于主导地位，并因此可以用激励来要求代理人按照自己的意愿行事。这种带有强制要求的激励对受激者来说具有不平等性。这种不平等性从根源上讲是由西方激励理论隐含的二元对立的主客体关系认识缺陷引起的。从人的本性和主体性上说，每个人都是平等的。从激励的对象上来讲，自我激励不再存在这种不平等性，更多的是一种内心的驱动力，实现自我激励。

量子激励的根基来源于量子理论，量子理论告诉我们如果你的想法和正常人一样的话，那么你就可能落伍，可能一下子就会陷入思维的泥坑；如果以一种独到的、与众不同的形式展示自己，你的成功率就会提高。同样的道理，信息时代中充满着不确定性、不可预测性、跳跃性以及不连续性等。量子理论的认知模式，将跳跃波动、不可控视为事物发展的常态，我们的思维方式和实现方式都将产生广泛而深远的变革。我们怎么解决组织中动态的激励问题，怎样在不可控中，实现激励作用的常态，需要构建新的量子激励理论。在牛顿时代，研究事物的本质工具是数字，根据规律可以设计出很多的模式与模型。根据量子理论的观点，现实就是一个活动范围，是一个由独立部分相互作用的组合。激励的本质应该是以每个独立部分的自我激励为基础，相互作用来应对动态性、复杂性与不确定性。

下面看看华为的所思所行。在《埃森哲董事长拜访任总的会谈纪要》（2015年）中，任正非讲道，"把不确定性的事情，由精兵组织来应对。对确定性的事情，由平台或共享组织来支持与服务。对不确定性的考核是风险的把握，对确定性的考核是效率与效益。"同样，在《人力资源政策要朝着熵减的方向发展》（2016年）中，任正非还讲道，"各部门的循环赋能、干部的循环流动千万不能停，停下来就沉淀了，就不可能适应未来新的作战。预备队方式的漩涡越旋越大，把该卷进来的都激活一下。这种流动有利熵减，使公司不出现超稳态惰性。"

华为认为ICT（电信服务、信息服务、IT服务及应用的有机结合）是一个朝气蓬勃的产业。身处ICT产业，华为不缺机会，只缺组织能力。组织能力，就是如何有系统地主动建设相应的业务能力，并通过组织、流程、人才、决策机制等来集成和固化个人能力（个人能力就是公司里潜藏着碎片化的真知灼见）。现在能力不足，源于过去业务不需要。汤因比分析过13个消失的文明。其中有个部落是牧羊文明，把怎么种草，怎么放牧，怎么提升羊的繁殖生长，怎么产肉，怎么剪毛等牧羊技术发挥到极致。后来气候变迁，草地枯死，整个文明就消失了，因为这个部落只会牧羊，不会种地、打猎、捕鱼。

能力是业务逼出来的。CT、IT、OTT领先公司的能力优势，不是天然的，都是被业务逼出来的。华为创业初期做通信基础设施产业，很多工程师不是学通信的在做通信，不是学软件的在编软件，是在没有能力的情况下靠艰苦奋斗和业务压力，在战争中学会作战的。无数案例证明都是业务压力逼迫了能力提升，而不是具备了能力才去作战。在这样的情境下，华为的激励是与众不同的。

在《任总与中国地区部代表及主管座谈》（2017）中，任正非讲道"光是物质激励，就是雇佣军，雇佣军作战，有时候比正规军厉害得多。但是，如果没有使命感、责任感这种精神驱使，这样的能力是短暂的，只有正规军有使命感和责任感驱使他能长期作战。"促进人才的流动，推进知识能力提升，基于贡献差异拉开激励差距，打破平衡，形成张力，多劳多得，获取分享制等，这些都是华为这几年耳熟能详的主题词。在执行公司的政策要求时不能僵化。比如在拉开激励差距方面，必须基于真实贡献差距。如果团队成员之间的实际贡献差异没那么大，不能人为拉开激励差距，导致大家觉得不公平，反而伤害了团队战斗力。

究竟什么样的人可以破格提拔？需要产生明显超出平均水准的业绩。举例来说，有个硅光项目，突破了这个项目，就可以大幅度增加技术先进性和降低成本，可能给公司未来带来数以亿计的利润。有四条路径可走，项目就分成四个团队，谁也不知道哪条路径能成功。其中光传输方面的同事带着精兵强将，沿着最大概率的路径走。还有一位专家，他带另外一个团队沿着第二大概率的路径走。还有一些技术骨干做第三条路径。第四条路径，当时判断成功概率是最小的，就让一个刚入职的博士来做。后来，这位职级为 15 级的博士做成了。同事把整个过程回溯，发现年轻博士的成功不是撞大运，其理论和逻辑都是成立的，是凭实力取得了这个成功。像这样的人才就给他破格提拔了五级。所以，华为是基于实际贡献差距来拉开激励和回报差距的，不能为拉开差距而拉开差距，那样会撕裂团队的合作文化。这就是华为的量子激励，它没有基本规律可循，但是它最大的规律就是遵循了量子的基本规律。

### 11.2.3 协同激励

协同激励是指以系统的观点对各个激励对象进行科学的、适时的同步激励，以达到协同效应，从而获得组织最佳的整体满足组合的一个系统工程。有学者将激励的需求层次理论与期望理论进行了整合，提出了相应的团队协同激励模型，将团队协同激励分为由团队地位和团队成就组成的外部激励，以及由团队文化、团队融洽度、团队成员激励组成的内部激励。

在互联网大数据背景下，个性化的规模定制逐渐成为主流。无论是以阿里巴巴为代表的最早探索者，亚马逊、沃尔玛为代表的大数据驱动与挖掘者，酷特智能、Uber 等基于大数据的客户个性化驱动者，还是人人参与、一切个性化驱动的 Airbnb 等，都在寻求大数据驱动下企业的持续化发展。Gigwalk、威客网站等对灵感设计者提供物质奖励，wikipedia、MOOC 的等级评定体系，这些激励手段实现了发包方、中介机构和接包方三方之间的有效配合，证明了合理有效的激励机制对充分挖掘、发挥众包经营模式所带来的开放式创新效益有着重要意义。众包的有效协同激励不仅存在于单一的互联网企业中，也广泛出现在深受大数据、互联网影响的商业零售业、金融业、制造业、文化产业等传统或新兴产业中。从传统模式下合约制为核心的密闭集中式转向大数据时代下激励机制为主导的自助协作式众包，这是企业在当今时代的发展要求，也是社会生产模式的革新蜕变。

协同激励定义为通过协同动因、契约、社会关系资本等促使协作成功构建的过程；或通过治理结构、信任、沟通、经济激励等促使激励主体减少竞争性行为、趋向合作性行为的过程；或通过内在和外在激励的协同，促使激励主体提高满意度和工作绩效的过程。协同激励共包括四个协同序参量——显性激励、隐性激励、活性激励和涌现激励。显性激励属于实施激励的"硬件"，是当事人预期在一定时限内可获得的实质性补偿的总和，与外在报酬相对应，对激励主体有短期的激励效应。隐性激励属于实施激励的"软件"，指采用非公开的隐蔽的激励手段，使激励主体在不设防的心理下无意识地受到激励，与内在报酬相对应，对激励主体有中期的激励效应。活性激励是激励主体根据一定的价值观，对周围事物的一种期望。活性激励反映在道德观、善恶观和是非观上，它是知识联盟激励文化和激励机制得以形成的土壤，对激励主体有长期的激励效应，属于实施激励的"湿件"。涌现激励是激励主体在潜意识被活化后，灵活运用显性、隐性和活性激励作用形成的激励源。涌现激励是这 3 种序参量互动耦合的结果，体现了激励的螺旋式转化过程。涌现激励形成后，激励主体可以掌握激励时机，控制激励频率，把握激励程度，恰当地支配激励主体的行为和主体间关系，促使协同效应涌现。激中有励，励中有激，激励二者互动耦合，产生协同效应即涌现激励。

| 实践聚焦 |   逆向思维才有奇迹：永业农丰纳斯达克上市的故事

2009年9月3日，纳斯达克，永业农丰（股票代码：YONG）成功上市，永业农丰公司董事长是吴子申。吴子申做管理有一绝就是"奖励前置"。

他一直在思考一个问题：做商业图的是什么？答案是：利益。如何满足人的利益？你要钱吗？我先给你。你要物吗？我先给你。你是人才，来我公司吧，我们共同制定一个可行的目标，你去执行，公司配置资源。在定目标时，我就把你完成目标后的奖励提前给你。所以，吴子申对执行层、对员工都实施"奖励前置"，员工可以获得奖励的宝马汽车，于是员工统统变成了自己的老板，源动力被激活了，工作干得异常努力。反观有些集团企业，"橡皮人"现象非常严重：员工奖罚不动，工作无激情，像"橡皮人"一样。如何让员工努力地做？

吴子申的答案就是让他自己当老板。

人才是企业最大的财富，永业农丰公司用人机制入口出口都很小。对新来的人讲求考评精神。新人，不是客人更不是仆人，要具有主人翁精神。初期考评主要是主人翁精神，人岗匹配。对新人的考验简洁而有效，有的一两天就做决定，因为时间一长容易产生感情，会影响判断的科学性。出口小是指永业农丰公司是允许员工犯错误的企业。

由吴子申的奖励前置，我们可以得到很多的启发。管理要靠一种制度，最好是不管。废除老板，老板成为老师，永业农丰公司的领导要成长为教练和老师。管理显然是人的事业，无论是什么行业的经营管理，说到底都是琢磨人。左右大局的，不是管理技巧，而是价值判断，是人们内心是与非的取舍和因与果的逻辑。价值判断大多不是外力灌输的，而必须是感同身受的东西。所以，借来的火点不亮自己的心灵，管理者必须感悟。管理者必须建立大资源观，唯如此，管理才是效益，管理才有效率，管理才出效能，管理才会有效。

由吴子申的故事不难发现，要实行有效的激励，应掌握如下策略：员工需求不断变化，应根据员工的需求进行相应的激励；有些需求永远得不到满足，如自尊、自我发展；要及时对员工的出色表现进行激励；对不同的员工采取不同的激励方法，对同一下属在不同的发展阶段也要使用不同的激励方法。

## 11.3 激励与赋能

### 11.3.1 激励协同

越来越多的组织聚焦于自身核心能力，同其他组织结成知识联盟，形成优势互补与风险共担的协同体。知识联盟是战略联盟的一种，是通过组织之间的知识共享、转移、吸收、学习等知识活动，创新和创造知识，形成知识的增值和涌现，最终实现联盟协同效应和最大程度地满足各知识主体的利益。为了促进知识主体进行知识交流，有效实现协同效应，需要对知识联盟内各个知识主体进行激励。

激励协同源于知识联盟和激励理论的结合。哈佛大学的Teresa M. Amabile认为激励协同能提高主体满意和绩效。虽然激励协同的情境已经非常普遍，但由于知识联盟本身的复杂性、知识转移和知识共享过程中风险与知识产权的客观存在及知识主体的合作意愿等问题，使激励协同活动具有相当的复杂性和模糊性，难以对其过程实现有效的管理和控制，这就导致实际协同效率的下降，影响激励协同的实现和联盟绩效的提高。产生这些问题的根本原因在于知识联盟构建和运行过程中缺乏对激励协同的重视，更缺乏激励协同过程的研究。

激励协同过程通常表现为多个知识主体共同制定激励机制，通过知识交互、共享融合和创造，最终实现知识创新，它是知识联盟提升知识能力，获得可持续发展和核心竞争优势的关键手段。目前激励机制设计的研究大多都基于委托代理理论，根据委托代理理论，激励问题的核心，就是在委托人—代理人框架下寻求最优化的激励方案。显性激励是指来自委托代理契约的对经营的报酬激励，如经营者的年薪、奖金、期权、期股等。隐性激励理论产生于企业理论发展过程中的博弈论和委托代理理论，是指通过经理人市场竞争与声誉机制，而形成的一种内生于企业经营者的自我驱动性激励，是一种非正式契约约束。一般只有当隐性激励与显性激励配套进行时，激励效果才最明显。因此，通过研究显性激励与隐性激励的互动过程来描述激励协同连续体的内涵，并构建一个激励协同连续体模型分析框架。

由于激励协同不同于有形资源的协同，其理论具有较高的复杂性，结合激励的特征和协同学的思想，在前人研究的基础上，创新出激励协同的特征。激励协同具有下列特征：

（1）战略协同思想。从知识联盟战略协同角度出发，结合联盟愿景、使命和价值观，将协同化思想植入激励机制设计之中，探究联盟成功构建并持续、健康运行的决定性因素。基于此，设计科学、合理和公平的战略激励模式，最大程度地调动每个知识主体的积极性和主动性，提高知识主体及联盟绩效。

（2）涌现效应。通过激励协同这一战略激励模式，在知识联盟运行过程中，每个知识主体的潜力得到最大的激发，通过知识关联、知识交互、知识共享、知识碰撞、知识转移和知识整合等一系列知识活动，使得整体的知识联盟所获得的效应大于各个知识主体单独完成任务的效应之和。

（3）互利共赢。激励协同的前提是所有知识主体互利共赢，应在对知识主体行为、动机和利益分析的基础上，构建联盟激励机制。在知识联盟运行过程中，每个知识主体通过联盟的机制使得自身的运作成本得以减少，同时还获得知识资产创造的价值，实现联盟整体效应的最大化。

（4）全周期性。激励协同并非静态、恒定的，而是贯穿于知识联盟的整个生命周期过程。在知识联盟不同生命周期阶段，通过对激励协同效应定期/不定期地评估，反馈激励实施现状，形成良性循环的动态反馈环。

（5）互励的心理契约和行为模式。互励的心理契约表现为，在有限理性和工具理性作用下，知识主体在整合外在动力与内在动力基础上形成的自我效能感、对目标的承诺、反馈等，最终形成知识主体间的共同预期。它是知识主体之间互动中的内隐契约，即对互惠协议的信念、期望（物质、情感、人际关系等）和义务（权责互惠）。心理契约是主观的、隐含的、非正式的以及弹性的，影响内部标准形成、对活动价值的评估以及行为归因。心理契约影响着行为模式。通过知识主体各种行为动力的整合，将个体能动性与整体一致性紧密融合在一起，而表现为一定的个体张扬性与集体依从性。互励的行为模式既表现为知识主体的价值追求，又受制于外部环境长期形成的规范、文化及结构。

### 11.3.2 连续激励

激励的目的是建立一种势差，势差是指在同一场域中，不同位置势能与势能的差别。

激励的目的是对处在低势能位置的人建立一种走向高势能的愿景。势差越大，当预期目标达到时，给员工带来的激励作用就会越明显。需要说明的是，当势差消失之后，激励的效果会随之消失。激励是一种势能，所谓势能，有"势"，才有"能"，所以最重要的条件不是给予，而是创造预期的势能。预期能够为员工的工作创造势能，而当预期被落实之后，这种落差带来的势能就会消失。企业重赏不是目的，目的是给员工一个重赏的势能。

激励和变革的关键是激发活性因子。活性因子是旧的混沌系统中能够导向形成新的有效系统的结构因子（DNA），用活性因子来把旧秩序重整为新秩序，就是真正有价值的变革和激励。大公司从来不缺洞察，在方法论上也会越来越强，因为大公司有大量的资深人才和专业积累；而且，洞察本身并不触动任何既得利益，但是从洞察到决策到行动，却不容乐观，因为要触动既得利益。为什么创新小公司在方法论上无法与大公司比，但是抓机会却高效得多？不是小公司跑得快，而是大公司跑得慢；不是大公司腿脚软，而是羁绊太多。

大公司因为洞察能力强，往往能更早地看到未来变化趋势；但是由于内部利益格局羁绊，所以往往行动缓慢。最典型的一个例子就是IBM，回望IBM近20年，从电子商务到随需而变，再到智慧地球，IBM提出的每一个概念都成功预言了IT产业未来10年的变革方向。但是，每次都在坚持了数年的产业趋势即将爆发的时刻，IBM却将机会留给了小公司。当IBM在2004年用随需而变替代电子商务的品牌形象时，电子商务即将迎来爆发；当IBM在2008年转向智慧地球时，真正做到随需应变的云计算也即将大行其道。IBM的深蓝、沃森在人工智能方面也很超前，但在商业应用上却明显落后。在IT产业，IBM一直有着其他公司望尘莫及的战略视野和战略能力，但是，这头大象的舞步却越来越沉重。

连续体理论是在生命周期理论的基础上发展起来的，它描述了研究对象在时间、空间等多个维度的运动过程，更强调研究对象在不同运动阶段的协调合作，为最优化管理奠定了一个重要的概念基础。连续体区别于生命周期最重要的方面是，连续体研究了多维度要素之间的互动关系。为了更进一步理解激励协同各个要素的联合和互动，激励协同连续体理论引入了"维"的概念。

激励协同连续体的"维"是以时空概念为基础的。从知识联盟形成的那一刻起，激励既是现行的又是历史的，因此在时间和空间上，激励协同是一个循环往复的过程。激励协同连续体的内容主要表现在构建一个多维坐标体系来描述激励协同的发展过程。这一体系主要构建在四个轴上，每一个轴又代表了描述激励协同的四个相关联的维度，每一个象限则代表了激励协同的发展过程。显性激励和隐性激励作为激励协同发展的两个方面，构成激励协同连续体的四个维，其含义如下：

第一维：激励协同的形成。知识主体具有基于共同的价值观、愿望、使命等进行知识合作交流的一种情感体验或期望，产生了一种隐性需求，即对知识联盟的向往和追求。主要表现为，知识主体在明确联盟策略和动机的基础上，不断探索和洞悉其他知识主体的行为，并做出初步的判断和评估，以确定潜在的知识联盟合作伙伴。因此，该阶段是不同知识主体间隐性需求的隐性激励的互动过程。

第二维：激励协同的运行。将知识主体的合作愿望通过一系列的直接或间接的手段转化为事先规定和安排的行为路线，即知识主体的隐性合作需求已成为明确的行为方针和合作机制，主要表现在联盟的策略和目标的确定，联盟模式和治理结构的选择，联盟管理、利益分配、激励约束机制等的制定。因此，该阶段是隐性激励向显性激励的转化。

第三维：激励协同的发展。在既定的制度和规范下，知识主体之间展开知识交流和合作，从而确保在实现知识联盟整体利益最大化的同时追求成员利益最大化，获得双赢的局面。主要表现为，知识主体间透明化程度比较高，知识共享最为明显，而且主要是显性知识的共享，激励逐渐涌现，激励协同效应凸显，实现激励协同的整体一致性。该阶段，知识互动过程即为知识主体间显性激励的互动过程。

第四维：激励协同的衰退。知识联盟的既定目标已经实现或者联盟合作失败而导致联盟解体，知识主体间在分配利益之后，经过吸收和转化，形成自己的价值观和核心竞争力。主要表现为合作与竞争的博弈过程，知识主体将吸收来的显性知识转化为自己的隐性知识。因此，知识的交流合作产生了知识效应，实际上是显性激励向隐性激励转化的结果。

激励协同连续体内涵示意图如图11-3所示。

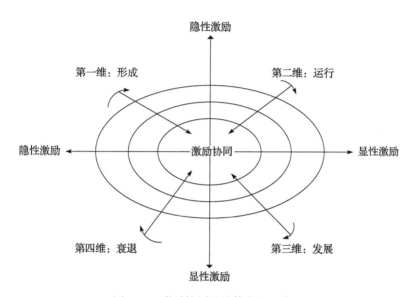

图11-3 激励协同连续体内涵示意图

由激励协同连续体的内涵可知，知识联盟激励协同连续体具有多维度、动态性的本质特征。在知识联盟的生命周期阶段内，由于知识势差而导致的激励势差的外部作用和知识联盟内生机理的内部作用，知识联盟内激励协同就像"斜坡上的小球"处于不断螺旋上升的过程。其维度主要表现为知识连续带模式和激励连续带模式。在这一过程中，知识在知识链的推动作用下不断地经过获取、转化、创造、应用和扩散，从而激发激励按照一定的连续体模式运行，通过协同作用，实现知识联盟的绩效不断上升。知识联盟激励协同过程连续体模型示意图，如图11-4所示。

知识联盟激励协同的内生机理是通过竞合关系产生的，在内维上，激励协同的产生基础是激励势差。在知识主体竞争与合作的内生机制作用下，激励按照连续带模式，显性与隐性激励互动转化作用下，实现激励协同效应。在外维上，体现在知识层面和激励层面互动耦合。激励势差是伴随着知识势差的存在而产生的，二者竞合形成知识联盟激励协同的内在动力。结果是实现知识联盟绩效不断上升的过程。基于以上分析，构建一个激励协同连续体模型的分析框架（如图11-5所示），更进一步揭示激励协同的本质。下面，就这一框架内容做进一步的阐释。

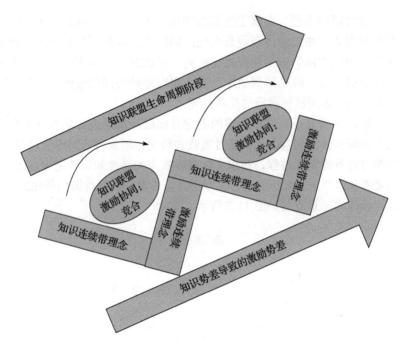

图 11-4 知识联盟激励协同过程连续体模型示意图

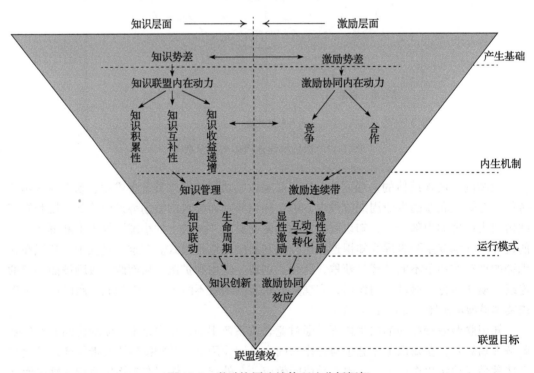

图 11-5 激励协同连续体理论分析框架

（1）激励协同产生基础：激励势差。激励势差是指知识联盟知识主体对不同联盟成员间激励有效性的认知失衡感及伴随的不良情绪和情感反应的强度（心理势能）。激励势差充分体现了在知识联盟运行过程中知识主体的主观能动性。不同的知识主体在联盟内的某一时刻的知识上所拥有的知识势是不同的,由此产生了知识势差,联盟中的这种知识势差在时间维度上不断演变,如果演变是积极的,那么从发展的眼光来看,它不仅能够不断提高各知识主体的知识势,同时对联盟整体知识存量的增加也是有利的。知识势差的存在会使个体、组织或区域产生获取知识的动机,这种动机的大小程度则决定了激励的程度,即激励势。因此,激励势差来源于知识势差。激励会从激励势高的个体、组织或区域流向激励势低的个体、组织或区域,从而达到平衡点,实现激励协同效应的最大化。

(2)激励协同的内生机制:竞争合作。知识互补性产生于知识的联合运用,激励着知识主体由孤立走向联合。知识主体为了获得更多的潜在价值,就会与不同的知识主体合作形成知识联盟,通过发挥各自的知识资源优势实现价值创造,并有序分享。除了经济价值,研究论文、技术变革和申请发明等都属于潜在价值。同时,知识主体特别是同类主体间存在着残酷的竞争。比如,科研机构为了获得更多科技成果,提升自身实力和知名度,必须与其他科研机构不断争夺人才和信息等资源。因此,日益激烈的竞争环境作为外部推动力量,促进了知识联盟的产生,并且竞争的激烈程度影响着对知识联盟的形成速度和数量,竞争越激烈,知识联盟形成速度越快,数量越多。合作是知识联盟形成的内部推动力量,而竞争是外部推动力量。知识联盟内总是同时存在着竞争和合作,知识主体间是"竞合"关系。

(3)激励协同模式:激励连续带。激励连续带是通过知识连续带模式传递而表现出来的,通过知识联盟中知识管理流程的全生命周期过程,主要包括知识的获取、转化、创造、应用和扩散等五个依次相互连接的核心环节,激励协同也呈连续体模式,最终实现激励协同效应的最大化。为了实现资源在知识主体间的有效配置,达到知识联盟效应的最大化,需要设计知识联盟激励模式。知识联盟激励模式的设计是指根据知识主体的个体需要,制定适当的行为规范和分配制度。即通过可执行性的制度来规范知识主体行为,调动知识主体的积极性以达到对知识联盟组织的有序、有效的管理。激励的连续带模式是通过显性激励和隐性激励的相互作用而表现出来的(具体如图11-6所示)。

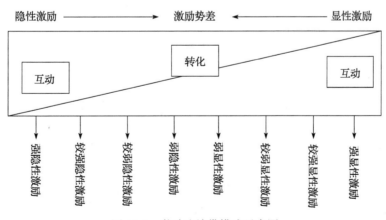

图11-6 激励连续带模式示意图

### 11.3.3 赋能授权

阿里巴巴不断强调要赋能商家,赋能中小企业;腾讯的格局观是"连接一切,赋能于人";京东到家发布了"零售赋能"新战略;联想则要做"智能变革"的推动者和赋能者……

这些平台型的大企业都在不厌其烦地强调赋能的智慧和力量,那么赋能究竟是什么?

万联网时代,人与人、组织、环境之间的沟通无障碍了,也因此矛盾和冲突减少了,内耗减少了,管控和交易成本也减少了。原来强调物质激励、奖赏性激励和周期性激励,现在应该是让评价无时无处不在、让激励无时无处不在、让赋能无时无处不在。也就是说员工所做的有利于自身成长、有利于组织发展、有利于环境和谐的一切都应该得到激励和认可,因此这一切都在为人、组织和环境赋能。尤其是在物质激励不变的前提下,调动员工的积极性就要提高他们的价值体验,随时随地对人、组织和环境进行认可和评价。彭剑锋将此称为全面认可激励,万联网时代,对员工、组织和环境有价值贡献、有工作努力的所有行为都要给予特别关注、认可和奖赏,激励员工、组织和环境开发潜能,创造高绩效,提升满意度及敬业度。全面认可包括:绩效、员工发展、提升、管理改进、文化、关爱、合作、客户、移动终端的评价、微认可等,通过这些认可使得员工、组织和环境在万联网时代获得一种价值归属,包括组织与组织协同的价值归属和环境与环境和谐的价值归属,这样的环境、组织和员工就可以随时随地地创造价值。

实际上,这所有的认可都在进行赋能的工作,本书将之称为**全面认可赋能**,员工、组织和环境三者之间交互赋能,共同协同发展。这样的赋能型组织不必太大,7～8人的小组最合适,比如华为的人力资源部门已经调整为三支柱模型。

- 人力资源专家中心(CDE),包括战略参与、流程优化、制度制定、确定标准、文化培养等。
- 共享交付部(SDC),负责招聘管理、培训管理、薪酬管理、绩效管理等。
- 人力资源业务伙伴(HRBP),包括人力资源政策落地、制度落地、了解各个业务系统的需求,为业务系统提供业务支撑,提供人力资源个性化解决方案等。

这三支柱模型分成很多小组,全叫小组长,变成一个一个的项目来整合人才,人力资源管理出现了微管理模型:微工作、微时间、微团队、微政策、微创新,微赋能,这样使得一个组织既构建了公共的基于大数据的平台,又通过微人力资源去集合组织、集中赋能。为什么要这样做呢? 主要是因为万联网时代的变化导致了组织和人员的变化,反过来说是人造成的组织和万联网时代的变化,二者是交互赋能的。

*How Google Works* 一书认为,未来组织的关键职能,就是让一群 smart creatives 聚在一起,快速地感知客户需求,愉快地、充满创造力地开发产品、提供服务。什么样的人是 smart creatives? 不需要你进行管理,只需要为他们营造氛围。传统的管理理念不适用这群人,甚至适得其反。你不能告诉他们如何思考,只能营造思考的环境。给他们命令不但会压抑他们的天性,而且会引起他们的反感,甚至把他们赶走。这群人需要互动、透明、平等。这就是赋能的需要。今天,我们需要回归到人之本重新想象未来,用赋能来激活个体、激活组织并激活环境和社会文化。

**首先,激活环境和社会文化。**2017年年末央视推出的"国家宝藏"节目在全球热议,从文化视角解读国家宝藏给世界人以文化赋能,给中国人以民族自豪感和文化自信心赋能,这绝对是一种宏观社会文化赋能。这种赋能的设计元素我认为包括9项:9大博物馆馆藏的27件馆藏文物,简单而清晰的引子、前世和今生故事,唤醒文脉意识、唤起文物兴趣和换来文明传承的综艺表现手法,声、光、电多维一体虚实结合打造的舞美、特效和音乐动静相宜的舞台设计,多位一线有文物缘的影视演员的倾情参演,科技和文化专家学者的深度解读和现场点评,导演节目组的全团队用心设计,一位001号世界级的积健为雄的主持人,国宝守护人的谦卑引领。"国家宝藏"节目里面有仪式感、有穿越感、有自豪感、有幸福感、有归属感、有成就感、有责任感、有使命感、有敬畏感、有和谐感，有人类所需要的一切感，而最终归功于整体思维、文脉精深、和谐一体、时空经纬的生命赋能设计。

**其次，激活组织**。激活组织需要有文化作为支撑，能够激活组织的文化，最显著的特征是信任与透明的健康关系管理。谷歌公司给员工20%的时间做自己的事情，它希望组织内部能够形成一个自一线就能展开决策的氛围，它需要自下而上去驱动企业的战略，让大家自己去设计项目并实施项目，从中寻找出有前途的项目，公司再投入资源孵化出来。3M公司也是如此，公司规定员工可以用15%的工作时间去做自己想做的事情，正是这15%的自由工作时间，让3M公司每年都有20%的新产品产生非常好的市场影响，并获得非常显著的绩效，从而让3M公司保持住创新引领的势头。两家公司都是在激活组织并取得显著的成效，都是源于其内部建立信任与信息透明的健康关系管理有关，这是有活力组织的文化特征。一般认为组织管理的核心是价值贡献、价值评估和价值分配，如果从组织管理的界定上来讲，这个核心逻辑没有错。企业往往僵化运用，结果导致管理上关注考核重于关注价值创造，进一步导致人们围绕考核进行工作，而不是围绕顾客价值展开工作；人们会关注考核结果，而不是关注价值贡献。这直接导致组织固化在考核体系中，这种情形是无法真正激活组织的。

**最后，激活员工**。陈春花认为对企业而言，需要拥有一种能力，让组织中的每一个成员都在一个价值网络中，这被称为组织生态网。在这样的生态网络中，无论是部门之间，还是内部与外部之间，无论是领导者与成员之间，还是每个成员与顾客之间，无论是前后关联者之间，还是上下游之间，每一个成员都有价值贡献，都能促进彼此的成长。生态网与价值链之间的根本区别是，前者注重共同成长的设计，后者注重价值分配。在一个需要重新定义价值的环境下，分配价值的可能性变得越来越小，只有成长才会创造价值，也才有可能带来价值共享的可能。在万物互联时代，企业需要获取整体的力量，需要能够集合更多人的智慧，有人称其为"受启发的个人结成的网络"。处在这样一个时代，组织必须能够整合这一切，无疑需要开放、整合创新的管理范式。这一范式使企业更加柔性，并可与环境做出协同；使企业能够组合到新的成本结构，进行不同的价值创造并拥有足够的灵活性。

在产业、行业、组织、生产者、消费者和员工边界都重塑的今天，企业的改变既要关注对个体价值的激发，也需要面对边界重塑带来的价值创造与分配。过去"竞争对手"式的交易方式将被"利益相关"式的合作方式取代，持续的增长来自于无边界多边的合作主体的共同成长，这取决于企业是否让参与协作的各方都能够收获变化带来的价值。

赋能与授权往往结合在一起谈，接下来我们从理论角度对赋能授权进行解析。

赋能授权是近年来应用较多的词语。赋能授权的意思就是为了追求企业的整体利益而给予员工更多参与决策的权力。理论上，赋能授权是为了消除妨碍员工更有效工作的种种障碍，其思想出发点是企业由上而下地释放权力——尤其是员工们自主工作的权力，使员工们在从事自己的工作时能够行使更多的控制权。从西方角度来看，赋能授权运动的起源可以追溯到福列特的研究成果。今天看来，她的许多研究发现对今天的企业比对当时的企业更有参考意义，因为今天的企业可以实践她当年的思想。福列特深受康德的弟子约翰·费希特的影响，为了德意志的复兴，费希特信奉个人自由服从于集体的民族主义，他认为，个人并不拥有自由意志，而是束缚于一个所有人都参与的人际网络之中。所以，个人的自我从属于一个更广泛的自我世界之中，使自我成为一种社会性的自我，直到全部融合成为一种"大自我"，而这种"大自我"又是所有人的共同生活的一部分。受此影响，福列特认为，"我们只有在集体组织之中才能发现真正的人。个人的潜能在被集体生活释放出来之前，始终只是一种潜能。人只有通过集体才能发现自己的真正品格，得到自己的真正自由。"

福列特严厉地批判等级森严的企业组织结构，她憎恶"命令与控制"型的领导作风，提倡结合更多民主因素的企业管理方式。她认为，在进行企业决策时应充分考虑企业第一线员工的经验和知识。关于权力，福列特说道："你如果想调整某项工作目标，则必须对它进行发展改造，这是一个不可分割的整体步骤。有的企业管理者希望员工协助实现企业的目标，但却看不到这需要让他们也参与制定企业目标的过程。"她关于企业内部协调的观点也同样具有前瞻性，她曾说道："集体责任不是靠将个人的责任一个个加总就可以得到的。集体责任不是一个累加的问题，而是一个企业内部个体互相作用、相互融合的问题。"

罗莎贝丝·莫斯·坎特预见到未来企业的经营将从笨拙的庞然大物型转向更为灵活的形式，即她称之为"后企业性公司"的形式，坎特在1997年曾论述道："通过赋予权力给其他人，企业领导者不是降低了自己的权力，相反他们的权力可能还会得到提升——在整个企业的效益获得提高时更是如此。"坎特所著的《变革大师》一书为在企业中树立赋能授权的概念和使员工能够更多地参与企业管理奠定了基础。最先在企业中实行赋能授权的是日本企业，日本企业家在20世纪50年代发现并高度评价了福列特的研究成果，随后将其同威廉·爱德华兹·戴明的质量理论一同应用于日本的工业生产中。

赋能授权指团队和个人从集权向分权的方向过渡，团队成员感觉个人拥有了某种能力，整个群体也拥有了某些能力。赋能授权体现在两个方面：①团队在组织中地位提升，自我决定权也在提高，支配权很大。②团队成员已经感觉到拥有了某些方面的支配权。比如说麦当劳，过去员工没有权利给顾客超过两包以上的番茄酱，而要请示主管，而近些年来麦当劳已经改变这种方式，员工可以自己做主了。小米公司也是这样做的，比如用户投诉的时候，客服有权根据自己的判断，赠送贴膜或其他小配件。小米就是靠粉丝的传统，把粉丝当成朋友、员工，淡化与客户之间的界限。雷军说小米的建立基于使命感、基于信仰，他就是这样对优秀人才赋能，然后把优秀人才的自驱动力和自我管理能力挖掘出来的。

赋能授权给员工的时候，同时需要注意：将合理的规则、程序和限制同时交给他。成员有渠道获得必要的技能和资源，能知道该怎样在指定的范围内做事，在政策和做法上能够支持团队的目标。成员互相尊重，并且愿意帮助别人。

赛莱默水处理系统（沈阳）有限公司总经理赵东辉认为管理需要以爱为源头，爱为一，一生二，二生三，三生万物，以爱为指导思想去组织企业的管理活动。按照马斯洛的需要层次理论，人是有需要的动物，只有尚未满足的需要能够影响行为，某一层需要得到满足后，另一层需要会出现。所以，管理的过程是个动态的过程，是满足人不同时期、不同层次的需要的持续的动态过程。从思想意识形成需要过程的角度，一个以爱为中心的组织需要在以下三个方面做出持续的努力：创建安全、舒适的工作环境。创建保证组织成员身体健康的工作场所和工作条件，创建保障组织成员心理健康的流程或系统；营造友好、和谐的工作氛围。组织成员之间互相尊重、互相信任、互相帮助，发挥1+1>2的协同效应；提供成长、成就的工作平台。在保障薪资待遇竞争力的基础上，组织还要关注组织成员的发展，帮助他们规划未来，给他们提供与其成长、成就有关的机会和平台。我将此称为"爱的循环"和"爱的赋能"。

| **实践聚焦** | **阿里巴巴的赋能与西雅图的"丢鱼"激励**

曾鸣说阿里巴巴试图建设互联网的商业新模式，可是组织方式却是工业时代传统的公司制度。因此，他认为未来组织最重要的原则是赋能而不再是管理或者激励。

### 1. 管理与赋能的区别

曾鸣讲道，管理理论一般都强调，一个人的管理半径不应该超过7个人，但是Google直接汇报的人经常是20多人，甚至超过30人、40人，为什么会有这样的安排？他认为这背后就是赋能的问题。领导者提供的是知识上的支持和各种资源整合来帮助下属取得更大的成绩。当Google理解到这背后原则不同的时候，甚至有意地让一个人有更多的汇报线，打破管理的半径，逼着员工去适应一个全新的运作方式。创造者最主要的驱动力是创造带来的成就感和社会价值，自激励是他们的特征。这和传统的体力劳动者、一般知识劳动者有根本的不同。他们最需要的不是激励，而是赋能，也就是提供他们能更高效创造的环境和工具。以科层制为特征、以管理为核心职能的公司面临前所未有的挑战，未来的组织最重要的职能是提高创造力成功的概率，而赋能创造者是达到这一目标的方法之一。

### 2. 如何理解赋能的概念

第一，激励偏向的是事情结束之后的利益分享，而赋能强调的是激起创造者的兴趣和动力，给他合适的挑战，唯有发自内心的志趣才能激发持续的创造。组织的职能不再是分派任务和监工，而更多的是让员工的专长和客户的问题有更好的匹配。是员工使用了组织的公共服务，而不是公司雇用了员工。

第二，赋能比激励更需要依赖文化。只有文化才能让志同道合的人走到一起，创造者再也不能用传统的方法去考核、去激励，公司的文化氛围本身就是奖励，能够和志同道合的人一起共同创造对他们就是最好的奖励。本质上他们都是自驱动、自组织的，对文化的认同非常较真，为了享受适合自己的文化，这些创造者愿意付出，拥护共同创造。一个和他们的价值观、使命感吻合的文化才能让他们慕名而来，聚在一起，奋发进取。最前沿的创新型企业都以鲜明的文化和价值观为特征：Google对顶尖人才的推崇和不作恶的文化，Facebook的极客文化和连接世界的情怀，Uber分享经济的理念和冲击传统模式的朝气与霸气。在工业时代，共同的使命、愿景和价值观仿佛只是最优秀企业的奢侈追求，而在新的时代志同道合是对赋能型企业的基本要求。所以，很自然地，这些创新型的领导企业，它们的创始人都天然具有布道者的气质，从Facebook的扎克伯格到特斯拉的马斯克，他们改变世界的勇气、推动人类社会进步的初心才是凝聚顶尖人才真正的原因。

第三，激励聚焦在个人，而赋能特别强调组织本身的设计、人和人的互动，随着互联网的发展，组织内部人和人的联系也更加紧密。复杂网络和社会物理学的研究都指出，人和人之间互动机制的设计对于组织的有效性可能远远大于对个体的激励。Google那些声名远扬的免费服务，不仅仅是提供员工服务、提高员工的生产力，其实更重要的一个目的是增加他们互动的可能性，提高共创的可能性。创造本质是很难规划的，只有提供他们各自独立时无法得到的资源和环境，其中最重要的就是他们之间的充分互动，有更多自发碰撞的机会才能创造更大的价值。餐厅就餐控制在4分钟以内，就是用心良苦的设计。

### 3. 日常过程如何应用赋能

第一，文化非常重要。在这个大变革的时代，你是不是相信自己的文化，甚至以布道者的心态去传播、去吸引真正志同道合的人走到一起来呢？阿里巴巴合伙人制度本质是志同道合，有相同的理想和愿景，而很多公司的合伙人制度实际上变成了利益分配，这完全是南辕北辙。

第二，自激励成为创造者的一个典型特征，所以找到合适的人也变得更重要。谷歌的创始人在很长时间内都坚持自己面试每一个工程师，后来公司太大实在做不到了，他又坚持了很长一段时间审核每一个雇用合同。合适的人进来了才能吸引合适的人，所以，把功夫用在开头是非常重要的。

第三，CEO和高管花费精力的地方会有一个很大的变化。原来公司高管大部分的精力都用在管理，用在盯人，但你有没有花时间想，怎样可以提供一个平台让创造者之间能够有更多的互动。跨界的交流，让整个团队产生更好的创造力，这需要大家花非常多的心思去探索和琢磨，也会是企业之间竞争力重要的分水岭。

工业时代基于科层制管理的公司制度正在逐渐丧失它的生命力，在创造力时代基于赋能的组织创新方兴未艾，也是大家未来最需要努力的方向。

美国华盛顿州西雅图派克市场中的"鱼公司"的员工有一种独特的工作态度和工作行为，就是"玩耍"。每当有顾客购买他们公司的鱼货的时候，他们都会用"丢鱼"的方式"玩耍"，鱼公司的员工会将顾客指定的鱼货拾起，以快速巧妙的动作，丢给距离三四米远的后台员工，接着进行后续的加工处理、结账等工作。这富有趣味的丢鱼动作，往往吸引大批的人群围观，哈哈大笑，就算不买鱼，也被这独特的欢愉的气氛所感染，乃至于每次丢鱼的时候，都是人满为患。

从派克市场"鱼公司"员工的工作、激情和活力来看，其经营理念概括为四大要点：玩耍；让别人开心；全心投入；选择好态度。

一是玩耍，玩耍就是丢鱼。用丢鱼来吸引人群的点子是突发奇想，就是当有员工说出顾客想购买的鱼货的时候，其他所有的员工都跟着大声重复一遍。比如当有员工说"五只螃蟹要飞了"，其他所有员工都一起大喊"五只螃蟹要飞了"，这种感觉非常棒。派克"鱼公司"的老板说，之所以成功就在于玩耍，不说自己在工作，每项工作或许都很无聊，但是当大家都抱持一种玩耍的心态，无论生意多好或多差，都会觉得很好玩。

二是让别人开心。玩耍不仅使自己工作愉快，而且让别人开心。派克"鱼公司"的员工说，我们卖的不是鱼，而是一种服务，这种服务让顾客开心，我们和想获得服务的人打交道，我们经常让顾客站在前台，亲自享受丢鱼那种充满活力的乐趣。我们了解我们是为人服务的，这时会觉得生命多了点意义，我们喜欢和愿意为人服务，顾客在离开市场的时候，整天的心情都会变得很好。

三是全心投入。把95%的时间全心投入在工作上，随时注意顾客想要什么。你只要注意你的顾客，专心聆听他们要什么，别对顾客重复发问的问题感到不耐烦，要全心全意为顾客服务，因为就算他们这次不买，也可能是未来的顾客，要时刻注意自己是否心不在焉，否则，可能错失将来的一位顾客。

四是选择好态度。每天一起床，你就得选择把你的心放在哪里。既然选择来派克"鱼公司"工作，你可以选择尽心尽力工作，也可以选择因循苟且，你可以选择每天郁郁寡欢，也可以选择每天高高兴兴，既然来工作了，何必让自己不快乐呢？即使心情紧张也还是要保持微笑，想想总有可以微笑的事情，这就是应该有的工作态度。

记住：每天必须充电，与顾客同乐，顾客才会与我们同乐。如果你热爱你的工作，别人会看出来的，你的行为会影响别人，当别人看见我们玩得高兴的时候，他们会参与进来的。

# 第12章

# 人性素假设

∴开篇案例

## 马斯克的第一性原理

埃隆·马斯克在四个领域都有颠覆性的创新：PayPal、特斯拉、SpaceX和太阳城能源公司。马斯克将其成就归结于对"第一性原理"的运用。第一性原理思维是用来解决复杂问题和产生原创解决方案的最有效策略之一，也是学习如何独立思考的最有效的方法。

2002年，马斯克为了将第一枚火箭发送到火星，成立"美国太空探索技术公司"（SpaceX）。他的第一个难题是参观完全球航空制造商后，他发现购买运载火箭的成本高达6 500万美元，价格如此昂贵，他不得不重新思考这个问题。接受采访时他说："我更倾向于从物理学的角度来看待世界。物理学教会我运用第一性原理思维去推理，而不是用类比的思维去推理。第一性原理究竟是什么？火箭由什么制成？航空级铝合金，再加上钛、铜和碳纤维。然后我问自己，这些材料在市场上值多少钱？结果是，原材料的成本大约是火箭价格的2%。"于是，马斯克决定购买便宜的原材料，自己造火箭，SpaceX公司就此诞生。几年时间内，SpaceX公司将发射火箭的成本削减至原本的十分之一。马斯克采用了第一性原理思维将起初的情况分解为最基础的问题，绕过了高价问题，创造了更有效的解决方法。

第一性原理思维要求你层层深入挖掘，直至剩下最基础的事实真相。"笛卡尔怀疑论"就是这种思维方式，即"系统性地怀疑任何能够怀疑的事物，直至他看见所剩下的事物都是不容置疑的纯粹真理"。实践中，不需要将每个问题都分解到原子级。只需要比大多数人更深入一两个层次，就能获得第一性原理思维带来的诸多益处。第一性原理首先将一种情况分解为核心部分，再将各个部分以更有效的方式整合在一起。先进行解构，再进行重构。

第一性原理思维要求你抛弃对先前形式的执着，将功能放在更前头和更中心的位置。你的目的是什么？你希望达到的功能结果是什么？优化功能，忽略形式。这是学会如何独立思考的方法。旧习俗和过往的形式通常会被毫无疑问地接受，而一旦接受，这些根深蒂固的思想就会严重影响创造力。创新的最好方法可能是先将事物分解为最基本的原理。即使你目前没有创新的想法，也可以去了解一下你所在领域的第一性原理，牢牢掌握基础知识，这样有助于个人竞争力的提高。每一项创新都需要长时间的迭代和改进。

第一性原理的思维方式强调独立思考。"Think different"是乔布斯最喜欢的广告词。

Think different 中的 different 从语法上说是错误的，正确的用词应该是 differently。乔布斯团队巧妙地借助了这个错误，强调标新立异，既然英语语法说 Think differently，苹果就要说 Think different，创新的本质就是要与众不同，如果什么都和别人一样，就不是创新。

第一性原理的思维方式强调质疑，不轻易接受否定的答案。世界是发展变化的，以前人们做不成的事，条件变化后可能做成。第一性原理的思维方式强调实验，用实践去验证。马斯克虽然有很多奇思怪想，但他绝不是一个鲁莽冒进的人，他的做法是"大胆假设，小心求证"。第一性原理思维方式的基础是自信心。没有强大的自信心，很难挑战常规。

多数人考虑问题时会局限于类比思维。类比是一种逻辑思维和推理方法，是人们解决陌生问题的一种常用策略。类比思维运用已有的知识和经验将陌生的、不熟悉的问题与熟悉的问题或其他相似事物进行类比，尝试找到解决问题的办法。类比是从两类对象具有某些相似或相同的属性出发，推出其中一个对象可能有另一类对象已经具有的其他属性的思维方法。

类比思维有两个缺陷。第一，横向类比是一种竞争意识，看不到终点在哪里。彼得·蒂尔在《从0到1》中有一个观点："竞争是一种观念，这种观念在整个社会中蔓延，扭曲了我们的思想。结果竞争越来越激烈，我们在实际中获得的却越来越少，我们把自己困在了竞争中。"摩拜共享单车就是第一性原理思维的产物，胡玮炜基于下了地铁的最后一公里和移动支付的结合推出了共享单车，然后引发了后续的竞争。第二，纵向类比基于过去经验和历史的比较。彼得·蒂尔在《从0到1》中有个说法："商业世界的每一刻都不会重演，下一个比尔·盖茨不会再开发操作系统，下一个拉里·佩奇不会再研发搜索引擎，下一个扎克伯格也不会去创建社交网络，如果你照搬这些人的做法，你不是在向他们学习。"

第一性原理是因果关系的思维方式，首先要发现一件事情最核心的原因，然后从原因往外推理出你想要的结果。《智能时代》的作者吴军认为，"根据因果关系知道原因固然好，但是由于复杂的问题，难度非常大，除了跨物质条件，人们除了努力还要靠运气。在大数据时代，可以有新的思维方法，从大量的数据中直接找到答案，即使不知道原因。这方面给了找捷径的方法，同时我们不会因为缺乏运气而被问题难倒。如果愿意接受找不出原因的答案，我们的思维方式已经跳出机械时代单纯追求因果关系的做法，开始具有大数据思维了。"

运用第一性原理思考问题，强调在基本事实的基础上探究问题的本源，不被过去的经验知识所干扰。第一性原理思维的下一步是利用大数据思维。我将马斯克的第一性原理和大数据思维背后的人性假设定义为人性本素，人性只有落脚于人性素才会自然而然地闪现第一性原理，同时不必考虑因果关系，人类才可以安之若素地进行非分类视角下的创新和创造。正如《菜根谭》有言，"人品做到极处，无有他异，只是本然。"

人性假设问题历来是人类创造的各个领域普遍关心的核心问题，古今中外概莫如此。轴心时代古老中国涌现的诸子百家已经开启了以善、恶作为人性核心的话题的讨论：比如孟子主张性善，荀子倡导性恶，墨子主张性素丝，乃至于当今大热的王阳明主张的"王门四句教"等都离不开对人性的思考。西方百余年的科学管理得以盛行自然也离不开对人性的理解和利用，于是有了麦克雷戈基于"经济人"和"社会成就人"假设提出的 X、Y 理论，威廉·大内在研究日本企业文化的基础上针对 X/Y 理论提出的 Z 理论等；如果把时间轴延长到文艺复兴基础上的西方社会的突飞猛进，半个千年以来支撑其发展的科学能够一路高歌恰恰是由皮科·德拉·米兰多拉的《论人的尊严》开启的；而德国前总统高克则坚持认为，"社会的繁荣发展需要保卫和平的决心、人性的首要地位和理性的力量"。所有这些都说明了人性研究的重要性，实际上人性假设问题从来没有停止过探讨，不同的人性假设确实为不同时空下的管理模式提供了底线逻辑和理论支撑。

当下，人类正在经历互联网时代，互联网的连接属性使得人人都可能成为创造的主体，当我们迎接中国梦想照进现实之际，中国复兴已然成为不争的事实。此时，有必要对人性假设重新进行定义，以便于深层次地引领并支撑即将到来的世界中国时刻，以便于深层次地引导并激活作为创新主体的人民的力量，以便于深层次地引发并点燃创作的文化激情和信念。这是本章提出"人性素"假设的主要目的。

## 12.1 64种人性假设的比较

### 12.1.1 人性之源头

当我们还来不及审视互联网给世界带来的变化时，人工智能、大数据、区块链、比特币、共享经济……已经开始不动声色地重新定义我们的世界，一切都在变，人性呢？

无论是社会学、管理学还是经济学，其研究的逻辑起点总是建立在有关"人"的理论假定基础之上的。西方经济学在"理性人"的假设基础上建立了经典经济学；西方管理学在"经济人"和"社会人""自我实现人"等人性假设基础上建立了管理学的经典理论。在我们还未完全适应VUCA（V：volatility，U：uncertainty，C：complexity，A：ambiguity）之时，RUPT（R：rapid，U：unpredictable，P：paradoxical，T：tangled）已经来了，管理学必须重新考察"人"的基本假设及管理过程的内在逻辑，进行根本性的理论创新，这样才能找到管理学研究的逻辑起点，进而应对时代的挑战。

李德昌认为：中国文化的管理学情景依赖表现在两个方面：其一，人的基本假设，中国人不仅讲理性，而且讲感性；不仅重视知识，而且重视直觉；不仅追求权力，而且兼顾和谐。也就是说，中国人和中国文化一直以来就是整体性的、普遍性的和自觉性的。所以，中国文化情景中的人性假设是内在多维的、立体的和对称的。其二，中国能够在历史上创造人类最辉煌的文化繁荣与经济文明（文景之治、贞观盛世、康乾盛世），绝不是偶然的，就在于以老子为核心的道家文化概括了管理学的精髓，"小做事、中作市、大作势"的文化感悟与老子"道生之，德蓄之，物形之，势成之"的理论概括，从最深层次上揭示了管理的真谛：管理的最高境界是"营造势"。

在《信息人》一文中，李德昌总结道：真正的管理大家和真正有智慧的管理常常是用直觉而不是用数学，然而，当我们仔细考察各种成功的直觉时，就会发现其中充满了各种各样的对称性方法和对称化战略举措。就中国文化语境中的某些具有逻辑内涵的管理理论而言，无论是席酉民和谐管理理论的"和则"与"谐则"，还是徐飞等基于纯粹数学的"管理二象对偶"理论，以及鞠强基于文化的"二元平衡管理"理论，其核心价值就在于镶嵌了对称化的管理思想和方法。所以，对称化管理是真正具有可操作性的管理理论，也是人类应对不确定性风险的根本路径。

黄春忠认为：管理理论的发展始终伴随着管理问题的出现，而管理实践成就及其相应管理理论的诞生源于对管理问题认知的深化及其解决。管理有两大基本问题：一是对管理客体的认知，即管理对象的人性假设，管理思想史上的每一次飞跃都是对这一问题认知的加深。是经济人还是社会人？是人性善还是人性恶？这对管理方式的选择有决定性影响。二是对管理主体的培育，即管理主体实践能力的培育，管理从制度流程安排上是科学，但从复杂多变的现实以及无数可能的潜在影响因素看更是一门实践艺术，而艺术被认为是一种天赋，无从培育，这造成管理主体研究的瓶颈式难题，即无法有效解释管理主体在无法理性分析的情境中，具体面对管理问题时如何研判，如何决策并产生管理行为，而这对管理成效有决定性影响。

黄春忠认为，时至今日，管理学历经百年积累，对人性假设研究已有了公认的阶段性结论，主要经历了"经济人""社会人""复杂人"假设，但三种假设均没有完整概括人性，而在此基础上建立起来的管理理论自然无法普遍地指导管理实践。因此，从禅宗佛性论出发重新构建"完整人"人性假设。"完整人"假设概念构想及其内涵取于马克思"完整的人"，但"完整人"假设的核心要素源自禅宗佛性论的完整性、普遍性与自觉性。"完整人"假设指的是：人的内在需要是一样的，包含了人性所可能含有的所有对立面内容，且人自身具有自觉自发完善和实现自己的动力和潜能。相对已有假设，"完整人"假设高度重视管理客体的自觉自发，其在启发引导管理客体的基础上，实现自我与组织目标的共同实现，优点是在追求效率的同时真正践行了以人为本的管理理念，而缺陷在于管理控制上的弱化。

人性是个全面的整体结构，管理只有承认人各种需要的合理性，且人自身具有自我实现的动力与潜能，管理只有尊重这一事实和内在机理，并创造条件以满足人的这些需要，才可能实现未来时代的有效管理并瞩望管理的未来。

众所周知，全球化的学术（发现希格斯玻色子的作者有 3 000 位，研究整理人类基因组代码的作者有 2 900 位）、围绕大数据的计算机算法、人工智能、中国传统文化的复兴等，都在开辟一个全新的不同于 500 年前仅局限于欧洲的全球视域下的复兴。吉姆·格雷在《第四范式：数据密集型科学发现》中指出，人类正在进入数据密集型科学时代。此前，人类已经到达了前三个范式：第一范式是 1 000 多年前，人类主要采用直接观察和描述进入了实验时代。第二范式是过去的几百年里，人类利用万有引力定律、行星运动定律和麦克斯韦方程进入了理论时代。第三范式是过去的几十年里，人类利用计算机来模拟理论无法做到的动态的和复杂的局面而进入仿真时代。第四范式是数据科学时代，人类利用统计学和计算机方法分析海量数据以寻求"生态周期表"，这样的根本结构可能是存在的，只是尚未被人类揭露出来。

吉姆·格雷关于第四数据范式和控制"数据泛滥"的最重要之处就是其中包含了范式演变。数据是第四范式的核心，它与经验论、理论和仿真模拟平起平坐，共同成为现代科学方法的统一体。也就是说，数据虽然是第四范式的核心，但它不是清除掉前三个范式，数据仅仅增加了我们处理和交流经验事实与理论的方法和社会习惯的负担，增加了模拟的健壮性与复杂性上的负担，增加了对揭示、传递和集成知识的方法的负担。作为科学家，我们需要改变的正是科学家做科学研究的范式，不是科学知识的范式，这才是库恩意义上的范式转变。作为管理学家呢？我们需要改变的不也正是管理学家做管理研究的范式，不是管理知识的范式吗？那么人性假设作为研究管理的基本假设源头，是否需要重新定义以适应这不得不适应的未来呢？答案是肯定的。在改变之前，先回顾一下主要人性假设及其观点。

### 12.1.2 人性之比较

以"人性假设"等关键词检索后发现大量文献，经过梳理列出 64 种假设，主要对其提出的时代背景、提出者背景和应用领域进行了详细的整理和总结，具体内容如表 12-1 所示。

表 12-1 轴心时代至今主要人性假设及其观点列表

| 提出者 | 人性假设 | 提出时间 | 时代需求 | 提出者背景 | 管理应用 |
| --- | --- | --- | --- | --- | --- |
| ουμπος/Homer | 神性人 | 公元前 900 年～公元前 800 年 | 宗教神话的盛行 | 人是神的创造物和实现神意的工具，神性的本质是感性的 | 放任式管理，本性管理 |
| 老子 | 自然人 | 公元前 600 年～公元前 500 年 | 自然和谐需求 | 战争频发，诸侯争霸，社会贫富分化，大多国家政治黑暗 | 天人合一，道法自然 |
| 墨子 | 人性素染论/素丝论 | 约公元前 476 年～公元前 390 年 | 适应社会环境的需求 | 战乱时期社会劳动人民的凄惨生活 | 环境对人性的影响 |
| 告子 | 无善无不善 | 生卒年不详 | 自己如何对待自己的本性 | 人有共性，并认为人性是生而具有的本能，人性演化为善或恶 | 回归根本 |
| 庄子 | 人性真，性情不离 | 公元前 369 年～公元前 286 年 | 目睹上流社会群起"危身弃生以殉物"有感而发 | 根据人性背后的形上学引申而来，以人类受命成性之初的真朴状态为人的本性 | 为来明儒学找形上道德根源提供支撑；以内圣为首要，外王次之；提供修养心性的方法：心斋、坐忘 |
| 孟子 | 人性善 | 公元前 372 年～公元前 289 年 | 适应社会变革的需求 | 战国中期，各国先后通过变法都已确立了封建的生产关系 | 习染对人性的影响 |
| Aristotle | 政治人 | 公元前 325 年 | 政治需求 | 亚里士多德的政治人性论基于的是城邦生活 | 参与政治 |
| 荀子 | 人性恶 | 公元前 313 年～公元前 238 年 | 适应社会发展的需求 | 礼法、王霸之争 | 天人相分，制度控制 |
| 董仲舒 | 性善情恶论 | 公元前 179 年～公元前 104 年 | 受《公羊春秋》影响 | 喜欢将人与天比较，将天道观、阴阳、五行等结合创信儒家 | 天人感应 |
| 世硕、杨雄、王充 | 人性有善有恶论 | 生卒年不详，公元前 53 年～公元 18 年，27～97 年 | 王充对当时流行的谶纬迷信进行批判 | 儒家体制内的知识分子。人性有善有恶，是说人的人性，有的人善，有的人恶，有的人善恶兼有，到底是什么，关键在"养"（世硕）和"修为"（杨雄） | 人性差异，差别对待 |
| 王弼 | 圣人有情论 | 226—249 年 | 长期的封建割据和连绵不断的战争，使这一时期中国文化的发展受到特别的影响 | 儒家体制内重章句，颂颂考证而失去活力，玄学成为社会主要思潮。主张性无善无恶与情有善有恶论的结合与折中 | 法制要应时而变 |
| 何晏 | 圣人无情论 | ?～249 年 | 社会思想和谐需求 | 儒家的冲突引发人们信仰上的危机，使人无所从 | 注重人才的选良，要将体制和人情得以很好地融合；制度建设 |
| 王安石 | 性情一体 | 1021～1086 年 | 基于人文关怀 | 批评孟、荀性善、性恶之说，无善无恶论，提出性情一体说 | 从社会、性情、性命角度丰富了儒家人性论内涵 |

第 12 章 人性素假设　321

(续)

| 提出者 | 人性假设 | 提出时间 | 时代需求 | 提出者背景 | 管理应用 |
| --- | --- | --- | --- | --- | --- |
| 朱熹 | 以"理"为核心 | 1130~1200年 | 思想发展需求 | 从小就埋头涌读儒家著作；性即天理即善；性气之分；天命之性和气质之性 | 从人出发，以人为本 |
| 王阳明 | 心即理，致良知 | 1472~1529年 | 继承陆九渊思想，反对程朱格物致知方法 | 继承了孟子的性善论，提出王门四句教 | 与康德的实践理性较近 |
| David Hume | 同情心是本源，理性是情感的奴隶 | 1711~1776年 | 产业革命的进步性和封建势力的保守性交织 | 休谟生活在产业革命开始社会变革的时代，工商业资产阶级要求反对封建复辟势力，资产阶级思想的代表 | 总结了自笛卡儿以来近代西方哲学的成果，推动了康德批判哲学的形成，贯彻经验论，提出怀疑论 |
| Adam Smith | 道德人 | 1759年 | 义务、责任需求 | 被任命为苏格兰的海关盐税专员，对经济命的黑暗面深刻了解 | 利他主义，强调同情心 |
| John Stuart Mill | 经济人 | 1776年 | 经济需求 | 17岁时进入不列颠东印度公司，熟悉公司的运营 | 关心生产 |
| Charles Babbage (巴贝奇) | 工具人 | 1792~1871年 | 经济需求 | 经济得到创历史性的繁荣发展 | 暴力支配，人只是一种会说话的工具，前管理学阶段对人的看法 |
| Karl Marx | 完整的人 | 1844年 | 全面发展的需求 | 标准化劳动和分工协作造成的工作困境，导致人的异化和片面发展带来的痛苦 | 人是一切的目的，人的目的是人的完整实现，是自由全面发展 |
| Karl Heinrich Marx | 矛盾人 | 1858年 | 协调需求 | 工业革命席卷德国，推动了该国容克地主经济的发展，同时也加剧了下层劳动人民生活的赤贫化 | 在矛盾中发展 |
| Karl Marx | 阶级人 | 1867~1894年 | 阶级需求 | 在资本主义经济中的"经济范畴化"必然表现为新的人性假设的范畴——阶级人 | 把社会分成阶级，只承认"阶级的爱"，不承认天下存在"公共的爱"，强调整体社会性和历史性 |
| Mary Parker Follett | 集体人 | 1918年 | 怎样使人更具有人性 | 管理主要关注两个要素——事情和人。前者易于接受科学方法，后者则不然，整合是当代心理学最具启发性的积极准则是人们在科学交往中能发现真正的个人，人是任何商业活动的核心，管理学研究的是人与人在组织中的关系 | 只有在组织中才能发现真正的个人，人是任何商业活动的核心，管理学研究的是人与人在组织中的关系 |
| George Elton Mayo | 社会人 | 1933年 | 社会需求 | 从心理学角度解释产业工人的行为，认为影响因素是多重的，没有一个单独的要素能够决定性作用，这成为他后来组织归纳为社会系统的理论基础 | 以人为本 |
| Chester I. Barnard | 有限理性人 | 1938年 | 经济需求 | 出任过公司CEO，但并未成功 | 有限理性 |

（续）

| 提出者 | 人性假设 | 提出时间 | 时代需求 | 提出者背景 | 管理应用 |
|---|---|---|---|---|---|
| Herbert A.Simon | 决策人/管理人 | 1938年/1945年 | 个人利益需求/经济需求 | 兼顾经济学和心理学，涉及与社会政治相关的研究 | 协调组织和个人共同发展，有限理性 |
| Abraham Maslow | 自我实现人 | 1954年 | 社会需求 | 生活压力、种族歧视等 | 追求价值 |
| William H.Whyte | 组织人 | 1965年 | 组织管理需求 | 参加第二次世界大战，并对战后郊区文化、生活方式和居住环境进行研究 | 组织才是一切 |
| James McGill Buchanan Jr. | 行政人 | 20世纪60年代 | 政治需求 | 布坎南靠布鲁特奖学金在意大利进行了为期一年的研究，受到了欧洲财政学派的影响，使他进一步坚定了关于政府不是一种理想的制度的观念 | 个人利益、公共利益相统一 |
| Edgar H.Schein | 复杂人 | 20世纪60年代末至70年代 | 多变需求 | 心理学专业的研究基础 | 动机复杂 |
| Peter M. Senge | 学习人 | 20世纪80年代 | 学习需求 | 深受佛睿思特（Jay Forrester）教授的系统动力学整体动态搭配的管理新观念吸引 | 从自我实现到自我超越 |
| 韩庆祥 | 能力人 | 1997年 | 发挥能力 | 韩庆祥"下沉"到河北省卢龙县挂职锻炼，到河北省的实践目的之一，是使人成其为人，人学实践目的之一，是使人的能力得到充分发挥。现实恰好相反，本应促进人的全面发展的实践，有时却掣肘人的能力的充分发挥 | 挖掘潜力 |
| 徐嵩龄 | 理性生态人 | 1997年 | 生态保护需求 | 致力于环境经济学研究，发现生态经济人阶段，人只顾眼前利益，引发严重的生态危机；过分重视对物质利益的获取，而忽视对人的存在意义、人的发展目标等精神价值的思考 | 追求自然生态、社会生态和精神生态 |
| 黎红雷 | 文化人 | 1999年 | 文化需求 | 人类即将进入21世纪的知识社会，人类本质的认识是"文化的动物" | 企业文化 |
| 吴昊 | 创新人 | 2000年 | 创新需求 | 组织发展大致有六个阶段，"创新人"是为适应最后一个阶段而提出的 | 重视创新 |
| 胡瑢，王凤海 | 虚拟人 | 2003年 | 符号化 | | 向符号化发展 |
| 郭咸纲 | 多维博弈人 | 2003年 | 经济需求 | 人在现今社会中所表现出的各种需求以及这些需求的整合使现有的人性假设满足不了人性的本质 | 管理互动 |

（续）

| 提出者 | 人性假设 | 提出时间 | 时代需求 | 提出者背景 | 管理应用 |
|---|---|---|---|---|---|
| 张军 | 知识人 | 2004 年 | 知识需求 | 客观经济基础受信息时代高速发展的社会生产力的严峻挑战 | 自我管理 |
| 吴声怡 | 自在人 | 2004 年 | 自在需求 | 西方管理学中的人性假设存在局限性，并不完全符合东方实际的管理 | 没有自我，无限 |
| 张秉福 | 能动生存人 | 2005 年 | 生存和能动需求 | 普通管理学人性假设并不适用于教学管理活动 | 教学管理 |
| 孙东生，嵇国平 | 惯例人 | 2005 年 | 稳定需求 | 现存的人性假设主要是从人的动机角度，忽视人的行为惯例特性。现实生活中的人有其固有的行为惯例模式，往往是惯例化的。中国人的行为具有独特的惯性 | 行为惯例化 |
| 黄福宁 | 泛经济人 | 2005 年 | 社会需求 | 经济人不单纯考虑经济利益获得和支出成本的比较，同时对着如荣誉、道德谴责等心理效用方面也进行综合考虑，以做出效用最大化的行为选择 | 泛效用函数 |
| 李泽厚 | 理性（神性）与感性（动物性）交融的自然本性 | 2006 年 | 来自于生产工具的使用和实践 | 情本体是历史本体论的核心 | 宗教性道德与社会性道德融合 |
| 钟贞山，黄平槐，葛刚 | 社会生态人 | 2006 年 | 生存与发展需求 | 为顺应生态发展规律，对自然人、社会人和生态人等假设的扬弃 | 人境和谐，协同进化，全面需求 |
| 陈敏雅 | 伦理人 | 2006 年 | 社会需求 | 经纪人假设的理论推演以及社会实践中都遇到了伦理的困境作为逻辑起点的概念在经济难以克服的困难 | 经济人伦理学 |
| 何小连 | 绿色人 | 2007 年 | 幸福需求 | 以往人性假设不足以适应时代的发展 | 注重身心健康、弹性激励 |
| 陈永章 | 公共人 | 2007 年 | 公共需求 | 行使公共权力的公务员具有独特人格的特质，传统行政人等理论具有"有限理性" | 为公民服务 |
| 卢芸霞 | 幸福人 | 2007 年 | 幸福需求 | | 追求幸福感 |
| 程恩富 | 利己利他人 | 2007 年 | 经济需求 | | 追求共赢 |
| 徐建成 | 发展人 | 2008 年 | 发展需求 | | 注重个人发展 |
| 李晶，刘晖 | 匮乏人 | 2009 年 | 管理需求 | | 人需要管理和被管理 |
| 王建华 | 公共价值人 | 2009 年 | 价值需求 | | 追求、形成、实现价值 |

(续)

| 提出者 | 人性假设 | 提出时间 | 时代需求 | 提出者背景 | 管理应用 |
|---|---|---|---|---|---|
| 李德昌 | 信息人/全息人 | 2010年 | 信息依赖 | 按照"熵"机制,世界将越来越无序;按照"势"机制,世界将越来越有序。对称化管理是真正具有可操作性的管理理论 | 信息人意识是6维的:金钱意识、权力意识、知识意识、情感意识、审美意识、虚拟意识 |
| 李中元,杨茂林 | 生态人 | 2010年 | 自身生存与内在发展需求 | 资源和生态危机与可持续发展的挑战 | 顺应生态发展,和谐共存;人的需求是全面的,不仅包括物质需要和精神需要,而且包括生态需要和社会需要 |
| 靖国平 | 智性人 | 2010年 | 求智需求 | "智性人"的假设面临着"创生性发展"和"智能化"发展的双重挑战 | 调整环境 |
| 孟昭武,肖映胜 | 和谐人 | 2012年 | 和谐需求 | 人存在方式并非恒定不变,是对传统人性假设的批判和超越 | 经济、生态、道德理性 |
| 吴福平,周利兴 | 天地人 | 2012年 | 自然和谐需求 | | 天、地、人的同生并存 |
| 周卫明 | 复杂知识人 | 2012年 | 个人自主性 | 基于知识要素的重要性,知识员工特点和"复杂人"假设提出 | 充分发挥个人能力 |
| 葛荣晋,邱忠来 | 自为人 | 2013年 | 劳动需求 | | 热爱劳动 |
| 苏万平 | 综合人 | 2013年 | 高层次需求 | | 企业家思维 |
| 郝英奇,郑桂红 | 层次人 | 2014年 | 多层次需求 | | 需求多变 |
| 黄春忠,李非 | 完整人 | 2015年 | 人人有本自具足佛性 | 禅宗藏有精密的心性理论及丰富的东方智慧,是构建中国管理学派的智慧源泉之一 | 人性是完整的,人的内在需要是一样的,人的求善好倾向是自觉的,要启发引导 |
| 路志川 | 进取人 | 2015年 | 把握人性需求 | 传统人性假设的片面性,对传统"管理职能"的质疑 | 经济人和社会人、自由人和理性人的统一,感性人和系统倾向于"情治、道治、法治"的全方位运用,而不能仅局限在传统"管理职能" |
| 胡象明,刘浩然 | 敏感人 | 2017年 | 环境变化的需求 | 关于"邻避效应"的延伸,工工程项目目前所带来的环境变化反应过于敏锐 | 敏感人可能源于利益相关和合法性因素对安全性等同等社会稳定风险感知 |

从历史向度纵向观察表 12-1 中的 64 种人性假设，发现人性假设的提出与提出者的个人背景、提出者所在的时代背景息息相关，每种假设的提出基本都是为了契合提出者所在的时空下的社会主导需求以及针对社会主要问题谋求的解决方案。由此看来，每种人性假设都是时、空和人三种基本要素交互作用下的产物。反之，这也注定了提出者提出的每种假设的局限性。那么，能否找到带有规律性和普遍性的人性假设以迎接机器崛起时代的挑战并引领人类继续前行呢？我们认为以全观视野、实践理性、扎根本土、交叉融合和原子还原五个方面来看，应该可以发现人性假设的规律性、普遍性内容，就是本章提出的第 64 种人性素假设。

### 12.1.3 人性之光辉

从表 12-1 发现，历史上出过很多人性假设，有性善说、性恶说、X 理论、Y 理论，还有超 Y 理论的可塑说……众说纷纭，看来人性是如此的复杂、多样、不确定。华为公司认为，其实把这些人性假设综合起来看，恰好是符合熵理论的，就是在人性里同时存在熵增和熵减的力量，就看谁能够成为矛盾的主要方面，以决定这个人的主流。

华为公司的核心价值观就是为了对人性弱点逆向做功，以激发人的正能量。为什么讲以客户为中心？因为以自我、上级为中心，这是人的本性，不需要教就会，所以才要强调以客户为中心。

核心价值观对人性弱点逆向做功示意图如图 12-1 所示。

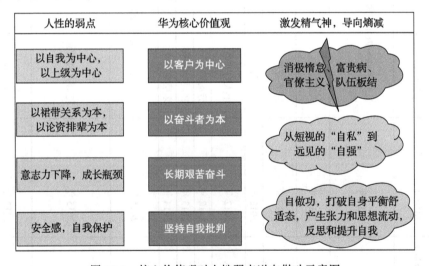

图 12-1 核心价值观对人性弱点逆向做功示意图

为什么以奋斗者为本？因为在组织里，主管做评价激励天然容易以裙带关系为本，以论资排辈为本，这经常发生。大家都很赞同全力创造价值，一到科学评价价值，有人心里就犯嘀咕，为什么？科学评价价值，一定要以绩效贡献作为客观公正的评价标准，不是因为谁和谁是亲朋好友、是一个团队打拼出来的、是上级领导派过来的，就给他好的评价。真正做到以价值贡献作为评判标准很难，以奋斗为本就是要克服人性弱点。为什么要长期艰苦奋斗？人的弱点是随年龄增长意志力会下降，知识技能会逐步老化。思想上的艰苦奋斗，就是要终生学习，持续成长。

为什么要坚持自我批判？人的本性就是需要安全感，需要自我保护，不敢把自己真正的弱点暴露在别人面前，说给别人听，甚至把自己保护起来。所以，推行核心价值观是为了克服人性天然弱点，开展逆向做功，防止熵增现象发生，使我们鼓励的行为和自我价值贡献能够产生。当然人性是多面的，不全是消极的，也有很多积极的因素。推行核心价值观就需要人类多多学习，让我们看看荀子、福泽谕吉和张之洞的劝学以及劝学在当时的价值和意义。

**荀子的劝学**。荀子既是战国末期著名的教育家、思想家，也是中国古代继孔孟之后杰出的教育家、思想家和文学家，他曾经三次担任齐国稷下学宫的祭酒。荀子对中国社会发展的贡献，其一是提出并传播颇具唯物色彩的务实思想，其二是培养了韩非和李斯。前者从思想上给秦始皇以启迪，奠定了恒久的制度文化基础，客观上促进了中国社会的统一和发展；后者从实践上帮助秦始皇实现统一大业。荀子的贡献和思想主要体现在《荀子》一书中，尤其是该书的首篇《劝学篇》。荀子认为，人的本性是邪恶的，其欲望是无穷的，为了使人们不发生争夺而和谐相处，就必须改变人们邪恶的本性，而改变邪恶本性的最好方法就是教育，教育乃是治理社会时最值得重视的首要方法。荀子认为"学不可以已"，学习不能停止，除了学习书本知识之外，还包括学习修身行道。在《劝学篇》中，荀子对为什么要学习、应当学习什么、应该怎样学习，都从哲学高度给出了论述。在今天，本书将此扩展为学习知识、见识、胆识、常识和赏识，这样才可以培养人类的品性。品性不丰满，知识就是伪装。

**福泽谕吉的劝学**。福泽谕吉是日本明治维新时期最著名的思想家和教育家，对日本资本主义的发展起了巨大的推动作用，被称为"日本近代教育之父"。他在日本不遗余力地传播资产阶级民主自由思想，为日本资产阶级革命的成功，立下了汗马功劳。《劝学篇》是福泽谕吉抨击封建文化，传播资产阶级思想的代表作。福泽谕吉毕生对日本文化有不可磨灭的贡献：第一是著述教导全体社会；第二是创设学塾，造就人才；第三是创刊新报，普及新知，用户公论；第四是倡导演说和辩论，巩固民权政治。他创立学塾的教育方针有两条：在有形方面，以"数、理"为基础；在无形方面，以培养"独立心"为旨趣。欲使日本赶上强国，除鼓吹独立精神和提倡实学外，别无他途。福泽谕吉的《劝学篇》既是当时日本改革的号角，也是改革时代的产物。这部书开宗明义阐述"天未在人之上造人，亦未在人之下造人"，这句话犹如神启给当时的日本人带来无比振奋，很多人受此启发，恍然大悟，个人的尊严能在独立自由的新天地间获得精神的解放。

**张之洞的劝学**。清朝晚年，灾难深重的中华出现过三次大改良：一是洋务运动，二是戊戌变法，三是清末新政。张之洞既是洋务主将之一，也曾同情和支持过变法，又是新政的参与者，为清末中国社会"改革开放"和教育及经济的发展做出过杰出贡献。《劝学篇》是张之洞参政议政的思想理论纲领。《劝学篇》的主旨是以中学为内学，以西学为外学，以中学治身心，以西学应世事，以中学为体，以西学为用，简称中体西用。张之洞的变法思想是除清政府的统治地位不能变之外，其他都可以而且应该变，这与张居正当年变法遇到的终极问题一样，儒学纲常伦理不能变之外，其他都可以变，并且应当变，尤其是学习西方先进的科学技术。这虽然是比较典型的折中主义，但也正是这种调和，才能被当时的最高统治者所容忍和接受，致使其许多改革主张得以贯彻实施。这给中华民族带来了一线生机。张之洞也因此被孙中山称为不言革命的革命家，并被毛泽东所称道。张之洞的《劝学篇》分内外两部分。《内篇》主旨是教育人们恪守孔孟之道，尊奉三纲五常，忠于清政府，就是"物本以正人心"。《外篇》主旨在于号召人们努力学习西方资本主义的社会和自然科学，并在不妨害三纲四维的前提下，仿照西方的先进体制对中国传统进行改造，就是"务通以开风气"。纽约出版此书后，竟将其更名为《中国唯一的希望》。张之洞的《劝学篇》倡导的"中体西用"，尤其是维护"孔教"的做法有其历史局限性，但是其对变法的首肯，同样决定了其思想的先进性。

不管是荀子的"学不可以已"、福泽谕吉的"天未在人之上造人，亦未在人之下造人"，还是张之洞的"中体西用"，都是对当时时代反思后的产物，都是基于所处时代的对人的认知后的产物，因此自然带有所处时代的色彩和局限。古今中外，没有一个人可以脱离所处时代而独立存在，思想家对人性假设的认识也是如此。除了以上三位外，墨子如何说呢？

**墨子的人性素丝论**。《墨子·所染》记载，墨子言见染丝者而叹，曰："染于苍则苍，染于黄则黄。所入者变，其色亦变……故染不可不慎也。非独染丝然也，国亦有染……非独国有染也，士亦有染。"墨子认为，人性如无色之丝，所染之丝色完全取决于所染之颜色。人性与素丝相似，人的本性原没有善恶之分，其善恶完全是后天的环境影响所致。这就是墨子的"人性素丝论"。基于自然人性的人性素丝论产生了兼爱的思想，墨子的核心思想"兼爱"实质上是一种曲折的平等观。在墨子眼里，人生而平等，无贵贱之分。墨子之前，儒家讲求的是"亲亲有术、尊贵有等"的差等之爱，所爱对象是有先后上下之分的。所谓"泛爱众"，也是要先有"孝悌"而后才能"泛爱"。但墨子贵"兼"，徐复观认为，"兼爱"的解释应当是"因为兼，所以能爱"。而由"兼"所发出之爱，乃是平等无差别之爱。"兼"有整体全部之意，不分血缘亲疏和身份贵贱，普遍平等地相爱互助的思想，就在于"兼"的本意含有平等之意。墨子提倡人人平等的内容从生存权利的自然平等发展到以贤为能的社会平等，是对人的尊严、价值、权利的追求和对人的智慧、才能的充分肯定。自然人性论是墨子功利观的出发点。墨子是小生产劳动者的代表，他切身体会到生命的可贵和生存的艰辛，因而清醒地认识到人的自然本能需要的存在及其重要性。墨子以自然人性论为基础，说明了人们追求物质利益的合理性，肯定了人的趋利避害、避苦求乐的天性。"利，所得而喜也。""害，所得而恶也。"喜利而恶害，欲福而拒祸是人的自然本能，上至王公贵族，下至贫民百姓莫不如此。"今天之士君子，皆欲富贵而恶贫贱。"因此，想求得国家和百姓的安定，就必须满足人之所欲，求天下之利就是一个最基本的手段。"故时年岁善，则民仁且良；时年岁凶，则民吝且恶。"只有满足"人之所欲"才是天下之利，天下也就太平无事，民得其所，则国家安宁。基于此，墨子提出了尚利论："人之所不欲者何也？曰：病疾祸祟也。若已不为天之所欲，而为天之所不欲，是率天下之万民以从事乎祸祟之中也。故古者圣王，明知天鬼之所福，而辟天鬼之所憎，以求兴天下之利，而除天下之害。"可以看出，墨子正是为了实现"人之所欲"的目的，才提出了"兴利除害"的道德规律。

| 实践聚焦 | 梅奥对霍桑实验的总结 |

据《清教徒的礼物》的作者披露，梅奥的霍桑实验并不像我们在一般的管理学著作中看到的那样顺利。下面看看真正的霍桑实验。

从理论上看，科学管理的逻辑精密而有力，无可辩驳。可在实践中，引入大规模生产和科学管理技术，反倒会降低工人的士气。管理学思想开始关注人的问题，这不是出于人道考虑，而是受到绝望的驱使。公司只希望能最大限度地提高生产效率。研究人员提出这些问题，实际上采取了一条与前人完全不同的路线。后来，他们描述自己的目的时说，这是为了"深入地、惯常地和直观地了解现象"。这一研究最终做了两万多次访谈，所有的访谈都详细地记录了下来，并整理抄录成册。

从1927年到1932年，梅奥在西方电气公司伊利诺伊州辛辛那提的霍桑工厂进行了与此项目相关的霍桑实验，其他参与的研究人员还包括后来总结研究结果的来自哈佛大学的弗里茨·罗特利斯伯格和威廉·迪克森。霍桑工厂的研究从改变厂房的照明条件开始，据《清教徒的礼物》的披露，照明条件的改变实验并没有获得理论上设想的生产率变化的结果，这令研究人员很惊讶、很困惑。于是设计了更为复杂的继电器装配实验，虽然不断地改变工作条件，却仍然没有发现任何降低生产率的因素。研究小组得出的结论是肯定疏漏了某个关键环节，或许是工人的态度、情感和认识，以及他们之间的人际关系。我们知道，研究项目是围绕一小群专门挑选出来的工人展开的。很自然地，这些参与实验的工人感觉自己别有不同。他们头一次真正感到管理层对自己有兴趣。此外，工人们觉得自己属于一个精选团队。他们认同自己所属的这个群体。因此，梅奥指出"想跟同伴干得一样好的愿望，即所谓的人类合作本能，很容易超越个人利益，超越很多荒唐基本管理原则的推理逻辑"。

研究小组决心更仔细地观察群体的运作方式，他们选中了工厂的继电器架线车间，车间里有9名架线工、3名焊工、2名检查员、1名监工。每名焊工对应3名架线工，架线工把电线装在配电盘上，焊工则把接线头焊起来。之后，检查员测试电路是否接通。9名架线工当中，有3人专做分离器，6人专做连接器。这样的群体看起来挺小，也比较简单，容易理解。但研究人员对这个群体的行为观察得越多，就越觉得里头奥妙无穷。

第一，这个群体里存在着复杂的社会结构。架线工的威信较高，但又不及检查员。焊工总是受差遣去给整个群体领午餐；窗户是关还是开，要听架线工的吩咐，这些小事都是人员显示优越感的常用方式。对焊工来说，有一点聊可慰藉：送补给、带走成品的卡车司机的地位比他们还低。工人们用各种把戏作弄卡车司机，甚至往完工的终端机上吐唾沫。所有的卡车司机被一视同仁。新招进来的工人自动享受卡车司机一档的待遇。公司手册里并不会写上这类"规矩"，事情就这样自然而然地发生了。卡车司机"不上档次"，就这样。

第二，工人们随时都在参与各种游戏，玩纸牌，投骰子；他们拿薪水支票上的数目打赌；他们互相争吵、打闹，这种时候，他们基本上会分两组：坐在房间前面的是一组，坐在后面的是一组。

第三，群体里有着复杂的个人动态关系。有些工人比其他工人更受欢迎，既有总受大家排斥的工人，也有总能得到大家帮助的工人。拉帮结派是免不了的，成为"圈里人"的条件是：不能干得太多，不能干得太少，不能什么事都跑去告诉监工，做事不能像个检查员。

结成"小圈子"的目的是在管理层面前保护工人的利益。"圈里人"彼此打掩护，互相编故事圆谎，这种以蔑视管理层为出发点的团结一致情绪，保证了这个小群体能抵挡各种变化，尤其是计件工资的变化。这个群体创造了属于他们自己的复杂世界。他们能对其加以控制。有时，他们的推理和看法完全不符合事实。举个例子，研究人员发现工人们并不理解公司的薪酬制度。误解从一个工人传给另一个工人，很快被大家当成了真相。

从组织的角度看，继电器绕线车间的实验带来了有益的一课。表明上看来组织得当，管理严格的群体，其实根本不是那么一回事。他们并没有得到严格的控制，也不容易规范调节，更加难于认识理解。他们是一张错综复杂的动态人际关系网络。只要人们在一起工作一定的时间，就会形成一套独有的地位体系、文化和结构，而且这些东西往往是跟管理层对着干的。"人总是想要和自己的同伴联系在一起，这是一种强烈的愿望，也是人类的特点。"梅奥写道，"管理层若是忽视了它，或是想战胜这一人类本能，必定会导致管理上的失败。"由此得出的必然结论是：组织要想实现成功管理，就必须要理解这种非正式群体里的结构和关系。"只要企业管理方法还不曾考虑人类本性和社会动机，工业发展就摆脱不了罢工和怠工行为。"梅奥如此总结道。是时候认真考虑人性本体了。

## 12.2 人性素假设的构建

### 12.2.1 人性素假设的提出

James Gleick 在《混沌：开创新科学》中有一个观点，"**新事物总是被非专家发现**"，讲的就是偶然因素的必然性。而人性素假设的提出就是偶然因素的必然和必然引发的偶然。

所谓偶然因素的必然性指的是以下真实的故事。2014 年 1 月 1 日上午我在办公室独自读罢一遍王弼本《道德经》后，静坐桌前沉思，突然，人性素一词涌现于脑中，紧接着就以"人性素"为关键词查阅文献，当时仅仅发现了一篇《浅析墨子之人性素丝论》，于是决定深入研究这一"发现"，由此开启了人性素这一人性假说 4 年多的探索之路。回想 4 年前的"灵光一现"，可以用"集中之后的第一放松"来描述当时的情境：一人、一室、一书和一思，结果就是"人性素"假说这种成果及其获得感。反思如何才能获得"集中之后的第一放松"这种"场域"并获得创新性的成果呢？以下几种方式可能会有所帮助：**沉思、顿悟、静坐、浴缸中的休憩、森林和海边的散步、听古典音乐**……一言以蔽之，这些方式通过帮助自我获得放空意识的状态而生成不同的结果。推而广之，基于文化自信的中国梦情境的营造和引领正在激活人民的创意，有理由相信接下来会是创造和创新涌现的时刻，文化信念与双创价值齐飞共舞的时代来临了。那么，这些方式足够吗？显然不够！于是有了另一方面。

所谓必然引发的偶然性指的是基于实践的过程探索。过去的 4 年中，我阅读了几百本书和文献，走访了不少地区和国家，参加了很多学术会议，调研了几十家企业的高管，与不同层面的人士进行了多元化全面对话交流，更重要的是持续思考"人性素"的深层含义，不断地有意识地提醒自我建构和解构人性素的概念与理论框架。在这一过程中，《混沌：开创新科学》《机器崛起》《科学革命的结构》《真理与方法》《实践哲学、修辞学、想象力：当代哲学诠释学研究》《科学和近代世界》《从科学到神：一位物理学家的意识探索之旅》《超弦理论：探究时间、空间及宇宙的本原》《领导力与新科学》《论人的尊严》《物理学之道：近代物理学与东方神秘主义》等都给了我思想上的主要启迪。但是，人性素假设提出影响最深的还是中国传统文化，诸如《易经》《道德经》《庄子》《论语》《墨子》《孟子》《孙子兵法》等传世经典。

### 12.2.2 人性素假设的定义

那么，什么是人性素假设呢？基于偶然与必然的综合、归纳和分析，同时考虑墨子人性素丝论的前因，首先给出其基本定义。在给出定义之前，先看看"素"字的演化过程，如图12-2所示。

| 甲骨文 | 金文 | 篆文 | | 隶书 | 楷书 | 行书 | 草书 | 标准宋体 |
|---|---|---|---|---|---|---|---|---|
| 缺 | 素 | 素 | 素 | 素 | 素 | 素 | 素 | 素 |
| 暂缺 | 师克盨 | 籀文 | 说文解字 | 张迁碑 | 虞世南 | 赵慎 | 智永 | 印刷字库 |

图12-2 象形字典给出的"素"字的字形演化

素，本义是"本色的生帛"。由于生帛较粗，易下垂，所以金文和小篆的"素"字都表示了这一点，引申本色、白色、本质、质朴、事物的基本成分（元素、因素）等义。在中国历史上有素王的传承，一般认为素王类似于佛教的空王，有时候用来指称上古帝王，有时候用来指称孔子或者史官。所谓"素王"，是没有土地、人民，只要人类历史文化存在，其王位的权势就永远存在。

众所周知，西方社会对"一神论"的坚守从根本上确立了西方人对于确定性的追求，这更有利于探索真理，因为它符合科学发展的要求，这构建了人性素假设的**同一性**；与此同时，以中国为首的东方社会对差异性的包容从根本上确立了中国人对于道路探索的追求，这更有利于实践文化，因为它符合人文发展的要求，这构建了人性素假设的**差异性**。而墨子人性素丝论强调人性的善恶是后天环境熏染的结果，从人性平等的立场强调教化对人性的作用，这构建了人性素假设的**连续性**。**人性素假设是包容了同一的不变性和差异的变化性的连续体**。这样定义人性素的时候，一方面要考虑东、西方确定性和差异性的整合，另一方面还要考虑墨子人性素丝论的教化性认知，这种认知基于过程的人性实践。因此，我认为：人性素假设是基于中国传统文化自信基础上满足人性需求的适应时代基本特征的过程性人性假设，它是在人性善、恶等结果性人性假设基础上的升华和深化。人性素假设的产生满足**库恩**提出的范式转换要求，**人性素假设是过程假设而非状态假设，是演化性假设而非存在性假设。**

本书认为，素是人性假设的本质成分，是人性的根本假设，至于善、恶以及12.1节整理的64个人性假设仅仅是人性素假设的部分成分，人性素假设是人性假设的本色和底色，其他假设都是基于人性素假设不同阶段的产物，而且不同的人性假设还在不断的生成过程中，只要时间、空间和人的认知不断变化，关于人性假设的结果一定还会变化，比如李德昌针对互联网时代提出的"信息人/全息人"假设、黄春忠基于禅宗管理学提出的"完整人"假设，但人性素的根假设不变。由此，认为人性素假设具有对称破缺性、整体决定性、系统演化性、多元相对性、相变吸引性和环境交互性等六大基本特征，这将在12.3节详细阐述。

### 12.2.3 人性素假设的意义

#### 1. 理论意义

"世界上最不可思议的事情，就是这个世界是可以思议的。"爱因斯坦的这句话看起来是圆滑的，实际上是圆满的，它告诉主客体的道理就藏在人性素假设中，尤其是藏在太极图的反 S 线中，它既是二分的，也是合二为一的，它还能举一反三。中国传统文化寻求现世的超越，这比其他路径更接近科学和马克思哲学，这就是人性素假设的理论贡献，具体有四点。

- 人性素假设的提出颠覆了人性假设的结果性追求，将人性假设引导到过程性追求上来，这是人性素假设的第一理论价值，过程是成长，结果是长成，成长无畏，长成有畏，以畏惧的心理怎么可能引导主客体向善呢？
- 首次提出四类人性坎陷，将人性素假设过程性追求进一步细化到可理解和可执行的层面，尤其是突出了中国传统文化在过程中的引导性。
- 静态和动态人性云图的建构从根本上解释了单一的、静态的、线性的人性假设简单存在的局限性，人性假设如云一样是多元的、动态的、非线性的复杂存在。
- 人性素假设的基础是中国传统文化，中国传统文化所展现的是基于关系为本的认识论，这造就了人性素假设的无限交互性本质特征，它可能是解决个体、企业、国家乃至于全球问题的人性资源。这是人性素假设的理论价值（下文详述）。

**2. 实践意义**

"人脑能否掌握人脑创造出来的东西？"法国诗人瓦勒里的发问至今振聋发聩。首次提出的过程性人性素假设提醒主客体以敬畏和谦卑的自我意识之心控制自我肯定需求，从而逐渐开出知行合一的路径，套用牟宗三先生的话，人性素假设是创造的源泉、文化的动力。

人性素假设指导实践的价值体现在以下几个方面：第一，在人性主客体婴儿时期开展人性素假设教育，而人性素假设内含于中国传统文化，因此当下普及传统文化教育就是种植人性素假设的种子，将来开出、结出、生成的一定是善的成果。第二，人性素假设在帮助主客体解释人性假设的基础上，可以用来改造人性假设进而改造人心，它是一种道德价值引导，它会帮助主客体形成正确的理解和对待世界的态度。第三，人性素假设支持参赞化育的作用，参是标杆和榜样，赞是表扬性引导，化是以文化人魂，育是培育全英才，参赞化育在今天比历史上任何时候都重要，世界需要参赞化育，主客体只有经历了参赞化育才会开出"三生万物"的万千气象。第四，人性素假设引导主客体适当调整效率和利益第一原则，开启追求道德信仰之门，基于东方文化开出的人性素假设会引导人类重新思考科学至上所引发的效率和利益原则，重新回归具有无限规则的东方文化和思想。这是人性素假设针对人类未来开出的无限规则，而非仅仅局限于效率和利益的有限规则，无限无恶，有限少善，这就是人性素的根本价值。人性素假设创造了人类命运共同体共享情境和氛围，也必然会促进和提升人类价值共创和共享的层次与境界。

| 实践聚焦 | **乔布斯的哲学启示：带给人类希望**

2011 年 10 月 9 日，《华尔街日报》发表评论文章《乔布斯：不朽的先知》，文章称："对科技界的真实信徒来说，乔布斯将夏娃的苹果变成了宗教标志，但是这种拯救能否传承呢？"文章全文如下：

在苹果的发布会主题演讲上，乔布斯展示了许多魔法，他还展示了许多其他东西。正如他创造的设备一样，尽管他自己越来越知名，但其生活却越来越模糊。本周，乔布斯去世，众人皆惊。关于病情，他只字未提，在他最后一次公开露面时，还穿着高领毛衣，和过去一样乐观。本周，他溘然长逝。

在许多方面，如设计、创新、领导，乔布斯超凡卓越。但他最非凡之处在于：能明确传递一种希望，它完美、不朽。例如，从苹果早期的 LOGO 可窥见一斑，咬了一口的苹果是人类堕落、残缺的原型，上面列有彩虹；但 LOGO 却渐成希望、进步的信号。

残缺的苹果只是乔布斯众多天才的一面，它在一眼之间捕捉到科技承载的希望。哲学家波哥曼认为，科技的希望减轻了人类仅仅作为人类的负累，在残酷而不屈的世界里进行有限的造。《圣经》中说："地必为你的缘故受咒诅。你必终身劳苦，才能从地里得吃的。"这就是对人类工作的诅咒宣言。所有科技都暗含改写诅咒的希望，也暗含减轻人类、动物存在压力的希望。当技术最隐蔽难见时，它也就最出名。

没有一家公司像乔布斯领导下的苹果，能将简洁和神秘性结合。苹果使得技术不只为极客而生，也适合爱酷的人们，甚至普通消费者，产品能运作，漂亮，没什么麻烦，式样出色。极客们想让技术如此进步：功能越来越多，技术规模越来越大，但苹果产品一代比一代进步，且简洁。不论你是 5 岁还是 95 岁，iPad 正面只有一个按钮，没有指南你也可以马上使用。每一次，乔布斯都获得更多关注，他的口袋带着惊奇，大步走向讲台。

在特定的进步上，乔布斯是一个福音传道者，他也是最好的传道者，因为他没有希望之源。他虔诚地相信苹果"魔法和革新"。在斯坦福 2005 年毕业典礼上，乔布斯做了演讲，谈及自己 2003 年被诊断出患有癌症一事。他说："没有人想死。即使那些想上天堂的人，也想活着上天堂。但是死亡是我们共同的终点，没有人逃得过。这是注定的，因为死亡很可能就是生命中最棒的发明，是生命交替的媒介，送走老人们，给新生代开出道路。现在你们是新生代，但是不久的将来，你们也会逐渐变老，被送出人生的舞台。抱歉讲得这么戏剧化，但是这是真的。你们的时间有限，所以不要浪费时间活在别人的生活里。不要被教条所局限，盲从教条就是活在别人的思考结果里。不要让别人的意见淹没了你内在的心声。最重要的，拥有追随自己内心与直觉的勇气，你的内心与直觉多少已经知道你真正想要成为什么样的人，任何其他事物都是次要的。"

这是世俗的真理，它是我们都能感知的，不需要启发，不需要教条。它并非我们不能做到的事。乔布斯并非第一个谈及这种有意义生活的人，苏格拉底、佛陀、爱默生都说过。当然，完全理解这种世俗真言需要大量苦行，鲜有人才达到。细细思考，这种言论没有给予希望，你无法自我圆满，唯一能做的就是真实面对自己。在面对灾难与邪恶时，它完全是一种惰性。可能，在面临残酷的现实时，人类系统都会失败，或者沉默以对，但自我实现的真言还需要恒心。死亡只是生命交替的媒介？对大多人来说，这听起来有点冷酷，不算安慰。

不过天才乔布斯劝说我们，至少有一段时间，无用安慰足够了。这个世界会变得更好，你笔记本包、口袋里的小世界会更好些。在一个无希望的世界，它是一种宗教式的希望，普通人的生活可以更优雅、更有意义一些，哪怕它很快过时，像 2001 年的 iPod 一样化为尘埃。

有人说，没有食物，人可以活 40 天，没有水可以活 4 天，没有空气可以活 4 分钟，如果没有希望，连 4 秒也活不了。没有这种希望，生活会好吗？乔布斯是禅宗佛教的信徒，他相信所有人都可以这样生活。

我们余下的人，依然要决定：是否技术的希望可以将我们带到乐土。光是技术足够吗？诅咒真的被废止了吗？这个麻烦的世界只是在等另一个乔布斯吗？等另一个传道者来展示我们的力量吗？或者相反，是超越自我、超越生命的希望。对世俗之人来说，乔布斯的信条可能是我们需要的。但对其他人来说，它可能只是虚有其表，空洞无物。因为它的结果具有魔法色彩，它也曾受到怀疑。对未来之人同样如此。我们的孩子们可能会发现，随着技术进步只是例外。在自己的围墙花园，他们充满惊奇地劳作，但到了糟糕的世界之中，他们步履艰难。实际上，可能不该掩盖困难、减轻负担，唯一的办法是拥抱困难，负起担子，就是拥抱"危险的无私"。不管乔布斯的世俗信条有何局限，他的离去使我们认识到人类社会的"氧气"是希望。乔布斯让希望存活，让我们带着希望努力解决遇到的困难。

乔布斯的成功是西方理性主义和非理性主义杂糅造就的。理性和非理性在西方哲学史上是一对源远流长的冤家，但近似地看，理性主义在较早期盛行，奠定了西方今日科技工业文化的基石，而非理性主义在较近期抬头，在很多方面影响很大。如果说理性主义成就了乔布斯的时代背景，那么非理性主义就成就了乔布斯的个人背景。乔布斯生性猖狂，放浪不羁，早年追求灵修，以及在产品中的极度完美主义和唯美主义，都是西方非理性主义思想在他个人身上的体现：灵性，直觉，梦幻，乃至幻觉。非理性主义给予乔布斯一个全新的角度，不那么循规蹈矩的角度，他自觉或不自觉地重视这种角度，重视自己的直觉，这种重视是科班出身的人所缺乏的——他们太理性了。

因此，人们常常认为乔布斯是个极端的人，而恰恰相反，我认为乔布斯是个中庸的人——他在西方哲学最基本的理性和非理性之间找到了平衡，而别人，大部分偏向于理性，没有数据就不敢决策任何事情；小部分偏向于非理性，因此只能作画、吟诗带来纯粹美感而非现实产品。执两用中，极高明而道中庸，和绝大部分成功一样，乔布斯的成功仍旧是中道。

在实践聚焦中，我把这称为人性素哲学。

## 12.3 人性素假设的运行

### 12.3.1 人性素假设的特征

人性素假设的产生符合库恩提出的从常规研究到非常规研究的五个征兆，这五个征兆就是"反常现象—危机产生—新的想法—新的方法—新的理论"。互联网时代相对于工业时代是一种反常现象，其最直接表现就是要求主客体的人从确定性思维走向不确定思维，这对于习惯了控制和被控制的主客体而言自然产生了危机，因此必须从根本上产生新的想法、找到新的方法、形成新的理论，这种新在人性假设上的投射就是人性素，这是人性素假设产生的时代需要和基本过程。基于上述分析，认为人性素假设具有以下六大特征。

（1）**人性素假设的对称破缺性**。对称性自发破缺是物理学的概念，我曾经利用此概念研究"反管理"，这里继续用它来研究人性素假设。在人性素假设的定义中已经指出善、恶是人性假设的状态和存在，人性素是人性假设的过程和演化，在演化过程中受思维的易变性、跳跃性的影响，支配人性假设的意识必然出现与自我和环境的交互，而善、恶等就是这种交互的产物。这个交互的过程类似物质从一种相转变为另一种相的过程，也就是类似

"相变"的过程。随着人性假设的主客体与自我和环境的交互越来越深刻，原来的人性假设的结果可能分裂形成相变，开出新的人性假设，也就是发生了对称性破缺，这种新的人性假设进一步丰富了自我，同时也丰富了自我与环境的交互能力。正是这种长期的有机生长的过程形成了"我"，而新的人性假设的出现并没有消解原有的人性假设，这二者实际上是并存于另一个新的人性假设整体框架中的，这就是人性假设最重要的规律。这既回答了为什么普通大众通常不相信而又追求人性善的矛盾和苦恼，也回答了为什么科学家和哲学家用真和美引导普罗大众的行为。

（2）**人性素假设的整体决定性**。经过"相变"的人性假设可以开出新的假设，它与之前的人性假设并存于一整体中，这个整体决定了新的下一轮创造的开始，这就是人性素假设的整体决定性。众所周知，科学研究的结果在西方往往体现为个人价值最大化，在东方往往体现为集体智慧的结晶，这二者的区别正如"相变"前的假设和"相变"后的假设，"相变"前的假设是旧的、强硬的，也是没落的，它有悖于人性假设主客体和谐关系的稳定发展；"相变"后的假设是新的、柔弱的，也是未来的，它有利于人性假设主客体和谐关系的稳定发展，因为集体智慧的广域性包含了个人价值，这是整体大于部分之和的基本原理。进一步讲，也只有人性素的整体决定性才能回答自我意识源起问题，这就是自我意识是自由意志和宇宙决定论相容后的新的生成，这种新的生成是有生命力的，其生命力表现为生生不息的"三生万物"，这同时也是中国文化的世界价值，听，人性素假设正在督促主客体重新审视道德责任。

（3）**人性素假设的多元相对性**。《道德经》是讲什么的？《道德经》讲的是相对论，当然不是爱因斯坦的相对论，不过爱因斯坦的相对论思想很可能来源于《道德经》。《道德经》第三章透漏了老子的人性观点，他既不讲人性善，也不讲人性恶，他认为人性本来是纯洁朴素的，之所以有善恶的结果是社会崇尚导致的，这点与墨子早年的观点一致，也与洛克的观点一致，洛克认为人心如同一张白板，起初没有任何观念，人心中的观念是后来通过内部和外部的经验而获得的。简单观念只含有纯一的性质，只能引起心中纯一的认识，复杂观念来自于心灵对简单观念加工。因此，从线性角度看，人性的一端是善，另一端是恶，牵起善恶两端的是素；从非线性角度看，素居于中宫，可以牵引出无限人性假设，这就是人性素假设的多元相对性。从历史的角度看，老子所倡导的无为而治也只是在某些历史的鞍点处起到了部分作用，向左看是极大作用，向右看是极小作用，这是多元相对性的变化性作用。

（4）**人性素假设的环境交互性**。人性素假设的多元相对性的变化与人性主客体与外界环境的交互有关。休谟认为人类的知觉分为感觉、记忆与想象：感觉是印象，印象形成观念的基础，它是外在事物作用于感官的产物；印象保持原先活泼性而形成的与观念的联系是记忆，印象失掉原先活泼性而变成影像是想象，记忆与想象是思想或观念。休谟关于知觉的分类很好地诠释了人性素假设的环境交互过程。人性与环境交互过程之前是原初态的人性：孔子的"留白"、墨子的"素丝"、老子的"不尚贤"、洛克的"白纸"等都是原初态的追求；人性与环境的交互过程中经由环境的参赞化育开出了人性：孟子的"善"、荀子的"恶"，以及 X、Y 等都是触发后分化而成的；人性与环境交互过程之后，休谟的感觉、记忆与想象构造了人性，所以人性假设不是一个"既予的对象物"，而是主客体与环境交互的构造物。

（5）**人性素假设的相变吸引性**。《庄子·应帝王》是关于"混沌"因善待"倏"与"忽"

反而没有被"倏"与"忽""善待"的故事。实际上,"混沌"之善是内在的自我之善,"倏"与"忽"之善是与"混沌"之善交互后开出的善,前"善"开出了善果,后"善"开出了恶果,缘何同一个善却产生了两种不同的吸引结果?解释如下:除了外界环境的交互作用,人性素假设主客体还存在着与自我的交互,内外部这两种交互形成了人性素假设的相变吸引性。本书认为,人性是一种复杂的非线性动力学系统,这种系统具备复杂系统的混沌特征,这样了解了混沌的吸引子就足以对人性系统进行定性分析。人性系统跟一般系统一样具备朝向人性吸引子发展的趋势,借助认知坎陷的概念把人性吸引子称为人性坎陷。所谓人性坎陷是指对于人性主客体具有一致性,在主客体之间用来交互的结构体,人性善、恶、不善不恶等都可以看作是人性坎陷。借助混沌系统两类四种吸引子的概念,将人性坎陷界定为四类吸引子,分别是点吸引子、线吸引子、膜吸引子和体吸引子,下文将详细阐述。

(6) **人性素假设的系统演化性**。系统演化原理的提出最终确立了现代科学在方法论上的动态性原则。这一原则要求:不能把系统看作完成的、静止的、永恒的"死系统",不能仅满足于静态还原,虽然在研究中常被迫采用理想的"孤立系统""封闭系统"的概念,但应始终牢记任何实际系统都是动态的"活系统"。人性假设作为一个系统自然也是"活系统",因此必须克服静止的形而上学的思维方式,从系统的动态过程中来把握人性假设。要从对人性假设的静态分析上升为人性假设在系统整体中的变化的动态把握,从对人性假设结果的静态分析上升为对人性内外相互作用、结构态的形成、保持和转化的动态把握,从对人性假设系统整体的静态分析上升为对系统的发生、发展和消亡的总体过程的动态把握。由此而言,人性素假设是演化而非存在,它是新的统一性,也是更为精妙的现实形式,它既包括空间,也包括时间,还包括人间。普利高津有言,"经典科学,已属于过去,它没有被哲学批判或经验主义的抛弃所扼杀,却被科学自身的内部发展所灭亡。"人性素假设正在迎接这种挑战。

### 12.3.2 人性素假设的机理

在混沌四类吸引子[平庸吸引子包括不动点(平衡)、极限环(周期运动)和整数维环面(概周期运动)三类吸引子加上表现混沌系统的非周期性和无序性的奇异吸引子]的基础上,考虑牟宗三先生提出的良知坎陷概念,我们认为人性是追求圆满和超越的,因此基于对反管理的认识,继续用太极图来表达人性追求圆满的基本认知,将人性素解析为人性点坎陷、线坎陷、膜坎陷和体坎陷四种。其中:人性点坎陷指的是太极图中的小黑/白点,它是暂时平衡的;人性线坎陷指的是太极图的反S线,它是非线性周期运动的,它恰恰又是人性素的素字的拼音字头;人性膜坎陷指的是太极图的大白/黑两部分,它是暂态稳定、周期运动的;人性体坎陷指的是整个太极图,它是一个周期的结束,也是新的周期点坎陷的开始,它往往表现为无序性。这四类人性坎陷构成了人性素的基本运作机理,其基本原理如图12-3所示。

实际上,人性素假设始终是动态过程性的,它不具备牛顿力学的线性特征,因此具体到某个静态人性点坎陷是善还是恶取决于此时此刻主客体的意向性,意向性可以是多种多样的,正如人生立志一样具有多样性特征。由于主客体自我肯定需求导致的意向性和自由意志的作用,人性假设的自由度是可以超越时空的,这可以通过想象构建为人性过程云图。图12-4是根据前文的64种人性假设制作的人性云图。

图 12-3 人性坎陷原理示意图

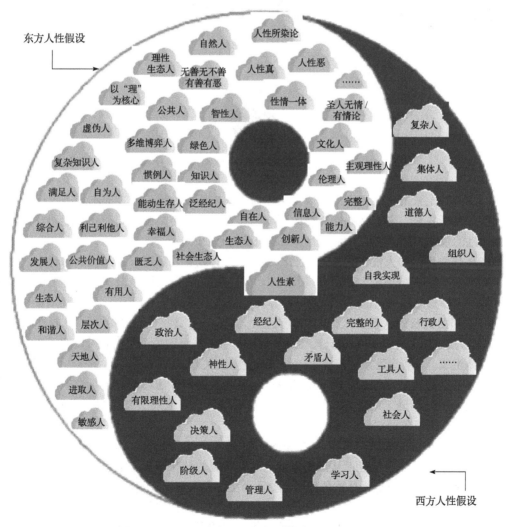

图 12-4 基于已有主要人性假设构建的人性过程云图

继续基于图 12-3 对图 12-4 进行一般抽象,得到图 12-5 所示的动态演化机理图。我们认为图 12-5 表达了人性素作为要素的人性、作为活动的人性、作为关系的人性、作为过程的人性、作为层次的人性、作为结构的人性和作为整体的人性的七层含义。

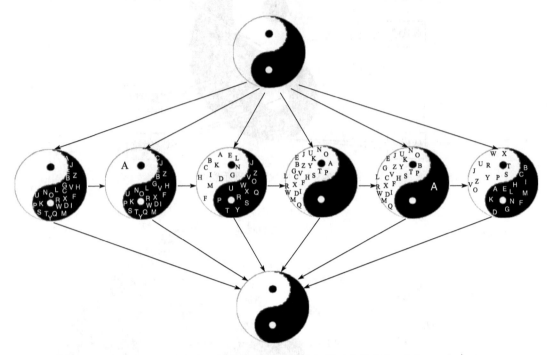

图 12-5　考虑连续性构建的人性素假设动态演化机理图

（1）**作为要素的人性**。人性素假设是作为人性根假设被提出的，根本身不仅仅是一种必然性的种子要素，更是一种偶然性的环境因素。进一步讲，素是人类社会活动及其现象的多元性的基本要素，它是人性产生、发展和变化的动因。

（2）**作为活动的人性**。人性素的素不是静态的，或者说静态只是人性素的暂态，它是一种动态活动，其结果是大家看到的图 12-4 中主要的 64 种人性假设。素是对组织的过程活动和响应模式的解释，也可以说是一种客观存在。

（3）**作为关系的人性**。人性是善还是恶，实际上王阳明早已经给出了一般性的答案（王门四句教），我们给出的答案是人性是要素的关系特质，这关系特质既可以原子还原，也可以整体生成，只有人性素才能揭示人性错综复杂的关系。

（4）**作为过程的人性**。人性素强调持续的、联系的人性活动及其关系，人性素的过程性能适应新时代不确定的变化条件下组织活动的需要，并最终引领组织走向未来的成功。这一过程不是黑格尔的"正、反、合"，而是中国传统文化的"整、分、合"。

（5）**作为层次的人性**。从图 12-3 和图 12-5 所揭示的人性点、线、膜和体坎陷和动态演化机理会发现，人性素包括从点到体的微观到宏观的转化层次，也包括从体到点的宏观到微观的情境层次，还包括从微观到微观的活动层次和宏观到宏观的感应层次。

（6）**作为结构的人性**。在人性素的变迁过程中，它既是整体人性结构的一部分，也包含一些生成中的人性子结构，存在于过程结构体中的素活动及其关系使得人性拥有了不同于过程结构体本身的新特性，这是人性素的新价值，它是生成的、发展的。

（7）**作为整体的人性**。人性应该是一系列相互作用的要素/元素的集合，人性善还是恶的单独一个要素从时空看不具有管理意义和管理效果，这意味着人性的作用是涌现新的特性和能力，单纯基于善、恶、X、Y 或者 Z 等理论给出的管理路径必须重新认识和定义，善、恶的人性可以相互补充，也可以相互替代，实际上在管理的时空生活中，它们是相互组合的。

### 12.3.3 人性素假设的应用

#### 1. 人性素假设帮助建立激活创新创业主客体动力的激励机制

本书第 11 章已经详细阐述了激励及其相关的内容，人性素作为作者提出的人性根假设，其首要应用就是建立激活动力的激励机制。人性素假设是适应新时代基本矛盾变迁需要的假设，从 2012 年开始，中国进入了新常态，到 2017 年，中国进入了新时代，整个社会的基本矛盾发生了根本变化，单纯的人性善或者恶已经不足以解决"人民日益增长的美好生活需要和不平衡不充分的发展之间的矛盾"，必须从人性角度认识这一深度变革的需要，因此提出人性素根假设以适应和解决这一根本矛盾。

人性素假设作为一种人性根假设，它与当前中国的社会发展和马克思主义哲学相匹配，单纯的人性善和恶不是社会关系的总和，只有人性素才可能趋近社会关系的总和，人性素假设才是符合人的行为动机、行为特征和行为规律的假设，这与中国的多元社会特征是吻合的。我们认为人性善或恶是人的社会存在及其关系的结果性产物，人性素才是人的社会存在及其关系的过程本质，人性素假设是符合人的欲望、动机和行为多元化特征的起支配作用的内在的、本质的人性规律。从激励机制的角度看，素是人性的根本，是动态的、过程性的活化因子，认识到这一层次，才能真正认识并实践中国复兴，这就是当下中国的激励，这是平素的希望，也是见素抱朴。

#### 2. 人性素假设帮助建立注重过程而非仅关注结果的考核模式

传统的考核模式，尤其是传统的绩效考核往往只关注结果和过去，很少关注导致结果的行为过程和未来，这是导致绩效考核被诟病的主要原因。所谓的绩效管理，有时候只是传统绩效考核的翻版，行为严重短期化，绩效考核结果仅仅与薪酬激励挂钩，这种做法把绩效管理试图改变管理者与被管理者双方关系的初衷演变成管理双方比较敌对的情绪，进一步影响了组织整体绩效的改善。出现这种现象的根本原因在于人性假设的选择出现了偏差。传统的人性假设是结果性假设，非善即恶，要不就是 X、Y 或者 Z 选择其一。从实际运作层面看，大多数组织自然不自然地把人性假设假定为人性恶，绩效管理自然也是"恶"的，是"控制"式的，不是引导式的，于是出现了上述现象。而人性素假设是过程性的根假设，它是包容式的，即弘扬善，更抑制恶，它引导组织走向过程建设。

#### 3. 人性素假设帮助建立基于非控制性不确定思维的成长机制

在"反管理"部分已经揭示了西方管理学的基本逻辑起点是控制为主的，而互联网人人时代组织主客体的人人已经很难"控制"了，他们更多追求的是自动自发的自"自己"和自"组织"，是自驱动而非被驱动。人性善也好，恶也罢，实际上仍然是被动的趋向性的结果，不是主动选择的结果，因此人人时代的需要成长为未来主宰者的人们往往不相信人性是善还是恶，这进一步导致了他们人生的迷茫无措。众所周知，人人时代的最大特征是不确定，而人性善、恶、X、Y 或者 Z 却都是确定的人性假设，确定的人性假设如何适应不确定的时代呢？所以，人性假设需要重新定义。在本书中，我们将其定义为人性素。从上文解析的人性素假设的基本特征和运行机理发现，人性素假设不是静态的、确定型的人性假设，它恰恰是适应人人时代的人人现实需求的动态的、过程型的人性假设，它是人性种子，会生根、发芽、开花、结果，再生根、发芽、开花、结果，依次循环往复。在这过程中它可能开出善花，也可能结出恶果，其最终结果一定是交互式的，这才是人生和组织的成长过程。

### 4. 人性素假设帮助建立基于传统文化的竞争机制

竞争机制是市场经济优胜劣汰的主要手段和方法，竞争机制通过普遍性和刺激性的运行带来了市场经济的高度发达，体现了竞争促进效率的一面。但同时竞争机制也产生了人类社会不想看到的丛林法则，体现了竞争不总是有效的一面。人性素假设帮助组织中的人形成竞争优势体现在以下四个方面：其一是文化，尤其是优势传统文化基因的作用，优势文化基因的作用在于形成一个人的品性，它通过知识、见识、胆识、赏识和常识形成一个真正的人的品性，"善"人往往因善而裹足不前，"恶"人往往因恶而自暴自弃，只有"素"才具有品性的创造性，中国山水画的留白就是"素"的创造性体现。其二是自驱，因为人性素，人才能够自己给自己加压，这类人不受善、恶的约束，具有锲而不舍的毅力和勇往直前的勇气，一方面严格要求自己而达致自治，另一方面富有高度负责的精神，稻盛和夫的"自燃人"就是人性素的结果。其三是喜欢分享和输出，竞争不是目的，竞合才是根本，竞争的目的在于精诚合作，分享和输出不是失去而是越来越富足，当你把付出当成款待，你会越来越丰盛，这就是人性素。其四是督促人进一步思考、学习和发现并解决问题，人性善、恶作为一种结果性假设往往使人忽略甚至失去了思考的机会，而人性素可以督促我们时刻学习、思考、发现并找到解决问题的方法。对个人而言，人性素更是个人获得正念的绝佳法门。

### 5. 人性素假设帮助建立迎接未来更大挑战的共同体架构

共同体是人类的一种基本需要，它构成的自足系统可以满足人类的合群需求，使人类获得归属感。共同体也是人类生活的一个基本构成。人的本性具有主体性和被动性即双重性。主体性与被动性是人的内在矛盾。要超越这一矛盾，必须对共同体进行追问以超越自身的局限性，进而寻求人的主体性。社会学对个体的研究表明：人的主体性是高度分化社会的结构特征，它不仅不会危及社会的整合，反而是整合得以可能的条件。人的主体性所释放出来的个人创造力，被认为是社会在急剧变迁状态下进行革新的空间。坦白地说，在高度现代性下，共同体及其相互关系的维持，不再是依赖稳固的传统，而是互致个体化的集体。马克思有一个著名的断言，人们能够创造历史，但不能选择创造历史的条件。我们可以把这一命题更新，使之适应于生活世界的需要，人们能够创造生活，但不能选择创造生活的条件。由此，人们摆脱了生活行为中的目的与手段的束缚，从而限制了人们的选择。人类命运共同体的提出正是此时的基本召唤，人性素是其基本支撑，其共同作用就是发现想象内外的人类世界和未来。

### 6. 人性素假设在海尔"人单合一"模式中的具体应用

德鲁克认为，"一个公司要变成一家人性化公司，应把员工的积极性发挥到极致。"本书认为要想把员工的积极性发挥到极致，没有对人性的深刻把握万不可能，海尔的人性假设到底是什么？接下来看看海尔人单合一管理模式背后的人性假设问题。该模式是海尔2005年开启的，这一年正好是海尔全球化战略的开始，到2012年为应对移动互联网的冲击，海尔又提出了网络化战略转型，并加速推进人单合一双赢管理模式升级为共创共赢生态圈模式。

王钦认为从管理哲学层面来看，人单合一管理具有典型的"三元论"特点。具体体现如下：首先，人单合一管理将百年来从物看人中寻求解决方法改变为从人看物中解决问题，这代表着人性的回归。其次，人单合一管理将传统的管理者、被管理者和管理手段三要素分析框架改变为"人"与"单""合一"的整体框架，这代表着常识的回归。最后，人单合一管理搭建了连接控制与自主、封闭与开放、计划与演进关系的桥梁，这代表着自我的回归。人单合一的本质就是通过重新定义企业、员工和用户以及三者的关系，破解组织僵化的世纪管理难题。

人单合一管理原理如图12-6所示，由内而外一共是三圈。内圈是人单合一的认识论，是根据海尔"企业即人，人即企业"的核心认识得出的"人即单，单即人"的整体认知，用反S线代表人与单的动态交互，其目的在于员工自驱动；中圈是人单合一的方法论，以价值观作为基本坐标，以开放态度和中式思维迎接挑战，其目的在于资源自组织；外圈是实践论，一则搭建平台型组织，二则发展管理工具，三则营建生态系统，其目的在于组织自演进。自驱动、自组织和自演进都离不开人性素假设的投射。这就是"无可奈何花落去，似曾相识燕归来"，花落去与燕归来这两种相反的生命状态如此和

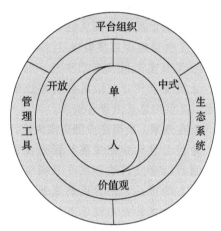

图12-6 人单合一管理原理

资料来源：改编自王钦的《人单合一管理学》。

谐地共存过程中，人性善与人性恶如此和谐地并存于人性素中，人同此心，心同此理。因此才有了海尔创客的点式网状反应，小微生出了新的小微，创客影响了新的创客，而人性素是最原始的能量球，如太阳般投射能量造就基于无限想象力的生产力。

| 实践聚焦 | **人性的尺度：日本最大连锁书店的7条经营哲学**

雅昌文化董事长万捷认为：优衣库改变了日本人的生活习惯，茑屋书店改变了日本人的生活方式。最早的"茑屋书店枚方店"成立于1983年，它开创了录像带、唱片、书籍三位一体的全新模式。在此之前，这种书店运营模式还被视为异端。因为这些商品的流通渠道各不相同，供货的批发商也不同。这并未阻挠增田宗昭，他依然将顾客价值放在第一位，"茑屋书店"有7条经营哲学。

**1. 不只是一个书店，更是一个生活方式提案场所**

1985年，增田宗昭成立将文化和便利融合起来的CCC（Culture Convenience Club）公司。"顾客价值"和"生活提案方式"一直都是CCC的工作重心。在物资匮乏时代，食物、衣服等物资是所谓顾客价值的体现。当物资充足时，顾客价值便开始往平台产业转变，从百货商店到便利商超再到电商业，平台开始泛滥。这个时候，顾

客价值便是生活提案能力。

让书店成为一个通过书籍进行提案的场所。一般来说，书籍的摆放只需要按照作者名、出版社名进行机械化的分类。而在茑屋书店，则需要站在顾客的角度，为他们提供各种各样的方案与建议，需要对书籍的内容拥有深刻理解。茑屋书店的30多位导购，有日本代表性料理杂志的前主编，有受到文学家信赖的传奇书店店员，也有撰写过20多本旅行指南的记者，他们通过选书、陈列、内容企划、顾客服务等全方位的服务，实现他们对顾客的提案。茑屋书店的内容提案由这些导购完成。CCC公司目前只做三项工作——创造一个平台让消费者快乐，活用数据库让消费者快乐，提供内容让消费者快乐。

**2. 在未来，所有企业都要成为设计集团**

为什么设计如此重要？因为在供大于求的消费社会中，顾客在寻求拥有企划与推荐能力的产品。设计说到底就是视觉化的能力。日本已经走过了单纯满足物品需求和大型量贩平台资源集约化的阶段，今后企业的核心将是站在顾客的角度思考与进行生活方式的提案。

CCC所做的是"知识的运营"，消费社会中的企业最重要的资产是"知识资本"。设计力就是一种提案力，即把为顾客提供构想变为现实的能力。要成为拥有"提案力"的公司，必须成为设计师集团，你必须变成设计师，这也是信息时代的革命带来的使命。拥有提案力的公司是能将变革的可能性进行可视化后传达给人们的公司。今后想要成就事业的人们，必须迫切地拥有对产品设计的敏锐触觉。

增田宗昭说，设计不是为了增加商品的附加价值，因为设计本身就是商品的本质。如果不能理解这一点，将作为商品本质的设计单纯地交给设计师，商品将会失去意义与价值。网络通信化发达以后，人们不再拘泥于在同一个办公室里办公，独立出来创业的人群也需要一个办公场所。到底未来办公室应该是什么样的呢？"在代官山，我可以一边品尝咖啡一边看风景，窗边有很多人路过，我可以一边观察路人，一边联想企划案。阳光很好，风很舒服，在这里一个人做企划也会产生很多新的idea。"

**3. 从顾客价值出发，将"卖场"转变成"买场"**

增田宗昭认为，书店的问题就在于它在卖书。"如果你要买书，去亚马逊买一本书就可以了。你要找信息，可以去谷歌找。而如何在书中发现自己的生活方式才是消费者真正需要的。"在代官山茑屋书店中，增田宗昭把所有带有导向性的标识都删除了，比如说价格、标签、打光、电源、收银台等，所有会让人想到这是一个卖场的环节都被删除，像打造一个家一样来打造这个空间。茑屋书店按照书的内容、生活场景进行分类，重构了书店空间。

"网络时代电商不能做什么，这是我们战胜它的理由。"智能手机永远无法达到的是心情、感觉的效果，也无法享受即时性的达人服务。增田宗昭说自己更喜欢人来人往的真实空间。

**4. 结合属地特性制定不同的店铺运营模式**

1 400多家店铺各有特色，结合地域差异性制定不同店铺的运营模式是增田宗昭的书店运营理念之一。譬如函馆保留着较强的家庭、社区联系，所以"函馆茑屋书店"就不是代官山的简单复制，在营造空间时更多考虑三代人需求，儿童书籍和绘本类可能丰富得多。位于东京涩谷区的复合型文化空间"代官山T-site茑屋书店"是增田宗昭最出名的"作品"。

代官山茑屋书店，创建它的初衷是打开50岁以上的成年人市场。将目标受众对准中老年消费者并非增田宗昭拍脑袋的策略。很早之前他就对日本未来的发展进行了预想判断,并做了非常精细的数据调查。增田宗昭是1951年生人,典型的"团块世代"。这些人在20世纪70年代大学毕业进入企业工作,是推动日本经济高度成长的人群,但直到80年代,这些人才有了一定的消费力,日本消费市场也得到了发展,CCC集团正是在1983年创立的。

90年代,高收入群体出现,与此同时泡沫经济也开始了。增田宗昭大胆预测,到了2020年,公司新入员工数量可能还不如老板数量多,也就是说,新人升职的机会越来越少了。"如果针对年轻人做生意的话,可能生意的规模会越来越小,也越来越不容易赚钱。"同时销售数据也显示,TSUTAYA会员中55%是20多岁的年轻人,但是50岁以上的消费者占比较低,老年市场依然存在大片空白,拉动他们的消费可以极大拉动总营业额。依此,增田宗昭制定出"将经营重心放在提升50岁以上人口的营业额上"的策略。

**5. 把500万日元单价的书卖给一个人,而不是把1 000日元的书卖给5 000人**

对CCC来说,想做的内容太多,所以增田宗昭先把范围缩小至日本相对小的"艺术"市场。2017年4月20日,茑屋书店新店在银座最大型的商业设施"GINZA SIX"的6楼开幕。和其他分店不同,银座茑屋书店的运营重心放在了"艺术"领域,核心理念便是"Art of Living",由艺术型书店、咖啡馆、展厅和活动场构成。银座茑屋书店销售的书有四个特性:只有这里可以买到,很高的单价,可以变成礼物带走,可以代表日本文化。这就是你可以在这里看到昂贵的大书和日本刀的原因。同样是创造500万日元的营业额,过去的方式是把1 000日元的书卖给5 000人,新店则是把500万日元单价的书卖给一个人。

**6. 大数据支撑用户体验创新**

除了书店,CCC从2006年开始发行T-Card。现在,CCC推出的几乎所有策划背后都有T积分的支持。增田宗昭在2003年的时候开始做大数据市场营销,截至目前,T-Card发卡的张数已超过1.8亿张,超过日本人口6 000万左右的数量。在东京55.3%人的都有拥有这张T-Card。T-Card可以在全日本168家公司、64万家店铺进行消费,追踪了1/3以上日本人的消费行为。T-Card的任务就是把多样化的商品和多样化的人群相匹配,为他们提供不同的生活方式提案。也就是说,这张T-Card可以推导出类似"喜欢某类音乐的人经常会在这样的地方吃早餐"的倾向,让顾客的形象变得立体起来。回到故事的开始,增田宗昭要发行T-Card的初衷,不过是觉得塞满各种会员卡的钱包太鼓。关注顾客价值能提供的回馈有时超出你的想象。任何提案都不是单方面的,根据用户的画像,有了提案的依据,完成提案的最后一步,就是散布在书店、图书馆、商业设施与家电店中,拥有"知识资本"的导购们。

**7. 只有将一种生活方式融入产品,才能跨越时代、人种、世代、性别**

(1)**商业设施革命**。在互联网的冲击下,用户有了新的选择与分化,CCC选择了网络与实体店并存的战略。

实体店铺拥有互联网的优势是其"即时性",实体店铺会带给人互联网无可比拟的实际体验和感受,未来的实体店铺,将越来越重视"舒适的居心地"的设计。

(2)**家电店革命**。从书籍带来的"软性"的生活方式提案,到家电所提供的"硬性"的生活方式提案,增田宗昭的灵感,来自乔布斯的iPhone。乔布斯是在传递一种生活方式,只有将一种生活方式融入产品,才能跨越时代、人种、世代、性别。100个人有100种生活方式,延续了茑屋书店的"编辑"理念的茑屋家电,以"家电"为切入点,提供了让人心动的生活方式选择。

(3)**图书馆革命**。在"代官山茑屋书店"最初的构想中,增田宗昭的愿望是打造一个拥有"森林中的图书馆"的街区。增田宗昭感到对于未来的城市,"图书馆"和"医院"将是最重要的场所。基于理念的共鸣,CCC 被武雄市图书馆指定为管理者,改造人口只有 5 万人的武雄市的图书馆,于是 CCC 对武雄市图书馆进行了这样的变革:延长营业时间,图书馆里可以边喝咖啡边看书;可租赁音乐、电影;融入贩卖书籍和杂志的书店;更重要的变革是将 18 万藏书进行重新分类——改变了从 1928 年开始,全日本 99% 的公共图书馆沿用的"日本十进分类法",而是以茑屋书店的书籍分类法为范本,变成更加适应现代生活方式、CCC 独创的 22 类分类法。由此,在 CCC 积累的知识资产,转移到了公共图书馆的改革。

改造后的武雄市图书馆

# 点　燃

点燃这个名字直接来源于我对"Point Cook"的扩展性解析,"Point Cook"是我第二次访问澳大利亚墨尔本期间寓所的地址;点燃一词间接来源于雅斯贝尔斯在《历史的起源与目标》中的一段话,"人类一直靠轴心期所产生、思考和创造的一切而生存。每一次新的飞跃都回顾这一时期,并被它重新燃起火焰。自那以后,情况就是这样。轴心期潜力的苏醒和对轴心期潜力的回忆,或曰复兴,总是提供了精神力量。对这一开端的复归是中国、印度和西方不断发生的事情。"在万联网的今天,这段话中除了第一句外,剩下的我都非常认同。而且我认为当下的中国正处于此种情境中,虽然中国目前仍然有很多来自于不同领域的现实的困难需要不断地克服,尤其是以经济结构调整为首的各类转型和深改任务的挑战越来越重,但是大的趋势已昭然若揭,这就是任何困难都阻挡不了伟大的中国人民在21世纪迎来新的复兴,而这一复兴需要点燃,点燃的就是那可燎原的星星之火。这把火于中国而言,就是中国国家领导人当前正在倡导和引领的中国传统文化的复兴;这把火于我而言,我愿意从我的研究兴趣和研究领域出发,做一名21世纪的新型"盗"火者,我愿意"盗"古代中国管理哲学/艺术和现代西方管理科学的火种来燃起未来世界管理之火。这就是我"接着写"管理哲学的初衷和归宿,我热爱管理哲学有15年以上了,坚持"文理不分家"的道路至少30年了,坚持本身就是一种点燃。唯如此,管理哲学才有可能具备世界的意义和世界的基因。

为了集中力量完成《管理哲学》的写作,从2016年1月至3月沈阳的冬天里,我独自一人跑到了正是盛夏的澳大利亚墨尔本大学管理与经济学院管理与市场系做短期访问学者,到达的第二天和管理与市场系主任Leisa Sargent教授对话后,管理与市场系就给了我一个访问教授的位置,这于在异国他乡的我而言是一个寄居下的暂态安慰,让我想起了无门和尚(1183—1260)《无门关》之第十九首《颂》诗的四句话,"春有百花秋有月,夏有凉风冬有雪。若无闲事挂心头,便是人间好时节。"诚如斯言,实际上对校方而言,这是再正常不过的事情了。之所以到墨尔本大学访学,第一方面是考虑墨尔本大学基于其学术声誉的全球地位便于我接近学问世界;第二方面是我有一个优秀的学生兼朋友在该系任教,便于我获得地缘优势;第三方面是选择一个岛国独自享受孤独和静默,以期接近陆机"扣寂寞以求音"和无门禅师"心地清净方为道,退步原来是向前"的人生境界。我记得很清楚,墨尔本大学邵鲁生（1985—）博士问过我一个问题，"孙老师，如果你有很多空闲时间，你会做什么？"我回答他，"Keep silence, become silent, being silencer"。我以为当下的我须认真对待多年前我自己整合的三句话，"动观修智，静观修慧，动静等观"，不但要很好地对待，还需要认真地实践，因为这三句话可以帮助我把思维建立在理性的分析和思辨的直觉相结合的基础上，从而产生"理性的直觉"的思维。有了这样的思维，"一切行为，思想使然"就不再是一句空话，而后者我已经追求了25年。这三句话同样帮助我完成了40万字的追求具备世界意义的《管理哲学》。《礼记·乐记》有言，"人生而静，天之性也；感物而动，性之欲也。"汤一介先生将此称为"性静情动"，在动静中修养性情，我乐意为之，走来走去，看看世界，问问自我，多做一点是一点。

　　点燃是需要野性的，这种野性正如墨尔本夏天的冷和夏天的热，冷要冷得透骨，热要热得炽烈，难能可贵的是冷和热如此和谐地统一于墨尔本的夏天。这应该是不同"温度"的和谐吧。这种带有野性的和谐与时空为伴，她不随时间流逝，也不随空间变换，她就在"在"里。这种带有野性的和谐于方寸间时刻点燃，你离不开她也带不走她，她就在"在"里。不过她需要点燃，这是我们的责任和使命。用可口可乐的所有人之一罗伯特·伍德夫的话来说就是"世界属于不满足的人"，所以据说日本的可口可乐公司每两周就要生产一种新产品，即使大多数新产品最终都被放弃，但是过程本身充满了对野性的呼唤和探索！目前管理界可能最缺乏这种野性，尤其是中国的管理界学人缺乏这种独立有担当的开拓者的精神。不过，在万联网的时代，我们也看到了诸如腾讯、阿里、百度、谷歌、脸书等东西方的先知先觉者的先期努力，它们在想象力时代运用文化基因进行着"直方大"的创造，这使得它们成为新的认知坎陷，它们正在点燃万联网时代的文明。不过，我们需要持续努力。

　　为此，最近我一直提倡我周围的朋友和学生们学习从火星看地球，我甚至自诩为"火星子"，而每当我这样说的时候，回应我的往往是一脸茫然，什么意思？当然，客观地讲，暂时人类还不可能到达火星，不过科学的发展距离人类到达火星的时间已经很近了，不过即使将来真的到了火星，在火星上用肉眼可能也看不到地球，而我要追求和培养的是一种宇宙意识，一种时空意识。以澳大利亚为例，如果我们能够站在地球外由近及远地看地球，她首先是一个与中国有着友好关系的主权国家，其次是被大洋和海水围绕着的一个岛屿，再其次她渐渐地变成了一个点，最后连地球都变成了一个没有大小的点，以至于最后不可见。当然，我们也可以反过来由远及近地观察，那仅仅是相对调整了方向，并没有改变她的本源存在，我把此称为宇宙的全观视野。窃以为当今的管理专家、管理学者和管理学界多数是缺乏宇宙视野的，甚至连"全球"的视野意识都不完全具备，个人以为，只有具备了这种视野，才能真正明白宇宙本身的自对称破缺性，这种自对称破缺性应该是导致人类开始思考玻色子以外的超弦理论的源头之一，这种视野会培养一种适合未来的思考方式，而这种思考方式就在中国的传统文化之'河图'和'洛书'中。想建立全球及宇宙视野，有一个法子就是庄子的"大而无外，小而无内"（《庄子·天运》，"至大无外，谓之大一；至小无内，谓之小一。"）。"大而无外，小而无内"，在庄子的年代没有显微镜这种科学工具，是如何认知的，如何证得的境界？大，什么叫大？没有外就叫大，有外就不叫大。小，什么是小？没有内就叫小，有内就不叫小。这就是《华严经》里讲到的重重无尽的法界。还没有懂吗？我们看一个例子，如果你站在一个四面八方都是镜子的空间里，是不是可以看到四面八方全是自己，这就是重重无尽，这不是人造的，这就是自性本然。不管大而无外，还是小而无内，这两者在东方是和谐于"一"或者"不一"的，由此可以预判，《管理哲学》所建构的现代西方管理科学乘以传统东方管理艺术的基本框架是有据可依的。正如管仲所言，"执一不失，能君万物"，《管理哲学》就是这个"一"，也是这个"不一"。

殊途同归，我们很高兴地看到，20世纪三四十年代开始，以过程哲学家怀德海和后现代主义大师柯布为代表的西方过程哲学家们已然提出了"人与自然是一个生命共同体"的新型生态伦理观，这种伦理观是生态女性主义的思想之根，而生态女性主义的哲学基础是彻底的非二元论，是对现代二元思维方式的批判。人类由母系氏族进化到父系氏族久已，有人说万联网时代是母系氏族回归时代，如若真是这样的话，《易经》坤卦"厚德载物"需要发扬光大。怀德海的有机整体观恰恰为此提供了理论依据，而柯布在20世纪70年代就已经确立了"以建立在有机整体和内在联系概念之上的过程思维寻求人类共同的福祉"的价值信念，后来他进一步指出，"崇尚科技和物质，崇尚经济和竞争，无休止地向大自然攫取的世界经济发展的模式导致我们的世界濒于灾难的边缘"。2016年的秋天，90岁高龄的他更是讲出了"资本主义是错误的、古典经济学是错误的"警世名言。可见，现代西方的哲学家已经对"天人二分"的对立思维做出了反思，这种反思如冥冥中注定般回到了中国传统文化中最重要的"天人合一""天人互惠"观上来，一就是一切，一切就是一，只不过换成了"后现代"这个词。正如柯布所言，"二元对立的时代已经过去，事物可以超越对立，完成共生共融"，本就如此。我们还看到，中国国家领导人习近平在2017年倡议全球建立人类命运共同体，也是对于万联网时代人类未来的一种担当和使命，也是在点燃一种更高远的境界和未来，人是地球的人，地球非人的地球，世界和宇宙亦然。

找到燃点。点燃是需要燃点的，只有燃点达到才能点燃，我认为《管理哲学》之所以能够被点燃，有以下几个燃点：其一，科学主宰太久了，"一种"主宰太久后势必被"另一种稀缺"替代，科学越来越走向哲学，我并不认为哲学已死，这世界仍然需要管理哲学；其二，西方管理二元分的缘分已经到了尽头，如何"接着走"需要哲学，而企业管理更需要管理哲学；其三，中国经济的崛起伴生了哲学的复兴，纵观人类历史发现，每一次人类的复兴必然来源于自己已有的文化和哲学，这次也是一样，这一次还要乘以大数据、人工智能等为代表的科技的力量，这就是点燃的燃点。

我愿意一直做一颗"火星子"，期望燃烧自我以点燃这管理的世界之火，因为只有火才可以照亮远方，当管理专家、管理学者和管理学界自觉地追寻远方，当我们用"和谐和中庸"战胜我们自己的时候，管理就会一直在路上。放眼望去，那路上，一盏盏西方管理的科学之灯与一盏盏中国传统的文化之灯交相辉映，延绵不绝，这就是管理的未来和未来的管理。

我们正处在每隔二三百年才能发生一次伟大变革的历史时期，人们再也不能理解这个世界，过去的经验已不足以解释世界。那么，让我做一名思想的行者，点燃自我以点亮世界。

是为纪。

# 后记 2

# 传 承

## 一、管理哲学研究源起

谁第一个提出"管理哲学"？答案很难说！

以"管理哲学"作为关键词搜索百度、谷歌、谷歌学术等引擎发现（截至 2018 年 2 月 28 日），百度有 3 050 000 条查询结果，谷歌有 16 200 000 条查询结果，谷歌学术有 3 760 000 条查询结果，这些数字分别是 10 年前的 7.5 倍、42 倍和 9 倍。倘若放宽条件，检索的词条会更多。这充分说明了管理哲学蓬勃长成之势，即使这样，也很难把"管理哲学"像"科学管理"那样归于弗雷德里克·泰勒。

一般认为，管理哲学是 20 世纪初叶哲学"向下发展"（从形而上学转向科学哲学）和管理学"向上发展"（从管理艺术转型管理科学，并从管理方式研究上升到对管理本质、意义及规律的研究）而造成的科学哲学与管理科学交汇、合流的产物。管理哲学作为交叉学科，其独特的研究对象是作为科学活动的特殊形态之一的管理思维和管理行为。

诞生于 20 世纪 20 年代的管理哲学，正是在"科学的哲学"勃兴年代问世的——谢尔登的 philosophy of management（**关于管理的哲学**）跟同时兴起的以逻辑经验主义为其思想形态、以维也纳学派（Vienna school）为其代表的 philosophy of science（**关于科学的哲学**）有着同样的历史背景和学术背景，也是在哲学发生革命性转变、传统哲学历史性地转向**"科学的哲学"**的时刻创建起来的。如果说 philosophy of science（**关于科学的哲学**）可以被理解为科学家和哲学家之间"思想对流"的产物的话，那么，philosophy of management 亦应该被理解为管理学家与哲学家之间思想对流的产物。要全面了解管理哲学产生的学术背景，尚须站在管理科学立场上，从管理科学内部关系及其变化中去探究。

哈罗德·孔茨（Harold Koontz，1908—1984）与他的同事合著的《管理学》（1955 年初版时名为《管理原理》，1980 年第 7 版时改为现名）中有这样的论述：人们历来都有着尽可能地把管理实务搞好的迫切意愿；然而令人惊讶的是，指导管理实务的管理理论只是在近几十年内才发展起来，而企业主管人员和其他方面的领导人一般也只是从第二次世界大战以后才逐渐感觉到有这种需要。在工商界、政府和其他组织的主管人员中间，长时期来还盛行着这样一种观念，即认为管理是不受理论影响的——因为管理完全是一种艺术，而不是一门科学。把管理作为一门科学来进行研究，是从弗雷德里克·泰罗所创建的所谓科学管理学派开始的。

由此可见，作为一门科学的管理学，是在管理被普遍理解为一种艺术的历史语境中产生的，亦即它原本是作为管理艺术的挑战者角色出现在管理舞台上的。所以很自然，这门科学一经登台亮相，管理是科学还是艺术的问题就被提出来了，而且如孔茨等人所说，这是人们经常提出的一个问题。以这样的背景作为参照，再来考察和分析在管理科学开创者泰勒（Frederick Winslow Taylor，1856—1915）出版《科学管理原理》（1911）（泰勒认为：**科学管理包含着某种主要的普遍原则，是一种能以各种方法运用的哲学观，philosophy 一词在《科学管理原理》中出现 18 次之多**）之后仅 12 年就出版《管理哲学》（1923）的谢尔登所创立的管理哲学的学科性质，就比较容易认清其真相了。谢尔登的《管理哲学》中有这样一段开宗明义的论述：**我们之所以撰写本书是因为，管理对工业的指导作用主要在于一些科学原则和伦理原则，而这些原则的具体应用只起次要作用。因此，本书不是从事于阐述某一种特殊的管理，而是试图阐明统治整个管理实践的目的和发展路线及原则。**

它向人们开示了本质地理解管理哲学的两条路径：**一是从科学与艺术的关系中，把管理哲学理解为与管理艺术相对的管理科学；二是从特殊管理与一般管理的关系中，把管理哲学理解为与特殊管理学相对的一般管理学。**由此可以确定，在学科性质上，谢尔登所开创的管理哲学乃是一般管理学。

从管理学角度来看，管理哲学之所以会产生，不只是由于像泰勒这样的一批管理学家不再满足于把管理学仅仅当作一门艺术来看待，而是要求把管理学发展成为一门科学，也更是由于像谢尔登这样的一批管理科学家不再满足于以泰勒为代表的科学管理等学派为了提高生产效率的目的而潜心于探究和制定科学管理原则，以解决科学管理（实践）中"怎样管理"（管理方式）的问题，而是要求把管理科学进一步发展成为一门哲学，一门研究管理的一般本质和一般规律的科学哲学，以解决管理科学（理论）中"何为管理"（管理本质）、"为何管理"（管理意义）以及"管理是怎样"（管理规律）的一般理论问题。

管理哲学既是科学哲学中的一个分支学科，又是管理科学中的一个分支科学。管理哲学的这种双重性，集中地反映出现代哲学与科学的时代特征。这个时代，一方面要求哲学立足于科学，通过对各门科学知识的概括和总结来揭示外部世界的本质和规律；另一方面要求科学将自己各个领域的知识贯通起来加以综合创新，由此形成一个反映科学的一般本质与一般规律从而对各门具体科学都具有指导意义的普遍理论。管理哲学的这两个方面的活动是一致的：它对管理科学知识的概括和总结的过程，也就是把管理领域中各门科学的知识贯通起来加以综合创新的过程；它通过其综合创新的研究所形成的关于管理世界的本质和规律的哲学理论，也就是反映科学管理的一般本质与一般规律从而对各种科学管理都具有指导意义的科学理论。这两个方面的区别表现在它们各有其不同的理论功能，分别是**哲学理论功能与科学理论功能——其哲学理论功能在于揭示管理世界的本质和规律，此为"解释管理世界"的功能；其科学理论功能在于指导各种科学管理，此为"改变管理世界"的功能。**

管理哲学研究与哲学研究紧密地结合，这种研究特色既成为哲学研究的新领域，也成为管理哲学研究新的增长点。管理哲学用哲学的思想因子来深度剖析管理理论中的某些重要范畴，利用哲学思维构造新的管理理念、新的组织形态，以及有针对性地革新旧的管理范式，这些将是未来管理哲学的增长点。此外，管理哲学将更加关注组织中个体人的工作（生存）状态；更加关注竞争时代、消费时代大背景下的组织人与组织、与外部环境之间的良性互动；更加关注管理理论中核心概念的内涵剖析，以及为管理实践构建新的管理理念；

更加关注组织中个体休闲时间与工作时间的平衡。由于其思想特质及目标人群的特定指向，管理哲学不仅仅是书斋式研究，管理哲学研究者也为管理从业者提供相关咨询，为企业发展提供战略理念咨询，为企业员工更好地处理工作、家庭之间的关系提供咨询，这也有可能成为管理哲学研究新的增长点。

## 二、管理哲学研究过程

### 1. 西方管理哲学研究过程简介

1911年泰勒出版的《科学管理原理》一书对管理哲学有较早的认识，他较早明确使用"管理哲学"概念，他认为"科学管理包含着某种主要的普遍原则，是一种能以各种方法运用的哲学观……科学管理的理论或者说科学管理哲学，虽刚刚为人们所理解，但管理实践本身却已逐步推进。"

1923年奥利弗·谢尔登在英国伊萨克·皮特曼父子公司出版了《管理哲学》一书，据说是世界上第一本以"管理哲学"命名的著作，谢尔登由此被称为西方管理哲学第一人。书中提出以管理哲学作为管理的实践和演变的指导，主张从日常职能环境出发，试图把社会伦理同科学管理的实践性结合起来，这对管理哲学发展来说有着重要的意义。

（1）2013年商务印书馆出版了奥利弗·谢尔登的《管理哲学》，该书主要体现了奥利弗·谢尔登三个方面的管理哲学思想：首先，谢尔登在把工业管理看作是一个整体的同时，又把它看作是社会共同体的一个部分，因而提出它必须服务于共同体整体的最高福祉。其次，他以科学与伦理相统一的高度，深入分析了工业管理的根本原则、成长路线、内容特点、方式方法和评价标准，突出澄明和强调了管理的哲学维度。最后，他充分探讨和展现了管理的人文和社会要求，突出地从社会历史的演进中来分析和确定工业管理的主要问题及指导理念。

1961年和1980年，哈罗德·孔茨先后出版了《管理理论丛林》和《再论管理理论的丛林》，他认为，如果"管理理论的丛林"继续存在，将会使管理工作者和学习管理理论的初学者如同进入热带丛林中一样，迷失方向而找不到出路。管理世界在不断发生变化，每天都有新的管理问题和管理理论出现，对管理的本质的认识会直接决定一个管理者的管理风格并影响其管理效果。哈罗德·孔茨将管理定义为"通过他人完成任务的机能"。孔茨在《管理理论的丛林》和《再论管理理论的丛林》中指出，在西方，到了20世纪40年代，才对管理进行系统的研究，早期从事管理理论的研究和著述的，都是有实际管理经验的人员，如泰勒、法约尔、穆尼、阿尔文·布朗、谢尔登、厄威克等人。到了五六十年代从事管理理论研究的却主要是高等学府中受过专门训练但却缺乏实际管理经验的人，这有点像医学院里教外科学的教授，却从来不曾给病人做过外科手术一样，难免造成混乱，并失去实际管理人员的信任。从20世纪60年代到80年代，西方的管理学派从6个增加到11个［分别是管理过程学派、人机关系学派、群体行为学派、经验学派（案例学派）、社会写作系统学派、社会技术系统学派、系统学派、决策理论学派、数学学派（管理科学学派）、权变理论学派、经理角色学派］。但是，管理理论丛林中各派理论合一的前景也是很美好的。

克里斯托弗·霍金森于1978年、1983年和1996年先后出版了《走向管理的哲学》《领导哲学》和《管理哲学》，这三本书可以看作是管理哲学确立为一门独立学科的标志。这三本著作超越了单纯的企业范围而进入了广阔的管理世界，探求管理的本质及其理想模式，充分体现了哲学智慧与管理实践的融合。他认为权力是管理哲学所关注的一个基本和中心问题。霍金森认为，管理与哲学在本体论、价值论、认识论之间存在着事实上的不自觉关联。就管理与本体论的关联来说，本体论或形而上学研究现实或存在的本性，在一般情况下，这类知识可能对管理有间接的、必然的影响。就管理与价值论的关联来说，霍金森指出："管理的技术形式的真正本质就是价值……一般说来，价值的出现，通过合作行动的价值实现，管理过程中价值冲突的消除，以及在组织机构的政治舞台上关于价值之间的争论与它们之间的阻遏牵制——所有这些都是每日每时管理所经历的一部分。"就管理与认识论的关联来说，认识论的分支逻辑学对经营和管理的主要方面都有影响，人们甚至可以认为逻辑和理性构成了管理与组织的元价值。

（2）1987年云南人民出版社出版了克里斯托弗·霍金森的《领导哲学》，该书把领导哲学作为对领导问题进行价值、伦理、情感分析研究的学科，力图通过对领导问题进行哲学的分析研究，把领导从技术的层次提高到哲学的层次，使领导规范化、伦理化、哲学化。

除此之外，西方纯粹管理哲学论著并不多见，人们众所周知的玛丽·帕克·福列特、马克斯·韦伯、彼得·德鲁克、欧文·拉兹洛、阿尔弗雷德·怀特海、赫伯特·西蒙、亨利·明茨伯格、查尔斯·汉迪等，其论著大多数是以管理哲学中的某一领域或者具有实践性的管理哲学思想为研究题材。当前最值得一提的是被西方称为"管理哲学之父"的查尔斯·汉迪，他的著作包括《大师论大师》《思想者》《觉醒的年代》《变动的年代》《非理性的年代》《饥饿的灵魂》《组织的概念》《经理人制造》《管理之神》《疯狂世纪》《超越确定性》等。

（3）2006年中国人民大学出版社出版了查尔斯·汉迪的《思想者》，该书通过描述自己理论、思想形成的经历以及他身边对他产生重要影响的人，告诉我们他是怎样思考问题的，他是怎样成长和学习的——在孩童时代他父亲是怎样教育他的，他在壳牌工作时是怎样工作的，在他成为管理大师后他又是如何思考管理以及社会问题的。

（4）2007年中国人民大学出版社出版了查尔斯·汉迪的《觉醒的年代》，该书提出了三种管理思想架构：一是在持续成长的同时施行新变革的"西格玛曲线"，二是必须在做与做得到之间取得平衡的"甜甜圈理论"，三是充分运用妥协艺术的"中国式契约"。汉迪总结了当代社会所面临的九大悖论：智慧悖论、工作悖论、生产力悖论、时间悖论、财富悖论、组织悖论、时代悖论、个人悖论以及正义悖论。

（5）2008年中国人民大学出版社出版了查尔斯·汉迪的《饥饿的灵魂》，该书中查尔斯·汉迪以敏锐的洞见与真诚的哲思，探讨了"人"在经济挂帅的主流社会中潜藏的忧虑与困惑，并将"适当的自私"的哲理应用在企业组织上，提出信任管理、负责任的个人主义等永续经营的企业观。追寻生命意义最好的方式，也许就是"适当的自私"。企业可能有兴衰起落，但人们的希望、恐惧和动机却没有太大的改变，无论他们身在何处都是如此。世界会改变，但人性不会。无论是企业中的人，还是社会中的人，唯一无法逃避的就是人与人之间的关系。

### 2. 东方管理哲学研究过程简介

中国若追溯起源，商周之际，箕子答周武王问治国方略的《洪范·九筹》，即九种治国大法，实际上也可以看作是中国最早的管理学和管理哲学的发端（当然，与现代以企业为对象的管理学和管理哲学不同，当时以社会为对象）。如果从社会角度研究，箕子的《洪范·九筹》提出的"社会公正"比亚里士多德早几百年，但是二人都不是严格意义上的管理哲学的东西方提出者。

就近现代而言，我国对管理哲学的研究起步较晚，但20世纪80年代后期到90年代初期，在管理学界和哲学界曾掀起了一股管理哲学研究热潮，人们从哲学的视角研究管理，出版了一些富有中国特色的管理哲学论著，为管理理论和管理实践领域提供了哲学层面的探索和思考。2016年南开大学齐善鸿等组织整理了20世纪80年代以来国内出版的"管理哲学"著作，本书在此基础上继续整理。

（1）1980年，我国台湾哈佛企业管理顾问公司出版了《企业管理百科全书》，该书认为所谓的"管理哲学"是指事业最高主管为人处世之基本信仰、观念及价值偏好，从广义抽象层来说，它是激发企业家"信仰""观念""原则"和"价值"的动力；就狭义实务层来说，它是选择行为典型的成本，促进效益评估的决策体系（第87页、89页）。

（2）1982年，我国台湾东大图书有限公司出版了曾仕强的《中国管理哲学》，该书认为管理哲学是对管理经验做反省的活动（第30页）。

（3）1986年、1990年、1991年苏州大学出版社出版了崔绪治的《现代管理哲学概论》《现代管理哲学纲要》《现代管理哲学》，崔绪治认为管理哲学是介于哲学与管理学之间的边缘学科，是哲学和管理学的交叉学科。这三本书系统地阐述了对建设与发展马克思主义管理哲学的意见和观点，在学术界产生了较大的影响。

（4）1987年，农村读物出版社出版了韩修山和阎守寅的《管理哲学刚要》，该书阐述了管理哲学的历史与现状、管理关系与管理意识、信息哲学与信息方法、激励哲学与激励方法、思想管理哲学与四象管理方法等问题。

（5）1987年，红旗出版社出版了肖明的《管理哲学》，该书认为"研究管理活动的性质、一般规律及其自然和社会的本质关系的科学，就是管理哲学"（第10页）。

（6）1988年，中国社会科学出版社出版了齐振海的《管理哲学》，该书简明扼要地论述了管理哲学的对象、意义和研究方法，从哲学上分析了作为人类的一种基本活动的管理。该书理论叙述的逻辑起点是作为哲学范畴的管理，既是由具体到抽象的认识结果，又是哲学分析由抽象到具体的开端。

（7）1988年，南开大学出版社出版了刘云柏的《管理哲学导论》，该书指出所谓管理哲学指的是事业最高主管为人处世的基本信仰、观念及价值偏好（第1页），其概念与《企业管理百科全书》基本一致。

（8）1990年，中国经济出版社出版了赵秀臣的《管理哲学》，该书对管理哲学的基本理论原理和方法、管理系统的运动规律、管理哲学在管理实践中的应用做了系统的阐述和分析。

（9）1993年，企业管理出版社出版了张正霖、帅重庆和张静若的《管理哲学》，该书论证了管理的实践本质、主要功能、基本类型和管理主客体之间的辩证关系、矛盾运动及其调试机制。

（10）1993年，知识出版社出版了宫鸣的《管理哲学》，该书认为所谓的"管理哲学"是科学管理的理论基础，是管理中具有普遍意义的必须遵循的一些主要原则或原理，而且这些原则或原理具有方法论的意义。

（11）2002年，我国香港道教学院出版了葛荣晋的《孙子兵法与企业经营谋略》，该书包含三部分内容：元典籍——《孙子兵法》的今注今译；理论篇——《孙子兵法》的军事思想体系；实践篇——《孙子兵法》与企业经营谋略。

（12）2003年，经济管理出版社出版了张福堃、杨静的《管理哲学》，该书从管理的性质和管理原理、管理矛盾和矛盾的管理、管理资源开发与整合三大方面给出了管理哲学的基础架构，重点解析了管理错综复杂的关系。

（13）2003年、2011年，北京大学出版社出版了杨伍铨的《管理哲学新论》（第1、2版），该书认为，管理哲学是研究管理领域中具有世界观和方法论意义的基本理论、基本方法的学问。该书以马克思主义哲学为指导，从宏观与微观、整体与局部、内容与形式、人与物、人与人等角度，阐述了矛盾统一体中的管理主体，管理客体，科学的思维方式和现代管理，管理决策中、管理运动过程中、管理协调中的哲学问题，管理伦理问题，管理价值观等基本观点，说明了管理中的矛盾共性。

（14）2004年，重庆大学出版社出版了王德清、么加利的《管理哲学》，该书内容主要包括管理本质论、管理理论的哲学认识、管理主体、管理客体，以及管理主体和客体的对立统一关系、管理的时空结构与信息结构、管理环境、管理文化、管理中的辩证法、管理价值论、管理与社会等。

（15）2004年，复旦大学出版社出版了袁闯的《管理哲学》，该书认为管理哲学是领导者的哲学、行动的哲学，也是组织文化、企业文化的精华。在管理哲学中，管理的规范性与灵活性、群体化与个性化、严格的技术路线与机智的市场适应、科学管理与人本管理等的统一得到了解释和发挥。同时，哲学的聪明学、方法学的含义被鲜明地凸显出来，使人们更能体会到哲学的睿智、深刻和隽永。该书从管理的系统与组织、价值、方法论以及知识创新等角度分析管理的深层次问题。

（16）2006年，中国人民大学出版社出版了葛荣晋的《中国哲学智慧与现代企业管理》，该书是一部系统阐述中国管理哲学思想体系的学术论著，从体用结合的高度，将中国管理哲学的本质规定为以人为本的"修己治人之学"，把中国管理哲学概括为"无为而治"与"有为而治"两种基本模式。由于对"无为"内涵的不同理解，又可分为道家、儒家、法家和黄老学派；由于对"有为"内涵的不同解读，又可分为儒家、法家和兵家等派。该书不但对儒商内涵、人格塑造及其精神境界做出了全新的诠释，而且详细地阐述了各家的管理思想及其特质。

（17）2006年，中国人民大学出版社出版了彭新武的《管理哲学导论》，该书在对中西方管理理论进行批判性反思的基础上，通过对当今新兴的各种管理理论的提炼与整合，确立起一种适应当代复杂、动态的商务环境的管理哲学的新范式。

（18）2007年、2013年，中国人民大学出版社出版了葛荣晋的《中国管理哲学导论》（第1、2版），该书在深入研究中国哲学和广泛占有管理经验的基础上，构建了海内外第一个中国管理思想体系，全面地揭示和阐述了中国管理哲学的基本特征、管理模式、理论架构及其现代价值。该书认为，中国管理哲学是一门以人为本的"正己正人之学"，其理论架构由人性假定、管理主体、立身行事、管理模式和管理境界五个部分构成，在管理模式和手段上，分为"有为而治"和"无为而治"。

（19）2009年，上海交通大学出版社出版了钱学林、全林的《管理哲学》，该书包括管理思想论、管理系统论、管理方法论、管理价值论，内容为：古代管理思想、传统科学管理思想、行为科学管理思想、现代管理思想、管理系统论、管理运动论、管理范畴论、感性方法基础、市场调研方法、理性方法基础、价值分析方法、管理价值观、诚信价值观。

（20）2010年，人民出版社出版了刘敬鲁的《西方管理哲学》，该书是国内第一本西方管理哲学思想的著作和教材。全书以对西方社会的整体历史演进的把握为前提，以理论与实践的统一为基本研究方法，系统深入地阐明了西方管理哲学思想的发展历程、不同阶段特点，力求揭示西方管理哲学思想的发展规律、价值观特征和启示意义。

（21）2011年，商务印书馆出版了任多伦的《哲学智慧与企业管理》，该书探索了中国哲学思想在企业管理中的应用。

（22）2011年、2016年，东北财经大学出版社出版了齐善鸿的《新管理哲学：道本管理》，该书从管理的"根目录"上对管理进行认真的反思，对人性、管理的本质、管理的矛盾、思维和思想演进的内在逻辑等管理根本问题进行了深入思考，以期提出有见地的能够解决根本问题的管理理论。

（23）2011年，东方出版社出版了成中英的《中国管理哲学：C理论》，该书披露，成中英自20世纪70年代后期开始，就一直思考如何以中国哲学文化为基础，结合东西方两大管理思想体系的长处，发展出一套能够为现代人——包括东方人和西方人所接受的新的管理哲学，它既能够包含西方科学管理的精神，又能够汲取中国哲学管理的智慧，更能够洞察当代西方管理科学的局限性加以改进，这就是C理论。

（24）2012年，中国人民大学出版社出版了葛荣晋的《中国管理哲学通论》，该书从中国人对中国管理哲学本质的特殊认识出发，按照"修己治人之学"的原则，将中国管理哲学的理论架构分成五个层次：人性假设、理想人格、人生价值、管理模式和管理境界。这是一个由主体向客体的逐步推展过程。所谓人性假设，主要是指中国管理哲学的人性论基础；所谓理想人格，主要是指通过"自我管理"塑造管理主体的理想人格；所谓人生价值，主要是指管理主体如何通过"立身行事"，努力打造道德人生和幸福快乐的潇洒人生；所谓管理模式，在管理手段上主要分为"有为而治"与"无为而治"两种；所谓管理境界，主要是指管理主体所追求的最高理想状态。

（25）2012年，东北财经大学出版社出版了齐善鸿的《精神管理：道本管理的基本命题》，该书是作者自1983年学习西方管理思想开始，经历了近30年的实践、研究、学习和思考的历程之后的心得，是在对西方管理思想的崇尚和实践之后反复遭遇瓶颈时的一次对管理思想和实践的重新思考与突破，是对许多企业管理思想和理论的重新定位。

（26）2012年，长江文艺出版社出版了齐善鸿的《大道说管理》，该书源于《名家论坛》系列讲座，从《道德经》悟管理智慧，主张"以道为本"，客观质疑"以人为本""以制度为本"。其首创"道本管理"，认为最高管理是灵魂管理，解决心灵问题才能取得成功，并提供了做好管理的四条捷径、四种策略、四个终极目标。该书针对中国企业管理的入困之因，提供了切实可行的解困之道。

（27）2014年，中国经济出版社出版了黄恒学、谢罡的《管理哲学》，该书主要研究内容包括管理世界观、管理价值观、管理目的论、管理手段论、管理规律论、管理效率观、管理资源环境论、管理能力论、管理创新论。

（28）2015年，山东大学出版社出版了《管理哲学新论：管理即建构》，该书就管理哲学的本质属性即整体性、目的性、协同性、动态相关性、制衡性、平衡性、开放性、时空性、主次性、能动性、价值性进行了深入研究，建立了新的管理哲学理论体系。

（29）2016年，上海人民出版社出版了刘云柏的《中国管理哲学》，该书从先秦到当代，以历史梳理的方式，建构中国管理哲学学科，对管理哲学的发展、转型和运用，做了宏观式的描述，尤其是对儒学中的管理思想归纳和解读更加全面和深刻。

（30）2018年，经济日报出版社出版了邢学军的《管理哲学研究》，该书认为管理是人类社会最基本的实践活动，有人存在的地方就有管理的存在。有多少种群体，就有多少种组织，也就有多少种组织管理，管理现象的纷繁决定了管理学是一门综合性学科。其借助哲学思维对管理的哲学分析、管理哲学思想述要、管理方法论、管理价值论、管理环境论、管理实践论进行论述。

（31）2018年，上海人民出版社出版了刘云柏的《人类一般管理哲学》，该书包括人类一般管理哲学基本原理、范畴，以及主体理性思辨的中枢维度和内在机理；在意识形态张力上的争论与交锋；人类认知的困顿、失足的深层原因；人与自然、经济与企业；民族、国家与公共管理；地缘组织范式；全球化与全球管理；人在宇宙中的管理理性守望；学术构建的路径、方向、方式、机制、终极意义和主体责任。

除了上述不可能概括全面的学术界的管理哲学研究之外，40年的中国改革开放为我们提供了企业实践界丰富的管理哲学案例和管理哲学家，比如张瑞敏、任正非、柳传志以及马云、马化腾、雷军等企业家都是一定意义上的管理哲学家。

东方的管理哲学还应该包括日本等国家的管理哲学，在日本千年以上的企业仍然存续，值得关注，近当代的所谓的日本"经营四圣"松下幸之助（松下公司）、本田宗一郎（本田公司）、盛田昭夫（索尼公司）、稻盛和夫（京瓷公司）都有独到的值得深度学习的管理哲学之道。日本管理哲学就是指日本企业或组织系统化、理论化的世界观、价值观和方法论，日本管理哲学是将东方的中国儒家思想与西方现代管理技术和方法相互融和而形成的一种经营管理理念。任何管理都是某一特定文化环境的产物。不同的国家和民族由于文化传统、民族精神、价值观不同，必然产生不同的管理哲学模式。日本管理哲学就是如此。日本是单一民族构成的国家，由于自然环境恶劣和自然资源贫乏，造就了日本民族强烈的危机感和极强的群体意识。日本人深深感到，必须与别人合作，依靠群体力量，才能与大自然抗争，维持自身的生存。因此，自古以来日本人就有忠于团体、维护团体名誉、重视团体和谐的团队精神。日本人以中国儒学为哲学基础，同时注意吸收借鉴以美国为代表的西方先进的管理理论和方法，并将这些外来文化与本国国情、企业特点巧妙地结合起来，形成了有别于西方又不同于中国的独具特色的日本管理哲学模式。正是这种洋溢着浓厚儒家学说色彩的企业管理哲学，支撑着日本经济的高速增长，使日本创造了战后经济发展的奇迹。

## 三、管理哲学研究未来

哈罗德·孔茨从以下几个方面对管理理论丛林现象进行归因：其一是管理学语义的混乱；其二是对管理和管理学定义包含范围的不一致；其三是将前人关于管理经验的概括和总结看成是"先验的假设"而摒弃；其四是曲解并抛弃前人提出的一些管理原则；其五是管理学者不能或不愿相互了解；其六是对人性假设的分歧并持续演绎之。

针对这些现象，本人尝试在《管理哲学》中**构建了一个式盘，提出了一个公式，设计了一个框架，引领了一种想象**。

**式盘**就是涵盖人性、组织和环境的同心圆式盘，本书将人性"定义"对应人性素、组织"定义"对应自组织、环境"定义"对应反管理，本书认为一切管理者乃至于一切人类应该掌握"学会定义，善于反义，追求正义"的"三义论"。**公式**就是（括号内为广义概念，括号外为狭义概念）"未来管理（广义）≈古代中国管理艺术（古代中国文化）× 现代西方管理科学（现代西方科学）"，这一公式提醒人们一方面要执古之道以追根溯源，另一方面要持续创新以御今之有，更重要的是在管理哲学整体生成与原子还原光辉照耀下走向未来。**框架**就是取法自然、运用之妙、存乎一心，本书设计为四篇，每篇三章，每章三节，每节三目，分别对应每年四季，每季三月，每月三旬，再细分就是中国传统北斗七星及其演化的

36 和 72 之数。**想象**就是万联网时代全球互联互通的生态本源连接特征、一带一路及人类命运共同体协同共建的物质基础和精神上层建筑，中华文明全面复兴并主动承担全球使命的既定事实，所有这些都与中国传统文化命中注定契约性相关，而这种相关必然在苦难中开花，历史的必然和自由在翩翩起舞的蝴蝶效应中想象无限。

霍金森认为，最有责任感、最有号召力和最能以自己的方式使人满意的领导形式属于诗人。诗人号召他的追随者超越他们自己，他激发和引导追随者萌生最初的动机和价值观。由于这种原始类型本质上的宗教特征，追随者本人亦变得如同他们的领导者一样"危险"——无论是对自己还是对他人。对诗人和他的追随者来说，不存在什么推诿躲闪、缺乏自信和谨小慎微，领导者和追随者都是具有责任感的。今天，我们看到中国央视 2018 年 "经典咏流传"这样的节目，诗意盎然，它是一种整合后的呈现，有违和感吗？当然没有，这是一种引领，这就是经典文化的价值，这就是中国力量的传承，这就是人类命运的未来，当人类找到了适度的方法将过往呈现给未来，矛盾不再矛盾，混沌不再混沌，澄明一片，光阴无限。

这就是传承的未来！我愿意为之努力奋斗，你呢？

### 四、管理哲学研究致谢

《管理哲学》第一版要面世了，人们一看管理哲学的名头可能会"**望而却步**"，我希望的是"**忘而确步**"，在阅读管理哲学的时候偶尔**坐忘**，从而自我**确信**找到了属于自己的部分，然后有**步骤**地持续推进，如果能如此，管理哲学则是**曲高和众**，非**曲高和寡**。

在落笔之前，脑海中涌现出很多助我者，在我的《管理哲学》道路上有太多的助人为乐者。**首先**要感谢我的家人，天堂的母亲一直慈祥地看着我，永远是那句话"什么事都得靠自己"，没有父母则没有我的存在，这是亘古不变的，到什么时候这里都是自己的港湾，它让你成长和长成。**其次**要感谢质疑者、异己者、不屑一顾者，甚至反对者，在我看来，他们发出的声音是世上最动听的声音，没有这种声音，哪里会有管理哲学的不断更新，因此我要热烈地拥抱**反声音**。**再次**要感谢海内外管理哲学研究的达人们和管理哲学实践的大咖们（抱歉不能一一列举名字，尤其是引用大量学术文献不能一一列举），向你们致敬，研究和实践管理哲学的道路非同凡响，向坚守、向选择、向明天敬礼。**再次**要感谢机械工业出版社华章分社，感谢王磊老师的支持，感谢吴亚军老师的耐性，感谢各位编辑老师的校审，感谢出版社的出版。**最后**要感谢邵鲁生、崔函峰、姜哲、曲庆武、王静波、刘鹏程、秦尔东、石壮沙、王海智、万丰、陈昕、高振明、张松伟、董凌云、黄川、赵鹏飞、贾晓东、戴元永、焦玉波、李鑫、Torben、苏展等（抱歉不能一一列举），感谢东北大学听过我的管理哲学课程的所有 MBA、EMBA、研究生和本科生同学们，感谢我指导过的硕士生和博士生们，这是一笔人生宝贵的财富。要感谢的还有很多，都铭记于心。

蓝水游在沉思的鱼儿群中，蚂蚁骑在律动的大象脊上，蜜蜂停在舞动的花蕊心中，鸟儿落在摇曳的枝叶头上，苍鹰踏在飘摇的云朵背上，高山嵌在烟雾的雨雪幕中，大地走在茫然的人类脚下，地球静在恒动的无知崖上。

自然说，来；人类说，去；来去匆匆，去来忙忙。匆匆忙忙做什么？传承！传承什么？忘了，忘了！想起来了，该回家了。

芭蕉打着雨滴，一扇一扇；月亮照着太阳，一闪一闪；历史背着人类，一部一部；未来接着人们，一步一步。

是为后记。

# 纯苦无乐（lè），是为大乐（yuè）

这个世界上没有一件事情不是痛苦的！过往的世界因为遗憾而痛苦，未来的世界因为无知而痛苦，当下的世界因为矛盾而痛苦。既然痛苦，就让它来得再猛烈些吧。纯苦无乐（lè），是为大乐（yuè），所以，哪里有什么痛苦？

**过程的痛苦**

写作《管理哲学》的初衷、过程和结果都充满了痛苦。细想起来，将近20年前，不自量力地接受了给MBA讲授《管理学原理》的任务，那时候是近而立之年，仍然一如既往地保持初生牛犊不怕虎的精神，先接下任务，再决定如何做。为什么接？就一条，坚持挑战自己。任务是接下了，怎么讲？讲什么？一点眉目都没有，好在网络发达，查阅文献资料，发现有些高校给MBA学生开设《管理哲学》课程，就它了！从那时候开始，我一直热衷于管理哲学，像一壶老酒，历久弥新，沉香四溢；又像一位老友，多年不见，在；停车即见，也在；真的是乐此不疲！坚持了18年之久！18年说长不长，说短不短，这期间不断调整框架模型，不断修正内容，不断接受挑战，从MBA到EMBA，从校内到校外，每次讲课都是一次新的思想洗礼，都是一次自我革命，永远告诉自己，讲课一定是先讲给自己听。说实话，正是课上课下的多次反复，多次矛盾，多次犹豫，多次不知所以，才逐渐形成今天的"素管理、自管理、反管理"三位一体的研究框架结构，才逐渐修炼、沉淀、萃取形成今天的核心内容，才逐渐提炼、整合、演绎形成今天的主导思想！所有的点滴积累都是"痛，并快乐着"！现在，《管理哲学》要出版了，崭新的文字要与大家见面了，这何尝不是另外意义上的痛苦，从思想前期的萌芽到授课过程的挑战，再到今日面世，接受世界检验，这是更广阔视域内的痛苦，是无国界的痛苦，是历史检验的痛苦！人类掉入自己所设的陷阱中，却仍然不愿意承认世上没有真正的自由选择权。人人都拥有自由选择权的结果，很可能是绝大多数的人都陷入困境。所以，认真地承认痛苦并敬畏她、拥抱她、亲近她，她会给你快乐的。

**查尔斯·汉迪（Charles Handy）认为，** 在新的世纪里，"领导力"会变得空前重要，而哲学（或对事物意义的探索）便成为驱动经济的主要力量。在当下的中国以及由中国引领的世界，我们已经看到哲学的威力无边，她再次以姗姗来迟的姿态支持人类前行。在全球万联网初期，人类的精神世界不再是立体的球形域，网络将人类降维到一个点上，人类成为点维上的原住民，祝贺人类，精神世界升级了，看得更远了，更有可能在浩瀚无垠的星空找到自己的物质世界。

### 曲线的痛苦

最近我一直在宣贯一句话，"有升有降才是完美。"这是我受《易经》的影响于 2014 年年初在主持宁夏银川东北大学 EMBA 班开班典礼上讲过的一句话。之所以有这样的一种想法是基于我对现实和未来的一种判断，这种判断就是"人类往往健忘自然乃至于人类自身从来就是不确定的，所谓确定不过是人类自己给自己制造了一现的昙花罢了。"不过宣贯这句话的痛苦远远超过生产这句话的痛苦，因为几乎没有人认真去实践它，即使大家口口声声点头称是。实际上，这句话与查尔斯·汉迪在《超越确定性》所宣称的"宇宙间存在着一种'曲线逻辑'，没有什么事情是一成不变的"和在《非理性时代》所宣贯的"如今的变化显然是不连续的，一切变化不再是过去趋势的直线延伸"的观点异曲同工。只是我的观点更一般罢了。我们要做的仅仅是训练找到曲线逆转的时机的能力，这种能力一般蕴藏在哲学之中，绝不藏在日常经济活动中。关于这一点可以从索罗斯晚年的言论中找到证据，他曾经在《这个时代的无知与傲慢：索罗斯给开放社会的建言》中坦言他成功驾驭量子基金的能力的秘密来源于卡尔·波普的哲学观：开放社会原则；远离均衡状态；理性行为是一种理想的情境，当中不存在出乎意料的结果。这可能就是哲学探索的真正意义，而所有这些无不充满了痛苦。不过只有经历过曲线的痛苦，我们才可以画出圆满的曲线，实际上人类不是一直在画曲线吗？窃以为，画出圆满曲线的能力在于谦卑和敬畏。

### 内容的痛苦

在本书中，我持续性地倡导并坚持推进管理就是自我管理和管理自我的基本管理价值观，因为中国过去并在将来长期存续下去的根本原因就在于中国文化自调节的基因和本质。在本书外，我持续性地倡议并以利他之心坚守管理应该是在文化自觉基础上的管理自觉和管理者自觉，因为管理不仅是科学的，更是人文的。固然恩格斯在《反杜林论草稿片断》中论及"自黑格尔以后，体系说不可能再存在了"，但是时过境迁，何况黑格尔说中国没有哲学当然不对（改自汤一介），正如物理学坚持"大统一场论"的追求一样，在大数据的时代，管理学一样可以坚持基于东西方基本现象认知基础上的球形整体论的体系追求，因为这个世界是"OR"的世界，不是"YES"和"NO"的世界。在互联网时代，大数据是星空和底线，人若能向外仰望星空，向内察观道德，人类必将星光灿烂。为此，我所能做的，第一，围绕"一心向上、知于无知、原力觉醒"认识上的人人时代背景下的以人的尊严为核心的"反管理"理论的构建，孰知《道德经》有言，"反者道之动，弱者道之用，天下万物生于有，有生于无"；第二，围绕东西方组织情境坚持追随现实问题基础上的一般性管理理论主题的凝练，孰知《道德经》有言，"孰能浊以静之徐清，孰能安以动之徐生，保此道者不欲盈，夫唯不盈，故能蔽而新成"；第三，围绕环境文明重构人类和自然"相即不离"的全观视野和整合方法，孰知《道德经》有言，"有之以为利，无之以为用"。这些内容在"管理哲学"的一般论著中并没有发现。

就具体内容而言，《管理哲学》基于我 20 多年对"管理"广泛学习、深入研究、持续教学、亲身实践、多向培训和稳健咨询的积累、梳理、沉淀和整合，结合个人对"管理哲学"的选择性洞察、兴趣化构思、讨论式思辨和多元性适应，创造性地构建了融合整合思维、系统理论和实践情境的管理哲学总体研究公式（2003 年）"未来管理≈古代中国管理艺术×现代西方管理科学",后来又提出管理哲学研究式盘(2010年)的构念,式盘圆形结构由内向外依次是追求"美"的"人性"环、坚守"善"的"组织"环与维护"真"的"环境"环,该式盘展现了"正、反管理""自驱动、自组织、自适应"的"三自"基本原则和运行机理。围绕该式盘,鉴于21世纪的管理学与21世纪的生物学和物理学相通的认识,创造性地建构了"自管理"(2016年)、"反管理"(2015年)、"人性素"(2014年)、"氛围资源"(2012年)、"激励协同与协同激励"(2010年)、"互联网'+-×÷次方'五维效应"(2015年)、"量子激励"(2016年)和"量子人性"(2016年)等新的管理构念,创新性地改进了"意识流""矛盾论""苦难观""一元论""无知论""关系论""火星思维""球形思维""量子思维""观管理"和"量子管理"等管理认识论和管理世界观,并在对"一分为二"与"举一反三"的管理方法论进行新的诠释的基础上坚持科学与人文和谐性互补的原则下建构新的管理方法论。

所有这些都会体现在新生的《管理哲学》书稿中,生成它是不易的,知易行难,知难行易,仅此而已。

**观念的痛苦**

什么样的管理观才是合适的管理观?我的看法,从古代中国来看是"尊亲贤功",几千年的中国历史留下来的无非是最初的设计和后来的变体罢了,不管是"王霸相杂"还是"礼法相隆",抑或是"内儒外法"等,在我看来都是"尊亲贤功"的变体,因为前者的核心是人,后者都是在此基础上的扩展。所谓尊者,尊尊也;亲者,亲亲也。尊亲合而为礼,礼分"尊长与亲幼"之礼,用费孝通先生的话就是,"家庭的作用主要体现在'尊敬祖先和培育优秀的后代'",此为尊长与亲幼,将此套用于企业管理就是"企业的作用主要体现在'赡养元老和培育新人'"。贤者,举贤也;功者,尚功也,贤功合而为法,法有"法人与法事"之分,法人重贤,法事尚功,以此看来企业管理就是运用贤良追求事功。贾谊在《陈政事疏》有言,"夫礼者禁于将然之前,而法者禁于已然之后,是故法之所为用易见,而礼之所为生难知也。"由此可知,礼前法后,在企业等组织中,企业应该先向社会宣示企业之礼,然后在企业实践过程中再向社会展示企业之法,此谓企业管理的礼法合治。这其中显现出来的最为主要的是整体生成论的科学逻辑,当我们再考虑原子还原论的科学逻辑的时候,整体生成和原子还原相结合而成的管理观就是那优美的曲线。这一曲线在《管理哲学》一书中就是我多次用到的太极、道等本源认知。

法国学者于连·法朗索瓦在《为什么我们西方人研究哲学不能绕过中国》一文中说,"我们选择出发,也就是选择离开,以创造远景思维的空间……所以了解它,也是为了发展它,我们不得不割断这种熟悉,构成一种外在观点。"在此,我想说我们选择离开,也就是选择开始,以创造基于整体生成和原子还原科学体系合一的拥抱未来的思维。请记住,曾国藩名言,"天下断无易处之境界,人间哪有空闲的光阴",思想不深是伤口不深,绝唱不响是手未流血,我愿为此而努力。

**无知是最大的乐趣**

人类的历史就是一部无知的进步史。最近的证据表明,连一向很自信的自然科学也开始研究混沌(chaos)、复杂(complexity)、分形(fractal)、超弦(superstring)、突变(mutation)等。这无疑给管理科学增添了新的色彩,控制论的声音似乎越来越弱,协同、整合等的趋势越来越明显。甚至中国管理模式或者学派的声音也越来越大,一度有取代西方管理模式的说法流行。而管理哲学所追求的基于个体到团队到集体的自觉、觉他愈发地引起各界前所未有的重视和实践。

在接着"讲和做"管理的过程中，针对无知之知，我始终坚持十二个字"学会定义、善于反义、追求正义"。学会定义需要我们发展概念技能，善于反义需要我们发展人际技能，追求正义需要我们牢记人伦与自然的平衡。追求理性没错，但是追求理性的道路是非理性的。正如萧伯纳（1856—1950）所言，未来属于"非理性"的人——向前看而不向后看的人；只确信一切都不确定，且有能力及信心进行全然不同思考的人。我略微修改一下，未来属于既能向后看，又能向前看的人，向后看到进步，向前看到无知，当我们确信一切都不确定，我们才可能建立信心和训练能力以对我们的未来进行全然不同的思考和不一样的行动。

当我们这样做的时候，我们就是在改造世界而不仅仅是解释世界，这份改造和创造会让我们更兴奋，这时候痛苦就是最大的乐趣，这就是我所谓的"纯苦无乐，是为大乐"。人类理应从必然王国走向那自由王国……

善于记录：初写于 2016 年 1 月 26 日广州飞墨尔本的 CZ321-1D 上；二修于 2016 年 2 月 2 日墨尔本西区 Point Cook 寓所内；三修于 2016 年 2 月 9 日墨尔本大学经济与管理学院 10.031 办公室内；四修于 2017 年 3 月 14 日哥本哈根商学院三楼办公室内；五修于 2017 年 8 月 15 日青岛酷特智能有限公司；六修于 2018 年 2 月 18 日墨尔本 EMINENCE 公寓；七修于 2018 年 3 月 1 日墨尔本飞广州的飞机上，中间断断续续不断修改。

本书写作过程中和写作结束的时候，有关大数据、人工智能、量子计算机、数据密集型科学发现的第四范式，以及认知坎陷等人类自己制造的科学及其他正在如火如荼地发展。与此同时，世界范围内的贫穷、战争、饥饿等仍然大量存在，尤其是美国特朗普挑起的"贸易战"和反全球化的"单边主义"的影响正在扩大……这两种极端构成了一幅真实的人的世界图景。而组织管理领域何尝不是如此……我能够确定的唯一一点就是，人类如果不能谦卑、敬畏、自省、内求，或许人类的道路会越来越窄。管理的奇点已然来临，新的管理范式必然出现，这本书愿意贡献。2018 年 7 月 7 日记录。

# 参考文献

[1] 王弼,韩康伯.易经[M].北京:中华书局,2014.

[2] 老子.道德经[M].西安:陕西人民出版社,1999.

[3] 庄子.庄子[M].合肥:黄山书社,2014.

[4] 何晏.论语[M].北京:中华书局,1998.

[5] 孙武.孙子兵法[M].扬州:江苏广陵书社有限公司,2009.

[6] 王育琨.垂直攀登:稻盛和夫的生命智慧与经营哲学[M].北京:机械工业出版社,2012.

[7] 查尔斯.汉迪.超越确定性[M].徐华,译.北京:华夏出版社,2000.

[8] 伊利亚·普利高津.确定性的终结:时间、混沌与新自然法则[M].湛敏,译.上海:上海科技教育出版社,2009.

[9] 亚历山大·奥斯特瓦德,伊夫·皮尼厄.商业模式新生代[M].王帅,毛新宇,严威,译.北京:机械工业出版社,2011.

[10] 泰普斯科特,威廉姆斯.维基经济学[M].林季红,何帆,译.北京:中国青年出版社,2007.

[11] 李泽厚.美的历程[M].北京:生活.读书.新知三联书店,2009.

[12] 李泽厚.历史本体论·己卯五说[M].北京:生活.读书.新知三联书店,2008.

[13] 王育琨.发现一流企业的本真[M].北京:商务印书馆,2008.

[14] 王育琨.解放企业人的心灵[M].北京:商务印书馆,2008.

[15] 杨绛.走到人生边上[M].北京:商务印书馆,2007.

[16] 塞格尔.商感:从管理科学到领导哲学[M].朱一凌,译.北京:中国劳动社会保障出版社,2006.

[17] 乔治·索罗斯.这个时代的无知与傲慢:索罗斯给开放社会的建言[M].北京:中信出版社,2012.

[18] 卡里·纪伯伦.先知:纪伯伦散文集[M].王志华,译.南京:江苏文艺出版社,2012.

[19] 丹·艾瑞里.怪诞行为学:可预测的非理性[M].赵德亮,夏蓓洁,译.北京:中信出版社,2010.

[20] 丹·艾瑞里.怪诞行为学2:非理性的积极力量[M].赵德亮,译.北京:中信出版社,2010.

[21] 梅原猛,稻盛和夫.对话稻盛和夫:向哲学回归[M].喻海翔,译.北京:东方出版社,2013.

[22] 温德诚.德胜管理[M].北京:新华出版社,2009.

[23] 付守永.工匠精神:向价值型员工进化[M].北京:中华工商联合出版社,2013.
[24] 维克托·迈尔-舍恩伯格.大数据时代[M].杭州:浙江人民出版社,2013.
[25] 肖知兴.东张西望[M].北京:机械工业出版社,2011.
[26] 查尔斯·汉迪.空雨衣[M].江慧琴,赵晓,译.北京:华夏出版社,2000.
[27] 井上笃夫.信仰:孙正义传[M].孙律,译.南京:凤凰出版社,2011.
[28] 沃伦·本尼斯,罗伯特·托马斯.极客与怪杰:领导是怎样炼成的[M].杨斌,译.北京:机械工业出版社,2013.
[29] 钱穆.中国历代政治得失[M].北京:生活.读书.新知三联书店,2012.
[30] 吴晓波.历代经济变革得失[M].杭州:浙江大学出版社,2013.
[31] 休斯顿·史密斯.人的宗教[M].刘安云,译.海口:海南出版社,2006.
[32] 丹尼尔·平克.驱动力[M].龚怡屏,译.北京:中国人民大学出版社,2012.
[33] 丹尼尔·平克.全新思维[M].林娜,译.北京:北京师范大学出版社,2006.
[34] 克里希那穆提.一生的学习[M].张南星,译.北京:群言出版社,2004.
[35] 克里斯·阿吉里斯.组织困境:领导力、文化、组织设计[M].姚燕瑾,译.北京:中国财富出版社,2013.
[36] 奥利弗·谢尔登.管理哲学[M].刘敬鲁,译.北京:商务印书馆,2013.
[37] 肖知兴.中国人为什么创新不起来[M].北京:中国人民大学出版社,2010.
[38] 戴维·伯恩斯坦.如何改变世界:用商业手段更好地解决社会问题[M].张宝林,译.北京:中信出版社,2013.
[39] 萨米尔·奥卡沙.科学哲学[M].韩广忠,译.南京:译林出版社,2013.
[40] 江晓源.科学外史[M].上海:复旦大学出版社,2013.
[41] 野村进.一千年的志气:永不衰竭的企业竞争力[M].武继平,译.南京:中信出版社,2011.
[42] 木田元.反哲学入门[M].路秀丽,译.北京:中信出版社,2011.
[43] 爱德华·克雷格.哲学的思与感:牛津通识读本[M].曹新宇,译.南京:译林出版社,2013.
[44] 汤敏.慕课革命:互联网如何变革教育[M].北京:中信出版社,2015.
[45] 萨尔曼·可汗.翻转课堂的可汗学院:互联时代的教育革命[M].刘婧,译.杭州:浙江人民出版社,2014.
[46] 福泽谕吉.文明论概略[M].北京编译社,译.北京:商务印书馆,1959.
[47] 一行禅师.佛陀传[M].何蕙仪,译.郑州:河南文艺出版社,2011.
[48] 腾讯科技频道.成果:开启互联网与传统行业融合新趋势[M].北京:机械工业出版社,2014.
[49] 费正清.中国:传统与变迁[M].张沛,译.长春:吉林出版社,2008.
[50] 徐昊,马斌.时代的变换:互联网构建新世界[M].北京:机械工业出版社,2014.
[51] 杰里米·里夫金.第三次工业革命[M].张体伟,孙豫宁,译.北京:中信出版社,2012.
[52] 西蒙·克里切利.哲学家死亡录[M].王志超,黄超,译.北京:商务印书馆,2015.
[53] 玛丽·道格拉斯.制度如何思考[M].张晨曲,译.北京:经济管理出版社,2013.
[54] 马尔科姆·格拉德威尔.异类[M].苗飞,译.北京:中信出版社,2014.
[55] 阿城.洛书河图[M].北京:中华书局,2014.
[56] 李善友.互联网世界观[M].北京:机械工业出版社,2015.
[57] 李善友.产品型社群:互联网思维的本质[M].北京:机械工业出版社,2015.
[58] 吴霁虹.众创时代[M].北京:中信出版社,2015.

[59] 拉姆·查兰. 引领转型 [M]. 杨懿梅,译. 北京:机械工业出版社,2014.
[60] 尤瓦尔·赫拉利. 人类简史 [M]. 林俊宏,译. 北京:中信出版社,2014.
[61] 拉里·博西迪,拉姆·查兰,等. 开启转型 [M]. 杨懿梅,译. 北京:机械工业出版社,2015.
[62] 克里希那穆提. 生命之书 [M]. 胡因梦,译. 南京:译林出版社,2011.
[63] 李善友. 颠覆式创新:移动互联网时代的生存法则 [M]. 北京:机械工业出版社,2014.
[64] 卡普拉. 物理学之道:近代物理学与东方神秘主义 [M]. 朱润生,译. 北京:北京出版社,1999.
[65] 安·兰德. 兰德丛书:商人为什么需要哲学 [M]. 吕建高,译. 北京:华夏出版社,2014.
[66] 克莱·舍基. 认知盈余 [M]. 胡泳,译. 北京:中国人民大学出版社,2011.
[67] 李零. 人往低处走 [M]. 北京:生活·读书·新知三联书店,2008.
[68] 李零. 去圣乃得真孔子 [M]. 北京:生活·读书·新知三联书店,2008.
[69] 李零. 周易的自然哲学 [M]. 北京:生活·读书·新知三联书店,2013.
[70] 李零. 唯一的规则:《孙子》的斗争哲学 [M]. 北京:生活·读书·新知三联书店,2010.
[71] 埃里克·霍弗. 狂热分子:码头工人哲学家的沉思录 [M]. 梁永安,译. 桂林:广西师范大学出版社,2008.
[72] 皮科·德拉·米兰多拉. 论人的尊严 [M]. 顾超一,等译. 北京:北京大学出版社,2010.
[73] 余英时. 论天人之际 [M]. 北京:中华书局,2014.
[74] 马丁·布伯. 我和你 [M]. 杨俊杰,译. 杭州:浙江人民出版社,2017.
[75] 李零. 中国方术正考 [M]. 北京:中华书局,2006.
[76] 邵盈午. 诗品解说 [M]. 北京:中央编译出版社,2015.
[77] 汤一介. 瞩望新轴心时代 [M]. 北京:中央编译出版社,2014.
[78] 黄仁宇. 万历十五年 [M]. 北京:生活·读书·新知三联书店,1997.
[79] 阿诺德·汤因比. 历史研究 [M]. 郭小凌,等译. 上海:上海人民出版社,2010.
[80] 玛丽·帕克·福列特. 福列特论管理 [M]. 吴晓波,等译. 北京:机械工业出版社,2007.
[81] 玛格丽特·惠特利. 领导力与新科学 [M]. 简学,等译. 北京:中国人民大学出版社,2008.
[82] 船井幸雄. 清富思想:修德则必胜 [M]. 北京:中信出版社,2011.
[83] 松下幸之助. 自来水哲学 [M]. 海口:南海出版公司,2008.
[84] 宫玉振. 大道至拙:曾国藩与中国式领导力 [M]. 北京:北京大学出版社,2013.
[85] 齐善鸿. 新管理哲学:道本管理 V2.0 [M]. 大连:东北财经大学出版社,2011.
[86] 陈明德. 易经与管理 [M]. 上海:上海三联书店,2015.
[87] 成中英. 易经管理哲学基础 [M]. 南京:江苏人民出版社,2015.
[88] 黄卫伟. 以奋斗者为本 [M]. 北京:中信出版社,2014.
[89] 阿尔伯特·爱因斯坦. 相对论 [M]. 易洪波,等译. 南京:江苏人民出版社,2011.
[90] 北尾吉孝. 从中国古籍获取不可思议的力量 [M]. 北京:北京大学出版社,2006.
[91] 大栗博司. 超弦理论:探究时间、空间及宇宙的本原 [M]. 北京:人民邮电出版社,2015.
[92] 任正非. 灰度管理 [M]. 北京:科学出版社,2011.
[93] 曹仰峰. 海尔转型:人人都是 CEO [M]. 北京:中信出版社,2014.
[94] 施展. 枢纽:3 000 年的中国 [M]. 桂林:广西师范大学出版社,2018.
[95] 丹娜·左哈尔. 量子领导者 [M]. 杨壮,施诺,译. 北京:机械工业出版社,2016.
[96] 陈春花. 激活个体:互联网时代的组织管理新范式 [M]. 北京:机械工业出版社,2015.

[97] 罗杰·马丁.整合思维[M].胡雍丰,译.北京:商务印书馆,2008.

[98] 彼得·蒂尔.从0到1:开启商业与未来的秘密[M].高玉芳,译.北京:中信出版社,2015.

[99] 王介南.《周易》自组织理论与21世纪[M].杭州:浙江大学出版社,2010.

[100] 周国平.尼采:在世纪的转折点上[M].上海:上海人民出版社,1986.

[101] 彼得·罗素.从科学到神:一位物理学家的意识探索之旅[M].舒恩,译.深圳:深圳报业集团出版社,2012.

[102] A N 怀特海.科学与近代世界[M].何钦,译.北京:商务印书馆,1959.

[103] 洪汉鼎.实践哲学 修辞学 想象力:当代哲学诠释学研究[M].北京:中国人民大学出版社,2014.

[104] 李零.周行天下:从孔子到秦皇汉武[M].北京:生活·读书·新知三联书店,2016.

[105] 李零.茫茫禹迹:中国的两次大统一[M].北京:生活·读书·新知三联书店,2016.

[106] 李零.大地文章:行走与阅读[M].北京:生活·读书·新知三联书店,2016.

[107] 李零.思想地图[M].北京:生活·读书·新知三联书店,2016.

[108] 艾兰.世袭与禅让:古代中国的王朝更替传说[M].余佳,译.北京:商务印书馆,2010.

[109] 艾兰.龟之谜:商代神话、祭祀、艺术与宇宙研究[M].汪涛,译.成都:四川人民出版社,1992.

[110] 艾兰.水之道与德之端[M].张海晏,译.上海:上海人民出版社,2002.

[111] 艾兰.早期中国历史、思想与文化[M].杨民,等译.北京:商务印书馆,2011.

[112] Thomas S. Kuhn,伊安-哈金.科学革命的结构[M].金吾伦,胡新和,译.北京:北京大学出版社,2012.

[113] 詹姆斯·格雷克.混沌:开创新科学[M].张淑誉,译.北京:高等教育出版社,2004.

[114] 王钦.人单合一管理学:新工业革命背景下的海尔转型[M].北京:经济管理出版社,2016.

[115] 三谷宏治.经营战略全史[M].徐航,译.南京:江苏文艺出版社,2017.

[116] 蔡恒进,蔡天琪,张文蔚,汪恺.机器崛起前传:自我意识与人类智慧的开端[M].北京:清华大学出版社,2017.

[117] 陈鼓应.老子今注今译[M].北京:中华书局,1983.

[118] 陈鼓应.庄子今注今译(2册)[M].北京:商务印书馆,2007.

[119] 尤瓦尔·赫拉利.人类简史[M].林俊宏,译.北京:中信出版社,2017.

[120] 尤瓦尔·赫拉利.未来简史[M].林俊宏,译.北京:中信出版社,2010.

[121] 吴彤.自组织方法论研究[M].北京:清华大学出版社,2001.

[122] John P. Kotter.变革加速器:构建灵活的战略以适应快速变化的世界[M].徐中,译.北京:机械工业出版社,2016.

[123] 斯图尔特·克雷纳.管理百年[M].闫佳,译.海口:海南出版社,2003.

[124] 肯尼斯·霍博,威廉·霍博.清教徒的礼物[M].北京:东方出版社,2013.

[125] Tony Hey, Stewart Tansley, Kristin Tolle.第四范式:数据密集型科学发现[M].北京:科学出版社,2012.

[126] 帕拉格·康纳.超级版图:全球供应链、超级城市与新商业文明的崛起[M].崔传刚,周大昕,译.北京:中信出版社,2016.

[127] 凯文·凯利.失控[M].东西文库,译.北京:新星出版社,2010.

[128] 克莱·舍基.未来是湿的[M].胡泳,沈满琳,译.北京:中国人民大学出版社,2009.

［129］贾伟.想象力经济的时代到来了［EB/OL］.http：//www.yunzhusalon.com/?p=4866.
［130］斯图尔特·克雷纳.领导力的本质［M］.北京：中国人民大学出版社，2017.
［131］埃里克·施密特.重新定义公司：谷歌是如何运营的［M］.北京：中信出版社，2015.
［132］木心，陈丹青.文学回忆录［M］.桂林：广西师范大学出版社，2013.
［133］彭剑锋."＋时代管理"人的一场革命［M］.北京：中国计划出版社，2015.
［134］赵大伟.互联网思维孤独九剑［M］.北京：机械工业出版社，2014.
［135］弗雷德里克·泰勒.科学管理原理［M］.北京：机械工业出版社，2013.
［136］张其金.量子管理［M］.北京：中国商业出版社，2014.
［137］孙新波.知识联盟激励协同机理及实证研究［M］.北京：科学出版社，2013.
［138］荀子.劝学篇［M］.长春：吉林出版集团有限公司，2011.
［139］福泽谕吉.劝学篇［M］.长春：吉林出版集团有限公司，2011.
［140］张之洞.劝学篇［M］.长春：吉林出版集团有限公司，2011.
［141］陈克守.墨学与当代社会［M］.北京：中国社会科学出版社，2007：201.
［142］徐复观.中国人性论史：先秦篇［M］.上海：上海三联书店，2001：281.
［143］伯特兰·罗素.西方哲学史［M］.南昌：江西人民出版社，2017.
［144］彼得·德鲁克.管理实践［M］.北京：机械工业出版社，2009.
［145］纳西姆·尼古拉斯·塔勒布.黑天鹅［M］.北京：中信出版社，2008.
［146］阿尔文·托夫勒.创造一个新的文明［M］.上海：上海三联书店，1996.
［147］恩格斯.反杜林论［M］.北京：人民出版社，1999.
［148］杰夫·豪.众包：群体力量驱动商业未来［M］.北京：中信出版社，2009.
［149］弗里德曼.世界是平的［M］.长沙：湖南科学技术出版社，2006.
［150］肖知兴.中国人为什么组织不起来［M］.北京：机械工业出版社，2006.
［151］丹尼尔·雷恩.管理思想的演变［M］.北京：中国社会科学出版社，2004.
［152］彼得·德鲁克.卓有成效的管理者［M］.北京：机械工业出版社，2009.
［153］李厚泽.哲学纲要［M］.北京：北京大学出版社，2011.

由于篇幅所限，本书参考的学术文献不能一一列举，在此一并表示感谢，欢迎同行批评指正，本人联系邮箱 xbsun@mail.neu.edu.cn。

# 管理人不可不读的经典
## "华章经典·管理"丛书

| 书　名 | 作者 | 作者身份 |
| --- | --- | --- |
| 科学管理原理 | 弗雷德里克·泰勒<br>Frederick Winslow Taylor | 科学管理之父 |
| 马斯洛论管理 | 亚伯拉罕·马斯洛<br>Abraham H.Maslow | 人本主义心理学之父 |
| 决策是如何产生的 | 詹姆斯 G.马奇<br>James G. March | 组织决策研究领域最有贡献的学者 |
| 战略管理 | H.伊戈尔·安索夫<br>H. Igor Ansoff | 战略管理奠基人 |
| 组织与管理 | 切斯特·巴纳德<br>Chester Lbarnard | 系统组织理论创始人 |
| 戴明的新经济观<br>(原书第2版) | W. 爱德华·戴明<br>W. Edwards Deming | 质量管理之父 |
| 彼得原理 | 劳伦斯·彼得<br>Laurence J.Peter | 现代层级组织学的奠基人 |
| 工业管理与一般管理 | 亨利·法约尔<br>Henri Fayol | 现代经营管理之父 |
| Z理论 | 威廉 大内<br>William G. Ouchi | Z理论创始人 |
| 转危为安 | W.爱德华·戴明<br>William Edwards Deming | 质量管理之父 |
| 管理行为 | 赫伯特 A. 西蒙<br>Herbert A.Simon | 诺贝尔经济学奖得主 |
| 经理人员的职能 | 切斯特 I.巴纳德<br>Chester I.Barnard | 系统组织理论创始人 |
| 组织 | 詹姆斯·马奇<br>James G. March | 组织决策研究领域最有贡献的学者 |
| 论领导力 | 詹姆斯·马奇<br>James G. March | 组织决策研究领域最有贡献的学者 |
| 福列特论管理 | 玛丽·帕克·福列特<br>Mary Parker Follett | 管理理论之母 |